对称性、金融结构和资产证券化

张超英 著

Symmetry, Financial Structure, and Asset Securitization

中国财经出版传媒集团
中国财政经济出版社

图书在版编目（CIP）数据

对称性、金融结构和资产证券化／张超英著．—北京：中国财政经济出版社，2018.8
ISBN 978-7-5095-8050-9

Ⅰ.①对…　Ⅱ.①张…　Ⅲ.①金融结构-研究　Ⅳ.①F830

中国版本图书馆 CIP 数据核字（2018）第 025894 号

责任编辑：段　钢　　　　责任印制：刘春年
封面设计：孙俪名　　　　责任校对：李　丽

中国财政经济出版社 出版

URL：http：//www. cfeph. cn

E-mail：cfeph @ cfeph. cn

社址：北京市海淀区阜成路甲 28 号　邮政编码：100142

营销中心电话：88190406　北京财经书店电话：64033436　84041336

北京财经印刷厂印装　各地新华书店经销

787×1092 毫米　16 开　27 印张　600 000 字

2018 年 8 月第 1 版　2018 年 8 月北京第 1 次印刷

定价：98.00 元

ISBN 978-7-5095-8050-9

（图书出现印装问题，本社负责调换）

本社质量投诉电话：010-88190744

打击盗版举报热线：010-88191661、QQ：2242791300

前　言

本书的目的是揭示金融运行中金融结构本来就应该的基本面貌，资产证券化在金融结构取向那种基本面貌中的地位、性质和作用，资产证券化本身所带有的那种基本面貌，在金融结构的那种基本面貌中信用创造、货币供求和资金循环的局面，具有那种基本面貌的金融结构对增强金融运行效率和服务实体经济能力的影响。“本来就应该是”这一用语意味着，金融运行尽管是有人参与的，但它也具有不依人的意识和行为而客观存在的本质属性。认识金融运行的这种本质属性，有助于推知和把握金融运行规律和金融发展规律，更好地审视、布局、完善金融运行，能动地推进金融发展，以金融发展促进实体经济发展。以下是几点提示。

一、什么是资产证券化：贷款和以贷款为支持的证券之间的对称变换

使存量贷款流转起来，这是金融机构一直具有的愿望，但由于贷款本身所具有的特性，这在实际操作上并非易事。直接流转贷款，虽然并非完全不可为，但实践证明其效果是有限的。以另外的机构首先募集资金再去承接贷款，虽然可以解决贷款发起人的贷款流转问题，但由于资本配置和资产组合合意性等方面的情况，承接人的承接能力并不是能够任意扩张的，其可持续性反过来还是要受制于所承接的贷款资产的再流转出路。以众所周知的著名机构为例，它们从贷款发起人那里承接贷款，这使贷款发起人发起的贷款获得了流转，但对它们而言，同样面临着要使所承接的贷款加上自己发起的贷款流转起来的问题，为此须要设计一个出口。周而复始地再设立新的承接主体，显然不是解决问题的最终办法。

实际当中存在着的一种使贷款流转起来的具体运作形式是用基金去承接贷款，基金管理人先募集资金然后再以募集的资金购买贷款。这一运作形式在使贷款转移出表上固然是可行的，但基金管理人这方面力量毕竟是有限的，达不

到众所周知的著名机构那样的程度。[①]在此一个容易弄混的概念是将基金以募集资金承接贷款视为资产证券化。如果说基金基于募集资金承接贷款的运作算是地道的贷款证券化，那么众所周知的著名机构以募集资金从银行购入贷款的运作岂不也是？况且后者为募集资金而发行的证券不论是在信用条件上还是在流动性上，都比前者好得多。由此可见，以募集资金承接贷款不是解决贷款流转问题的有效办法。在金融创新发展历程中，使贷款最终获得有效流转的方法资产证券化。资产证券化提供了一种基于资产转换型载体以出售证券的形式来出售贷款、以交易这种证券来代表交易贷款的交易结构。正是由于资产证券化技术突破了以募集资金购买贷款并持有之的固有思维束缚，金融机构一直具有的使存量贷款流转起来的愿望才算最终得到合理、便捷和有效的实现。

资产证券化的基本精神在于，从贷款资产中划分出一个证券化贷款集合，以一个资产转换型载体承载该集合并发行以该集合为支持的序列证券，最终通过出售和交易这种证券来实现对证券化贷款集合的出售和交易。这种资产转换型载体承载在本质上如同一个财产权状态转换装置，将置于载体资产端的贷款在载体负债端上转换为与贷款同真同假的序列证券存在，从而使贷款获得双重的存在。在现代信息技术条件下，实现这种财产权状态转换是容易的，十分便捷，彰显证券化本色。这一表述等于从财产权状态转换上定义了什么是资产证券化。仍以前面所提到的众所周知的著名机构为例，它们通过自己作为委托人和受托人，对购入或自己发起的贷款进行集合，在一个信托交易结构账户下将贷款转换为以贷款为支持的多层次证券发行，最终为购入的或自己发起的贷款建立起一个合理、便捷和有效的出口。将贷款转换为证券，这是对资产证券化的一种通识描述，其中暗含了贷款和证券两者同真同假的财产权状态转换概念。不过，实践也给理论留下了须要完成的后续任务，即如何在学术上审视这一财产权状态转换装置。本书选择由此开篇。

虽然说在现代信息技术条件下基于转换型SPV的概念以所集合的贷款为支持发行证券这一机制在实现上并无障碍，甚至是以一个载体进行具有几十个层次的发行也无障碍，但是在宏观层面上须要慎重审视的一个问题是，这种财产权状态转换机制本身究竟是向金融体系引入自然、平衡、和谐、经济（economic/cost - effective）、完善、简约，还是引入了扭曲、失衡、紊乱、冗余（plethora）、缺失、繁复。鉴于这一机制的重要性，它等于是向传统金融体系植入了一个

---

① 若以我国的背景而论，能有哪家基金管理人这方面的功能强得过四家资产管理公司。这种表述的实际意义在于，以募集资金购入贷款的运作虽然并非不可行，但不是地道的证券化，不能将其作为盘活贷款存量的可持续之举，为了可持续地使贷款流转起来，开发证券化技术是绕不过去的。先募集资金再购买贷款，可以作为灵活性策略和模糊性表述，但若真的作为运作信贷资产证券化的技术性指导路线，势必成为"画虎成猫"的结局。

“功能组件”，并基于此构建起 BMS 金融结构，其重要性远超过技术可行性本身，所以，对此须要有清楚、严谨和规范的说明。要说明这一问题，难度并不在于推演上的数学精确性，也不在于论述上的旁征博引，而在于能否拿出令人信服的哲理及其数学表示。在这方面，不期而至的明智之举是引入对称思想。对称性有着被奉为“万物至理”的尊贵地位，具有现代魅力的群论是描述它的本质、探究它的特点、使它脱胎于混沌的数学语言。对称就是自然、平衡、和谐、经济、完善、简约，对称性堪当此任，作为在宏观层面上对证券化贷款出售机制进行审视的一个凭助准则。

接下来的问题是，能否和如何从财产权状态转换中揭示出对称？贷款出售机制的中心环节是 SPV，作为对财产权状态转换抽象表述的 SPV 作用关系为此提供了有价值的线索。这种作用关系反映了 SPV 作为中介手段（intermediary technique）和分配手段（distributive technique）的功能。前者体现为财产权状态转换，通过 SPV 发行以贷款为支持的证券，使投资者基于持有证券而持有贷款；后者是前者的副产品，体现为对期限和风险给出状态上划分，通过 SPV 证券发行的序列化便利，使证券更有效地为偏好不同的更多投资者所接受。所以，对于贷款出售机制的审视必然要集中于 SPV。然而，一个挥之不去的忐忑就是，在这种作用关系中真的具有某种对称属性吗？

可谓是“物含妙理总堪寻”。幸运的是，当把全部实现财产权状态转换的空间变换组合起来按照置换规则进行运算时，竟得出一个群结构。由此知晓，在经济性质状态空间上从贷款到贷款的证券存在之间的变换是对称变换。从抽象回到实际，这一结果的政策意义在于，它为在宏观层面上审视资产证券化的财产权状态转换机制提供了胸有成竹的信息、了然于心的坦然，得出的基本判断就是：资产证券化交易中的财产权状态转换机制确实蕴含着使人信服而又合理之处，与金融运行应有的本质属性是契合的。

这一结果从一个角度揭示了资产证券化本身所带有的对称的基本面貌。其实，发现这一空间变换的对称比表述空间变换的作用关系，意义要大得多，若是没有对空间变换对称的发现，那么在空间变换及其运算上的数学演绎就有过分华丽之嫌，甚至这种空间变换本身的学术价值也会受到质疑。因为这种数学演绎仅限于 SPV 作用关系的本身——一个在宏观层面上无从审视其存在哲理的作用关系。作为一种对问题进行深入表达的唯象模（phenomenological model）型，它或许还是有些新意的，但在与必要宏观审视的贯通上，它却是苍白和乏力的。

二、为什么会有资产证券化：宇称对称和 Klein 四元群

在现代化经济体系中，货币是经济运行的血液，银行是货币的源泉。不过，

在正如大量文献中所指出的，以信贷扩张创造货币的银行运作机制也是有严重缺陷的，经济增长过渡依赖于银行的信用扩张也是不可取的。直接融资是对银行缺陷的矫正，理应大力发展直接融资，然而仅凭直接融资的一己之力对银行缺陷的矫正还是不充分的，本书以图论方法对这一问题给出论证。基于图论的方法，可以将不同类型的经济和金融主体基于相应的关系（包括T关系、债权债务关系和位移关系）连接起来，进而在图的图形表示形式上分析和发现问题。通过分析可以发现，当仅以代表直接融资的回路作用于代表间接融资的回路时，两个回路的构成在对称层级上获得了提升，但总体的对称性下降了，这说明基于新的对称层级金融体系演进是不充分的。一个不期而遇的发现是，代表直接融资回路和代表资产证券化回路的构成，竟然是一个宇称对称，当以这一具有宇称对称的回路构成作用于代表间接融资的回路时，三个回路的构成竟呈现为在更高对称层级上的更好对称。同时，研究中也一并找到支撑这一对称的群。这就十分严谨地说明，较之于以代表直接融资的回路作用于代表间接融资的回路，以一个由代表直接融资的回路和代表资产证券化的回路的带有些许破缺的宇称对称的回路构成作用于代表间接融资的回路，是矫正银行缺陷的更佳选择。如果在现代金融体系建设上重视对称的隐喻，那么从系统整体而言，三个回路的如此构成或许能够成为宏观审慎政策目标的一种聚焦。宇称对称，它为探索为什么会有资产证券化的问题提供了新的契机。

金融产品创造具有创意纷呈、错综复杂表现，然而对它的学术研究不是要将具体问题复杂化，而是要给出一般性抽象。一种对金融产品创造进行抽象的方法是引入关于金融产品创造的效能概念，即将所有金融产品创造的集合抽象为效能集，再加上定义的运算，构成抽象的代数结构。效能集中的元素数目有很多，但因为不同的金融产品创造可能表现为相同的效能，所以对效能集是可以进行等价划分的。研究中发现，金融产品创造在效能的概念上只有四种表现。于是，基于四种效能可以对金融产品创造的效能集进行一个等价划分，将金融产品创造的效能集划分为四个等价类。这一划分给出了金融产品创造的效能关于等价关系的商集，且在商集上定义的运算是能够保持等价类的运算，因此等价关系也上升为同余关系。如此，商集和在商集上定义的运算就构成一个商代数。商代数结构将金融产品创造从纷繁的现实金融世界带入简约而抽象数学境地。研究中发现，这一商代数结构是Klein四元群。一旦在有效效能的概念上将资产证券化产品所表现的效能从商集中去掉，其他三个效能元素的结构就不再是群。于是得出结论，按照金融产品创造的设计归宿于对称的理念，资产证券化在金融产品创造中是不可或缺的。金融产品创造的效能集，它为探索为什么会有资产证券化的问题提供了新的视野。

三、开启银行供给侧结构性改革的贷款新境遇

金融是现代经济的核心，银行是金融体系中的主体和金融运行的中心，这意味着就供给侧结构性改革而言，银行供给侧结构性改革在其中具有举足轻重的位置，没有银行供给侧结构性改革的作为，供给侧结构性改革不能圆满。不过，银行供给侧结构性改革的开端究竟在哪里，相关文献似乎没有给出使人信服的表述。有的文献将银行供给侧结构性改革的内容和范围置于改善和提高服务的层面，似乎银行供给侧结构性改革是供给侧结构性改革的依附。其实不是这样，银行供给侧结构性改革有自己的特定技术内涵，它通过触及银行的特有功能使改革惠及实体经济。尤其是对在金融结构上高度依赖信贷的经济体，情况更是如此。本书对于银行供给侧结构性改革的开端问题给出了一种学术性表述，即银行供给侧结构性改革开端于贷款的新境遇。

资产证券化是一种通过创造贷款的证券存在而使贷款获得双重存在的构成。贷款被置于表外，基于它的证券存在而被其他投资者持有，贷款的存在状态由此发生了改变。这意味着一个新的交易结构，一个包括了借款、贷款、SPV、证券发行和投资者的交易结构。对于这样一个交易结构，究竟应该如何描述它，如何审视它在自然、平衡、和谐、经济、完善、简约方面的属性？在这方面，纵然可以倾诉千言万语，然而如常言所道，千言万语不如一张图。在此这张图是通过图论方法绘制的，借助于该图进行描述和审视，会有意外的发现。意外的发现是：基于“贷款和以贷款为支持的证券两者同真同假”和“投资者以持有证券而持有贷款”的概念，在图的关联表示上，贷款、借款、证券发行和证券投资，它们的关联集竟呈现为一个正四面体的同构构型。这是一种具有12个对称的至美之相，属于三维空间中珍贵的五种正多面体之一，它给出的恰是一个纯正的自然、平衡、和谐、经济、完善、简约的化身。如此稀缺的至美之相，所达到的意境当然胜过了在证券化贷款存在状态上其他千言万语的倾诉。这样的图形描述，即便达不到精湛深邃的地步，却也有追求原创的质朴。

这一正四面体以图的二元关系为背景将内涵于资产证券化交易结构的对称属性披露出来，从而为在经济与金融研究上如何洞见遮盖于数学面纱之下的对称性，提供了一个示范。一般而言，图的图形表示未必恰巧给出形象直观的对称性，但只要在图的关系结构中蕴含对称性，总能借助同构概念把它识别出来，同时只要在图的规则建立上与现实金融世界相通，存在于现实金融世界中的对称性就反演于这种识别出来的对称性。这一正四面体给出的学术含义是，贷款

的新境遇是银行供给侧结构性改革的开端。

贷款的新境遇通过触及银行以贷款创造货币的特有功能开启银行供给侧结构性改革，在银行生成一种贷款总量增加而货币总量相对稳定的新机制。这种新机制能够有效克服传统银行本身具有一种先天缺陷，这种缺陷在宏观上主要表现为满足经济主体有效货币需求的贷款供应和保持货币总量适度之间的矛盾，当货币总量适度性要求对满足经济主体有效货币需求的贷款增加产生制约时，便会出现金融抑制。有效克服这种抑制，在货币总量适度性约束下进一步打开贷款空间，在新的机制下实现货币供给与货币需求新的动态均衡，这在本质上成为银行供给侧结构性改革应有的绩效。尤其是对于高度信贷依赖型的经济体，这一绩效尤其重要。基于这一绩效，经济学会重新表述银行，谱写经济与金融科学的新篇章。

作为供给侧要素的货币供应量和银行供给侧结构性改革。相关文献显示，控制货币供应、避免过度通胀是供给学派提出的撬动供给侧要素的四大手段之一。然而，相关文献没有进一步深入表述关于控货币供应的银行供给侧结构性改革问题。若是按照传统思路，将控制货币供应与收缩派生货币的贷款完全对应起来，完全通过控制增加贷款来控制货币供应，那么结果就是在控制货币供应上没有银行供给侧结构性改革因素的贡献。

金融科技和银行供给侧结构性改革。金融科技的发展起到更好实现银行特有功能（货币供应功能和支付结算功能）的作用，也为实现银行供给侧结构性改革提供支持，但金融科技不是银行供给侧结构性改革本身。在使银行特别明显、特别重要而又不可替代的外部经济得到更充分发挥，更好服务实体经济方面，银行供给侧结构性改革起到主导作用。

金融科技中的第三方支付和银行的支付结算功能。第三方支付业务的发展提高了银行支付结算功能的效率，但不能认为第三方支付机构具有支付结算功能，因为支付结算功能最终在 v_0 上实现，而 v_0 属于银行，属于银行的 v_0 依然实现着对经济运行的点控制。

四、匹配平移对称及其经济效果

注意到，过去数百年来自然科学中最有生命力的发现都具有某种通性，即它们都契合了在多种操作下具有不变性的自然属性。科学家们将这种不变性称为对称性。从金融体系演进来看，经过 2007 年金融危机的洗礼，资产证券化已然不可回复地根植于金融体系之中，被视为金融体系本来就应该有的构成。这一金融创新具有如此坚韧的生命力，难道与它在交易结构创建中操作上的不变性导向就没有关系吗？毋庸置疑，是有关系的。可以说，资产证券化获得成功的一个重大因素在于其交易结构操作背后有对称性这一最佳向导，恰是在这一向导的潜在引领下，资产证券化才有幸使金融运行触及本来就应该是的本质面貌。

这种对称操作为金融体系注入了新的机制。在将贷款转移至表外 SPV 并基于这一 SPV 发行以贷款为支持证券时，如果投资者处于银行部门之外，那么在投资者以所持货币投向证券的投资行为诱导下，在银行部门的负债上就会有与转移的贷款相匹配的存款货币，转化为 SPV 负债上的非货币证券发行的存在形式，同时，投资者投向证券的货币也被诱导为证券投资的存在形式。在本书的用语中，将这种情况抽象为匹配平移对称。匹配平移中的对称性表现为，虽然贷款被移至表外，但在银行部门之外的投资者对证券进行投资的诱导下，会有相应的存款货币转化为与转移贷款相匹配的非货币证券发行，资产与负债的匹配本身在变中保持不变。变是指表内货币存在变为表外非货币存在，存在于表内的贷款变为存在于表外的贷款，不变是指资产负债匹配价值本身在资产和负债变化中保持不变。

在这一意义上，如果说基于银行贷款的间接融资是以贷款创造存款货币和因此降低银行流动性的机制，基于股票、债券等金融工具的直接融资是货币易主和因此保持银行流动性基本不变的机制，那么，基于这种匹配平移对称的信贷资产证券化，就是与转移贷款相匹配将表内货币存在转化为表外非货币存在和因此提高银行流动性的机制。这一新的机制为银行部门本来具有的特别明显而又特别重要的外部经济，增添了新的内涵，提供了新的动能，以至于金融体系基于三个组元的协作牢固地组织起来，铸成三足鼎立之态，金融结构因此由 BM 型走向 BMS 型。鉴于此，经济与金融的理论研究将探明这一机制置于优先位置自然是合理的。

不妨从一个侧面设想一下，在当今金融市场最发达的美国，如果没有这一机制的存在，那么 M_2/GDP 会有多大，几家大银行的规模会有多大。这一设想并不难模拟，只要模拟将在银行部门之外由投资者持有的证券化贷款重新返回到银行表内即可。这样的话，银行部门就要向投资者进行兑付，以贷款为支持、以 SPV 的证券发行为存在的非货币债务就会基于新的匹配平移对称还原为银行的货币债务，投资者持有的相应证券投资也随之还原为对银行的货币债权。另外，银行部门的资本释放也要按照规制还原为资本消耗。由此看来，若不是得益于 BMS 型金融结构，美国的间接融资比例也是不低的。

我国目前的 GDP 规模与美国相比尚有不小差距，而且美元是国际货币，人民币尚不是国际货币，但 M_2 或 M_1 相对于 GDP 的规模却已经大幅超过了美国。

这种情况与我国金融体系尚处于市场主导阶段，资产证券化机制尚未成长起来，是有关系的。以目前的状况看，即便资本市场和其他创新的资本工具还能为缓解银行部门的资本充足压力提供潜力，但面对货币余额偏大的问题，继续以充实银行资本来进一步扩张表内信贷规模的路子，已经是不可持续了。银行支持实体经济发展的新的潜力在资产证券化，尽快掌握和运用资产证券化这项金融技术，平衡结构上的超额货币余额，提高金融资源使用效率，已然成为摆在我国银行业面前迫在眉睫的重要事项。在理论与实际方面，对于货币金融中介机构信贷资产证券化的认识，已经可以扩展到匹配平移对称说这一步。匹配平移对称说能够涵盖资本释放说，但资本释放说不能概括匹配平移对称说。原因是，匹配平移对称说包括了贷款转移，因而它也就涵盖了资本释放，但资本释放说却仅限于贷款转移，没有涵盖匹配于贷款转移的货币债务向非货币债务的转化。

为了打造一个与大国经济相匹配的强健、高效和安全的现代金融体系，政府部门或许已经到了要断然以国家意志坚决推进并尽快促成此事的时候了。从满足经济增长中产生的增量货币需求而言，同样的银行规模，最好是相对于一定 GDP 规模的一个更低水平的恰当银行规模，它基于 BMS 型金融结构能够满足一个更大的增量贷款需求。其实国家银行政策的目的，就是要促进节约货币的高等级金融交易构成的发展。

并不回避，资产证券化带有为金融体系尤其是为银行体系服务的色彩，但金融体系尤其是银行体系毕竟是一个国家的经济动脉，欲善经济之事、先利银行之器，这是合理的，除非资产证券化自己因为走得太偏、太远而忘记为什么出发。并不神秘，从银行部门看，为了使资产证券成为“盘活存量、用好增量”之利器，不仅要将证券化贷款（静态的或动态的）有效置于银行部门的表外，还要将以贷款为支持的证券尽量出售给银行部门之外的投资者，进而在投资者投资行为的诱导下使相应的银行存款货币债务转化为银行负债之外的、与证券化贷款相匹配的 SPV 非货币债务，这一行为当然也将投资者持有的相应银行存款诱导为在非货币证券上的投资。“尽量”一词意味着，匹配平移对称性破缺系数不能过于偏大。而相比较，对于非货币金融中介，只要将贷款有效置于表外，不管以贷款为支持的证券是出售给银行部门还是出售给银行部门之外的其他投资者，都能实现盘活存量贷款的效果，贷款发起人由此获得由存量贷款流转出来的货币资金。

五、匹配平移对称性破缺系数和资产证券化对总产出的影响

目前国内对于资产证券化的热切期待是，要通过盘活信贷存量支持实体经

济发展。[①]为此，有些技术细节是不容忽略的，其中最重要的技术细节就是匹配平移中的对称性破缺程度。常言道：细节决定成败。

商业银行是金融体系中的主体，其资产证券化运作对实体经济具有特别重要的影响。从银行整体来看，实现将贷款转移至表外由银行之外的投资者持有的操作，要有存款货币与之相匹配，书中将这种具有存款货币匹配的贷款转移操作称为匹配平移操作。如果资产证券全部由银行部门之外的投资者持有，那么匹配平移操作中反映匹配平移对称性破缺程度的对称性破缺系数就为零。按照书中推演得出的结论，操作中的对称性破缺程度越小，通过盘活信贷存量对实体经济产生支持的效果就越大。理想的情况是，匹配平移对称性破缺系数为零。不过在实际当中，总会有一部分资产证券包括未发行证券的次级部分在银行部门内获得持有，它们形成了匹配平移中的对称性破缺。随着操作中对称性破缺程度的加大，资产证券化对总产出的有效影响会削弱。所以，实际当中的理想情况是，为了把操作中的对称性破缺程度降到最小，应尽量减低用于必要信用提高之外的次级部分（包括发行证券的部分和未发行证券的部分），使更多的其他部分由银行部门之外的投资者持有。

当然，这也不是说资产证券在银行内部持有对经济与金融运行就完全没有其他方面积极影响。例如，作为一种竞争准备金头寸的新技术，内部持有具有使准备金的整体配置得到进一步优化的效果，由此能够使更多的企业获得贷款，这对总产出也是具有积极影响的。另外，在许多情况下一定的内部持有也会有利于改善银行部门的技术指标，进而使更多的企业获得贷款，这对总产出同样具有积极影响。尽管如此，为了更好地实现对资产证券化的热切期待——通过盘活信贷存量支持实体经济发展，商业银行信贷资产化操作的技术重点还是应该放在尽量降低匹配平移对称性破缺程度上，即不能使匹配平移对称破缺系数过于偏大。

事实上，匹配平移对称的势力导入银行发展，就如同科学和机械的势力导入生产变革，其影响是巨大和深远的。匹配平移对称铺就了银行走向现代化的基石。想要在金融事业上取得与其他现代化金融体系国家并驾齐驱的光荣地位，就不应低估匹配平移对称在推动金融变革上的巨大势力。想要找到金融创新促进实体经济发展的新锐力量，μx 就是。

六、基于时空一体的时空变换对称

在金融世界中对称似乎俯首皆是，例如贷款转移的动态也以特定的姿态显

① 在此使用“发展”一词而没有使用“增长”一词是因为，资产证券化不仅影响实体经济增长，还通过作为供给侧结构性改革重要部分的银行供给侧结构性改革影响实体经济的其他方面。

示对称。在关于资产证券化操作步骤的表述中，一个重要步骤就是将作为证券化对象资产的贷款从发起人表内转移至表外SPV。其实现形式有两种动态：一种是一次转移，即从发起人直接向SPV转移贷款；另一种是两次转移，即先从发起人将贷款转让给一个专业化的资产证券化实施机构，之后再由这一实施机构择机将受让的贷款组合投资部分或全部转移至表外SPV。两种动态都是对如期回流的贷款的时间平移。从本质而言，对如期回流的贷款实现时间平移，意味着在贷款转移中贷款回流运动速度只有空间穿越而没有时间穿越。如果在贷款转移中贷款回流运动速度只有时间穿越而没有空间穿越，那么贷款转移就等同于提前还贷，结果是没有贷款转移。进一步的深入研究发现贷款转移中的一个含而不露的“妙理”，即时空一体性和时空变换对称性，它略显抽象却也平实。时空一体性是指在贷款转移中贷款回流运动的速度在穿越空间和穿越时间上以精确的方式相互补偿。时空变换对称性是指内在于这种互补性中的某种不变性。

基于时空一体的时空变换对称是一种遮盖于数学的演绎之中的内禀对称，没有真实的几何构型，可谓是至美无相（the beautiful invisible）。在实际中，我们或许也能凭直觉多少感觉到这一意境，但是“感觉到了的东西，我们不能立刻理解它，只有理解了的东西才能更深刻地感觉它。”[①] 时空一体性和关于时空变换对称性的以上演绎，为理解贷款转移的本质内涵提供了利器。

七、对称的力量和对称思想的指引

本书中有许多基于对称性的相关内容表述，既有静止或具体的对称，也有运动或抽象的对称，对称在金融世界中似乎俯首皆是，以许多不同的姿态展现自己。这些内容涉及到金融运行整体和资产证券化本身。虽然整体对称并不意味局部都对称，但资产证券化是一个具有对称属性的局部组件，其本身带有表现形式不同的对称，这些不同形式的对称成为对称的金融运行中丰富对称的构成。这些方面的深入探究看上去脱离了致用经略，似乎走向纯粹数学乃至哲学的精义极至，其实未必，常言道：精义入神，以致用也。[②]马克思也认为：“一种科学只有在成功地运用数学时，才算达到了真正完善的地步。”[③]

对称性概念具有深厚的哲理，自古以来人们就追求这一意境，并在历史的情境中留下孜孜以求的进境、生生不息的境象和匆匆邂逅的境遇。随着19世纪

---

① 参见毛泽东：《实践论》，《毛泽东选集》第1卷，人民出版社1991年版，第286页。

② 精义入神，以致用也。此句出自《周易·系辞下》。

③ 参见保尔·拉法格等著：《回忆马克思、恩格斯》（马集译），人民出版社1973年版，第7页。

30年代群论的问世，对称性这一“远尘之境”便融入具有现代色彩的群论之“咏”，形成了以群论为基础的对称性原理，可谓是“境自远尘皆入咏”。①在自然科学方面，对称性为人们探索、发现和认识自然提供了利器，其颖锐如新发于硎，人们甚至把它上升到探索之梯、力量之源的高度。②当人们后来站在这一高度去回首自然科学中对若干重大佯谬做出修正的事件时，震惊于产生佯谬的疏漏，所获得的顿悟虽算不上原创性的却也是相当透彻的。

在经济与金融研究方面，可以展望的是，随着人们逐步顿悟到经济与金融运行在深层本质上同样是对称的，对称性将不仅用来组织错综复杂的经济与金融现象并因此简化对它们的理解，而且必然是促进经济与金融科学向前发展的一个重要观念和借助力量，为经济与金融研究揭开新的一页。进而，随着人们逐步对对称性的认识论价值的认同，通过充分自觉地运用对称性，借助于对称性提供的洞见，经济与金融中许多目前未知的深刻“妙理”总是可以探寻和揭示的，在必须知道与终将知道的历程中，现代经济与金融学的境界也会随之达到一个新的高度。这符合学术探索本身的风范，不仅要有新揭示，还要达到新境界。当然，经济与金融学也会给对称性以新的面貌，对称性必然是带着经济与金融学锻造出来的特有模式而成为经济与金融研究基本的、规范的新方法。无须讳言，这属于任重道远的事项，即便是看到对称性思想战略价值的有识之士们，具备甘之若饴的心境，恐怕也还要直面现实世界中学术历程的意外险峻，基于某种环境、坚韧和睿智方面的特定条件，心之所向、素履以往，凝神定气、不为惑扰，锲而不舍、日就月将，方有可能最终触及梦寐以求的契机。在这方面不论做怎样最坏的思想准备都不为过，最后的境况一定是有过之而无不及。在现实社会中，环境和坚韧比一定的睿智更为重要，各种因素的综合力量最终决定事项的发展方向、进程状态和最终命运。

不烦特别提示，就像对称性为自然科学研究提供了非常深刻的指引那样，在本质上，对称性不是作为一种纯粹的数学工具或艺术形象，为了抬高起点、博取精深和添加华美而进入经济与金融研究，而是作为一种反映自然、平衡、和谐、经济、完善、稳定的抽象力，作为一种具有客观普遍性的重要法则而进

---

① 在前面的一中有“物含妙理总堪寻”，完整句式是：境自远尘皆入咏，物含妙理总堪寻。此句为乾隆皇帝所提对联，镌刻于北京颐和园宝云阁石碑楼。

② 可以给出一个这方面的例子。20世纪60年代默里·盖尔曼（1969年度诺贝尔物理学奖获得者）在处理粒子分类时运用群论预言了新粒子 Ω^-，并且得到了试验证实。这就如同著名物理学家狄拉克（1933年度诺贝尔物理学奖获得者）所言：基础物理是可以从优雅的数学中拾取的。受此触动，甚至是纯粹的理论物理学家也开始潜心研究群论。在此须要指出的是，物理学因对称性的指引而获得巨大成功，这是事实，但不能因此认为对称性方法是物理方法。同样道理，不能认为对称性是化学方法。其实，物理学和化学均属于科学中的自然科学，而对称性则不然，它虽然与科学中的经验科学有一定历史联系，但当形成以群论为基础的对称性原理时，就属于科学中的形式科学。

入经济与金融研究的，尽管对称性因受到群论的升华而散发着数学的耀眼光辉、洋溢着艺术的至美赞誉，尽管对称性也未必就是统一认识的最高层次的法则。经济与金融研究当前难道不是非常需要甚至比自然科学研究更加迫切需要引入这样的抽象力和重要法则吗？

现在的认知是：金融运行在深层本质上取向于对称，金融运行的这种对称取向是整个经济运行最终设计中的对称部分，资产证券化是其中的一个对称环节。经济与金融的理论研究会对此给出更加严谨、细化和完善的阐述。随着顿悟的加深，进一步的认知应该是：整个经济运行的最终设计真的是对称的，金融运行的对称取向是实现这种对称的最终设计的对称部分，资产证券化是其中的一个对称环节。这意味着：对称性的有效性范围不再囿于经济运行最终设计的对称部分，而是扩大到经济运行的最终设计。对称性在此代表的是经济学的科学性方面，体现为经济运行中的一种不依人的意识而客观存在的本质属性，尽管经济学还有其他方面的性质，但对称性是一种作为“底基（underlying basis）”的遵循方式。对称性所具有的不可思议的力量在于：经济与金融中未知的运行规律和发展规律，可以运用它来获得推知；经济与金融中已有的运行模式和发展模式，可以借助于它来进行审视。一些从数据、事实与现实出发而形成的结论、经验或理论，也会面临对称性的审视。毫无疑问，对称性会以它别具一格的至尊、至美、至简风貌进入经济与金融研究，在哲学世界观和方法论意义上为经济与金融研究带来焕然一新的格局、醍醐灌顶的顿悟和蓦然回首的惊喜。此乃势之所趋、学之所向、志之所归。

八、对称和非对称

事实上，在事物发展的进程中非对称具有与对称同样的重要性。然而在通常表述中总是侧重强调对称，在学术方面也是以对称性为指南构建理论。这是为什么？这是因为：（1）变中之不变因素是经济与金融世界中的客观存在，其表现方式一定是某种对称；（2）有了在最抽象条件下建立的反映经济与金融世界内在本质的对称概念，就能够用它来探讨对称性的破缺机制，从而把非对称视为经济与金融世界的一种必然现象；（3）当非对称与对称的发展相联系时，发展对称的非对称始于某一个层级的对称，终于某一个更高层级的对称；（4）经济与金融世界在深层本质上是对称的，尽管对称的发展要以对称性破缺开辟道路。

在经济与金融世界中，资产证券化的资金循环布局和具体操作安排或许是不期然而然地顺应了“万物至理”，以至于不期然而然地塑造出了一个

“本来就应该是”的那种金融体系。表面的偶然往往就是内在必然的使然。须知，这一“万物至理”可不是什么糊弄视听的玄学，更不是学术傲慢蔑视的学术忽悠，它是自然辩证法的范畴，这一范畴在当今具有日益重要的地位，并且会在与社会辩证法和思维辩证法的综合提炼中向辩证唯物主义哲学范畴升华。在本书的脉络中，贷款和以贷款为支持的证券之间的对称变换，基于对称性的资金循环布局，匹配平移对称，蕴含对称的贷款新境遇等，所体现的难道不就是唯物主义和辩证法有机统一起来的科学世界观吗？因此，在资产证券化存在的客观必然性这方面，根本就不存在什么可以“备受质疑”的缘由。

九、“从头越，苍山如海，残阳如血。”

我是在20多年前刚进入金融系统不久邂逅资产证券化问题的。当时中国人民银行由政研室出面会同国家经贸委相关职能部门召集四家银行、邀请野村证券，在北京西苑宾馆研讨债转股问题，我作为一家银行的派出人员出席这次会议；野村证券提供的会议资料中一并介绍了资产证券化，会后我又向野村证券人员索要了一些关于资产证券化的资料。[①]尽管后来是在异常的艰辛中早已走过了对资产证券化相关具体技术问题进行把握的阶段，这在多方面对我很重要，但在一些抽象了的深层次问题上，如为什么会有资产证券化、资产证券化的深层本质是什么、资产证券化以怎样的机理影响总产出等，却长期困惑，窨然难言。然而，冥思度时暇，辛勤渡无涯，终有以对称性为引导来审视金融体系中的资产证券化的感悟不期而至，困惑涣然冰释，难言化于通透。[②]这一感悟也一并将视野扩展到整个金融运行的范围，进而从对称是金融运行的本质属性、从金融运行取向于对称和为了使这种取向得以有效进展国家意志从中发挥的推动作用，来看待资产证券化这一对称环节的存在，以及它在金融运行取向于对称中地位、性质和作用。可以这样说，以本书确立的学术探索倾向，尽管有体现资金循环脉络的会计处理语式贯穿其中，这为本书增添特色，但若是没有对称性，没有对称性所引导的认识方法，进而没有以对称性为线索而获得的成效，那么本书就没有“精义”，在“入神”上还是一盘散沙，接近不到抽象升华的佳

---

① 相关历史性记录参见张超英、翟祥辉编著：《资产证券化——原理、实务、实例》，经济科学出版社1998年版，后记。

② “时暇”一词，取自流传久远、脍炙人口的优秀古典诗词。《秋胡诗》（南朝宋颜延之，384～456年）中有“蚕月观时暇、桑野多经过”。《登重元寺阁》（唐韦应物，737～792）中有“时暇陡云构、晨霁澄景光”。“无涯”一词，取自耳熟能详、历久弥新的《增广贤文·劝学篇》（唐韩愈，768～824年），其中有“书山有路勤为径、学海无涯苦作舟”。

境，从而也就没有达到相应的学术探索效果。[①]学术探索的要求就是如此，虽然说理论的重要性取决于所要解释的问题的重要性，但在问题重要性一定时，理论的重要性还有赖于它所达到的新境地。另外，即便有以对称性为线索而获得的成效，但若是不能在理论上以对称思想贯穿始末，不仅涉及精巧的金融细节还涉及宏大的总产出势态，不仅涉及金融结构转型升级还涉及银行供给侧结构性改革，那么在整体的完美上就会有硬伤，好在这一问题在对称性成效的深入扩展下得到了避免。当然，书中以对称思想为引导的探索总体而言尚属浅显。

理论上的基础性工作是近几年完成的。反映于书中的基本精神具有一定先行性，或许有些新意，似乎提示了经济与金融运行中某些以往未曾谋面的“妙理”，其层面虽不算浅显，却也并不高深（因为包含数理逻辑、集合论、代数系统、图论在内的离散数学，如今已是一门相当普及的课程，从理工科到经济管理学科都有开设，且属于重要课程）。本书可谓坎坷、艰辛和意志之作，是我十余年来充分利用意外面临的专门时间，赔上心性的定许、重读命运的旨意，拂去逆遇、一苇以航，历尽重重险峻、浸透斑斑磨涅而取得的独立结果。回首道：深一步，浅一步，步步皆辛苦；远一程，近一程，程程尽险阻；长一声，短一声，声声叹不住；前一关，后一关，关关过往昔。在对过尽往昔的回望中能够真切地理解，为什么机缘巧合是稀缺的同时又是沉重的，稀缺得绝无仅有，沉重得如铁如血。

二十多年前我步入金融系统时涉足的业务是银行—信托—证券，在其中历练近十年。或许是缘分吧，带着挥之不去的萦绕，走过避之不及的黯然，如今给出的结果是银行—信托—证券—银行信贷资产证券化。漫漫历程：从头越，苍山如海，残阳如血。[②]重重曲折：只应摇落尽，不必问当年。[③]

中国财政经济出版社的段钢主任为本书的出版给予大量支持，在此深表感谢。

张超英

2018 年 1 月

---

① 鉴于会计处理语式在本书中成为一种基本语式，在此简要说明一下会计处理表示的重要性。以会计处理表示资金循环，是学习金融的一项重要基本功，它对于金融家的重要性就如同等高线对于军事家。对于一个军事家，当面临实际地形地貌时，脑海中就能浮现出相应的等高线分布脉络，当面对等高线标注的地图时，脑海中就能浮现出相应的地形地貌境况。对于一个金融家，当面临一项具体的金融交易时，脑海中应该有以会计处理表示的资金循环脉络，当面对以会计处理表示的资金循环脉络的图示时，脑海中应该有具体的金融交易境况。

② 从头越，苍山如海，残阳如血。此句出自毛泽东的《忆秦娥·楼山关》一词。

③ 只应摇落尽，不必问当年。此句出自纳兰的《临江仙·卢龙大树》一词。

目　录

第一篇　什么是资产证券化

第二篇　为什么会有资产证券化

第三篇　金融结构与金融产品创造

第四篇 经济与金融发展

第一篇

什么是资产证券化

本书内容涉及金融运行和经济发展中的一个重要新锐力量即资产证券化，因此首先以本篇表述什么是资产证券化。

对称性是经济与金融世界中的一个本质属性，可以偿试从对称性的视角探讨什么是资产证券化。资产证券化是一种基于SPV的映射作用对证券化对象资产实现财产权状态转换，以发行资产支持证券而出售和交易证券化对象资产的技术，通过构建一个经济性质状态空间可以揭示内涵于财产权状态转换的对称。资产证券化是一种基于SPV的平移作用提前收回贷款在表内如期回流而实现时间变换的方法，由于在资产证券化交易结构中贷款回流运动规律不因贷款回流所在位置的改变而变化，故而这种时间变换是贷款回流运动的一个时间平移对称。对于货币金融中介的贷款证券化而言，除了时间平移对称的内涵外，还一并带有匹配平移对称的内涵。

第一章　货币和证券
——基于经济性质状态的表述

关于货币和证券，已经有许多非常精湛和绝对权威的论述。本章的内容是，基于金融学中的三对基本概念来表述货币和证券。这样做的目的不是要深入探究货币和证券的理论问题，而是为了便于随后建立一个用以表述资产证券化空间变换的经济性质状态空间。

第一节　初级证券和间接证券

金融学中的三对基本概念之一是初级证券和间接证券。间接证券分为货币间接证券和非货币间接证券，通常表述中的货币就是指由货币金融中介机构发行的货币间接证券。在此将作为货币金融中介的商业银行发行的货币间接债务称为存款货币，作为债务的存款货币的对方是作为债权的银行存款。另外，央行发行的货币间接债务包括流通中货币，流通中货币的对方是作为债权的现金。

现代经济中的货币固然是一种证券，但由于它具有特别独特的作用、特别重要的意义，因而总是将它从间接证券中单独分离出来。这样，货币就是指货币间接证券，证券就是指初级证券和从中剔出了货币间接证券的间接证券的集合。

一、初级证券和间接证券

关于初级证券，一个经典表述是："初级证券包括非金融的支出单位发行的一切债务和股权。所谓非金融的支出单位，指那些基本职能是生产和购买产品、而不是发行一种证券来购买另一种证券的单位。初级证券包括公司股票和债券、应付账款、企业欠银行的短期债务，消费者债务，抵押票据，联邦、州和地方政府债券，国外证券和上述形形色色证券的变种。"①

---

①　参见约翰·G. 格利，爱德华·S. 肖：《金融理论中的货币》（贝多广 译/王传纶 校），上海人民出版社 2006 年版，第 80 页。英文版中的原文为：Primary securities include all debt and equity issues of nonfinancial spending units. … those units whose principal function is to produce and purchase output, and not to buy one type security by issue of another. Primary securities include corporate equities and bonds, accounts payable, short – term business debt to banks, consumer debt, mortgages, federal and state and local government debt, foreign securities, and all the varieties of each of these main types. See John G. Gurley and Edward S. Shaw, *Money in a Theory of Finance* (1960), P. 93.

间接证券是指金融中介机构发行的对其自身的债权（claims against themselves）。“为某些目的，也可以把间接证券区分为货币系统发行的证券（货币间接债务等）和其他金融中介机构发行的证券（非货币间接债务）。此外，根据问题的需要，还可以把货币间接债务本身分成支付手段（通货、活期存款）和其他（定期存款）。”①

关于货币的范围，相关的表述是：“把劳务、当期产出和证券市场上普遍接受为支付工具的货币系统任何债务都视作货币。例如，我们认为美国的名义货币量是，支出单位持有的通货加上可开取支票的活期存款，剔出虽已开出但尚未从存款账户付款的支票。”②该表述带有的一个注释是：“人们还运用各种别的衡量货币的方法。有些范围比我们的要广泛，实际上是把任何冠有‘存款’名称的间接金融资产都记入货币存量。包括商业银行的定期和活期存款，互助储蓄银行的存款和邮政储蓄存款。”③这样计入货币的各项目，被视作货币替代品进行考察。

二、金融中介机构和间接证券

关于金融中介机构，一个经典表述是：“金融中介机构处于最终借款人与购置借款人初级证券的贷款人之间，并且为贷款人的金融资产投资提供其他证券。它们的收益主要从初级证券的利息中积累而来，它们的费用主要是间接证券利息和管理证券的费用。”④应该说，这是一个概括性的一般表述，看上去更贴近非货币金融中介机构，“贷款人的金融资产”是指已有货币，“其他证券”是指非货币间接证券。进一步的表述涉及二级金融中

---

① 参见约翰·G. 格利，爱德华·S. 肖：《金融理论中的货币》（贝多广 译/王传纶 校），上海人民出版社，2006年版，第80－81页。英文版中的原文：Indirect securities may also be divided, for some purposes, into those issued by the monetary system (monetary indirect debt) and those issued by other financial intermediaries (nonmonetary indirect debt). In addition, depending on the problem, monetary indirect debt may itself be divided into means of payment (currency and demand deposits) and others (time deposits). See John G. Gurley and Edward S. Shaw, *Money in a Theory of Finance* (1960), P. 93－94.

② 参见约翰·G. 格利，爱德华·S. 肖：《金融理论中的货币》（贝多广 译/王传纶 校），上海人民出版社，2006年版，第115页。英文版中的原文为：We count as money any debt of the monetary system that are means of payment generally accepted on markets for labor service, current output, and primary on securities. Thus we regard the nominal stok of money in United States as the sum of currency held by spending units and demand deposits subject to check after adjustment for checks drawn but not yet charged against deposit accounts. See John G. Gurley and Edward S. Shaw, *Money in a Theory of Finance* (1960), P. 134.

③ 参见约翰·G. 格利，爱德华·S. 肖：《金融理论中的货币》（贝多广 译/王传纶 校），上海人民出版社，2006年版，第115页。英文版中的原文为：Various other ways of measuring money are in use. Some of them are more inclusive than ours, counting in the money stock virtually any type of indirect financial asset that bears the title "deposits", including time and demand deposits commercial banks, deposits of mutual savings banks, and Postal Saving deposits. See John G. Gurley and Edward S. Shaw, *Money in a Theory of Finance* (1960), P. 134.

④ 参见约翰·G. 格利，爱德华·S. 肖：《金融理论中的货币》（贝多广 译/王传纶 校），上海人民出版社，2006年版，第81页。英文版中的原文为：Financial intermediaries are interposed between ultimate borrowers and lenders to acquire the primary securities of the borrowers and provide other securities for the portfolios of the lenders. Their revenues accrue mainly from interest on primary securities, and their costs are predominantly interest on indirect securities and expenses of administering securities. See John G. Gurley and Edward S. Shaw, *Money in a Theory of Finance* (1960), P. 94.

介机构："诸如销售金融公司，主要是在最终借款人与严格意义上的中介机构之间起中介作用。"①

金融中介机构分为货币金融中介机构（monetary financial intermediation）和非货币金融中介机构（nonmonetary financial intermediation）。货币金融中介机构可以发行货币间接债务（monetary indirect debt），非货币金融中介机构只能发行非货币间接债务（nonmonetary indirect debt）。两种金融中介机构以不同的机制向最终借方提供融资。非货币金融中介机构的运作机制是，首先向最终贷方发行非货币间接债务（上述的"其他证券"），以此购买已有货币（上述的"贷款人的金融资产"），然后再以所获得的货币去购入最终借方发行的初级证券，以此实现向最终借方提供融资。在这种机制下，一笔已有货币发生两次易主，第一次是从最终贷方到非货币金融中介机构，第二次是从非货币金融中介机构到最终借方。货币金融中介机构的做法则不同，它通过向最终借方发起贷款而为最终借方"凭空"创造出货币，不受已有货币的约束。其运作机制是，通过购买最终借方发行的初级证券在自己的负债上引致货币间接债务发行，并将新增的货币债务（即存款货币或上述的"可开取支票的活期存款"）记录在最终借方的账户中，以此实现向最终借方提供融资。

两者的比较。非货币金融中介要先有资金来源才能有资金运用，融资交易的结果是已有货币易主，而货币存量保持不变。货币金融中介则是通过贷款资金运用引致存款货币资金来源，融资交易的结果是创造出新的货币，货币存量因此而增加。在金融理论中，前者属于"信用媒介论"的范畴，后者属于"信用创造论"的范畴。②

三、中央银行和现金

除了存款货币之外，在经济中执行货币职能的还有现金。现金是对央行的债权，现金的对方是作为央行债务的流通中货币，故而现金的源泉是在央行那里，央行是发行现金这种货币间接债权的金融中介机构。央行发行现金的信用创造机制有多种，基于贷款的提现是其中之一。

图 1－1 给出的一个例子是，一家非金融支出单位借方从作为货币金融中介机构的商业银行获得贷款，并从中提现。

图 1－1 中的①表示了商业银行向借方发起贷款，数额为 10 个单位。设借方需要从中提现的数额为 2 个单位，若这时商业银行的超额准备金降到了 0，那么为了实现现金来源，商业银行可以选择向央行借款。当然，在实际中商业银行此时也还有其他的选择，如选择从市场购买货币。

---

① 参见约翰·G. 格利，爱德华·S. 肖：《金融理论中的货币》（贝多广 译/王传纶 校），上海人民出版社，2006 年版，第 81 页。英文版中的原文为：It is necessary at time to create a special category for secondary intermediaries, such as sale finance companies, which may be largely interposed between ultimate borrowers and intermediaries proper. See John G. Gurley and Edward S. Shaw, *Money in a Theory of Finance*（1960）, P. 94.

② 关于"信用媒介论"和"信用中介论"的相关内容，参见周延军编著：《西方金融理论》，中信出版社 1992 年版，第 53—64 页。

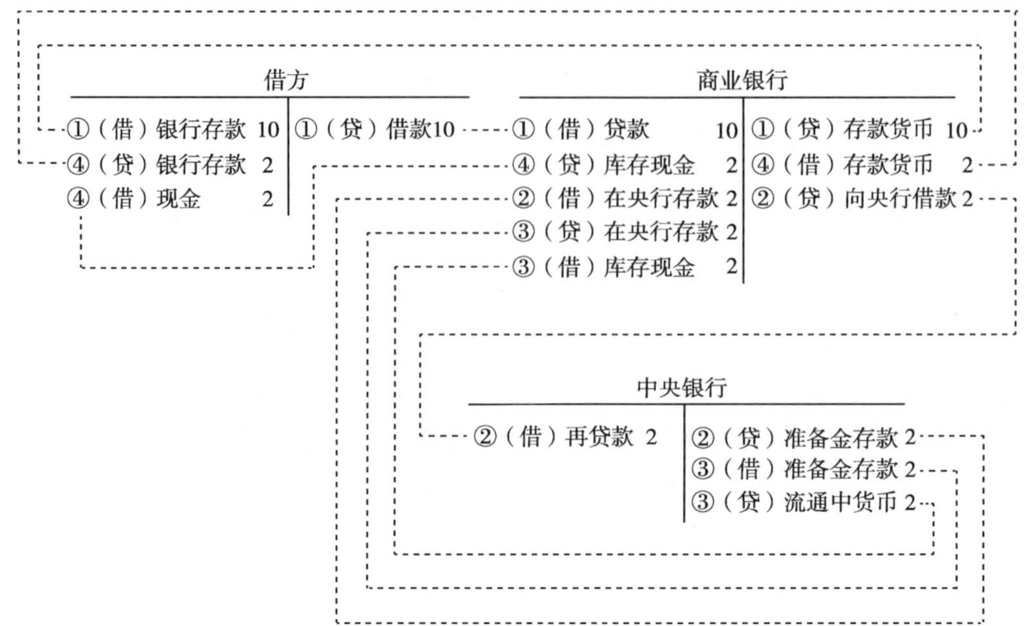

图 1-1　基于贷款的提现和现金的来源

②表示了商业银行向央行借款。这在央行有：（借）再贷款 2/（贷）××准备金存款 2；在商业银行有：（借）在央行存款 2/（贷）向央行借款 2。

③表示了商业银行向央行提取现金，央行向商业银行发行现金。这在央行有：（借）××准备金存款 2/（贷）流通中货币 2；在商业银行有：（借）库存现金 2/（贷）在央行存款 2。

④表示了商业银行满足借方的提现。在商业银行有：（借）存款货币—借方 2/（贷）库存现金 2；在借方有：（借）现金 2/（贷）银行存款 2。

可见，现金在此是央行基于再贷款发行出来的货币债权，它的对方是央行负债上的流通中货币。在借方需要提现而贷方的超额准备金又降为 0 的情况下，央行那里就是社会的资金源泉。借方提现后，商业银行对借方的贷款数额不变，仍为 10，而这一贷款的资金来源在结构上有变化，由原来的存款货币 10，变为存款货币 8 和向央行借款 2。①

第二节　债务性和权益性

金融学中的三对基本概念之二是债务性和权益性。在债务性的契约中，有初级债务性契

① 在许多的文献中，对于商业银行创造存款货币路径的表述，都是从经济中先有一笔现金，该笔现金被存入商业银行开始的，即从商业银行在为客户办理存款业务时的会计处理“（借）现金/（贷）储蓄存款”开始的。这种表述在会计处理的环节上当然是正确的，但在金融学原理的表述上可能还是不够的，因为它回避了基本而重要的一个问题，即存入商业银行的该笔现金是怎么投放出来的？实际上，存入商业银行的该笔现金可能来自多种渠道，除了基于贷款的提现外，还有基于购买外汇和黄金储备的付出等。

约和间接债务性契约，作为货币金融中介机构的银行能够直接架起从初级债务性契约到间接债务性契约的桥梁。

一、债务性和权益性

在初级证券的发行中，既有债务性的，也有权益性的。在债务性的发行中，包括作为融资工具的债券、借款，以及作为流通工具的票据；在权益性的发行中，最常见的是作为融资工具的股票。

在间接证券的发行中，同样也是既有债务性的也有权益性的。例如，众所周知的非货币金融中介机构 FHLMC、FNMA 和 GNMA，它们为融资所发行的间接证券是债务性的，为出售贷款而以自己信托为载体所发行的以贷款为支持的间接证券，既可以采取债务形式的也可以采取权益形式的，或是采取两者兼而有之的分层形式。又如，对于银行而言，由于其职能不是生产和购买当期产出，因而所发行并被他人持有的股票，应该属于间接证券，且是权益性的间接证券。

在债务发行和权益发行中，又有引致性的和融资性的区分。引致性发行的特点是，以资产为支持引起证券发行，所发行的证券属于流通工具，其间并没有传统意义上的融资空间。支持证券发行的资产既可以是已有的也可以是新创造的。例如，银行在货币创造上的发行是债务性发行，同时也是引致性发行，银行以对借方新发起的贷款为支持引致存款货币债务发行，并将所创造的存款货币记录在借方的账户里。借方获得的货币是银行基于新发起的贷款创造而出来的增量货币，不是对已有货币的融资。又如，在资产证券化的交易结构中，以 SPV 承载的贷款为支持的证券发行既有债务性的也有权益性的，但它们都属于引致性发行，投资者的投资对象是已有贷款的证券存在。相比较，融资性发行的特点是，由负债端的证券发行而在资产端获得融资，所发行的证券属于融资工具。例如，银行在吸纳储蓄存款上发行是债务发行，同时也是融资性发行，银行以增加自身债务的形式从存款人吸纳已有现金。又如，企业的股票发行是权益发行，同时也是融资发行。不管股票流通性有多好，它首先是企业借以获得已有货币的融资工具。

二、银行以自己的信用替代买方的信用

在一个没有银行介入的经济中，企业之间的交易可以通过买方提供的信用而得以实现，但这种买方信用具有显著的局限性，因而对于商品交换的实现难有实质性的促进效果。在一个有银行介入的经济中，通过银行的信用扩张替代买方提供的信用，能实质性地提高商品交换的效率。

（一）没有银行介入

图 1－2 中的①表示了买方基于自己的信用从卖方获得产品的情况。在没有银行中介介入的情况下，买方（A）需要增加应付债务以弥补在所需产品（在图中是原材料）上的储

蓄赤字，卖方（B）则将盈余的产品“投资于”应收债权。在此，B以持有应收替代持有作为当期产出的产品。交换后，B是A的债权人，A是B的债务人，交易是以买方创造的初级证券为媒介而在双方直接进行的。尽管买方提供的这种信用具有显著的局限性（例如买方的债务在邻接范围上受到限制），但毕竟还是为调节原材料物资产出以有效实现储蓄等于投资这一经济增长中的关系提供了一种可行的信用手段。以上情况由资金循环①表示。

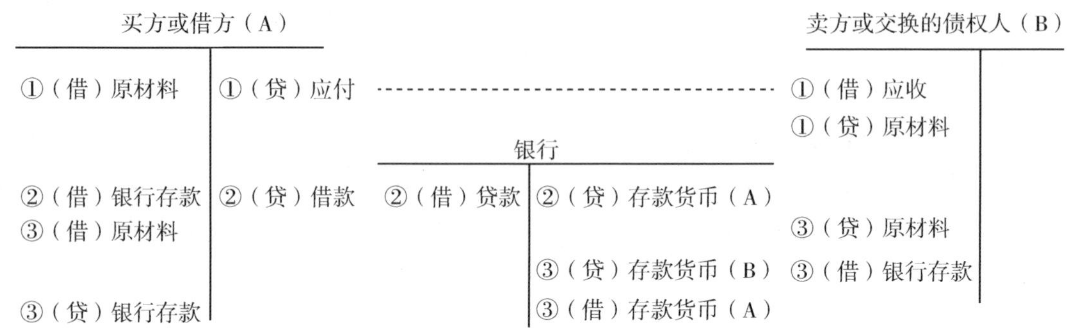

图1-2　实现商品交换中的买方信用和以银行信用替代买方信用

（二）有银行介入

图1-2中的②和③表示了作为货币金融中介的银行介入买卖双方之间，以自己的信用替代买方的信用而使买方从卖方获得产品的情况。

首先，如②所示，银行将存款货币提供给买方，换取对买方的贷款债权，买方以借款的名义替代应付向银行承担债务。或者说，银行通过向借方发起贷款而将基于贷款创造出来的存款货币贷记在借方的账户中，借方通过承担与贷款对应于借款而获得对应于存款货币的银行存款。作为货币债权的银行存款具有普遍可接受性，堪当一般交换媒介。之后，如③所示，借方以持有的银行存款向卖方购买当期产出的产品，卖方则将产品出售给对方，并获得作为一般交换媒介的银行存款，这等于是卖方将盈余的产品“投资于”银行存款。交换后，卖方是银行的债权人，银行是买方的债权人。这一中介过程实现的信用关系是：银行以自己的信用替代买方（借方）的信用，以自己的信用为抵押将卖方的产品提供给买方（借方）使用；借款——贷款记录了银行对借方的追索权。

以上交易是以银行创造的货币为媒介而在双方间接进行的。借款——贷款体现为初级债务性契约，存款货币——银行存款体现为货币的间接债务性契约，交易完成后，作为货币金融机构的银行就在买卖双方之间架起了桥梁，将初级债务性契约和间接债务性契约连接起来，实现了以自己的信用替代借方的信用的中介功能。桥梁的一端由贷款通向买方，桥梁的另一端由存款货币通向卖方。由于对银行的货币债权具有广泛的可接受性，堪当一般交换媒介，因而持有货币债权的卖方也就相当于成为整个经济的债权人。

（三）综合资产负债表

以下是两个支出单位A和B的综合资产负债表（combined balance sheets），其中Ⅰ表示了没有银行介入的情况，Ⅱ表示了有银行介入的情况，假定原材料的价值为10个单位。

两个支出单位的综合资产负债表

资产负债表Ⅰ			
资产		负债	
初级证券（应收）	10	初级证券（应付）	10
资本货物（原材料）	10	净值	10
资产负债表Ⅱ			
资产		负债	
内在货币（银行存款）	10	初级证券（借款）	10
资本货物（原材料）	10	净值	10

在资产负债表Ⅰ中，所有的初级债务都在支出单位持有的金融资产中，即由作为支出单位的债权人持有作为支出单位的债务人的债务。银行的介入改变了债权人的实际状况，使债权人由持有初级债务10变为持有货币10，但债务人仍保有初级债务，只是初级债务的形式由应付10变为借款10。不过，资产负债表Ⅱ的状况不会是新的均衡，因为债权人会有进一步的反应，这种反应表现为减少对货币的需求，增加对初级证券和当期产出的需求。在新的均衡中，利率、价格水平、资本货物的价值都会变化，债权人实际经济行为会刺激资本和收入的实际增长。

而且，实际资本将变得更加丰富，收入也将超过原来的水平。可以比较一下，在债权人持有票据的情况下，囿于这种票据的局限性，债权人就不会有如此行之有效的反应。即便是这样一个简单的综合资产负债，也能说明货币不是中性的，并体现出银行在经济运行中的地位和作用。

第三节　流动性和非流动性

金融学中的三对基本概念之三是流动性和非流动性。在相关的经济学理论中将流动性定义为特定资产向货币转换的便利性，这是一种以货币为中心的概念，意味着货币是衡量流动性程度的尺度。这一表述中的资产包括实物资产和金融资产。不过在金融资产方面，对流动性以及流动性的成因，还是可以进一步探究的。

一、流动性和非流动性

一项金融资产通常表现为债权债务关系（claims - counterclaims relationship）的统一。例如，现金是央行发行的对自身的债权（claims against themselves），谁持有它谁就持有对央行的债权，与现金相统一的对方是央行负债上的流通中货币。这样，“现金”这一金融资产就是作为债权的现金和作为债务的流通中货币这对债权债务关系的统一。又如，“贷款”这一金融资产是贷款债权的和借款债务这对债权债务关系的统一；基于贷款创造出来的“货币”是银行存款债权和存款货币债务这对债权债务关系的统一。再如，支出单位企业发行的“股票”是股权债权和股本债务这对债权债务关系的统一。

债权债务关系统一中的债务一端在一个发行载体的负债上，通常具有确定性，而债权一端在这一债权债务关系所能关联的经济主体的资产上，通常具有不确定性（即在不同经济主体间易主）。基于这种统一性的认识，一项金融资产的流动性就取决于此项金融资产基于债权债务关系所能关联的经济主体的范围。若债务一端在负债上是确定的（不排除债务一端可以在负债上的不同账户间转移，但只要不离开负债端，就认为它是确定的），则关联范围就取决于债权一端的可接受性。这种可接受性越大，金融资产的流动性也就越大。货币之所以具有最充分的流动性，并成为衡量流动性程度的尺度，就是因为它的债权债务关系基于债权一端能被最广泛的经济主体所接受，从而能关联最广泛的经济主体，将最广泛的经济主体邻接到（adjacent to）它的债务一端所在银行的负债上，构成债权债务关系的统一。这一表述是审视货币功能的新视野，有利于深入思考为什么现代货币没有历史相传的那种“内在”却能成为一般交换媒介。

现代货币，它的债权一端渗入经济中的每一个主体，其运动范围自然非常广阔，但不管这种债权运动到哪里，其债务一端始终在银行的负债上，成为统一中的“变中之不变”。这样，银行负债上的货币债务就是货币债权运动的一个对称，而且是唯一对称。因为货币债权一端渗入经济中的每一个主体，所以这种对称也就是金融运行乃至整个经济运行的一个对称。许多经济与金融学说都探索了货币演进问题，但过于囿于对于历史经验的解释，没有触及对称性。其实，对称性是货币演进的内在取向，不管这种演进在摸索中前行的外在表现形式如何，受到的技术条件制约如何。

广泛的邻接性当然是以作为发行体的银行的权威性为靠山的，银行自身的信用水平和技术条件使银行发行的对自身的货币债权成为一种普遍接受的债权，进而这一债权在交易中堪当一般交换媒介。而作为比较，企业自己发行的作为流通工具的票据则不然，不管企业的规模多么大、信用评级多么高，由于企业自身的信用水平通常不如银行，再加上术业有专攻，企业不可能也没有必要专为债务发行去建立一套向银行那样的业务技术。因而，企业的票据债务不能成为一种普遍接受的债务形式，这当然就决定了以票据所能建立的债权债务关系范围是受限的。这种限制反映在票据的债权一端就是，以接受票据债权而被邻接到企业负债上的经济主体对象范围是有限的，因此票据的流动性自然也就是有限的。再就银行发起的贷款而言，基于特定的银行关系，贷款债权在债权债务关系的建立上也同借款债务一样，表现出确定性，通常是难以易主的，所以贷款的流动性更低，甚至处于非流动性的状态。货币、票据、贷款，三者的流动性高低排列是：货币的流动性 > 票据的流动性 > 贷款的流动性。

基于在这种统一性和流动性上的认识，可以把整个经济视为一种以银行为中心的构成，银行成为整个经济活动的中枢。银行成为整个经济活动的中枢，不仅因为银行是经济的资金源泉，向经济提供满足需要的货币，从而能将不计其数的经济主体邻接到自己的负债上，还因为银行是支付结算机制的管理者，经济中的资金运动离不开银行提供的技术服务。在商品交换中，货币的债权债务关系就如同“物的神经”，其债权一端能触及最广泛的经济主体，将它们邻接到货币债务一端所在的中枢上，当债权一端作为流通手段媒介商品流通或是作为支付手段清偿债务时，它的债务一端就成为神经中枢的调节对象，实现中枢的结算功能。

现金是中央银行发行的货币间接证券，其债权债务关系的债务一端在中央银行的负债上，由于央行具有更大的权威性，因而现金也就具有更加充分的流动性。当现金债权被用于流通手段和支付手段时，无须经过央行在其负债上进行结算，现金债权本身的易主就能实现清算。如果现金演化为数字货币，情况会有所改变。

总之，流动性这一概念，在此是指一项金融资产的债权债务关系的可关联范围而言的。一项金融资产的债权债务关系越是能将更加广泛的经济主体关联起来，邻接到债务一端所在的固定负债上，该金融资产就越是具有流动性。相对于债务一端的确定性，债权一端越是容易被更加广泛的经济主体所接受，作为债权债务关系统一的金融资产的流动性就越高。可见，一项金融资产的流动性代表了其债权债务关系所具有的关联能力。这种表达的要点在于，它从证券流动性的角度告诉了我们：为什么会存在银行以自己的信用去替代借方的信用？为什么银行会用自己发行信用凭证为抵押而将使用价值借给借方使用（可谓之为银行存在理由的流动性假说）？为什么将特定资产的流动性定义为向货币资产转换的便利性？这种角度可能是更加切合实际的，更能反映银行存在理由的主要方面，更能揭示作为货币金融中介的银行在金融体系中不可替代的核心地位。

二、流通手段、融资手段和贷款

以作为流通手段的 CP 为例，CP 是以商业信用进行交易时被开出的记载债权债务关系的凭证，这种 CP 没有从货币的基础上解放出来。由于以 CP 能确立债权债务关系的对象仅限于一定范围，并不广泛，因而用 CP 去重新获取使用价值，它在流通的对象、流通的范围、流通的时间、流通的可接受性等方面都是有局限性的。实际上，影响一项证券在确立债权债务关系上的邻接能力的因素有很多，包括实在的担保性、社会的权威性和充分的便利性等。充分的便利性与市场的完善性程度有关，实在的担保性和社会的权威性取决于发行主体的一些具体情况，如背景、规模、技术等。担保性和权威性是影响邻接能力的主要方面。就发行主体而言，由于 CP 发行主体的具体情况远不如货币的发行主体，因而 CP 在与对方经济主体确立债权债务关系上的邻接能力上就远不及银行开出的货币，邻接范围远达不到货币那样的广泛程度。这决定了 CP 只能在有限交易主体间作为流通手段媒介交换，成不了一般交换媒介。基于能确立债权债务关系的对象范围这一流动性概念，CP 的流动性是有限的。比较一下银行的情况，基于银行的机制和体系，即便是一家规模较小银行，它也能凭借在央行的准备金而使所创造的货币在普遍可接受性上达到与大银行同质的程度。

在信用均衡的分析方面，加入这一作为流通手段的 CP 信用关系后，信用体系就呈现为一种一并包括银行信用和商业信用在内的新的信用一般均衡（general equilibrium of credit）。在这种新均衡中，作为经济主体间的金融关系连接纽带，CP 信用关系和货币信用关系是平行的，图 1－2 显示了这一点。一方面，CP 这种初级证券被作为流通手段，成为获取使用价值留下的抵押；另一方面，货币交易占经济活动总量的比例下降，货币本身会得到节约。

另一个例子是作为融资手段的债券和股票。两者能确立债权债务关系的对象范围除了与发行主体的具体情况有关外，还与市场的完善性程度相关。提高市场的完善性程度会扩展它们能确立债权债务关系的对象范围。这在交易中体现为它们向货币转换的便利性得到提高，从而更加具有流动性。流动性的提高为发行主体实现融资提供了便利，但无论市场条件如何改善，它们的流动性终究达不到普遍可接受的程度。

最后一个具体例子是贷款。银行发起贷款形成了双重的债权债务关系，一重表现为“银行存款”——“存款货币”，另一重表现为“借款”——“贷款”。就“借款”——“贷款”而言，契约关系的建立具有特定性，这种确定性体现在作为借方的企业与作为贷方的银行双方，并不仅限于一方。由于涉及银行关系，企业方面少有债务更新，银行方面实际上也难以移动贷款，即便有愿望也难以做到。这种特定性极大限制了贷款债权的流动性，使银行谋求通过出售贷款来实现提前收回贷款在表内如期回流的运作举步维艰。不过如今情况不同了，通过引入证券化技术，可以借助贷款的证券存在来延伸契约关系可达范围，进而使贷款获得流动性。基本的思路是，建立一个具有财产权状态转换功能的载体承载贷款，并以这一载体引致以贷款为支持的证券发行，从而将由载体所承载的贷款转换为与贷款一并存在的、由投资者持有的证券。“一并存在”这一用语意味着，贷款和以贷款为支持的证券两者同真同假。

与借方负债上的借款相比，这种载体的负债上的证券发行便于与诸多投资者建立起债权债务关系，从而在银行提前收回贷款在表内的如期回流这一意义上提高了贷款变现的便利性。当然，这一交易结构也撼动了处于银行负债一端的存款货币，牵动存款货币债务发生位移，与证券化贷款的位移相匹配，位移至载体的负债一端，转化为证券发行的存在形式，同时，原来与存款货币债务相统一的银行存款债权，也随之在对这种证券的投资中转化为这种证券的债权存在，从而在债权债务关系的统一上完成货币存在向非货币存在的转化。一个意外的收获是，证券化的这种交易结构同时也为货币管理增添了新的理念。

第二章　资产证券化的空间变换

资产证券化的空间变换，在此是指基于 SPV 的作用关系，使银行等金融机构贷款债权的经济性质空间状态发生变化，在被映射的像上生成新的状态，这种新的状态代表了作为原像的贷款的证券存在。证券是以贷款为支持的，贷款和贷款的证券存在两者同真同假。①引入这种作用关系的绝妙之处在于，它揭示出从贷款到以贷款为支持的证券之间的变换具有令人信服的对称属性，或者说从贷款到以贷款为支持的证券的变换中蕴涵着对称。这种关于对称的抽象而精巧的数学描述，与其说给出了赏心悦目的审美，不如说为在宏观层面上审视 SPV 的作用关系提供了胸有成竹的信息。

第一节　资产证券化的空间变换

资产证券化的本质特征之一是财产权状态转换，即将作为证券化对象的贷款转换为以贷款为支持的证券，进而以出售和交易这种代表贷款的证券来盘活贷款。本节的内容是，基于经济性质状态的概念将这种转换抽象为关系、映射和空间，进而给出资产证券化的空间变换。基本思路是：集合、映射、映射群、基于映射群的对称变换。

一、关系、映射和空间

首先在划分的概念上来表述流动性，进而基于映射关系来表示资产证券化中经济性质状态空间变换的结构。

（一）划分

可以将金融学中的三对基本概念分别作为三个属性来看待，三个属性的域是：

$$dom(X) = \{X_0, X_1, X_2\},$$
$$dom(Y) = \{Y_0, Y_1\},$$

① 解释一下“贷款和证券两者同真同假”。资产支持证券的概念是：贷款是证券的支持，证券是贷款的代表，这意味着在交易结构中贷款和证券两者同有同无、同增同减。若基于命题逻辑，“资产支持证券”就是这样一个复合命题：有证券就有贷款，证券是贷款的代表；有贷款就有证券，贷款是证券的支持。设命题 P：贷款存在，命题 Q：证券存在，则用符号写出的“资产支持证券”这一复合命题的形式就是：$P \leftrightarrow Q$。看一下 $P \leftrightarrow Q$ 的真值表就知道，$P \leftrightarrow Q$ 为真意味着 P 和 Q 两者同真同假。证券存在当且仅当贷款存在，或者贷款存在当且仅当证券存在，这是资产支持证券的数理逻辑。

$$dom(Z) = \{Z_0, Z_1\}。$$

关于 X_0、X_1 和 X_2，它们可以是基于划分（partition）而言的。设流动性从“非”到“充分”的量化表示是：$0 \to 1$，其量化集合为 $S = \{x \mid x \in [0,1]\}$，则通过引入一个分段指标 ρ_1、ρ_2，可以得到三个集合：$S_1 = \{x \mid x \in [0,\rho_1)\}$、$S_2 = \{x \mid x \in [\rho_1,\rho_2)\}$ 和 $S_3 = \{x \mid x \in [\rho_2,1]\}$。因为集合族 $\pi = \{S_1,S_2,S_3\}$ 是 S 覆盖（即 $S = \bigcup_{i=1}^{3} S_i$，并且 $S_i \cap S_j = \phi$ 或 $S_i = S_j$，其中 $i,j = 1, 2, 3$)，所以 π 也就是 S 的一个划分。基于这一划分，就可以对流动性按大小进行归类。S_1 作为非流动性划分，例如，可以将贷款债权的流动性放在这类划分中；S_2 作为一般流动性划分，例如，通过对贷款实施证券化，以贷款为支持的证券的流动性，可以放在这类划分中；S_3 作为充分流动性划分，例如，银行存款债权的流动性和上市企业流通股票的流动性，可以放在这类划分中。这一划分可以诱导出 S 上等价关系，若定义关系 $R_0 = \{\langle x_1,x_2\rangle \mid \langle x_1,x_2\rangle \in S_i^2, i = 1,2,3\}$，则 R_0 是 S 上的等价关系。①

记 0 是非流动性划分上的表示元素，ρ_1 是一般流动性划分上的表示元素，1 是充分流动性划分上的表示元素，则 $S = \{x \mid x \in [0,1]\}$ 上的元素关于 R_0 的等价类即 $[0]_{R_0}$、$[\rho_1]_{R_0}$ 和 $[1]_{R_0}$。于是，可视 $X_0 = [0]_{R_0}$、$X_1 = [\rho_1]_{R_0}$ 和 $X_2 = [1]_{R_0}$。

（二）关系和映射

1. 关系

考虑到基于证券化而在以贷款为支持的证券上获得的流动性不会达到像货币或上市企业流通股票那样大的程度，因而将资产证券的流动性取在 X_1 应该是合适的。于是，基于金融学中的三对基本概念有以下两个集合：

$$A = \{X_0, Y_0, Z_0\},$$
$$B = \{X_0, X_1, Y_0, Y_1, Z_0, Z_1\}。$$

A 是作为证券化对象资产的贷款的经济性质状态元素的集合，B 是以贷款为支持的证券的所有可能的经济性质状态元素的集合。

按照二元关系的概念，若以 R 表示 A 与 B 的笛卡尔积

$$A \times B = \{X_0, Y_0, Z_0\} \times \{X_0, X_1, Y_0, Y_1, Z_0, Z_1\}$$

的一个子集，即 $R \subset A \times B$，则称 R 是从 A 到 B 的一个（二元）关系。例如，取 $A \times B$ 中的一个子集 $R_i = \{\langle X_0,X_1\rangle,\langle Y_0,Y_1\rangle,\langle Z_0,Z_1\rangle\}$，这个子集便是 A 到 B 的一个关系。这样，就可以将贷款的证券化抽象为一个从 A 到 B 的关系。

---

① 关于 R_0 是 S 上的等价关系，证明的基本情况如下。(1) 任取 $x_1 \in S$，则必有 $i \in N = \{1, 2, 3\}$，使 $x_1 \in S_i$，所以 $x_1 R_0 x_1$，故 R_0 是自反的。(2) 任取 x_1，$x_2 \in S$，若 $x_1 R_0 x_2$，则 $x_1 \in S_i$，$x_2 \in S_i$，即 $x_2 \in S_i$，$x_1 \in S_i$，所以 $x_2 R_0 x_1$，亦即 $x_1 R_0 x_2 \Rightarrow x_2 R_0 x_1$，故 R_0 是对称的。(3) 任取 x_1，x_2，$x_3 \in S$，若 $x_1 R_0 x_2$，$x_2 R_0 x_3$，则必有 i，$j \in N$，使得 x_1，$x_2 \in S_i$，x_2，$x_3 \in S_j$，因为在 $i \neq j$ 时，$S_i \cap S_j = \phi$，所以只能是 $i = j$，即 x_1，x_2，$x_3 \in S_i$，故 R_0 是传递的。综合以上 (1)、(2)、(3)，所以 R_0 是等价的，亦即 R_0 是 S 上的等价关系。

2. 函数

按照函数的概念，如果一个二元关系 $R \subset A \times B$，每一个属于 A 的元素只有唯一的属于 B 的元素与之对应，则称这种关系是由 A 到 B 的一个函数 f，记为 $f:A \to B$。对于每一个 $a \in A$，唯一与之对应的 $b \in B$ 称为 a 的像；对于每一个 $b \in B$，若 $a \in A$ 使 b 是 a 的像，则 a 是 b 的一个原像。

在以上 $A \times B$ 的所有子集中，只有一部分子集可以用来定义由 A 到 B 的函数。例如，对于以上所给出的子集 $R_i = \{\langle X_0, X_1\rangle, \langle Y_0, Y_1\rangle, \langle Z_0, Z_1\rangle\}$，这个子集既是 A 到 B 的一个二元关系，又是 A 到 B 的函数。于是有 $f_i = \{\langle X_0, X_1\rangle, \langle Y_0, Y_1\rangle, \langle Z_0, Z_1\rangle\}$。

可见，定义函数是要满足一定的条件的。函数本身便是关系，但关系未必是函数，函数是一种特殊的关系。通常，函数与映射、变换是同义的，可以替换。以后将更多地使用映射这一用语。

另外，对于一般的映射（函数、变换）而言，虽然集合 A 中的每一个元素在 f 的作用下有唯一的 B 中的元素（映像或函数值），但并不排除 A 中的不同元素可能有相同的映像或函数值。如果在所有可能的每一映射的作用下，A 中的不同元素有不同的像，则这种 f 就是一种更加特殊的 A 到 B 的关系，即更加特殊的映射（函数、变换）。

（三）映射结构和空间

1. 映射结构

进而，可以将对原始贷款债权的证券化抽象为对其经济性质状态进行变换，以此建立关于原始贷款债权的空间变换概念。具体地，将对于原始贷款债权的证券化抽象为 A 到 B 的不同映射。这反映为由有限集合 A 到有限集合 B 的映射结构（mapping structure），这一结构由 8 个不同的映射构成，即：

$$(f_0, f_1, f_2, f_3, f_4, f_5, f_6, f_7): A \to B ,$$

其表格形式为：

	f_0	f_1	f_2	f_3	f_4	f_5	f_6	f_7
X_0	X_0	X_0	X_0	X_0	X_1	X_1	X_1	X_1
Y_0	Y_0	Y_0	Y_1	Y_1	Y_0	Y_0	Y_1	Y_1
Z_0	Z_0	Z_1	Z_0	Z_1	Z_0	Z_1	Z_0	Z_1

这一映射结构意味着，在一个确定法则 f 的作用下，将集合 A 中的每个元素都映射为集合 B 中的唯一确定的与 A 中元素同类的元素（即 X_0 映射到它的同类 X_0 或 X_1，Y_0 映射到它的同类 Y_0 或 Y_1，Z_0 映射到它的同类 Z_0 或 Z_1）。例如，在某一法则 f_5 的作用下，A 到 B 的对应关系为：$f_5(X_0) = X_1$，$f_5(Y_0) = Y_0$，$f_5(Z_0) = Z_1$；或表示为：$X_0 f_5 X_1$，$Y_0 f_5 Y_0$，$Z_0 f_5 Z_1$；或表示为：$\langle X_0, Y_0, Z_0\rangle f_5 \langle X_1, Y_0, Z_1\rangle$。$f_5$ 反映了 A 到 B 的特殊映射关系。$f_5 = \{\langle X_0, X_1\rangle, \langle Y_0, Y_0\rangle,$

$\langle Z_0, Z_1\rangle\}$ 。

2. 空间

在数学层面上，空间是点的集合。具体到资产证券化的空间变换这一具体层面，空间就是三维空间中的关于（X,Y,Z）的以上 8 个点的集合。这 8 个点代表了所有可能的 8 个经济性质状态组，构成一个经济性质状态空间。

二、映射关系的表示

映射关系有集合、矩阵和图形三种表示，资产证券化中的映射关系主要是 f_5 和 f_7 。

（一）f_5

例如，对 f_5 这一由 A 到 B 的特殊映射关系，其二元集合表示、矩阵表示和图形表示分别是：

$$f_5 = \{\langle X_0, X_1\rangle, \langle Y_0, Y_0\rangle, \langle Z_0, Z_1\rangle\}$$

$$M_{f_5} = \begin{pmatrix} 0 & 1 & 0 & 0 & 0 & 0 \\ 0 & 0 & 1 & 0 & 0 & 0 \\ 0 & 0 & 0 & 0 & 0 & 1 \end{pmatrix}$$

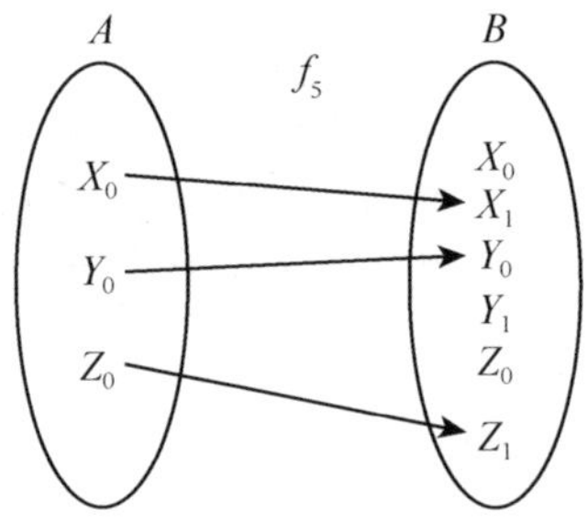

f_5 这一 A 到 B 的特殊映射关系，其实际背景就是基于 SPV 的作用关系对原始贷款债权进行变换，映射出关于原始贷款债权的转付证券存在。将这一关系写为 R_{pay} ，$R_{pay} \subset A \times B$ 。

（二）f_7

对 f_7 这一由 A 到 B 的特殊映射关系，其二元集合表示、矩阵表示和图形表示，分别是：

$$f_7 = \{\langle X_0, X_1\rangle, \langle Y_0, Y_1\rangle, \langle Z_0, Z_1\rangle\}$$

$$M_{f_7} = \begin{pmatrix} 0 & 1 & 0 & 0 & 0 & 0 \\ 0 & 0 & 0 & 1 & 0 & 0 \\ 0 & 0 & 0 & 0 & 0 & 1 \end{pmatrix}$$

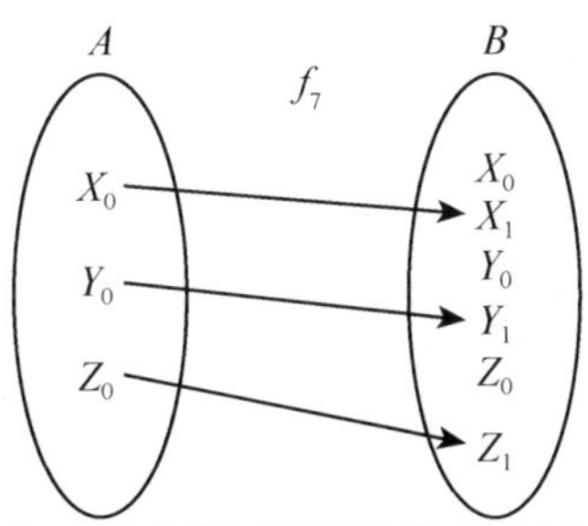

f_7 这一 A 到 B 的特殊映射关系，其实际背景就是基于SPV的作用关系对原始贷款债权进行变换，映射出关于原始贷款债权的过手证券存在。将这一关系写为 R_{pass}，$R_{pass} \subset A \times B$。

三、经济性质状态空间的构造

证券化的含义在于，通过一种结构变换技术作用于原始贷款债权，使得反映原始贷款债权基本特性的经济性质状态（财产权状态）发生变化，在被映像的像上生成新的经济性质状态。基于这种新的经济性质状态，原始贷款债权呈现为双重的存在，即原始贷款和作为受益人权益（beneficial interests）的证券两者都是真。对于特定原始贷款集合的受益人权益或者是债务性的或者是权益性的。“映射”这一数学概念是反映“两者都是真”的有效方法，因为：(1) 没有原像何来像，(2) 像可以是原像的变形。

原始贷款债权的经济性质状态，它在变换的用语下是变换关系中的作用对象，在映射的用语下是映射关系中的映射对象，亦即原像（inverse image），但不论用语如何，作为受益人权益的资产证券是以原始贷款债权集合所成的对象资产为支持的。原始贷款债权的经济性质状态，证券的所有可能的经济性质状态及其在空间中分布，以及在资产证券化过程中作为受益人权益不同存在形式的具有代表性的两种证券的空间穿越关系（pay through 和 pass through），如图 2－1 所示。在变换的意境下，●是作用对象，○是作用结果。在映射的意境下，●是原像，○是像。这种变换或映射产生了新的配置效率。

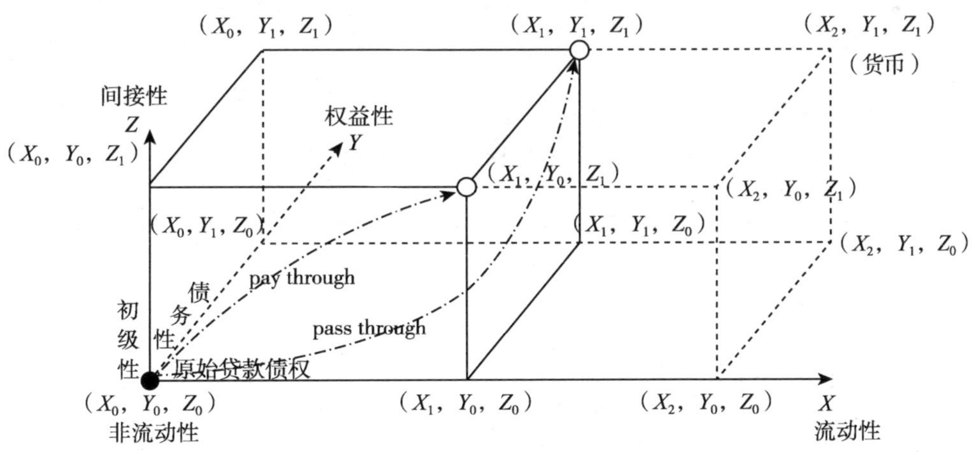

图 2－1 经证券化变换后原始贷款债权的像的空间位置的示意表示——空间穿越关系

由图2－1可见，就银行贷款债权而言，它的经济性质状态表现为初级性、债务性和非流动性，即点（X_0,Y_0,Z_0）。[①]而经过变换（f_5 或 f_7）后，不管资产证券是过手证券还是转付证券，在SPV的作用关系下，它们都具有间接性（$Z_0 \to Z_1$）和流动性（$X_0 \to X_1$）。这种间接性意味着，SPV作为中介手段（intermediary technique）处于对象资产贷款和投资人之间，使投资人通过持有资产证券而持有贷款，而不是直接持有贷款份额。[②] 这种流动性意味着，作为贷款的新的存在状态的资产证券，它在确立债权债务关系上，邻接对象的范围得到了扩大，不再具有特定性。

若经变换后生成的是过手证券，则在经济性质状态中这种证券就表现为对于对象资产的权益性（$Y_0 \to Y_1$），投资者以所有权形式持有对象资产；若经变换后生成的是转付证券，则在经济性质状态中这种证券就表现为对于对象资产的债务性，投资者以债权形式持有对象资产（$Y_0 \to Y_0$）。

可见，过手型变换的结构安排是增加流动性，变债务性为权益性，变初级性为SPV介入下的间接性；转付性变换的结构安排是增加流动性，变初级性为SPV介入下的间接性，但仍保持债务性。所生成的不同证券具有不同的基本经济特性，这反映了结构变换对于对象资产的具体作用关系是不同的。或者说，作用关系不同（R_{pass} 或 R_{pay}），所生成的证券的经济性质状态也不同，即所生成的证券经济性质状态是同对于证券化对象资产的具体作用关系相关的。以 R_{pass} 作用于对象资产生成过手证券，证券的经济性质状态为（X_1,Y_1,Z_1）；以 R_{pay} 作用于对象资产生成转付证券，证券的经济性质状态为（X_1,Y_0,Z_1）。R_{pass}：（X_0,Y_0,Z_0）→（X_1,Y_1,Z_1）；R_{pay}：（X_0,Y_0,Z_0）→（X_1,Y_0,Z_1）。

以SPV承载贷款资产，并发行以所承载的资产为支持的资产支持证券（asset－backed security）的一种表达可如图2－2所示。图中的符号"∨"，表示"可兼或"（inclusive or）。此图是一个反映基本概念的图示，正是在这一交易结构的作用下，推动了银行中介由传统型间接金融向市场型间接金融演进。

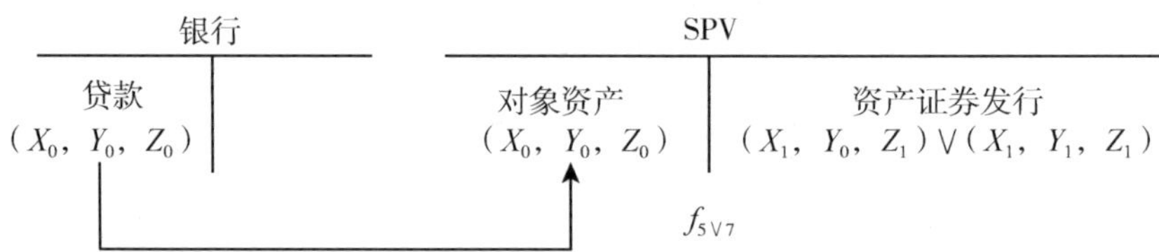

图2－2 以SPV承载资产并引致资产证券发行的一种示意表示

在图2－2中，SPV账户形式或者表示一个特定目的公司的交易结构账户，或者表示一

① 贷款虽然是债权，但它统一于债务性质的借款，并不同于统一于股本性质的股权。

② SPV不仅是出售贷款的中介手段（intermediary technique），同时也是出售贷款的分配手段（distributive technique），例如，通过序列化发行满足更广泛的投资者偏好。关于中介手段和分配手段的表述，可参见约翰·G. 格利，爱德华·S. 肖：《金融理论中的货币》（贝多广译/王传纶校），上海人民出版社，2006年版，第105—108页。或者，See John G. Gurley *and* Edward S. Shaw, *Money in a Theory of Finance* (1960), p. 123－126. 注意到，同一般的金融中介机构相比，SPV纵然也是组织，但它只保留了组织的核——交易账户，这使得其组织成本趋于最小化。

个独立的信托交易结构账户。[①]这种图示的重要意义在于，它一方面表明了投资者购入的是证券发行体所发行的证券，而不是直接购入贷款，另一方面也表明了 SPV 在构建证券化交易结构上的特定目的载体作用。因此，将资产“捆绑”一下或是“打包”的 SPV（特定目的公司或信托），应被作为一个经济主体对待，以一个交易结构账户形式来反映变换的对应关系（或资产支持关系）。

具体就信托方式而言，图 2－2 说明了信托的交易结构账户不同于受托机构的固有账户（在图中未表示出受托机构的固有账户），它们是被分别处理的。在资金流量分析上，这种信托账户体现的是财产管理的功能性一面，交易项目不同，它与信托机构（含兼营信托的资产管理机构等）自身实现分账管理（功能不同）、分别统计（交易项目不同）。于是，当信托机构作为受托人时，承载资产并发行证券就是以一个独立的信托交易结构账户去设计构造的。信托交易结构账户实现了以法人内的账户单位去模拟一个另外的或分开的经济主体（或法律主体），这是信托方式下的一个基本概念。在此，信托这种经济主体属于“模拟”型非法人独立经济主体，在资金流量分析或资金循环统计上将这种方式的处理称为“账户分离”。[②]

在实际中，从特定目的信托的受托者会计看，受托者必须完成每年一次的关于各特定目的信托的信托财产披露报告，内容包括特定目的信托财产的资产负债表、损益表、信托财产的管理和运用报告、附属明晰书等。由此可以方便投资者在对特定目的信托的受益证券进行投资时与其他金融产品相比较。

第二节 资产证券化空间变换的群

资产证券化的本质特征之一是财权状态转换，我们已经将这种财产权状态抽象为在三维空间中的关于 X、Y、Z 的有序组，并将财产权状态转换表示为基于作用关系的映射，不同的作用关系对贷款的经济性质状态产生不同的映射。空间变换是映射的空间表现形式，其内核是关于映射的作用关系，运算是作用关系的展开式。虽然可以对空间变换给出不同的运

---

① 信托交易结构在此是指基于自己信托（declaration of trust）构建的交易结构。自己信托是指委托者兼任受托者的信托。基于自己信托的导入实现财产权状态转换，从而将对于贷款债权的持有转换为对于受益证券的持有。这在固有资产账户表现为（借）受益证券/（贷）贷款，在信托交易结构账户表现为（借）贷款/（贷）受益证券。这种变换虽然在信托关系人的观念上委托者和受托者为同一人格，但在对象资产实现结构变换的观念上委托者和受托者就是不同人格。这样，包括自己信托在内，“受托者的他人性”和“财产权的转移性”这种信托的特性，就在对象资产实现结构变换的观念上基于新设立的独立交易结构账户的形式得到实现。在实际中，基于相关准则，将能够基于两个结构账户的观念得到受托者人格脱离委托者人格控制的效果。由于不再需要运用其他受托者，从而可以起到降低资产证券化成本的效果，同时在发起设立上也更为灵活。

关于特定目的公司，存在着子公司连接上的适用例外。设立特别目的公司在满足以下条件时就被视为独立于出资者及发起人（originator），不符合出资者及发起人的子公司：（1）特别目的公司设立的目的是以公允价格受让资产并以所受让资产产生的收益使特别目的公司所发行的证券的所有者（含特别目的借人债权者）享有；（2）特别目的公司能够妥善地完成这一设立目的。这一适用例外的精神可参见日本的《财务条例》第八条第 7 项（財務諸表規則 8 条 7 項）。

② 这种利用已有受托者法人的设立，节约了在新法人设立上的成本。

算，但只有能揭示空间变换中所蕴涵的某种不变性的运算，才是具有期望效果的运算。[①]本节的主要内容是以对称的世界观和方法论来审视经济性质状态空间中的资产证券化空间变换。

一、表述对称的群

一些对象具有直观的对称，但要直接得出群却并非易事；另一些对象没有直观的对称，但可以通过得出导致对称的群来表述对称。资产证券化空间变换中的对称并不直观，不过基于每一个对称的背后都有一个群作为支撑的理念，可以尝试通过得出导致对称的群来表述资产证券化空间变换中的对称。

（一）表述对称的群

空间变换的内核是作用关系，运算是对作用关系的展开式。一定的作用关系或许会有不同的展开式，但只有能展现某种对称属性的展开式才是具有期望效果的展开式。

在直觉上会隐约感到，在以 σ_{pass} 和 σ_{pay} 作用于 $\begin{pmatrix} X_0 \\ Y_0 \\ Z_0 \end{pmatrix}$ 的运算中会存在某种形式的对称，但真要把对称提取出来也并非易事，因为它存在于数学的遮盖之下。不过，为了能洞悉空间变换中的重要逻辑概念，还是有必要尝试一番。

因为 $X = X_0 \bar{\vee} X_1$，$Y = Y_0 \bar{\vee} Y_1$，$Z = Z_0 \bar{\vee} Z_1$，所以关于 $\begin{pmatrix} X \\ Y \\ Z \end{pmatrix} = \begin{pmatrix} X_0 \bar{\vee} X_1 \\ Y_0 \bar{\vee} Y_1 \\ Z_0 \bar{\vee} Z_1 \end{pmatrix}$，其完全集为

$$S = \left\{ \begin{pmatrix} X_0 \\ Y_0 \\ Z_0 \end{pmatrix}, \begin{pmatrix} X_0 \\ Y_0 \\ Z_1 \end{pmatrix}, \begin{pmatrix} X_0 \\ Y_1 \\ Z_0 \end{pmatrix}, \begin{pmatrix} X_0 \\ Y_1 \\ Z_1 \end{pmatrix}, \begin{pmatrix} X_1 \\ Y_0 \\ Z_0 \end{pmatrix}, \begin{pmatrix} X_1 \\ Y_0 \\ Z_1 \end{pmatrix}, \begin{pmatrix} X_1 \\ Y_1 \\ Z_0 \end{pmatrix}, \begin{pmatrix} X_1 \\ Y_1 \\ Z_1 \end{pmatrix} \right\}$$
$$= \{ s_0, s_1, s_2, s_3, s_4, s_5, s_6, s_7 \}\text{。}$$

对于经济性质状态元素集合 $B = \{X_0, X_1, Y_0, Y_1, Z_0, Z_1\}$，$b \in B$，$B$ 上的双射函数 $g: B \to B$，$g(b) = b_0 \bar{\vee} b_1$ 是集合 B 上的一个置换。所有置换的集合

$$G = \{ (X_0)(X_1)(Y_0)(Y_1)(Z_0)(Z_1), (X_0)(X_1)(Y_0)(Y_1)(Z_0 Z_1),$$

① 经济与金融运行存在最终设计并且这种最终设计就是对称，这种前提条件在今后会被认定为探索经济与金融科学的一个指导原则。诚然，有些金融产品或许没有对称设计，但这在逻辑上并不意味着支配这些金融产品的金融运行和完善金融运行的关键性功能组件就没有对称设计。

$$(X_0)(X_1)(Y_0Y_1)(Z_0)(Z_1),(X_0)(X_1)(Y_0Y_1)(Z_0Z_1),$$
$$(X_0X_1)(Y_0)(Y_1)(Z_0)(Z_1),(X_0X_1)(Y_0)(Y_1)(Z_0Z_1),$$
$$(X_0X_1)(Y_0Y_1)(Z_0)(Z_1),(X_0X_1)(Y_0Y_1)(Z_0Z_1)\}$$
$$=\{g_0,g_1,g_2,g_3,g_4,g_5,g_6,g_7\}\text{。}$$

若是采用左合成运算作为置换的运算，则有运算表如下：

$\circ$	g_0	g_1	g_2	g_3	g_4	g_5	g_6	g_7
g_0	g_0	g_1	g_2	g_3	g_4	g_5	g_6	g_7
g_1	g_1	g_0	g_3	g_2	g_5	g_4	g_7	g_6
g_2	g_2	g_3	g_0	g_1	g_6	g_7	g_4	g_5
g_3	g_3	g_2	g_1	g_0	g_7	g_6	g_5	g_4
g_4	g_4	g_5	g_6	g_7	g_0	g_1	g_2	g_3
g_5	g_5	g_4	g_7	g_6	g_1	g_0	g_3	g_2
g_6	g_6	g_7	g_4	g_5	g_2	g_3	g_0	g_1
g_7	g_7	g_6	g_5	g_4	g_3	g_2	g_1	g_0

从运算表中可以看出，合成运算$\circ$满足：(1) 封闭性，即如果 g_i，$g_j \in G$，则 $g_i \circ g_j \in G$；(2) 结合性，即若 g_i，g_j，$g_k \in G$，则 $(g_i \circ g_j) \circ g_k = g_i(g_j \circ g_k)$；(3) 存在 g_0 幺元，对任意元素 $g_i \in G$，恒有 $g_i \circ g_0 = g_0 \circ g_i = g_i$；(4) 对任意元素 $g_i \in G$，均存在逆元 g_i^{-1}，使得 $g_i \circ g_i^{-1} = g_i^{-1} \circ g_i = g_0$，逆元为 g_i 自身。于是，$(G,\circ)$ 是群。

群 $(G,\circ)$ 描述了经济性质状态空间的内在对称本质。就群与对称的关系而言，群中的每一个元素对应着一种对称的操作变换，资产证券化财产权状态变换由群中的相应元素代表。$R_{pass}:(X_0,Y_0,Z_0)\rightarrow(X_1,Y_1,Z_1)\Leftrightarrow g_7=(X_0X_1)(Y_0Y_1)(Z_0Z_1)$，其经济含义是：在经济性质状态空间上将贷款和它的过手证券存在联系起来的变换是一个对称变换。$R_{pay}:(X_0,Y_0,Z_0)\rightarrow(X_1,Y_0,Z_1)\Leftrightarrow g_5=(X_0Y_0)(X_0)(Y_1)(Z_0Z_1)$，其经济含义是：在经济性质状态空间上将贷款和它的转付证券存在联系起来的变换是一个对称变换。

一般而言，在经济性质状态空间上将贷款和它的证券存在联系起来的变换是一个对称变换。从抽象回到实际，这一结果的政策意义在于，它为在宏观层面上审视资产证券化的财产权状态变换机制提供了胸有成竹的信息、了然于心的坦然，得出的基本判断就是：资产证券化交易中的财产权状态变换机制确实蕴涵着使人信服而又合理之处，与金融运行应有的本质秩序是契合的。

（二）几何解释

以上群中每一个元素所对应的对称的操作变换是旋转。因为经济性质状态具有 $X=X_0\,\bar{\vee}\,X_1$、$Y=Y_0\,\bar{\vee}\,Y_1$、$Z=Z_0\,\bar{\vee}\,Z_1$ 的特点，所以可以将经济性质状态空间的构型设想为图 2－3的形式。

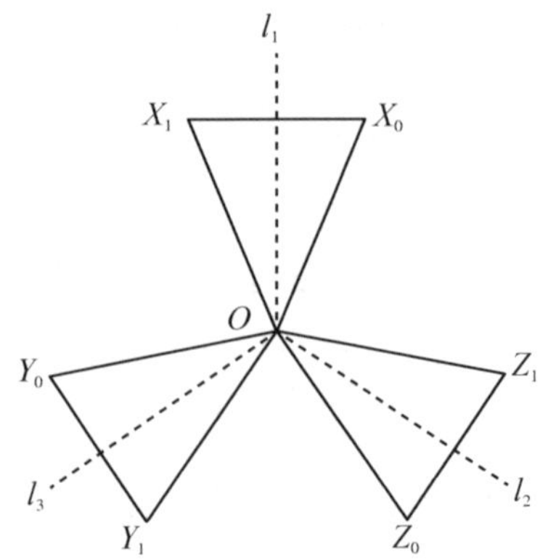

图 2-3　基于三个生成子的经济性质状态的空间构型

图 2-3 是由三个等腰三角形（$\triangle X_0OX_1$、$\triangle Y_0OY_1$ 和 $\triangle Z_0OZ_1$）构成的，其特性是，每一个三角形都可以分别绕 l_1，l_2，l_3 翻转，这种翻转可以是单独的、两个一起的、三个一起的。

从 g_7 来看，g_7 是由三个生成子（generator）构成的：X_0、X_1 单独绕 l_1 轴翻转，Y_0、Y_1 单独绕 l_2 轴翻转，Z_0、Z_1 单独绕 l_3 轴翻转，翻转后的构型如图 2-4 中的 Ⅰ 所示。因为此翻转操作保持了图形作为一个整体的不变性，所以此翻转操作关于 l_1，l_2，l_3 是对称的。

从 g_5 来看，g_5 同样是由三个生成子构成的：X_0、X_1 单独绕 l_1 轴的翻转，Y_0、Y_1 不绕 l_2 轴翻转，Z_0、Z_1 单独绕 l_3 轴的翻转，翻转后的构型如图 2-4 中的 Ⅱ 所示。因为此翻转操作保持了图形作为一个整体的不变性，所以此翻转操作关于 l_1，l_2，l_3 是对称的。

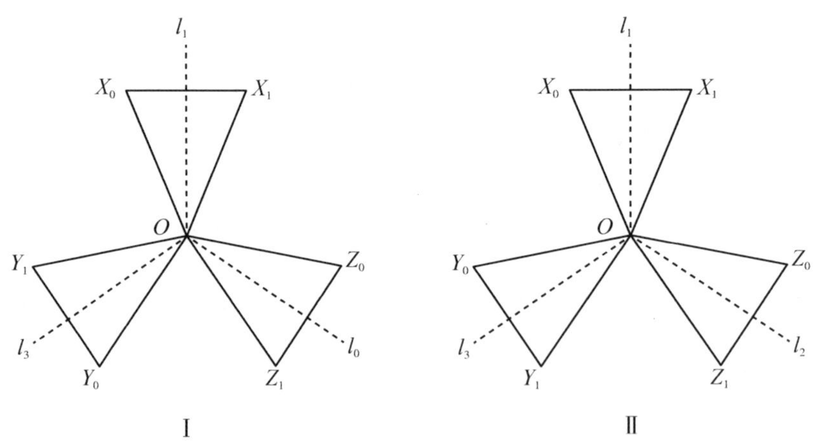

图 2-4　关于 g_7 是 g_0 的一个对称和 g_5 是 g_0 的一个对称的几何图示

注意到以上群（G，$\circ$）的背景，它是具有一个 C_3 主轴（过 O 点并且垂直纸面）和三个 C_2 副轴（即图中与该主轴垂直的 l_1、l_2、l_3，三个相邻的副轴两两相隔 60°）的双面群 D_3

的子群。①

图 2－3 和图 2－4 的特点是，X_0-X_1、Y_0-Y_1、Z_0-Z_1，它们两两互为“朋友”，另外还有一个共同的“朋友”即 O。②

二、群在集合上作用

以上置换群可以取得的一个拓展是其在集合上的作用。

（一）定义

对群 G 和非空集合 S，规定 G 中的元 g 和 S 中的元 s 相结合产生某个 S 中的元，记为 $g*s$；若任意的 $g_i,g_j\in G$ 和 $s\in S$，有

（1）$g_0(s)=s$，

（2）$(g_ig_j)(s)=g_i(g_j(s))$，

则称以上结合关系满足群 G 在集和 S 上的作用（action）。

（二）群在集合 S 上的作用

由图 2－3 和图 2－4 容易看出，$S=\left\{\begin{pmatrix}X_0\\Y_0\\Z_0\end{pmatrix},\begin{pmatrix}X_0\\Y_0\\Z_1\end{pmatrix},\begin{pmatrix}X_0\\Y_1\\Z_0\end{pmatrix},\begin{pmatrix}X_0\\Y_1\\Z_1\end{pmatrix},\begin{pmatrix}X_1\\Y_0\\Z_0\end{pmatrix},\begin{pmatrix}X_1\\Y_0\\Z_1\end{pmatrix},\begin{pmatrix}X_1\\Y_1\\Z_0\end{pmatrix},\begin{pmatrix}X_1\\Y_1\\Z_1\end{pmatrix}\right\}$和置换群（$G$，∘）满足群作用于集合上的定义。

对于过手变换 σ_{pass}，有

$$\begin{aligned}\sigma_{pass}(S)&=g_7(S)=g_7(\{s_0,s_1,s_2,s_3,s_4,s_5,s_6,s_7\})\\&=\{g_7(s_0),g_7(s_1),g_7(s_2),g_7(s_3),g_7(s_4),g_7(s_5),g_7(s_6),g_7(s_7)\}\\&=\{s_7,s_6,s_5,s_4,s_3,s_2,s_1,s_0\}=S,\end{aligned}$$

故而过手变换 σ_{pass} 或 g_7 是 S 的一个对称。

对于转付变换 σ_{pay}，有

$$\begin{aligned}\sigma_{pay}(S)&=g_5(S)=g_5(\{s_0,s_1,s_2,s_3,s_4,s_5,s_6,s_7\})\\&=\{g_5(s_0),g_5(s_1),g_5(s_2),g_5(s_3),g_5(s_4),g_5(s_5),g_5(s_6),g_5(s_7)\}\\&=\{s_5,s_4,s_7,s_6,s_1,s_0,s_3,s_2\}=S,\end{aligned}$$

故而转付变换 σ_{pay} 或 g_5 是 S 的一个对称。

① 关于双面群 D_n 的相关概念，可参阅《结构化学》教材中关于“分子对称性”这一部分的内容。例如，李炳瑞编著：《结构化学》，高等教育出版社 2011 年版，第 160 页，图 4－28 中的“D_3 群实例”。经济与金融研究与化学研究毕竟是有很大不同的，但是由于将对称引入经济与金融研究是要逐步摸索的，因而参考一下对称是如何被引入其他学科研究的情况，无疑是有益的。

② “朋友”一词，源于图论中的“朋友定理”。

除了 g_5 和 g_7 各自是 S 的一个对称外，S 还有其他对称。基于同样的道理，g_0、g_1、g_2、g_3、g_4、g_6 各自也都是 S 的一个对称。故而 $G=\{g_0,g_1,g_2,g_3,g_4,g_5,g_6,g_7\}$ 连同运算 $\circ$ 成为 S 的对称群。

按照轨道的定义，证券化贷款经济性质状态 s_0 在群 G 作用下的轨道：

$$\begin{aligned}\{g(s_0)\mid \forall g\in G\} &= \{g_0(s_0),g_1(s_0),g_2(s_0),g_3(s_0),g_4(s_0),g_5(s_0),g_6(s_0),g_7(s_0)\}\\ &= \{s_0,s_1,s_2,s_3,s_4,s_5,s_6,s_7\}\ 。\end{aligned}$$

（三）群在集合 B 上的作用

$B=\{X_0,X_1,Y_0,Y_1,Z_0,Z_1\}$，若将 $R=\{\langle b_i,b_j\rangle \mid g(b_i)=b_j,g\in G\}$ 定义为群 $(G,\circ)$ 自然地作用在集合 B 上所诱导的二元关系，则由 $(G,\circ)$ 所诱导的 B 上的二元关系就如图 2－5 所示。

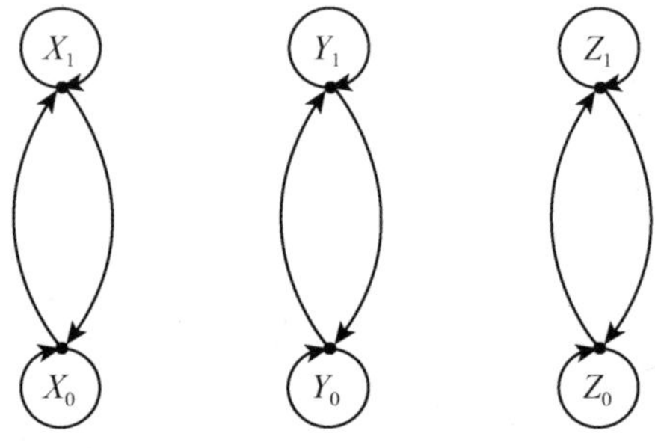

图 2－5　由群 G 所诱导的 B 上的二元关系

该二元关系也是一个等价关系，这个等价关系将 B 划分成三个块（ X 块、Y 块和 Z 块），每一个块是一个等价类。经济含义就是，空间变换分别在流动性与非流动之间（ X 块）、债务性与权益性之间（ Y 块）、初级性与间接性之间（ Z 块）进行。

以上给出的划分也可以从 b 在置换群作用下的轨道（Orbit）得到。按照从 b 在置换群作用下的轨道的定义：$G(b)=\{g(b)\mid \forall g\in G\}$，$B$ 在置换群作用下有以下 3 个轨道：①

$$\begin{aligned}G(X_0)&=G(X_1)=\{X_0,X_1\}\ ,\\ G(Y_0)&=G(Y_1)=\{Y_0,Y_1\}\ ,\\ G(Z_0)&=G(Z_1)=\{Z_0,Z_1\}\ 。\end{aligned}$$

同轨的元素是等价的（即满足自反性、对称性和传递性），三个轨道恰好给出了置换群在 B 上的三个划分。

除了集合的划分外，群在集合上的作用还可以用来讨论群的结构。群 G 作用于集合 B 上，称 $G_b=\{g\in G\mid \forall g(b)=b\}$ 为 b 的稳定子群（stabilizer）。显然，集合 B 在群 G 作用下有以下 3 个稳定子群：

① 关于置换群轨道概念的进一步深入表述，可参阅杨振生编著、王树和审：《组合数学及其算法》，中国科技大学出版社 1997 年版，第 156—157 页。

$$G_{X_0}=G_{X_1}=\{(X_0),(Y_0,Y_1),(Z_0,Z_1),(Y_0,Y_1)(Z_0,Z_1)\},$$
$$G_{Y_0}=G_{Y_1}=\{(X_0),(X_0,X_1),(Z_0,Z_1),(X_0,X_1)(Z_0,Z_1)\},$$
$$G_{Z_0}=G_{Z_1}=\{(X_0),(X_0,X_1),(Y_0,Y_1),(X_0,X_1)(Y_0,Y_1)\}。$$

第三节　经济性质状态空间的格

如果说前述的变换的对称是观察经济性质状态空间的审美观点，那么还有一个观察经济性质状态空间的审美观点就是序。我们知道，自然界是完美的，一个重要因素是因为它有序。序不仅渗透于自然科学，也渗透于社会科学和经济科学。尽管本书中的重点是对称，但也不妨关注一下经济性质状态空间中的序，以上讨论的经济性质状态空间有序吗？如果有的话，它的面貌如何。序的数学抽象是关系，序关系中包括偏序关系、拟序关系、全序关系和良序关系，其中最常用、最重要的是偏序关系，而格是偏序关系中的一个重要类别。本节的内容是，基于格（lattice）来审视经济性质状态空间的完美性。

一、经济性质状态空间的格

在序关系中，具有代表性的是偏序关系，一旦在集合 A 上建立了偏序关系 R 或≤，这个集合就称为偏序集，记为（A，R）或（A，≤）。在一个偏序集中，任意两个元素不一定就有最大下界或最小上界，但如果任意两个元素有最大下界或最小上界，那么就将具有这种特点的偏序集称为格。格是一种重要的偏序集，为了导入作为偏序集合的格，以下从偏序关系进入讨论。

在流动性方面，按照流动性的大小可以给出一个排序。设排序的流动性集合 $X=\{X_0, X_1\}$，$R_X=\{\langle X_0,X_0\rangle,\langle X_0,X_1\rangle,\langle X_1,X_1\rangle\}\subseteq X\times X$，它是对 X 的元素按照下标大小而给出的一个排序关系，这一关系反映了流动性的大小。由于 R_X 是自反的、反对称的和传递的，因此 R_X 是 X 上的偏序关系，可将此 R_X 记为≤，称序偶（X，≤）为偏序集。

对于（X，≤），X 中的任意两个（实际上也只有两个）元素都有上确界和下确界。若定义 R_X 上的二元运算：$X_0\oplus X_1=\inf\{X_0,X_1\}$，$X_0\otimes X_1=\sup\{X_0,X_1\}$，即：

$\oplus_{11}$	X_0	X_1
X_0	X_0	X_1
X_1	X_1	X_1

$\otimes_{12}$	X_0	X_1
X_0	X_0	X_0
X_1	X_0	X_1

则代数系统 $V_1=(X,\oplus_{11},\otimes_{12})$ 是由偏序集（X，≤）导出的格。

按照偿付次序的先后，可以给出一个关于债务性和权益性排序的集合。设债务性和权益性集合 $Y=\{Y_0,Y_1\}$，$R_Y=\{\langle Y_0,Y_0\rangle,\langle Y_0,Y_1\rangle,\langle Y_1,Y_1\rangle\}\subseteq Y\times Y$，它是对集合 Y 的元素按照下标大小而给出的一个排序关系，这一关系反映了偿付上的先后。由于 R_Y 是自反的、反对称的和传递的，因此 R_Y 是 Y 上的偏序关系，可将此 R_Y 记为≤，称序偶（Y，≤）

为偏序集。

对于$(Y, \leqslant)$，Y中的任意两个（实际上也只有两个）元素都有上确界和下确界。定义R_Y上的二元运算：$Y_0 \oplus Y_1 = \inf\{Y_0, Y_1\}$和$Y_0 \otimes Y_1 = \sup\{Y_0, Y_1\}$，即：

$\oplus_{21}$	Y_0	Y_1
Y_0	Y_0	Y_1
Y_1	Y_1	Y_1

$\otimes_{22}$	Y_0	Y_1
Y_0	Y_0	Y_0
Y_1	Y_0	Y_1

则$V_2 = (Y, \oplus_{21}, \otimes_{22})$是由偏序集$(Y, \leqslant)$导出的格。

设直接性间接性集合$Z = \{Z_0, Z_1\}$，$R_z = \{\langle Z_0, Z_0\rangle, \langle Z_0, Z_1\rangle, \langle Z_1, Z_1\rangle\} \subseteq Z \times Z$，它是集合$Z$的元素按照下标大小而给出的一个排序关系，这一关系反映了由直接性Z_0到间接性Z_1的链接。由于R_Z是自反的、反对称的和传递的，因此R_Z是Z上的偏序关系，可将此R_Z记为$\leqslant$，称序偶$(Z, \leqslant)$为偏序集。

对于$(Z, \leqslant)$，Z中的任意两个（实际上也只有两个）元素都有上确界和下确界。定义R_Z上的二元运算：$Z_0 \oplus Z_1 = \inf\{Z_0, Z_1\}$和$Z_0 \otimes Z_1 = \sup\{Z_0, Z_1\}$，即：

$\oplus_{31}$	Z_0	Z_1
Z_0	Z_0	Z_1
Z_1	Z_1	Z_1

$\otimes_{32}$	Z_0	Z_1
Z_0	Z_0	Z_0
Z_1	Z_0	Z_1

则$V_3 = (Z, \oplus_{31}, \otimes_{32})$是由偏序集$(Z, \leqslant)$导出的格。

若设证券经济性质状态的集合为

$$\begin{aligned} A &= X \times Y \times Z = \{X_0, X_1\} \times \{Y_0, Y_1\} \times \{Z_0, Z_1\} \\ &= \{\langle X_0, Y_0, Z_0\rangle, \langle X_0, Y_0, Z_1\rangle, \langle X_0, Y_1, Z_0\rangle, \langle X_0, Y_1, Z_1\rangle, \\ &\quad \langle X_1, Y_0, Z_0\rangle, \langle X_1, Y_0, Z_1\rangle, \langle X_1, Y_1, Z_0\rangle, \langle X_1, Y_1, Z_1\rangle\} \\ &= \{a_0, a_1, a_2, a_3, a_4, a_5, a_6, a_7\}, \end{aligned}$$

$\oplus$和$\otimes$为对于$\oplus_{11}$、$\oplus_{21}$、$\oplus_{31}$和$\otimes_{12}$、$\otimes_{22}$、$\otimes_{32}$的积运算，则$(A, \oplus, \otimes)$是对于$(X, \oplus_{11}, \otimes_{12})$、$(Y, \oplus_{21}, \otimes_{22})$和$(Z, \oplus_{31}, \otimes_{32})$的积代数。由于$(X, \oplus_{11}, \otimes_{12})$、$(Y, \oplus_{21}, \otimes_{22})$和$(Z, \oplus_{31}, \otimes_{32})$是格，因此$A$中的$\oplus$和$\otimes$也满足结合律、交换律和吸收律，从而$(A, \oplus, \otimes)$也是格，成为有序数组格（有序数组代数格）。

为了观察上的方便，可以将8个有序数组竖起来排列如下：

$$\underset{a_0}{\begin{pmatrix} X_0 \\ Y_0 \\ Z_0 \end{pmatrix}}, \underset{a_1}{\begin{pmatrix} X_0 \\ Y_0 \\ Z_1 \end{pmatrix}}, \underset{a_2}{\begin{pmatrix} X_0 \\ Y_1 \\ Z_0 \end{pmatrix}}, \underset{a_3}{\begin{pmatrix} X_0 \\ Y_1 \\ Z_1 \end{pmatrix}}, \underset{a_4}{\begin{pmatrix} X_1 \\ Y_0 \\ Z_0 \end{pmatrix}}, \underset{a_5}{\begin{pmatrix} X_1 \\ Y_0 \\ Z_1 \end{pmatrix}}, \underset{a_6}{\begin{pmatrix} X_1 \\ Y_1 \\ Z_0 \end{pmatrix}}, \underset{a_7}{\begin{pmatrix} X_1 \\ Y_1 \\ Z_1 \end{pmatrix}}。$$

设$a_i \leqslant a_j \Leftrightarrow X_m \leqslant X_n \wedge Y_m \leqslant Y_n \wedge Z_m \leqslant Z_n \Leftrightarrow m \leqslant n$，$m$取$0 \bar{\vee} 1$，$n$取$0 \bar{\vee} 1$。进一步地，为了便于对证券经济性质的空间状态进行观察和分析，可构造由格导出的偏序集（partially ordered set）。基于以上三个运算表的规则，对于$(A, \oplus, \otimes)$，若定义A上的二元关系

为 $a_i \oplus a_j = a_i \vee a_j = a_j \Leftrightarrow a_i \otimes a_j = a_i \wedge a_j = a_i \Leftrightarrow a_i \leqslant a_j$，则可由格 $(A, \oplus, \otimes)$ 导出偏序集（A，$\leqslant$）。

若设 $\{a_0, a_1, a_2, a_3, a_4, a_5, a_6, a_7\} \Leftrightarrow \{1,2,3,4,5,6,7\}$，则有

$$\begin{aligned}\leqslant = \{&\langle 0,0\rangle,\langle 1,1\rangle,\langle 2,2,\rangle,\langle 3,3\rangle,\langle 4,4\rangle,\langle 5,5\rangle,\langle 6,6\rangle,\langle 7,7\rangle,\\ &\langle 0,1\rangle,\langle 0,2\rangle,\langle 0,3\rangle,\langle 0,4\rangle,\langle 0,5\rangle,\langle 0,6\rangle,\langle 0,7\rangle,\\ &\langle 1,3\rangle,\langle 1,5\rangle,\langle 1,7\rangle,\langle 2,3\rangle,\langle 2,6\rangle,\langle 2,7\rangle,\\ &\langle 3,7\rangle,\langle 4,5\rangle,\langle 4,6\rangle,\langle 4,7\rangle,\langle 5,7\rangle,\langle 6,7\rangle\}\text{。}\end{aligned}$$

二、Hasse 图

以下图 2－6 是这一≤关系的 Hasse 图。

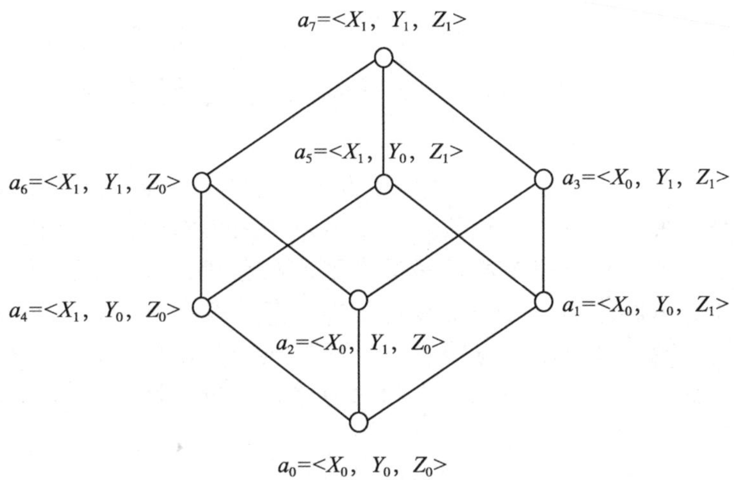

图 2－6　经济性质状态的 Hasse 图

图 2－6 从一个新的视角十分清晰地展示了三维空间中不同证券之间在经济性质状态上的一种内在关系，以及它们的分布情况。可以证明，$(A, \otimes, \oplus)$ 是有补分配格，故而成为一个布尔代数。

对于≤，非“偏”性的链（chain）为 A 的子集 A_1，A_2，A_3，A_4，A_5，A_6，且链上的线性序（linear order）满足分配律。

$A_1 = \{\langle X_0, Y_0, Z_0\rangle, \langle X_1, Y_0, Z_0\rangle, \langle X_1, Y_1, Z_0\rangle, \langle X_1, Y_1, Z_1\rangle\}$，是一个链，（$A_1$，≤）是（$A$，≤）中的一个线性序。

$A_2 = \{\langle X_0, Y_0, Z_0\rangle, \langle X_0, Y_1, Z_0\rangle, \langle X_1, Y_1, Z_0\rangle, \langle X_1, Y_1, Z_1\rangle\}$ 是一个链，（A_2，≤）是 $(A, \leqslant)$ 中的一个线性序。

$A_3 = \{\langle X_0, Y_0, Z_0\rangle, \langle X_1, Y_0, Z_0\rangle, \langle X_1, Y_0, Z_1\rangle, \langle X_1, Y_1, Z_1\rangle\}$ 是一个链，（A_3，≤）是 $(A, \leqslant)$ 中的一个线性序。

$A_4=\{\langle X_0,Y_0,Z_0\rangle,\langle X_0,Y_0,Z_1\rangle,\langle X_1,Y_0,Z_1\rangle,\langle X_1,Y_1,Z_1\rangle\}$ 是一个链，(A_4, ≤) 是(A, ≤)中的一个线性序。

$A_5=\{\langle X_0,Y_0,Z_0\rangle,\langle X_0,Y_1,Z_0\rangle,\langle X_0,Y_1,Z_1\rangle,\langle X_1,Y_1,Z_1\rangle\}$ 是一个链，(A_5, ≤) 是(A, ≤)中的一个线性序。

$A_6=\{\langle X_0,Y_0,Z_0\rangle,\langle X_0,Y_0,Z_1\rangle,\langle X_0,Y_1,Z_1\rangle,\langle X_1,Y_1,Z_1\rangle\}$ 是一个链，(A_6, ≤) 是(A, ≤)中的一个线性序。

以 a_0 表示原始贷款债权。当以信托为载体发行证券时，信托受益权的优先/次级发行为 a_5/a_3 或 a_7/a_3，信托债券的发行为 a_5，信托型 ABL 的发行为 a_1。当以特定目的公司为载体发行证券时，优先投资部分的发行为 a_7，债券部分的发行为 a_5，公司型 ABL 的发行为 a_1。可见，证券化变换的空间状态基础集合是 $\{a_0,a_1,a_3,a_5,a_7\}$，这一集合分布在 A_4 和 A_6 两个链上，故而 A_4 和 A_6 就成为证券化链。

第四节　信托交易结构和特定目的公司交易结构的经济性质状态空间表示

特定目的信托和特定目的公司是资产证券化交易结构的两种主要形式。就特定目的信托而言，建立交易的载体是一个结构账户，之所以称其为结构账户是因为实现财产权状态转换的载体是由两个具有对应关系的最基本账户的构成：一个账户是属于资产类账户的信托账户，位于载体的左端；另一个账户是属于负债及所有者权益类账户的证券发行账户，位于载体的右端，以资产为支持发行证券实质上是以信托账户中的资产为支持而在证券发行账户中派生出证券发行。本节的内容是，用经济性质状态空间的形式来表示给定的交易结构。

一、信托交易结构的空间状态表示

信托是实现资产证券化财产权状态转换的有效方法之一，信托交易结构是以信托方法实现财产权状态转换的构成，信托交易结构的空间状态表示是指用经济性质空间状态的形式来描述以信托方法实现的财产权状态转换。

（一）信托的基本精神

信托，实在是一个有着十分丰富内容的概念。首先就信托的设立而言，有契约信托、自己信托（宣言信托）、遗言信托，金融交易中的信托主要是契约信托和自己信托。再就信托的类型而言，有受益证券发行信托、事业信托、有限责任信托、信托债券、目的信托、担保信托。以日本的情况为例，在资产证券化的信托交易结构中，一种重要的信托类型是《资产证券化法》中的特定目的信托（SPT），它相当于《信托法》中的受益证券发行信托。[①]信托在这里作为一个载体发挥了实现破产隔离和财产权状态转换的功能。这种信托是被动性的，因而也称为是“作为载体的信托”。[②]以下是与资产证券化关系最为密切的、作为资产证券化手段的信托的基本精神。

信托的基本功能之一是破产风险隔离。对于一个资产证券化计划，为了使作为证券化对象的资产与发起人的其他资产相分离，要将原始资产转移至一个特定载体。被转移至载体的资产要与资产原所有者（委托者/发起人）和资产当前实际管理者实现破产风险隔离。信托具有这种适合性。在信托制度中，被转移资产是在信托账户名义下被持有的，资产原所有者的债权人不能以此资产作为其债权的担保，同时，信托财产也与受托者的固有财产实现分别管理（这是指信托财产的独立性），受托人的债权人（第三者）不能强制执行信托财产。即便受托者进入破产，只要具备作为信托的对抗条件，信托财产就不被视为破产范围。鉴于此，信托在制度上就具有了破产隔离功能。

信托的基本功能之二财产权状态转换。对于一个资产证券化计划，为了对难以直接出售的资产实现出售，要将资产转移至一个独立形式的载体，这种载体具有财产权状态转换功能，能够实现对原资产的财产权状态转换，最终以所生成的原资产的证券存在形式，在新的财产权状态下实现对于原资产的出售。信托具备这种功能，当它作为载体工具运用，以置于信托账户的资产为支持而在证券发行账户派生出证券发行时，就意味着将对象资产转换为一种新的存在形式，即表现为信托受益权的有价证券——受益证券。[③]

通过将信托所设定的资产全部转换为受益权这种特殊权利，由客观性的抽象比例来代表，使权利同质化（不管资产原来的构成内容如何），并以所发行的受益证券来表示，这样就容易通过市场向投资者出售权利，由此产生流动性效果。就贷款而言，它在契约关系上具有特定性，其本身是难以向市场中的投资者转让的，这已由以往的诸多尝试给出了验证。但贷款通过信托的财产权状态转换功能作用后，所引致出来的表示受益权的受益证券就容易向市场中的投资者出售，容易实现二级交易，于是贷款也就等于被赋予了流动性。这实际上是实现了以受益证券为交易对象来交易贷款的效果。信托作为一种重要的流动性工具，对于实现贷款债权流动性具有很高的适合性。在这方面，以现代信息技术条件的支持，为了提高证券的流动性而直接在证券发行账户设计十几个甚至几十个层次的受益证券分割发行，已经不

① 特定目的信託/specific purpose trust。受益証券発行信託/trusts with certificates of beneficial interests/beneficiary securities issuing trusts，其中 trusts with certificates of beneficial interests 为日本《信托法》中的用语，beneficiary securities issuing trusts 为日本《金融商品交易法》中的用语。在日本，新修订的信托法中增加了受益证券发行信托的类型，同时在信托的设立上还增加了宣言的方法。在此之前，为了满足资产证券化的需要，受益证券发行信托是在《资产证券化法》中被特别规定。新修订的信托法中还增加了其他若干运用于资产证券化中的信托类型。对于信托法的这方面修改，在日本也存在不同看法，其中的一种观点认为，将运用于资产证券化的若干信托纳入作为一般法的信托法是不妥的，应将其限于在特别法中进行规定才是妥当的。不过，主流的看法还是赞同将运用于资产证券化的若干信托纳入信托法中。

② 关于这一表述，参见：新井誠著·信託法〔第三版〕（有斐閣，2008）434 頁。原文的用语是：「器貸しを目的とする信託」。

③ 受益证券——受益証券/ beneficiary certificate/ beneficiary securities。beneficiary certificate 是日本《资产证券化法》和《信托法》官方标准英文版中的用语，beneficiary securities 是日本《金融商品交易法》官方标准英文版中的用语；受益証券是日本《资产证券化法》、《信托法》和《金融商品交易法》日文版中的用语。

是难事。

这种实现受益权证券化的受益证券发行信托，可以发行表示不同受益权的证券，同时，信托在存在上也可以是发行证券的受益权和不发行证券的受益权混合存在的信托。基于此，同质化通常包含有质的分割（构造受益权的不同层次，如优先受益权/次级受益权、本金受益权/收益受益权）与量的分割（不改变权利内容而使受益权的份额小额化）。也有相关的文献将基于优先受益权/次级受益权的分割视为中间分割，即处于质的分割和量的分割之间的一种分割。①

注意到，许多文献都强调了信托在构建证券化交易结构中的破产隔离功能，但忽视了信托的财产权状态转换功能。信托本身具有破产隔离功能，但以信托构建证券化交易结构不是因为信托具有破产隔离功能，而是因为信托可以被用作具有财产权状态转换功能的载体。这时，由于信托本身就具有法理规定上的破产隔离功能，因而也就无须为这一载体再另行规定破产隔离了。公司型的载体虽然本身未必就有破产隔离功能，但当它被当作资产转换型载体运用时，可以在法律上规定它具有破产隔离功能或是具备破产隔离功能的条件。

进而言之，破产隔离固然是 SPV 应当具备的，但以 SPV 构建证券化交易结构，其出发点却并不就是因为以 SPV 能够在证券化资产与发起人固有资产间实现破产隔离。如果直接流转贷款是合理、便捷和有效的，那么完全可以在法律上规定投资者直接承接的贷款资产与发起人的固有资产在破产上是相互隔离的。以一个 SPV 构建证券化交易结构，其出发点是为了实现财产权状态转换，这时的 SPV 是资产转换型的形式。

（二）信托交易结构的空间状态表示

如图 2－7 所示，信托所实现的财产权状态转换在空间上的映射关系是：$(X_0, Y_0, Z_0) \to (X_1, Y_1, Z_1)$。在经济性质状态 (X_1, Y_1, Z_1) 下，所发行的受益证券代表了对于清单资产的所有权，它包括两部分（亦即带有两个不同的划分）：一部分是优先受益证券，其经济性质状态被表示为 $({}_1X_1, {}_1Y_1, {}_1Z_1)$；另一部分是次级受益证券，其经济性质状态被表示为 $({}_0X_1, {}_0Y_1, {}_0Z_1)$。如前所述，为了提高流动性，可以直接在优先受益证券进行十几个甚至几十个期限、风险不同的层次划分。另外，也可以根据具体实际情况需要以另外的 SPC 实现对优先受益证券的进一步分割。如果选择引入另外的 SPC 将优先部分进一步证券化以达到进一步增进流动性的效果，则在空间上的映射关系可表示为：$({}_1X_1, {}_1Y_1, {}_1Z_1) \to ({}_1X_{11}, {}_1Y_{10 \vee 11}, {}_1Z_{11})$。$({}_1X_{11}, {}_1Y_{10 \vee 11}, {}_1Z_{11})$ 是一个具有十几个甚至几十个划分的期限风险结构不同的序列发行。对优先部分如此进一步证券化不是 CDO 设计，因为两个证券化交易结构账户并非直接串联。

① 参见：高橋正彦・（増補新版）『証券化の法と経済学』（NTT 出版・2009 年 12 月）237ページ。该看法是受到日本《土地信托通知》（「信託受益権が分割される土地信託に関する所得税、法人税、消費税並びに相続税及び贈与税の取扱いについて」98 年 3 月 13 日）的影响。在《土地信托通知》中，对于土地信托受益权，份额小额化这样的量的分割，被视为受益者处于拥有信托财产的状态，本金受益权和收益受益权这样的质的分割，不被视为受益者处于拥有信托财产的状态，但就优先/次级结构，没有任何规定。

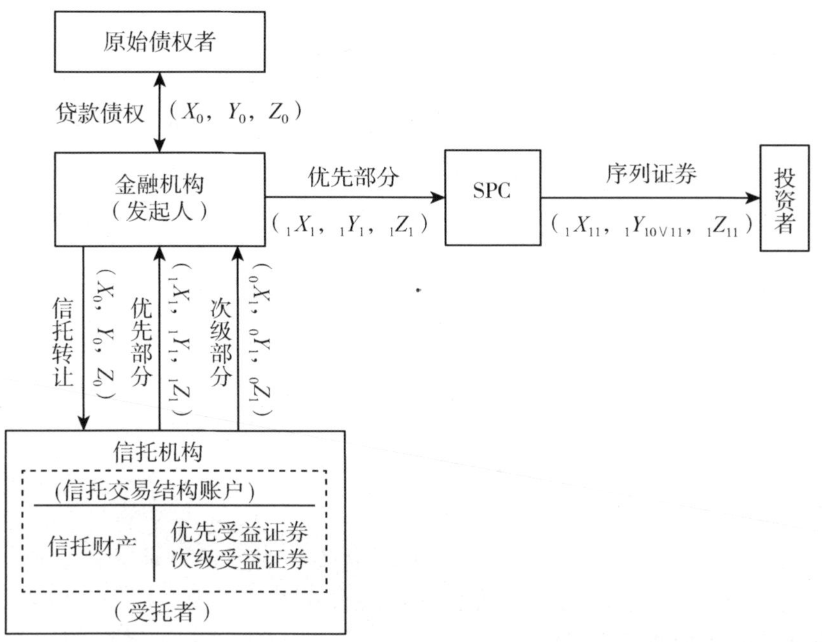

图 2－7　基于 SPT 将证券化资产变换为受益权以及进一步证券化的空间状态示意表示

注：(X_1, Y_1, Z_1) 包括优先部分 $({}_1X_1, {}_1Y_1, {}_1Z_1)$ 和次级部分 $({}_0X_1, {}_0Y_1, {}_0Z_1)$，优先部分经 SPC 作用后被进一步证券化，次级部分由发起人自己持有，构成信用提高。就 CMO 而言，$({}_1X_{11}, {}_1Y_{10}\vee_{11}, {}_1Z_{11})$ 是一组证券的经济性质状态，其中可能既有债务性的 $({}_1Y_{10})$，也有权益性的 $({}_1Y_{11})$，故将关于 ${}_1Y_1$ 的进一步变换一并记为 $({}_1Y_{10}\vee_{11})$。“∨”表示可兼或（inclusion or），表示两者可能同时为真，即 ${}_1Y_{10}\vee_{11} \Leftrightarrow {}_1Y_{10} \vee {}_1Y_{11}$。

在图 2－7 中的信托机构，或者是信托公司或者是兼营信托的其他金融中介机构，或者是资产发起人自己。对交易结构账户加虚框线，以示信托为“模拟”型非法人经济主体，实现了“账户分离”，同受托人、发起人之间具有破产隔离机制。在受益证券的发行上，由于信托是非法人经济主体，因而发行人之角色就由受托人担当。由此，受托人是信托财产的代表，即名义上的归属主体。这一账户形式也给出了一个能够反映这一信托内在交易结构安排的视窗，通过这一视窗能够从交易结构的角度透视这种证券化的细致脉络。

如果信托不仅对受益债权发行证券，还对信托债权发行证券，那么从两者的关系看，受益债权的利益置于信托债权之后。基于相关文献的表述，由于这种受益债权处于剩余利益位置，因而可以被视为是权益性的。

从这种前后关系看，剩余利益在资产证券化交易结构中像是具有权益和负债两种性质。像权益是因为它们是最低层级的证券，不得不包含损失，并且具有像普通股或合伙单位那样的权益工具的合法形式；像债务是因为它们具有周期性现金分配且具有终止期限，购买它们的目标是获得预期收益。

二、特定目的公司交易结构的空间状态表示

特定目的公司是实现资产证券化财产权状态转换的有效方法之二，特定目的公司交易结构是以公司方法实现财产权状态转换的构成，特定目的公司交易结构的空间状态表示是指用经济性质空间状态的形式来描述以特定目的公司方法实现的财产权状态转换。

（一）特定目的公司的基本精神

实现财产权状态转换的另一种工具是特定目的公司（special purpose company，SPC）。从业务功能和目的等方面看，SPC 是受让资产并以受让的资产为支持通过发行证券而实现对资产的出售的法人载体。作为一种对照，先通过发行证券募集资金，再以经理人的决策对集合的资金进行运用的法人载体，不符合 SPC 的精神。基于日本《资产证券化法》中的 SPC 制度，SPC 至少包括以下特点：

（1）通道性和业务委托。SPC 仅是一个承载资产并实现资产证券化的通道，构建这一通道的目的是创造资产的证券存在，以发行证券的形式出售资产，而不是以发行证券的形式首先募集资金进而再以募集的资金购买资产。SPC 的财产权状态转换功能是 SPC 作为被动载体所固有的，对现金流的重新安排效果是主动设计出来的。通常将主动性的资产经营管理事项委托给外部，原则上是利用信托。这样既维持了通道性又能避免发生损失。通过设立信托，即使是在作为资产管理者的受托者破产的情况下也能避免混合风险（commingle risk），因为基于信托关系，托管资产不属于追溯对象。SPC 的这种被动性明显不同于一般意义上的公司，因此，SPC 享有法人税上的特例待遇，同时其治理机构也被简单化。

（2）维持初始计划。对于计划中特定资产的内容、让渡人等，原则上是不允许变更的。这是因为 SPC 是一种实现资产融资的设计，投资者是基于对于特定资产的评价而对证券进行投资决策，若计划中特定资产的内容、让渡人等不确定，会妨碍投资者的投资决策。

（3）成本降低。SPC 只是一个被动载体，其本身不具有经营上的能动性，同时其董事的决策选择权也极为有限，所以在资本和组织的配置上没有必要达到一般股份公司那样的程度。在设立上，它在资本和组织上的要求都很简单，例如，在资本上只要求达到设立法人的一个最低资本额即可（日本资产证券化法上的规定是 10 万日元即可）；在组织上有一名以上董事即可，可不设立董事会。鉴于这种以搭建一个公司型载体为目的的超低资本要求和不必构建独立行政的特点，SPC 也被视为“空壳公司”（paper company）。而对于一般的股份公司，从担保一般债权者债权的角度上讲，需要有足够的最低资本金和并非简单的治理机构。

（4）设立发行与资产出售发行。设立发行是指为设立 SPC 这一载体而进行的发行，这一发行由发起人（発起人/Incorporators）承担，发起人由此成为 SPC 的特定成员（特定社員/specified equity member）。该发行是融资性发行，所发行的对象是特定资本（特定出資/specified equity），10 万日元即可，它相当于设立股份公司时的股本发行。基于设立发行所对应资产属于营业资产。这一发行与其说是为了获得营业资产莫如说是为了搭建一个 SPC 型

的资产转换型载体。进而，以搭建的 SPC 受让资产并将受让资产转换为资产的证券存在的发行是出售资产的发行。该发行是引致性发行，所发行的是资产证券（資産対応証券/asset-backed securities），包括债务性的和权益性的。

（5）引致发行与治理结构简化。这种引致发行的特点是，以已有资产为支持实现发行，即便是有形式上的变通，起码也要有预先确定的契约（如某些开发型证券化）。否则，载体就会蜕变为先募集资金再对资金进行运用的资金运用型载体，从而基于投资者保护的角度，SPC 的“空壳”性就是不恰当的了。

（二）特定目的公司交易结构的空间状态表示

图 2－8 表示了一个 SPC 载体的设立和在这一载体上的资产证券化计划的结构性安排。首先，要搭建起一个 SPC 载体，为此要有象征性的资本金，即特定资本（特定出資/Specified Equity），10 万日元即可，基于这一资本金所形成的资产是营业资产。特定资本和营业资产不属于资产证券化计划。然后，在搭建的载体上安排资产证券化计划中的交易结构，这是指通过在搭建的载体上承载资产并以所承载的资产为支持发行证券。

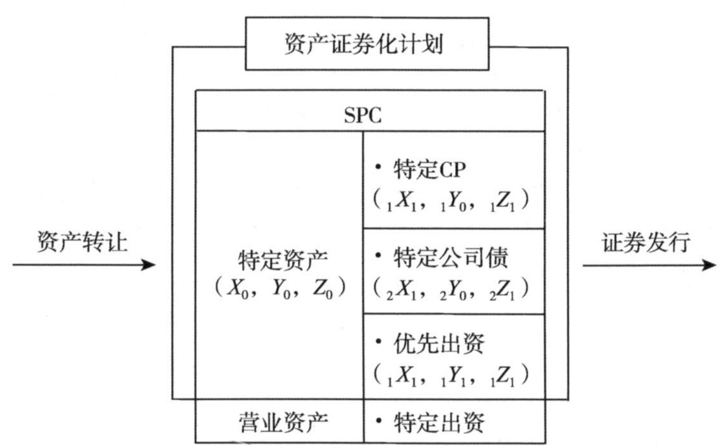

图 2－8　特定目的公司交易结构的空间状态表示

受让的贷款集合成为计划中的特定资产（X_0, Y_0, Z_0）。资产证券发行的基本构成包括：债务性的特定 CP（special commercial paper/特定約束手形）（${}_1X_1, {}_1Y_0, {}_1Z_1$），债务性的特定公司债（special bonds/特定社債券）（${}_2X_1, {}_2Y_0, {}_2Z_1$），权益型的优先出资（preferred equity investment certificates/優先出資証券）（${}_1X_1, {}_1Y_1, {}_1Z_1$）等。

在日本的《资产证券化法》中，SPC 的发行还包含有“特定目的借入（特定目的借入れ/specific purpose borrowings）”。从“以资产的信用力为支持进行融资”这样的制度本质来说，虽然属于资产支持贷款（ABL）的特定目的借入具有显著的投资对象性，是对原贷款的投资性预付，但却未被列入 2007 年得到全面实施的《金融商品交易法》的有价证券范围。该法虽然后来又经过修改，但关于有价证券的定义规定仍未有变。对此，按照日本一位在资产证券化研究方面颇具影响力的学者的评价，这是过分拘泥于“S（证券）”和“L（贷款债权）”这样的法律形式。[①] 对于ABL，至少应将资产证券化法上的特定目的借入，列入准有价证券。[②]

图2－9简要地表示了包括投资者证券交易环节在内的SPC的交易结构。（1）发起人向SPC转让资产，SPC受让资产并以受让的资产为支持发行证券，资产和证券两者都是真，证券出售给投资者，投资者通过投资、交易证券实现对特定资产的投资、交易。（2）SPC仅是一个被动载体，通常将主动性的资产经营管理事项委托给外部，原则上是利用信托（见图2－9）。

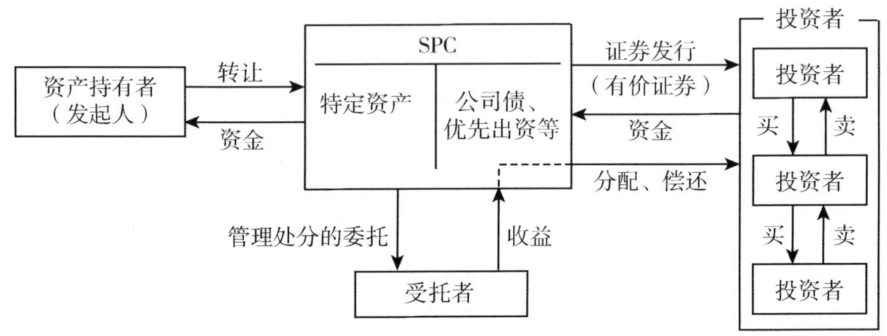

图2－9　利用特定目的公司的资产证券化交易结构

如果发起人是银行，那么向SPC转让的贷款资产所回流的资金就回流给了贷款，银行提前收回了贷款在表内的如期回流，贷款和存款货币一并减少。如果发起人是非银行金融中介机构，那么向SPC转让的贷款资产所回流的资金就表现为提前收回贷放出去的资金，发起人的贷款减少而可用于贷放的资金相应增加。

由以上关于SPT/SPC的分析可以看出，所谓资产证券化，从技术意义上讲，就是以SPV将缺乏流动性的资产等进行集合，并以集合的资产为支持发行证券。在这里，“集合”的对象是已有资产，“支持”的基础是已有资产的现金流，发行载体是将承载的资产转换为以资产为支持的证券发行的工具。投资者基于在这种证券上的投资而持有证券化资产。

①② 参见：高橋正彦（増補新版）『証券化の法と経済学』（NTT出版・2009年12月）321ページ。

第三章　资产证券化的时间变换（Ⅰ）

资产证券化的时间变换，在此是指金融机构通过引入资产证券化技术在某一时点对回流运动中的贷款实施表外化，以此实现提前收回贷款在表内如期回流的效果，这等于对回流运动中的贷款产生了一个沿着时间之轴向前的时间平移。与资产证券化相比，提前还贷也具有提前收回贷款在表内如期回流的效果，也等于对回流运动中的贷款产生了一个沿着时间之轴向前的时间平移，但提前还贷的结果是贷款不复存在。资产证券化的结果是，贷款本身并未湮灭，只是转而由 SPV 承载，继而以 SPV 为中心实现回流，且贷款本身原有的回流运动规律保持不变。贷款本身原有的回流运动规律不因贷款回流所在位置的改变而变化，这意味着这种时间变换是贷款回流运动的一个对称，或者贷款回流运动在这种时间变换下是对称的。比较而言，贷款回流运动在提前还贷的时间变换作用下则是不对称的，因为提前还贷改变了贷款回流运动的原有规律，贷款本身不复存在。贷款回流运动规律在使贷款回流所在位置发生改变的时间平移下保持“变中之不变”，这属于对称性更抽象的领域。本章的内容是表述贷款在资产证券化时间平移中的资金循环，并探讨这种时间平移中的对称及其数学表示。

第一节　一个经典式解说

本节的基本内容是，将马克思的借贷货币资本运动原理运用到关于资产证券化的资金循环分析中。我们知道，在《资本论》中是没有资产证券化问题的。不过，在包括资产证券化创新在内的现代金融中，借贷货币资本运动形式的思想依然是认识基本金融问题的一种有效方法。在本节的表述中依然使用的“职能资本家”“银行资本家”等，更是一种学术用语，以达到在运用经典思想时保留经典风格、在保留经典风格上运用经典思想的艺术学术效果。其实，“职能资本家”“银行资本家”等用语在资产证券化中的现代内涵应该是清楚的。

一、借贷货币资本运动原理

按照马克思的观点，借贷资本有借贷商品资本和借贷货币资本之分，而存在于银行信用领域的借贷资本都是借贷货币资本。这种借贷货币资本有它特殊的运动形式和属性，其运动形式为 G—G′，它和产业资本的关系如图 3－1 所示。

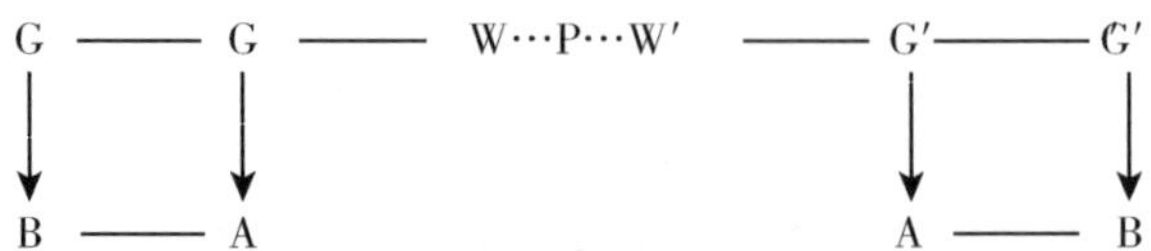

图 3-1 借贷货币资本运动

(一) G—G①

1. 货币的贷放

G—G 表示银行资本家(以下也简称银行)B 把作为资本的货币贷放给职能资本家(即作为产业资本家的职能资本家,以下亦同)A。② G—G 发生在资本现实运动的前面,为资本的现实运动作了准备,同资本现实运动本身尚无关系。

就作为货币金融中介的银行 B 而言,除了小额现金贷款以外,它所集中的货币资本并不能像直观上想象的那样被贷放(让渡)给职能资本家 A,贷放给职能资本家 A 的是银行 B 基于在信用创造上的特有功能而发行的存款货币债务及其对应物(counterparts)——银行存款债权。作为债务的存款货币由银行 B 为 A 贷记在它的账户中,作为债权的银行存款由 A 基于对银行 B 的借款负债而自己持有。在概念上,集中于银行 B 的作为资本的货币,是生息资本意义上的货币资本(moneyed capital),而银行 B 基于在信用创造上的特有功能贷放给职能资本家 A,由职能资本家 A 借以作为资本的货币,则是"始终只是同资本的其他形式即商品资本和生产资本相区别的资本的一种经过形式"上的货币资本(money - capital)。③

B—A 作为债权债务关系的形成路径,其内在关系在银行资本家是(借)贷款/(贷)存款货币,在职能资本家是(借)银行存款/(贷)借款。存款货币是银行贷放的货币的债务形式,银行存款是银行贷放的货币的债权性形式,银行贷放的货币是这种债权债务形式的统一。这意味着,贷款资金运用引致存款货币资金来源。④在货币的运动上,银行存款的运动体现为其在不同经济主体间易主,存款货币的运动跟随在后,体现为其在银行负债上不同经济

---

① G 来自德文的 Geld,后面的 W 来自德文的 Ware。关于 G 的概念,应无障碍。一方面,G 可以是"吞掉了它的物质存在的职能存在(Its functional existence absorbs, so to say, its material existence)",是纯粹的象征性质的 G(It is of purely symbolic character);另一方面,它除了作为货币具有实用价值以外,又取得了一种追加的使用价值,即作为资本来执行职能(Aside from its use-value as money, it acquires an additional use-value, namely that of serving as capital)。中文参见马克思著:《资本论》(第一卷),人民出版社 1975 年版,第 148—149 页;《资本论》(第三卷),人民出版社 1975 年版,第 378 页。以上,第一个职能存在是作为货币的职能存在,第二个职能存在是作为资本的职能存在。G 的概念在以下文中亦同。另外,在有的英文版 *CAPITAL* 中,以上运动公式也被表述为:M(money-capital)—M(money-capital)—C(commodity-capital)…P(productive capital)…C′— M′— M′。

② 资本家的概念,在这里事实上只是人格化的具有自己意识和意志的资本。参见马克思著:《资本论》(第三卷),人民出版社 1975 年版,第 323 页。

③ moneyed capital 和 money - capital 的概念,参见马克思著:《资本论》(第三卷),人民出版社 1975 年版,第 525 页。

④ 比较而言,非货币金融中介的贷放则是直接的。其内在关系在银行资本家是(借)贷款/(贷)银行存款,在职能资本家是(借)银行存款/(贷)借款。银行资本家将其在代理行的货币资本(银行存款)直接让渡给职能资本家使用,其资金来源决定资金运用。

主体存款账户间的划转。进一步地，由银行 B 所贷放出的这种被借以作为资本的货币投入现实运动，它在提现、差额结算、国际支付上，是以银行 B 的货币资本中的一部分，即以银行的货币资本中作为备付的那部分货币资本为支持的。另外，在贷放风险承担上，以贷款损失准备和坏账准备对贷款进行必要覆盖，作为冲减的备付，这部分是银行 B 的货币资本的减项存在。①

如果投入现实运动的货币是在该银行范围内的不同账户间进行结算，那么备付金仍在该银行作为备付（未含提现），在此，该银行作为货币经营业者在货币流通上所担任的各种技术性服务，使结算集中、缩短和简化。如果投入现实运动的货币在运动过程中涉及在该银行以外的不同银行的账户间结算，那么备付金就会执行备付的职能，跟随货币的运动而相应转移。这是指银行的货币在中央银行负债上的不同账户间转移，以在中央银行的账户为过渡执行支付手段职能，在此，中央银行这一银行的银行作为货币经营业者在货币流通上所担任的各种技术性服务，使结算集中、缩短和简化。如果银行 B 贷放给 A 的新增货币不超过备付的部分，那么即便 A 的交易对象是在其他银行资本家那里开户的，以货币单向运动而计的结果也不会透支备付。在实际中，银行的支付是按照与其他银行之间结算的往来差额来执行的，这样，如果银行 B 的市场份额较大的话，那么理想的备付金率就可以相对较小。市场份额大的银行在备付金的占有份额上具有优势，不管是基于结算还是基于存款竞争。

于是，以银行 B 的作为资本的货币为支持的这种贷放及其货币现实运动，是观念上的“银行的货币作为生息资本贷放出去”的实现形式和具体存在。②这样看来，信用创造机制下的借贷货币资本的贷放是一个复合存在，贷放的虽然不是银行 B 的货币资本本身，但却是对银行 B 的债权，这种债权以银行 B 自己的货币资本本身作为备付，备付成为贷放的要素。基于在数学期望上的这种备付概念，银行 B 是把它的货币作为资本贷放给了职能资本家 A，尽管创造出来借以实现借贷货币资本进行运动的货币的数量和作为借贷货币资本本身的准备金的数量是不同的，前者要大于后者若干倍。

2. 贷款创造的存款和原始存款的区别与联系

以贷款的形式创造的存款是银行的资金来源，原始存款也是银行的资金来源。前者是银行的贷款资金运用引致的资金来源，在银行表现（借）贷款/（贷）存款，贷款成为存款在

---

① 其形成关系是：（借）利润分配/（贷）贷款损失准备——一般、（借）其他营业支出/（贷）贷款损失准备——专项或特种、（借）其他营业支出/（贷）坏账准备。从所有者权益类中（利润分配）提取的是一般准备，从损益类中（资产减值损失）提取的是专项和特种准备。从资产 = 负债 - 所有者权益 + 收入 - 费用，从而 Δ（资产） = Δ（负债 + 所有者权益 + 收入 - 费用）的变量动态看，贷款损失准备是资产的减项存在，进而亦可将其视为是资产中的货币资本的减项存在。在专项准备，按照中国人民银行《银行贷款损失准备计提指引》的要求，对于正常、关注、次级、可疑及损失类贷款，计提比例分别为 1%、2%、25%、50%、100%。另外，也有将股权转化为这种覆盖的特种作法，例如，在我国建设银行、中国银行的股改中，两家银行的拨备就是由财政部放弃股权而形成的。在这种情况下，Δ（资产） = Δ 所有者权益，左端是资产的减项存在，右端是股权的减少。

② 对于银行贷放的这种表述，马克思的论述首先是以发行银行券的银行为对象的，进而又扩展到为它的贷款人开立一个信用账户从而使银行的债务人成为他的想象的存款人这样的情况。在这两种情况，银行都等于是把它自己的银行资本的一部分贷给了借方，因为基于支付、提现、兑换等，贷给借方的是银行自己的债权。——参见马克思著：《资本论》（第三卷），人民出版社，1975 年版，第 517—518 页。这种表述体现了“信用创造说”的特色，同时也兼具“信用媒介说”的合理成分。从金融学说史看，在《资本论》形成的年代，“信用创造说”和“信用媒介说”都已经形成。

银行账簿上的对应物；后者是银行的作为资本的货币集中的资金来源，在银行表现为（借）现金/（贷）存款，银行通过发行自身的负债而购买已有的社会货币，使之成为银行的货币。这种银行的货币，它表现为一个集中的有组织的量，形成一个货币力量，是准备金（备付加法定）形式上的借贷货币资本（loanable money - capital）。原始存款和源于贷款的存款，它们既有以上区别同时也有内在的联系。源于贷款的存款在银行负债上运动以原始存款集中的准备金为备付，并在规模上由法定准备金率的规制受到准备金的制约。

在“保险柜”的背景下可以对贷款创造的存款和原始存款的区别与联系给出更生动一些的表述。原始存款是作为保管的现金而存在的，保管的现金存放在银行的“保险柜”里，这种“保险柜”既可以是银行自身的金库，也可以是在央行那里的存款账户。当银行将集中的现金存放在自己的金库时，有（借）库存现金/（贷）存款；当银行继而将集中的现金送存央行时，有（借）存放央行款项/（贷）库存现金。

源于贷款的存款显然不是银行的作为资本的货币的资金来源，但却是贷款资金运用的资金来源。这种存款本身起着双重作用。[①]一方面，它会作为生息资本贷放出去，因而不会留在银行的保险柜里。事实上银行的“保险柜”里也没有留存它的位置，从（借）贷款/（贷）存款来看，贷款（而不是现金）成为它在银行账簿上的对应物。另一方面，在存款人之间，当他们相互间的债权债务由他们的支票或电子渠道来结算时，这种存款是作为账面项目而起作用的。如果存款人是在同一家银行，那么结算就是由存款在各账户间的划转来完成的；如果存款人在不同银行，结算就是由存放在不同银行那里的存款在银行间的划转来完成的，差额的部分由在“保险柜”里集中的款项来结清。

（二） G—W…P…W′—G′

G—W 是职能资本家 A 用借来的 G 购买 W（包括生产资料和劳动力），W 的特性与要生产的商品的品种相适应。W— W′表示职能资本家从事商品生产的过程，它是现实运动的本质阶段，其中 W…P 表示被购买的生产资料和劳动力进入生产领域后转化为生产资本 P（德文 Produktions），P…W′表示生产资本的不变部分和可变部分结合起来进行生产，生产出商品资本 W′（ $=c+v+m$ ）。W′—G′表示商品资本转化为货币资本。在 G—W…P…W′—G′的运动中，被借以作为货币资本运动的货币不仅保存自己的价值量，还会生产一定的剩余价值，生产平均利润，增大自己的价值量。

（三） G′—G′

G′—G′表示职能资本家向银行资本家归还贷款。前一个 G′是资本价值加平均利润（G′＝G＋平均利润），它作为职能资本家 A 卖出商品后得到的货币，流回职能资本家，这在职能资本家有（借）银行存款/（贷）库存商品。最后的第二个 G′是资本价值加利息（G′＝G＋利息），它作为已经实现的资本，流回银行资本家。按照马克思的用语，对于贷出

① 关于“存款本身起着的双重作用”的表述，参见马克思著：《资本论》（第三卷），人民出版社，1975 年版，第 533 页。另外，基于央行提供的贷款，能够超越这种集中的有组织的量而形成一个同样的货币力量。

的资本，G′—G′“使它的回流完全起来（make its reflux complete）”。[①] G′—G′发生在资本现实运动后面，脱离了这个现实运动本身。

A—B 反映了贷款收回路径。B—A 和 A—B 从借贷双方统一的角度反映了在银行资本家与职能资本家之间，债权债务关系的形成与结束在路径上是一致的。

职能资本家 A 向银行资本家 B 偿还贷款，以使回流完全起来。对于银行资本家而言，“使回流完全起来”的会计意境是（借）存款货币/（贷）贷款及利息收入；对于职能资本家而言，“使回流完全起来”的会计意境是（借）借款及财务费用/（贷）银行存款。意境中的关系是双因素，因素分解结果是：一方面，一笔相应于本金的货币被吸收，即在职能资本家 A 有（借）借款/（贷）银行存款——本金、在银行资本家 B 有（借）存款货币——本金/（贷）贷款，在这一因素下银行 B 的规模收缩、货币存量减少，这意味着原来凭借信贷扩张而凭空创造出来的那部分货币这时又追随贷款的减少而与减少的贷款一道遁入为空；另一方面，一笔相应于利息支出的货币被换化为利息收入，即在职能资本家 A 有（借）财务费用/（贷）银行存款——利息、在银行资本家 B 有（借）存款货币——利息/（贷）利息收入，在这一因素下银行 B 的规模不变、货币存量减少，减少的存款货币在其间上表现在利息收入上。

在这里，用以偿还借款本息而回流的存款货币是已经实现的资本的表现。职能资本家 A 以持有的“银行存款”这一对于银行 B 的债权去赎回自己对于银行的“借款”债务，一笔相应的货币自然也就在本金上被吸收了。在利息的归属上没有双重的存在。以上因素分解中的第二层因素分解意味着，剩余价值中的一个等于利息份额的货币存在，由职能资本家分割给了银行资本家，也就是说，在银行 B 的信息上，职能资本家在银行的存款账户上的一笔支付利息的存款虽然通过借记而减少，但不像支付本金的存款那样被吸收，而是经在期间上的贷记转化利息收入。这时银行的作为资本的货币中一个相应的份额就成为对于剩余价值分割的货币存在形式。这意味着利息收入为准备金这一生息资本意义上的货币资本（moneyed capital）提供了规定上的资本应得的果实，是一个单纯表现为资本所有权的果实。[②]在与所有者权益的统一方面，这一利息收入在期末经结转进入净利润的形成，再在利润分配上转化为所有者权益的形成，体现为货币经营资本在所有者权益上应得的果实。这样就将银行的生息资本意义上的货币资本的增值与所有者权益的增值，基于结转的利息收入这一要素联系了起来。

二、双重的支出和双重的回流

在关于贷款、货币和证券的来龙去脉上，会计记录提供了最为细致的时间、过程信息。

---

① 参见马克思著：《资本论》（第三卷），人民出版社，1975 年版，第 381 页。

② 利息是对于企业利润的分割，关于这种分割的性质，马克思的具体表述是：利润的一部分现在表现为一种规定上的资本应得的果实，表现为利息；利润的另一部分则表现为相反规定上的资本应得的果实，表现为企业主收入。一个单纯表现为资本所有权的果实，另一个则表现为用资本单纯执行职能的果实，表现为处在过程中的资本的果实，或能动资本家所执行的职能的果实。（One portion of the profit appears now as fruit due as such to capital on *one* form, as interest; the other portion appears as a specific fruit of capital in an opposite form, and thus as profit of enterprise. One appears exclusively as the fruit of operating with the capital, the fruit of performing capital, or of the functions performed by the active capitalist. See karl Marx, *CAPITAL* Volume Ⅲ p. 367 ~ 368. Foreign Languages Publishing House Moscow 1959.）中文参见马克思著：《资本论》（第三卷），人民出版社 1975 年版，第 420—421 页。

鉴于此，引入会计处理的形式无疑会有助于把握借贷货币资本运动和资产证券化资金循环的细致脉络。我们可以基于以下的图 3 –2 来进行这种引入。

职能资本家（A1）

①（借）银行存款 10	①贷）借款 10
②（贷）银行存款 10	
②（借）固定资产 7	
②（借）原材料 2	
②（借）预付工资 1	
③（贷）累计折旧 1	
③（贷）原材料 2	
③（贷）预付工资 1	
④（借）库存商品 4	
⑤（贷）库存商品 4	
⑤（借）银行存款 5	
⑥（贷）银行存款 4	⑥（借）借款 4

银行资本家（B）

①（借）贷款 10（1）	①（贷）存款货币 10（1）
	②（借）存款货币 10（1）
	②（贷）存款货币 7（2）
	②（贷）存款货币 2（3）
	②（贷）存款货币 1（L）
	⑤（借）存款货币 5（4）
	⑤（贷）存款货币 5（1）
⑥（贷）贷款 4（1）	⑥（借）存款货币 4（1）
⑦（贷）贷款 0.5（L）	⑦（借）存款货币 0.5（L）

职能资本家（A1）

⑤（借）主营成本 4	⑤（贷）主营收入 5

劳动者（L）

住宅 10	借款 10
②（借）银行存款 1	②（贷）预收账款 1
	⑤（借）预收账款 1
⑦（贷）银行存款0.5	⑦（借）借款 0.5
	⑤（贷）收入 1

借	生产成本	贷
③ 4		④ 4

职能资本家（A4）

⑤（贷）银行存款 5	
⑤（借）商品 5	

职能资本家（A2）

②（借）银行存款 7	
②（贷）设备 7	

职能资本家（A3）

②（借）银行存款 2	
②（贷）原材料 2	

图 3 –2　双重的支付和双重的回流

（一）工商贷款的发放与回流

1. 第一重的支出：银行资本家将借以作为资本的货币贷放给职能资本家

图 3 –2 中的①表示了银行资本家 B 以贷款的形式创造存款货币供给 10，并将这部分存

款货币贷记在职能资本家 A1 的存款账户内。

在银行资本家 B：（借）贷款 10/（贷）存款货币 10。

在职能资本家 A1：（借）银行存款 10/（贷）借款 10。

在贷记中没有交换商品，贷方贷记的这项货币是作为资本的货币执行贷出手段的职能，是被借以作为资本支出的（至于借方是不是把这项货币作为资本支出，那是借方的事情）。在此，贷款资金运用的增加是处于主动地位的，贷方通过贷款资金运用引致作为其债务的存款货币资金来源，以这种方式满足借方对于货币资本的需求，同时也使社会的货币存量增加。①

在金融理论中，新剑桥学派的“借贷资金论”将借贷资金的供应概括为四个来源，银行体系创造的新增货币量是其中之一。②

2. 第二重的支出：职能资本家用借款获取的货币购买生成资料和劳动力

图 3－2 中的②表示了职能资本家 A1 用银行存款购买生产资料和劳动力，这时货币是作为流通手段媒介商品流通。例如，向在同一银行开户的职能资本家 A2 购买作为固定资产的设备，金额为 7；向在同一银行开户职能资本家 A3 购买作为不变资本的原材料，金额为 2；在劳动力市场上购买劳动力，以工资形式支付的金额为 1。这三项支出在此构成了第二重的支出，它们在资金循环上的运动情况如下。

在职能资本家 A1：（借）固定资产（设备）7、原材料 2、预付工资 1/（贷）银行存款 10。

在银行资本家 B：（借）存款货币 10（A1）/（贷）存款货币 7（A2）、存款货币 2（A3）、存款货币 1（L）。可见，银行资本家在此为职能资本家 A1 持有的货币债权的易主提供技术性服务，在自己的负债上将职能资本家 A1 存款账户中的相应货币债务按照其指令划转到职能资本家 A2、职能资本家 A3 和劳动者的存款账户中。

在职能资本家 A2：（借）银行存款 7/（贷）设备 7。货币债务 7 由职能资本家 A1 的存款账户划转到职能资本家 A2 的存款账户，货币债权 7 由职能资本家 A1 易主到职能资本家 A2。

在职能资本家 A3：（借）银行存款 2/（贷）原材料 2。货币债务 2 由职能资本家 A1 的存款账户划转到职能资本家 A3 的存款账户，货币债权 2 由职能资本家 A1 易主到职能资本家 A3。

在劳动者 L：（借）银行存款 1/（贷）预收账款 1。货币债务 1 由职能资本家 A1 的存款账户划转到劳动者 L 的存款账户，货币债权 1 由职能资本家 A1 易主到劳动者 L。

在以上生产资料和劳动力商品的交换上，作为债权债务关系统一的货币是作为购买手段

① 这种增量信用货币是具有价值掠取性的，因为它与在这一时点上已有的未回流的名义货币量（the nominal stock of money outstanding at the moment）是同质的，它一经被创造出来并进入流通，带来没有 W—G 的 G—W，就等于稀释了社会财富或价值实体。这种情况的反面表述就是货币贬值。这也成为对社会资源进行配置的一种手段——信贷配置手段，即通过排他和偏在的增量货币供给实现价值掠取。在这里，排他和偏在地满足一部分职能资本家的资金要求，其他职能资本家和家庭的已有货币余额的购买力会受到削弱，这种货币贬值被作为基于价值掠取的负担转嫁的表现，带有显著的生产关系方面的影响。

② 参见周延军编著：《西方金融理论》，中信出版社 1992 年版，第 181 页。

执行职能。[①]由于这个行为同资本总运动的联系，它在这里同时被借以作为资本的一种形式(货币资本)。它所完成的这个行为是它被借以作为资本执行职能的必要条件。

3. 职能资本家用购买的生产资料和劳动力进行生产

这一过程如图3－2中的③所示，在此可以借助于一个生产成本账户来抽象地反映这一过程。当所购买的生产资料和劳动力进入生产领域，转化为生产成本时，在生产成本账户与累计折旧账户、原材料账户、预付职工酬薪账户之间，有：（借）生产成本4/（贷）累计折旧1、原材料2、预付工资1。

这些不变资本和可变资本结合起来进行生产，生产出作为商品资本的产品。继而可以将产品从“生产成本”账户的贷方转出，转入“库存商品”账户的借方，以示生产过程的完成，这时有：（借）库存商品4/（贷）生产成本4。这一过程如图3－2中的④所示。

4. 第一重的回流：职能资本家把生产出来的商品卖出去收回货款

这一过程如图3－2中的⑤所示。

在职能资本家A1：（借）银行存款5/（贷）主营收入5，（借）主营成本4/（贷）库存商品4。这种会计意境显示了商品通过出售实现了它的价值，取得了货币这一转化形式。鉴于剩余价值在《资本论》中的重要性，在图3－2中给出了能从会计处理上说明职能资本家A1剩余价值来龙去脉的损益表，从中解析了作为剩余价值转化形式的利润。为了简化，略去了相关税项。

在购买这一商品的职能资本家A4：（借）商品5/（贷）银行存款5。这一会计意境显示了，5个单位的货币债权作为流通手段媒介5个单位的商品实现流通。其中略去了税项。

在银行资本家B：（借）存款货币5（A4）/（贷）存款货币5（A1）。“（贷）存款货币5（A1）”描述了一笔相应的存款货币重新回流到职能资本家A1的存款账户上，职能资本家A1带着剩余价值1实现了收回货款。“（借）存款货币5（A4）”描述了能资本家A1收回的货款是从职能资本家A4的存款账户上划转过来的，银行资本家B为这一划转提供技术服务。

5. 第二重的回流：职能资本家向银行资本家归还贷款，使回流完全起来

这一过程如图3－2中的⑥所示。

在职能资本家A1：（借）借款4/(贷）银行存款4。这一会计意境描述了职能资本家如何以持有的对银行资本家B的货币债权偿付对银行资本家B的借款债务。作为债权的货币在这里是作为已经实现的资本用在收回借款债务。为了简化，略去了财务费用。

在银行资本家B：（借）存款货币4（A1）/(贷）贷款4（A1）。这一会计意境描述了货币是如何回笼的，职能资本家A1账户中的“存款货币4”在这里是作为已经实现的资本，

---

① 在关于工资的支付上，“无论货币是执行购买手段还是支付手段的职能，商品交换本身的性质并不因此发生变化。劳动力的价格已由契约确定下来，虽然它同房屋的出租价格一样，要在以后才实现。劳动力已经卖出，虽然报酬要在以后才能得到。但是，为了在纯粹的形式上理解这种关系，我们暂且假定，劳动力的所有者每次出卖劳动力时就立即得到了契约所规定的价格。”——参见马克思著：《资本论》（第一卷），人民出版社，1975年版，第198页。

用于收回对 A1 的贷款，以使回流完全起来。作为债务的货币在这里作为已经实现的资本用在收回贷款债权。为了简化，略去了利息收入。

作为债权债务关系统一的货币在这里是作为资本的货币形式执行偿还手段的职能，这与在第一重的支出中它的让渡采取的贷出形式是相适应的。结果是，职能资本家的资产负债表收缩了 4，银行资本家的资产负债表也收缩了 4。

（二）住宅贷款的回流

在图 3－2 中，还包括劳动者的购房借款信息和劳动者对购房借款进行偿付的信息。按照银行贷款用途的划分，住宅贷款属于消费者贷款。[①]

为了偿付购房借款，劳动者需要将自己的劳动力与生产资料相结合，进入劳动力的再生产过程。开始这一过程的标志是，劳动者将自己的劳动力出卖给职能资本家，职能资本家购买劳动力。这如图 3－2 中关于 L 的②所示。

在劳动者 L：（借）银行存款 1/（贷）预收账款 1。之所以在贷方记入“预收账款”而不是“收入”，是因为从经济学意义上讲，劳动者这时还没有将自己再生产出来，他的“银行存款”还不能作为“收入”来对待。在这一意义上，“预收账款”在本质上是劳动者给职能资本家开出的借据。

在第一重的回流，劳动者将自己再生产出来，收回“预收账款”。职能资本家在把生产出来的商品卖出去收回货款时，它预付给劳动者的工资也就随之在商品资本的实现中得到实现，取得货币这一转化形式。而这对于劳动者而言，就是通过劳动支出而在必要劳动时间内再生产出来的劳动力价值，也一并在其中得到实现，取得货币这一转化形式，从而实现了将自己再生产出来的效果。基于会计上的意境，将原来贷记的“预收账款”再进行借记，就等于是收回了“预收账款”这一借据。这由关于 L 的⑤表示。

在劳动者 L 有：（借）预收账款 1/（贷）收入 1。这一记录意味着，从经济学意义上讲，由于商品资本的实现，劳动者实现了将自己再生产出来。在此，“收入”不过是“预付账款”的转化形式。要说明的是，“收入”本应是损益类科目，它在期末时才转入所有者权益类科目“本年利润”，在此只是为了简化，未经结转就将它预先放在了所有者权益的位置上。

在第二重的回流，劳动者以取得的 1/2 收入如期向银行资本家归还贷款，使住宅贷款的回流逐步完全起来。这由关于 L 的⑦表示。

在劳动者 L：（借）借款 1/2/（贷）银行存款 1/2。

在银行资本家 B：（借）存款货币 1/2（L）/（贷）贷款 1/2（L）。

职能资本家的第一重回流也是对实现在商品上的劳动力价值的回流，是工资形式回流，进而是住宅贷款回流的前提。于是，只要对购买劳动力的预付可持续，劳动者的还贷能力就可持续，银行资本家对于劳动者的住宅贷款也就不致演化为不良贷款。这吻合了预期收入理

---

① 这种划分参见瞿强编著：《现代商业银行概论》，中国金融出版社 1994 年版，第 181—182 页。根据贷款的用途划分，有工商贷款、不动产贷款和消费贷款。工商贷款包括短期流动资金贷款、长期流动资金贷款和项目贷款；不动产贷款包括直接不动产贷款和间接不动产贷款；消费贷款包括汽车贷款、住宅贷款（购置、改良或修缮）、教育和学资贷款、小额生活贷款、度假旅游贷款等。

论（the anticipated income theory）。[①]

通过以上回流，劳动者的资产负债表收缩了1/2，银行资本家的资产负债表收缩了1/2。

（三）长期贷款的相关问题

从我国的具体情况看，银行不仅大量发放住宅抵押贷款，还对一些经济建设项目大量发放长期贷款。

1. 长期贷款的偿还期限给经济中的货币供求带来的问题

在生产过程中以生产资料形态存在的资本是不变资本。例如，所建造的厂房，所购买的机器、设备、原材料等。原材料这种生产资料的价值会一次性地全部转移到产品中去，贷款投放的货币也会随产品的实现而一次性得到回流，而厂房、机器、设备等生产资料的价值则是逐步转移到产品中去的，贷款投放的货币要随产品的不断生产和不断实现，才能逐步得到回流。

在前一种情况，一次性转移到产品中去的这部分不变资本，在短期内（通常不会超过一年）就会随新增加的商品供应而隐身地出现在流通中，提出对货币的需求。这种货币需求通常会由新增贷款的货币投放得到满足，而原来为了从流通中取走原材料等而由贷款投放的货币，则基于所实现的货币回流，从流通中退出，通过偿还贷款而同贷款一并消逝。因此，在这前一种情况下，不会带来货币供求间的不平衡。然而，对于后一种情况，虽然也是贷款形成的购买力从流通中取走了厂房、机器、设备等商品，这与前一种情况相同，但不同的是，这部分生产资料的价值要经过一个较长时间才能全部转移到产品中去，这种转移是逐步的，以折旧的构成形式在商品的实现中实现货币回流。通常，每一次在商品的实现中所实现的对于折旧的货币回流，均来自每一次新增贷款的货币投放之中，每一次的这种新增货币投放，是为了满足每一次商品实现所提出的货币需求。而与此同时，比较而言，原来由长期贷款所投放的货币却会在流通中不断运动，需要经过多次的商品实现方可完全从流通中退出。所以在这后一种情况下，会给经济带来流通中存在过多货币的问题。

从前例来看，设备贷款的数额为7，如果产品生产的一个周期为1年，那么该设备贷款的回流要7年才能完成。为了保持生产能力，每年都要通过流动资金贷款提供货币3，其中的2用于购买原材料，1用于购买劳动力，这部分货币在一次循环中即可回流完毕，使贷款获得归还。在这7年中，每一次的循环所实现的商品额是5，回流的货币额是5，这其中用于偿还设备贷款的部分是1，而每一次的商品实现，都会提出货币需求5，这部分货币需求通常是通过另外新的货币投放来满足的。

我国银行业目前的一个突出情况是，在工商贷款中，包括设备贷款在内的建设项目长期贷款的数额已经十分庞大，所带来的货币问题或许已到了需要正视的程度，需要采取某种技

---

① 此理论认为，银行资产能否到期偿还或转让变现，归根到底是以未来收入为基础的。如果预期的未来收入有保障，那么通过分期偿还的形式，长期项目贷款和消费信贷都会保持一定的流动性和安全性；否则，如果未来收入没有保障，那么即便是短期贷款也会面临偿还不了的风险。2007年美国的金融危机，主要是源于次贷（subprime mortgage），次贷的借方在预期收入上具有显著的高风险，尽管次贷在美国是一种规定的贷款类别。

术性措施来予以缓解。

2. 基于劳动力的不断再生产去偿还住宅抵押贷款给经济中的货币供求带来的问题

从以上例子中给出的信息中可以看出，劳动者的住宅是通过向银行资本家 B 负债购得的，住宅的价值为 10 货币单位，向银行资本家 B 的借款为 10 货币单位，劳动者的年收入为 1 货币单位，每年将自己再生产出来的支出是 1/2 货币单位，其余 1/2 货币单为的收入用于还款。在年收入为 1 货币单位不变的情况下，他起码要用 20 年不断地将自己再生产出来，才能维系每年用收入的另外 1/2 货币单位逐步使住宅借款的回流完全起来。因此，这也会出现与前面长期项目贷款同样的问题，即这种长期贷款会给经济带来流通中存在过多货币的问题。从多国资产证券化的发展历程来看，住宅抵押贷款总是资产证券化对象资产的重要内容，主要原因或许在于此。

第二节 基于资产证券化的双重的支出和三重的回流

以发起贷款的形式投放货币是银行的特有功能。贷款的如期回流意味着借方如期以在银行存款账户中的存款去赎回贷款的本息，资产负债表中的贷款和存款随着贷款本金的回流而一并减少，之后银行可以基于法定准备金和资本消耗的释放通过发起新的贷款重新投放货币。现在的问题是，银行如何才能在不实际收回贷款的情况下获得与实际收回贷款同样的经济效果，如此可以在贷款余额增加的情况下保持货币余额基本稳定，使银行更好地为实体经济服务，使更多经济主体惠益于银行的外部经济。这样的经济效果是通过构建资产证券化交易结构实现的。从银行部门看，如果投资者在银行部门以外，那么当投资者决策将持有的银行存款投向代表贷款的证券时，就会从银行部门的负债上诱导出一个与转移至表外的贷款在价值量上相匹配的存款货币，转化为 SPV 负债上的非货币债务。投资者因此预付了贷款在银行的如期回流，同时将自己持有的对银行的货币债权诱导为统一于 SPV 负债上的非货币债务的非货币债权。①之后，贷款的回流就以 SPV 为中心进行循环。资产证券化在国外金融发达国家主要以住宅抵押贷款为对象起步，不过以我国的情况，由于银行不仅大量发放住宅抵押贷款，还对一些经济建设项目大量发放长期贷款，因而一些经济建设项目长期贷款也会成为资产证券化起步的对象资产选项。本节的内容是：从资金循环来看，引入资产证券化使借贷货币资本运动呈现为“双重的支出和三重的回流”。

一、基本原理

资产证券化改变了贷款关于债权债务关系形成与结束路径的一致性，使贷款的回流呈现为双重的支出和三重的回流。

---

① 在此是预付了贷款在银行的如期回流而不是预付了贷款，在证券化交易结构下贷款的回流依然是如期的。

（一）双重的支出和三重的回流

第一重的支出。作为贷方的银行向借方（企业或个人）发起贷款，将引致出来的存款货币贷记在借方的账户中，借方基于统一于贷款的借款而获得统一于存款货币的银行存款。

第二重的支出。企业用获得的银行存款购买生产资料和劳动力；个人用获得的银行存款购买住宅。

第一重的回流。银行将贷款债权向 SPV 转让，SPV 以受让的贷款为支持向投资者发行证券，投资者通过持有代表贷款的证券而实现对于贷款的投资。因为所发行的证券是以贷款为支持的，所以投资者在证券上的投资就等于是为银行预付了贷款在表内的如期回流，使银行得到提前收回贷款的效果。不过贷款本身并未提前回流，它被置于表外，以 SPV 为中心进行循环，其回流依然是如期的。对于证券的偿付，自然由证券化的未偿贷款担当。在这种结构下，贷款和证券是双重的存在。

第二重的回流。企业把生产出来的带有剩余价值的商品卖出去，收回货款，实现资本现实运动的回流。在这一回流中，劳动者个人在生产中对于劳动力价值的再生产也随产品价值的实现而得以实现，企业预付的工资（劳动力价值的转化形式）也一并获得了回流。因为企业贷款的本息支付来源于产品价值的实现，住宅贷款的本息支付来源于产品价值中可变资本的实现，所以这一重回流的实现就在源头上为企业贷款证券和住宅抵押贷款证券的安全性提供了保障，保障投资者对贷款在银行如期回流的预付能够如期实现回流。

在商用抵押贷款证券化的情况下，商品就是商用不动产，企业以租代卖，对于货款的收回就转化在租金的现金流量上，在租金形式上的回流的实现为资产证券的安全性提供了保障。

第三重的回流。借方如期向银行偿还贷款本息，银行作为服务人在扣除服务费后再直接或间接向证券投资者转付收到的本息。至此，借贷货币资本运动的一个循环获得完成。不过，对于项目贷款、长期流动资金贷款、住宅抵押贷款和商用抵押贷款等，它们的还本付息通常要经历一个长期的过程，有一个较长的分期，分布在一个长期的现金流量上，需要经过长期的往复循环才能完结。对于短期贷款，通过循环设计可以构造一个恰当的现金流量分布。

由此可见，在引入了 SPV 的作用关系后，资金循环依然是以贷款的偿付为基础。企业支付的本息，来自产品价值的实现，包括部分剩余价值；劳动者个人支付的本息，来自作为劳动力价值或价格转化形式的预付工资的实现。两者都是由现实回流决定的。

另外，在“双重的支出和三重的回流”中，由于介入了基于 SPV 的投资者对于贷款在银行如期流回的预付，因此，银行原来在债权债务关系形成与结束路径上的一致性也就发生了变化。这时贷款回流路径是 A—B—SPV—I 或 L—B—SPV—I，而不再是 A—B 或 L—B。SPV 成为未偿贷款的循环交易中心（cyclical arrangement centre for loans outstanding）。

例如，对于未来的某一期偿还，至少存在资金循环上的四个实质性环节：（1）在企业或劳动者个人表现为（借）借款/（贷）银行存款；（2）在 SPV 表现为（借）证券发行/（贷）贷款；（3）在银行表现为（借）存款货币——企业或劳动者个人/（贷）存款货币—投资者；（4）在投资者表现为（借）银行存款/（贷）证券投资。以上略去了相关辅助环节。

其中，（1）体现了贷款本身的回流依然是如期的，借方依然向银行还款；（2）体现了贷款的回流以 SPV 为中心进行循环，贷款和以贷款为支持的证券发行两者同步递减；（3）和（4）体现了如期回流给贷款就是如期回流给证券。

如果投资者在银行部门之外，那么资产证券化具有吸收社会货币的效果。这一效果的宏观经济学含义就是，银行贷款的证券化带来了 M_2/GDP↓（或 M_1/GDP↓）的效果。这一效果恰好有利于平抑增长中的潜在通胀因素。这意味着，在经济中具有超额货币存量（流动性过剩）的情况下，证券化所具有的效果是，通过吸收货币推动整个经济在一个降低了的价格水平上达到新的均衡。资产证券化在此起到了作为新的货币管理工具的作用。

我们知道，马克思曾将货币称为“社会的抵押品”，物的神经，即认为货币是银行对社会留下的“抵押”。①若按照马克思的这种思想和所使用的术语，那么从以上的银行部门看，这种资产证券化交易的效果可以表述为：它在本质上是将原来借方留给银行的具有特定性的“抵押”，作为赎回银行对社会留下的“抵押”的担保，由 SPV 留下新的“抵押”。这种新的“抵押”是银行对社会留下的“抵押”的转化形式，又作为借方留下的“抵押”的证券存在，虽然不像银行对社会留下的“抵押”那样是财富的随时可用的绝对社会形式，但较之原来借方留给银行的“抵押”，它在交易关系的建立上能够具有相对的多样性，从而增进了其市场可售性（marketability），于是也就实现了流动化。基于以 SPV 为中心的交易结构，证券化带来了新的信用一般均衡。在投资者方面，投资者在储蓄的积累上由持有银行留下的“抵押”变为持有 SPV 留下的“抵押”，SPV 留下的“抵押”是银行留下的“抵押”的转化形式，这等于将储蓄的积累中一部分原来分配于货币积累的相应部分转而分配在资产证券积累。这种转变是通过诱导存款货币在表外改变它的存在形式而实现的。证券化交易结构的构建，使一个与转移的贷款在价值上相匹配的货币债务量在投向资产证券的货币债权的诱导下，脱离了银行的负债，转移为 SPV 上的证券发行，投向证券的货币债权也随之由积累储蓄的货币储蓄转换为证券投资。转移的贷款成为积累储蓄的资产证券的对应物，而与原来的积累储蓄的货币储蓄相对应的资产比例（而不是某一部分具体的对应物资产）留在银行，成为引致货币流通的贷款的置换，这样一来，贷款引致的货币流通也就成为积累储蓄的货币储蓄的转化形式，或者说是置换于积累储蓄的货币储蓄。②由此，可以领悟马克思货币理论的精深性和活的灵魂。

---

① 参见马克思著：《资本论》（第一卷），人民出版社 1975 年版，第 151 页。此版本中的原文是：随着商品生产的进一步发展，每一个生产者都必须握有这个物的神经，这个“社会的抵押品”。关于“物的神经”和“社会的抵押品”，这两个词组看上去颇为奥妙，为了准确把握其含义，亦可参考英文版和日文版本中的表述。English：As the production of commodities further develops，every the producer of commodities is compelled to make sure of the nexus rerun or the social pledge. 日本語：商品生産がいっそう発展について、どの商品生産者も、〝万物の神経〞である「社会的動産担保」を確保しなければならなくなる。

② 货币流通和货币储蓄是一对概念。货币流通是指现实流通的货币存在的总体，而货币储蓄是除此之外的货币存在的总体。现实流通的货币的范畴包括：（1）正在购买和正在支付的货币，即正在流通的货币；（2）准备购买和准备支付的货币，即准备流通的货币。货币储蓄的范畴包括暂不流通但面对流通的货币，相对于现实流通的货币，这部分货币表现为潜在的货币。货币流通和货币储蓄虽然在运动状态上存在着不同，但它们都是积累储蓄的货币形式。这方面的深入表述，参见黄达著：《财政信贷综合平衡导论》，中国人民大学出版社 2009 年版，第 20—23 页。

（二）一个基于“关系”的数学注释

对于以上的逻辑思路，可以附加如下基于“关系”的数学注释。设 R 是一个关于资产负债价值匹配的二元关系。①对于一笔在银行部门发起的贷款 a_1，此部分贷款所派生的作为货币流通的存款货币是 b_1（b_1 是银行部门对社会留下的抵押），两者在银行部门表内的价值匹配为 a_1Rb_1。②另外，对于一笔数额等于 b_1 的作为货币储蓄的存款货币 b_2（b_2 也是银行部门对社会留下的抵押，它与 b_1 同质），与 b_2 等价对应的是银行部门的资产份额 a_2，两者在表内的价值匹配为 a_2Rb_2。③这时 $R=\{\langle a_1,b_1\rangle,\langle a_2,b_2\rangle\}$。若考虑到 R 是对称的，故有 R 的对称闭包 $s(R)=\{\langle a_1,b_1\rangle,\langle a_2,b_2\rangle,\langle b_1,a_1\rangle,\langle b_2,a_2\rangle\}$。

将贷款 a_1 证券化的结果是：基于投资者的诱导，两个价值匹配发生了置换。（1）a_1Rb_1 变为 $a_1R'b_2$，$a_1R'b_2$ 是在表外 SPV 上的价值匹配，虽然 a_1 还是贷款，但 b_2 不再是存款货币（不再属于 M_2），因为 b_2 匹配于 a_1 脱离了银行负债，转化为 SPV 负债上的证券发行的存在形式。（2）a_2Rb_2 变为 $a_2R'b_1$，$a_2R'b_1$ 是在表内的价值匹配，b_1 仍是现实运动的货币，但因为与之实现价值匹配的资产不再是 a_1 而是 a_2，a_2 原来是与货币储蓄相匹配的资产份额，所以这时的 b_1 及其现实运动，就等同于是由货币储蓄置换而来的，是货币储蓄的转化形式。$a_1R'b_2$ 和 $a_2R'b_1$ 一个在表外一个在表内，这时的匹配关系 $R'=\{\langle a_2,b_1\rangle,\langle a_1,b_2\rangle\}$。考虑到 R' 是对称的，故有 R' 的对称闭包 $s(R')=\{\langle a_2,b_1\rangle,\langle b_1,a_2\rangle,\langle a_1,b_2\rangle,\langle b_2,a_1\rangle\}$。

以下的图 3－3 从资产负债结构上表示了这种匹配置换的情况。

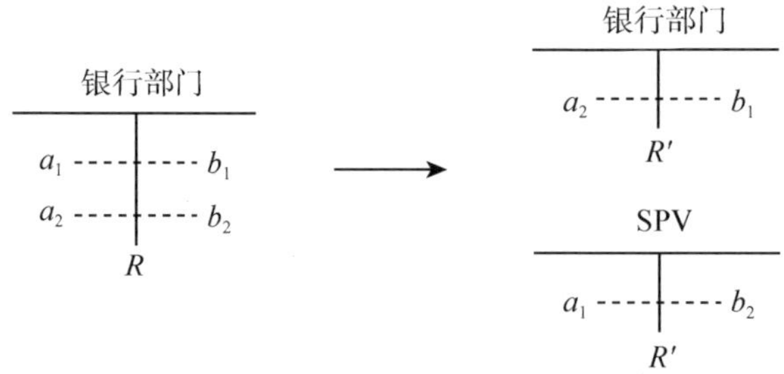

图 3－3　资产证券化中的匹配置换

① 在银行和借方之间，银行的每一笔贷款都有与之相关联的借方的借款，进而每一个贷款集合都有一个具体确定的借款集合与之相关联。不过对于银行的资产和负债而言，资产项目和负债项目之间并不总是存在具体的关联。虽然在担保的概念上，贷款或其他资产项目是存款及其他负债项的关联，但这种关联并不总能具体化，即不能在任意贷款集合或其他资产集合与任意存款集合及其他负债项集合之间建立具体的对应关系，将它们关联起来。以贷款为例，虽然在投放存款之初，贷款与投放在借方账户中的存款具有具体的对应关系，但随着存款在不同账户间的运动，原来对应的关联关系也就不复存在，这时贷款只按照同一比例与整体负债具有价值匹配关系。

② 贷款创造的货币，在运动中也会分化为货币储蓄和货币流通两部分，不过在这里，假定还没有形成这种分化，还全部是货币流通。另外，尽管具体的 b_1 或许会在运动中离开具体放贷银行的负债，运动状态也是千变万化的，但如果不考虑提现，那么它作为存款货币总体的数额构成，仍在银行部门的负债上。

③ a_2 的背景可以是贷款，因为货币储蓄 b_2 可以是 a_1 以外的贷款余额所形成的在货币中处于非货币流通状态的那部分货币；a_2 的背景也可以是在央行的存款，因为货币储蓄 b_2 可以是一部分作为央行负债的 M_0 的转化形式，或是出口结汇所形成的本币中转化为非货币流通状态的那部分货币。

可以举一个简化的例子。假设银行部门负债上的存款货币总量为 $b = (b_1 + b_2)$，与之在价值上匹配的资产的规模为 $a = (a_1 + a_2)$，b_1 属于货币流通，b_2 属于货币储蓄，a_1 属于资产中的贷款，a_2 属于资产中的外汇。我们知道，结汇付出本币，贷款创造本币，结汇付出的货币会在运动中会分化为货币储蓄和货币流通两部分，贷款创造的货币也会在运动中分化为货币储蓄和货币流通两部分。在此，将基于结汇分化出来的货币流通和基于贷款分化出来的货币流通两者之和记为 b_1，将基于结汇分化出来的货币储蓄和基于贷款分化出来的货币储蓄两者之和记为 b_2，并大概地有 $a_1 = b_1$，$a_2 = b_2$。①于是，若是贷款 a_1 被全部证券化，那么货币流通 b_1 就全部是外汇占款的转化形式，亦即货币流通 b_1 全部被置换为是由结汇付出的。这时作为银行运行的一个重要指标，存贷比就会很大。

这一数学注释清晰显示了，资产证券化提供了一种通过撬动货币的债务一端将货币存在转化为非货币存在，进而减少已有货币总量的机制。这一机制的货币原理并不复杂。对于一项债务存在，它在银行的负债上可以是货币债务也可以是非货币债务，当它作为货币债务存在时，与之统一的债权形式就是货币债权——银行存款。如果将银行部门的部分贷款转移至一个表外的 SPV，并基于这一 SPV 发行以贷款为支持的证券，那么在投资者投资行为的诱导下，投向这种证券的银行存款就会从银行部门的负债上划分出一个与转移的贷款在价值上相匹额的存款货币部分，匹配于转移的贷款，转移在 SPV 的负债上，转化为非货币债务。也就是说，b_2 是在银行部门之外的投资者投资于以贷款为支持的证券的投资行为的诱导下而被划分出来的。当然，投资者的这种投资行为也一并将自己投向证券的银行存款诱导为与 SPV 负债上的非货币债务相统一的非货币债权。交易中没有为投向证券的银行存款流出一个空出来的位置，这是这种证券投资不同于其他证券投资的一个特点。

这种机制的一个颇具吸引力之处是，它使证券化进入了货币管理的范畴，为货币管理提供了新的内涵。如图 3－3 所示，证券化操作后银行部门的以存款货币形式表示的货币总量由原来的 $(b_1 + b_2)$ 下降为 b_1。原来的 b_2 转化为 SPV 负债上的非货币债务的存在形式，原来的银行存款债权转化为与 SPV 负债上的非货币债务相统一的非货币债权——证券投资。这种新统一性的存在是一种非货币间接资产。“非货币”是因为它已经脱离了银行，不再是货币；“间接”是因为它是以贷款为支持而由 SPV 发行出来的，是 SPV 持有的贷款的对应物（counterpart）。当然，这一“间接”是引致性发行中的“间接”，与融资性发行中的“间接”不是一个语意。

这一机制的实际意义在于：（1）在经济运行面对过量货币而又难以收缩信贷的情况下，人们通常会按照“水多加面”的逻辑去追求资本化扩张，然而当这种扩张面临超出经济界限的政治压力时，证券化可以为我们提供一种另外的逻辑。这种逻辑的新金融规律是：或者是贷款规模（表内的加上表外的）不变而货币数量减少，或者是货币数量不变而贷款规模

① 即使没有 $a_1 = b_1$ 和 $a_2 = b_2$ 也没关系。当 $a_2 < b_2$ 时，将 a_2 进行证券化，留在银行的货币储蓄部分会基于货币储蓄与货币流通之间在一定条件下所保有的比例关系，形成新的转换结果。当 $a_2 > b_2$ 时，将 a_2 进行证券化，会吸引一部分货币流通转化为货币储蓄。

（表内的加上表外的）增加。（2）在社会的货币数量已经过多，银行方面必须控制信贷投放，而这时大量企业的贷款需求又得不到满足的情况下，证券化可以为我们提供一种有助于解决问题的新的金融结构，这就是后面要谈到的 BMS 金融结构。毕竟，过高的 M_2/GDP 指标会影响经济运行的健康性，经济与金融运行中的许多扭曲、失衡、紊乱与此有关。通过引入资产证券化使这一过高的指标走低，有助于经济与金融运行走向自然、平衡、和谐的健康状态。（3）a_1—b_2 构成了一个匹配平移，a_1 和 b_2 的匹配对称性程度将决定信贷资产证券化对产出的实际影响效果。

二、货币金融中介机构的资产证券化——以住宅抵押贷款为例

以下以住宅抵押贷款为例来表述这一问题。设某银行发放 90（亿元）的住宅抵押贷款。第一重的支出和第二重的支出的基本情况如图 3－4 所示。

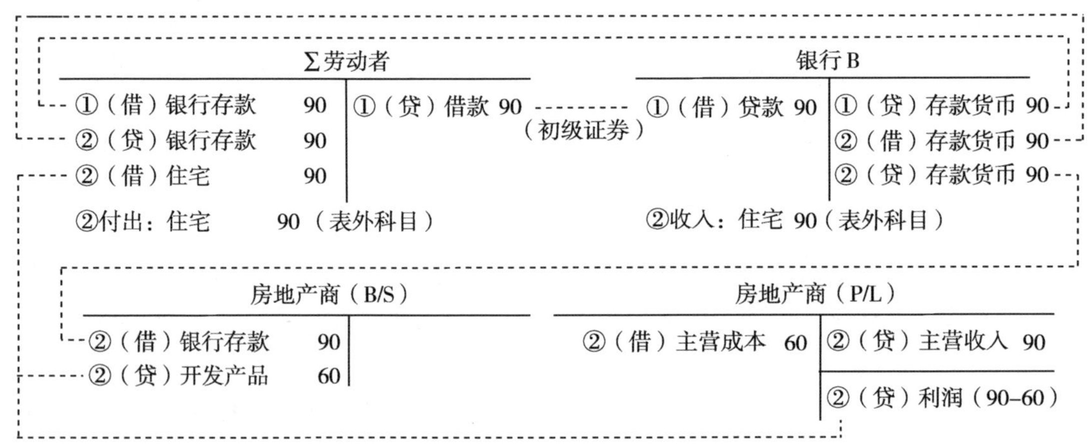

图 3－4　第一重的支出和第二重的支出

（一）第一重的支出①（此处①指图 3－4 中的①，以下类同）

作为贷方的银行向借方（劳动者）发放 90（亿元）的住宅抵押贷款，将 90（亿元）存款货币贷记在借方在银行的存款账户中。在此，银行通过信用创造使经济中的货币数量增加 90（亿元）。显然，这部分借方受惠于早期的新增货币，以尚未受到通胀影响的市场价格购买住宅，不过其他经济主体会因货币收入不变或货币收入增长速度低于通胀速度会受到损害。

在此贷放给劳动者的货币是作为资本的货币。这是因为：（1）剩余价值来源于劳动力所创造的新价值中超过劳动力本身价值的那部分，而住宅是生产和发展劳动力的生活资料（在此没有将住宅作为投资品看待）；（2）此项贷款的回流是与职能资本家的商品生产和商品资本实现相关的，如果在职能资本家那里，商品不能得到实现，那么对于劳动力的持续购

买就不能持续，住宅贷款的回流也就会中断。

尽管贷款是以劳动者从开发商那里购买的住宅为抵押的，一个比贷款价值额更大的资本价值额以劳动者的名义抵押给了银行，但由于抵押的住宅并非是劳动者拥有的“准备资本”，因此劳动者获得的不仅是支付手段，还是支付在住宅上的追加资本。[①]

（二）第二重的支出②

劳动者个人用银行提供的住宅抵押贷款资金购买住宅。通常，房地产商在此银行拥有账户，这样，银行就等于是以自己发行的债务凭证——存款货币作为抵押而将住宅这一使用价值提供给了借方使用，而房地产商则是以持有对银行的货币债权——银行存款，替代持有作为“开发产品”的住宅。

对于劳动者，他们用贷款的货币购买住宅，货币在这里是作为预期收入（anticipated income）的货币形式执行购买手段的职能，是收入对资本的交换。而作为一种对照，当此笔货币流通到房地产开发商那里时，它就是房地产开发商的商品资本——“开发产品”的转化形式，是作为资本的货币形式，成为再生产过程开始阶段的货币资本。

由图 3 -4 中的①和②可能引出若干思考。（1）如果购买的住宅是用于居住，那么住宅在被购买之后就不再进入流通，不再提出交易上的货币需求，然而住宅贷款的回流却要经过一个长期的过程，于是，住宅贷款所投放的货币也就面临着助长通胀的局面。对此提出的疑问可能是，房地产商会以出售住宅的款项归还贷款，从而使住宅贷款投放的货币在房地产商那里实现回笼。但问题是，房地产商的售房款项是对房地产开发支出的回流，房地产商以此还贷不过是使过去基于房地产开发贷款所投放出去的那部分货币得以回笼。（2）如果通过贷款购买住宅的目的是投机，那么住宅在被购买后还会进入流通，提出交易上的货币需求，住宅贷款所投放的货币也能因此在某种程度上维持供求平衡。但问题是，这种投机性的住宅交易也会助长房价攀升，从而带来其他方面的问题。（3）新创造的社会产品会提出交易上的货币需求，而在其价值构成中有一部是作为可变资本的 V，这部分 V 是提出货币交易需求的构成。但问题是，新创造的社会产品进入流通所产生的货币需求，通常是通过发放新贷款、投放新货币而获得满足的。

（三）第一重的回流③

将银行的贷款转移至 SPV，并基于 SPV 发行以贷款为支持的证券，证券由投资者购入。[②]如果住宅抵押贷款在偿还上具有 10 年分期，那么通过引入资产证券化，银行就可以提前 10 年收回贷款在银行的如期回流（当然贷款本身的回流依然是如期的）。

1. 第一种情况

投资者是非货币金融机构或非金融机构，购买资产证券的资金全都来自在证券化银行 B

① 这方面的表述，参见马克思著：《资本论》（第三卷），人民出版社 1975 年版，第 516 页。

② 至于贷款是经过何种环节和过程而转移到 SPV 的，可以暂且不管，后面会涉及。在此，把 SPV 作为证券发行载体的功能体现出来便足矣。

的存款。这种情况的经济效果是，银行 B 提前收回贷款在表内的如期流。就本金而言，在银行 B 有：贷款资产减少 90，存款债务减少 90。由银行 B、SPV 和投资者形成的资金循环情况，如图 3 –5 所示。

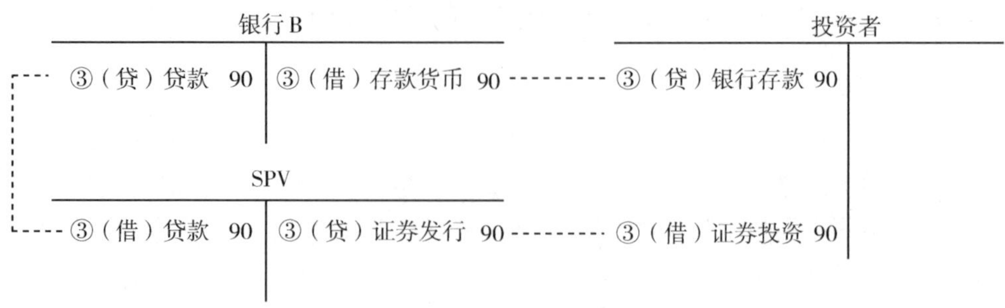

图 3 –5　第一重回流中的第一种情况

在这种情况，贷款被移至表外，SPV 基于贷款引致资产证券发行，投资者以其持有的银行存款购买证券。在这一投资行为的诱导下，在银行 B 的负债端上划分出一个与转移的贷款在价值上相匹配的存款货币部分，转化为 SPV 负债端上的证券发行形式，投资者持有的银行存款随之转化为证券投资，于是货币存量减少。

银行 B 的贷款和存款一并减少产生的效果是：(1) 资产负债规模收缩，并基于资产与资本之比的杠杆倍数概念，银行的杠杆倍数降低，资本占用按照贷款资产的风险权重获得释放；(2) 准备金不变，但法定部分降低，超额部分上升，若银行 B 的理想超额准备率（流动性偏好）不随之相应上升，则流动性就获得相应提高；(3) 由 (1) 和 (2)，银行的贷款供应能力获得提高，货币供应能力获得释放；(4) 投资者在储蓄的积累上由积累货币变为积累资产证券，货币需求减少，同时货币余额也相应减少（这一点不同于投资者以持有的货币投资于企业股票、债券发行的情况）。鉴于图 3 –5 所示的第一种情况也是银行部门的一个缩影，即它与将投资者全部设定在银行部门之外时银行部门证券化运作的情况具有等同性，所以这里的表述带有一般性。

如图 3 –5 所示，转化为 SPV 证券发行的存款，通常包括非货币金融机构和非金融机构在银行的存款。非金融机构在银行的存款是被纳入准备金管理的，而一些非货币金融机构在银行的同业存款，情况不尽相同。对于非货币金融机构的同业存款而言，有以下两点说明：(1) 在我国，目前保险公司存入银行的协议存款已经纳入准备金管理，而证券公司、信托投资公司、金融租赁公司、货币市场基金、银行表外理财等存放在银行的同业存款，目前还没有纳入准备金管理，但按照统一监管的原则，对这些存款也应实施准备金管理。(2) 人民银行已经于 2011 年将非存款类金融机构存放于存款类金融机构的存款纳入 M_2，因此，对这部分存款实施准备金管理必要且可行。[①] 鉴于此，从合理性和前瞻性出发，在此将转化为 SPV 证券发行的存款货币一概视为纳入准备金管理的存款货币来对待。

其实，转化为 SPV 证券发行的存款货币，基本上是由一般性存款转移过来的。例如，

① 以上两点说明，参见盛松成、翟春著：《中央银行与货币供给》，中国金融出版社 2015 年版，第 427 页。

人寿保险公司存放在银行的存款是通过出售人寿险产品由居民储蓄存款转移过来的，财产保险公司存放在银行的存款是通过出售财险产品由企业单位存款转移过来的。在转移前，原来的居民储蓄存款和企业单位存款属于一般性存款，都要按规定比例缴存存款准备金。从这一角度看，对非货币金融机构在银行的这部分同业存款实施准备金管理，并没有额外增加银行的负担。否则，反而有监管套利的机会。如此，将转化为 SPV 证券发行的存款视为纳入准备金管理的存款货币对待，自然是合理的。

另外，注意到在许多关于银行资产证券化功能的表述中都提到了融资。对于货币金融中介机构而言，这一“融资”用语有着不同于通常情况的特定内涵。从图 3－5 可以看出，若对银行 B 使用“融资”这一用语，那么这一用语的内涵就是：通过释放法定准备金而提高超额准备金率和通过降低资本消耗而提高资本充足率。继而，银行 B 可以基于此发起新的贷款。新的贷款和证券化贷款加起来增加了满足借方需求的贷款规模，而货币规模保持相对稳定。当然，银行 B 也可以不发起新的贷款，而是选择归还向央行的借款和保持自身资本充足率提高。这样的选择未必就没有经济性。

若是把存款准备金（设定存款准备金率为 20%）、资本消耗、信用提高（银行 B 持有 5% 的次级部分）的因素考虑在内，则有图 3－6，其中给出了更为详细一些的关于资产证券化资金循环的情况。

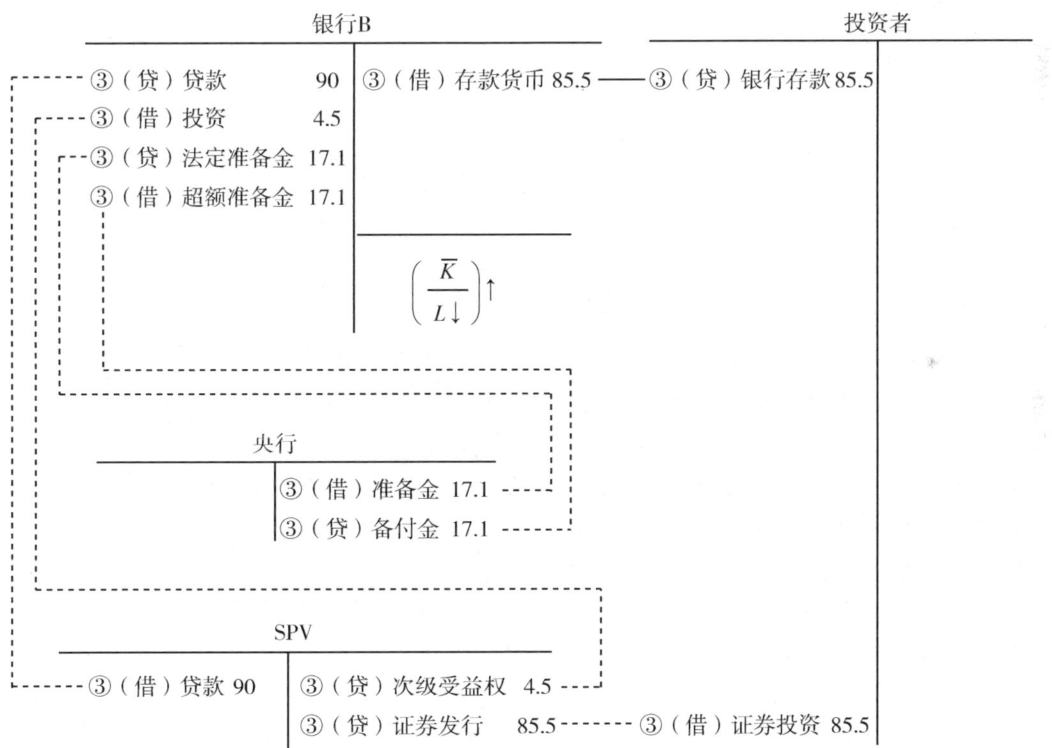

图 3－6　第一重的回流中的第一种情况——准备金率为 20%、银行 B 持有 5% 的次级部分

银行 B 的表内贷款减少，这使其资本消耗获得释放，具体情况因贷款种类的不同而不同。银行 B 的存款货币债务减少 85.5，这在因素上使其法定准备金减少 17.1、超额准备金增加 17.1。在实际中，准备金变化不是即时的，而是由央行按旬进行考核。银行 B 持有 4.5 次级部分，这使优先于次级部分的优先证券序列获得了信用提高。

为了简化，在以下表述中略去准备金结构变化、资本充足变化和持有次级部分，仅保留最为生动的部分——如图 3－5 所示的贷款和存款的匹配平移。

2. 第二种情况

投资者是非货币金融机构或非金融机构，但购买资产证券的款项不是来自在证券化银行 B 的存款，而是来自在证券化银行 B 之外其他银行的存款，不妨将其他银行归为银行 C，这时银行 B 提前收回贷款在表内如期回流的资金循环情况如图 3－7 所示。其效果是：贷款减少 90，在央行存款增加 90。

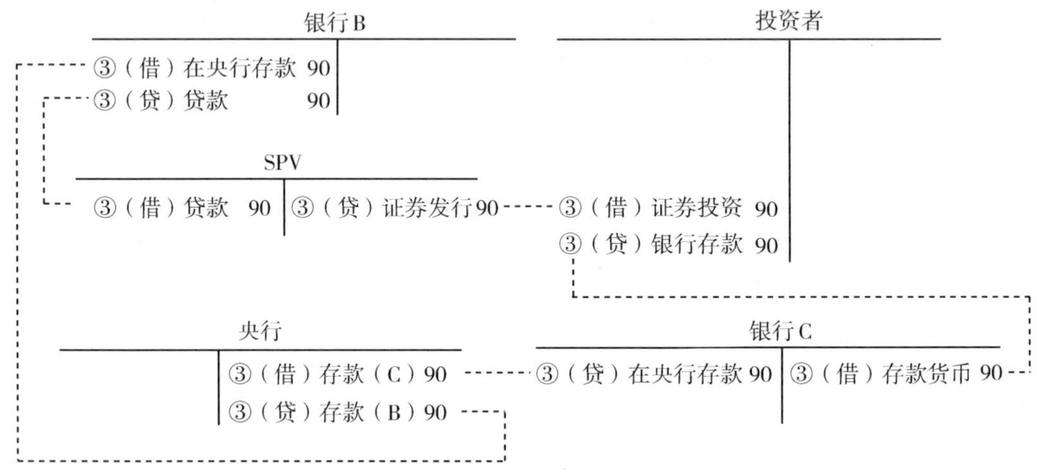

图 3－7　第一重的回流中的第二种情况（Ⅰ）

在这种情况下，银行 B 的准备金增加，自身的流动性随之提高，而银行 C 的准备金减少，自身的流动性随之降低。如果资本约束没有压力（即资本充足率仍在较高水平），那么银行 B 通过发起贷款向社会供给流动性的能力就获得了提高。同时，不管有没有资本约束压力，银行 C 通过发起贷款向社会供给流动性的能力相应降低。在此，银行 B 通过证券化从银行 C 那里融得了准备金头寸。然而，如果把银行 B 和银行 C 合并在一起而从银行部门的角度去看，那么结果同第一种情况是一样的。不过从银行行为的角度上看，证券化可能还是会影响银行 B 的行为，使其流动性偏好降低，即理想超额准备金率降低，这样，如果银行 C 的流动性偏好不变的话，那么银行部门的综合流动性供给偏好就会有所提高。

实际中的一种背景是，作为大型非货币中介机构的投资者，它们的存款通常主要集中分布在几家大银行的账户上，因而，如果银行 B 是大银行，银行 C 相对是较小银行，那么在期望值上，以银行 B 负债上的存款支付所发行的资产证券的份额就会相对较大，而以其他银行 C 负债上的存款支付所发行的资产证券的份额就会相对较小，由此，银行 B 基于证券化所增加的准备金额小于贷款出售额的差额就会相对较大。非货币中介机构投资者的存款分布越是集中于银行 B，效果就越是接近于第一种情况。在第一种情况，银行 B 基于证券化没有额外增加准备金，但释放了资本占用和法定准备金占用。

实际中的另一种背景是，如果 B 银行是较小银行，那么它通过资产证券化所增加的准备金额就会接近于证券化贷款的数额。因为如前所述，作为投资者的大型非货币中介机构，它们的存款通常主要是分布在几家大银行（在此为银行 C）的账户上，于是，基于银行间支付体系，在银行间就会有一个相对较大的款项由大银行 C 流入较小银行 B。因为较小银行的财务状况得到了来自准备金增加上的显著改善，所以它在满足提现、清算、贷款上的流动性供给能力也就得到了相应的提高。另外，这时较小银行的理想超额准备金率可能也会基于证券化而有所降低。极端的情况就是，投资于资产证券的存款全部源于在大银行 C 开户的投资者，这时银行 B 获得的准备金就接近等于证券化贷款的规模。

图 3－8 是对第一、第二种情况的综合。在购买资产证券的投资中，50 是来自在证券化银行 B 开户的投资者 1（非货币金融机构或非金融机构），40 是来自在其他银行 C 开户的投资者 2（非货币金融机构或非金融机构）。结果是：（1）社会的流动性基于投资者 1 的投资而在银行 B 上减少 50，基于投资者 2 的投资而在银行 C 上减少 40；（2）在银行的流动性方面，银行 B 的流动性增加 40，银行 C 的流动性减少 40。

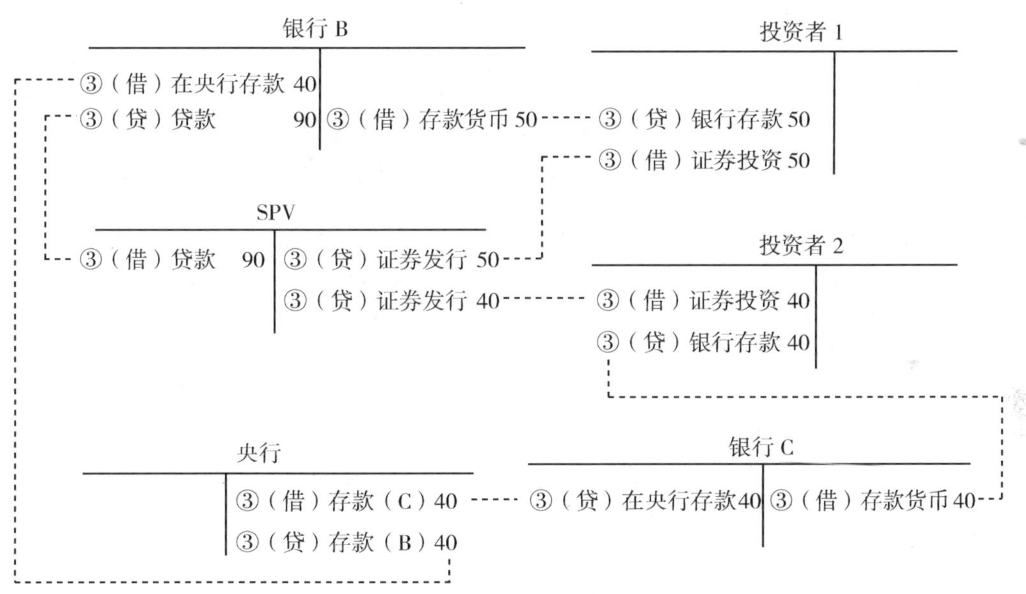

图 3－8　第一重的回流中的第一、第二种情况的综合

若在银行 B 和银行 C 间的汇划款项不大（按照会计上的规制在 10 万元以下），也可以采用在两者之间相互转汇的方法，这时第二种情况的资金循环如图 3－9 所示。[①]即便如此，

① 由于资产证券发行为大额交易，款项支付属于大额划汇，因此，按照会计上的基本规制，对于这种跨行支付应选择中央银行转汇形式。

当把银行 B 和银行 C 合并为银行部门时，两家银行间的同业债权债务便会被相互抵消，合并后的情况仍然如图 3－5 所示。看清这一点，对于进一步确认资产证券化在银行部门所产生的吸收货币效果和释放法定准备金效果十分重要。

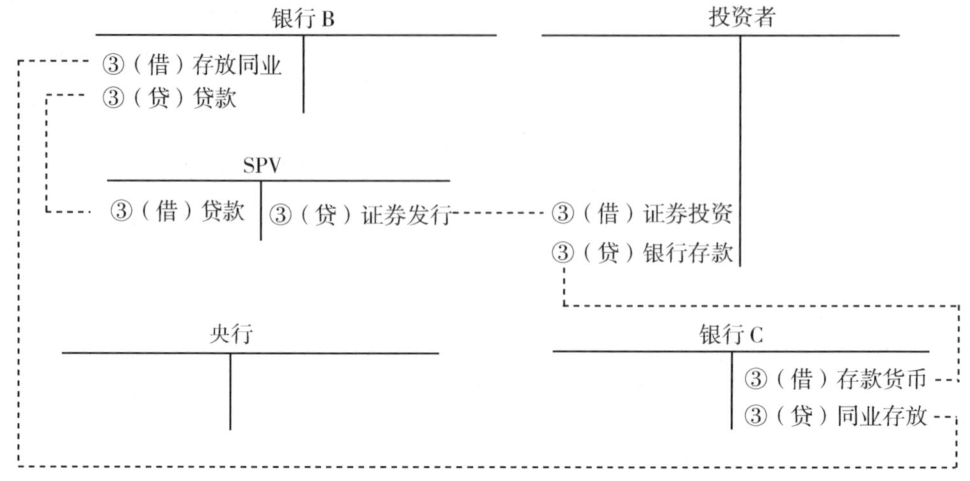

图 3－9　第一重的回流中的第二种情况（Ⅱ）

3. 第三种情况

投资者是货币中介机构 C，它以存放在中央银行的款项购买资产证券。这种情况的示意如图 3－10 所示。银行 B 提前收回贷款在表内的如期回流的效果是：贷款减少 90，存放在央行的款项增加 90。

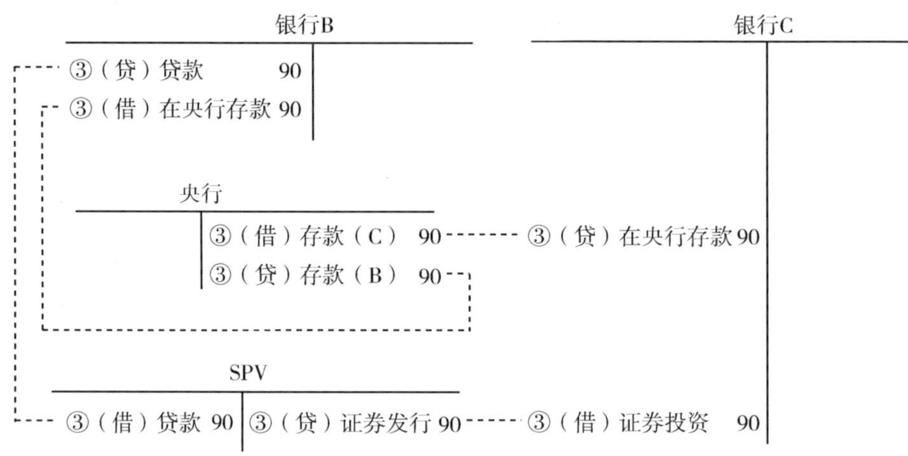

图 3－10　第一重的回流中的第三种情况

在这种情况下，银行 C 的流动性下降，因为它的超额准备金部分减少，而银行 B 的流动性得到提高，因为它的准备金绝对增加。对于银行 B 而言，一方面，它在满足存款人提款、划款上的流动性风险降低；另一方面，如果资本充足条件满足的话，那么它在满足客户贷款需求上的贷款供给能力就会获得提高。而对于银行 C 而言，如果它的流动性是剩余的话（实际超额准备金率大于理想的超额准备金率），那么通过持有资产证券能增加收益，而且与发起贷款相比，资产证券的可售性要远高于贷款，同时还能节约资本消耗。

图 3 – 11 是对第一、第二、第三种情况的综合。在购买资产证券的投资中，50 是来自在证券化银行 B 开户的投资者 1，30 是来自在其他银行 C 开户的投资者 2，10 是来自其他银行 C。结果是，社会的货币流动性基于投资者 1 的投资而减少 50，基于投资者 2 的投资减少 30，一共减少 80。资产证券中有 10 的份额是在银行部门内部持有的，这一份额不带来社会货币流动性的减少，但在银行 C 和银行 B 间产生数额为 10 的银行流动性转移。

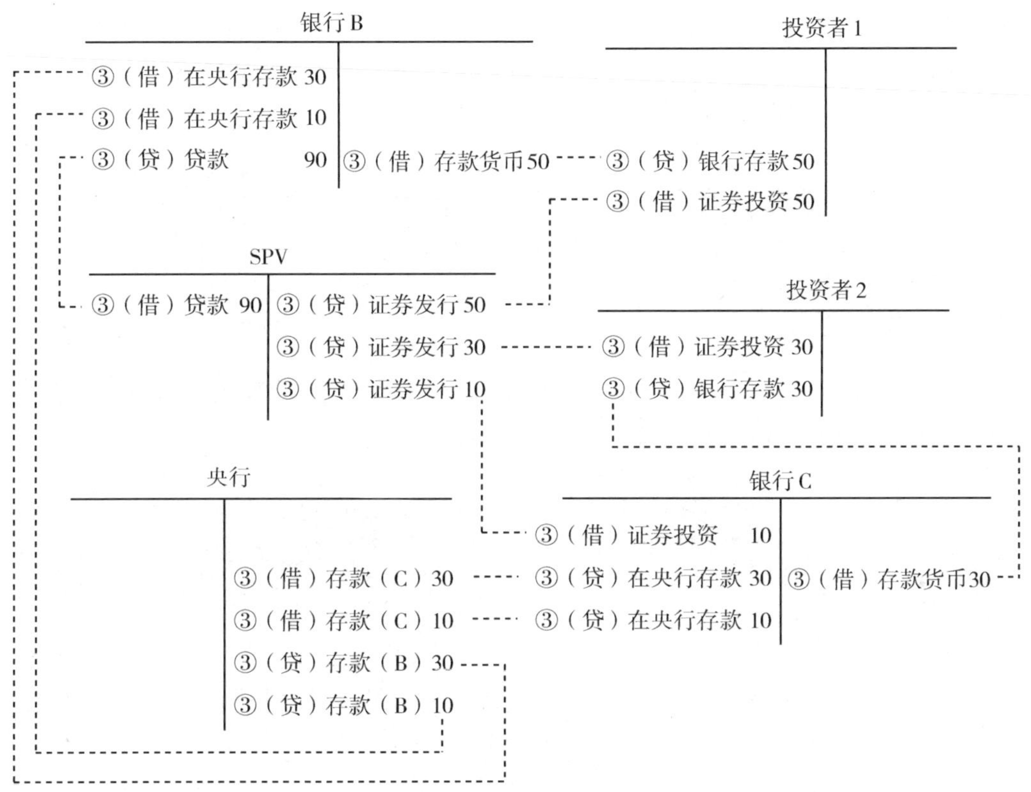

图 3 – 11　第一重的回流中的第一、第二、第三种情况的综合

4. 第四种情况

资产证券由证券化银行自己持有，这种情况称为掉换。如图 3 – 12 所示，银行 B 提前收回贷款在表内如期回流的结果是以持有掉换的证券替代持有贷款，即有：贷款持有减少 90，证券持有增加 90。

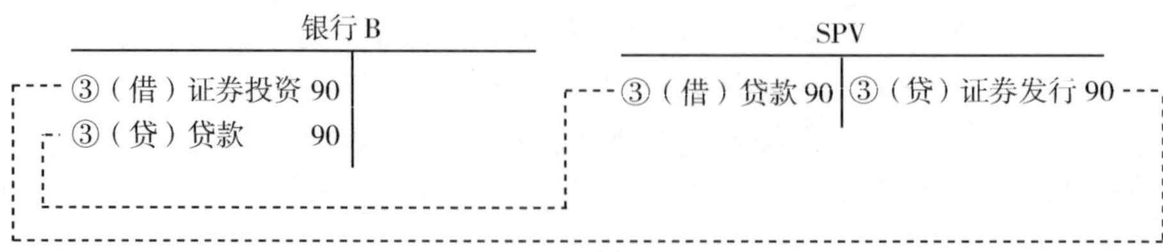

图 3－12　第一重的回流中的第四种情况

这种情况对证券化银行也是有益的。（1）证券化银行的资产流动性情况得到改善，因为相对于贷款资产而言，这种证券比贷款容易出售，银行可以择机将证券出售给其他投资者；（2）证券化银行的资本消耗降低，因为持有这种证券的资本要求比持有贷款要低。

图 3－13 是对第一、第二、第三、第四种情况的综合。在发行的证券中，份额 10 由证券化银行 B 自己持有，份额 40 由在证券化银行开户的投资者 1 持有，份额 30 由在银行 C 开户的投资者 2 持有，份额 10 由银行 C 持有。社会的货币流动性减少了 70，其中，有 40 来自在银行 B 开户的投资者 1，30 来自在银行 C 开户的投资者 2，而由银行 B 持有的份额 10 和由银行 C 持有的份额 10，没有带来社会货币流动性的减少。

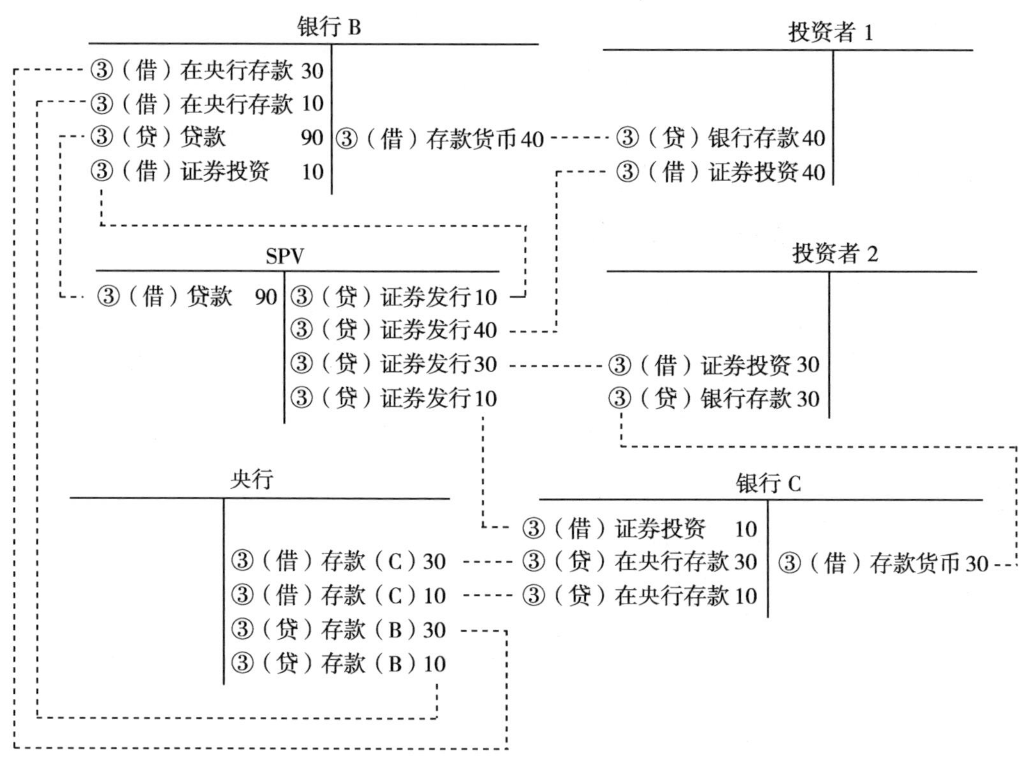

图 3－13　第一重的回流中的第一、第二、第三、第四种情况的综合

5. 第五种情况

资产证券由中央银行购入，这种情况的资金循环如图3－14所示。银行B提前收回贷款在表内的如期回流的结果是：贷款减少90，在央行的款项增加90。

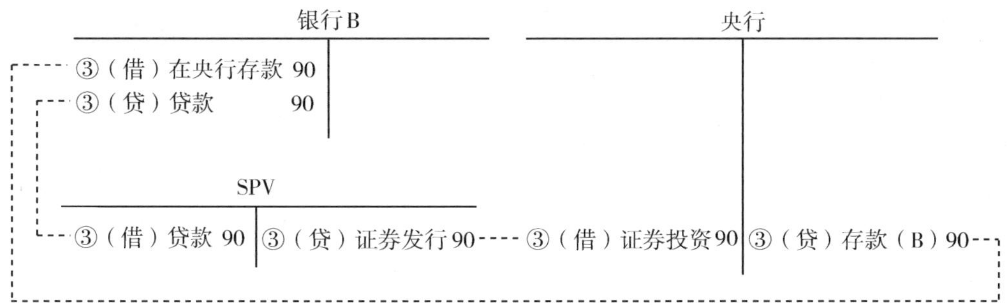

图3－14 第一重的回流中的第五种情况

在这种情况下，中央银行通过购入资产证券向银行B的注入了一笔相应的准备金货币，银行B通过将贷款证券化从中央银行融得了准备金货币，于是银行B基于流动性提高的信用扩张能力得到提高。虽然银行贷款能力的提高并不意味着银行马上就会增加贷款，央行的这一购买并不能迫使证券化银行基于增加的准备金货币开始贷款，但是央行的这一购买具有通过提供更多准备金形式的货币压低利率，从而促使银行部门增加贷款投放的效果。资产证券进入中央银行货币政策操作的范畴，中央银行通过购入这种证券投放更多以银行准备金形式存在的货币，这在美、日、欧央行已经如此。这种操作的特点在于，其背后是直接面对实际经济的贷款的交易，这为货币政策影响经济运行提供了一种基于价格手段的“推”的效果，其中的机制并不复杂。①

图3－15是对第一、第二、第三、第四、第五种情况的综合。在发行的证券中，份额40由在证券化银行开户的投资者1持有，份额30由在银行C开户的投资者2持有，份额10由证券化银行自己持有，份额4由银行C持有，份额6由中央银行持有。社会的货币流动性减少了70，其中，有40来自在银行B开户的投资者1，30来自银行C开户的投资者2。由于央行的购入是以在自己负债端上创造出对自己的基础货币债权作为支付的，故而银行部门的流动性因此增加了6。

资产证券由处于不同位置上投资者来持有，在金融体系中表现出不同的资金运动情况。由图3－15可归纳出：

（1）由在证券化银行B开户的投资者1持有。投资者1的银行存款转换为在非货币证券上的投资；证券化银行表内的贷款和存款基于投资者1的投资一并减少，资产负债表规模收缩；银行部门的资产负债规模基于证券化银行B的资产负债表规模的收缩而收缩；社会的货币流动性减少。

（2）由在证券化银行之外的其他银行C开户的投资者2持有。投资者2的银行存款

① 在教科书中一般认为，在影响经济运行的有效性上，货币政策如一根绳子，推的效果远不如拉的效果。

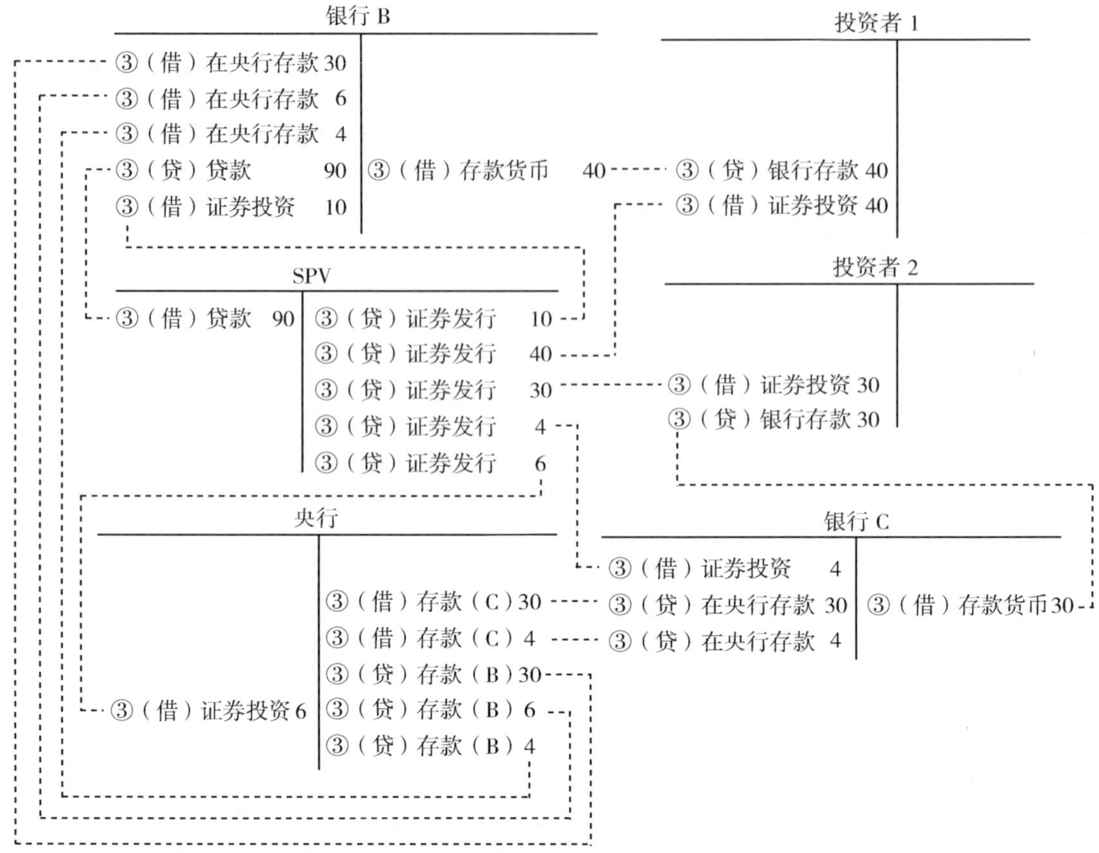

图 3－15　第一重的回流中的第一、第二、第三、第四、第五种情况的综合

转换为在非货币证券上的投资；银行 C 的存款和存放央行款项一并减少，资产负债表规模收缩；证券化银行的贷款减少，同时存放央行款项增加，资产负债规模不变；银行部门的资产负债规模基于证券化银行 C 的资产负债表规模的收缩而收缩；社会的货币流动性减少。

（3）由银行 C 持有。银行 C 存放在央行的款项减少，在非货币证券上的投资增加；央行负债上对银行 C 的债务减少，空出来的位置由银行 B 进驻，央行负债上对银行 B 的债务增加；证券化银行的贷款减少，在央行的款项相应增加；一笔相应的准备金头寸在证券化银行 B 和银行 C 之间重新分配；社会的货币流动性不变。

（4）掉换给证券化银行 B。在证券化银行 B，贷款转换为以贷款为支持的证券，资产负债规模不变。

（5）由央行持有。在证券化银行 B，贷款减少，准备金增加，银行的流动性因此获得了绝对增加，但资产负债规模不变；在央行，通过购入证券投放基础货币，对证券化银行 B 的存款债务增加，资产负债规模因此扩张；在社会，社会的货币流动性不变。

（四）第二重的回流④

随同现实的回流，劳动者在产品中凝结的新价值获得实现，从而工资形式的预付获得回流。在前面图3－2中的⑤就劳动者收入给出的具有经济学意义的会计表述是：（借）预收账款/（贷）收入。而在图3－16中，这简化地表现为（借）银行存款/（贷）收入，如④所示。“④（借）存款货币”中的存款货币是职能资本家账户中的款项。

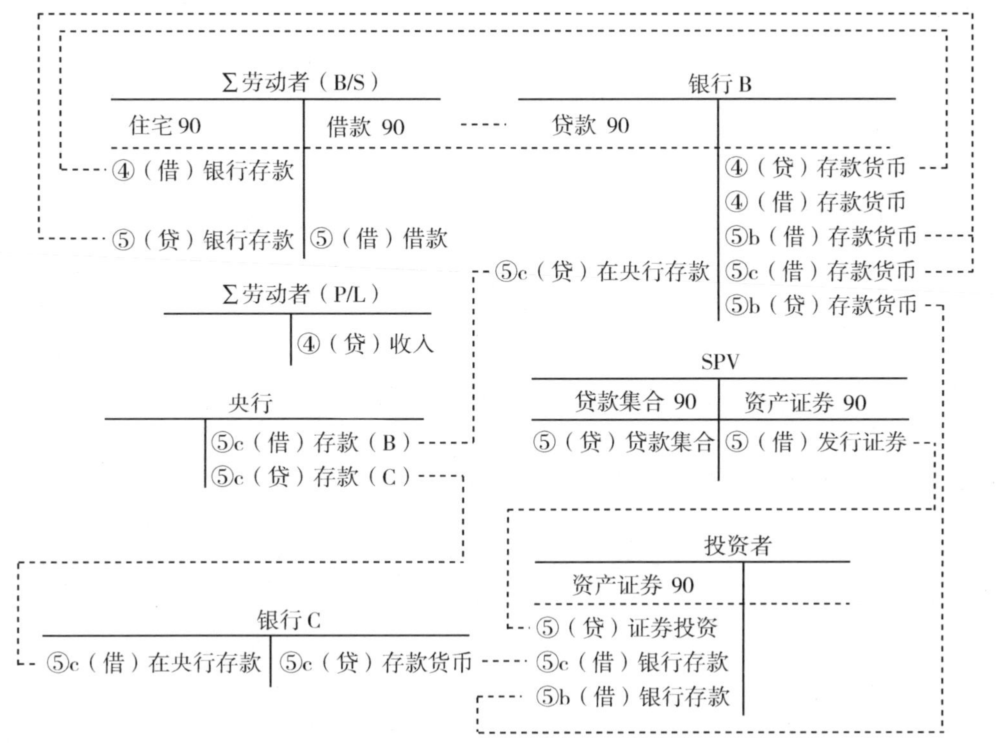

图3－16　第二重的回流和第三重的回流

（五）第三重的回流⑤

劳动者以实现的收入按期逐步归还借款。这在图3－16中由⑤表示，在劳动者有（借）借款/（贷）银行存款。这一银行存款的减少也减少了在银行B上统一于它的存款货币，这部分存款货币原本是要向贷款回流的，现在由于贷款已经由投资者以证券形式持有，因而原本要回流给贷款的存款现在就应划转给投资者。于是，在银行B没有（借）存款货币——劳动者/（贷）贷款，取而代之的是，在劳动者有（借）借款/（贷）银行存款，在银行有b（借）存款货币——劳动者/b（贷）存款货币——投资者，在投资者有b（借）银行存款/（贷）证券投资，在SPV上有（借）发行证券/（贷）贷款。这需要银行B延续与借方的关系，作为服务人将原本应回流给贷款的款项划转给持有证券的投资者。由此可见，贷款在债权债务关系结束上路径已经不同于其形成路径。

在图 3 - 16 的资金循环示意中，⑤b 和⑤c 分别表示了投资者在证券化银行 B 开户和在证券化银行以外的其他银行 C 开户的两种情况。在投资者开户于证券化银行以外的其他银行 C 情况，在劳动者有（借）借款/（贷）银行存款，在银行 B 有 c（借）存款货币——劳动者/c（贷）在央行存款，在央行有 c（借）存款——银行 B /（贷）c（借）存款——银行 C，在银行 C 有 c（借）在央行存款/（贷）c（贷）存款货币——投资者，在投资者有 c（借）银行存款/（贷）证券投资，在 SPV 上有（借）发行证券/（贷）贷款。对贷款的偿还是分期和逐步完成的，每一期的数额取决于契约的具体约定。

第三节　时间变换中的对称性

本章以上内容从时间变换的角度对资产证券化交易构造中资金循环的基本脉络给出表述，即“投资者预付了贷款在银行的如期回流，而贷款本身的回流依然是如期的”，还对这一表述以会计处理的形式进行了具体展开。即便这种展开有些新意，但毕竟没有超出现象的层面。那么不禁会问，这一表述的深层本质是什么？其实从这一表述本身已经朦胧地感到一种“变中之不变”的意境。本章最后深入这一问题，阐明这一表述的深层本质是对称，具体而言是时间对称。

时间对称是指事物在运动变化前后的相似性。自然科学中一个关于时间对称的经典例子是牛顿运动方程所具有的时间反演对称，即将牛顿运动方程中的 $+t$ 用 $-t$ 代换后，其形式保持不变。本节的内容是阐明贷款转移的时间对称。金融中介机构（包括货币金融中介机构和非货币金融中介机构）经营中的一项常规业务是办理借款人的提前还贷事项。提前还贷的结果是贷款不复存在，贷款本身原有的回流运动规律发生了改变，因而，提前还款对于贷款回流运动不具对称性。相比较，资产证券化的时间变换不同于提前还款，虽然贷款的证券化对于提前收回贷款在金融中介机构的如期回流而言与提前还贷具有同样的经济效果，但贷款本身并未湮灭，它继而在表外的 SPV 回流，贷款本身原有的回流运动规律不因贷款回流所在位置的改变而变化，因而，资产证券化的时间变换是贷款回流运动的一个时间平移对称。另外，对于金融中介机构中的银行而言，除了带有时间平移对称外，还一并带有匹配平移对称的表现形式。时间平移对称和匹配平移对称是对资产证券化时间变换深层本质的揭示，是资产证券化时间变换中最生动的部分。

一、时间平移对称性

表述时间变换和时间平移对称性的困难在于，难以对未来时间进行把握，尽管现在与未来是有联系的，但毕竟未来还没有到来。事实上，人们对未来时间的把握是通过事物在未来所具有的空间形式来体现的。未来形状是最有力的时间展望。具体就贷款回流运动这一事项而言，它在未来所具有的空间形式是贷款余额。贷款余额和未来时间的关系是，贷款余额按照各类贷款的回流运动规律随时间的增加而递减，直到 0 为止。于是，未来时间可以用贷款余额来表达。按照这样的表达关系，将部分贷款在到期前的某一时刻从银行表内移出，使贷款在表内的余额归为零，这便等于是在这一时刻对贷款在表内的回流运动施加了一个向前的时间平移。在此，时间是用空间来表达的。转移至表外的贷款继而在 SPV 运动，且回流运动的基本规律不因回流运动所在位置的改变而变化，因而称资产证券化的时间变换具有时间平移对称，或者资产证券化的时间变换是贷款回流运动的一个对称。

假设：(1) 贷款的期限为 n；(2) 本息偿付速度为 y，y 是时间 t 的减函数，即有 $y = f(t)$，$f'(t) < 0$，$0 \leqslant t \leqslant t_n$；(3) $f(t)$ 在 $[0, t_n]$ 可积。于是，贷款的本息总额为 $\int_0^{t_n} f(t)\,dt$。当 $0 < t = t_i < t_n$ 时，已偿付的本息额为 $\int_0^{t_i} f(t)\,dt$，未偿本息的余额为 $\int_{t_i}^{t_n} f(t)\,dt$，这也就是贷款未来的空间形式。于是，贷款回流运动的基本规律主要取决于 $f(t)$、积分区间 $[0, t_n]$ 及其 $\int_0^{t_n} f(t)\,dt$。

先来看提前还贷的情况。设在 t_i 时引入提前还贷，并将提前还贷表示为以因子 $\tau'(t_i)$ 作用于 $\int_0^{t_n} f(t)\,dt$，则有

$$\tau'(t_i)\int_0^{t_n} f(t)\,dt = \int_0^{t_i} f(t)\,dt + \int_{t_i}^{t_n} \tau'(t_i) f(t)\,dt \text{。}$$

经 $\tau'(t_i)$ 作用后，贷款不复存在，即 $f(t)$ 变为 0，故而贷款本身原有的回流运动规律发生了改变，并有

$$\begin{aligned}\tau'(t_i)\int_0^{t_n} f(t)\,dt &= \int_0^{t_i} f(t)\,dt + \int_{t_i}^{t_n} \tau'(t_i) f(t)\,dt \\ &= \int_0^{t_i} f(t)\,dt + \int_{t_i}^{t_n} 0\,dt = \int_0^{t_i} f(t)\,dt \neq \int_0^{t_n} f(t)\,dt \text{。}\end{aligned}$$

引入资产证券化的情况。在 t_i 引入资产证券化意味着，有一个贷款转移操作在这一时刻作用于贷款，将贷款的未偿余额由表内转移至其表外的 SPV，其结果是，贷款在表内的回流运动终结，于是基于以上所述的空间与时间的联系，一个时间平移在表内发生。

未偿余额部分为 $\int_{t_i}^{t_n} f(t)\,dt$，这部分余额继而在 SPV 上完成回流。可以设想，将在 t_i 时刻未偿贷款由表内转移至表外 SPV 表示为如图 3－17 所示的翻转，亦即在 t_i 时刻将 $\int_{t_i}^{t_n} f(t)\,dt$ 这部分未偿余额绕 y 轴旋转 180°。

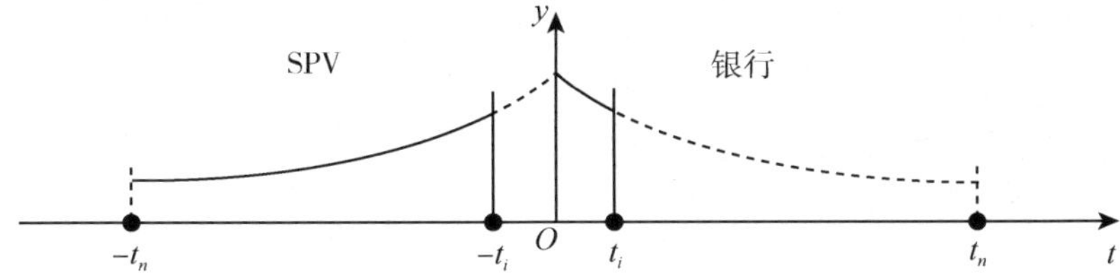

图 3－17　时间变换的数学表述

显然，图 3 - 17 中 $f(t)$ 是偶函数。若将时间变换的作用因子表示为 $\tau(t_i)$，则时间变换的定义就是以 $\tau(t_i)$ 作用于 $\int_{t_i}^{t_n} f(t)dt$。因为 $\tau(t_i)\int_{t_i}^{t_n} f(t)dt = \int_{-t_n}^{-t_i} f(t)dt$，这不同于 $\tau'(t_i)\int_{t_i}^{t_n} f(t)dt = \int_{t_i}^{t_n} \tau'(t_i)f(t)dt = \int_{t_i}^{t_n} 0dt$ 的机理，故而有

$$\tau(t_i)\int_0^{t_n} f(t)dt = \begin{cases} \int_0^{t_i} f(t)dt, & t \leqslant t_i \quad 银行 \\ \int_{-t_n}^{-t_i} f(t)dt, & t_i \leqslant t \leqslant t_n \quad SPV \end{cases}$$

上式是在略去了服务资产的条件下给出的。在金融中介机构的表内有 $\tau(t_i)\int_0^{t_n} f(t)dt = \int_0^{t_i} f(t)dt$，这意味着资产证券化在金融中介机构产生与提前还贷同样的经济效果，即贷款在金融中介机构的如期回流提前结束。在表外的 SPV 有 $\tau(t_i)\int_0^{t_n} f(t)dt = \int_{-t_n}^{-t_i} f(t)dt$，这意味着贷款本身并未湮灭，它继而在表外的 SPV 回流。不仅如此，未偿贷款转移至 SPV 不改变积分形式下的 $f(t)$ 和 $[t_i, t_n]$，即贷款本身原有的回流运动规律不因贷款回流所在位置的改变而变化。$f(t)$ 不变是因为 $f(t)$ 是偶函数，即有 $f(-t) = f(t)$。$[t_i, t_n]$ 不变意味着，贷款回流运动依然是如期的，即有 $\int_0^{t_n} f(t)dt = \int_0^{t_i} f(t)dt + \int_{-t_n}^{-t_i} f(t)dt$。否则有 $\int_0^{t_n} f(t)dt = \int_0^{t_i} f(t)dt + \int_{t_i}^{t_i+\Delta t_i} f(t)d\Delta t_i + \int_{t_i+\Delta t_i}^{t_n} f(t)dt$，其中 Δt_i 是在贷款转移中贷款在穿越时间上的流逝。

因为

$$\tau(t_i)\int_{t_i}^{t_n} f(t)dt = \int_{-t_n}^{-t_i} f(t)dt = \int_{t_i}^{t_n} f(t)dt,$$

故而时间变换 $\tau(t_i)$ 是未偿贷款 $\int_{t_i}^{t_n} f(t)dt$ 的一个对称，在此将这一对称称为时间平移对称。①也就是说，在时间变换的作用下，作为表述贷款未偿部分回流运动规律的 $f(t)$、$[t_i, t_n]$ 及其 $\int_{t_i}^{t_n} f(t)dt$，不因时间变换的作用而改变，它们照样成立。这种对称还可以有外延上的内容，如金融中介机构延续与借方的关系，借方依然向金融中介机构还本付息，这两项都是"变中之不变"的扩展内涵。

也可以从总体上做如下表示：

---

① 具体的对称性有形式上的对称性、性质上的对称性以及规律上的对称性。性质以及规律上的对称性是较为抽象的对称性，是指事物的性质以及规律不随观察方法的改变而发生变化。在此处讨论的问题中，因为贷款回流所在位置的改变就相当于"改变观察方法"，即将未偿贷款的回流放在 SPV 上观测，所以这应属于性质以及规律上的对称性，在此称之为"时间平移对称性"。显然，这种基于对称性的表述有助于深化对表外化的认识。类似的例子是规范场论中的"规范对称性"。

$$\tau(t_i)\int_{t_0}^{t_n}f(t)\,dt=\tau(t_i)\left[\int_{t_0}^{t_i}f(t)\,dt+\int_{t_i}^{t_n}f(t)\,dt\right]=\int_{t_0}^{t_i}f(t)\,dt+\tau(t_i)\int_{t_i}^{t_n}f(t)\,dt$$
$$=\int_{t_0}^{t_i}f(t)\,dt+\int_{-t_n}^{-t_i}f(t)\,dt=\int_{t_0}^{t_n}f(t)\,dt\,,$$

故而 $\tau(t_i)$ 是 $\int_0^{t_n}f(t)\,dt$ 的一个时间平移对称。也就是说，在时间变换的作用下，作为表述贷款回流运动规律的 $f(t)$ 、$[t_0,t_n]$ 及其 $\int_0^{t_n}f(t)\,dt$ ，不因时间变换的作用而改变，它们照样成立。在此，时间平移对称对应着在时间平移的作用下 $\int_{t_i}^{t_n}f(t)\,dt$ 不变，或者 $\int_0^{t_n}f(t)\,dt$ 不变。

二、匹配平移对称性

就作为货币金融中介的银行的资产证券化而言，除了具有以上时间平移对称性外，还具有匹配平移对称性。匹配平移对称性是指，当贷款转移至表外并经 SPV 转换为以贷款为支持的证券时，在投资者投向证券的货币债权（银行存款）的诱导下，在银行部门的负债上会划分出一个统一于这部分货币债权的相应货币债务（存款货币）部分，与贷款转移相匹配转移至表外，转化为 SPV 上与证券化贷款相匹配的证券发行，虽然货币债务转化为非货币债务，但价值匹配本身保持不变。这一表述是就投资者全部处于银行部门之外而言的，尽管在实际中会有一部分资产证券在银行部门内部获得持有，但以上表述却是就其中最生动的部分而言的。价值匹配本身保持不变这一性质，对于透彻掌握作为货币金融中介的银行的资产证券化而言，是十分重要的，没有这一对称性，就不能解析作为货币金融中介的银行的资产证券化对货币、信用和总产出的影响。

从银行表内转移至 SPV 的未偿余额部分为 $\int_{t_i}^{t_n}f(t)\,dt$ ，银行提前收回贷款在表内的如期回流的时间平移长度为 t_n-t_i 。如果对这部分未偿余额在表内如期回流的预付全部来自银行部门之外的投资者，那么未偿贷款转移的实现就还带有价值匹配平移，即贷款由表内转移至表外，还要有一定的存款货币的转移与之在价值上相匹配。如果对这部分未偿余额在表内如期回流的预付一部分来自银行部门之外的投资者，另一部分来自银行部门内部，那么与未偿贷款转移相匹配的存款货币的转移，其数额就等于投资者预付的部分。

设定一个资产负债平面坐标系 XOY 。从银行部门看，在 t_i 时刻被作为证券化对象资产的贷款所具有的初始匹配为 (L_a,M_b) ，L_a 是证券化贷款中通过发行证券出售给银行部门之外的投资者的部分（未出售给银行部门之外的投资者的部分，在银行内部持有），M_b 是在实现贷款转移上与 L_a 在价值上相匹配的存款货币（与 M_b 相统一的债权形式是投资者持有的银行存款）。[①] M_b 是由投资者对资产证券的投资划分出来的，它与 L_a 的匹配不是产生于债权债务

① 如果作为证券化对象资产的贷款有 5% 的证券化部分在银行部门内部持有，那么 L_a 就是证券化贷款的 95% 的证券化部分。内部持有的 5% 的证券化部分，虽然也有位移对称性，但没有与存款货币的匹配平移对称性。

关系而是产生于基于平衡的 T 关系。(L_c,S_d) 是 t_i 时刻在 SPV 上的证券化匹配，L_c 是转移至 SPV 资产一端上的证券化贷款价值，S_d 是在价值上与 L_c 相匹配的在 SPV 负债一端上的证券发行债务，且 S_d 是 M_b 的非货币债务转换形式。

为了简化并将对问题的分析集中在最生动的部分，可以略去在银行部门内部持有的证券化部分。于是，在初始状态中，$L_c = S_d = 0$，$L_a = \int_{t_i}^{t_n} f(t) = M_b > 0$，$t_i \geqslant 0$，两个匹配的情况如图 3－18 中的 Ⅰ 所示。

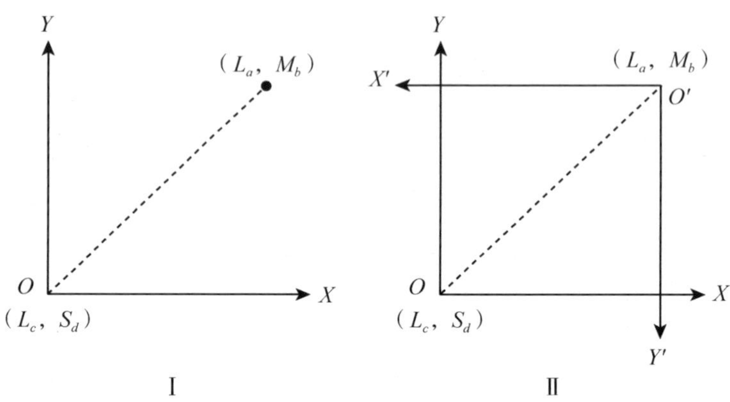

图 3－18　贷款转移中的匹配和对称性

可以将时间变换 $\tau(t_i)$ 分解为两个操作：一个是平移操作 $\tau_1(t_i)$，另一个是附加于平移操作的旋转操作 $\tau_2(t_i)$。显然，因为平移操作 τ_1 是一个对称操作，旋转操作 τ_2 是一个对称操作，所以合成的 τ 也是一个对称操作。先以 τ_1 将坐标系 XOY 平移至匹配 (L_a,M_b) 所在的平面坐标点 (L_a,M_b)，继而再以 τ_2 将坐标系逆时针旋转 180 度。两个操作的结果，如图 3－18 中的Ⅱ所示。

匹配 (L_a,M_b) 经过操作后的结果是：

$$\begin{pmatrix} X'_b \\ Y'_a \end{pmatrix} = \tau_2\tau_1\begin{pmatrix} M_b \\ L_a \end{pmatrix} = \tau_2\begin{pmatrix} M_b - M_b \\ L_a - L_a \end{pmatrix} = \begin{pmatrix} \cos 180^\circ & \sin 180^\circ \\ -\sin 180^\circ & \cos 180^\circ \end{pmatrix}\begin{pmatrix} M_b - M_b \\ L_a - L_a \end{pmatrix}$$

$$= \begin{pmatrix} -1 & 0 \\ 0 & -1 \end{pmatrix}\begin{pmatrix} 0 \\ 0 \end{pmatrix} = \begin{pmatrix} 0 \\ 0 \end{pmatrix}。$$

匹配 (L_c,S_d) 经过称操作后的结果是：

$$\begin{pmatrix} X'_d \\ Y'_c \end{pmatrix} = \tau_2\tau_1\begin{pmatrix} S_d \\ L_c \end{pmatrix} = \tau_2\begin{pmatrix} S_d - M_b \\ L_c - L_a \end{pmatrix} = \begin{pmatrix} \cos 180^\circ & \sin 180^\circ \\ -\sin 180^\circ & \cos 180^\circ \end{pmatrix}\begin{pmatrix} S_d - M_b \\ L_c - L_a \end{pmatrix}$$

$$= \begin{pmatrix} -1 & 0 \\ 0 & -1 \end{pmatrix}\begin{pmatrix} -M_b \\ -L_a \end{pmatrix} = \begin{pmatrix} M_b \\ L_a \end{pmatrix} \Rightarrow \begin{pmatrix} S_d \\ \int_{-t_n}^{-t_i} f(t)\,dt \end{pmatrix}。$$

在最后一个等价的向量中，$L_a = \int_{-t_n}^{-t_i} f(t)\,dt$，而 S_d 则是在 SPV 上的与转移的贷款在价值上相匹配的存款货币的非货币债务转化形式。毕竟，M_b 是货币债务，S_d 是非货币债务，这形成了匹配平移中暗含的一个对称性破缺。正是这一破缺，它不仅起到了为完美的对称性开辟道路的作用，还为货币政策操作、金融体系运行乃至整个经济运行带来出乎意料的效果。

匹配作为一个“整体”从表内移至表外，虽然贷款的位置发生了变化，与贷款转移相匹配的存款货币的存在状态发生了变化，但匹配本身保持不变，这体现了“变中之不变”的对称属性。可以比较一下，提前还贷就没有这种对称属性。

这一匹配平移没有给投向证券的货币留下一个空出来的位置，投向证券的货币随匹配平移由原来对银行的货币债权存在形式转化为对 SPV 的非货币债权（nonmonetary claims against SPV）存在形式。

第四章　资产证券化的时间变换（Ⅱ）

非货币金融中介机构经营运作的特点主要表现为，通过发行对自身的非货币债权购买已有货币，然后再以购得的货币购买非金融支出单位发行的初级证券。从这一点来说，非货币金融中介机构是更加名副其实的金融中介。[①]非货币金融中介机构资金来源决定资金运用的这种情况决定了它们更容易在流动性等方面面临困难，从而对资产证券化技术的需求也更为迫切。

不论是对货币金融中介还是对非货币金融中介，从国际经验看，专业化的资产证券化实施机构是资产证券化运作中的一个显著的角色。如众所周知的三家著名机构，它们除了自己发起贷款并对自己发起的贷款实施证券化出售外，还从外部购买贷款，然后再对购买的贷款进行证券化出售。按照资金来源的不同背景，资产证券化实施机构从外部购入贷款或者具有时间平移对称或者具有匹配平移对称。资产证券化实施机构对自己发起的贷款和从外部购入的贷款的证券化出售具有时间平移对称。

货币金融中介机构的资产证券化与非货币金融中介机构的资产证券化，两者是都涉及贷款转移。贷款转移动态中的一个抽象而深刻的内涵是时空一体性和时空变换对称性。

第一节　非货币金融中介机构的资产证券化

非货币金融中介机构通过资产证券化实现以持有货币替代持有贷款，提前收回贷款在表内的如期回流，而贷款在 SPV 的回流依然是如期的，回流运动规律不变，这种特性决定了非货币金融中介机构的资产证券化具有时间平移对称。从国际经验看，一些具有充分信用条件和规模经济条件的非货币金融中介机构，采取对自己发起的贷款自己进行证券化出售的业务模式。在我国，这样的非货币金融中介机构包括 CDB、ADBC、EIBC、AMC 等，它们通常都具备自己操作证券化的信用条件和规模经济条件。

资产证券的投资者或者是银行部门之外的经济主体，或者是银行部门，或者两者兼而有之。在资产证券出售给银行部门之外的投资者的情况，经济中的货币存量不变，非货币金融中介机构基于证券化所获得的贷款变现来自银行部门之外的投资者。在资产证券出售给银行部门的情况，经济中的货币存量增加，非货币金融中介机构基于证券化所获得的贷款变现来

① 比较而言，货币金融中介机构并不是严格意义上的金融中介。以银行为例，银行是以无中生有创造的存款货币向借方发放贷款，并没有媒介第三方的货币。

自银行部门在购入资产证券时所投放的货币。

一、将资产证券出售给银行部门之外的投资者

非货币金融中介机构通过运用证券化技术将贷款出售给银行部门之外的投资者，这在资金循环上不改变已有货币存量。

（一）资金循环

非货币金融中介机构从市场获得融资，然后向借方发放贷款，之后再通过运用证券化技术将贷款出售给银行部门之外的投资者，这种情况下的资金循环如图4－1所示。

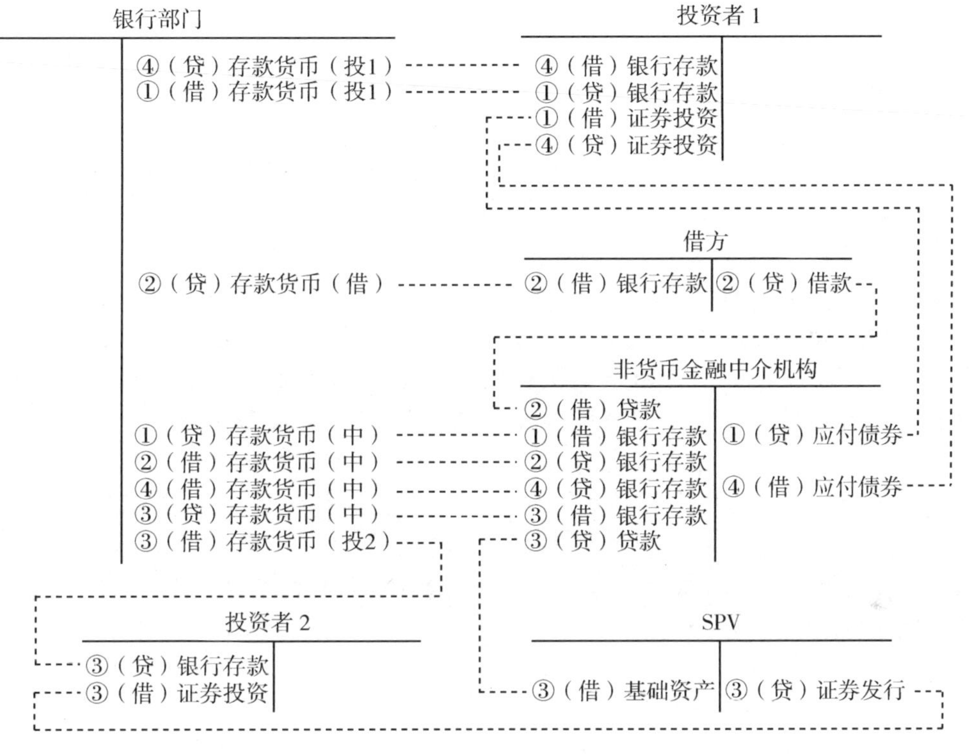

图4－1　非货币金融中介机构融资、贷款和将贷款证券化（Ⅰ）

图4－1中的①表示非货币金融中介机构向投资者1发行自己的债务购买已有货币。投资者1持有的银行存款转移到非货币金融中介机构，空出来的转移位置由非货币金融中介机构发行的证券进驻。

②表示非货币金融中介机构以融资获得的货币向借方发起贷款，借方通过增加借款债务发行获得货币。所发起的贷款可以是住房贷款、棚户区改造贷款、铁路建设贷款、农业发展贷款等。

③表示非货币金融中介机构基于自身的信用条件和规模经济条件自己作为委托者和受托

者，通过设立一个SPV对贷款实施证券化，将以贷款为支持的序列证券出售给投资者2。贷款转移至SPV，空出来的转移位置由投向资产证券的货币即银行存款进驻，于是非货币金融中介机构以持有银行存款替代持有贷款，提前收回贷款在表内的如期回流。SPV在此是一个中介手段（intermediary technique），起到了将所集合的贷款转换为序列证券的作用。显然此中介不同于通常情况的中介，它是一个财产权状态转换中介，若是一定要套用通常中介的杠杆概念，那么此中介的杠杆倍数为1，杠杆率为0。

④表示非货币金融中介机构以收回的银行存款向投资者1偿还债券。为了简化，在④中略去了在债券利息支付上的资金循环表示。另外，在应付债券到期前非货币金融中介机构也可以用收回的银行存款继续向借方发起新的贷款。

（二）对称性

当银行部门之外的投资者以银行存款购买以贷款为支持的证券时，投资者减少对银行存款的持有而相应增加对资产证券的持有，投向证券的货币转而进驻非货币金融中介机构的资产中，成为证券化贷款的替代，非货币金融中介机构因此提前收回贷款在表内的如期回流，而贷款在SPV的回流依然是如期的，回流运动规律不变。这种特性决定了非货币金融中介机构的资产证券化具有时间平移对称，货币存量不变。

非货币金融中介机构的资产证券化和货币金融中介机构的资产证券化，两者都遵循以贷款为支持发行证券、贷款和证券同真同假的基本原理，但在对称性上存在明显差异。在非货币金融中介机构资产证券化，以贷款为支持的证券不是对其投资的已有银行存款的转化形式。而相比较，在货币金融机构的资产证券化运作过程中，如果投资者在银行部门之外以已有银行存款投向以贷款为支持的证券，那么以贷款为支持的证券就是匹配于贷款转移而投向证券的已有银行存款的转化形式。这种特性决定了货币金融中介机构的资产证券化在总体上除了具有时间平移对称外还具有包含时间平移对称的匹配平移对称。

由两者比较而引出的经济含义是：非货币金融中介机构的资产证券化以时间平移对称的形式为金融运行注入自然、平衡、和谐、经济、完善、稳定的属性，货币存量不变。

二、将资产证券出售给银行部门

非货币金融中介机构通过运用证券化技术将贷款出售给银行部门，这使货币规模扩大。

（一）资金循环

非货币金融中介机构从市场获得融资，然后向借方发放贷款，之后再通过运用证券化技术将贷款出售给银行部门，这种情况下的资金循环如图4-2所示。

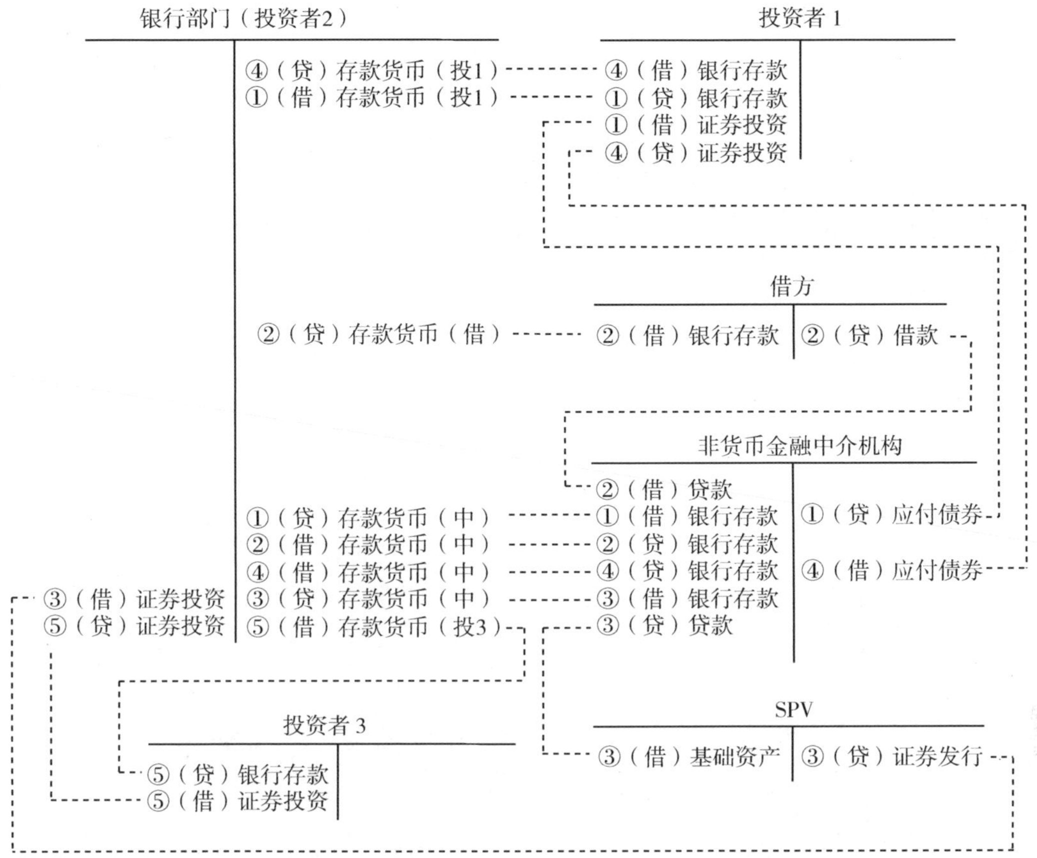

图 4－2　非货币金融中介机构融资、贷款和将贷款证券化（Ⅱ）

比较图 4－1 中的③和图 4－2 中的③可以看出，两者的共同之处是：非货币金融中介机构以持有银行存款替代持有贷款，以此获得提前收回贷款在表内的如期回流的效果。两者的不同之处是：图 4－2 中的资金循环③表现为银行部门通过购入资产证券向非货币金融中介机构投放增量货币，经济中的货币存量增加。这时贷款转移至 SPV 空出来的位置由银行部门新投放出来的增量货币进驻。

⑤表示当银行部门将持有的证券再转让给部门以外的投资者 3 时，经济中的货币存量又会得到减少。

资金循环③降低了银行部门自身的流动性，因为银行部门通过购买资产证券而向非货币金融中介机构投放增量货币，一定准备金中的法定部分增加，超额部分减少。资金循环⑤则表现出相反的对冲效果，银行部门基于超额准备金相对增加重新获得了流动性提高。

一个可能会涉及的问题是，在银行部门中的投资者 2 或许可以用“存放同业”来进行支付，这样就不产生新创造的存款货币。不过，“存放同业”多用于银行之间的资金清算。[①]

---

① 按照教科书中的表述，单位、个人之间通过银行进行的资金往来称为支付结算，银行之间由于支付结算业务往来所产生的资金划转称为资金清算。

（二）对称性

从图4－2中的回路③看，非货币金融中介机构同样是通过以持有银行存款替代持有贷款的形式提前收回贷款在表内的如期回流，而贷款在SPV的回流依然是如期的，回流运动规律不变，这决定了非货币金融中介机构的资产证券化具有时间平移对称。不过与图4－1相比的一个不同之处在于，在图4－2中作为非货币金融中介机构持有贷款的替代是增量银行存款而不是已有银行存款。

与货币金融中介机构比较而引出的经济含义是：非货币金融中介机构的资产证券化以时间平移对称的形式为金融运行注入自然、平衡、和谐、经济、完善、稳定的属性，货币存量增加。

三、其他情况

除了以上资金循环情况外，这类非货币金融中介机构也可以从商业银行和央行获得贷款融资，从财政部门获得政策性融资支持（例如，从财政部门获得对某些贷款的贴息支持，这种支持可用于对资产证券的利息担保）。另外，它们发行的资产支持证券也可以出售给央行。

第二节　资产证券化中的专业化实施机构

资产证券化中的专业化实施机构包括两个方面的含义：一是一些作为贷款发起人的货币金融中介机构或非货币金融中介机构基于自身的信用条件和规模经济条件，自己运用资产证券化技术对自己发起的贷款进行出售，以实现提前收回贷款在表内如期回流的效果；二是由另外独立的资产证券化实施机构斡旋于并不自己设立SPV的潜在发起人和投资者之间，满足贷款出售对于证券化技术的需求，最终在贷款发起人和资产证券化实施机构均实现提前收回贷款的表内如期回流的效果。前一节以具备信用条件和规模经济条件的非货币金融中介机构为背景表述了第一个方面的含义，本节将表述第二个方面的含义。

一、背景

在资产证券化研究方面的大量国外文献中，会涉及美国的储蓄与贷款协会、储蓄银行和几个联邦贷款机构。储蓄与贷款协会和储蓄银行都属于非货币金融中介（或非银行储蓄机构），美国资产证券化起步时的证券化对象资产基本上是以它们发放的住宅抵押贷款为对象的。不过现在它们在住宅抵押贷款市场所占的份额已经大为下降，而商业银行的份额大为上升。

几个联邦贷款机构也属于非货币金融中介机构，如众所周知的著名机构FNMA、FHLMC和GNMA，它们在抵押贷款市场上也占有较大份额。这三家机构是由美国政府设立的非货币金融中介机构，通常称为联邦贷款机构（federal lending agencies）。GNMA是联邦政府所属机构，

FNMA 和 FHLMC 虽然独立经营，是具有独立性的机构，但仍在某种程度上受政府控制和管理。在资金来源上，三家机构都有权发行联邦政府债券（如通过发行带有政府支持的短期票据和长期公司债筹措资金），在必要情况下也能便利地从联邦政府和美联储那里借款。这三家机构在美国金融体系中具有十分重要的地位，如果说在谋划和设立它们的当初绝大多数人并未在意其中奥妙和深意，甚至不屑地认为它们不过就是应运而生的饮鸩止渴之举，那么如今若是要将它们从金融运行中抹去，人们肯定会一致感到这简直就是难以置信之举。

在资产证券化方面，三家机构的表现分为两个方面：一方面，它们自己发起抵押贷款，然后通过证券化将这些贷款全部或部分出售给投资者；另一方面，它们从其他机构购入抵押贷款，然后通过证券化将这些贷款全部或部分出售给投资者。基于在第二个方面的表现，三家机构成为美国金融体系中资产证券化业务的主渠道，甚至是金融体系建设的重要构成。它们斡旋于并不自己设立 SPV 的潜在发起人和投资者之间，成为满足贷款出售对于证券化技术需求的专业化的资产证券化实施机构。

在我国，自己发放贷款，之后再对贷款实施证券化出售，以达到盘活贷款存量的效果，这样的非货币中介机构正在逐步成型，其背景就是国家的政策性和开发性非货币金融中介机构。随着自己信托得到确立，它们的证券化操作将会走向更为便捷、高效、经济的“发起—出售”模式。它们完全可以凭借自己在规模经济和信用条件上的优势，将自己打造成具有证券化功能的政策性或开发性非货币金融中介机构。这一功能当然要比通过上市募集资金的做法具有更高层次的金融技术含量，况且它们承担的社会责任也未必适合上市经营模式。不过，从我国的具体情况看，它们未必有必要具备美国三家著名机构在第二个方面的表现，那样的表现可以由另外的机构来担当。

再来看第二个方面的表现。在我国，几家大银行的证券化业务是否要建立主渠道，如何建立主渠道，这样的问题已经浮出水面。对于是否要建立主渠道的问题，容易有答案；对于如何建立主渠道的问题，容易有争议。须知，担当主渠道的机构需要具备与几家大银行相匹配的信用条件和规模经济。从目前的情况看，或许有几种可能性。第一种可能性是以四家资产管理公司建立资产证券化业务的主渠道，四家资产管理公司因此成为专业化的资产证券化实施机构。四家资产管理公司在 1999 年设立之初国家就批复给了开展资产证券化业务的特许权（这等于是批复了设立受益证券发行自己信托和设立特定目的公司这两项许可），并且在信用条件和规模经济上也有优势最早开发和积累证券化技术，逐步发展成为具有政府背景的资产证券化实施机构，但由于一些因素，这项业务一直未能真正开展起来。不过以我国的国情，即便能以四家资产管理公司建立主渠道，或许也还要有其他方面的配套改革。第二种可能性是以目前国家为再次推进债转股批复几家大银行新设立的债权转股权实施机构为起点，随后国家再批复将资产证券化业务纳入其中，使这种债权转股权实施机构同时成为专业化的资产证券化实施机构，以此构建资产证券化业务的主渠道。第三种可能性是在几家大银行和四家资产管理公司之外另外设立更大的专业化资产证券化实施机构。

二、从银行购入贷款和对购入贷款实施证券化

资产证券化实施机构可以从市场或央行获得资金，然后按照承销标准从货币金融中介机

构或一些非货币金融中介机构购入贷款，使它们提前收回贷款在表内的如期回流。之后证券化实施机构对购入的贷款一部分作为投资组合持有，另一部分通过证券化方法出售给投资者；或者是将购入的贷款全部实现证券化出售，不作为投资组合持有。按照证券化实施机构资金来源和资产证券投资者持有货币的具体情况，购入贷款和对贷款实现证券化出售具有时间平移对称或匹配平移对称的不同表现形式。

（一）资产证券化实施机构从市场融资和投资者以在银行部门的存款投资于资产支持证券

资产证券化实施机构从市场融资和投资者以在银行部门的存款投资于资产支持证券，这样的背景具有代表性和基础性，故而以下给出详细一些的分析。

1. 资金循环

资金循环的基本情况如图 4 –3 所示。

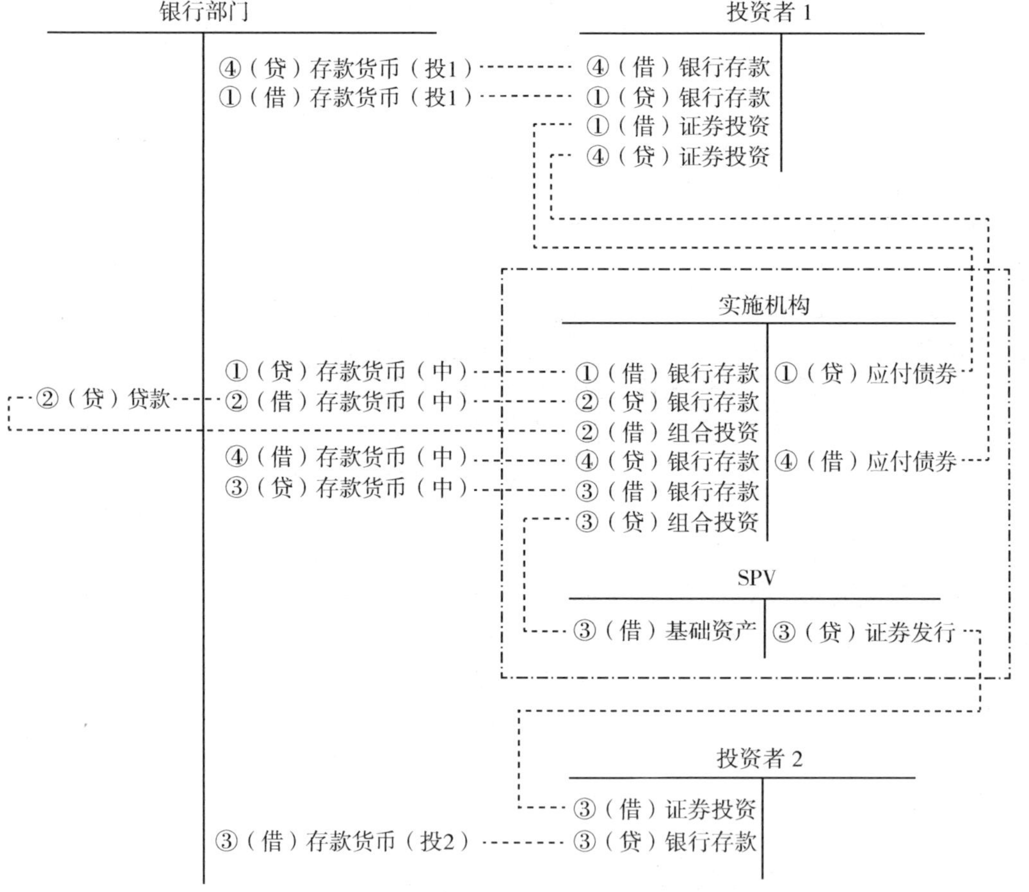

图 4 –3　证券化实施机构融资、购入贷款和将购入的贷款证券化（Ⅰ）

图4－3中的①表示实施机构首先通过发行对自己的债权——非货币间接证券从投资者1那里购买已有货币。结果是，经济中的货币存量不变，但基于实施机构的债券发行，经济中的间接金融资产增加。从美国几家著名资产证券化实施机构来看，它们发行的债券通常含有政府信用，因而在评级上接近或等同于国家主权的信用级别。在此背景下，回路①实现了将积累储蓄货币转化为在实施机构债券上的投资。一些风险厌恶型投资者或许并不十分了解这种金融机构的业务性质及其风险，但它们知道这种金融机构的信用条件是无可挑剔的，投资于这种金融机构发行的债券具有安全性。

②表示实施机构以购得的货币从银行部门那里购入贷款，将其作为组合投资持有。这时实施机构之前由融资获得的一笔相应数额的货币就转化为贷款组合投资形式。[①]实施机构预付了贷款在银行的如期回流，银行提前收回了贷款在表内的如期回流，而贷款本身的回流以组合投资的形式在实施机构依然是如期的。在银行部门，贷款和存款一并减少，资产负债表规模出现收缩，社会的货币存量相应减少。

回路②的经济学意义在于它所具有的储蓄转化为投资的机制。实施机构以一笔通过发行债券购入的积累储蓄的货币购入贷款，积累储蓄的货币转化为对贷款的投资，积累储蓄的货币在此化为货币的空。进而，虽然贷款的借方不是像直接融资那样基于货币易主而获得积累储蓄的货币，但是这时贷款的借方之前由贷款获得的没有实际储蓄增长提供支持的货币却被置换为有实际储蓄增长提供支持的货币。在此积累储蓄的货币并没有凭空增加，因为在积累储蓄的货币转化为对贷款的投资时有一笔相应的积累储蓄的货币化为货币的空。从这一点来说，资产证券化与直接融资是殊途同归的。

③表示实施机构随后将组合投资的全部或一部分进行证券化出售。基于一个SPV，在此交易结构账户下发行以贷款为支持的受益证券。这种发行被分割为不同的层次，有十几个至几十个之多，这种多层次发行是资产证券化核心技术的重要内容，可以据此检验证券化实施机构对资产证券化核心技术的掌握状况。所发行的证券可以先由实施机构持有，成为对实施机构之前持有的相应贷款组合投资的替代。[②]当这种证券出售给投资者2时，实施机构就最终实现了对购入贷款的证券化出售。结果是，投资者2以持有证券替代持有银行存款，实施机构以持有银行存款替代持有证券。投资者预付了贷款组合投资在实施机构的如期回流，而贷款组合投资的回流在SPV依然是如期的。于是，实施机构之前对贷款在银行如期回流的预付现在由投资者2继承，在实施机构所实现的储蓄转化为投资的经济效果也由投资者2继承。

④表示实施机构用收回的流动性偿付债券。

由①和③可见，负债和证券化是证券化实施机构的两个资金来源。另外，向央行借款和发行股权也可以是其另外的资金来源。在美国，FNMA、FHLMC曾经通过上市获取融资，

---

① 在此之所以是转化而不是替代，是因为在此环节上没有为购买贷款的货币留出一个贷款转移空出来的位置，贷款转移到实施机构而空出来的位置抵消于存款的减少，即抵消于“②（借）存款货币”。

② 在此之所以是替代而不是转化，是因为贷款组合投资的证券存在留在贷款组合投资转移到SPV空出来的位置上。

不过2007年后它们又退市了。①

注意到，如果没有体现证券化功能的③，那么这种只是购入贷款的中介机构就不是一种合意的机制，尽管这种中介机构对盘活其他金融中介机构的贷款能够发挥积极作用。原因是，随着这种中介机构持有的资产持续增加（包括购入的贷款和自己贷放的贷款），资产（portfolios）中货币的比例下降，这会产生对货币的超额需求，并由此产生使利率上升的因素。虽然继续通过发行证券来实现购买货币是满足超额货币需求的一种途径，但这同时也进一步扩张了这种中介机构的资产负债表规模，由此产生进一步问题，如需要增加更多的资本配置。显然，若是没有体现证券化功能的③，单一购入贷款的中介机构就没有可持续性。金融创新发展所追求的是证券化功能，而不是单一购入贷款的中介机构。

2. 关于已有货币转化形式的疑义

对于“实施机构首先通过发行对自己的债权——非货币间接证券从投资者1那里购买已有货币”这一表述应该没有疑义，但对于实施机构准备用以购入贷款的货币“①（贷）存款货币——①（借）银行存款”是否在M_2的统计范围似乎又存在不同看法（这种不同看法影响到资产证券化在货币管理方面的定位），原因是可以将其记为“①（贷）同业存放——①（借）存放同业”。其实，不管实施机构通过发行债务购买的准备用以购入贷款的货币“①（贷）存款货币——①（借）银行存款”和实施机构用以购买贷款的货币“②（借）存款货币——②（贷）银行存款”是否在M_2的统计范围，只要从投资者1向实施机构易主的货币“①（借）存款货币——①（贷）银行存款”在M_2的统计范围，那么从①到②就带来M_2的减少。进而，即便不能确定投资者1持有的对银行的债权是否在M_2的统计范围，从而不能确定向实施机构易主的金融资产“①（借）存款货币——①（贷）银行存款”是否在M_2的统计范围，但只要对投资者1的资金来源进行追溯，总是可以追溯到M_2的统计范围。以投资者1是个人为例，“①（借）存款货币——①（贷）银行存款”无疑在M_2的统计范围。以投资者1是机构投资者为例，不管其持有的对银行的债权在不在M_2的统计范围，可以认为购买其资金来源份额的投资者所持有的对银行的债权大部分或总会有一部分在M_2的统计范围。对于其中不在M_2的统计范围的那部分对银行的债权，以此类推继续追溯其资金来源。追溯的综合结果必然呈现出一个M_2转化为

---

① 在FNMA和FHLMC的问题上，注意到以下两点。（1）FNMA和FHLMC起初并不是上市公司，以它们同GNMA一样的性质、实力和特权，可以不必通过上市去募集资金，但后来它们阴差阳错也上市了。按照《美国金融危机调查报告》给出的结论：“FNMA和FHLMC的商业模式从根本上是有瑕疵的。它们既作为私有企业、作为上市公司要谋求利润，但作为政府暗中支持的企业又要承担社会责任。”这样来看，两家机构于2007年后退市并由政府接管，也是有其必然性的。（2）按照相关的报道，我国央行对FNMA和FHLMC也有投资。这些投资受到了诸多评说，有些评说甚至颇为激烈，这或许是因为对FNMA和FHLMC的真实情况不太了解所致。从实际情况看，我国央行对FNMA和FHLMC的投资是处于“投资者1”的位置上（资金运动的具体路径或许还要经过美联储的账户），具有安全性（FNMA和FHLMC的债券在本息偿付上含有政府提供的支持）。其实，即便是处于“投资者2”的位置上，如我国有些商业银行有部分投资处在此位置上，风险也不大。按照《美国金融危机调查报告》给出的结论：“在危机发生的过程中，实际上政府支持企业的抵押贷款证券一直保持着它们的价值，并未对作为金融核心的大型金融企业造成损失。”

以上列出的结论，参见美国金融危机调查委员会著：《美国金融危机调查报告》（俞利军、丁志杰、刘宝成译），中信出版社，2012年版，第355页。

贷款投资组合的资金来源分布。所以，在此将“①（借）存款货币——①（贷）银行存款”视为 M_2，将“①（贷）存款货币——①（借）银行存款”也视为 M_2，继而再将“②（借）存款货币——②（贷）银行存款”视为 M_2 的减少，这在关于货币来龙去脉的表述上是没有问题的。只要资产证券化规模扩大，就会有更多的 M_2 转化为贷款投资组合；只要将这种购入贷款的资产证券化环节从金融运行中抹去，作为货币转化形式的贷款投资组合的余额就会逆向还原为 M_2。明确这一点就不难进一步理解：从“①（借）存款货币——①（贷）银行存款”到“①（贷）存款货币——①（借）银行存款”，货币需求不变，货币存量不变，而对于“②（借）组合投资/②（贷）银行存款”和“②（借）存款货币/②（贷）贷款”，或者说“②（借）存款货币——②（贷）银行存款”而言，货币需求减少，货币存量减少。

投资者 2 一般是合格机构投资者，因而对于“③（借）存款货币——③（贷）银行存款”是否在 M_2 的统计范围，容易有不同看法，因为这可能被记为“③（借）同业存放——③（贷）存放同业”。其实，不管“③（借）存款货币——③（贷）银行存款”在不在 M_2 的统计范围，按照投资者 2 通过发行债务购买货币的资金来源关系，总是可以追溯到属于 M_2 统计范围的资金来源分布。如此，只要投资者 2 的资金来源分布在 M_2 的统计范围，那么从“③（借）存款货币——③（贷）银行存款”到“③（贷）存款货币——③（借）银行存款”，此环节上的金融资产运动即便不是 M_2 运动也是 M_2 运动的转化形式。因此，在分析资产证券化对 M_2 的影响时，将“③（借）存款货币——③（贷）银行存款”视为属于 M_2 的统计范围，这在关于货币来龙去脉的表述上是没有问题的。只要基于投资者 2 的资产证券投资规模扩大，就会有更多的 M_2 成为②中 M_2 转化为非货币的继承；只要将资产证券化从金融运行中抹去，这种继承的余额就会还原为 M_2。

以证券化实施机构为中介推行资产证券化与没有这种中介相比，在对货币的吸收上，效果是一样的，只是存在一个吸收结构的继承关系调整而已。这种实施机构增加了在非货币间接债务上的发行，若是实施机构以证券化融资获得的款项偿付自己发行的非货币间接债务，如④所示，那么资金循环的最终结果就同没有经过中间购入环节的情况是一样的。这时，原来基于实施机构先发行债券获得融资然后再购入贷款从而产生的吸收货币效果，就由投资者 2 在资产证券上的投资所继承。

3. 对称性

当实施机构从银行部门购入贷款时，一方面，贷款转移到实施机构，银行部门提前收回贷款在表内的如期回流，而贷款在实施机构的回流依然是如期的，回流运动规律不变；另一方面，由实施机构投向贷款的货币转化为贷款组合投资的非货币存在形式，没能留在贷款转移空出来的位置上。回路②上的这种特性决定了贷款转移具有匹配平移对称。由于在这一匹配平移对称中与贷款转移相匹配的货币是转化在转移的贷款上，而不是转化在转移贷款的在证券存在上，因而将这种匹配平移对称是一种异化匹配平移对称。

当实施机构对贷款组合投资进行证券化出售时，一方面，投资者以持有贷款组合投资的证券存在替代持有货币，预付了贷款组合投资在实施机构的如期回流，从而继承实施机构对贷款在银行如期回流的预付；另一方面，投向证券的货币进驻实施机构，留在贷款组合投资向 SPV 转移空出来的位置上，实施机构以持有货币替代持有贷款组合投资，提前收回贷款在表内的如期回流，而贷款在 SPV 的回流依然是如期的，回流运动规律不变。回路③上的这种特性决定了实施机构贷款组合投资的证券化出售具有时间平移对称。

基于实施机构的资产证券化是由购入贷款和对贷款组合投资进行证券化出售的两个步骤构成的。因为通过投资者购买资产证券而入驻实施机构的货币是对非货币转化形式的贷款组合投资的替代，所以实施机构的资产证券化总体上具有匹配平移对称，这种匹配平移对称是由一个异化匹配平移对称和一个时间平移对称合成的。从总体上看，实施机构购的资产证券化以这种匹配平移对称的形似为金融运行注入了自然、平衡、和谐、经济、完善、稳定的属性，货币存量不变。

（二）资产证券化实施机构从央行融资和投资者以在银行部门的存款投资于资产支持证券

在实际中，证券化实施机构的另一个重要资金来源是向央行借款，这一渠道的资金来源成为央行以准备金形式影响经济与金融运行的一个新的切入点。资产证券化实施机构从央行融资和投资者以在银行部门的存款投资于资产支持证券的情况如图 4 -4 所示。

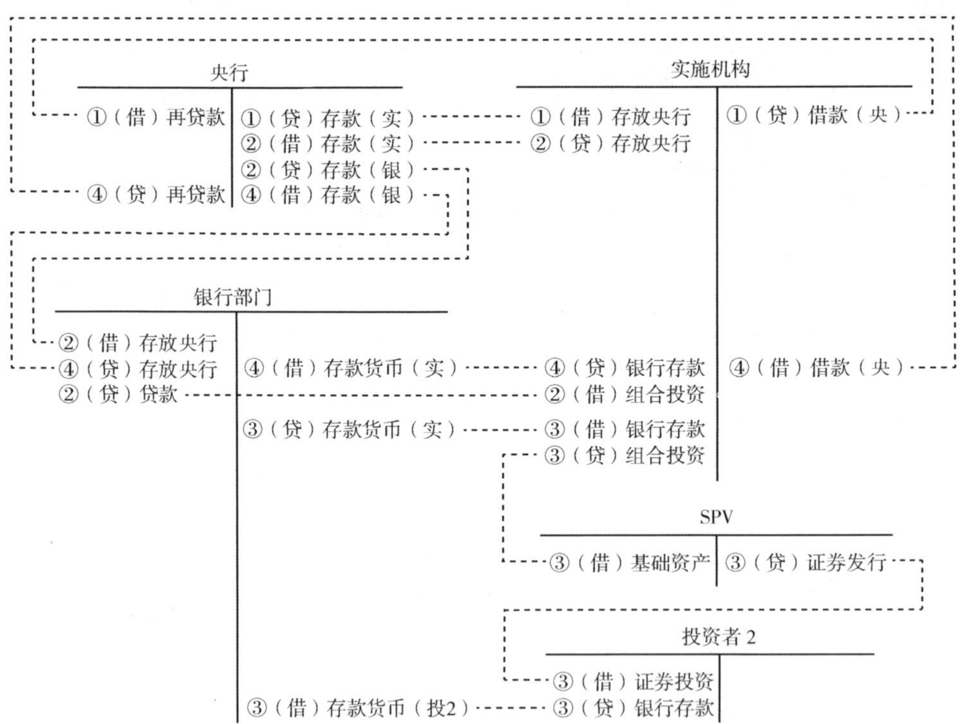

图 4 -4　证券化实施机构融资、购入贷款和将购入的贷款证券化（Ⅱ）

图 4－4 中要点在于：

（1）当实施机构以央行投放的储备从银行部门购入贷款时，“存放央行”这一央行投放的储备留在贷款转移空出来的位置上（即在银行部门有“②（借）存放央行/②（贷）贷款”），成为贷款的替代，银行部门因此提前收回贷款在表内的如期回流，而贷款组合投资在实施机构的回流依然是如期的，回流运动规律不变。回路②上的这种特点决定了贷款向实施机构转移具有时间平移对称。

（2）当投资者 2 以持有的对银行部门的货币债权即银行存款购买贷款组合投资的证券存在时，这部分银行存款留在贷款组合投资空出来的转移位置上，成为贷款组合投资的替代，实施机构因此提前收回了贷款组合投资在表内的如期回流，而贷款组合投资在 SPV 的回流依然是如期的，回流运动规律不变。回路③上的这种特点决定了贷款证券化出售具有时间平移对称。

（3）虽然投资者 2 通过投资于贷款组合投资的证券存在预付了贷款以组合投资形式在实施机构的如期回流，从而继承了实施机构对贷款在银行如期回流的预付，但因为在回路②上没有匹配平移对称，所以从购入贷款到以证券化形式出售贷款，没有产生吸收货币的效果。于是，在总体上以实施机构为中介的资产证券化具有时间平移对称，这种时间平移对是由两个内容不同的时间平移对称合成的。进而从经济含义而言，以实施机构为中介的资产证券化是以这种时间平移对称的形式向金融运行注入自然、平衡、和谐、经济、完善、稳定的属性。

（4）至回路④，央行在回路①上因投放储备而在央行和实施机构形成的资产负债表扩张得到收缩，银行的资产负债表亦随之收缩。

（5）对回路④的补充说明。由于对银行的货币债权（属于银行的借据）在信誉上低于对央行的货币债权（属于央行的借据），实施机构原则上不能直接用对银行的货币债权偿付向央行的借款，因而当实施机构以对银行的货币债权偿付向央行的借款时，要有实施机构的开户行以在央行的储备为之提供结算，毕竟实施机构从银行购买贷款时将一笔相应的央行储备留在贷款转移空出来的流通位置上，这一位置在实施机构开户行的资产端上。假设央行接受实施机构以对银行的货币债权偿付借款，那么结果就会是央行以持有对银行的债权替代持有再贷款，但这种假设在现实中通常是不会出现的。

（三）资产证券化实施机构从央行融资和投资者以在央行的存款投资于资产支持证券

图 4－3 和图 4－4 的一个相同之处是，两种背景都没有在对资产证券进行投资的位置上导入在央行的储备。而以下的图 4－5 和图 4－6 属于在对资产证券进行投资的位置上导入央行储备的背景。

图 4－5 中要点在于：

（1）按照从央行获得资金来源的背景，实施机构从银行部门购入贷款具有时间平移对称，这一点与图 4－4 中的②一样。

（2）投资者 2 以在央行的储备（“存放央行”）投资于贷款组合投资的证券存在，预付了贷款组合投资在实施机构的如期回流，从而继承了实施机构对贷款在银行如期回流的预

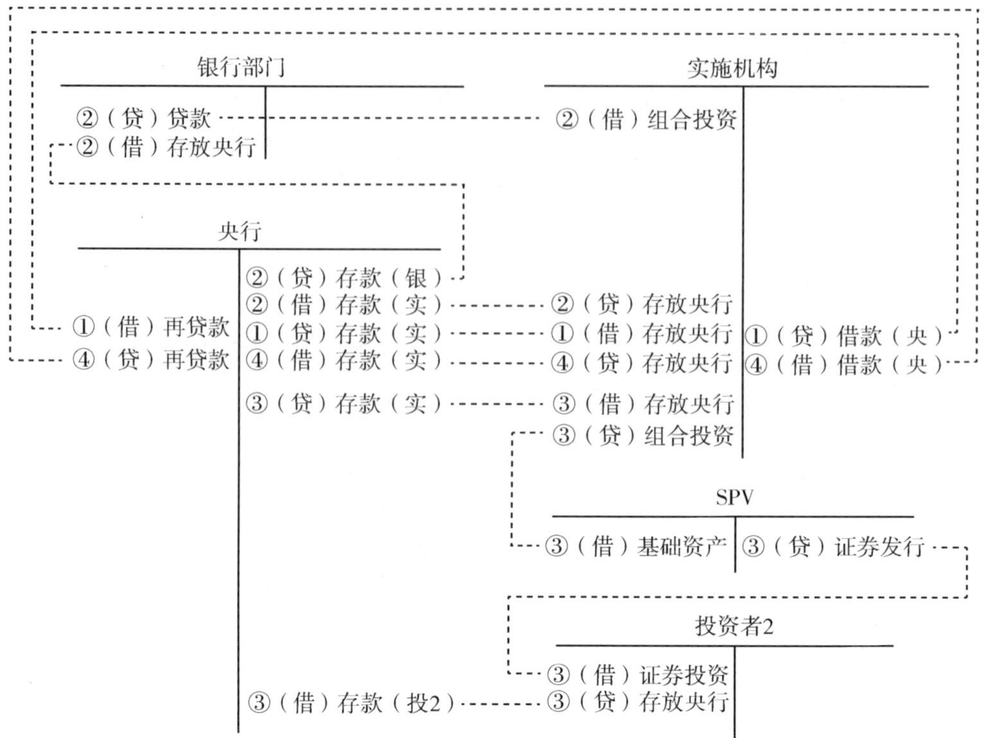

图 4-5　证券化实施机构融资、购入贷款和将购入的贷款证券化（Ⅲ）

付；“存放央行”留在贷款组合投资空出来的转移位置上，成为贷款组合投资的替代，实施机构因此提前收回贷款组合投资的表内的如期回流，而贷款在 SPV 的回流依然是如期的，回流运动规律不变。回路③上的这种情况决定了实施机构对贷款组合投资的证券化出售具有时间平移对称。

(3) 因为购入贷款和对贷款进行证券化出售均不具有匹配平移对称，所以以实施机构为中介的资产证券化没有带来吸收货币的效果，这意味着两个时间平移对称的合成还是时间平移对称。于是，在总体上以实施机构为中介的资产证券化具有时间平移对称，这种时间平移对是由两个内容不同的时间平移对称合成的。进而就经济含义而言，以实施机构为中介的资产证券化是以这种时间平移对称的形式向金融运行注入自然、平衡、和谐、经济、完善、稳定的属性。

(4) 当实施机构以作为组合投资替代的“存放央行”偿付向央行的借款时，之前在购入贷款环节上作为贷款替代的在央行存款（②（借）存放央行/②（贷）贷款）就留在银行部门，这最终使银行部门的准备金规模相应增加，起到了压低银行间市场利率的效果。

（四）资产证券化实施机构从市场融资和投资者以在央行的存款投资于资产支持证券

另一种背景是，实施机构从市场融资，在投资者 2 位置上导入在央行的储备。这种背景中的资金循环和对称性如图 4-6 所示。

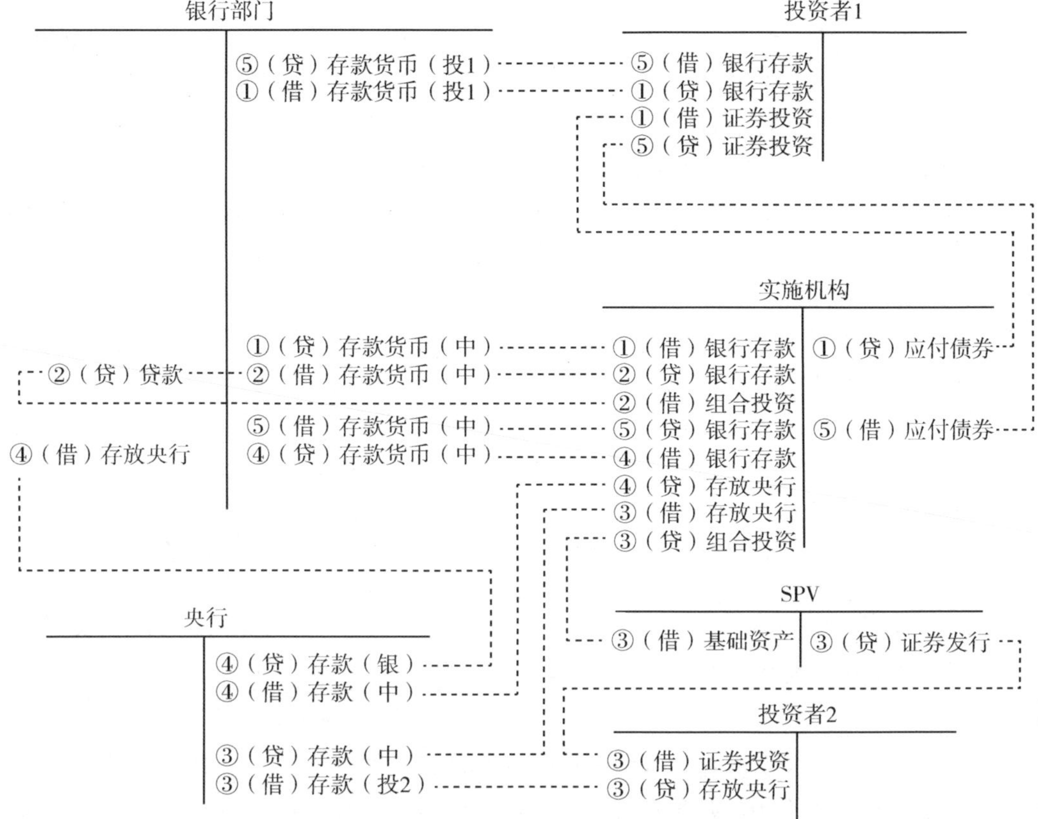

图4-6　证券化实施机构融资、购入贷款和将购入的贷款证券化（Ⅳ）

图4-6中要点在于：

（1）实施机构以银行存款从银行部门购入贷款，使银行部门提前收回贷款在表内的如期回流，而贷款本身的回流在实施机构依然是如期的，这具有异化匹配平移对称。这一点与图4-3中的②一样。

（2）投资者2以在央行的储备投资于贷款组合投资的证券存在，预付贷款组合投资在实施机构的如期回流，从而继承实施机构对贷款在银行部门如期回流的预付；实施机构以持有“存放央行”替代持有贷款组合投资，提前收回贷款组合投资在表内的如期回流，而贷款组合投资在SPV的回流依然是如期的，回流运动规律不变。回路③上的这种情况决定了实施机构对贷款组合投资的证券化出售具有时间平移对称。这一点与图4-5中的③一样。

（3）综合以上（1）和（2）。以实施机构为中介的资产证券化具有吸收货币的效果，这表现在②；实施机构的资产证券化具有匹配平移对称，这种匹配平移对称是由一个异化匹配平移对移和一个时间平移对称合成。与没有在投资者2的位置上引入央行储备的图4-3相比的一个不同点在于，投资者用以预付贷款组合投资在实施机构如期回流从而继承实施机构对贷款在银行部门如期回流预付的货币，是央行的储备。

(4) 由④和⑤的合并可见，当实施机构以在央行的储备偿还向投资者 1 的借款时，不仅投资者 1 收回了对实施机构的债券投资（由“⑤（借）银行存款/（贷）证券投资”可知，银行存款是证券投资的替代），同时银行部门还因此获得在央行的储备。在图 4 - 6 中不过是对这样的支付关系进行了资金循环上的分解，实际中实施机构未必真的需要先将获得的“存放央行”从央行账户划转到在银行部门的账户，然后再向投资者 1 偿付“应付债券”。

(5) 对于银行部门，由投资者 2 导入的在央行的储备最终成为银行部门证券化贷款的替代，而对于没有在投资者 2 的位置上引入在央行的储备（见图 4 - 3 和图 4 - 4）的情况，证券化贷款就没有这种替代。

(6) 对回路④和回路⑤的补充说明。对央行的货币债权比对银行的货币债权具有更高信誉，实施机构以对央行的货币债权向投资者 1 偿付“应付债券”，投资者 1 会欣然受之。在假设投资者 1 能直接与银行交易（即能直接在银行开立账户）但无法直接与央行交易（即不能直接在央行开立账户）的情况下，投资者 1 就只能获得与央行直接交易的开户行以增加持有“存放央行”资产而在负债贷记的付出。投资者 1 的开户行当然愿意接受对央行的货币债权，因为这一货币债权可以与任何其他银行进行结算，任何其他银行都愿意接受这一货币债权。

三、购入非银行金融中介机构的贷款和将贷款证券化

由证券化实施机构首先从非货币金融中介购入贷款作为组合投资持有，然后再将其进行证券化出售，这种交易在资金循环和对称性上的一般情况如图 4 - 7 所示。

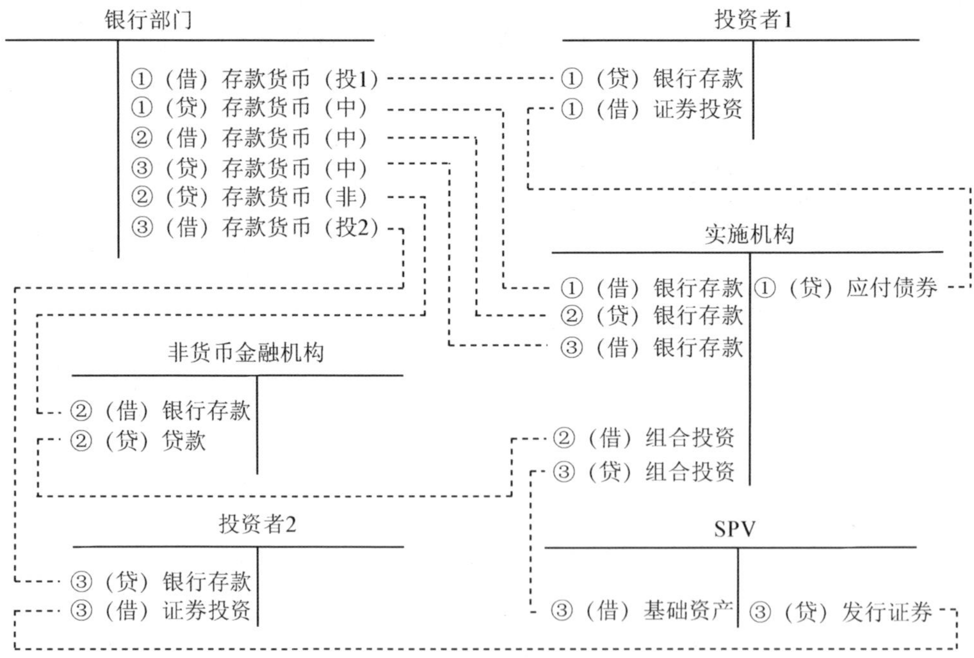

图 4 - 7　购入非银行金融机构贷款和将购入贷款证券化

图 4－7 中的①表示实施机构首先通过发行间接债务从投资者 1 那里购买货币，经济中的货币存量不变，但间接金融资产增加。

②表示实施机构从非银行金融中介机构那里购入贷款。一方面，实施机构以持有贷款组合投资替代持有银行存款，预付贷款在非货币金融中介机构的如期回流；另一方面，购入贷款的货币留在贷款空出来的转移位置上，非货币金融中介机构以持有银行存款替代持有贷款，提前收回贷款在表内的如期回流，而贷款组合投资在实施机构的回流依然是如期的，回流运动规律不变。回路②上的这种特性决定了贷款转移具有时间平移对称，经济中的货币存量不变。

③表示实施机构将贷款组合投资的一部分或是全部进行证券化出售，将资产证券出售给投资者 2。一方面，投资者 2 以持有资产证券替代持有银行存款，预付贷款在实施机构的如期回流，从而继承了实施机构对贷款在非货币金融中介机构如期回流的预付；另一方面，从投资者 2 投向资产证券的银行存款留在贷款组合投资空出来的转移位置上，实施机构以持有银行存款替代持有贷款组合投资，提前收回贷款组合投资在表内的如期回流，而贷款组合投资在 SPV 的回流依然是如期的，回流运动规律不变。回路③上的这种特性决定了贷款证券化具有时间平移对称，经济中的货币存量不变。

以实施机构为中介的非货币金融中介机构的资产证券化（从①至③）以两个时间平移对称的合成形式向金融运行注入自然、平衡、和谐、经济、完善、稳定的属性。

如果将实施机构持有的"银行存款"表示是"存放同业"，那么银行部门对实施机构的相应债务就应表示为"同业存放"。其实只要投资者 1/投资者 2 持有的对银行的债权属于 M_2 的统计范围，即便实施机构持有的对银行的债权记为"存放同业"，也不影响资产证券化对 M_2 影响的综合分析。即便投资者 1/投资者 2 持有的对银行的债权不在 M_2 的统计范围，如前所述，也可以通过追溯投资者 1/投资者 2 的资金来源取得同样的综合分析。

四、中央银行的作用

央行基于政府支持的资产证券化实施机构发挥特定作用主要是从两个方面：一是向这种实施机构提供贷款（见图 4－4 和图 4－5 中的回路①），二是购入这种实施机构发行的资产支持证券。从国际经验看，这两个方面的操作均在实践中获得成功检验。

（一）央行购入资产支持证券

中央银行购入由政府支持的资产证券化实施机构所发行的资产证券，这种操作在美国已经获得实际成功。例如，在 2009 年 3 月 18 日，美联储表示，将收购至多 3000 亿美元的长期美国国债，并将购入至多 7500 亿美元的抵押支持证券。这些抵押支持证券是由政府支持的证券化实施机构发行的，在当时的危机状态下其他证券化实施机构的这类发行已经停止运营。

央行从政府支持的证券化实施机构购入资产支持证券的资金循环的情况，如图 4－8 所示。

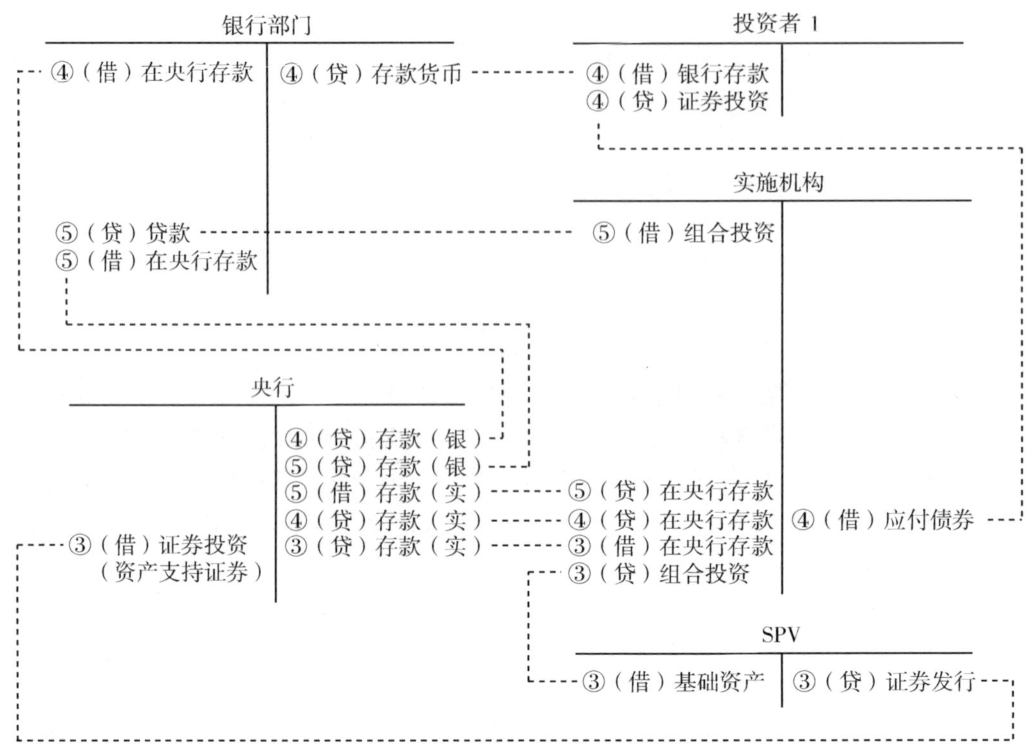

图 4－8　中央银行从实施机构购入资产证券（Ⅰ）

或者如图 4－9 所示（④和⑤同图 4－8，略去）。

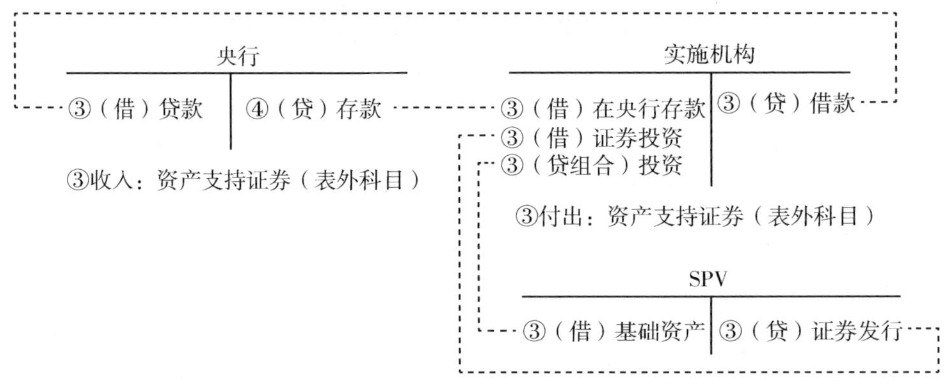

图 4－9　中央银行从实施机构购入资产证券（Ⅱ）

从结合具有代表性和基础性的图 4－3 给出的图 4－8，容易看出：

（1）如③所示，央行通过购入实施机构发行的资产证券而向实施机构投放的储备即“在央行存款”（或简写为“存放央行”）是对投资组合的替代。一方面，央行以创造的储备购入资产证券，预付贷款在实施机构的如期回流，从而以“在央行存款”继承实施机构以“银行存款”对贷款在银行部门如期回流的预付；另一方面，“在央行存款”留在贷款组合投资空出来的转移位置上，实施机构以持有“在央行存款”替代持有贷款组合投资，提前收回贷款组合投资在表内的如期回流，而贷款组合投资在SPV的回流依然是如期的，回流运动规律不变。回路③上的这种特性决定了对贷款组合投资进行证券化出售具有时间平移对称，社会的货币存量不变，但关于央行的超额准备金数量增加。

（2）结合图4－3中②的变异匹配平移对称，实施机构的资产证券化在此虽然有匹配对称的形式，但没有图4－3中那样的吸收货币效果。

（3）如④所示，当实施机构以持有的“在央行存款”偿付对投资者1的“应付债券”债务时，由于在此假设投资者1不能直接与央行进行交易，因而银行部门中能直接与央行进行交易的投资者1的开户行要增加一个杠杆，投资者1收到的货币是在银行部门中的开户行因增加“在央行存款”资产而在负债端给出的付出，这一付出成为对证券投资的替代。银行部门因增加“在央行存款”而获得流动性提高。在货币的结构上“在央行存款”是比“银行存款”更高一层的货币，可以代表多倍的“银行存款”货币。

（4）如⑤所示，当实施机构以持有的“在央行存款”从银行部门购入贷款时，“在央行存款”就留在贷款空出来的转移位置上。一方面，实施机构以持有贷款投资组合替代持有“在央行存款”，预付贷款在银行部门的如期回流；另一方面，银行部门以持有“在央行存款”替代持有贷款，提前收回贷款在表内的如期回流，从实施机构投向贷款的“在央行存款”留在贷款空出来的转移位置上。回路⑤上的这种特性决定了实施机构以持有的“在央行存款”从银行部门购入贷款具有时间平移对称，不具有匹配平移对称。

（二）货币政策有效性

中央银行向政府支持的资产证券化实施机构提供贷款和购入这种实施机构发行的资产支持证券，这种操作起码具有以下特点。

1. 以超额准备金数量的增加压低货币市场利率并产生局部失衡

从美国的资产证券化实践来看，美联储出面购买抵押支持证券，这等于从央行源泉上向金融体系注入了流动性。我们知道，在金融危机的情况下，银行体系的超额准备金需求曲线会向右移动，这成为利率上升的因素，但美联储的这一举措，最终结果是以大量准备金供给直接压低利率，从而在央行资金源泉方面形成对经济的刺激效果。这其中的机理是，大量储备通过政府支持的机构进入银行体系，使银行体系的超额准备金供给曲线显著向右移动，还一并缓和超额准备金需求曲线的向右移动，最终结果就是均衡利率降低。

从美国处理2007～2008年爆发的金融危机的情况看，政府支持的证券化实施机构起到了中流砥柱的作用。美联储临危从政府支持的证券化实施机构购买抵押支持证券，使其资产（portfolios）处于超额储备状态，但这不是一个合意的状态，这种政府支持机构会基于资产平衡的需要和本身的职能，继而向商业银行购买抵押贷款，从而使商业银行具有超额准备金，或是进一步加强商业银行的超额准备金。即便是把在危机下商业银行的储备偏好上升的因素考虑在内，这种大规模的准备金注入也足以带来局部失衡状态，即商业银行处于超额准备金和贷款供给能力十分充沛的状态，具有发起贷款的强劲动能。当银行方面通过倍数扩张增加贷款、扩大存款，使局部失衡导致普遍失衡时，局部失衡便会消失。这是指超额准备金和相对于它的多倍扩张的超额货币量的存在，导致其他经济主体对非货币金融资产、商品和劳动力的超额需求的存在。如果说前一个“存在”尚处于“虚”，那么后一个“存在”就进入了“实”，由局部失衡导致普遍失衡的过程就是一个由“虚”向“实”的过程。在此，这种证券化实施机构表现出的独到之处是，为央行执行货币政策增添了一个高效、便捷和牢靠的渠道。客观地说，美国之所以能有条不紊地度过 2007 ~ 2008 年爆发的严峻金融危机，与建有这一渠道是有关系的。

2. 为货币政策实践提供一个新的开端

在度过 2007 ~ 2008 年爆发的危机的过程中，这种证券化实施机构甚至成为美联储能临危发挥作用的重要支撑。它们的政府背景决定了它们的介入在时机和条件上与利润动机并不完全一致，主要体现为功能性和为国家度过危机付出担当。在货币政策操作有效性上的一个问题是，即便银行和企业等经济主体都能对流动性的超额存量有迅速反应，货币政策操作有效性的程度也还要看导致普遍失衡的局部失衡的具体开端情况，而证券化实施机构正是为货币政策实践提供了一个新的开端。不仅是美国，日本和欧洲在货币政策实践上也都以相同或相似的形式建有新的开端。由于证券化实施机构具有政府背景，因而新的开端虽然并非是以完全市场化的面貌出现，但其功能存在具有市场建设作用，对整体的金融体系能高效、安全和稳健地运行在市场化中是非常重要的。

3. 集约性

为央行货币政策操作提供一个新的开端的这种实施机构理应具有必备的信用条件和规模经济条件，它们按照承销标准从银行部门购入贷款，并通过证券化技术将以贷款为支持的证券出售给投资者。显然，在货币政策操作上，与面对分散的银行资产证券化渠道相比较，面对集约化的资产证券化实施机构对央行是有利。从国际经验来看，在出现金融危机的情况下，分散的银行资产证券化渠道基本上就“失灵”了，能在危机中担当中流砥柱角色的只能是具有必备的信用条件和规模经济条件的资产证券化实施机构。其存在为央行通过量化宽松之举措在购买国债之外向市场强行注入流动性提供了一个行之有效的接口，首先缓和重创整个社会的经济危机，为最终处理和化解经济危机赢得时间。即便是在没有出现金融危机的情况，这样的主渠道建设也为推进资产证券化向市场给出示范作用，为市场在金融资源配置中起决定性作用开辟道路。从我国的情况来看，目前的金融业规模已经属于金融大国，将来要从金融大国进入金融强国。在迈向金融强国的历程中，转换银行发展方式的资产证券化技术的引入是回避不了的。鉴于此，以集约性的资产证券化实施机构构建资产证券化业务的主渠道或许是不错的设计选项。

4. 储蓄转化为投资的证券，财产权状态转换的证券和金融运行中的杠杆

在图 4 - 3 和图 4 - 6 中，回路①中的“应付债券”余额属于储蓄转化为投资的证券，回路③中的“证券发行”属于财产权状态转换的证券。回路①以增加非货币金融资产余额的结果在实施机构增加了金融运行中的杠杆。回路③中的 SPV 容易被视为一个杠杆，但只要确保 SPV 是一个实现财产权状态转换的机制，而不是一个资金来源决定资金运营的基金机制，它在本质上就不是一个杠杆。因此，如果不是为了营造一个储蓄转化为投资的机制而增加回路①中的“应付债券”余额，那么资产证券化本身在整体上没有增加在金融运行中的杠杆。在匹配平移对称的意境下，资产证券化在整体上还是降低了金融运行中的杠杆。

5. 提高货币政策有效性

许多文献都有一个共识，认为在经济下期欲推动经济企稳的相应货币政策，实际效果并不理想。这种情况被描述为，货币政策如一根绳子，推的效果远不如拉的效果。

一般而言，央行运用传统货币政策工具而增加银行部门超额准备金数量和压低货币市场基准利率的操作，对经济活动的影响是间接的，因为基于一定的货币经济环境，央行不能直接影响其他经济主体对贷款增加需求，从而不能直接驱动银行向其他经济主体放贷。甚至还有可能出现惜贷情况，即其他经济主体有贷款需求而银行不愿意贷款。这就决定了在经济下行期欲推动经济企稳回升所采取的一些货币政策操作，实际效果并不显著。但是当超额准备金数量增加和货币市场利率降低的情况与经济中的 M_2 减少（即货币环境由匹配平移对称发生变化）合为一体时，情况就会大不相同。

央行购入以上证券化实施机构发行的资产证券意味着资产证券成为央行货币政策操作工具，于是基于证券化实施机构资金来源的不同背景，资产证券本身的具体特性会成为影响央行货币政策实效性的因素。若以证券化实施机构从市场购买货币的图 4－3 为背景，资产证券的一个显著特点是：它带着吸收 M_2 的效果，是 M_2 的非货币转化形式。[①]当央行介入购入这种资产证券时，在货币政策操作上的效果就是：M_2 的减少与增加银行超额流动性和压低货币市场利率的情况相伴。于是不难理解，在经济下行时央行以资产证券为操作对象，通过购入“带着吸收 M_2 的效果，是 M_2 的非货币转化形式”的资产证券，对经济会产生意外的“推”的效果。一方面，经济中的 M_2 余额因部分 M_2 转化为非货币形式的资产证券而减少，这等于是在资产证券上化解了经济中的有效货币需求不足，从而引致经济主体增加贷款需求；另一方面，银行部门和/或证券化实施机构流动性的增加起到了压低货币市场利率了效果，这有助于银行部门满足其他经济主体的贷款需求。[②]这种境况刺激局部失衡导致普遍失衡。

具体而言，当央行购入资产证券，使超额流动性增加和货币市场利率降低的情况与经济中的 M_2 减少合为一体时，经济主体就会因经济中 M_2 的减少而趋于产生从银行获得贷

---

① 当证券化实施机构通过发行债券从投资者购买货币时，投资者持有的 M_2 转换为证券化实施机构持有的 M_2；当证券化实施机构从银行部门购入贷款时，贷款投资组合是 M_2 的非货币转化形式，或者说 M_2 化身为非货币的贷款投资组合；当证券化实施机构运用证券化技术将以贷款投资组合为支持的证券出售给央行时，央行持有的资产证券就是作为 M_2 的非货币转化形式的贷款投资组合的证券存在。故而资产证券带着吸收 M_2 的效果，是 M_2 的非货币转化形式。

② 虽然一开始或许并非全部直接化解经济中的有效货币需求不足，但最终会向化解经济中的有效货币需求不足扩大。

款的意愿，同时银行部门的超额准备金相对增加和/或证券化实施机构的货币储备增加使货币市场利率被压低，即便银行有惜贷心态这时也会趋弱。这样就在经济下行时提高了央行货币政策操作的有效性。而相比较，作为货币政策操作工具的国债就没有这种效果，国债可以出售给央行、商业银行、其他市场投资者，但不管如何发行，都没有表现出吸收 M_2 的效果。

当实施机构继而以“在央行存款”再次购入贷款时（如⑤所示），M_2 非货币转化形式的余额不会减少，但银行部门的超额准备金数量会绝对扩大（在银行部门，“在央行存款”留在贷款空出来的转移位置上，是贷款的替代，同时在实施机构，贷款投资组合是“在央行存款”的替代而不是转化形式），进而在银行部门压低货币市场利率，导致局部失衡。当实施机构以“在央行存款”向投资者1偿付借款时（如④所示），M_2 非货币转化形式的余额就会减少。如此，M_2 非货币转化形式的余额体现在“应付债券”余额上，只要具备一定规模的“应付债券”余额，央行以 M_2 非货币转化形式为“锚”而通过购入资产证券投放超额储备，就能获取基于资产证券化提高货币政策有效性的绩效，且这一余额越大，这种绩效也就越大。当然，这也不是否定实施机构向央行借款（见图4-12）的必要性，实施机构向央行借款可以获取其他方面的一些好处，如迅速获得融资、进一步降低融资成本等。

具备一定规模的“应付债券”余额和央行以 M_2 非货币转化形式为“锚”通过购入资产证券投放超额储备意味着：M_2 非货币转化形式余额起到了改善和疏通货币政策传导渠道的效果，央行可以借助资产证券化实施机构，通过在必要规模上以资产证券作为货币政策工具替代其他投放超额储备的货币政策工具，达到推进银行部门实施资产证券化的目的。当证券化实施机构以“应付债券”为资金来源从银行部门购入贷款时，银行部门的流动性获得相对提高；当证券化实施机构以向央行出售资产证券获得的流动性进一步从银行部门再次购入贷款时，银行部门的流动性获得绝对提高。M_2 非货币转化形式余额因此成为央行以资产证券为操作对象提高货币政策有效性的一个观测值指标。当然，M_2 非货币转化形式余额还有其他含义，它确实是一个重要指标。

第三节　贷款转移中的时空一体性和时空变换对称性

在关于资产证券化操作步骤的表述中，一个重要步骤就是将作为证券化对象资产的贷款从发起人表内转移至表外 SPV。其实现形式有两种：一种是一次转移，即从发起人直接向 SPV 转移贷款；另一种是两次转移，即先从发起人将贷款转让给一个专业化的资产证券化实施机构，之后再由这一实施机构择机将受让的贷款组合投资部分或全部转移至表外 SPV。两种形式都是对如期回流的贷款的时间平移对称。对如期回流的贷款的时间平移对称是指贷款回流运动规律在表内和在表外 SPV 保持不变。本节的内容是阐明关于贷款转移的另一个含而不露的“妙理”，即贷款转移中的时空一体性和时空变换对称性，它略显抽象却也平实。时空一体性是指在贷款转移中贷款回流运动的速度在穿越空间和穿越时间上以精确的方式相互补偿；时空变换对称性是指内在于这种互补性中的某种不变性。

一、时间变换中贷款转移的相对运动

资产证券化的时间变换是指金融机构通过将贷款转移到表外 SPV 而提前收回贷款在表内的如期回流。除了贷款回流运动规律问题外，这种时间变换的另一个较为深入而抽象的问题是贷款转移中的时空本质存在是什么？是对称。表述贷款转移中的时空对称要先从时间变换中贷款转移的相对运动开始。

（一）以两个坐标系的相对运动表示贷款转移

假设：(1) x' 轴是一个一维的坐标系 K'，受让人（SPV 或资产证券化实施机构）在 K' 上；x 轴是另一个一维的坐标系 K，转让人（银行或其他金融中介机构）在 K 上。(2) K' 和 K 的相对运动速度为匀速 v。[①] (3) 未偿贷款的现值 x_n，它的偿付情况在 K 上由横坐标 x 和时间 t 来测量，读数表示为 (x,t)，在 K' 上时则是由坐标 x' 和时间 t' 来测量，读数表示为 (x',t')。v 是穿越时间的速度，两个坐标系的相对运动情况如图 4－10 所示。

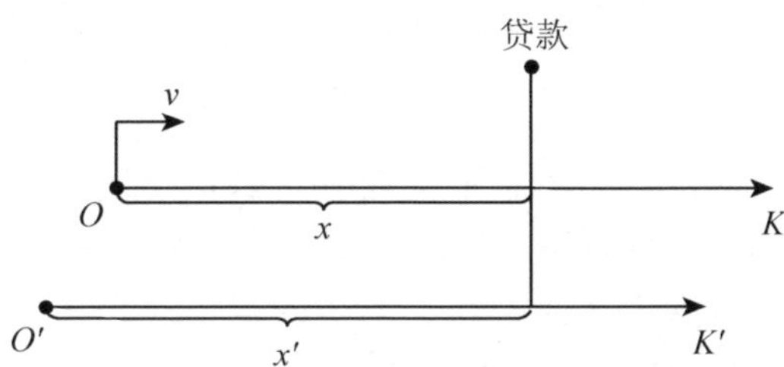

图 4－10　两个坐标系穿越时间的相对运动

将 (x,t) 和 (x',t') 之间的关系用以下两式来描述：

$$\begin{cases} x' = a_{11}x + a_{12}t \\ t' = a_{21}x + a_{22}t \end{cases} \tag{4-1}$$

其中 a_{11}，a_{12}，a_{21}，a_{22} 是待定常数。因为两个坐标系以相对速度 v 运动，所以当 $x' = 0$ 时，有 $x = vt$，其经济含义是：贷款在 K 上如期回流，t 时的偿付额是 $x = vt$，未偿部分是 $x_n - vt$。同理，当 $x = 0$ 时，有 $x' = -vt'$，这意味着贷款在 K' 上回流（负号的背景可参见第三章中的图 3－17）。不论贷款是在 K 上运动还是在 K' 上运动，v 在这里完全是穿越时间的运动速度。由此可以得到：$a_{12} = -a_{11}$，$a_{22} = a_{11}$。于是，以上方程组可以改写为：

$$\begin{cases} x' = a_{11}(x - vt) \\ t' = a_{21}x + a_{11}t \end{cases} \tag{4-2}$$

① 这一匀速运动的经济含义是：贷款是以等额序列进行偿还的。

（二）实现时间平移的贷款转移

在贷款转移发生前，贷款在银行以速度 v 不断地穿越时间而如期回流。现在假设在 $t = t' = 0$ 时，有一个转移贷款的操作发生。此操作的结果是：将贷款从转让人转移至 SPV，从而使转让人获得提前收回贷款的效果；在受让人处，入驻的贷款的回流依然是如期的。毕竟，贷款的发起位置和回流位置现在发生了突变，下一个步骤要关注的问题是如何写出这一突变的变换关系。

在此，将贷款转移操作带来的贷款转移抽象为一个速度为 p 的运动，一旦 p 发生，贷款的未偿余额部分 x_n 便由银行向 SPV 转移。基于狭义相对论，这一未偿部分在转移中行程的速度越快，计量其时间穿越的时钟走得就越慢。由于贷款从 K 到 K' 的计息是连续的，即便是按复利计算也没有中间耗损，因而，p 必然是非常大的，大到一个惊人的地步，以至于 p 完全不同于 v，p 不是一个穿越时间的速度，而是一个穿越空间的速度。在这一意义上，贷款在转移中所有速度都贡献于空间运动，而在时间上无运动，若是能在贷款上放置一个时钟的话，那么在贷款转移中这一时钟连一个“滴答”都来不及走过就到达了 SPV。

贷款转移从 K 发出离去，于是从 K 上观测到的贷款转移运动方程是：

$$x^2 = p^2 t_i^2 \tag{4-3}$$

以金融学中关于贷款时间价值的概念不难理解，当 p 大到贷款从 K 转移到 K' 的计息是连续的时，p 对 K 和 K' 就是完全相同的，即 p 与 K 无关，也与 K' 无关，进而与 K 和 K' 的相对运动无关。这意味着贷款转移运动在时间上经历的流逝就趋于零，在 K' 上也能看到同样的 p。于是从 K' 上观测到的贷款转移运动方程是：

$$x'^2 = p^2 t_i'^2 \tag{4-4}$$

进而，将（4-3）式和（4-4）式代入（4-2）式，同时将 t_i 改写为一般的 t，可以得到：

$$\begin{cases} x = \dfrac{x' + vt'}{\sqrt{1 - \dfrac{v^2}{p^2}}} = \dfrac{x' + vt'}{\sqrt{1 - \beta^2}} \\[2ex] t = \dfrac{t' + \dfrac{vx'}{p^2}}{\sqrt{1 - \dfrac{v^2}{p^2}}} = \dfrac{t' + \dfrac{vx'}{p^2}}{\sqrt{1 - \beta^2}} \end{cases} \tag{4-5}$$

其中 $\beta \equiv \dfrac{v}{p}$。从（4-4）式出发，也可以得到以下相应的反变换：

$$\begin{cases} x' = \dfrac{x - vt}{\sqrt{1 - \dfrac{v^2}{p^2}}} = \dfrac{x - vt}{\sqrt{1 - \beta^2}} \\ t' = \dfrac{t - \dfrac{vx}{p^2}}{\sqrt{1 - \dfrac{v^2}{p^2}}} = \dfrac{t - \dfrac{vx}{p^2}}{\sqrt{1 - \beta^2}} \end{cases} \tag{4-6}$$

以上所得公式在实质上就是物理学中的洛伦兹变换。注意到：（1）只要计息在 K 和 K' 是连续的，就有 v 远远小于 p；（2）如果取在一级近似，那么洛伦兹变换就还原为伽利略变换。

二、贷款转移中的时空一体性和时空变换对称性

有了反映贷款回流运动所在位置突变的变换关系，就可以进一步探究贷款转移中的对称性。探究贷款转移中的对称性是从构建一个统一的时空整体开始的。空间和时间毕竟是两个不同范畴的对象，起码两者的基本的量纲就不相同，两者有质的差别，要在这两者之间找出对称性，看上去并非易事。为此，必须先设法将空间和时间两个概念连接起来，构建一个统一的时空整体。可以设想，如果空间与时间能够以等同形式紧密结合起来，相互制约，那么我们就可以从一方的性质而推知另一方的性质。为了实现这一效果，采用的方法是，在二维时空 (x,t) 上建立一个关于价值的事件（event），即 $P = (x, ipt)$，将这一价值事件表示为空间平方项和时间平方项的组合，具体形式为：

$$P^2 = x^2 + (ipt)^2 = x^2 - p^2t^2 \text{。}$$

这种表示具有它的合理逻辑：第一，对于时间变量 t，若是将它作为二维时空中的第二维，则它必须有价值量纲，以实现与 x 等同。通过引入参数 p，pt 就具有价值量纲，从而与 x 等同了起来。第二，在空间变换中，如二维空间 (x,y)，如果在旋转中能使反映某一事件空间位置坐标的平方和保持不变，即 $x^2 + y^2 = x'^2 + y'^2 = l^2$，那么 l 就成为一个旋转不变量，从而推知基于这一守恒量，旋转操作是对称的。对于证券化的时空变换，这一思路也是有效的。另外，除了量纲的问题以外，当然还需要有一个 i 作为纽带。这里的 i 是虚数单元，$i = \sqrt{-1}$。

于是可以得出 P^2 是一个不变量：

$$\begin{aligned} P'^2 &= x'^2 + (ipt')^2 = x'^2 - p^2t'^2 = \frac{1}{1 - \beta^2}\left[(x - vt)^2 - p^2\left(t - \frac{vx}{p^2}\right)^2\right] \\ &= \frac{1}{1 - \beta^2}\left(1 - \frac{v^2}{p^2}\right)(x^2 - p^2t^2) = (x^2 - p^2t^2) = P^2 \end{aligned}$$

的确让人心悦诚服，在金融世界中对称似乎俯首皆是，贷款转移运动也以特定的姿态显示对称。这是一种遮盖于数学的演绎之中的内禀对称，没有真实的几何构型，可谓是至美无

相（the beautiful invisible）。在实际中，我们或许也能凭直觉多少感觉到这一意境，但是“感觉到了的东西，我们不能立刻理解它，只有理解了的东西才能更深刻地感觉它。”① 时空一体性和关于时空变换对称性的以上演绎，为理解贷款转移的本质内涵提供了利器。

上式的经济含义是：贷款转移本身的对称性取决于在这种转移中是否能够实现对象资产现值的连续性，只要在贷款转移运动中能够在价值上实现对象资产现值的连续性，贷款转移本身就是对象资产的一个对称。在此，p 是实现时空变换对称性的一个关键性参数。

① 参见毛泽东：《实践论》，《毛泽东选集》第 1 卷，人民出版社 1991 年版，第 286 页。

第二篇

为什么会有资产证券化

本篇首先完成一项基础性工作，即以融会会计处理的方式将图论这一数学工具引入经济与金融研究，然后借助图与群、图的群表示、群的图表示，从金融体系演进中的对称和金融产品创造中的对称两个视角说明为什么会有资产证券化。

第五章　货币、证券和资产证券化的图论

在经济与金融研究的表达上，会计处理是一种国际语言，数学同样也是一种国际语言，它们都有助于对问题的深入探讨和透彻理解，同时也都有助于提高表达和交流上的效率。将两者结合起来的形式，无疑是一种具有新意的研究手段。本章给出的尝试是，引入图这一数学方法，将会计处理融会其中，以融会了会计处理的图论方法来表述货币、证券和资产证券化，贯通它们的交易关系。有了这样的基础，不仅能回答为什么有资产证券化这一问题，还能为研究和表述经济与金融问题提供一种新的意境。

图 G（graph）是指一个数学结构（$V(G),E(G),\Phi_G$），其中，$V(G)$ 是一个非空的节点集合，$E(G)$ 是边集合，Φ_G 是从边集 E 到节点偶对（有序的或无序的）集合的函数。图 G 的函数表达式也可以简记为 $G=(V,E)$。一个图可以基于 V 上的二元关系用一个图形来表示，将这样的图形称为该图的图形表示（diagrammatic representation）。这种数学方法为经济与金融研究提供了一种新的范式，即将不同经济和金融主体皆抽象为两个最基本节点（即资产节点和负债节点）和关联于这两个节点的边，进而在相关经济主体间建立起邻接。

图论中的图形，重点关注的是两点之间有无基于关系的有向或无向边，而边的位置、长短、曲直等则无关紧要，这是图论中的图形与几何学中的图形的一个区别之处。对于一个给定的数学结构，借助同构概念可以"拿捏"出不同的抽象图形，这种特性为破解一些在通常情况下无法深入下去的经济与金融问题，提供了新的契机。例如，金融运行中的对称性在经济与金融的理论与实践中是一个日趋重要的问题，但似乎又无迹可寻，是图论方法从关系结构上为识别其存在提供了利器。这一方面得益于图的图形表示并不唯一和平面图与多面体存在的对应关系，从而能借助同构概念建立起形象直观，将隐于关系结构的对称性揭示出来；另一方面得益于群对图的应用，从而能基于图的群来识别图中的对称性。否则，对于许多需要深入探究深层本质的经济与金融问题，恐怕倾诉千言万语也难以有一个让人信服的清晰表白。常言道：千言万语不及一张图。此"图"在此是指图论中的图的图形表示。

第一节　规定

图论的方法是用点来表示事物，用边来表示它们之间的联系。为了将所研究的具体问题抽象到数学概念上的图来进行揭示，首先要在经济与金融的背景上对图的节点（vertex）、边（edge）、出度（out - degree）和入度（in - degree）等给出相应的规定。

一、节点

一个节点可以是一个“类”。例如，对于一个会计科目集合 A ，有：

$$A = \{x_1, x_2, x_3, \cdots, x_n\}, x_i \in 会计科目。$$

从“类”概念出发，可以用5个节点来对会计科目进行归类：v_1 节点代表资产类科目，v_2 节点代表负债类科目，v_3 节点代表权益类科目，v_4 节点代表收入类科目，v_5 节点代表支出类或费用类科目。资产负债共同类科目可视具体情况，或归为资产类，或归为负债类。根据实际需要，v_3 节点也可以与 v_2 节点合并。

v_1、v_2、v_3、v_4、v_5 在资产负债表（balance sheet）和损益表（profit and loss statement）中的位置如图5-1所示。

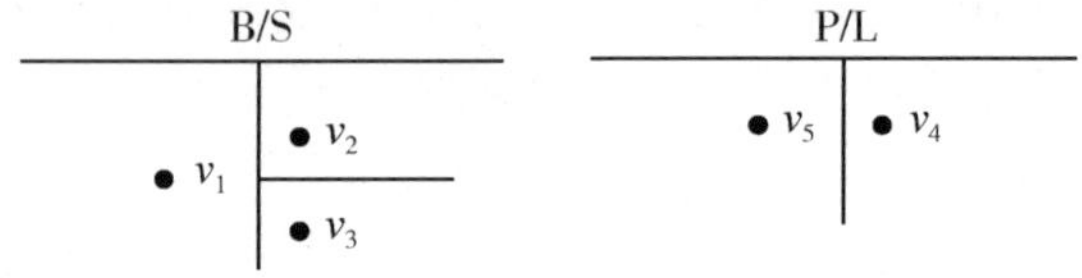

图5-1　五个节点在资产负债表和损益表中的位置

两者在期间上（during fiscal period）的关系是：资产 + 费用 = 负债 + 权益 + 收入。

二、边

边的生成方式可以有以下几种：基于T关系生成边；基于债权债务关系生成边；基于位移关系生成边。

（一）基于T关系生成边

首先给出基于会计分录的借贷关系而生成的边。一个会计分录，可以在所记的会计科目之间建立起基于“借”和“贷”的关系（relation），并基于这一关系生成边，此边将所记入的相关会计科目关联起来。通常将这种借贷关系称为“T”关系，写成：

$$T = \{(x_i, x_j) \mid x_i, x_j \in A \wedge x_i \text{记入借}, x_j \text{记入贷}\},$$

$$\text{或：} x_i R_T x_j 。$$

具体会计科目是节点内的元素，自然也就是两个节点间的关联变量。于是，这一T关系也就在两个节点间建立起以具体会计科目为变量的关系，生成将两个节点关联起来的边。此边可以写为有向边：

$$e = \langle v_m(x_i), v_n(x_j) \rangle, m, n = 1,2,3,4,5;$$

也可以写为无向边：

$$e = (v_m(x_i), v_n(x_j)) = v_m v_n, m, n = 1,2,3,4,5。$$

此边与两个节点是关联的（incident），从而与分录所记的会计科目也是关联的，并将分录所记的会计科目基于“类”而关联起来。

边的两个端点（endpoint）可以不同（关联不同的两个节点），也可以相同（关联相同的两个节点）。两个端点重合的边被称为环（loop）。

例如，当银行向借方发起贷款时，在银行，会计分录是（借）贷款/（贷）存款货币，基于这一T关系生成边，此边将“贷款”和“存款货币”所在的银行的资产节点和负债节点关联起来（两个端点不同）；在借方，会计分录是（借）银行存款/（贷）借款，基于这一T关系生成边，此边将“银行存款”和“借款”所在的借方的资产节点和负债节点关联起来。

又如，甲乙双方以开设在银行的账户进行交易结算，当银行为甲乙交易双方结算货币时，会计科目是（借）存款货币——甲/（贷）存款货币——乙，基于这一T关系生成边，此边将“存款货币——甲”和“存款货币——乙”所在的银行负债节点关联起来，由于两个端点相同，因而此边是一个环。

再如，对于证券化交易结构的创建，SPV上的会计分录是（借）贷款/（贷）证券发行，基于这一T关系生成边，此边将证券化贷款所在的SPV资产节点和以贷款为支持的证券发行所在的SPV负债节点关联起来。

（二）基于债权债务关系生成边

一项契约可以安排债权人与债务人，在债权人与债务人之间确立起关于债权和债务（claim and counterclaim）的关系，并基于这种关系生成边。此边是将债权人的资产节点和债务人的负债节点关联起来的边，从而也将两个节点中的相关元素关联起来。[①]债权与债务总是相伴而生的，当一项债权产生时，作为此债权对方的债务人同时产生了相同价值的债务。

例如，在一项贷款契约中，安排了债权人（贷方）与债务人（借方）之间的债权债务关系，且这种关系是双重的。“贷款——借款”是一重债权债务关系，基于这一关系生成的边将贷方资产节点中的“贷款”和借方负债节点中的“借款”这两个元素关联起来，亦即将贷方的资产节点和借方的负债节点关联起来。同时，“银行存款——存款货币”是另一重债权债务关系，基于这一关系生成的边将借方资产中的“银行存款”和贷方负债中的“存款货币”这两个元素关联起来，亦即将借方的资产节点和贷方的负债节点关联起来。

又如，在一项证券发行契约中，安排了发行人和投资人之间的债权债务关系，基于这一关系生成将发行人的负债节点和投资人的资产节点关联起来的边。

一项契约还可以基于债务人的不变负债项目安排债权人的变化，将已有债权由原债权人转移给新债权人，从而产生债权债务的变化关系。此变化关系生成两条相应的边，一条将原债务与原债权关联起来，从而将原负债节点与原资产节点关联起来；另一条将原债务与新债

---

① 例如，债权人的资产节点中的相关元素包括贷款、证券投资、银行存款等，债务人的负债节点中的相关元素包括借款、证券发行、存款货币等。

权关联起来，从而将原负债节点与新资产节点关联起来。

例如，在资产证券化中的贷款出售契约安排中，发起人将贷款转移至 SPV，这在原债务人与发起人、原债务人与 SPV 之间产生了债权债务关系上的变化，这种变化是此消彼长的，故而生成两条相应的边。一条边用来反映在原债务人与原债权人之间债权债务关系“消”的变化，另一条边用来反映在原债务人与新债权人之间债权债务关系“长”的变化。在默认情况下，在原债务人的负债节点上没有环。

（三）基于位移关系生成边

在一项商品交易中，安排了基于支付对价的商品位移关系，这一关系生成相应的边，此边将交易的相关各方关联起来。例如，当经济主体 A 以持有的货币从经济主体 B 那里购买某商品时，这项商品就从 B 的资产节点位移到 A 的资产节点。A 的商品增加，B 的商品减少，基于这一位移关系，生成一条将这两个资产节点关联起来的边。

位移既可以是实物资产的位移，也可以是债权或债务的位移。例如，在资产证券化的交易结构中，对于以资产为支持的证券发行，这些证券可能是全部由银行部门以外的投资者持有，也可能是一部分由银行部门以外的投资者持有，另一部分在银行部门内部相互持有，但不管怎样，总会有一部分是在银行部门以外由投资者持有的。对于在银行部门以外由投资者持有的这部分证券，它们的债务一端是银行部门的存款货币的转化形式。这意味着，与投资于这部分证券的银行存款相统一的银行部门的存款货币债务，转化成 SPV 的非货币债务的存在形式。这是将存款货币债务从银行部门的负债一端向 SPV 的负债一端位移，并在 SPV 的负债上将存款货币转化为非货币的证券发行的结果。这一位移等效于两个债权债务关系变化，即货币债权债务关系变为非货币债权债务关系，但债权债务关系变化不能与位移关系重叠表示。

三、度数

度数的规定要稍微复杂一些，根据边的生成关系的不同，节点上关于出度、入度的规定也会有所不同。

（一）在债权债务关系情况下

资产增加，增加资产节点的出度，资产减少，增加资产节点的入度；负债增加，增加负债节点的入度，负债减少，增加负债节点的出度。权益增加，增加权益节点的入度，权益减少，增加权益节点的出度。

以银行发起贷款和创造存款货币为例。一方面，基于债权债务关系，银行的贷款债权和企业的借款债务同时增加，这在银行资产节点增加对于企业负债节点的出度，在企业负债节点增加来自银行资产节点的入度；另一方面，同样是基于债权债务关系，银行的存款货币债务和企业的银行存款债权同时增加，这在银行负债节点增加来自企业资产节点的入度，在企业资产节点增加对于银行负债节点的出度。

（二）在T关系情况下

资产增加，增加资产节点的入度；资产减少，增加资产节点的出度。负债增加，增加负债节点的出度；负债减少，增加负债节点的入度。权益增加，增加权益节点的出度；权益减少，增加权益节点的入度。

收入增加，增加收入节点的出度；收入减少，增加收入节点的入度。费用增加，增加费用节点的入度；费用减少，增加费用节点的出度。

1. 以发起贷款的形式创造存款货币

（1）在银行方面。基于T关系，有（借）贷款/（贷）存款货币。此T关系的经济含义是：为了创造存款货币而发起贷款，因为负债是对资产的要求权，所以以增加贷款的形式增加存款也就意味着在负债节点增加对资产节点的要求权。于是，在资产节点增加来自负债节点的入度，在负债节点增加对于资产节点的出度。

（2）在企业方面。基于T关系，有（借）银行存款/（贷）借款。此T关系的经济含义是：为了获得融资（银行存款）而借款，因为负债是对资产的要求权，所以以增加借款的形式获得融资也就意味着在负债节点增加对资产节点的要求权。于是，在负债节点增加对于资产节点的出度，在资产节点增加来自于负债节点的入度。

2. 以存款回流贷款

（1）在银行方面。对于贷款的本金而言，基于T关系，有（借）存款货币/（贷）贷款。负债减少，增加负债节点的入度；资产减少，增加资产节点的出度。对于利息而言，基于T关系，有（借）存款货币/（贷）利息收入。负债减少，增加负债节点的入度；收入增加，增加收入节点的出度。

（2）在企业方面。对于借款的本金而言，基于T关系，有（借）借款/（贷）银行存款。负债减少，增加负债节点的入度；资产减少，增加资产节点的出度。对于利息而言，基于T关系，有（借）财务费用/（贷）银行存款。资产减少，增加资产节点的出度；费用增加，增加费用节点的入度。

3. SPV

当已有贷款的集合被置于一个特定目的载体时，在载体上基于T关系有（借）贷款/（贷）证券发行。资产增加，在资产节点的入度；负债增加，增加负债节点的出度。经济含义是：在此载体内部的资产一端产生对于负债一端的应付本息义务，从而增加来自负债一端的入度，同义反复就是在此载体内部的负债一端产生对于资产一端的本息要求，从而增加对于资产一端的出度。

（三）在位移关系情况下

资产增加，增加资产节点的出度；资产减少，增加资产节点的入度。负债增加，增加负债节点的入度，负债减少，增加负债节点的出度。

例如，在商品交换过程中，A 从 B 那里购买商品，商品从 B 位移到 A。A 的商品增加，故而在其资产节点增加关于商品的出度；B 的商品减少，故而在其资产节点增加关于商品的入度。同时，货币从 A 位移到 B。B 的货币增加，故而在其资产节点增加关于货币出度；A 的货币减少，故而在其资产节点增加关于货币的入度。

第二节　证券的图

证券的种类繁多，本节选择商业票据、企业债券和银行股票三种证券，给出它们的图。

一、商业票据的图

商业票据（commercial paper）是企业之间以赊买赊卖的形式进行交易时约定在一定期限后支付款项的信用证明，它或者是由债务人向债权人签发的到期付款的书面承诺，或者是由债权人签发的命令债务人将款项支付给第三人或持票人的书面凭证。这种票据没有从货币的基础上解放出来，是作为流通手段和支付手段存在的。

设某企业（B/S_1）从另一企业（B/S_2）那里购入某种使用价值。此项交易以 B/S_1 向 B/S_2 开出的应付票据作为交换媒介，即 B/S_1 付给 B/S_2 的是作为自己债务的票据而非货币，这一票据没有从货币的基础上解放出来，在此是作为流通手段执行职能。B/S_1 向 B/S_2 开出票据时，在 B/S_1 有（借）使用价值及应交税费——应交增值税（进项）/（贷）应付票据。若是为了简化而略去税费，那么就可以将这一会计分录简化为经济学意义上的（借）使用价值/（贷）应付票据。当 B/S_2 收到票据时，在 B/S_2 有（借）票据/（贷）主营业务收入及应交税费——应交增值税（销项），主营业务收入及应交税费是使用价值的转化形式。若是为了简化而略去税费，那么就可以将这一会计分录简化为经济学意义上的（借）票据/（贷）使用价值。

对于 B/S_1，a 是资产节点，b 是负债节点；对于 B/S_2，c 是资产节点，d 是负债节点。若票据为不带息票据，则以上票据交易关系的图形表示就如图 5－2 所示。

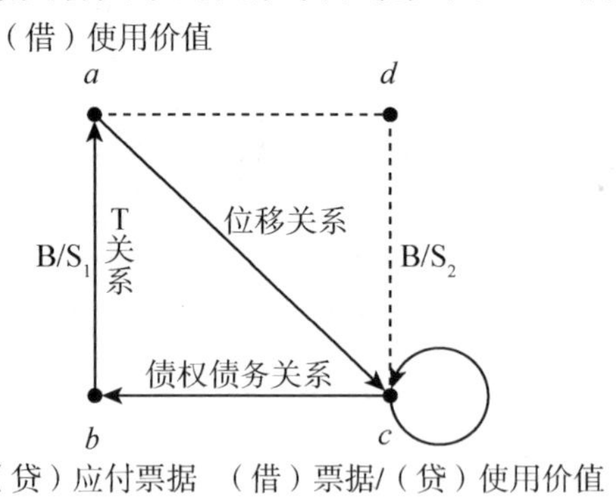

图 5－2　以发行的票据作为流通手段的图形表示

〈b,a〉是基于T关系生成的边。此边的经济含义是：B/S_1以开出票据的债务获取使用价值，这使负债节点b增加对于资产节点a的要求权，从而在节点b增加对节点a的出度，同时在节点a增加来自节点b的入度。

〈c,b〉是基于债权债务关系生成的边。此边的经济含义是，B/S_2持有B/S_1开出的票据，这在节点c增加对节点b的债权，在节点b增加对节点c债务，从而在节点c增加对节点b出度，在节点b增加来自节点c的入度。

〈a,c〉是基于位移关系生成的边。此边的经济含义是：使用价值从B/S_2的资产节点c转移到B/S_1的资产节点a，B/S_2的资产减少（应增加资产节点的入度），B/S_1的资产增加（应增加资产节点的出度），在B/S_2的资产节点c增加来自B/S_1的资产节点a的入度，同义反复就是在B/S_1的资产节点a增加对B/S_2的资产节点c的出度。

对于企业B/S_2而言，交易的结果是：以持有企业B/S_1发行的票据替代自己原来持有的使用价值，这便在其资产在节点c上形成一个基于T关系生成的环〈c,c〉。此环的经济含义是：（借）票据/（贷）使用价值。

将以上图的函数表达为：

$$G=(V,E)=(\{a,b,c,d\},\{\langle b,a\rangle,\langle c,b\rangle,\langle a,c\rangle,\langle c,c\rangle\})\text{。}$$

二、企业债券的图

企业以债券作为融资工具实现融资的图形表示，如图5－3所示。

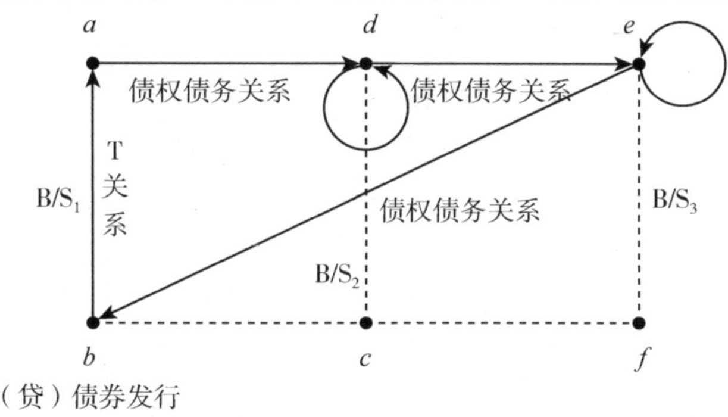

图5－3　以债券作为融资手段的图形表示

a是融资企业（B/S_1）的资产节点，b是融资企业的负债节点；c是银行（B/S_2）的资产节点，d是银行的负债节点；e是投资者（B/S_3）的资产节点，f是投资者的负债节点。

〈e,b〉和〈d,e〉是基于债权债务关系生成的边。当投资者购入融资企业发行的债券时，投资者对于融资企业的债权增加，融资企业对于投资者的债务增加，故而生成〈e,b〉边；同时，投资者对于银行的银行存款债权减少，银行对于投资者的存款货币债务减少，故而生成〈d,e〉边。

〈b,a〉是基于T关系生成的边。融资企业通过增加债务获取融资，这在其负债节点b增加对资产节点a的资产要求权，在其资产节点a增加对负债节点b的偿付义务，故而生成〈b,a〉边。

〈a,d〉是基于债权债务关系生成的边。当融资企业获得融资时，它对于银行的银行存款债权增加，银行对它的存款货币债务增加，故而生成〈a,d〉边。

〈d,d〉是基于T关系生成的环。其经济含义是：银行在其负债节点d为投融资双方提供结算服务，即（借）存款货币——B/S_3/（贷）存款货币——B/S_1。

〈e,e〉是基于T关系生成的环，其经济含义是：投资者在其资产节点e以持有债券替代持有银行存款，即（借）债券投资/（贷）银行存款。

三、银行股票的图

对于银行以股票为融资手段进行融资的行为，通常都是以具体的融资银行为背景来进行分析的。不过，我们也可以把具体的融资银行置于整个银行部门的背景中来进行分析。从银行部门出发，给出以银行部门为背景的资金循环分析，这或许更加具有经济与金融学上的意义。在银行部门的背景下，银行通过发行股票实现融资的图形表示，如图5-4所示。

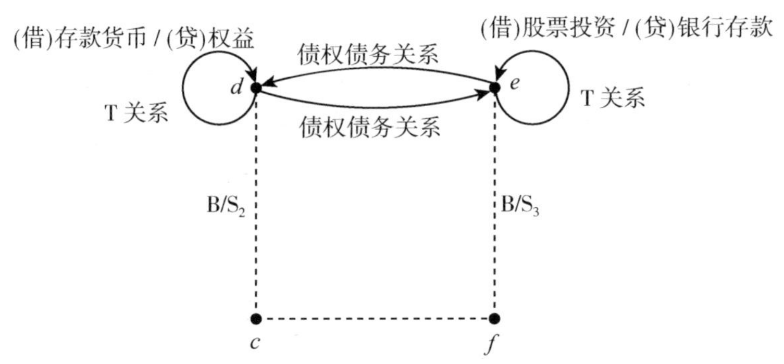

图5-4　银行部门以股票作为融资手段获取资本金的图形表示

c是银行部门的资产节点，d是银行部门的负债节点（包括权益在内）；e是投资者的资产节点，f是投资者的负债节点。投资者都在银行部门以外。

〈d,d〉是基于T关系生成的环。当融资银行在银行部门中通过发行股票的融资而增加资本金时，银行部门对于投资者的存款货币债务减少，同时所有者权益增加，即在银行部门有（借）存款货币/（贷）股本及溢价，故而在包括权益在内的银行部门的负债节点上生成一个环〈d,d〉。这说明，从银行部门来看，股本及溢价是存款货币的转化形式。

〈e,d〉是基于债权债务关系生成的边。当投资者投资于银行发行的股票时，投资者对银行部门的股权或者说债权（claim）增加，这在e增加对d的出度，同时，银行部门对投资者的分配义务和清偿义务或者说债务（counterclaim）增加，这在d增加来自e的入度，故而生

成 $\langle e,d\rangle$ 边。

$\langle d,e\rangle$ 是基于债权债务关系生成的边。当投资者投资于在银行部门发行的股票时，投资者对于银行部门的银行存款债权减少，银行部门对于投资者的存款货币债务减少，于是，在 e 增加来自 d 的入度，在 d 增加对 e 的出度，故而生成 $\langle d,e\rangle$ 边。

$\langle e,e\rangle$ 是基于 T 关系生成的环。此环的经济含义是：（借）股票投资/（贷）银行存款，表明投资者在其资产节点以持有股权替代持有银行存款。

$\langle e,d\rangle$ 边和 $\langle d,e\rangle$ 边成对出现表明，由于作为货币债权债务关系统一的“存款货币——银行存款”转化为作为股票债权债务关系统一的“权益——股票投资”，因而从银行部门看，银行股票发行使社会的流动性减少，或者说在社会出现“货币消失”现象。经济中的货币资产减少，非货币资产增加，增加的非货币资产是货币资产的转化形式。“货币消失”现象在我国曾经明显出现过，并随即引起学术研究方面的关注，从后来发表出来的文献看，相关的研究注意到了这与当时银行进行股份制改造、几家大银行接连在国内资本市场发行股票有关。

第三节　货币的图

货币金融中介的一项特有功能是：以发起贷款的形式创造存款货币，使经济中的货币以贷款的形式获得增长，这一功能体现为一个 T 关系，即（借）贷款/（贷）存款货币。货币金融中介向经济投放货币是基于两个 T 关系和两个债权债务关系而实现的，它们构成一个路径。投放货币的路径和回笼的货币路径，两者是一致的。

作为比较，对于非货币金融中介机构而言，它的贷款机制体现为另一种 T 关系，即（借）贷款/（贷）银行存款，这是一个由贷方将自己持有的已有货币让渡给借方使用的机制，并不带来增量的货币创造。另一种比较是结汇。结汇也是一种货币源泉，其机制是以一种货币为支持付出另一种货币。货币金融中介买入外币付出本币，这一机制虽然也体现为一个 T 关系，但没有基于贷款而投放货币那样的内生路径。

一、货币创造、货币运动和货币回流的图

图是一种关系结构，它能为我们提供一种基于货币创造、货币运动和货币回流的图形表示来认知货币的新视野。

（一）货币创造的图

银行以向借方发起贷款的形式创造存款货币，并将创造出来的存款货币记录在借方账户中；借方以向银行承担借款债务的形式取得与存款货币债务相统一的银行存款债权。

图 5－5 给出的图形表示是由四个节点和四个边所构成的。节点 a 是借方（B/S_1）的资产节点，“银行存款”属于这一节点。节点 b 是 B/S_1 的负债节点，“借款”属于这一节点。

节点 c 是银行（B/S_2）的资产节点，“贷款”属于这一节点，节点 d 是 B/S_2 的负债节点，“存款货币（如活期存款）”属于这一节点。

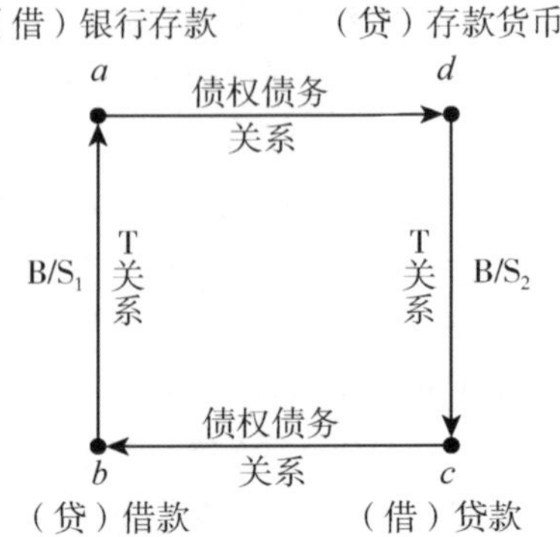

图 5-5　以创造贷款的形式创造货币的图形表示

基于 T 关系的边。当银行向借方发起贷款时，在 B/S_2 的两端，贷款和存款货币同时增加，这基于 T 关系生成将贷款和存款货币所在的两个节点关联起来的边，此边在 c 节点增加来自 d 节点的入度，在 d 节点增加对 c 节点的出度，生成有向边 $\langle d,c\rangle$。此边将 d 邻接到（adjacent to）c，意味着 d 对 c 的要求权。同时，在 B/S_1 两端，银行存款和借款同时增加，这基于 T 关系生成将银行存款和借款所在的两个节点关联起来的边，此边在 b 节点增加对 a 节点的出度，在 a 节点增加来自 b 节点的入度，生成有向边 $\langle b,a\rangle$。此边将 b 邻接到 a，意味着 b 对 a 的要求权。显然，因为贷款和借款是债权债务关系的统一，银行存款和存款货币是债权债务关系的统一，所以 $\langle d,c\rangle$ 和 $\langle b,a\rangle$ 每一方由于自己的实现才创造对方。

基于债权债务关系的边。当银行向借方发起贷款时，在银行和借方之间，基于契约确立了双重的债权与债务关系，生成两条边。一条边通过“贷款”和“借款”的关联，将“贷款”所在的贷方资产节点与“借款”所在的借方负债节点关联起来；另一条边通过“银行存款”和“存款货币”的关联，将“银行存款”所作的借方资产节点与“存款货币”所作的贷方负债节点关联起来。贷款和借款是债权债务关系的统一，每一方都把对方当作自己创造出来，创造出信贷；贷款是信贷的债权形式，借款是信贷的债务形式。银行存款和存款货币是债权债务关系的统一，每一方都把对方当作自己创造出来，创造出货币；银行存款是货币的债权形式，存款货币是货币的债务形式。

一方面，银行增加对于借方的“贷款”，这在 c 节点增加对 b 节点的出度，同时，借方增加向银行的“借款”，这在 b 节点增加来自 c 节点的入度，于是，将贷方的资产节点和借方的负债节点关联起来的边成为有向边 $\langle c,b\rangle$，该边将 c 邻接到 b。另一方面，借方增加对银行的“银行存款”债权，这在 a 节点增加对 d 节点的出度，同时，银行增加对借方的“存款货币”债务，这在 d 点增加来自 a 节点的入度，于是，将借方的资产节点和贷方的负债节点关联起来的边成为有向边 $\langle a,d\rangle$，此边将 a 邻接到 d。

$\langle a,d\rangle$ 和 $\langle d,c\rangle$ 的经济含义。$\langle a,d\rangle$ 意味着，统一于“存款货币”的“银行存款”由

银行投放给借方使用，是借方对于银行的债权。$\langle d,c\rangle$ 意味着，“存款货币”是由“贷款”创造的债务，它不仅对“贷款”具有要求权，而且对“贷款”所在的资产节点具有要求权。

$\langle c,b\rangle$ 和 $\langle b,a\rangle$ 的经济含义。$\langle c,b\rangle$ 意味着，“借款”是借方获取货币使用权留给银行的“抵押”，是借方对银行的债务，与之统一的债权一端是银行资产节点上“贷款”。“贷款”不仅对“借款”具有要求权，而且对“借款”所在的借方负债接点具有要求权，这意味着银行对借方具有要求权。当银行贷记于借方账户内的存款货币流出此账户进入其他账户以执行职能时，“借款”——“贷款”这样一个法律上的交易结果，规定了流出借方账户的存款货币要如期回流，并最终回流给创造它的贷款，完成第二个法律上的交易，这时“借款”和“贷款”一并减少。$\langle b,a\rangle$ 意味着，基于“借款”确立的“银行存款”，追索权归“借款”。当“银行存款”改变了存在形式，已经作为价格而观念地隐身于商品之中时，“借款”就追索隐身它的商品，甚至追索商品所在的资产节点。隐身的它要能如期从那个“商品的惊险的跳跃”中再度现身，以如期偿付“借款”的如期追索。当再度现身的“银行存款”用于偿付“借款”时，“银行存款”和“借款”一并减少。[①] 否则，“贷款”就要基于与“借款”的债权债务统一关系，经由“借款”向借方的资产节点进行追索。

图的函数表达为：

$$G_1 = (\{a,b,c,d\},\{\langle a,d\rangle,\langle b,a\rangle,\langle c,b\rangle,\langle d,c\rangle\})$$

图的邻接矩阵（adjacency matrix）表达为：

$$A_1 = \begin{pmatrix} 0 & 0 & 0 & 1 \\ 1 & 0 & 0 & 0 \\ 0 & 1 & 0 & 0 \\ 0 & 0 & 1 & 0 \end{pmatrix}$$

（二）货币运动的图

基于贷款所投放的货币，它们会进入现实运动，执行资本的职能。设另一个经济主体（B/S_3），e 是它的资产节点，f 是它的负债节点。在节点 e 上有其他经济主体（B/S_1）所需要的使用价值，B/S_3 和 B/S_1 达成以货币为媒介实现交换的合意。交换的结果是：B/S_3 以持有货币替代持有使用价值，B/S_1 以持有使用价值替代持有货币，银行（B/S_2）为双方提供货币结算。反映这一交换关系的图的图形表示，如图 5－6 所示。

① 关于双重的回流之表述，参见马克思：《资本论》（第三卷），人民出版社 1975 年版，第 385 页。关于两个法律上的交易之表述，参见马克思：《资本论》（第三卷），人民出版社 1975 年版，第 389 页。关于“商品的惊险的跳跃”之表述，参见马克思：《资本论》（第一卷），人民出版社 1975 年版，第 123 页。

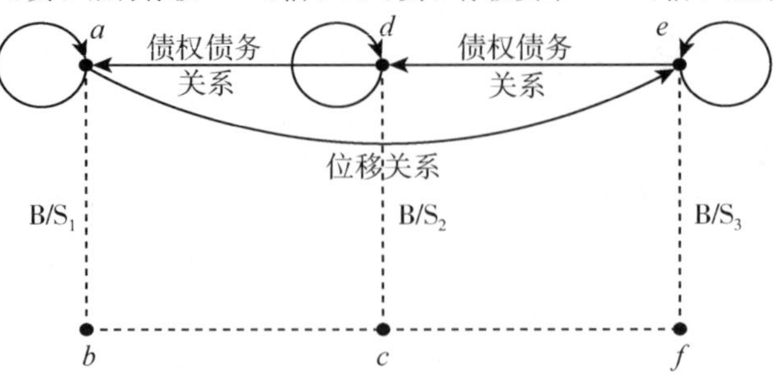

图 5－6　货币运动和使用价值位移的图形表示

〈a,e〉是基于使用价值的位移关系而生成的边。此边的经济含义是：基于使用价值从 B/S_3 的资产节点 e 位移到 B/S_1 的资产节点 a，B/S_3 上的资产减少（应增加节点 e 入度），B/S_1 上的资产相应增加（应增加节点 a 出度），于是，在 B/S_3 的资产节点 e 增加来自 B/S_1 的资产节点 a 的入度，同义反复就是，在 B/S_1 的资产节点 a 增加对 B/S_3 的资产节点 e 的出度。

〈d,a〉是基于债权债务关系而生成的边。当 B/S_1 以持有使用价值替代持有货币时，它对于 B/S_2 的银行存款债权减少，B/S_2 对它的存款货币债务减少，于是，在 a 增加来自 d 的入度，在 d 增加对 a 的出度。

〈e,d〉是基于债权债务关系而生成的边。当 B/S_3 以持有货币替代持有使用价值时，它对于 B/S_2 的银行存款债权增加，B/S_2 对它的存款货币债务增加，于是，在 e 增加对 d 的出度，在 d 增加来自 e 的入度。

〈d,d〉是基于 T 关系而生成的环。此环的经济含义是：当银行为交易双方结算时，有（借）存款货币——B/S_1/（贷）存款货币——B/S_3。

〈a,a〉是基于 T 关系而生成的环。此环的经济含义是：买方以持有使用价值替代持有银行存款，在买方的资产上有（借）使用价值/（贷）银行存款。

〈e,e〉是基于 T 关系而生成的环。此环的经济含义是：买方的交易对方以持有银行存款替代持有使用价值，在买方的交易对方的资产上有（借）银行存款/（贷）使用价值。

（三）货币回流的图

图 5－7 是货币回流的图的图形表示。

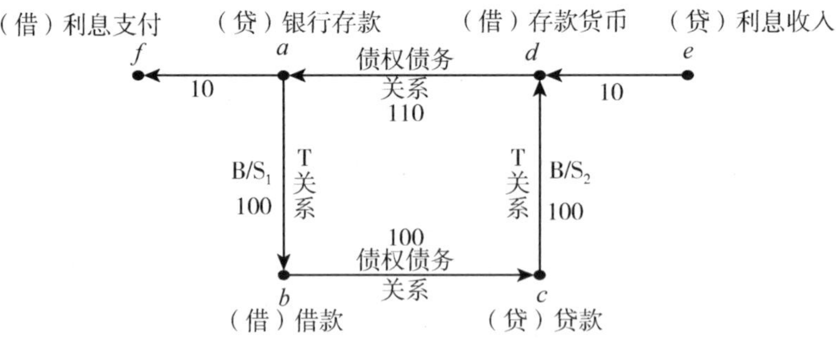

图 5－7　货币回流的图形表示

节点 e 代表银行 P/L 中收入类科目所在的收入节点，“利息收入”属于这一节点。当银行收到利息时，在期间上的分录为（借）存款货币/（贷）利息收入，资产负债表上的存款货币债务减少，损益表上的收入增加。在 T 关系下，负债的减少要增加负债节点入度，收入的增加要增加收入节点的出度，所以基于这一 T 关系生成的边是 $\langle e,d\rangle$。

节点 f 代表借方 P/L 中费用类科目所在的支出节点，“利息支出”属于这一节点。当支付利息时，在期间上的分录为（借）利息支出/（贷）银行存款，资产负债表上的银行存款货币减少，损益表上的费用增加。在 T 关系下，资产的减少要增加资产节点的出度，支出的增加要增加支出节点的入度，所以基于这一 T 关系生成的边是 $\langle a,f\rangle$。

$\langle d,a\rangle$ 是基于债权债务关系生成的边。借方减少“银行存款”，减少的数额等于还款的本金数额加上利息数额，同时银行对借方的“存款货币”债务也相应减少，减少的数额也等于还款的本金数额加上利息数额。在图 5－7 中假设了贷款的本金数额是 100，利息率是 10%。由图可见，“存款货币”这一社会的货币，一部分通过偿还借款本金而被吸收掉（100），从有到无，银行的资产负债规模因此而收缩，另一部分通过偿还借款利息而被转化（10），从货币形态转化为非货币形态，这部分存款货币（10）在期间上转化为银行的“利息收入”，在期末经结转进入银行的权益，银行的资产负债规模并不因此而变化。引申含义就是，银行的贷款回流会导致存款货币减少，其中本金部分的回流既吸收存款货币也收缩银行规模，而利息部分的回流只吸收存款货币而不收缩银行规模。①

$\langle b,c\rangle$ 是基于债权债务关系生成的边，$\langle a,b\rangle$ 和 $\langle c,d\rangle$ 是基于 T 关系生成的边，基于在图 5－6 中的表述，它们的含义容易明白，在此不再赘述。

图的函数表达为：

$$G_2 = (\{a,b,c,d,e,f\},\{\langle a,b\rangle,\langle a,f\rangle,\langle b,c\rangle,\langle c,d\rangle,\langle d,a\rangle,\langle e,d\rangle\})$$

图的邻接矩阵表达为：

$$A_2 = \begin{pmatrix} 0 & 1 & 0 & 0 & 0 & 1 \\ 0 & 0 & 1 & 0 & 0 & 0 \\ 0 & 0 & 0 & 1 & 0 & 0 \\ 1 & 0 & 0 & 0 & 0 & 0 \\ 0 & 0 & 0 & 1 & 0 & 0 \\ 0 & 0 & 0 & 0 & 0 & 0 \end{pmatrix}$$

从图 5－5 和图 5－7 可以看出，若不考虑利息，则在本金的循环上，两个图的底图（underlying graph）是一样的。这意味着，对于本金部分，贷款的发起与回流在路径上是一致的。

对于图 5－7，为了看清其中的 T 关系的基本情况，尤其是关于利息支出和利息收入的基本情况，可以给出基于图的期间会计等式的分解，如图 5－8 所示。

对于企业，有（借）财务费用 10/（贷）银行存款 10。按照 T 关系下的规则，资产减

① 资产＝负债＋所有者权益＋收入－费用。对于本金，贷款资产减少 100，存款货币负债减少 100，结果是银行的规模收缩 100。对于利息，存款货币负债减少 10，利息收入增加 10，结果是银行的规模不变。

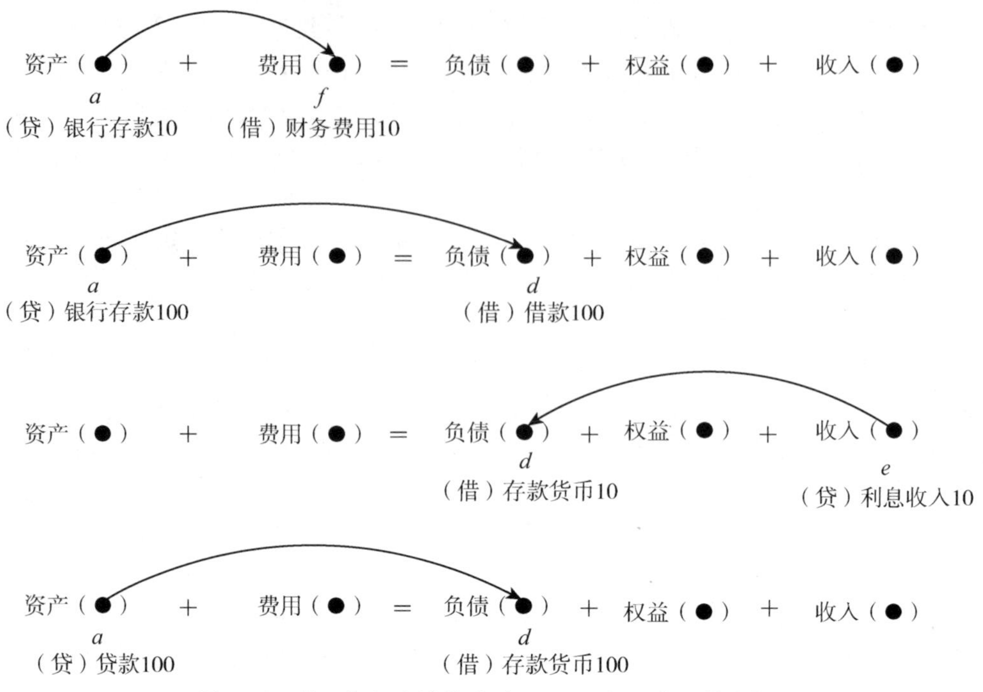

图 5－8　基于期间会计等式对图 5－7 中 T 关系的分解

少，增加资产节点的出度，费用增加，增加费用节点的入度，于是有〈a,f〉边。

对于银行，有（借）存款货币 10/（贷）利息收入 10。按照 T 关系下的规则，负债减少，增加负债节点的入度，收入增加，增加收入节点的出度，于是有〈e,d〉边。

（四）贷款承诺的图

另外，在实际中，除了即期的贷款外，银行向借方提供信用的另一种重要形式是贷款承诺。基于贷款承诺的安排，借方可以在获取使用价值时随时支取贷款承诺，而银行方面只有在借方支取贷款承诺时，贷款承诺下的贷款才会表现在资产负债表上。借方通过支取贷款承诺从交易对方获取使用价值时，相应的关系涉及 T 关系、债权债务关系和商品位移关系，这些关系的图形表示如图 5－9 所示。

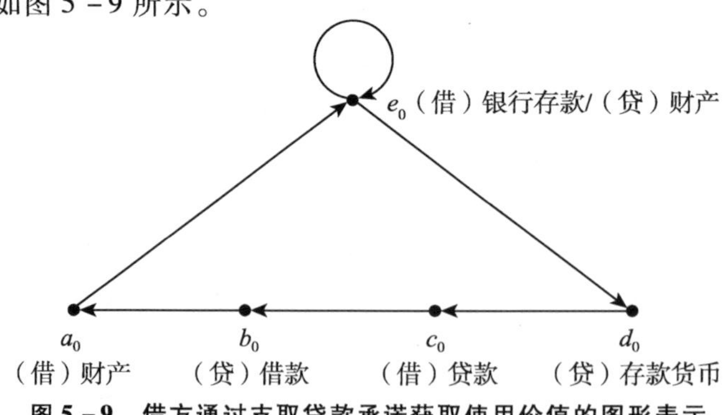

图 5－9　借方通过支取贷款承诺获取使用价值的图形表示

在图5-9中，e_0是交易对方的资产节点，a_0是借方的资产节点，b_0是借方的负债节点，c_0是银行的资产节点，d_0是银行的负债节点。

$\langle a_0, e_0 \rangle$是基于位移关系而生成的边。借方通过支付对价从交易对方获得使用价值时资产增加，从而在a_0增加对e_0的出度；交易对方因出售使用价值资产减少，从而在e_0增加来自a_0的入度。

$\langle c_0, b_0 \rangle$是基于债权债务关系生成的边。当借方为获取使用价值而支取贷款承诺时，基于贷款承诺的契约安排，借方随即在负债节点b_0增加对贷方的借款债务，作为贷方的银行随即在资产节点c_0增加对借方的贷款债权。这意味着在b_0随即增加来自c_0的入度，在c_0随即增加对b_0的出度，于是生成$\langle c_0, b_0 \rangle$边。

$\langle b_0, a_0 \rangle$是基于T关系生成的边。在借方的资产负债表内，基于借款的增加而增加使用价值，这意味着增加了负债对于资产的要求权，当然也意味着增加了资产对于负债的应付义务，于是，增加的负债就会在负债节点b_0增加对资产节点a_0的要求权，增加的资产就在资产节点a_0增加对负债节点b_0的应付义务，于是，在b_0增加对于a_0出度，同时在a_0增加来自b_0入度，生成有向边$\langle b_0, a_0 \rangle$。

$\langle e_0, d_0 \rangle$是基于债权债务关系生成的边。当借方支取贷款承诺和贷方执行贷款承诺时，基于贷款承诺中的契约安排，作为贷方的银行随即在其负债节点d_0上为借方的交易对方贷记一笔相应的存款货币，同时，借方的交易对方当然也随即在其资产节点e_0上增加一笔相应的银行存款。这意味着在d_0增加来自e_0的入度，在e_0增加对d_0的出度，生成有向边$\langle e_0, d_0 \rangle$。

$\langle d_0, c_0 \rangle$是基于T关系生成的边。当借方支取贷款承诺和贷方执行贷款承诺时，作为贷方的银行随即在资产节点c_0增加对借方的贷款资产，并在其负债节点d_0将贷款引致的存款货币投放在借方交易对方的账户中。在银行资产负债表内，基于贷款的增加而引致存款货币的增加，这意味着增加了负债节点对于资产节点的要求权，亦即增加了资产节点对于负债节点的应付义务，于是，在d_0增加对c_0的出度，在c_0增加来自d_0的入度。

$\langle e_0, e_0 \rangle$是一个环。这一环的经济含义是：在借方交易对方的资产节点上，作为交易对象的使用价值减少，作为“一般等价物”的银行存款增加，即在资产节点上有（借）银行存款/（贷）商品库存。在此，略去了相关的税费科目。

二、货币让渡和货币回流的图

相对于货币金融中介机构，非货币金融中介机构更符合真正意义上的金融中介含义，因为从资金来源到资金运用，非货币金融中介机构确实媒介了第三方的货币，而不是像作为货币金融中介机构的银行那样，贷给借方的货币是银行自己无中生有创造出来的。对于非货币金融中介机构（或称为非存款类金融中介机构）而言，虽然在发起贷款和收回贷款上，两个路径的一致性不变，但路径本身的关系结构不同于作为货币金融中介机构的银行。以下是非货币金融中介机构在发起贷款和收回贷款上两个路径的图的图形表示、矩阵表示和函数表示。

（一）让渡货币的图

非货币金融中介机构以发起贷款的形式让渡货币，在相关经济主体间债权债务关系形成路径的图形表示，如图 5－10 所示。

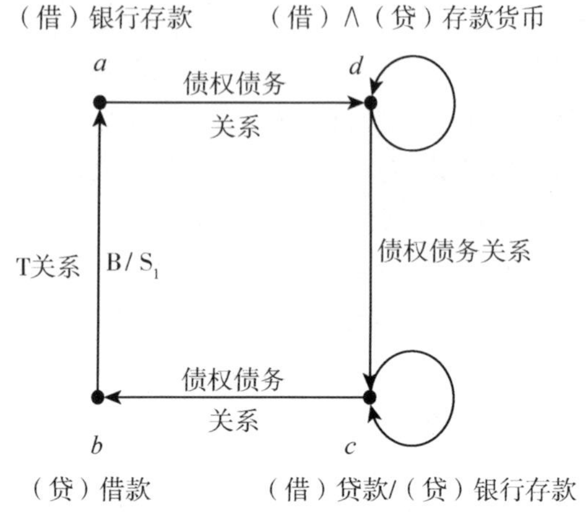

图 5－10　货币让渡的图形表示

节点 a 代表借方（借款人）资产负债表（B/S_1）中的资产类节点，“银行存款”属于这一节；节点 b 代表借方资产负债表（B/S_1）中的负债类节点，“借款”属于这一节点。节点 c 代表贷方（贷款人，在此是非货币金融中介机构）资产负债表中的资产类节点，“贷款”和“银行存款”均属于这一节点。一些非货币金融中介机构既能在央行开立账户也能在商业银行开立账户，在此假设，非货币金融中介机构以在商业银行开立的账户进行贷款业务。节点 c 代表代理行（作为货币金融中介机构的银行）资产负债表中的负债类节点，“存款货币”（或“活期存款”）属于这一节点。

$\langle b,a\rangle$ 是基于 T 关系而在 B/S_1 上生成的边。此边通过将“银行存款”和“借款”关联起来，从而将“借款”所在的负债节点和“银行存款”所在的资产节点关联起来。“借款”是借方获得“银行存款”的关联债务，构成“借款”所在的负债节点对“银行存款”所在的资产节点的要求权。这一关联使节点 a 增加来自节点 b 的入度，同时使节点 b 增加对节点 a 的出度，生成有向边 $\langle b,a\rangle$ 。

$\langle c,b\rangle$ 是基于债权债务关系而在借款人和贷款人之间生成的边。此边通过将“贷款”和“借款”关联起来，从而将这两个科目所在的资产节点和负债节点关联起来。这一关联使节点 c 增加对节点 b 的出度，同时使节点 b 的增加来自节点 c 的入度，生成有向边 $\langle c,b\rangle$ 。

$\langle d,c\rangle$ 和 $\langle a,d\rangle$ 也都是基于债权债务关系生成的边，它们代表了一笔已有货币债权债务关系的变化。$\langle d,c\rangle$ 边意味着，贷方减少在代理行的银行存款债权，同时代理行也相应减少对贷方的存款货币债务，于是在节点 c 增加来自节点 d 的入度，在节点 d 增加对节点 c 的出度。$\langle a,d\rangle$ 边意味着，借方相应地增加在代理行的银行存款债权，同时代理行也相应增加对借方的存款货币债务，于是在节点 a 增加对节点 d 的出度，在节点 d 也相应增加来自节点 a 的入度。$\langle d,c\rangle$ 和 $\langle a,d\rangle$ 反映了贷款契约对于一笔已有货币的让渡安排。

c 节点上有一个环，其经济含义是：基于 T 关系，有（借）贷款/（贷）银行存款，贷方以持有“贷款”替代持有“银行存款”，从而实现基于贷款将一笔已有货币让渡给借方使用。d 节点上也有环，其经济含义是：基于 T 关系，有（借）存款货币——贷方/（贷）存款货币——借方，代理行为贷方实现将一笔已有货币让渡给借方使用提供服务，将一笔相应的存款从贷方账户划转到借方账户。

图的函数表达为：

$$G_1 = (\{a,b,c,d\},\{\langle a,d\rangle,\langle b,a\rangle,\langle c,b\rangle,\langle d,c\rangle,\langle c,c\rangle,\langle d,d\rangle\})$$

图的邻接矩阵表达为：

$$A_1 = \begin{pmatrix} 0 & 0 & 0 & 1 \\ 1 & 0 & 0 & 0 \\ 0 & 1 & 1 & 0 \\ 0 & 0 & 1 & 1 \end{pmatrix}$$

（二）货币回流的图

非货币金融中介机构以收回贷款的形式回笼货币，相关经济主体间债权债务关系结束路径的图形表示，如图 5－11 所示。

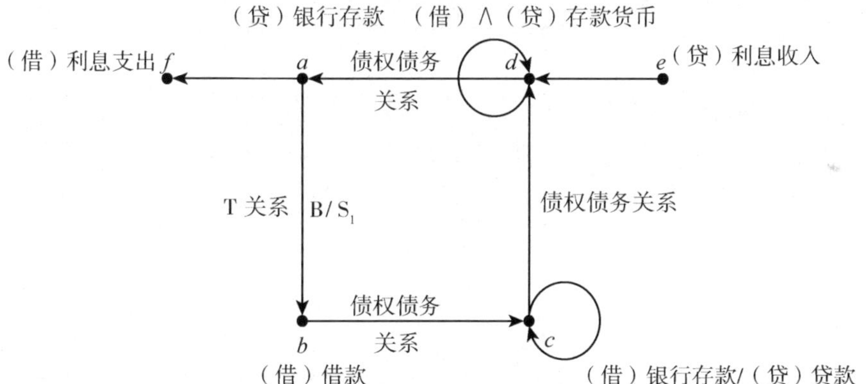

图 5－11　货币回流的图形表示

函数表达为：

$$G_2 = (\{a,b,c,d,e,f\},\{\langle a,b\rangle,\langle b,c\rangle,\langle c,d\rangle,\langle d,a\rangle,\langle e,d\rangle,\langle a,f\rangle,\langle c,c\rangle,\langle d,d\rangle\})$$

邻接矩阵表达为：

$$A_2 = \begin{pmatrix} 0 & 1 & 0 & 0 & 0 & 1 \\ 0 & 0 & 1 & 0 & 0 & 0 \\ 0 & 0 & 1 & 1 & 0 & 0 \\ 1 & 0 & 0 & 1 & 0 & 0 \\ 0 & 0 & 0 & 1 & 0 & 0 \\ 0 & 0 & 0 & 0 & 0 & 0 \end{pmatrix}$$

若略去利息收入和利息支出的分支，则图 5 - 10 和图 5 - 11 基本的底图（underlying graph）（去掉有向边箭头后的图）是一样的。从底图看，货币的让渡和回流在债权债务关系形成与结束上保持路径一致。

三、货币付出的图

因为外币不是体现本国经济主权的法币，所以它要在兑换为本币后方可便利地在本国使用。例如，出口企业以所得外汇向本国开户行进行结汇，开户行以持有外汇向客户付出本币。

（一）两国货币体系之间的关系结构

从两国银行体系看，反映商品出口和结汇的基本关系结构如图 5 - 12 所示。图中的基本贸易背景是：C 国处于顺差地位，A 国处于逆差地位。

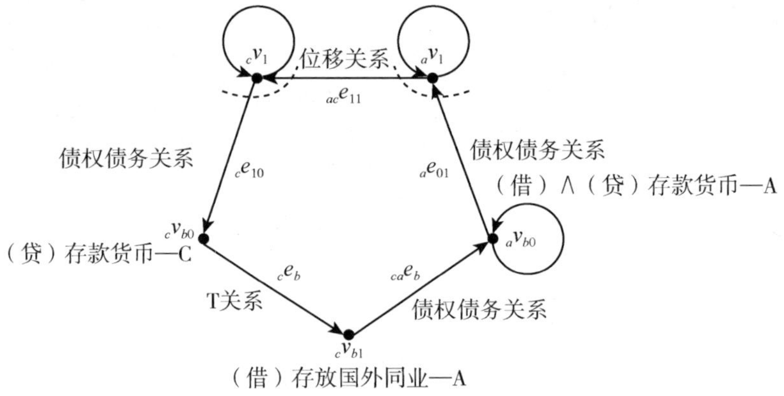

图 5 - 12　基于商品进出口而在两个货币体系间形成的关系结构的图形表示

C 国向 A 国出口使用价值，A 国以其本国货币为媒介对 C 国进行结算。$_cv_{b0}$是 C 国银行体系（包括央行在内）的负债节点，$_cv_{b1}$是 C 国银行体系的资产节点，$_cv_1$是 C 国出口企业整体的资产节点。$_av_1$是 A 国进口企业整体的资产节点，$_av_{b0}$是 A 国银行体系（包括央行在内）的负债节点。

$_{ac}e_{11}$ 是基于位移关系生成的边。当 C 国对 A 国处于顺差地位时，A 国进口企业整体基于商品净进口的资产增加（应在资产节点 $_av_1$ 增加出度），C 国出口企业整体基于净出口的资产减少（应在资产节点 $_{c}v_1$ 增加入度），故而生成 $_{ac}e_{11}$ 边。

$_{a}e_{01}$ 是基于债权债务关系生成的边。当 A 国进口企业整体以 A 国货币支付进口货款时，它对 A 国银行体系的银行存款债权减少，A 国银行体系对它的存款货币负债减少，故而生成 $_{a}e_{01}$ 边。

$_{c}e_{10}$ 是基于债权债务关系生成的边。当 C 国出口企业整体以获得的外汇向本国银行体系结汇时，它对于本国银行体系的本币银行存款债权增加，本国银行体系对于它的本币存款货币债务增加，故而生成 $_{c}e_{10}$ 边。

$_{c}e_{b}$ 是基于 T 关系生成的边。当 C 国银行体系为本国出口企业整体结汇时，C 国银行体系增持外汇，并要付出本币。付出的本币存款货币是该银行体系的债务，增加了负债节点对于资产节点的优先要求权，故而生成 $_{c}e_{b}$ 边。

$_{ca}e_{b}$ 是基于债权债务关系生成的边。当 C 国银行体系增加外汇持有时，C 国银行体系就增加了存放 A 国银行体系的外汇款项，从而增加了对 A 国银行体系的货币债权，A 国银行体系当然也一并增加了对 C 国银行体系的货币债务，故而生成 $_{ca}e_{b}$ 边。

图 5－12 显示出在两国货币体系比较上的一个要点：C 国通过经常账户盈余实现外汇积累，A 国通过经常账户赤字使 C 国实现外汇积累。

对于图 5－12，有两个关联集（incident set）是值得一提的，一个是节点 $_{a}v_1$ 的关联集，另一个是节点 $_{c}v_1$ 的关联集，它们在图中用虚线标出。

节点 $_{a}v_1$ 的关联集是 $S(_{a}v_1) = \{_{ac}e_{11}, {_{a}e_{01}}\}$。此关联集的经济含义是：基于逆差，A 国的使用价值（资源、产品等）增加，但货币数量减少。增加的使用价值会在 A 国会提出交易上的货币需求。如果货币的流通速度能获得相应的提高，那么货币的购买力（MV）就会随之提高。即便增加新的货币（例如，通过增加消费贷款而投放货币），新增的货币也是有商品保障的，情况并非是以更多货币去媒介一定或减少的使用价值。

节点 $_{c}v_1$ 的关联集是 $S(_{c}v_1) = \{_{ac}e_{11}, {_{c}e_{10}}\}$。此关联集的经济含义是：基于顺差，C 国的使用价值减少，但基于结汇本币存量增加，由于增加的本币没有当前物品供给的增加来提供支持，因而本币的购买力随之降低。如果能基于储蓄的提高而使货币流通速度降低，那么购买力就不会过多增加，从而平衡购买力的价格水平也不会有过多提高。当然，为了提升本国经济的增长，在客观上也需要从经济需求侧上提升消费水平，但这就需要引入其他的技术性措施来进行平衡。

$_{c}e_{b}$ 边是可以分解的，通过在 $_{c}e_{b}$ 边插入两个二度节点，可以将 $_{c}e_{b}$ 边分解成三个边的同胚构成：在商业银行的基于 T 的关系边，此边的经济含义是商业银行代客结汇，通过增加在外汇资产上的持有向客户付出本币；在中央银行的基于 T 关系的边，此边的经济含义是商业自身结汇，中央银行通过增加外汇资产向商业银行付出基础货币；在商业银行和中央银行之间的基于基础货币债权债务关系的边。

（二）基于结汇付出本币

在图 5－13 中，出口商开户行是出口商的议付行，进口商开户行是进口商的开证行。出口商开户行在向国外进口商开户行收妥出口货款外汇的同时为出口商办理结汇，即按照规定的汇买价买入收到的外汇，以相应的本币结付出口商。

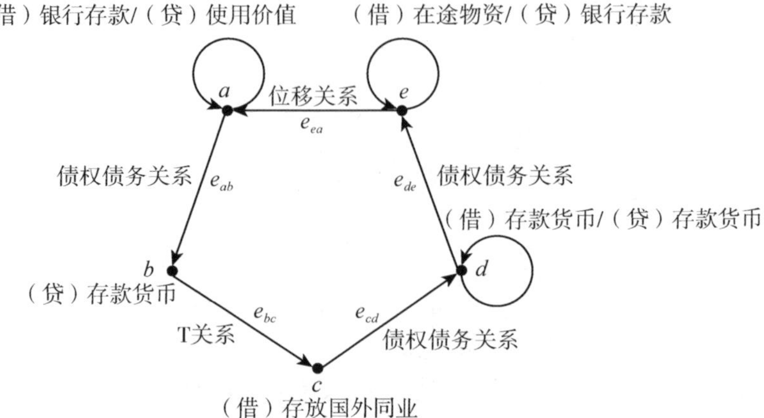

图 5－13　基于结汇付出本币的图形表示

a 是出口商的资产节点；b 是出口商开户行的负债节点，c 是出口商开户行的资产节点；d 是国外进口商所在地开户行的负债节点，e 是进口商的资产节点。

$\langle c,d\rangle$ 是基于债权债务关系生成的边。出口商开户行在收到进口商开户行的已贷记通知后，借记“存放国外同业”。基于贷记和借记，双方间实现了图中所示的货币债权债务关系，故而生成一条有向边 $\langle c,d\rangle$ 。①

$\langle b,c\rangle$ 是基于 T 关系生成的边。出口商开户行在收汇后向出口商办理结汇，以本币贷记出口商，向出口商付出本币。结汇的贷记与收汇的借记，两者是一个简化的 T 关系的构成，故而生成一条有向边 $\langle b,c\rangle$ 。②

$\langle a,b\rangle$ 是基于债权债务关系生成的边。出口商开户行因向出口商付出本币而增加对出口商的存款货币债务，出口商因收到本币货款而增加对开户行的银行存款债权，故而生成一条有向边 $\langle a,b\rangle$ 。

$\langle a,a\rangle$ 是基于 T 关系生成的环。此环的经济含义是：（借）银行存款——本币/（贷）使用价值，出口商以持有本币替代持有出口的使用价值。

$\langle e,a\rangle$ 是基于位移关系生成的边。出口商因向进口商出口货物而在节点 a 增加来自节点 e 的入度，进口商因从出口商进口货物而在节点 e 增加对节点 a 的出度。

$\langle e,e\rangle$ 是基于 T 关系生成的环。此环的经济含义是：（借）在途物资/（贷）银行存款——外币。

$\langle d,e\rangle$ 是基于债权债务关系生成的边。结算货款后，进口商减少了对开户行的银行存款债权，此开户行也相应减少了对进口商的存款货币债务，故而生成一条有向边 $\langle d,e\rangle$ 。

$\langle d,d\rangle$ 是基于 T 关系生成的环。此环的经济含义是：（借）存款货币——进口商/（贷）存款货币——出口商开户行。如在对 $\langle c,d\rangle$ 的解释中所述，进口商开户行将这一贷记的结果

① 收汇的实际会计分录为：（借）存放国外同业——外币/（贷）外汇买卖——外币。

② 结汇的实际会计分录为：（借）外汇买卖——本币/（贷）存款货币——本币。

通知给出口商开户行。

（三）以出口国货币结算货款

作为一种对比，如果贸易是以出口国货币进行结算，那么在出口国出口商开户行就不会出现前面的货币付出机制。不过由于货币增加而商品货物减少的背景不变，因而出口国本币购买力降低的因素依然存在。在图 5－14 中，a 是出口商的资产节点，b 是出口商开户行的负债节点，c' 和 d 分别是国外进口商所在地开户行的资产节点和负债节点，e 是进口商的资产节点。

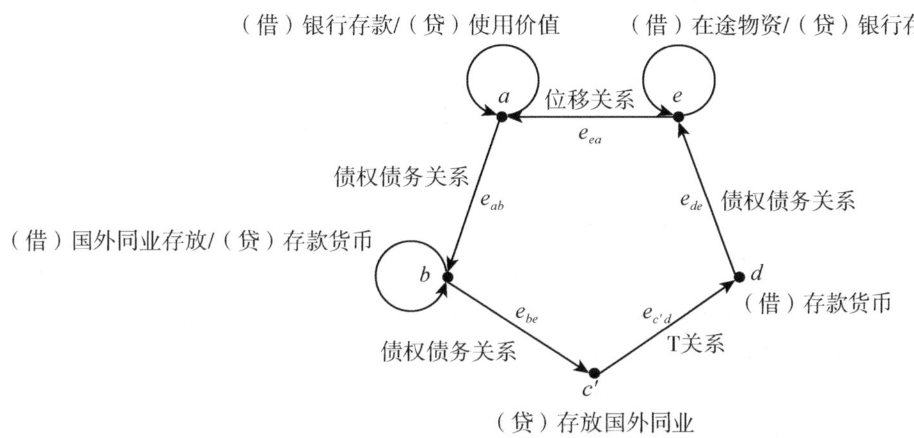

图 5－14　以出口国货币结算货款的图形表示

出口国货币进入国际货币，进口商以出口国货币结算其进口货款。

在进口商有（借）在途物资/（贷）银行存款——外币——出口国货币，基于这一 T 关系，在节点 e 生成一个环 $\langle e,e\rangle$。

进口商对其开户行的银行存款债权减少，进口商开户行对进口商的存款货币债务减少，这在进口商资产节点 e 和进口商开户行负债节点 d 之间基于债权债务关系生成一条有向边 $e_{de}=\langle d,e\rangle$。

在进口商开户行有（借）存款货币——外币——出口国货币/（贷）存放国外同业——外币——出口国货币，这在进口商开户行的资产节点 c' 和负债节点 d 之间基于 T 关系生成一条有向边 $e_{c'd}=\langle c',d\rangle$。

进口商开户行对出口商开户行的货币债权减少，出口商开户行对进口商开户行的货币债务减少，这在进口商开户行资产节点 c' 和出口商开户行负债节点 b 之间基于债权债务关系生成一条有向边 $e_{bc'}=\langle b,c'\rangle$。

在出口商开户行有（借）国外同业存放——出口国本币——进口商开户行/（贷）存款货币——出口国本币——出口商，这在出口商开户行负债节点 b 基于 T 关系生成一个环 $\langle b,b\rangle$。这是指出口商开户行在自己的负债上将进口商开户行账户中的本币存转入出口商账户。

出口商持有的商品货物减少，对其开户行的银行存款债权增加，这在出口商资产节点 a 基于 T 关系生成一个的环 $\langle a,a\rangle$。

出口商开户行对出口商的存款货币债务增加，出口商对其开户行的银行存款债权增加，这在出口商开户行的负债节点 b 和出口商的资产节点 a 之间基于债权债务关系生成一条有向边 $e_{ab} = \langle a, b \rangle$。

出口商的商品货物减少，进口商的商品货物增加，在双方的各自资产节点 a 和 e 之间基于这一位移关系生成一条有向边 $e_{ea} = \langle e, a \rangle$。

四、公开市场操作的图

公开市场操作是指中央银行在公开市场买卖证券，以达到吞吐基础货币，调节社会货币供应量，实现货币政策目标的交易活动。公开市场操作的类型包括现券交易、回购交易和票据交易等。

（一）现券交易

图 5－15 是现券交易关系结构的图形表示。g 是央行（B/S_4）的负债节点，h 是央行的资产节点；c 是商业银行（B/S_3）的资产节点，d 是商业银行的负债节点。央行通过创造准备金存款从商业银行购买国债，商业银行通过向央行转让国债所有权而获得对央行的货币债权（“在央行存款”）。如果商业银行的法定准备金没有欠缺，投放给商业银行的准备金存款都归入超额准备金（或者即便是商业银行的法定准备金有不足部分，但投放给商业银行的准备金存款在补足不足部分后仍有剩余的超额部分），则商业银行的流动性就随之提高。

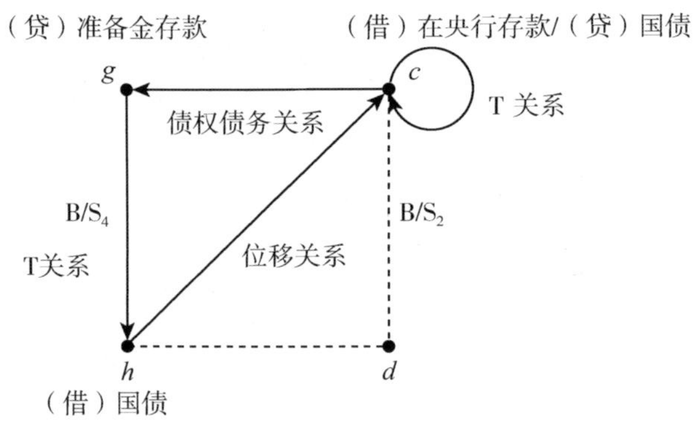

图 5－15 公开市场操作的图形表示——购买债券

$\langle g, h \rangle$ 是基于 T 关系生成的边。央行无中生有地在自己的负债上创造准备金存款（将准备金存款贷记于商业银行在央行的账户中），并用这些准备金存款从商业银行购买国债（这一环节的会计处理是（借）国债/（贷）准备金存款）。在此机理下，所创作的准备金存款具有对所购买的国债的要求权，进而形成从准备金存款所在的负债节点对国债所在的资产节点的要求权。这意味着，在央行的资产节点 h 增加对负债节点 g 的应付义务，在央行的负债节点 g 增加对资产节点 h 的要求权，故而生成 $\langle g, h \rangle$ 边。

$\langle c, g \rangle$ 是基于债权债务关系生成的边。商业银行向央行转移国债所有权后获得存放在央行的款项，这在商业银行的资产节点 c 增加对央行负债节点 g 出度，在央行负债节点 g 增加来自商业银行资产节点 c 的入度，故而生成 $\langle c,g \rangle$ 边。

$\langle h,c \rangle$ 是基于位移关系生成的边。商业银行向央行转移国债所有权，这在商业银行因资产减少而增加资产节点 c 的入度，在央行因资产增加而增加资产节点 h 的出度，故而是生成 $\langle h,c \rangle$ 边。

$\langle c,c \rangle$ 是基于 T 关系生成的环。此环的经济含义是：（借）在央行存款/（贷）国债，商业银行以持有超额准备金替代持有国债，这提高了商业银行的流动性。

（二）回购交易

在我国，中央国债登记结算公司是办理债券回购业务的债券托管与资金清算机构。参与回购的金融机构在该公司开立债券托管账户，并存入自营的债券。

1. 正回购交易

图 5－16 是正回购交易关系结构的图形表示。这一正回购交易的结果是，央行在回购期限中以债券为抵押从商业银行收回流动性。

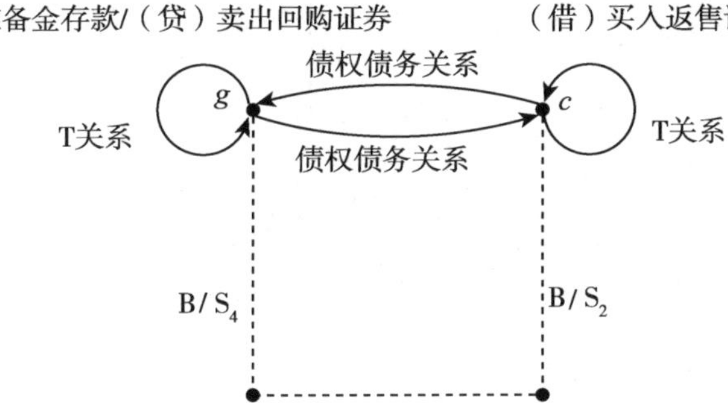

图 5－16 公开市场操作的图形表示——正回购

$\langle g,g \rangle$ 是基于 T 关系生成的环。该环的经济含义是：（借）准备金存款/（贷）卖出回购证券，即央行在负债一端通过增加卖出回购证券而减少商业银行的准备金存款，使商业银行的流动性相应减少。

$\langle c,c \rangle$ 是基于 T 关系生成的环。该环的经济含义是：（借）买入返售证券/（贷）在央行存款，即商业银行以持有返售证券替代持有超额准备金，流动性相应减少。

$\langle g,c \rangle$ 是基于债权债务关系生成的边。商业银行的流动性减少，这在商业银行体现为在央行存款减少，在央行体现为商业银行的备付金存款减少。于是在商业银行的资产节点 c 增加来自央行负债节点 g 的入度，同时在央行负债节点 h 增加对商业银行资产节点 c 的出度，故而生成 $\langle g,c \rangle$ 边。

$\langle c,g \rangle$ 是基于债权债务关系生成的边。商业银行持有的返售证券（与这一债权存在相统一的债务存在是在央行负债上的卖出回购证券）要由央行如期买回，这在商业银行资产节

点 c 形成对央行负债节点 g 的债权，这种债权在商业银行资产节点 c 增加对央行负债节点 g 的出度，同时在央行负债节点 g 增加来自商业银行资产节点 c 对的入度，故而生成 $\langle c, g\rangle$ 边。

不同于现券交易，由于在这种卖出回购交易中，央行资产节点上的债券资产没有变化，因而在央行的资产节点 h 和商业银行的资产节点 c 间没有基于位移关系的边。若是采用买断式回购，关系结构的图形表示会有所不同。

2. 逆回购交易

图 5－17 是逆回购交易关系结构的图形表示。央行从商业银行买入证券，并约定在未来特定时间将证券卖给商业银行；商业银行向央行卖出证券，并约定在未来特定时间从央行将证券买回。央行在回购期限中向商业银行投放流动性，到期时从商业银行收回所投放流动性。

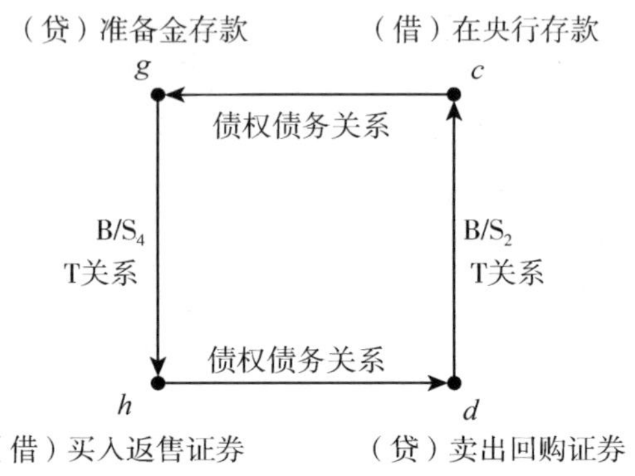

图 5－17　公开市场操作的图形表示——逆回购

$\langle g,h\rangle$ 是基于 T 关系生成的边。央行无中生有地在自己的负债上创造准备金存款（将准备金存款贷记商业银行的账户），并以这些存款购买“买入返售证券”。在此机理下，所投放的准备金存款具有对返售证券的要求权，进而在准备金存款所在的负债节点 g 形成对返售证券所在的资产节点 h 的要求权。基于这种要求权，在节点 g 增加对节点 h 的出度，同时在节点 h 增加来自节点 g 的入度，故而生成 $\langle g,h\rangle$ 边。

$\langle d,c\rangle$ 是基于 T 关系生成的边。商业银行通过基于回购的负债获得流动性，在此机理下，商业银行资产节点上的“在央行存款”面对着负债节点上的“卖出回购证券”的要求权，对“卖出回购证券”具有应付义务。基于这种要求权，在负债节点 d 增加对资产节点 c 的出度，同时在资产节点 c 增加来自负债节点 d 的入度，故而生成 $\langle d,c\rangle$ 边。

$\langle h,d\rangle$ 是基于债权债务关系生成的边。央行持有的“买入返售证券”要由商业银行如期买回，这在央行资产节点 h 形成对商业银行负债节点 d 的债权，这种债权在央行资产节点 h 增加对商业银行负债节点 d 的出度，同时在商业银行负债节点 d 增加来自央行资产节点 h 的入度，故而生成 $\langle h,d\rangle$ 边。

$\langle c,g\rangle$ 是基于债权债务关系生成的边。商业银行的流动性增加，这在商业银行体现为在央行存款增加，在央行体现为准备金存款增加，于是在央行负债节点 g 形成来自商业银行资

产节点 c 的债权，这种债权在节点 c 增加对节点 g 的出度，同时在节点 g 增加来自节点 c 的入度，故而生成 $\langle c,g\rangle$ 边。

与正回购交易一样的是，因为在这种逆回购交易中同样没有实际债券转移，或者说同样没有转移债券所有权，所以在央行的资产节点 h 和商业银行的资产节点 c 间没有基于位移关系的边。

（三）票据交易

图 5－18 是票据交易关系结构的图形表示。在央行的负债端，央行通过向商业银行发行票据减少商业银行账户中的超额准备金存款，以“发行票据”债务替代“准备金存款”债务；在商业银行的资产端，商业银行通过购买央行票据减少存放央行的款项，以持有“央行票据”替代持有“在央行存款”。

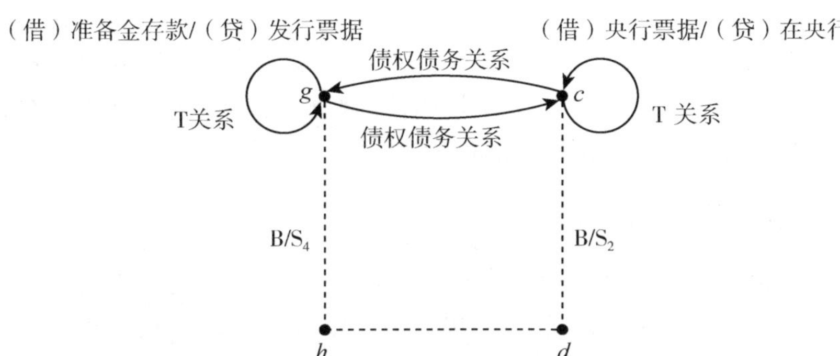

图 5－18　公开市场操作的图——发行央行票据

$\langle g,g\rangle$ 是基于 T 关系生成的环。此环的经济含义是：（借）准备金存款/（贷）发行票据。“（借）准备金存款”意味着商业银行账户中的超额准备金减少，央行向商业银行收回流动性；“（贷）发行票据”意味着央行将减少的超额准备金置换为对商业银行的票据发行债务。

$\langle c,c\rangle$ 是基于 T 关系生成的边。此环的经济含义是：（借）央行票据/（贷）在央行存款，商业银行以持有央行票据替代持有在央行存款。

$\langle g,c\rangle$ 是基于债权债务关系生成的边。当央行减少商业银行的准备金存款时，央行对商业银行的准备金债务减少，同时商业银行对央行的基础货币债权也一并相应减少。这在央行负债节点 g 增加对商业资产节点 c 的出度，同时在商业银行资产节点 c 增加来自央行负债节点 g 的入度。

$\langle c,g\rangle$ 是基于债权债务关系生成的边。当央行向商业银行增加票据发行时，央行对商业银行的票据债务增加，同时商业银行对央行的票据债权增加。这在央行负债节点 g 增加来自商业银行资产节点 c 的入度，同时在商业银行资产节点 c 增加对央行负债节点 g 的出度。

$\langle c,g\rangle$ 边和 $\langle g,c\rangle$ 边是成对出现的，这表明“准备金存款——在央行存款”这一体现为商业银行流动性的债权债务关系统一被置换为“票据发行——央行票据”这一体现为非流动性的债权债务关系统一，从而带来“超额准备金消失”的现象，消失的超额准备金转化为票据的存在形式。

第四节　银行成为整个经济运行的中枢的图

金融是现代经济的核心，银行是这一核心的关键构成。现代经济运行离不开货币，而货币是由银行投放出来的，其运动以银行的负债节点为枢纽，银行因此成为整个经济运行的中枢。本节以四种情况（货币供应、货币作为流通手段媒介商品交换、以货币作为支付手段偿付债务、直接融资中的货币资金运动）为背景，给出在现代经济运行中银行成为整个经济运行中枢的图景。

一、整个经济运行中枢的点控制

中枢意味着整体集合中的部分元素，这样的部分元素能将整体集合中的各元素关联起来，对整体集合发挥协调作用。经济运行中什么样的部分元素能将经济中各个经济主体关联起来并保障整体经济有效运行呢？是银行的负债节点。

（一）点控制概念和参数

图的点控制概念是图的控制理论（theory of domination in graphs）中的基础知识。借助于图的点控制概念，能对银行成为整个经济运行的中枢这一论题给出形象、生动、准确的刻画。

1. 控制集和控制数①

根据相关文献的介绍，图的控制数这一概念是由法国数学家克劳德·博奇（Clande Berge，1958）在其论著中首先提出的（尽管当时没有使用这个术语）。之后，奥斯坦·奥尔（Oystein Ore，1960）在其论文中正式定义了图的控制集和控制数的概念，发起了对于图的控制理论的研究。后经许多数学家的努力，图的控制理论有了长足发展，现在图的控制理论已经成为图论中的一个重要组成部分。

图的控制集和控制数的一般定义：设 $G = \{V,E\}$ 为一个图，$D \subseteq V$，如果对于每一个点 $v \in V \setminus D$，存在 $u \in D$ 使得 $uv \in E$，则称 D 为图 G 的一个控制集（dominating set）。给定一个图 G，可能会有多个不同的控制集，在所有不同的控制集中，节点最少的控制集称为图 G 的一个最小控制集。一个最小控制集包含的节点数即图 G 的控制数（dominating number）。将图 G 的一个控制数表示为

$$\gamma(G) = \min\{\,|D|:\ D\text{ 为图 }G\text{ 的一个控制集}\}\text{。}$$

① 关于控制集和控制数的严谨表述，可参见许保根著：《图的控制理论》，科学出版社 2008 年版，第 58—69 页。关于控制集和控制数的通俗表述，可参见亚瑟·本杰明、加里·查特兰、张萍著：《图论——一个迷人的世界》（程晓亮、管涛、范兴亚、胡兆玮译），机械工业出版社 2016 年版，第 46—49 页。

显然，任何图都有控制集，因为 $D = V(G)$ 本身就是图 G 的一个控制集。因此，任何图的控制数均存在，且有 $\gamma(G) \leq |V(G)|$；对任意简单图 G，$\gamma(G) = |V(G)|$ 当且仅当 G 为空图。

2. 极小控制集和上控制数

控制数是图的控制理论中最基本同时也是最重要的控制参数。除此之外，相关的控制参数还有极小控制集和上控制数等。

一个给定的图 $G = \{V,E\}$，可以有多个不同的控制集，考察一个控制集中是否有多余的点是具有重要意义的，由此带来与控制相关的概念和参数。设 D 为图 G 的一个控制集，如果对于每一个 $v \in D$，$D - v$ 均不是 G 的控制集，则称 D 为图 G 的一个极小控制集。由此可见，极小控制集是没有多余点的控制集。在多个极小控制集中，最大的极小控制集的容量称为图 G 的上控制数（the upper dominating number），表示为 $\Gamma(G)$。有

$$\Gamma(G) = \max\{|D|:D\text{ 为图 }G\text{ 的一个极小控制集}\},$$
$$\gamma(G) = \min\{|D|:D\text{ 为图 }G\text{ 的一个极小控制集}\}。$$

“对任何图 G 都有 $\Gamma(G) \geq \gamma(G)$。值得注意的是，对于一个给定的图，一般而言，其极小控制集与最小控制集不同。最小控制集虽然不是唯一的，但其所有的最小控制集包含的点数即控制数是唯一确定的。但极小控制集就不同了，不同的极小控制集可能包含不同数目的点数。取遍图的所有极小控制集，容量最大者包含的点数为上控制数，容量最小者包含的点数为控制数。

当然，一个图的最小控制集必为极小控制集，但反之不然。一个图的上控制数与控制数之间没有必然联系。”①

对于如图 5－19 所示的图 G，$D = \{c,e\}$ 为一个最小控制集，同时也是最小的极小控制集，故而有 $\gamma(G) = 2$。另外，$D = \{c,d,f,g\}$ 为一个最大的极小控制集，故而有 $\Gamma(G) = 4$。

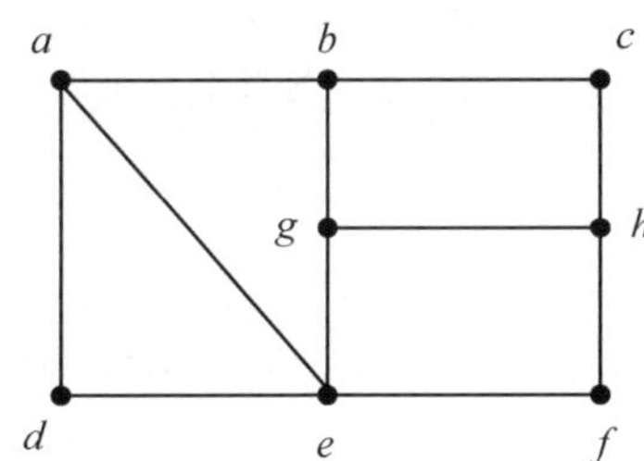

图 5－19　$\Gamma(G) = 4$ 但 $\gamma(G) = 2$

（二）银行是整个经济运行的中枢

在现代经济运行中，经济主体或是以现金（属于对央行的货币债权）或是以对银行的货币债权实现经济活动。就以对银行的货币债权实现经济活动而言，这表现为相关经济主体的资

① 此段表述引自许保根著：《图的控制与染色理论》，华中科技大学出版社 2013 年版，第 8 页。

产节点与银行的负债节点间的债权债务关系的相对变化。例如，经济主体从银行获得贷款融资的结果是：在银行负债节点上增加对借方经济主体资产节点的存款货币债务，在借方经济主体资产节点上增加对银行负债节点的银行存款债权。又如，经济主体之间实现商品交换的结果是：在买卖双方，买方减少对银行的货币债权并获得商品，卖方获得对银行的货币债权并放弃商品；在银行，为买卖双方提供结算服务，对买方的存款货币债务减少，对卖方的存款货币债务增加。买卖双方与银行之间在货币债权债务关系上的消长变化，保证了交易的实现。

设银行部门的负债节点为 v_0，经济主体 1 的资产节点为 v_1，经济主体 2 的资产节点为 v_2，…，经济主体 i 的资产节点为 v_i，经济主体 n 的资产节点为 v_n，经济主体 $n+1$ 的资产节点为 v_{n+1}，…，经济主体 $n+m$ 的资产节点为 v_{n+m}。v_1，…，v_n 持有银行存款，与 v_0 具有货币债权债务关系，而 v_{n+1}，…，v_{n+m} 持有现金，与央行的负债节点具有货币债权债务关系。

现在考虑 v_1，…，v_n 与 v_0 的货币债权债务关系，将 v_1 与 v_0 的货币债权债务关系用边 $e_1=(v_1,v_0)$ 表示，…，将 v_n 与 v_0 的货币债权债务关系用边 $e_n=(v_n,v_0)$ 表示。于是，有如图 5－20 所示的图的图形表示。

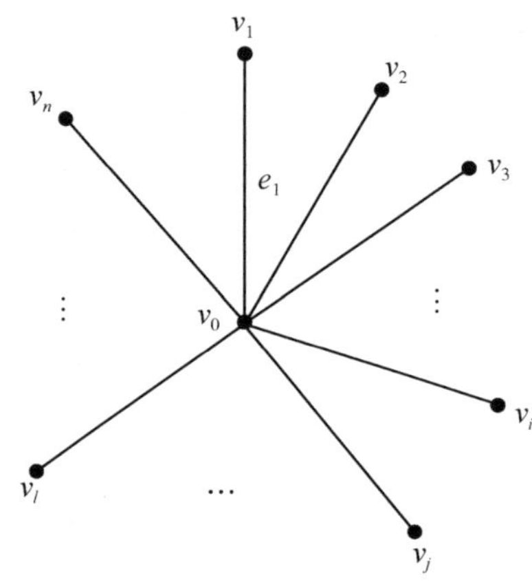

图 5－20　v_0 成为整个经济运行中的点控制

在图 5－20 中，将经济运行中货币运动的关系结构抽象为一个图 $G=(V,E)$，其中 V 是由银行的负债节点 v_0 和银行之外的其他经济主体的资产节点 $v_1,\cdots,v_n$ 构成的集合，即有 $V=\{v_0,v_1,\cdots,v_n\}$，E 是由 $v_0v_1,\cdots,v_0v_n$ 构成的集合，即有 $E=\{v_0v_1,\cdots,v_0v_n\}$。因为对于每一个银行之外的其他经济主体的资产节点 $v\in V\setminus\{v_0\}$，存在 $v_0v\in E$，故而 $\{v_0\}$ 是图 G 的一个控制数为 1 的控制集。$\{v_0\}$ 中只有唯一的银行负债节点，于是"$\{v_0\}$ 是图 G 的一个控制数为 1 的控制集"的经济含义就是：（1）银行成为整个经济运行的中枢；（2）银行能够对经济主体 1，经济主体 2，…，经济主体 n 的资金流向进行实时监控。

再考虑将 v_{n+1}，…，v_{n+m} 包括在经济运行中的货币运动关系内的情况。若设央行的负债节点为 $\bar{v}_0$，银行的资产节点为 v_0'，则有图 $G^*=(V^*,E^*)$，其中 V^* 是由银行的负债节点 v_0、银行的资产节点 v_0'、央行的负债节点 $\bar{v}_0$ 和银行之外的其他经济主体的资产节点 v_1，…，v_n，v_{n+1}，…，v_{n+m} 构成的集合，即有 $V^*=\{v_0,v_1,\cdots,v_n,v_0',\bar{v}_0,v_{n+1},\cdots,v_{n+m}\}$，$E^*$

是由 v_0v_1 ，…，v_0v_n ，v_0v_0' ，$v_0'\bar{v}_0$ ，$\bar{v}_0v_{n+1}$ ，…，$\bar{v}_0v_{n+m}$ 构成的集合，即有 $E^* = \{v_0v_1,\cdots,v_0v_n,v_0v_0',v_0'\bar{v}_0,\bar{v}_0v_{n+1},\cdots,\bar{v}_0v_{n+m}\}$ ，其中 $v_0'\bar{v}_0$ 代表基于准备金债权债务关系而生成的无向边，v_0v_0' 代表基于银行的资产、负债关联（例如银行通过在资产节点 v_0' 发起贷款而在负债节点 v_0 创造存款货币）而生成的无向边。因为对于每一个在银行和/或央行之外的其他经济主体的资产节点 $v \in V^* \setminus \{v_0,\bar{v}_0\}$ ，存在 $u \in \{v_0,\bar{v}_0\}$ 使得 $uv \in E^*$ ，故而 $\{v_0,\bar{v}_0\}$ 是图 G^* 的一个控制数为 2 的控制集。$\{v_0,\bar{v}_0\}$ 中有银行的负债节点和央行的负债节点，于是"$\{v_0,\bar{v}_0\}$ 是图 G^* 的一个控制数为 2 的控制集"的经济含义就是：（1）银行和央行成为整个经济运行的中枢；（2）银行能够对基于银行存款的货币运动进行实时监控；（3）对于纸币和硬币现金，央行无法对其运动进行实时监控，因为纸币和硬币现金的运动无需央行提供结算服务；（4）由于 $v_0'\bar{v}_0$ 的存在，央行通过提供清算服务能够对跨行货币运动进行实时监控。

二、银行通过向经济主体发起贷款实现货币供应

设银行部门的负债为节点 v_0 ，经济主体 1 的资产为节点 v_1 ，经济主体 2 的资产为节点 v_2 ，经济主体 3 的资产节点为 v_3 ，…，经济主体 i 的资产节点为 v_i ，…，经济主体 n 的资产节点为 v_n 。

当银行向经济主体 1 发起贷款时，基于"银行存款"——"存款货币"这一债权债务关系状态，在借方的资产节点和银行的负债节点之间生成边，即 $e_1 = \langle v_1,v_0\rangle$ ，这如图 5－21的左上部分所示。

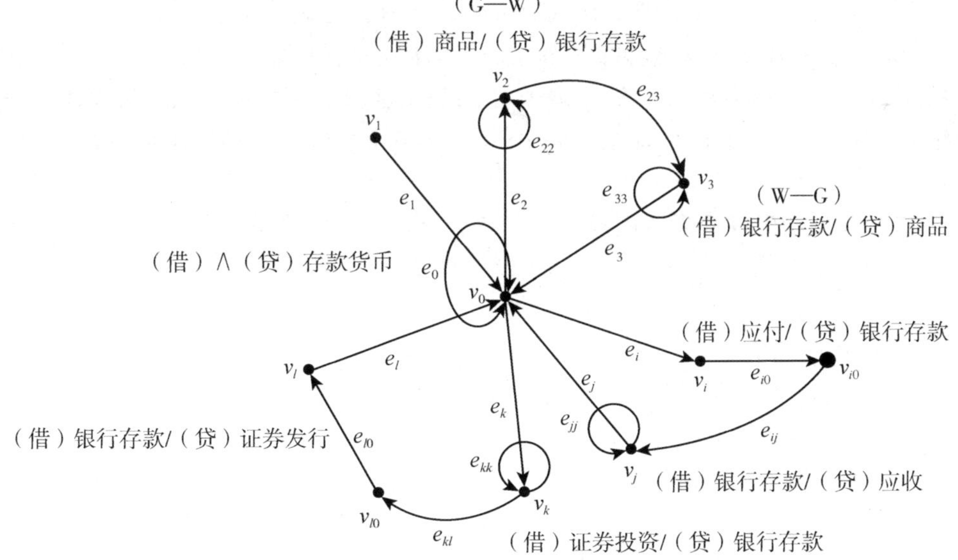

图 5－21　银行成为整个经济运行的中枢的图形表示

在图中 5 - 21 的左上部分中，银行通过发起贷款创造存款货币，这增加其自身对于借方的货币债务，故而在节点 v_0 增加来自节点 v_1 的入度，同时，经济主体 1 因获得“银行存款”而增加对贷方的货币债权，故而在节点 v_1 增加对节点 v_0 的出度。$e_1 = \langle v_1, v_0 \rangle$ 将 v_0 和 v_1 关联起来，其经济含义是：银行是满足经济主体货币需求的源泉，这一源泉的动力在于银行具有向经济主体发动“（借）贷款/（贷）存款货币”的特有功能。

三、以货币作为流通手段媒介商品流通

当经济主体 2 以自己持有的已有银行存款货币从交易对方那里购买商品时，交易情况如图 5 - 21 的右上方部分所示。

经济主体 2 以自己持有的已有银行存款货币与经济主体 3 进行商品交换，双方在货币和商品持有上的置换关系为：

$$\{(v_2, G), (v_3, W)\} \rightarrow \{(v_2, W), (v_3, G)\}\text{。}$$

$e_2 = \langle v_0, v_2 \rangle$ 是基于债权债务关系生成的边。经济主体 2 因购买商品而减少在“银行存款”上的持有，“银行存款”在此作为流通或购买手段执行职能，这反映为在节点 v_2 增加来自节点 v_0 的入度，在点 v_0 增加对节点 v_2 的出度，$e_2 = \langle v_0, v_2 \rangle$ 边将 v_0 和 v_2 两个节点关联起来。

$e_3 = \langle v_3, v_0 \rangle$ 是基于债权债务关系生成的边。经济主体 3 增加在“银行存款”上的持有，这反映为在节点 v_3 增加对节点 v_0 的出度，在节点 v_0 增加来自节点 v_3 的入度，$e_3 = \langle v_3, v_0 \rangle$ 边将两个节点关联起来。

$e_0 = \langle v_0, v_0 \rangle$ 是基于 T 关系在节点 v_0 上生成的环。它在此体现了银行体系为交易提供支付结算服务，其经济含义是：（借）存款货币—2/（贷）存款货币—3。

$e_{23} = \langle v_2, v_3 \rangle$ 是基于商品位移在两个经济主体间生成的边。此边将两个节点关联起来，将 v_2 邻接到 v_3。此位移体现为，在 v_2 增加对 v_3 的出度（经济主体 2 从经济主体 3 获得商品货物，资产增加），同时在 v_3 增加来自 v_2 的入度（经济主体 3 向经济主体 2 出售商品货物，资产减少）。

e_{22} 是基于 T 关系生成的环。此环的经济含义是：在经济主体 2 的资产节点上，有（借）商品货物/（贷）银行存款，即经济主体 2 以持有商品货物替代持有银行存款货币。

e_{33} 是基于 T 关系生成的环。该环的经济含义是，在经济主体 3 的资产节点上，有（借）银行存款/（贷）商品货物，即经济主体 3 以持有银行存款货币替代持有商品货物。

银行存款是与存款货币相统一的货币的债权一端，它能够被最广泛的经济主体所接受，从而与最广泛的经济主体建立起与 v_0 之间的债权债务关系（n 充分大），将它们与 v_0 关联起来。这种关联体现在：或者是将最广泛的经济主体的资产节点邻接到银行的负债节点 v_0，这表现为 $\langle v_\beta, v_0 \rangle$（其中 $\beta = 1, 2, \cdots$）；或者是使银行的负债节点 v_0 邻接到最广泛的经济主体的资产节点，这表现为 $\langle v_0, v_\beta \rangle$。鉴于此，银行存款具有充分的流动性，在银行负债节点 v_0 上潜藏着一个很大的关联集（incident set），即 $S(v_0) = \{e_1, e_2, \cdots, e_i, \cdots, e_n\}$，其中 $S(v_0)$

表示 v_0 的关联集，e_i 是基于这种关联关系而生成的边，n 充分大。

综以上二和三所述：(1) 银行是整个经济的资金源泉。增量存款货币的创造将货币需求主体与银行关联起来，即将货币需求主体的资产节点邻接到银行的负债节点上。(2) 银行是经济的支付结算中心。商品交换中的货币流通，其实就是已有货币的债权债务关系在相关经济主体间变化。债务一端保持在不动点 v_0 上，而债权一端离开原来的位置，“沉淀在商品空出来的流通位置上”。①

四、以货币作为支付手段偿付债务

进一步的扩展就是，作为货币债权一端的“银行存款”充当支付手段执行职能，这如图 5－21 的右下方部分所示。

v_i 是债务人 i 的资产节点，v_{i0} 是债务人 i 的负债节点，v_j 是债权人 j 的资产节点。i 是 j 的债务人，j 是 i 的债权人。当 i 以持有的银行存款偿还对于债权人 j 的债务时，基本情况如下：

(1) $e_i = \langle v_0, v_i \rangle$ 是基于债权债务关系生成的边。债务人 i 对银行的货币债权减少（这在 v_i 增加来自 v_0 的入度），银行对债务人 i 的货币债务也一并减少（这在 v_0 增加对 v_i 的出度），于是，基于这一债权债务关系生成一条有向边 $e_i = \langle v_0, v_i \rangle$，此边将 v_0 邻接到 v_i。

(2) $e_j = \langle v_j, v_0 \rangle$ 是基于债权债务关系生成的边。债权人 j 对于银行的货币债权增加（这在 v_j 增加对 v_0 的出度），银行对于债权人 j 的货币债务也一并增加（这在 v_0 增加来自 v_j 的入度），于是，基于这一债权债务关系生成一条有向边 $e_j = \langle v_j, v_0 \rangle$，此边将 v_j 邻接到 v_0。

(3) $e_{ij} = \langle v_{i0}, v_j \rangle$ 是基于债权债务关系生成的边。当 i 偿还了对于 j 的债务时，i 对 j 的债务减少，这在 v_{i0} 增加对 v_j 的出度，当然一并也有 j 对 i 的债权减少，这在 v_j 增加来自 v_{i0} 的入度。于是，有基于债权债务关系生成的有向边 $e_{ij} = \langle v_{i0}, v_j \rangle$，此边将 v_{i0} 邻接到 v_j。

(4) e_{i0} 是基于 T 关系而生成的边。对于债务人的资产负债表，当 i 偿还了对 j 的债务时，在 v_{i0} 减少对于 v_i 的要求权，同义反复就是在 v_i 减少对于 v_{i0} 的本息应付义务，结果就是在 v_i 增加对 v_{i0} 的出度，在 v_{i0} 增加来自 v_i 的入度。于是，有基于 T 关系生成有向边 $e_{i0} = \langle v_i, v_{i0} \rangle$，此边将 v_i 邻接到 v_{i0}。

(5) $e_0 = \langle v_0, v_0 \rangle$ 是基于 T 关系生成的环。i 在 v_0 上的银行账户中的存款货币减少，这部分存款货币划转到 j 在 v_0 上的银行账户中，于是在银行负债节点 v_0 上有基于 T 关系生成的环 $e_0 = \langle v_0, v_0 \rangle$。此环的经济含义：(借) 存款货币——$i$/(贷) 存款货币——$j$。

(6) e_{jj} 是基于 T 关系生成的环。此环的经济含义是：(借) 银行存款/(贷) 应收，即 j 在资产节点上以持有银行存款替代持有对 i 的债权。

五、直接融资中货币的运动

直接融资中货币的运动情况，如图 5－21 的左下方部分所示。

---

① 关于“沉淀在商品空出来的流通位置上”这一用语，参见马克思：《资本论》(第一卷)，人民出版社 1975 年版，第 132 页。

设 v_k 为投资者的资产节点，v_l 为融资企业的资产节点，v_{l0} 为融资企业的负债节点。

(1) $e_{kk} = \langle v_k, v_k \rangle$ 是基于 T 关系生成的环。当投资者以持有的货币投资于融资企业发行的证券（债券、股票等）时，它在资产节点 k 上减少对银行存款的持有，增加对证券的持有，故而生成一个环 $e_{kk} = \langle v_k, v_k \rangle$，此环的经济含义是：（借）证券投资/（贷）银行存款，投资者以持有融资企业发行的证券替代持有银行存款。

(2) $e_k = \langle v_k, v_0 \rangle$ 是基于债权债务关系生成的边。投资者对银行的货币债权减少，银行对投资者的货币债务也一并减少，故而生成一条有向边 $e_k = \langle v_k, v_0 \rangle$。

(3) $e_{kl} = \langle v_k, v_{l0} \rangle$ 是基于债权债务关系生成的边。投资者通过持有证券而增加对融资企业的债权（claim）（这在节点 v_k 增加对节点 v_{l0} 的出度），融资企业当然也一并增加对投资者的债务（counterclaim）（这在节点 v_{l0} 增加来自节点 v_k 的入度），故而生成一条有向边 $e_{kl} = \langle v_k, v_{l0} \rangle$。

(4) $e_{l0} = \langle v_{l0}, v_l \rangle$ 是基于 T 关系生成的边。融资企业以增加自己的债务的形式从投资者那里购买已有的货币，这增加证券发行所在的负债节点 v_{l0} 对购入的货币所作的资产节点 v_l 的要求权，购入的货币所在的资产节点 v_l 当然也一并增加对负债节点 v_{l0} 的应付义务，故而生成一条有向边 $e_{l0} = \langle v_{l0}, v_l \rangle$。

(5) $e_l = \langle v_l, v_0 \rangle$ 是基于债权债务关系生成的。购入货币的资产节点 v_l 增加对银行负债节点 v_0 的货币债权，银行负债节点 v_0 当然也一并增加对购入货币的资产节点 v_l 的货币债务，故而生成一条有向边 $e_l = \langle v_l, v_0 \rangle$。

$e_0 = \langle v_0, v_0 \rangle$ 是基于 T 关系生成的环。银行为这一融资提供技术服务，即在负债节点 v_0 上有（借）存款货币——投资者/（贷）存款货币——融资企业，故而生成一个环 $e_0 = \langle v_0, v_0 \rangle$。

第五节　资产证券化的图

引入资产证券化后，未偿贷款的回流就被移至表外，以 SPV 为中心进行循环。虽然贷款本身的回流运动规律不因贷款回流所在位置的改变而变化，但由于表内和表外毕竟是两个参考系，因而贷款在表外的回流路径还是有别于贷款原来在表内进行回流时所遵循的路径。本节的内容是：给出基于资产负债位移法的资产证券化的图；给出资产证券化交易结中贷款债权债务关系结束路径的图和与之形成对照的资产证券化交易结中贷款债权债务关系生成路径的图。

一、资产证券化的图——基于资产负债位移法

在一个证券化的交易结构中，SPV 所发行的证券可能面临两种情况：一种情况是，全部由银行部门之外的投资者持有；另一种情况之是，一部分由银行部门之外的投资者持有，另一部分在银行部门内部持有。在银行部门内部持有的这部分，或者是信用提高的形式，或者

是准备金头寸竞争的形式。虽然说第二种情况是常态，但是从经济和金融的宏观分析而言，具有一般意义的是第一种情况的背景，第二种情况是带有破缺的第一种情况。

对于图 5－22 和图 5－23，设 c 是银行部门的资产节点，d 是银行部门的负债节点，g 是 SPV 的资产节点，h 是 SPV 的负债节点，a 是借方的负债节点，b 是投资者的资产节点。证券化的结果是：将在银行（B/S_2）资产节点上持有的贷款转移到 SPV 的资产节点上，并以转移的贷款为支持发行证券。

（一）SPV 所发行的证券全部由银行部门之外的投资者持有

设以 SPV 所发行的证券全部由银行部门之外的投资者持有，则这时证券化交易关系结构的图形表示如图 5－22 所示。

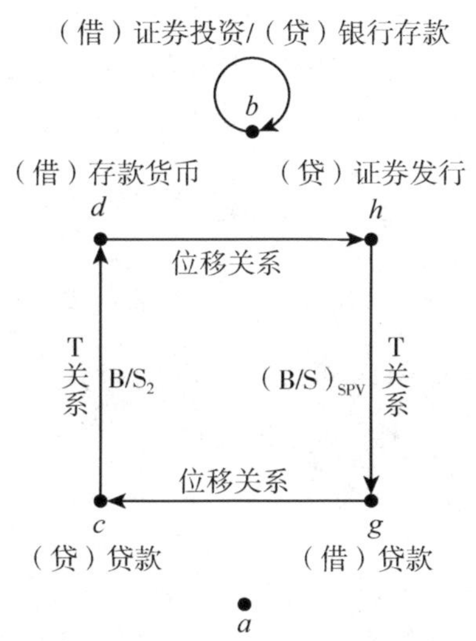

图 5－22　资产证券化的图形表示——基于资产负债位移法（Ⅰ）

$\langle g,c\rangle$ 是基于位移关系而生成的边。当作为证券化对象的贷款由银行转移至 SPV 时，银行资产节点 c 上的资产减少（应增加入度），增加来自 SPV 资产节点 g 的入度，同时 SPV 资产节点 g 上的资产增加（应增加出度），增加对银行资产节点 c 的出度，于是生成 $\langle g,c\rangle$ 边。

$\langle h,g\rangle$ 是基于 T 关系生成的边。当在 SPV 上以转移的贷款为支持发行证券时，有（借）贷款/（贷）证券发行，这形成证券化贷款对证券发行的本息应付义务，故而在 g 增加来自 h 的入度，在 h 增加对 g 的出度，于是生成 $\langle h,g\rangle$ 边。$\langle h,g\rangle$ 是基于 T 关系生成的边，意味着贷款账户和证券发行账户在此是具有对应关系的对应账户。

$\langle d,h\rangle$ 是基于位移关系而生成的边。当投资者以持有的货币（银行存款）购入在 SPV 负债节点上发行的证券时，从银行部门的负债节点上就会有与转移的贷款在价值上相匹配的存款货币债务发生位移，位移到 SPV 的负债一端，转化为相应的非货币债务。这也就是说，SPV 负债节点上的证券发行债务是在银行负债上由投资者的投资决策而划分出来的部分存款货币的转化形式。结果是：银行部门负债节点 d 上的部分存款货币债务转化为 SPV 负债节

点 h 上的证券发行债务；d 上的负债减少（应增加出度），增加对 h 的出度，h 上的负债增加（应增加入度），增加来自 d 的入度，于是生成 $\langle d,h\rangle$ 边。

$\langle c,d\rangle$ 是基于 T 关系生成的边。虽然在实际中贷款转移与投资者向以贷款为支持的证券进行投资未必是同步实现的，中间还会有其他过渡环节，但是由于“投资者预付了贷款在银行的如期回流”与“贷款在银行如期回流”，毕竟对银行具有相同的最终经济效果，都是贷款和存款货币一同减少，因而理应认为在 c 和 d 两个节点间存在 T 关系。其实贷款减少和存款货币减少最终都是银行操作出来的。贷款减少意味着减少了资产对于负债的偿付义务，故而在 c 增加对 d 的出度；存款货币减少意味着减少了负债对资产的要求权，故而在 d 增加来自 c 的入度。于是生成 $\langle c,d\rangle$ 边，此边的经济含义是：（借）存款货币/（贷）贷款，贷款账户和存款货币账户在经济效果上是具有对应关系的对应账户。

若是认为在 c 和 d 两个节点间的关联是债权债务关系，则对银行而言的经济效果就会不同。在债权债务关系情况，贷款减少要增加资产节点的入度，存款减少要增加负债节点的出度。

$\langle b,b\rangle$ 是基于 T 关系生成的环，其经济含义是：（借）证券投资/（贷）银行存款，投资者以持有证券替代持有银行存款。

在默认规则下 a 上没有债务更新，因而在 a 上没有环，a 成为图中的一个孤立节点。

（二）SPV 所发行的证券有一部分在银行部门内部持有

设证券化贷款为 1，在银行部门内部持有的比例为 μ_0。这时，证券化交易关系结构的图形表示如图 5－23 所示。

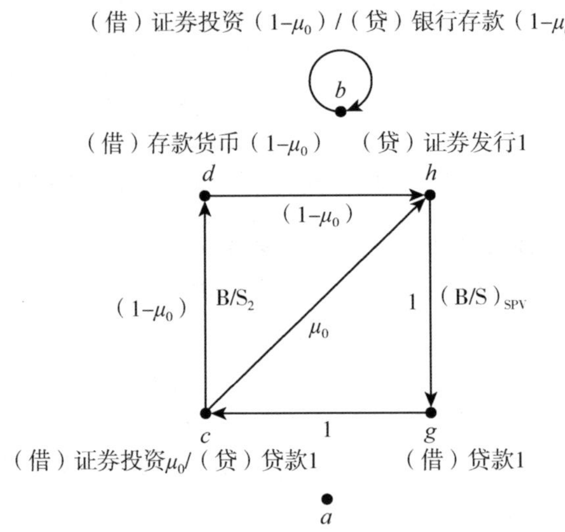

图 5－23 资产证券化的图形表示——基于资产负债位移法（Ⅱ）

$\langle c,h\rangle$ 是基于债权债务关系而生成的边。当银行部门持有一部分基于 SPV 发行的以贷款为支持的证券或是非证券权益时，在 c 增加对 h 的出度，在 h 增加来自 c 的入度，于是生成 $\langle c,h\rangle$ 边。

（1）$0<\mu_0<1$ 的情况。在这种情况下，从银行部门转移的贷款的数额是 1，基于 SPV 发行的以贷款为支持的证券发行和未发行证券的次级部分，两者相加的数额也是 1。在这个 1 中，有 μ_0 的部分在银行部门内部持有，$(1-\mu_0)$ 的部分在银行部门以外持有。$\langle c,d\rangle$ 边上的赋权值是 $(1-\mu_0)$，$\langle d,h\rangle$ 边上的赋权值是 $(1-\mu_0)$。图中的每一个节点都符合在一个节点上出度之和等于入度之和这一图论中的基本概念。这时银行部门资产负债表的收缩规模由 1 减小到 $(1-\mu_0)$，转化为证券发行的存款货币也由 1 减小到 $(1-\mu_0)$。

（2）$\mu_0=1$ 的情况。这种情况意味着银行部门转移到表外的贷款全部以资产证券和/或未发行证券的次级部分的形式掉换给银行部门持有，从而由银行部门负债上转化为 SPV 负债上证券发行的存款货币的规模为 0，银行部门资产负债表收缩的规模也为 0。

（3）$\mu_0=0$ 的情况，这种情况回到了如图 5－22 所示的背景。

$0<\mu_0<1$ 的具体例子。例如，银行部门以信用提高的形式持有 5% 的次级部分，这种情况意味着由银行部门负债上转化为 SPV 负债上证券发行的存款货币的规模是证券化贷款规模的 95%，银行部门资产负债表收缩的规模也是证券化贷款规模的 95%。

二、资产证券化交易结构中债权债务关系结束路径的图

资产证券化交易结构中债权债务关系结束路径是资产证券化基本概念中的一项内容，可以借助图的图形表示对其进行生动表述，如图 5－24 所示。

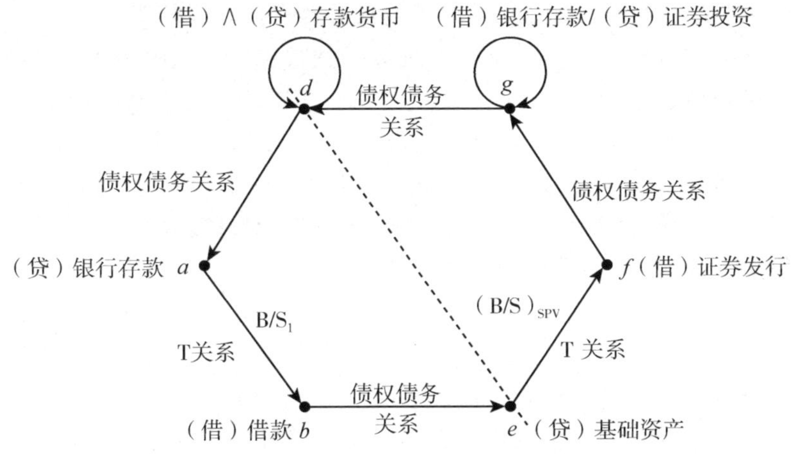

图 5－24　证券化交易结构中债权债务关系结束路径的图形表示

在图 5－24 中，资产证券化交易结构中债权债务关系结束路径的图的图形表示由六个节点、六个边和两个环所构成。为了简化，在银行方面省略了服务性资产收入、纯利息剥离等因素。

a 代表 B/S_1（借方资产负债表）中的资产节点，“银行存款”属于这一节点，b 代表 B/S_1 中的负债节点，“借款”属于这一节点。d 代表 B/S_2（银行资产负债表）中的负债节点，“存款货币（活期存款）”属于这一节点。g 代表 B/S_3（投资者资产负债表）中的资产节点，

“银行存款”和“证券投资”都属于这一节点。f代表$(B/S)_{SPV}$（SPV的资产负债表）中的负债节点，“证券发行”属于这一节点，e代表$(B/S)_{SPV}$中的资产节点，基础资产（证券化对象贷款）属于这一节点。虚线左下方的属于银行配置的部分，虚线右上方的属于证券市场（包括货币市场和资本市场，序列发行中期限在一年期以内的证券属于货币市场，期限在一年期以上的证券属于资本市场）配置的部分，d和e是实现银行配置和市场配置的结合点。

$\langle a,b\rangle$是基于T关系生成的边，它反映借方以持有的银行存款货币偿还借款而在B/S_1上所关联的资产负债变化。在本金的偿还上，这一T关系的经济含义是：（借）银行存款/（贷）借款，即以“银行存款”偿付“借款”。节点b对于节点a的要求权减少，这在节点b增加来自节点a的入度，在节点a增加对节点b的出度。

$\langle d,a\rangle$是基于债权债务关系生成的边，它反映基于还款的契约安排而在借款人与银行间所关联的债权债务关系变化。当借款以“银行存款”得到偿还时，借方对于银行的“银行存款”债权减少，这在节点a增加来自节点d的入度，同时，银行对于借方的“存款货币”债务减少，这在节点d增加对节点a的出度。

$\langle b,e\rangle$是基于债权债务关系生成的边，它反映因借方的偿付而在借方和SPV之间所关联的债权债务关系变化。随着借方的如期偿付，SPV对借方的实质债权减少，借方对SPV的实质债务减少，这表现为在节点e增加来自节点b的入度，在节点b增加对于节点e的出度。

虽然实际中借方依然向银行还款，之后再由银行直接或间接向投资者支付，但就经济实质而言，由借方还款而减少的是借方对SPV的债务，而不是借方对银行的债务。

$\langle e,f\rangle$是基于T关系生成的边，它反映了由证券偿付而在$(B/S)_{SPV}$上所关联的资产负债变化。以基础资产为支持偿付证券，资产和证券一并减少，此偿付减少了节点e对节点f的应付本息义务（基础资产减少），同义反复就是减少了节点f对节点e的本息要求权。结果是：在节点e增加对节点f的出度，在节点f增加来自节点e的入度。

$\langle f,g\rangle$基于债权债务关系生成的边，它反映因证券偿付而在SPV与投资者之间所关联的债权债务关系变化。随着借方的如期偿付，在经济实质上，SPV对投资者的债务余额减少，投资者对SPV的债权余额减少，这表现为在节点f增加对节点g的出度，在节点g增加来自节点f的入度。

$\langle g,d\rangle$是基于债权债务关系生成的边，它反映在银行与投资者之间所关联的债权债务关系变化。在资产证券的偿付中，作为服务人的银行最终如期将一笔相应的存款货币从借方账户划入投资者账户，投资者对银行的“银行存款”债权增加，这在节点g增加对节点d的出度，同时，银行对投资者的“存款货币”债务增加，这在节点d增加来自节点g的入度。①

d节点上有环$\langle d,d\rangle$，其具体的经济含义是：银行为这种债权债务关系结束提供技术服务，在节点d上将“借”和“贷”的两个科目（即“存款货币——借方”和“存款货币——投资者”）关联起来。关联的结果是：在银行负债上，借方账户上的“存款货币”减少，减少的部分被划转到投资者账户上。

g节点上有环$\langle g,g\rangle$，其具体的经济含义是：在节点g上将“借”和“贷”的两个科

① 如果投资者将收到的支付款项存放于其他银行，投资者也是先拥有在支付行的银行存款债权，从支付行划转到投资者开户行的是支付行对投资者的存款货币债务。

目（即“银行存款”和“证券投资”）关联起来。关联的结果是：在投资者资产上，“证券投资”减少，减少的价值由“银行存款”替代。

图的函数表达为：

$$G_S = (\{a,b,d,e,f,g\},\{\langle a,b\rangle,\langle b,e\rangle,\langle d,a\rangle,\langle d,d\rangle,\langle e,f\rangle,\langle f,g\rangle,\langle g,d\rangle,\langle g,g\rangle\})$$

图的邻接矩阵表示为：

$$A_S = \begin{pmatrix} 0 & 1 & 0 & 0 & 0 & 0 \\ 0 & 0 & 0 & 1 & 0 & 0 \\ 1 & 0 & 1 & 0 & 0 & 0 \\ 0 & 0 & 0 & 0 & 1 & 0 \\ 0 & 0 & 0 & 0 & 0 & 1 \\ 0 & 0 & 1 & 0 & 0 & 1 \end{pmatrix}$$

由此可见，虽然贷款本身的回流运动规律不因贷款回流所在位置的改变而变化，但由于表内和表外毕竟是两个参考系，因而贷款在表外的回流路径还是有别于贷款原来在表内进行回流时所遵循的路径。贷款在 SPV 上的债权债务关系结束路径不同于其原来在表内的债权债务关系结束路径，而贷款原来在表内的债权债务关系结束路径与贷款生成的债权债务关系路径又是一致的，因此，在证券化情况下贷款回流的债权债务关系路径与贷款生成的债权债务关系路径的一致性发生了改变。

三、资产证券化交易结构中债权债务关系形成路径的图

前面的图 5－22 以资产负债位移法表示了资产证券化交易结构的构建。以下通过复制图 5－24，以债权债务关系形成路径的方法来表示资产证券化交易结构的构建，这如图 5－25 所示。在图 5－25 中，c 是银行部门的资产节点，其他符号的节点含义同图 5－24。

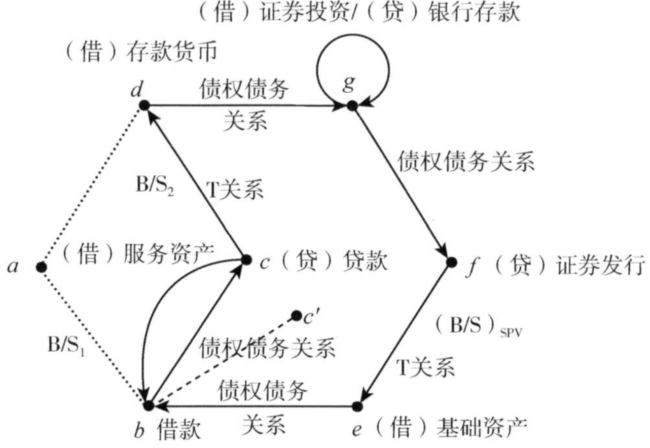

图 5－25　证券化交易结构中债权债务关系形成路径的图形表示

$\langle e,b\rangle$ 和 $\langle b,c\rangle$ 都是基于债权债务关系生成的边，分别表示因贷款转让而在债务人与SPV之间、债务人与原债权人（贷方）之间所关联的债权债务关系变化。$\langle e,b\rangle$ 边将SPV的资产节点邻接到债务人（借方）的负债节点，其经济含义是：由受让贷款，SPV在经济实质上增加对债务人的贷款债权的持有，从而在节点 e 增加对节点 b 的出度，同时在节点 b 增加来自节点 e 的入度。$\langle b,c\rangle$ 边将债务人的负债节点邻接到原债权人银行的资产节点，其经济含义是：原债权人银行因转让贷款债权而在经济实质上减少对债务人的贷款债权的持有，从而在节点 c 增加来自节点 b 的入度，同时在节点 b 增加对于节点 c 的出度。

在默认情况下，债务人无须进行债务更新，所以在节点 b 上没有基于T关系的环。另外，在有证券化实施机构介入的情况下（如像美国的FNMA、FHLMC那样），贷款先转让给证券化实施机构，再由证券化实施机构择机通过设立SPV对贷款债权实施证券化出售，故而在图中留有一个节点 c'，它代表中介机构的资产节点。

$\langle f,e\rangle$ 是基于T关系生成的边，它代表SPV以受让的贷款为支持发行证券而在SPV上所关联的资产负债关系变化。这一发行形成贷款资产对证券发行负债的本息应付义务（同义反复就是这一发行形成证券发行负债对贷款资产的本息支付要求权），所以在节点 e 增加来自节点 f 的入度，在节点 f 增加对节点 e 的出度。此关联在本质上反映了证券化贷款集合的双重存在结构，即贷款和证券两者都是真，证券投资者通过持有证券而持有相对确定的贷款资产，所发行的证券代表了对贷款集合的要求权。当贷款余额随偿付递减直至为零时，投资者持有的证券余额也一并递减直至为零，故而贷款和证券两者也同假。于是有贷款和证券两者同真同假。

$\langle g,f\rangle$ 是基于债权债务关系生成的边，它代表基于SPV的证券发行而在投资者和SPV之间所关联的债权债务关系变化。此关联因投资者在其资产节点增加对SPV的债权持有而在节点 g 增加对节点 f 的出度，因SPV在其负债节点增加对投资者的债务承担而在节点 f 增加来自节点 g 的入度。

$\langle d,g\rangle$ 是基于债权债务关系生成的边，它代表基于投资者对资产证券的投资而在投资者和开户银行之间所关联的债权债务关系变化。此关联因投资者减少在银行存款上的持有而在节点 g 增加来自节点 d 的入度，同义反复就是银行（具体而言是投资者的开户行）因减少对投资者的存款货币债务而在节点 d 增加对节点 g 的出度。

$\langle c,d\rangle$ 是基于T关系生成的边，它代表在银行资产负债表上所关联的资产负债关系变化。对于此边，可以分以下两种情况来分析。

（1）如果投资者都在证券化银行开户，如第三章中图3－5所示的那样，那么节点 d 就是证券化银行的负债端。因为投资者是以对证券化银行的货币债权支付以证券化银行的贷款为支持所发行的证券，所以在经济效果上节点 c 上的贷款和节点 d 上的存款货币一并减少同一规模。这意味着，基于T关系规则，节点 c 增加对节点 d 的出度，节点 d 增加来自节点 c 的入度。仅此而已，在此没有节点 c 对节点 f 的出度，即证券化银行再此没有持有次级部分。

（2）如果投资者既有在证券化银行开户的，又有在其他银行开户的，如第三章中图3－7所示的那样，那么从银行部门来看，由于证券化银行的负债节点在银行部门的负债中，因而可以将节点 d 视为证券化银行的负债端与投资者开户所在的其他银行的负债端的并集，同时，将节点 c 视为证券化银行的资产端与投资者开户所在的其他银行的资产端的并集。也就是说，证券化银行的负债端在节点 d，但节点 d 中还并联有其他银行（投资者的开户行）的负债端；证券化银行的资产端在节点 c，但节点 c 中还并联有其他银行（投资者的开户行）的资产端。如此，节点 c 的贷款和节点 d 的存款货币同样也是一并减少同一规模。不同的是，证券化银行之外的其他银行存款货币债务的减少引起它们在央行的储备减少，这部分储备由央行划转给了证券化银行。不过，由于这时的节点 c 不仅包括证券化银行的资产节点，也并联了其他银行（投资者的开户行）的资产节点，因此，节点 c 上在央行的总储备是不变的。鉴于此，基于银行部门角度，在节点 d 增加来自节点 c 的入度、在节点 c 增加对节点 d 的出度，这样的经济效果关系仍然是存在的。仅此而已，在此没有节点 c 对节点 f 的出度，即证券化银行再此没有持有次级部分。

$\langle g,g\rangle$ 是基于 T 关系而生成的环。其经济含义是（借）证券投资/（贷）银行存款，投资者以持有资产证券替代持有银行存款货币。

另外，$\langle c',b\rangle$ 是基于债权债务关系生成的边，它代表基于证券化中的服务契约而在债务者和原债权者之间所关联的债权债务关系变化。原债权者增加了一项服务性资产，这项服务性资产的收益在于，银行拥有权力从未出售利息收入中提取一个规定比例，作为它提供服务的补偿。保留的未出售利息收入被视为一项应收纯利息剥离。当然，出于简化的需要一般分析中也可以略去此边，略去此边不影响证券化的主体关系结构，也不影响对证券化的经济与金融学分析。

第六章　金融体系演进与对称性

相关文献将金融体系表述为金融中介和金融市场的构成，早期的相关研究将金融体系演进划分为银行主导和市场主导两个阶段。银行主导阶段表现为以银行间接融资为标志的金融结构，将这种金融结构称为 M 型金融结构；市场主导阶段表现为银行间接融资和市场直接融资相对发展的金融结构，将这种金融结构称为 MB 型金融结构。这样的划分没有将资产证券化的进展考虑在内，在资产证券化已经成为现代化金融运行中的重要构成的当今，金融体系演进应该划分为银行主导阶段、市场主导和资产证券化阶段这样三个阶段。资产证券化阶段表现为银行间接融资、市场直接融资和资产证券化三者相对发展的金融结构，将这种金融结构称为 MBS 型金融结构。

现代化金融体系的重要标志在于，由于资产证券化的进展，金融体系进一步由市场主导阶段进入到资产证券化阶段，资产证券化处于引领金融发展潮流的地位。为什么是资产证券化引导金融发展的潮流？本章给出的答案是：金融运行在深层本质上是对称的，金融体系演进是一个由银行主导阶段的 M 型对称，到市场主导阶段的具有更高层级的 MB 型非对称，再到资产证券化阶段的在这一更高层级上的 MBS 型对称的“否定之否定”辩证循环转化的历程。

第一节　银行主导阶段

在现代金融体系研究中，一个重要部分是关于金融体系演进的内容，相关的研究已经注意到资产证券化是金融体系中的重要一级，将金融体系演进划分为银行主导阶段、市场主导阶段和资产证券化阶段。这方面的研究已经达到很深的学术程度，相关文献比比皆是，本书不再占用篇幅给出综述。本书的立意是，在蕴含于经济中的抽象对称的意境下来表述金融体系演进的三个阶段。这样的表述当然不是标新立异，而是因为金融体系演进中确有如此绝佳意境，其自然和真实与靠抽象思维体验自然和社会的本质的美和抽象的美是同样的。以下先从银行主导阶段开始表述。

一、演进的历程

银行主导阶段意味着整个金融体系是以银行为中心的构成，银行是货币供应的源泉和支付结算的中心。从金融发展历程来看，一般的信用创作和支付结算是银行的特有功能，早已有之，更高层级的信用创作和银行间清算是后来才有的。在信用创造方面，尽管有的学派深入揭示了其弊端，并提出改革设计，但是若真的在政策层面动议此事，反而被认为是难以置信之举。其实现代经济与金融离不开银行的信用创造，这是客观实情，不依学派倾向为转移。

在一个信息披露尚不充分，制度环境尚无法有效支持市场有效活动，从而信息生产成本高的阶段，金融体系的功能主要是由银行通过成本支出来维持的。健全有力的银行在信息的收集和分析上具有优势，它们在监控借方、管理风险方面处于积极主动的地位，能迫使借方披露信息并偿还借款。如果银行中介以自己的信用替代借方的信用，通过向借方发起贷款将对于自己的债权——银行存款货币提供给借方使用，那么这种债权无疑可以获得最广泛的认同，借方的交易对方会欣然接受，整个经济的信用环境也会由此获得改善。这时，银行成为积累储蓄和进行投资的主渠道，金融体系属于银行主导型。

银行在投资上的渠道作用主要体现在，通过发起贷款为恰当的投资主体提供增量货币，以增进投资支出，以及为货币执行流通手段职能和支付手段职能提供结算服务。银行在积累储蓄上的作用体现为，通过提供储蓄账户实现以货币贮藏价值，经济主体能以积累货币替代积累使用价值和其他有价证券。

在储蓄转化为投资方面，银行的特别作用在于：通过向借方发起贷款而创造出与已有的积累储蓄的货币同质的新增货币，借以使借方在稀释积累储蓄的货币的新均衡条件下“挤占”已有实际储蓄，所以，以银行为渠道实现的新投资虽然具有促进经济繁荣的积极效果，但弊端也是存在的。信贷扩张是在没有实际储蓄增长提供支持的情况下启动的，以贷款形式增加的货币“挤占”已有实际储蓄的结果就是导致已有货币余额的货币单位购买力降低的。一些颇有理论深度的经济金融文献给出的深入看法是，单纯过分地依赖信贷扩张机制满足经济主体的货币需求，会损害整个信用体系，扭曲经济运行，甚至招致重大经济金融风险。[①]

二、演进中的对称及其操作——没有银行介入的情况

在没有银行介入的情况下，企业可以通过发行自己的票据去交换使用价值。在此，这种票据是作为流通工具的存在，不是作为融资工具的存在。

（一）发行票据

设在一个 xOy 坐标系中，企业的资产节点为 1、负债节点为 2，企业的交易对方的资产节点为 3，以这三个节点直面交易。作为一个构造（constitution）的几何形象，其构型（configuration）是一个正三角形，如图 6－1 所示。

在初始，企业资产节点 1 上的资产为空（由 $f(1) = \phi_1$ 代表），与之对应的企业负债节点 2 上的负债也相应为空（由 $f(2) = \phi_2$ 代表）；另外，在企业的交易对方的资产节点 3 上，有企业所需要的待交易的使用价值 c（由 $f(3) = c$ 代表）。这样，初始的构象（conformation）

① 这方面的专门文献，可参阅赫苏斯·韦尔塔·德索托著：《货币、银行信贷和经济周期》（第三版），上海财经大学出版社 2016 年版。

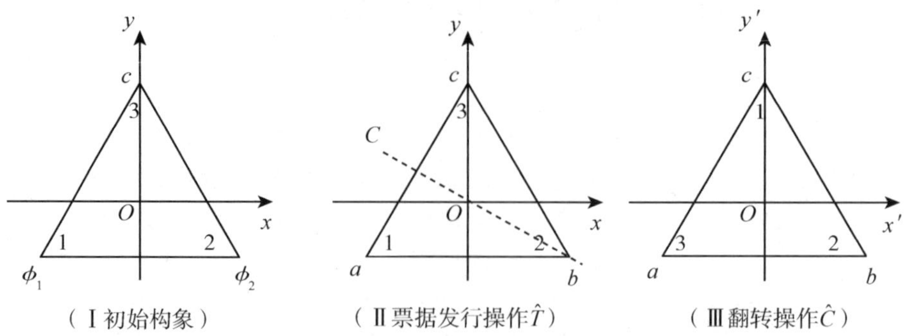

图 6－1　企业以自己发行的票据交换使用价值情况下的对称及其操作

就如图 6－1 中的Ⅰ所示。[①]在此将初始构象用函数形式表示为 $f=\{\langle 1,\phi_1\rangle,\langle 2,\phi_2\rangle,\langle 3,c\rangle\}$。

为了实现交换，引入票据发行。票据本身的存在通常是一个债权债务关系的统一，作为其债务存在的“票据发行”在发行企业的负债上，作为其债权存在的“票据”在发行企业的债权人的资产上，但当票据处于发行前的库存状态时，它是企业资产负债表上的一个对应关系体，其状态是：票据——票据发行。设“票据”为 a，“票据发行”为 b，则有刻画会计操作的函数表示 $h=\{\langle\phi_1,a\rangle,\langle\phi_2,b\rangle,\langle c,c\rangle\}$。

当以会计操作 h 作用于初始构象 f 时，就从复合函数得到图 6－1 中Ⅱ所示的票据发行操作

$$\hat{T}=h\circ f=h(f)=\{\langle 1,a\rangle,\langle 2,b\rangle,\langle 3,c\rangle\}。$$

（二）以票据作为流通手段媒介商品流通

在“票据”和“票据发行”这一债权债务关系的统一中，作为债务存在的“票据发行”通常是固定的，它处于企业的负债节点上，而作为债权存在的“票据”则是可以运动的，用以作为流通手段媒介商品流通。这种媒介作用的抽象表示就是：对状态Ⅱ给出一个翻转操作（$\hat{C}$），将状态Ⅱ下的正三角形框架以 C 为轴旋转 180°，得到如图 6－1 中的Ⅲ所示

① 构造（constitution）、构型（configuration）、构象（conformation）这三个词来源于《结构化学》。关于分子中原子的相互联结方式和次序，过去的长期用语是“结构”（structure），后来根据相关国际组织的建议改用“构造”。现在的“结构”一词具有广泛的含意，它包括了构造、构型和构象等。在此处的表述中，三个词的含义如下：

构造是指交易关系中相关元素的数目、种类和连接方式。例如，在以上交易关系中，涉节点 1、节点 2、节点 3，两个是资产节点、一个是负债节点，它们相互连接。

构型是指构造的几何形象。对于以上的构造，三个节点不重叠地相互连接，其构型只能是一个三角形，我们将这个三角形现设想为正三角形。对于四个节点的情况，不同连接方式会有不同的构型，相同的连接方式也会有不同的构型。例如，在将四个节点连接成一个正四边形的情况下，会划分出三个不同的构型。

构象是指一定构型下相关元素的不同空间结构形式。例如，在以上的正三角形构型下，通过相应的旋转和翻转操作，在平面空间中会产生 6 个不同的构象。

的构象，构型不变而构象不同（同构异象）。C 轴是此操作据以进行的对称元素。

这一操作的经济含义是：企业以自己的票据与交易对方的使用价值相交换，交换的结果，企业以持有使用价值替代持有票据，而交易对方则以持有票据替代持有使用价值。票据在这里执行流通手段职能。作为票据债务一端的“票据发行”仍在企业的负债节点上，表现为对“票据”持有者的债务。

综上所述，以票据媒介商品流通是由两个相继实施的两个对称操作实现的，一个是票据发行操作 $\hat{T}$，另一个是翻转操作 $\hat{C}$。

（三）对几何构型的经济解释

为什么能将整个的交易抽象为图 6－1 那样的正三角形的几何构型？这要有一个起码解释，不能认为这种几何构型是随意指定的。

以票据媒介商品交换的结果是：（1）企业以持有使用价值替代持有票据，交易对方以持有票据替代持有使用价值。使用价值由节点 3 运动到节点 1，这在两个节点之间形成一个基于使用价值转移的资本流量。以票据媒介这一运动，体现为票据与这一运动进行反向运动，票据由节点 1 运动到节点 3。（2）关于“票据由节点 1 运动到节点 3”的等同表述是，为了媒介使用价值的运动，企业将对自己的债权付与交易对方，这在节点 1 和节点 2 之间形成了一个对票据持有减少的资本流量。（3）交易对方获得票据，这在节点 3 与节点 2 之间形成了一个基于票据持有增加的资本流量。这样，在三个节点的任何两个节点之间，都具有相同的权值。于是，就直面交易的三个节点而言，在平面上只能有唯一的构型，即正三角形。

（四）代数表述

1. 发行票据

如前所述，将票据发行表示为以 g 作用于 f 的复合函数形式

$$\hat{T} = h \circ f = h(f) = \{\langle 1,a\rangle,\langle 2,b\rangle,\langle 3,c\rangle\}。$$

2. 以票据媒介商品流通

在 $\{1,2,3\} \to \{a,b,c\}$ 的所有满射中，符合实际背景的可能集是

$$S' = \left\{\begin{pmatrix}1 & 2 & 3\\ a & b & c\end{pmatrix},\begin{pmatrix}1 & 2 & 3\\ b & a & c\end{pmatrix}\right\} = \{s_0, s_1\}。$$

设一个集合 $N = \{1,2,3\}$，正三角形的对称群恰好是 N 上所有置换的集合，即有正三角形的对称群

$$G = \left\{\begin{pmatrix}1 & 2 & 3\\ 1 & 2 & 3\end{pmatrix},\begin{pmatrix}1 & 2 & 3\\ 2 & 1 & 3\end{pmatrix},\begin{pmatrix}1 & 2 & 3\\ 3 & 2 & 1\end{pmatrix},\begin{pmatrix}1 & 2 & 3\\ 1 & 3 & 2\end{pmatrix},\begin{pmatrix}1 & 2 & 3\\ 2 & 3 & 1\end{pmatrix},\begin{pmatrix}1 & 2 & 3\\ 3 & 1 & 2\end{pmatrix}\right\}。$$

显然，$G' = \left\{\begin{pmatrix}1 & 2 & 3\\1 & 2 & 3\end{pmatrix}, \begin{pmatrix}1 & 2 & 3\\2 & 1 & 3\end{pmatrix}\right\} = \{g_0, g_1\}$ 是 G 的一个子群。其中的 g_1 以群的语言说明了以上翻转操作是一个对称操作。

设 G' 和 S' 的结合关系满足群在集上的作用。进而，定义群 G' 在集 S' 上的作用：对 G' 中的元素 g 和 S' 中的元素 s，规定 $g \times s = sg$。于是，以票据媒介使用价值交换就可以抽象为以 g_1 作用于 s_0，即有

$$g_1 \times s_0 = s_0 g_1 = \begin{pmatrix}1 & 2 & 3\\a & b & c\end{pmatrix}\begin{pmatrix}1 & 2 & 3\\2 & 1 & 3\end{pmatrix} = \begin{pmatrix}1 & 2 & 3\\b & a & c\end{pmatrix} \in S'。$$

对于 s_0，g_1 为 s_0 的一个对称。

三、演进中的对称及其操作——有银行介入的情况

银行介入商品交换是基于两个 T 关系和两个债权债务关系实现的。为了简约地表示银行介入背景下的商品交换关系，首先引入一个基团（group）的概念是合适的。

（一）借贷基团的概念

银行介入的结果是：银行以自己的信用替代借方的信用，通过发行对自己的货币债权向借方提供商品流通的媒介。银行的信用创造涉及银行的资产和负债节点，还涉及借方的资产和负债节点；借方与交易对方的交易涉及借方的资产节点和交易对方的资产节点，还涉及银行的负债节点。在这五个节点中，直面交易的只是三个节点，即银行的负债节点、借方的资产节点和借方的交易对方的资产节点，而银行的资产节点和借方的负债节点则在内部。因而，要简约地描述从信用创造到媒介商品流通的交易关系，只要给出直面交易的三个节点即可。

即便单从银行的信用创造而言，这种简约化也并不失严谨，且更添抽象。这是因为，基于 T 关系，银行在自己的负债节点上向借方贷记的存款货币是银行资产节点上的贷款的对应物，借方在自己的资产节点上借记的银行存款是借方负债节点上借款的对应物，而贷款和借款是一个债权债务关系的统一。于是，可以将银行向借方发起贷款的交易关系抽象为一个基团。

可以借用图论中节点和边的概念来表示借贷基团的基本面貌。设：（1）银行的负债节点为 1，银行的资产节点为 1′，借方的资产节点为 2，借方的负债节点为 2′；（2）存款货币在 1 上，贷款在 1′ 上，银行存款在 2 上，借款在 2′ 上。于是，在 1 和 2 间有一个路径

$$P: 1(1,1')1'(1',2')2'(2',2)2。$$

其中，(1,1′) 是基于 T 关系生成的无向边，(1′,2′) 是基于债权债务关系生成的无向边，(2′,2) 是基于 T 关系生成的无向边。在此，P 在路径形式上给出了借贷基团的基本面貌。此基团以节点 1、节点 2 和其上的存款货币、银行存款而直面交易。就直面交易而言，银行的资产节点 1′ 和借方的负债节点 2′是内部节点，所以在此基于在 2 度节点内同构的同胚概念，将 (1′,2′) 收缩于 (1,2) 中，即可得到简约化效果。

（二）发起贷款

如前所述，1 是银行的负债节点，2 是借方的资产节点，3 是借方的交易对方的资产节点，在此将三个节点的构型确定为一个正三角形。

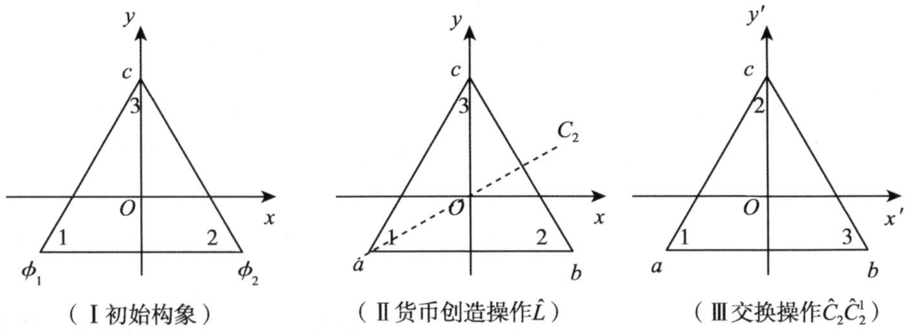

图 6－2　企业向银行借款并以贷款创造货币为媒介交换使用价值的对称及其操作

初始构象如图 6－2 中的Ⅰ所示。初始时，在银行的负债节点 1 上的配置为空（$p(1) = \phi_1$），借方的资产节点 2 上的配置也为空（$p(2) = \phi_2$），在借方的交易对方的资产节点 3 上配置有借方需要的使用价值 $p(3) = c$。在此将初始构象用函数形式表示为 $p = \{\langle 1,\phi_1\rangle, \langle 2,\phi_2\rangle,\langle 3,c\rangle\}$。

之后，银行实施一项以贷款的形式无中生有地创造存款货币的会计操作。银行通过贷款在自己的负债节点 1 上将一笔相应的存款货币 a 贷记在借方账户，借方基于承担的借款将统一于存款货币的银行存款 b 借记在自己的资产节点 2 上。于是有刻画这一会计操作的函数表示 $q = \{\langle \phi_1,a\rangle,\langle \phi_2,b\rangle,\langle c,c\rangle\}$。

当以会计操作 q 作用于初始构象 p 时，就从复合函数得到图中Ⅱ所示的信用创造操作

$$\hat{L} = q \circ p = q(p) = \{\langle 1,a\rangle,\langle 2,b\rangle,\langle 3,c\rangle\}。$$

（三）以货币媒介商品流通

借方以融资获得的银行存款 b 从交易对方购买使用价值 c，结果是：借方由持有银行存款 b 变为持有使用价值 c，交易对方则由持有使用价值 c 变为持有银行存款 b。银行在其负债节点 1 为使用价值的交换提供技术服务，将借方账户内的相应存款划转到借方的交易对方的账户内。可以将以上环节抽象为一个关于 C_2 轴的操作 $\hat{C}_2$，即将图 6－2 中的Ⅱ构型以 C_2 为轴做一个翻转。①

操作后几何构型保持不变，故而此操作关于几何构型是对称的。C_2 轴是此对称操作据以

---

① 若在银行负债节点 1 上将借方的账户和借方交易对方的账户分别以两个节点表示出来，则图 6－2 中的构象就应该演化为一个正四面体。在这种情况，在正四面体上，过两个账户节点连线的中点和 1－2 的中点的轴，便是实现交易的对称操作据以进行的对称元素。

进行的对称元素。操作后的构象如图 6－2 中的Ⅲ所示，称Ⅱ和Ⅲ是同构异象的。由构象Ⅱ到构象Ⅲ的经济含义是：看似面纱的货币，它在推动经济运行上发挥着重要作用。

综上所述，创造货币并以所创造的货币媒介商品流通是一个复合的对称操作，即 $\hat{C}_2\hat{L}$，$\hat{L}$ 和 $\hat{C}_2$ 是相继实施的两个操作。

（四）关于几何构型的经济解释

当以货币购买使用价值时，由于买方所减少的货币价值等于卖方所增加的货币价值，因而在 △123 的三个边上有相同的资本流量赋权值。鉴于此，将 △123 的构型视为一个正三角形是合理的。

（五）代数表述

代数表示分为两部分：一是以贷款的形式无中生有地创造货币，二是以货币媒介商品流通。

1. 信用创造操作

如前所述，将发起贷款的信用创造表示为以 q 作用于 p 的复合函数形式

$$\hat{L} = q \circ p = q(p) = \{\langle 1,a\rangle,\langle 2,b\rangle,\langle 3,c\rangle\}。$$

2. 以货币媒介商品流通的操作

基于存款货币在银行负债上不同账户间实现划转，银行存款得以在不同经济主体间的运动，故而在 $\{1,2,3\} \rightarrow \{a,b,c\}$ 的所有满射中，一个具有实际背景的可能集是

$$S' = \left\{\begin{pmatrix}1 & 2 & 3\\ a & b & c\end{pmatrix},\begin{pmatrix}1 & 2 & 3\\ a & c & b\end{pmatrix}\right\}。$$

对于一个集合 $N = \{1,2,3\}$，其上的所有置换组成的集合

$$\begin{aligned} G &= \left\{\begin{pmatrix}1 & 2 & 3\\ 1 & 2 & 3\end{pmatrix},\begin{pmatrix}1 & 2 & 3\\ 1 & 3 & 2\end{pmatrix},\begin{pmatrix}1 & 2 & 3\\ 2 & 1 & 3\end{pmatrix},\begin{pmatrix}1 & 2 & 3\\ 3 & 2 & 1\end{pmatrix},\begin{pmatrix}1 & 2 & 3\\ 2 & 3 & 1\end{pmatrix},\begin{pmatrix}1 & 2 & 3\\ 3 & 1 & 2\end{pmatrix}\right\} \\ &= \{g_0,g_1,g_2,g_3,g_4,g_5\} \end{aligned}$$

是图 6－2 中几何图形的对称群。显然，集合

$$G' = \left\{\begin{pmatrix}1 & 2 & 3\\ 1 & 2 & 3\end{pmatrix},\begin{pmatrix}1 & 2 & 3\\ 1 & 3 & 2\end{pmatrix}\right\} = \{g_0,g_1\}$$

是 G 的一个子群。其中的 g_1 以群的语言说明了以上翻转操作是一个对称操作。

设 G' 和 S' 的结合关系满足群在集上的作用。进而，定义群 G' 在集 S' 上的作用：对 G' 中的元素 g 和 S' 中的元素 s，规定 $g \times s = sg$。于是，以银行存款媒介使用价值的交换就可以抽象为以 g_1 作用 s_0，即有

$$g_1 \times s_0 = s_0 g_1 = \begin{pmatrix} 1 & 2 & 3 \\ a & b & c \end{pmatrix}\begin{pmatrix} 1 & 2 & 3 \\ 1 & 3 & 2 \end{pmatrix} = \begin{pmatrix} 1 & 2 & 3 \\ a & c & b \end{pmatrix} \in S'。$$

对于 s_0，g_1 为 s_0 的一个对称。

第二节　市场主导阶段

在银行主导阶段，以贷款形式向恰当经济主体投放增量货币的方法固然具有繁荣经济的短期显著效果，但也要看到，这种效果是通过将没有实际储蓄增长支持的新增货币介入已有积累储蓄的货币而实现的，因而不宜单一过度依赖。不难推知，如何将积累储蓄的已有货币直接转化为投资，会是金融体系演进的取向，这一取向将金融体系带向市场主导阶段。在市场主导阶段，直接融资得到充分发展，金融结构是间接融资和直接融资的构成，即 MB 型金融结构。标志直接融资的资金循环情况是：企业通过发行初级证券购买已有货币，然后再以所购得的货币去交换自己需要的使用价值。当投资者、融资者和商品供给者三方的需要均获得实现时，实现三方需要的经济运行就是平衡的。要平衡必须对称，可以基于三方的资产节点将这种平衡抽象为一个属于正三角形对称群的几何构型。

一、演进的历程

随着监督和信息技术的进步以及制度环境的建设，信息披露日臻完善，信息生产成本降低，这使通过市场进行融资的成本降低，于是金融体系便进入了市场主导阶段。在这一阶段，企业直接发行自己的初级证券，以此作为融资工具（而不是作为支付工具或流通工具）向已有货币募集资金，资本市场为此提供一个完善的发行和流通场所。作为投资对象的证券，成为货币积累的替代，资金剩余主体在储蓄的积累上通过持有证券替代持有货币，而积累储蓄的货币储蓄被转化为积累储蓄的货币流通，即成为证券发行企业交易账户上的货币，与资本的总运动关联起来。另外，也有一部分作为货币储蓄的已有货币，会转变为二级市场上的货币流通，以满足证券流通对于货币的需求。

以上所述意味着：货币总量不变，但货币持有结构变化，在 M_2 持有上优化了资源配置；证券发行量增加，社会融资总量增加；货币收入流通速度提高。这种通过企业发行初级证券在资本市场融通已有货币的模式，也意味着实体经济在融资上产生了对于银行中介信用的“脱媒”，其程度可以用作为金融结构指标的银行资产对资本市场总值（bank vs. capitalization measure）这一指标来反映。此比率越低，这一“脱媒”的程度就越大。不过，这种“脱媒”应该是指脱离银行中介的信用替代——银行以自己的信用替代借方的信用，而不是指脱离于银行中介的邻接范围。其实，企业发行的初级证券只是作为融资工具，其本身并不具有广泛的可接受性，企业发行自己的初级证券的目的终究还是要去获取具有广泛的可接受性的对于银行的货币债权（统一于这一货币债权的债务一端是在银行负债上的具有充分邻接范围的存款货币）；另外，企业的支付结算终究也不能“脱媒”于银行。

二、演进中的对称及其操作

企业首先通过发行证券实现融资，之后再以融得的货币向交易对方购买使用价值，对如此交易步骤进行数学抽象并揭示其中的对称，同样是经济与金融学研究新意境中的景象。

（一）融资与购买使用价值

经济中有资金不足企业，通过发行证券募集资金，企业的资产节点为1，负债节点为4。证券是债权债务关系的统一，设其债权形式的存在为 a ，债务形式的存在为 d 。当引入对证券的发行时，d 必然配置在企业的负债节点4上，进而基于T关系，在企业的资产节点1上就会有 d 的对应物 a ，a 在进入运动前库存于企业的资产节点1。d 通常只存在于发行企业的负债节点4上，是固定的，而 a 可以在不同经济主体的资产节点间运动，是不固定的。a 在运动中始终统一于固定在4上的 d ，因而 a 与 d 相统一的运动可以简化在 a 的运动上，隐去不动点4及其配置 d 。

经济中有资金剩余主体，其资产节点为2，在2上配置有满足资金不足企业货币需求的货币 b 。经济中有储蓄使用价值的经济主体，其资产节点为3，在3上配置有可供企业交换的使用价值 c 。

可以将1、2、3这三个节点上的初始配置用 $t(1)=\phi$ 、$t(2)=b$ 、$t(3)=c$ 来表述，则有初始构象的函数表示 $t=\{\langle 1,\phi\rangle,\langle 2,b\rangle,\langle 3,c\rangle\}$ 。

为了实现融资，引入证券发行。企业实施一项证券发行操作，这一操作的实现形式是在资产节点1上借记 a ，在负债节点4上贷记 d ，若隐去在负债节点4上贷记 d ，则有刻画会计操作的函数表示 $u=\{\langle \phi,a\rangle,\langle b,b\rangle,\langle c,c\rangle\}$ 。

当以会计操作 u 作用于初始构象 t 时，就从复合函数得到证券发行操作

$$\hat{K}=u\circ t=u(t)=\{\langle 1,a\rangle,\langle 2,b\rangle,\langle 3,c\rangle\}\text{。}$$

为了简约地表述在市场主导阶段直接融资的经济构象之动态，首先将集合 $\{a,b,c\}$ 配置在集合 $\{1,2,3\}$ 上。这样的配置会产生6个不同的构象，它们的集合为：

$$S=\left\{\begin{pmatrix}1&2&3\\a&b&c\end{pmatrix},\begin{pmatrix}1&2&3\\c&a&b\end{pmatrix},\begin{pmatrix}1&2&3\\b&c&a\end{pmatrix},\begin{pmatrix}1&2&3\\a&c&b\end{pmatrix},\begin{pmatrix}1&2&3\\c&b&a\end{pmatrix},\begin{pmatrix}1&2&3\\b&a&c\end{pmatrix}\right\}$$
$$=\{s_0,s_1,s_2,s_3,s_4,s_5\}\text{。}$$

同时给出一个正三角形对称置换群 G ：

$$G=\left\{\begin{pmatrix}1&2&3\\1&2&3\end{pmatrix},\begin{pmatrix}1&2&3\\3&1&2\end{pmatrix},\begin{pmatrix}1&2&3\\2&3&1\end{pmatrix},\begin{pmatrix}1&2&3\\1&3&2\end{pmatrix},\begin{pmatrix}1&2&3\\3&2&1\end{pmatrix},\begin{pmatrix}1&2&3\\2&1&3\end{pmatrix}\right\}$$
$$=\{g_0,g_1,g_2,g_3,g_4,g_5\}\text{。}$$

设 G 和 S 的结合关系满足群在集上的作用。进而，定义群 G 在集 S 上的作用为：对 G 中

元 g 与 S 中元 s，规定 $g \times s = sg$。于是，对于经济中的初始配置状态 s_0。若以 g_5 作用于 s_0，则企业可以通过发行证券获得融资，即有：

$$g_5 \times s_0 = s_0 g_5 = s_0 g_5 = \begin{pmatrix} 1 & 2 & 3 \\ a & b & c \end{pmatrix}\begin{pmatrix} 1 & 2 & 3 \\ 2 & 1 & 3 \end{pmatrix} = \begin{pmatrix} 1 & 2 & 3 \\ b & a & c \end{pmatrix} = s_5 \in S\text{。}$$

继而再以 g_4 作用以上结果，则可以实现企业以融资获得的资金购入使用价值，即有：

$$g_4 \times (g_5 \times s_0) = (s_0 g_5) g_4 = \begin{pmatrix} 1 & 2 & 3 \\ b & a & c \end{pmatrix}\begin{pmatrix} 1 & 2 & 3 \\ 3 & 2 & a \end{pmatrix} = \begin{pmatrix} 1 & 2 & 3 \\ c & a & b \end{pmatrix} = s_1 \in S\text{。}$$

（二）几何解释

以上操作可以用几何图形来加以解释。

第一步，引入一个 xOy 坐标系，给出市场主导阶段中直接融资的相关经济要素配置的初始构象。首先，通过证券发行操作实现 $t(1) = \phi \rightarrow u(\phi) = a$。其经济含义是：1 上的初始配置是 ϕ，之后再通过证券发行操作以 a 替代 ϕ，最终实现在 1 上配置 a。这也使 1、2、3 面临一个如何选择构型的问题，在此考虑将 1、2、3 选择为一个正三角形的构形。按照 $f(1) = a$、$f(2) = b$、$f(3) = c$ 的取向和定位关系，就给出了在市场主导阶段以直接融资配置相关经济要素的初始构象，这如图 6－3 中Ⅰ所示。

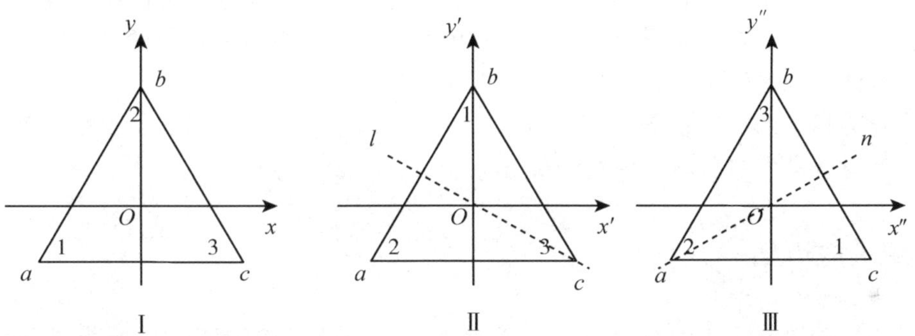

图 6－3　企业通过发行证券直接融资，进而购买使用价值的对称及其操作

第二步，企业以证券 a 融通资金剩余主体 2 持有的货币 b。这是通过将正三角形 123 绕 l 轴翻转而实现的，翻转后新的构象如图 6－3 中的Ⅱ所示。至此，企业实现了以证券发行融入资金的效果。

第三步，企业与使用价值持有主体 3 进行交易，以融入的资金购买使用价值。这是通过将正三角形 123 继而再绕 n 轴翻转实现的，翻转后新的构象如图 6－3 中的Ⅲ所示。至此，企业完成了以募集资金交换使用价值的效果，使用价值持有者则相应地以持有货币替代持有使用价值。

由以上分析可见，在市场主导阶段，企业获得融资和以募集资金购买使用价值的交易，是通过一个会计操作和两个旋转操作而实现的。

（三）几何构型的经济解释

企业与投资者之间具有资金供求上的相互作用，企业与商品持有者之间具有商品供求上的相互作用。虽然投资者与商品持有者没有资金供求上的直接相互作用，但是以上“融资—购买商品”的整个交易等价于另一种形式，即投资者先向商品持有者支付货款然后再将商品贷给企业。于是，可以认为三者的两两之间具有相同资本流量。

经济运行要实现平衡就要有内在的对称，对称即平衡。如果将三个经济主体分别由1、2和3来代表，那么对称的构型有两种情况：一种情况是三个点在一条直线上，另一种情况是三个点在一个正三角的三个顶点上（或是在一个正三角形的三个边的中点上）。进而，如果考虑到三个点两两之间具有相同的资本流量，并把这种资本流量作为在三个点两两之间的赋值，那么将三个点的构型推定为正三角形就是合理的。这一几何构型是唯一的，因为正三角形构型没有异构体。

第三节　资产证券化阶段

银行主导阶段的特点是：银行以在货币创造上的特有功能向经济提供满足需求的货币，经济中基于贷款的货币总量增加。市场主导阶段的特点是：企业等经济主体通过发行对自己的债权购买已有货币以满足对货币的需求，货币总量不变。由货币总量增加、货币总量不变的轨迹不难推测，金融体系的进一步演进是实现货币转化为非货币形式的业态。这种业态是以资产证券化为标志的，在资产证券化的引领下金融体系进入间接融资、直接融资和两种融资功能的相互融合的发展阶段，即资产证券化阶段。

一、演进的历程

在市场主导阶段，大量积累储蓄的货币被直接或间接（例如通过股票投资基金等非货币金融机构）地激活，进入资金不足经济主体的交易账户，成为与资本的总运动相关联的积累储蓄的货币流通。这也使银行在贷款以外的货币经营业方面的效率获得了提高，一个显著的表现就是作为银行效率指标的非利息收入在其总收入中的占比获得提高。不过，直接融资的发展并不能完全替代间接融资，以贷款形式创造货币的机制对于经济运行仍然是不可或缺的。不难设想，若因为银行的信用创造带有一些弊端，这些弊端滋生金融抑制，从而消除银行的信用扩张，那么金融抑制会尤其严重。其实在现代金融中，银行基于其特有功能所具备的竞争力随着技术进步而不断增强，这使银行信用创造带有的一些弊端得到化解。在银行的技术进步中，最为重要的内容就是资产证券化。这项技术进步可以将贷款置于表外，并通过银行部门之外的投资者在资产证券上的投资，将积累储蓄的存款货币转化为资产证券发行的存在形式，以贷款为支持的证券发行成为银行部门存款货币的转化形式。这时银行的竞争目标指向对自身货币债务的利用，即运用已有存款货币与转移贷款的匹配机制，以投向证券的货币去预付贷款在银行的如期货流。当然，这首先体现在先觉银行的意识中，在转化成为它们的主体行为的进程中通常还伴有国家意志的推进。

在证券化阶段，从作为货币金融中介的银行部门看，如果SPV的发行是面向银行部门以外的，那么，由于所发行的资产证券是存款货币的转化形式，因而银行部门的存款货币债务便随同被置于表外的证券化贷款一并减少。从单一银行看，越是规模大、市场占有率高的银行，这种效果越显著，银行所获得的相对流动性也越多。对于中小银行和也冠有银行字样的非货币金融中介而言，资产证券化的效果更多地体现在准备金头寸以及可贷资金的竞争策略上，它们通过证券化获得的绝对流动性更多。贷款减少也会使资本占用获得了释放，从而降低资本消耗。在银行与市场的竞争上，资产证券化所产生的影响是非常深刻的。当然，资产证券化是一并增进银行和市场在各自条件下的效率的创新业态。

二、演进中的对称及其操作

研究资产证券化的基本原理和运作效果，不仅要看到贷款转移，还要意识到与贷款转移相匹配的存款货币向非货币存在形式的转化。

（一）引入资产证券化

第一步，设集合 $P = \{1,2,3,4,5,6\}$ 和集合 $T = \{A_1,L,M,A_2,\phi_1,\phi_2\}$ ，考察 P 到 T 的映射和 P 到自身的双射。

1是借方的负债节点，2是银行的资产节点，3是银行的负债节点，4是投资者的资产节点，5是SPV的负债节点，6是SPV的资产节点。

A_1 是借方的借款，它在节点1上，在贷款转移中处于默认状态。L 是贷款，它或者在节点2上或者在节点6上。M 是由投向证券的银行存款债权在银行负债上划分出来的、与转移贷款在价值上相匹配的存款货币债务。当贷款在节点1上时它在节点3上，以存款货币的形式为存在；当贷款在节点6上时它在节点5上，以存款货币的非货币转化形式为存在。A_2 是与 M 相统一的货币的债权一端，它在节点4上，当 M 在节点3上时它以银行存款的形式为存在，而当 M 在节点5上时它随之变为以对SPV的证券投资的形式为存在，即 $3 - M - A_2$ 体现为货币债权，$5 - M - A_2$ 体现为非货币债权。ϕ_1 是资产的“空”；ϕ_2 是负债的“空”。

对于全部由 P 到 T 的映射组成的集合，设 $S = \{s_0,s_1\}$ 是其中的一个子集。以 $s_0 = \begin{pmatrix} 1 & 2 & 3 & 4 & 5 & 6 \\ A_1 & L & M & A_2 & \phi_2 & \phi_1 \end{pmatrix}$ 表示初始配置，另外有 $s_1 = \begin{pmatrix} 1 & 2 & 3 & 4 & 5 & 6 \\ A_1 & \phi_1 & \phi_2 & A_2 & M & L \end{pmatrix}$。

对于 P，对于全部由 P 到自身的双射而构成的集合，取其中的一个子集 $G = \{g_0,g_1\}$，其中 $g_0 = \begin{pmatrix} 1 & 2 & 3 & 4 & 5 & 6 \\ 1 & 2 & 3 & 4 & 5 & 6 \end{pmatrix}$，$g_1 = \begin{pmatrix} 1 & 2 & 3 & 4 & 5 & 6 \\ 1 & 6 & 5 & 4 & 3 & 2 \end{pmatrix}$。显然，$G$ 构成一个对称群。

第二步，设 G 和 S 的结合关系满足群在集上的作用，定义群 G 在集 S 上的作用。对 G 中的元 g 与 S 中的元 s，规定 $g \times s = sg$。这样，证券化变换就可以表示为以 g_2 作用于初始配置 s_0，即：

$$g_2 \times s_0 = s_0 g_2 = \begin{pmatrix} 1 & 2 & 3 & 4 & 5 & 6 \\ A_1 & L & M & A_2 & \phi_2 & \phi_1 \end{pmatrix}\begin{pmatrix} 1 & 2 & 3 & 4 & 5 & 6 \\ 1 & 6 & 5 & 4 & 3 & 2 \end{pmatrix}$$

$$= \begin{pmatrix} 1 & 2 & 3 & 4 & 5 & 6 \\ A_1 & \phi_1 & \phi_2 & A_2 & M & L \end{pmatrix} = \begin{pmatrix} 1 & 2 & 3 & 4 & 5 & 6 \\ A_1 & \phi_1 & \phi_2 & S'' & S' & L \end{pmatrix}。$$

显然，g_2 是初始配置 s_0 的一个对称。在初始配置中，3 - M 以存款货币的形式为存在，4 - A_2 以银行存款的形式为存在，两者是关于货币的债权债务关系的统一。在证券化操作后，5 - M 是非货币债务的存在形式，4 - A_2 是非货币债权的存在形式，两者是关于以贷款为支持的证券的债权债务关系的统一。鉴于此，在最后一个等式后的矩阵中将 5 - M 改写为 5 - S'，S' 是证券的债务存在形式，同时将 4 - A_2 改写为 4 - S''，S'' 是证券的债权存在形式。M 脱离了银行的负债节点 3，成为 SPV 负债节点 5 上的非货币债务 S'，其债权一端的银行存款 A_2 自然也就随之在节点 4 上化身为与 S' 相统一的非货币债权 S''。在整个交易结构中，没有为 A_2 留出一个新的运动位置，A_2 的出路只能是在原来的位置上由 A_2 化身为 S''，A_2 原有的货币性不复存在。

（二）几何解释

证券化交易在结构上所涉及的参与者包括银行、借方、投资者和 SPV。如前所述，借方的负债节点为 1，银行的资产节点为 2，银行的负债节点为 3，投资者的资产节点为 4，SPV 的负债节点为 5，SPV 的资产节点为 6。

（1）从银行部门看，贷款由银行转移至 SPV，银行部门减少了对借方的贷款债权，这一变量意味着在节点 1 和节点 2 间存在一个价值量为 x 的资本流量。若是从无向边的赋权上看，(1,2) 边上的权值为 x。

（2）若设投资者全部在银行部门之外，则银行部门的规模收缩，这一收缩的变量以资本流量来衡量是 x，即 (2,3) 边上的权值为 x。投资者对银行部门的货币债权减少，减少的规模以资本流量来衡量也是 x，即 (3,4) 边上的权值也为 x。

（3）当贷款转移至 SPV 时，在 SPV 的资产上增加了对借方的贷款债权，这一变量意味着在节点 1 和节点 6 间存在一个价值量为 x 的资本流量。从赋权上看，(1,6) 边上的权值为 x。

（4）SPV 负债上的证券发行是贷款的证券存在。从贷款到证券的这一财产权状态转换使 SPV 的资产负债规模增加，这一增加以一个资本流量来衡量是 x，即 (5,6) 边上的权值为 x。投资者减少的银行存款转换为证券投资，证券投资是银行存款的转化形式，因而投资者对 SPV 的证券投资增加，增加的规模以资本流量来衡量是 x，即 (4,5) 边上的权值为 x。

（5）在银行的资产节点与 SPV 的资产节点间，贷款转移的资本流量是 x，即 (2,6) 等效边上的权值为 x。在银行的负债节点与 SPV 的负债节点间，SPV 负债上证券发行是银行部门负债上的存款货币的转化形式，银行部门负债上的存款货币减少，SPV 负债上证券发行增加，这一转化以一个资本流量来衡量是 x，即 (3,5) 等效边上的权值为 x。

综上所述，证券化交易结构的构型是如图 6 - 4 所示的矩形六边形。

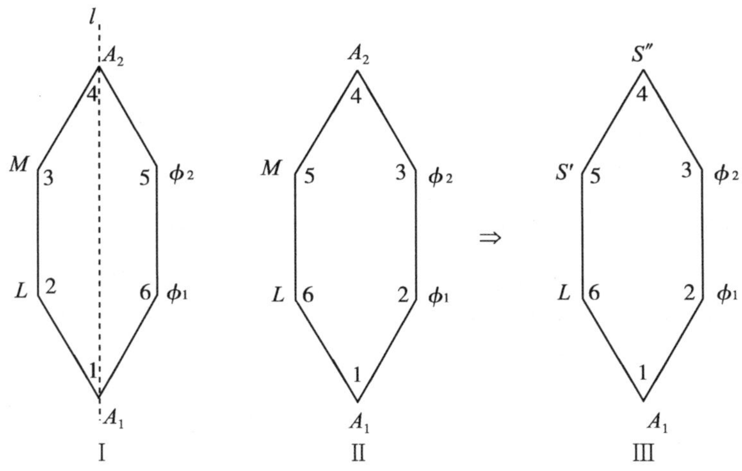

图 6－4　贷款证券化中的对称及其操作

（三）其他解释

图 6－4 给出了关于银行资源配置的新的方法、机制和效果。新的方法是指贷款的新境遇，银行将贷款转移至表外，由 SPV 通过承载贷款创造贷款的证券存在，并将这种证券出售给银行部门之外的投资者；新的机制是指反映金融体系的构造、功能及其相互关系的 BMS 金融结构；新的效果是指新方法、新机制产生的经济动态。

新方法、新机制是匹配平移对称的结果，匹配平移对称在此表现为旋转对称。由于矩形六边形在以 l 为轴的翻转操作中保持整体不变，因而此翻转操作是对称的，l 是此对称操作据以进行的对称元素。“表外的空与表内的实成为互为转换的对方”的具体表现形式是：一方面，贷款 L 由银行的资产节点 2 入驻 SPV 的资产节点 6，同时资产的空 ϕ_1 由 SPV 的资产节点 6 入驻银行的资产节点 2；另一方面，存款货币 M 脱离了“银行之家”，由银行的负债节点 3 以非货币债务的形态 S' 入驻 SPV 的负债节点 5，同时负债的空 ϕ_2 由 SPV 的负债节点 5 入驻银行的负债节点 3。A_2 虽然还在节点 4 上，但由于 M 转化为非货币债务形态 S'，A_2 也就随之转化为非货币债权形态 S''。

Ⅰ和Ⅱ 的构型相同，但构象不同。构象Ⅰ的背景是传统银行体系，贷款在银行表内持有，没有运用 SPV 对银行发起的贷款进行再配置，SPV 上的配置状态是资产的空 ϕ_1 和负债的空 ϕ_2，而构象Ⅱ的背景是现代银行体系，表外的空与表内的实成为互为转换的对方，这时部分贷款被转移至表外由 SPV 持有的，部分存款货币也随之转化为 SPV 的证券发行。

众所周知，在金融体系中实施的这种对称操作是在美国率先获得成功的，美国由此获益颇丰。不过在 2007 年这一操作惹出了不小的麻烦，引得怨声载道。按照《美国金融危机调查报告》给出的解释，惹出麻烦的原因之一是监管层对此理解不够，监管上出了问题（例如放行次级抵押贷款进入资产证券化）。对此，《美国金融危机调查报告》所给出的一个历史性经验教训是：监管，只有监管才是避免金融灾难的关键，而不是人们普遍相信的市场的自我修复特性。①

第四节　三个阶段的比较分析

金融运行有着难言的复杂性，但对于它的学术性研究不是要将具体问题复杂化，而是要给出一般性抽象。一种或许有些新意的方法是，把经济与金融的世界简约为一些基本的元素，并用严密的逻辑将这些元素组织起来，从而为深入探索经济与金融问题提供新的契机。图论方法具有这样的意境，堪当此任。

本节的内容是，运用图论的方法，将不同经济主体抽象为两个最基本节点（即资产节点和负债节点），基于节点间的相应关系（包括T关系、债权债务关系和位移关系）将它们连接起来，在图的图形表示上表述金融运行在深层本质上是对称的，金融体系演进是一个由银行主导阶段的对称，到市场主导阶段的更高层级非对称，再到证券化阶段的这一更高层级对称的“否定之否定”辩证循环转化的历程。

一、比较之一——会计表示

在三个阶段，标志性资金循环情况的会计表示，如图6－5所示。

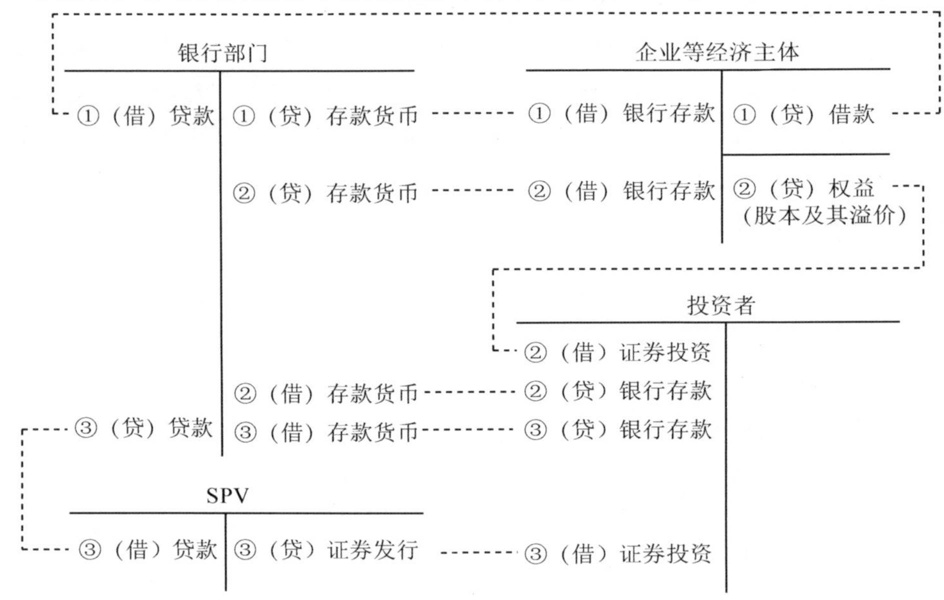

图6－5　三个阶段中标志性资金循环情况的比较——会计处理表示

① 参见美国金融危机调查委员会著：《美国金融危机调查报告》（俞利军、丁志杰、刘宝成译），中信出版社2012年版。

图 6－5 中的①代表在银行主导阶段，企业等经济主体主要从银行获得融资的资金循环情况。这一阶段的一个特点是：银行以贷款的形式创造货币，以这种新增的货币供应为借方提供融资。虽然新增货币是在没有储蓄增长提供支持的情况下基于贷款的发放而无中生有地创造出来的，并不代表储蓄的增长，但因为新增货币与已有货币是同质的，所以它一经创造出来就加入了积累储蓄的货币，并且降低了已有货币持有人的货币单位购买力。

②代表在市场主导阶段，除了利用银行融资外，企业等经济主体还从市场获得融资的资金循环情况。从市场获得融资的一个特点是：借方通过发行对自己的债权购买已有货币，投资者以已有的货币为借方提供融资；货币易主，货币总量不变，非货币金融资产增加。以已有的货币为借方提供融资的经济含义是：企业等经济主体实现的融资是以先期实际储蓄为支持的，投资者以购买的证券为交换将作为当前物品支配权的已有货币提供给发行证券的企业等经济主体使用。这种直接融资的发展缓和了经济增长对于银行融资的压力，从而为经济运行注入了平衡与和谐的因素。

③代表在资产证券化阶段中，除了间接融资和直接融资的独立存在外，金融体系演进为金融运行增加了间接融资和直接融资相结合的新机制的资金循环情况。银行部门的贷款（静态的或动态的）被置于表外，并被银行部门以外的投资者以持有贷款的证券存在而持有。投资者以已有的货币为银行预付了贷款在银行的如期回流，未偿贷款的如期回流被置于银行的表外，以 SPV 为中心实现回流，同时一笔相应的存款货币匹配于贷款的转移，转化为 SPV 负债上的证券发行的存在形式。其经济含义是：投资者通过购入以贷款为支持的证券，将基于信贷扩张生成的没有先期实际储蓄增长支持的融资置换为以先期实际储蓄为支持的融资；投资者持有的积累储蓄的货币化身为积累储蓄的非货币证券，货币总量因此降低，已有货币持有人的货币单位购买力提高。其实从图 6－5 不难判断，资产证券化体现为真正意义上的银行供给侧结构性改革，成为现代金融运行的重要构成。如此，以往一些精细到无以复加并且地位根深蒂固的银行模型、货币政策模型和具有货币因素的宏观经济模型，会显现出滞后于现实金融世界变革的缺陷。

一个相关的话题是 SPV 的杠杆问题。资产证券化的 SPV 其实是一个出售贷款的财产权状态的转换装置，其序列证券发行（包括一些在形式上以“债券”或“债务”为名称的发行）在本质上是代表资产的证券而不是为购买资产而进行融资的证券，因而可以认为 SPV 的杠杆倍数为 1（或杠杆率为 0），SPV 没有增加经济中的杠杆。投向证券的货币不是易主，而是转化为统一于 SPV 证券发行的证券投资。

二、比较之二——图形表示和对称性

除了会计表示外，为了从货币理论方面深入探讨金融体系演进的本质内涵，还要给出每一阶段标志性资金循环的图的图形表示（diagrammatic representation）和对称性（symmetry）。

（一）银行主导阶段

图 6－6 反映了银行主导阶段的标志性资金循环。其中 v_1 是银行的资产节点，v_2 是银行

的负债节点；v_3 是借方的负债节点，v_4 是借方的资产节点。

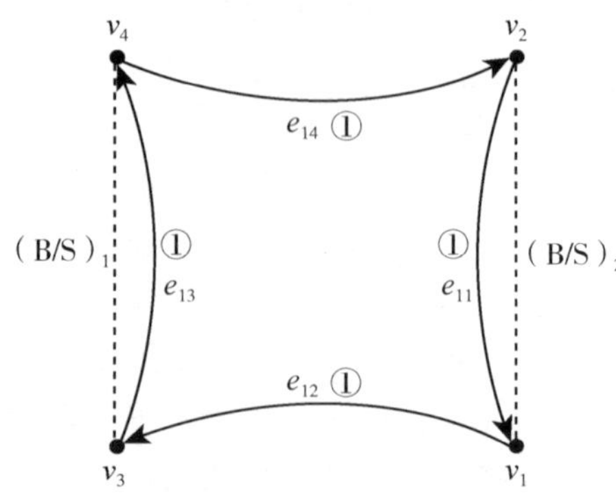

图 6－6　银行主导阶段标志性资金循环情况的对称性

图 6－6 中的回路①给出了在银行主导阶段银行以借方为对象通过发起贷款而创造存款货币的资金循环情况。[①]当银行向借方发起贷款时，银行同时也将作为自己债务的存款货币贷记在借方的账户，资产和负债一并增加，这在 v_2 增加对 v_1 的要求权，故而基于 T 关系在 v_2 增加对 v_1 的出度，在 v_1 增加来自 v_2 的入度，生成一条有向边 $e_{11}=\langle v_2, v_1\rangle$。此边的经济含义是：银行以在 v_1 增加贷款资产的形式无中生有地在 v_2 增加存款货币负债。在借方，借方通过增加对银行的借款债务而同时增加在银行存款上的持有，这在 v_3 增加对 v_4 的要求权，故而基于 T 关系在 v_3 增加对 v_4 的出度，在 v_4 增加来自 v_3 的入度，生成一条有向边 $e_{13}=\langle v_3, v_4\rangle$。在银行与借方之间，一方面，银行增加对借方的贷款债权，借方增加对银行的借款债务，这基于债权债务关系在 v_1 增加对 v_3 的出度，在 v_3 增加来自 v_1 增加入度，生成一条有向边 $e_{12}=\langle v_1, v_2\rangle$；另一方面，借方增加对银行的银行存款债权，银行增加对借方的存款货币债务，这基于债权债务关系在 v_4 增加对 v_2 出度，在 v_2 增加来自 v_4 的入度，生成一条有向边 $e_{14}=\langle v_4, v_2\rangle$。

图 6－6 中的图从关系结构上显示出对称，对银行信贷扩张本身内在的自然、平衡、和谐、经济的属性给出数学抽象。从图的数学结构出发，以上四个节点已经演绎了充分对称，金融体系进一步演进需要介入新的点，通过节点间的连接创造新的关系结构，以在新的层级上探索对称。

（二）市场主导阶段

在市场主导阶段，直接融资的发展将先期积累储蓄的货币导入企业等资金不足经济主体。为此需要在图 6－6 中增加一个代表资金剩余主体的节点，设增加一个作为投资者资产节点的 v_5 节点。从图的数学结构出发，对金融体系演进及其内容的抽象数学描述是，如何

① 在有向图中，从节点 v_0 到节点 v_n 的一条路径是指图的一个点、边交替序列（v_0，e_1，v_1，e_2，v_2，…，e_n，v_n），其中 v_{i-1} 和 v_i 是边 e_i 始点和终点，$i=1$，2，…，n。如果路径的始点 v_0 和终点 v_n 相重合，即 $v_0=v_n$，则称此路径为回路。没有相同边的回路称为简单回路。通过各节点不超过一次的回路称为基本回路。对于无向图，各术语的定义完全类似。

基于包括 v_5 节点在内的新的节点集在各节点之间建立连接，从而形成新的关系结构。

图 6－7 中的回路②给出了在市场主导阶段资金不足主体通过发行对自己的债权从投资者那里募集已有货币的资金循环情况。在投资者，一方面，投资者减少在银行存款上的持有，银行亦减少对投资者的存款货币债务，这基于债权债务关系在 v_5 增加来自 v_2 的入度，在 v_2 增加对 v_5 的出度，生成一条边 $e_{21} = \langle v_2, v_5 \rangle$；另一方面，投资者增加对资金不足主体的债权，资金不足主体增加对投资者的债务，这基于债权债务关系在 v_5 增加对 v_3 的出度，在 v_3 增加来自 v_5 的入度，生成一条边 $e_{22} = \langle v_5, v_3 \rangle$。在资金不足主体，一方面，证券发行债务和银行存款债权一并增加，这在 v_3 增加对 v_4 的要求权，故而基于 T 关系在 v_3 增加对 v_4 的出度，在 v_4 增加来自 v_3 的入度，生成一条边 $e_{23} = \langle v_3, v_4 \rangle$；另一方面，资金不足主体通过在银行存款上的持有而增加对银行的债权，银行通过将存款货币从投资者账户划转到借方账户而增加对借方的债务，这基于债权债务关系在 v_4 增加对 v_2 的出度，在 v_2 增加来自 v_4 的入度，生成一条边 $e_{24} = \langle v_4, v_2 \rangle$。回路①和回路②构成了如图 6－7（略去 3 环）所示的市场主导阶段的标志性资金循环。

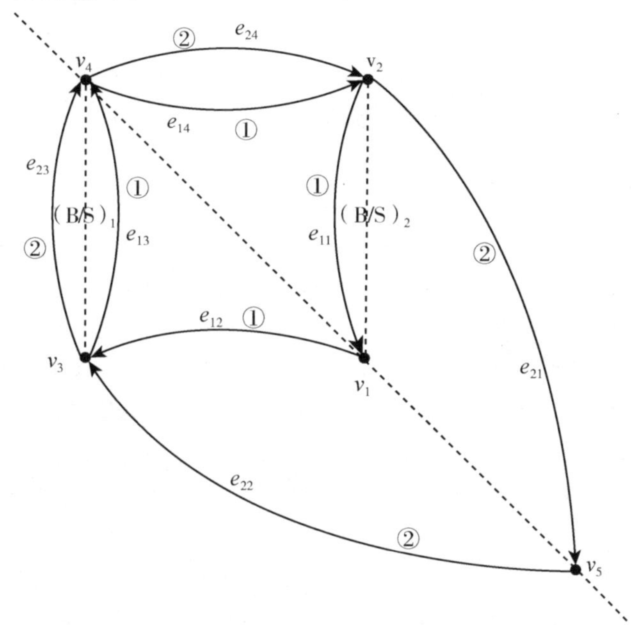

图 6－7　市场主导阶段标志性资金循环情况的非对称性

图 6－7 中的回路②的经济含义是，在 $\langle v_2, v_5 \rangle$ 和 $\langle v_4, v_2 \rangle$ 上，投资者将代表腾出资源的积累储蓄的货币转移给企业等资金不足主体，企业等资金不足主体因此拥有对资源的货币支配权，而在 $\langle v_5, v_3 \rangle$ 和 $\langle v_3, v_4 \rangle$ 上，投资者自己则将持有的先期积累储蓄的货币交换为对企业等经济主体的债权，要求未来的一个更大价值实现。

以下的图 6－8 是图 6－7 的同构。

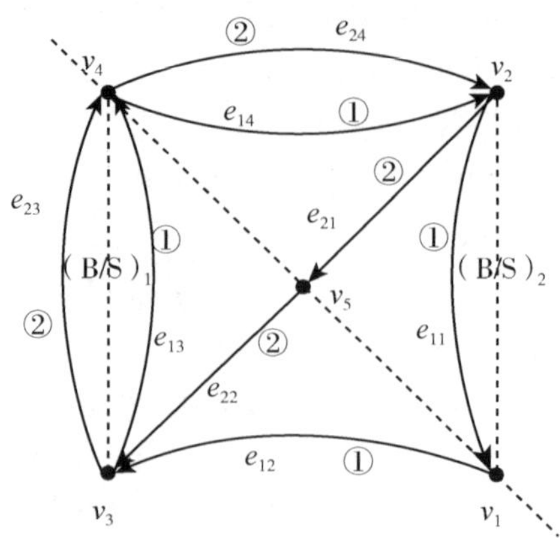

图 6-8 市场主导阶段标志性资金循环情况的非对称性——图 6-7 的同构

图 6-8 中的同构图显示了金融体系演进是不平衡不充分的，提示了金融体系演进的进一步方向。一方面，它的左右构成不平衡、上下构成不平衡，从而即便从直观上也能看出金融体系演进在现阶段是不充分的；另一方面，它给出一个大胆而符合逻辑的提示，即就整体的对称性而言，回路②的镜像反演对称理应是金融体系演进的下一步方向。

（三）资产证券化阶段

从图 6-7 可以看出，在市场主导阶段，由于加入了 v_5 节点，资金循环在整体上显现出了非对称性（dissymmetry），即在 v_1、v_2、v_3、v_5 四个节点间存在着缺陷（handicap）。①这一非对称性给出的启示就是：需要在这四个节点间谋求提高整体对称性的布局。

基于对称性原理可以推知弥合以上缺陷的路径：在 v_1 和 v_2 两个节点间补充 $\langle v_1, v_2\rangle$ 或 $\langle v_2, v_1\rangle$，在 v_1 和 v_3 两个节点间补充 $\langle v_1, v_3\rangle$ 或 $\langle v_3, v_1\rangle$。若是在 v_1 和 v_2 间补充 $\langle v_1, v_2\rangle$，那么在 v_1 和 v_3 间就应补充 $\langle v_3, v_1\rangle$，而若是在 v_1 和 v_2 间补充 $\langle v_2, v_1\rangle$，那么在 v_1 和 v_3 间就应补充 $\langle v_1, v_3\rangle$。基于金融运行中系统的自组织性机理和使之得以有效进行的国家意志推动，金融体系演进的实际结果是：在 v_1 和 v_2 间补充了 $\langle v_1, v_2\rangle$，在 v_1 和 v_3 间应补充了 $\langle v_3, v_1\rangle$，而 $\langle v_2, v_1\rangle$ 和 $\langle v_1, v_3\rangle$ 的取向，由 $\langle v_2, v_5\rangle$ 和 $\langle v_5, v_3\rangle$ 来体现。在 $\langle v_5, v_3\rangle$ 这段路径上，有一个桥梁 e_{SPV}，它以对称性破缺（symmetry breaking）的形式为整体对称性的提高开辟道路。v_6 是 SPV 的负债节点，v_7 是 SPV 的资产节点。这一演进的结果如图 6-9 所示。

① 非对称性（dissymmetry）和不对称（asymmetry）在概念上是不同的。前者是指虽含有一定对称因素存在，但整体的对称性程度因存在对称性缺陷（symmetry handicap）而不足的情况，后者指并不含有任何对称因素的情况。另一个相关的概念是对称性破缺（symmetry breaking），它是指在对称性的统一中存在的差异性。整体对称性的构建往往有赖于某种形式的对称性破缺。即便是整体对称性的构建可以不赖于某种形式的对称性破缺，在可能的情况下往往也会刻意地添加些许体现生动性的对称性破缺。

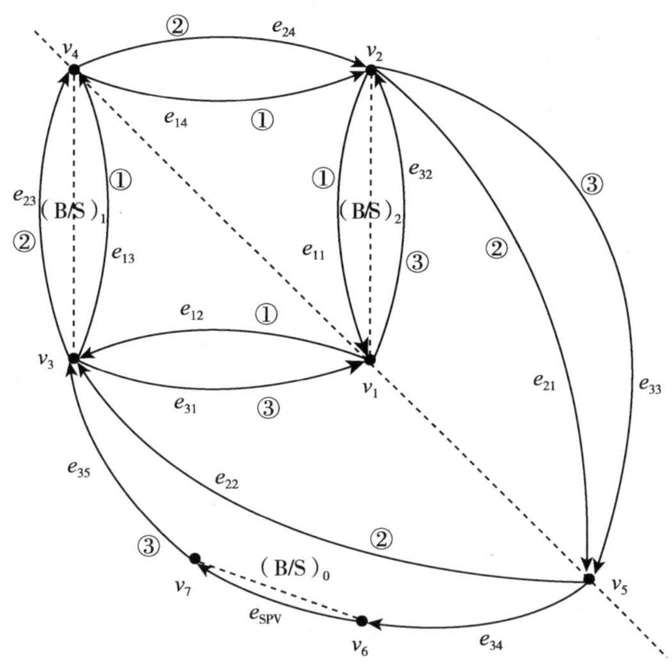

图 6－9　资产证券化阶段标志性资金循环情况的对称性——图形表示

图 6－9 中的回路③给出了在资产证券化阶段的资产证券部分，银行将贷款置于表外，并基于 SPV 将以贷款为支持的资产证券化出售给银行部门之外的投资者的资金循环情况。(1) 当对银行的贷款实施证券化时，要将贷款转移至 SPV，这种转移一方面使银行减少在贷款上的持有，使 SPV 增加在贷款上的持有；另一方面使借方在经济实质上减少对银行的借款债务和相应增加对 SPV 的债务。基于债权债务关系，在借方和银行之间表现为在 v_1 增加来自 v_3 的入度，在 v_3 增加对 v_1 的出度，生成一条边 $e_{31} = \langle v_3, v_1 \rangle$，同时在借方和 SPV 表现为在 v_7 增加对 v_3 的出度，在 v_3 增加来自 v_7 的入度，生成一条边 $e_{35} = \langle v_7, v_3 \rangle$。(2) SPV 以转移在 v_7 上的贷款为支持在 v_6 上发行证券，这种证券发行是对贷款的要求权，故而基于 T 关系，这在 v_6 增加对 v_7 的出度，在 v_7 增加来自 v_6 的入度，生成一条边 $e_{SPV} = \langle v_6, v_7 \rangle$。(3) 投资者以持有证券替代持有银行存款，这基于债权债务关系在 v_5 增加对 v_6 的出度，在 v_6 增加来自 v_5 的入度，生成一条边 $e_{34} = \langle v_5, v_6 \rangle$，同时也在 v_5 增加来自 v_2 的入度，在 v_2 增加对 v_5 的出度，生成一条边 $e_{33} = \langle v_2, v_5 \rangle$。(4) 在银行方面，贷款和存款货币一并减少，这基于 T 关系在 v_1 增加对 v_2 的出度，在 v_2 增加来自 v_1 的入度，生成一条边 $v_{32} = \langle v_1, v_2 \rangle$。回路①、回路②和回路③构成了图 6－7 所示的资产证券化阶段的标志性资金循环。

投资者通常处于混合型资产—负债状态（mixed asset - debt positions），而在图 6－9、图 6－8 和图 6－7 中没有给出投资者的负债节点，但这未必意味着投资者就一定处于只持有金融资产的单纯型资产—负债状态（pure asset - debt positions），略去投资者的负债节点是为了简化问题，把问题聚焦于要点。[①] 那么在此什么是要点呢？在资产证券化阶段，由投资者投向资产证券的银行存款会诱导银行的存款货币转化为 SPV 负债上的债务发行，这是问题的要点之所在。因此，要简约地在图形表示中“一笔”画出带有资产证券化这一功能组件的金融运行的神韵，有 v_5 点睛足矣。同理，在市场主导阶段的直接融资部分，借方通过发行证券购买已有货币，投向借方所发行的证券的货币由投资者的资产节点运动到借方的资产节点，这是问题的要点之所在，因此，v_4 和 v_5 是点睛之处。

图 6－9 的一个好处是便于直观上的分析，但从审美的角度出发，可以基于一个双射函数将图 6－9 映射为图 6－10，两个图同构（isomorphism）。图 6－10 美于图 6－8，因为就各部分之间以及各部分与整体之间固有的和谐而言，图 6－10 显著好于图 6－8。[②]

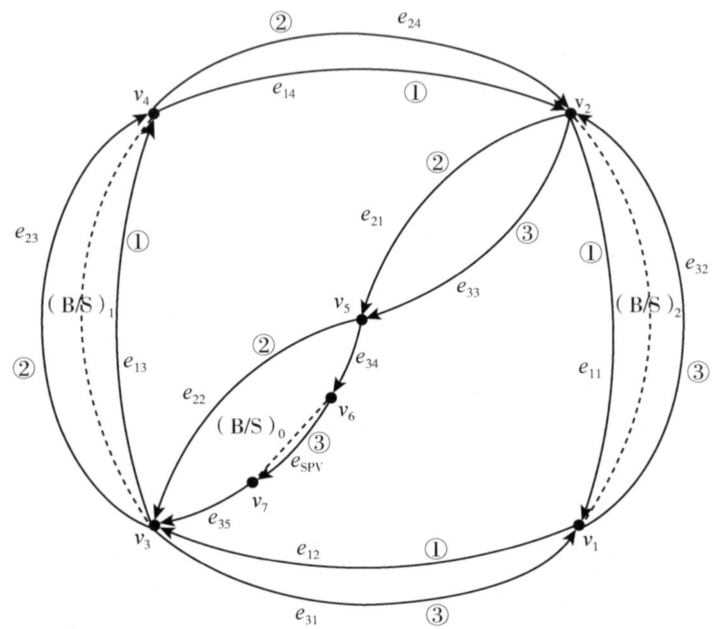

图 6－10　资产证券化阶段中标志性资金循环脉络——图形表示（图 6－9 的同构）

（四）三个回路的比较

图 6－10 中的回路①通过发起贷款而创造货币，回路②通过创造非货币的证券而实现货币易主，回路③通过匹配平移对称而将货币转化为非货币的证券，三个回路构成一个相得益彰的整体。

---

① 混合型资产—负债状态，是指投资者既持有金融资产又持有未清偿债务的状态。单一型资产—负债状态，是指投资者只持有金融资产或只有未清偿债务，而不是两者兼而有之的状态。参见约翰·G. 格利，爱德华·S. 肖：《金融理论中的货币》（贝多广译/王传纶校），上海人民出版社 2006 年版，第 316 页和第 317 页。结合本书中的表述，略有变动，将原定义中的“支出单位”变为“投资者”。

② 德国著名物理学家海森堡为“美”下过著名的定义：美是各部分之间以及各部分与整体之间固有的和谐（beauty is the proper conformity of the parts to one another and to whole）。

1. 回路①

回路①是以信用扩张为背景的，其动力源是 e_{11} 。银行以无中生有地在资产节点 v_1 创造贷款的形式而在负债节点 v_2 创造存款货币；企业通过在负债节点 v_3 创造对银行的借款债务而在资产节点 v_4 获得银行存款这一货币债权。经济中处于“准备购买和准备支付的货币”无中生有地增加了，这固然具有调动资源匹配从而刺激经济繁荣的积极效果，但因为这种货币创造是在没有实际储蓄增长提供支持的情况下启动的，所以同时也给经济和社会留下一些副作用。①例如，在新创造的货币没有实际储蓄增长提供支持的情况下，由于新创造的货币和原有货币的同质性，因而货币总体的实际价值降低，货币单位购买力下降。于是通胀风险随之加大，经济运行的不稳定性上升。

e_{11} 加大银行的杠杆率，e_{13} 加大借方的杠杆率，随着满足借方货币需求的贷款不断扩张，银行和借方的杠杆率都会不断加大。就 e_{11} 而言，不断加大杠杆率意味着银行的流动性随之降低，资本消耗随之增加。就 e_{13} 而言，不断加大杠杆率意味着财务指标恶化。从回路①的结构来看，由于增进整体对称性的二元关系已经用尽，因而不能再有更好的整体布局以提升金融资源配置效率。为了完善金融运行，需要寻求更高层级的对称性，这首先需要加入新的节点以形成新的关系结构基础，这一新的节点就是投资者的资产节点 v_5 。

2. 回路①与回路②的比较

回路②是以将已有积累储蓄的货币转换为与资本的总运动相联系的货币为背景的，其动力源是 e_{23} 。回路①上有 e_{11} ，回路②上有 e_{23} ，虽然 e_{11} 和 e_{23} 都是创造金融资产的动力源，但两者的不同也是显然的，即 e_{11} 创造货币而 e_{23} 创造非货币的证券，企业通过创造非货币的证券从投资者购买已有货币，而不是通过创造对银行的借款而从银行获得增量货币。e_{21} 和 e_{24} 形成 v_2 上的债权债务关系的出度等于入度，这表明货币实现易主，货币总量不变，同时 e_{22} 表明经济中的非货币金融资产增加。于是，如果说回路②实现的融资是在有先期实际储蓄增长提供支持的情况下实现的，那么就不能再说回路②的增量证券创造是有先期实际储蓄增长提供支持的，这是指这种证券的虚拟性。否则先期实际储蓄增长就有双重存在。因此，当投资者在储蓄的积累上由持有货币变为持有在 v_3 上创造出来的证券时，证券并没有先期实际储蓄增长提供的支持，但证券对未来实际储蓄增长具有要求权。

回路②固然不是完满的，但回路②毕竟缓和了回路①上的融资压力，以至于回路②作为回路①的补充是金融体系演进的重要阶段。

3. 回路③与回路②的比较

就关系结构而言，不妨设 v_2 、v_5 、v_3 三点在一条直线上，再过这三点放置一个垂直于纸

① 关于“准备购买和准备支出的货币”，完整的句式是：“马克思在分析货币职能时，是把发挥流通手段职能和支付手段职能的货币称之为流通中的货币。需要注意的是，所谓流通中的货币，不只包括正在购买和正在支付的那一瞬间的货币，也包括准备购买和准备支出的货币。”参见黄达著：《财政信贷综合平衡导论》，中国人民大学出版社 2009 年版，第 20—21 页。

面的镜面。[①] 于是可以看出回路③是回路②的带有些许破缺的镜像对映。v_2 、v_3 、v_5 在镜面上。v_1 和 v_4 互为对映。e_{32} 和 e_{24} 互为对映，e_{24} 指向镜面上的 v_2 点，e_{32} 也是指向镜面上的 v_2 点。e_{31} 和 e_{23} 互为对映，e_{23} 离开镜面上的 v_3 点，e_{31} 也是离开镜面上的 v_3 点。e_{33} 和 e_{21} 互为对映，e_{21} 指向左下方的 v_5 ，e_{33} 也指向左下方的 v_5 。e_{SPV} 带来破缺，如果没有 e_{SPV} ，回路③中的 $e_{34}^*(=e_{34}+e_{SPV}+e_{35})$ 和回路②中的 e_{22} 就是完善的镜像对映。

回路③是以积累储蓄的货币转化为积累储蓄的非货币证券为背景的，其动力源是 e_{35} 和 e_{31} ，即银行将贷款从表内转移至表外的 SPV。直观上容易认为 SPV 具有创造金融资产的功能，回路③的动力源是 e_{SPV} ，其不是，因为 SPV 上的贷款是由银行转移而来的，SPV 上的证券发行是与转移的贷款相匹配的存款货币的转化形式，故而不能认为 SPV 上的证券发行是由贷款派生的。鉴于此，SPV 只是具有财产权状态转换功能，不具有创造金融资产的功能。就银行和 SPV 整体而言，资产和负债并没有增加。

由于 e_{32} 与 e_{11} 方向相反，因而容易将 e_{32} 看成是表示贷款回流的 $\bar{e}_{32}$ 。其实情况并非如此。在表示贷款回流的意义上，$\bar{e}_{32}$ 是货币创造功能改变了符号的存在，贷款不复存在，而 e_{32} 则不然。虽然 e_{32} 和 $\bar{e}_{32}$ 都具有收缩银行资产负债表的效果，但在回路③中，e_{31} 和 e_{35} 的存在表明，贷款的回流依然是如期的，只是回流的位置由银行转移到 SPV。同时，回路③中的 e_{33} 和 e_{34} 也表明，减少的存款货币并不是回流给贷款，而是转化为 SPV 负债上的非货币证券发行。这是指投资者持有的货币形式的金融资产转化为非货币形式的金融资产。

三、基于对称的经济解释

将对称性引入对图 6－10 的经济解释意味着：对称性是融汇于经济学的一个深刻概念，是经济学发展的一个指导原则，而不是单纯的抽象数学；经济学理论更为深邃的精髓中有对称性理论。这一点就如同对称性在物理学的位置那样，对称性是融汇于物理学的一个深刻概念，为物理学的重大发展提供了非常深刻的指引，而不是单纯的物理数学。可以说，自觉地运用对称性原理去探寻经济与金融中的深刻“妙理”，是未来经济与金融学研究的一个新境地。

（一）追随宇称的线索

图 6－10 中的回路①给出了现代经济中关于货币从哪里来这一问题的基础，不可否认，没有基于回路①的以信贷扩张创造货币的机制，经济就无法运行，但是同样不可否认的是，回路①也是存在重大缺陷的。在金融体系演进的历程中，已经成长出缓和回路①重大缺陷的回路②。进而，如果以对称的哲学观念来思考金融体系演进的遵循及其法则，那么从图 6－10 就不难察觉，金融体系演进的一个线索应该是探寻回路②的镜像反演，而回路③恰好就是回路②的带有些微破缺的宇称构成。[②]于是可以这样说，以回路③和回路②构成的宇称对

---

① 根据图的性质，即使三点不在一条直线上，也能基于同构概念实质等同地将它们“拿捏”在一条直线上。

② 物理学中关于宇称和宇称的对称的表述是：“parity”是指镜像反演。遵循某一法则出现的自然现象，即使如同映入镜面替代左右，看上去也都符合这一相同法则时，我们就可以说该法则具有宇称的对称性。参见大栗博司著：《超弦理论：探索时间、空间及宇宙的原本》（逸宁译），人民邮电出版社 2015 年版，第 148 页。

称之形态，若是缺失回路③而单独依靠回路②作用于回路①，金融体系演进就没有到位，金融运行就仍然是不完善的。为了提高金融运行整体的对称性，应该以回路②和回路③的宇称对称之构成作用于回路①。宇称（parity），它确实是金融世界留给探究在金融体系演进中为什么会有资产证券化这一问题的珍贵线索。

既然回路①是无法取代的，不用去设想将来哪一天回路①会寿终正寝，那么就应该直面回路①的缺陷问题，确认金融体系建设别无选择的战略布局，即在构建回路②的基础上再进一步通过构建回路③使金融运行完善起来。构建回路③，以回路②和回路③的宇称构成作用于对称的回路①以校正银行的固有缺陷，这是金融体系演进的必然取向。尽管在实际中构建回路③的背景、路径和形式会因各国金融体系具体情况的不同而不同，但是图 6－10 中的图对金融运行深层本质的揭示却是共同的。

（二）基础简单图的群

许多数学家说“对称即群”，这表明对称与群之间有密切关系。群虽然源于对称，每一个对称后面都有一个群作为支撑，但要将支撑对称的群恰当表示出来也并非总是易事，因为支撑对称的群时常隐身于并不容易揭开的数学面纱下。以下尝试以图 6－10 中的图的基础简单图为背景，从回路入手，以环和运算来考察回路是否构成群。

1. 曲面环

首先，在图 6－10 中将 v_6 和 v_7 暗含于回路③中的 $\langle v_5, v_3 \rangle$。[①] 然后再以基础简单图为背景，给出一个相应的曲面环，这时基础简单图就被视为在曲面环中的基础简单曲线，这意味着对图 6－10 中的图给出了进一步的一般抽象。以基础简单图为背景的曲面环，如图6－11 所示。

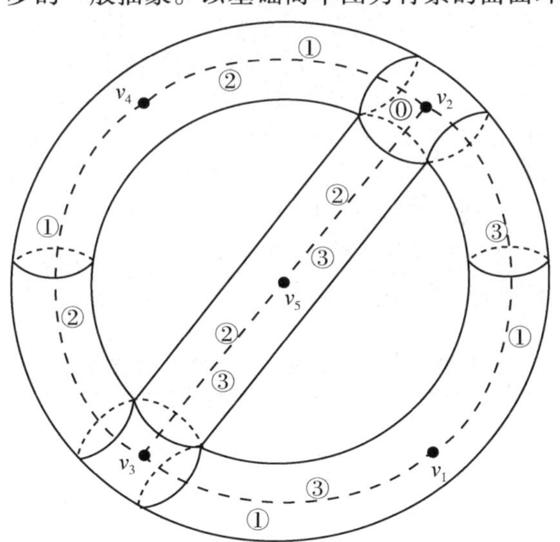

图 6－11　以图 6－10 中的图的基础简单图为背景的曲面环

① 其实按照环和在此图中的运算情况，即使不采用暗含处理，也不影响结论。

图 6－11 中的回路①、回路②和回路③都经过 v_2，因而可以设想 v_2 上隐含着一个三个回路共同的点的回路，即作为辅助的回路⓪。辅以回路⓪是合适的，因为节点 v_2 是银行的负债节点，三个回路都受惠于节点 v_2 提供的技术服务，以至于没有以一个环为背景的回路⓪提供的技术服务三个回路便无法成行。

2. 回路在基础简单曲线上的第一种积分的环和

图 6－11 中的回路⓪、回路①、回路②和回路③在以基础简单图为背景的曲面环中的基础简单曲线上的第一种积分（关于弧长的曲线积分）的环和（ring sum）：

$$\int_{L_0} ds \oplus \int_{L_0} ds = (\int_{L_0} ds \cup \int_{L_0} ds) - (\int_{L_0} ds \cap \int_{L_0} ds) = \int_{L_0} ds ;$$

$$\int_{L_0} ds \oplus \int_{L_1} ds = \int_{L_1} ds \oplus \int_{L_0} ds = (\int_{L_0} ds \cup \int_{L_1} ds) - (\int_{L_0} ds \cap \int_{L_1} ds) = \int_{L_1} ds ,$$

$$\int_{L_0} ds \oplus \int_{L_2} ds = \int_{L_2} ds \oplus \int_{L_0} ds = (\int_{L_0} ds \cup \int_{L_2} ds) - (\int_{L_0} ds \cap \int_{L_2} ds) = \int_{L_2} ds ,$$

$$\int_{L_0} ds \oplus \int_{L_3} ds = \int_{L_3} ds \oplus \int_{L_0} ds = (\int_{L_0} ds \cup \int_{L_3} ds) - (\int_{L_0} ds \cap \int_{L_3} ds) = \int_{L_3} ds ;$$

$$\int_{L_1} ds \oplus \int_{L_1} ds = (\int_{L_1} ds \cup \int_{L_1} ds) - (\int_{L_1} ds \cap \int_{L_1} ds) = \int_{L_0} ds ,$$

$$\int_{L_2} ds \oplus \int_{L_2} ds = (\int_{L_2} ds \cup \int_{L_2} ds) - (\int_{L_2} ds \cap \int_{L_2} ds) = \int_{L_0} ds ,$$

$$\int_{L_3} ds \oplus \int_{L_3} ds = (\int_{L_3} ds \cup \int_{L_3} ds) - (\int_{L_3} ds \cap \int_{L_3} ds) = \int_{L_0} ds ;$$

$$\int_{L_1} ds \oplus \int_{L_2} ds = \int_{L_2} ds \oplus \int_{L_1} ds = (\int_{L_1} ds \cup \int_{L_2} ds) - (\int_{L_1} ds \cap \int_{L_2} ds) = \int_{L_3} ds ,$$

$$\int_{L_1} ds \oplus \int_{L_3} ds = \int_{L_3} ds \oplus \int_{L_1} ds = (\int_{L_1} ds \cup \int_{L_3} ds) - (\int_{L_1} ds \cap \int_{L_3} ds) = \int_{L_2} ds ,$$

$$\int_{L_2} ds \oplus \int_{L_3} ds = \int_{L_3} ds \oplus \int_{L_2} ds = (\int_{L_2} ds \cup \int_{L_3} ds) - (\int_{L_2} ds \cap \int_{L_3} ds) = \int_{L_1} ds 。$$

在以上各式中，L_0 为基础简单曲线上的回路⓪、L_1 为基础简单曲线上的回路①、L_2 为基础简单曲线上的回路②、L_3 为基础简单曲线上的回路③。于是关于回路⓪、回路①、回路②和回路③，有如表 6－1 所示的运算表。

表 6－1　　回路在基础简单曲线上的环和运算表

$\oplus$	$\int_{L_0} ds$	$\int_{L_1} ds$	$\int_{L_2} ds$	$\int_{L_3} ds$
$\int_{L_0} ds$	$\int_{L_0} ds$	$\int_{L_1} ds$	$\int_{L_2} ds$	$\int_{L_3} ds$
$\int_{L_1} ds$	$\int_{L_1} ds$	$\int_{L_0} ds$	$\int_{L_3} ds$	$\int_{L_2} ds$

续表

$\int_{L_2} ds$	$\int_{L_2} ds$	$\int_{L_3} ds$	$\int_{L_0} ds$	$\int_{L_1} ds$
$\int_{L_3} ds$	$\int_{L_3} ds$	$\int_{L_2} ds$	$\int_{L_1} ds$	$\int_{L_0} ds$

若对群的基本性质熟悉，那么从表 6-1 直接就能看出，对于集合

$$D = \{\int_{L_0} ds, \int_{L_1} ds, \int_{L_2} ds, \int_{L_3} ds\} ,$$

$(D, \oplus)$ 是一个 klein 四元群。于是有，$(D, \oplus)$ 导致辅以回路⓪的回路①、回路②和回路③蕴含对称，其经济含义是：间接融资、直接融资和资产证券化是一个自然、平衡、和谐、经济、完善、稳定的构成。

实际上，即便不将图 6-10 中的 v_6 和 v_7 暗含于回路③中的 $< v_5 , v_3 >$，也不影响环和运算的结果。

3. 回路在基础简单图上的环和

既然基础简单图是从回路①、回路②和回路③抽象出来的，回路①、回路②和回路③都在基础简单图上，那么也可以将回路①、回路②和回路③辅以回路⓪嵌入在同一基础简单图上进行环和运算。运算的情况如下：

⓪ ⊕ ⓪ = (⓪∪⓪) - (⓪∩⓪) = ⓪;
⓪ ⊕ ① = ① ⊕ ⓪ = (⓪∪①) - (⓪∩①) = ①,
⓪ ⊕ ② = ② ⊕ ⓪ = (⓪∪②) - (⓪∩②) = ②,
⓪ ⊕ ③ = ③ ⊕ ⓪ = (⓪∪③) - (⓪∩③) = ③;
① ⊕ ① = (①∪①) - (①∩①) = ⓪,
② ⊕ ② = (②∪②) - (②∩②) = ⓪,
③ ⊕ ③ = (③∪③) - (③∩③) = ⓪;
① ⊕ ② = ② ⊕ ① = (①∪②) - (①∩②) = ③,
① ⊕ ③ = ③ ⊕ ① = (①∪③) - (①∩③) = ②,
② ⊕ ③ = ③ ⊕ ② = (②∪③) - (②∩③) = ①。

于是关于回路⓪、回路①、回路②和回路③，有如表 6-2 所示运算表。

表 6-2　　回路在基础简单图上的环和运算表

⊕	⓪	①	②	③
⓪	⓪	①	②	③
①	①	⓪	③	②
②	②	③	⓪	①
③	③	②	①	⓪

同样，若对群的基本性质熟悉，那么从表 6－2 直接就能看出，对于集合

$$D=\{⓪,①,②,③\},$$

$(D,\oplus)$ 是一个 klein 四元群。于是有，$(D,\oplus)$ 导致辅以回路⓪的回路①、回路②和回路③蕴含对称，其经济含义是：间接融资、直接融资和资产证券化是一个自然、平衡、和谐、经济、完善、稳定的构成，应该以回路②和回路③的构成去弥补回路①存在的缺陷。

实际上，即便不将图 6－10 中的 v_6 和 v_7 暗含于回路③中的 $<v_5,v_3>$，也不影响环和运算的结果。

（三）“本来就应当是”的那种金融运行

如果相信金融运行有着对称的本质属性，或者对称就是金融运行的应有秩序，那么就不难判断如图 6－10 所示的金融运行布局与“本来就应该是”那种金融运行是契合的。

1. 结构基础、对称层级和资金循环脉络

图的数学结构是由节点集和关于节点集的二元关系集的构成，节点集是图的数学结构的基础，称为结构基础。从图 6－6、图 6－8 和图 6－10 可以发现一个有趣的情况：在银行主导阶段，资金循环的回路①在整体上是对称的。在市场主导阶段，回路①加上回路②的整体，资金循环的对称性降低，不过由于在回路②中引入了新的 v_5 节点，回路①加上回路②整体的结构基础发生改变，因而与回路①相比，回路①加上回路②整体的非对称性属于不同层级。

就辩证法的观点而言，v_5 节点的引入是银行主导阶段货币创造自身矛盾运动突破原有格局的结果，为矛盾转化提供了条件，而在一个更高层级上发生的非对称性状态成为矛盾转化的表现形式。这一引入虽然就新的结构基础而言降低了的对称性，但新的结构基础能够包含更多的不对称性，这在实际金融运行的意义上就是能更有效地缓和银行缺陷问题。同时，基于“否定之否定”这一辩证法的基本规律可以推知，金融体系会基于这一新的结构基础向实现更高层级对称的方向演进。在资产证券化阶段，资金循环的回路①加上回路②再加上回路③的整体，对称性程度重新获得提高。这一新的对称状态是基于一个能包含更多不对称性的新的结构基础而实现的，是比回路①的对称更高层级的对称。

具体而言，图 6－8 通过增加 v_5 节点打破了图 6－6 的旧有结构基础和对称，使金融体系基于一个新的结构基础以对称性降低的状态获得演进，新的非对称（对称性缺陷）在此发挥了金融体系演进推动力的作用。然而，由于对称毕竟是金融体系中资金循环运动的一个本质属性，因而图 6－8 并不代表一个自然、平衡、和谐、经济、完善、稳定的理想状态，内在于金融体系运行中的对称属性必然会基于新的结构基础执着地寻求更高级形式的对称，寻求的结果如图 6－10 所示。这一对称既是基于新结构基础的一个更好对称，也是较之基于旧结构基础的对称的一个更高级形式的对称，它代表金融体系在“否定之否定”的形式上获得了进一步的演进。

以对称性降低的状态获得一个能包含更多非对称的新的结构基础，这种表述提示了在事

物发展的进程中非对称具有与对称同样的重要性。然而在通常表述中总是侧重强调对称，在学术方面也是以对称性为指南构建理论，这是为什么？这是因为：（1）变中之不变因素是金融世界中的客观存在，其表现方式一定是某种对称；（2）有了在最抽象条件下建立的反映金融世界内在本质的对称概念，就能用它来探讨对称性的破缺机制，从而把非对称视为金融世界的一种必然现象；（3）当非对称与对称的发展相联系时，发展对称的非对称始于某一个层级的对称，终于某一个更高层级的对称；（4）金融世界在深层本质上是对称的，尽管对称的发展要以对称性破缺开辟道路。

综合而言，图6-8中的图是对原有数学结构的节点集添加新元素，进而通过生成在原有节点集合所不能达到的新的二元关系而创造出的新的数学结构，这一数学结构呈现为更高层级上的非对称，而图6-10中的图是基于以上添加新元素的节点集，通过生成新的二元关系结构而创造出的又一新的数学结构，这一数学结构在更高层级上呈现为对称。

再从资金循环脉络来看。图6-8的资金循环脉络比图6-6更丰富，图6-10的资金循环脉络又也比图6-8更丰富。将三个阶段联系起来能看出，在金融体系演进中基于一定结构基础的对称性和资金循环脉络的消长情况。虽然图6-6的对称性要好于图6-8的对称性，但图6-8基于新的结构基础获得了比图6-6更丰富的有效资金循环脉络，演进可谓有得有失。图6-10的对称性要好于图6-8的对称性，这不仅表现为基于同样结构基础的更好对称性，同时也表现为基于同样结构基础的更丰富的有效资金循环脉络，演进可谓两全其美。

2. “本来就应当是”的那种金融运行

应该相信，图6-10中的图所展现出的令人叹为观止的完整弥合性、精确契合性，以及SPV作为桥梁的独到邻接性，绝非“偶然”差使的“巧夺天工”，而是内在于金融运行之中的对称使然。这种天作之合的对称之美，难道不正是金融运行应有的本质面貌吗？注意到，在没有任何试验根据的条件下以单纯数学形式的对称之美为追求，或者单纯出于美学上的考虑而运用对称原则，进而由美获得真，这样的例子在科学史中屡见不鲜。[①]美即真，真即美，虽然这是一个深邃然而或许无法猜透的秘密，但它在此确实给出了蓦然感悟：具有证券化功能的金融体系才是“本来就应该是”的那种金融体系，基于对称的金融运行才是“本来就应该是”的那种金融运行。“本来就应该是”这一用语在此意味着，金融运行在深层本质上的对称的，图6-10中的图虽然未必就是金融运行的基本设计，但肯定是它的一个对称部分。

回路③本来应该是有的，金融世界不仅造就了回路②，也存在着“即使如同映入镜面替换左右，看上去也符合这一相同法则”的它的对映体回路③，只是由于贷款本身具有的一些难以直接交易特性，它们缺失了，是资产证券化又将它找了回来。这一表述的科学含义是：回路③在本质上与其说是一个创造莫如说是一个发现。

作为对称设计中的一处点睛之笔，e_{SPV}似乎是针对绝对对称引入了一个生动的些微变

---

① 例如，著名的麦克斯韦方程中的位移电流项，就是在没有任何实验事实的情况下，基于电与磁的对称考虑而加上的。根据相关文献的记载，“明确地追求物理定律在形式上的对称性在十八世纪、十九世纪就演化为一种科学界的‘时尚’，…，对称方法遂成为科学发现的重要工具。”参见董春雨著：《对称疑难》，中国社会科学出版社2016年版，第35—36页。

化——对称性破缺（symmetry breaking）。这一变化使资金循环的图形表示从绝对对称的完整性偏离一些，从而满足了设计上的苛刻要求——既要对称性的统一又要现实金融世界的多样性。它体现了一种与金融的内在逻辑更加合拍的表达方式，将图 6－10 的意境推向妙不可言和美不胜收。在实际中，整体的对称性的构建往往也有赖于某种对称性破缺的配合存在。就图 6－10 而言，资金循环的整体对称性构建有赖于 e_{SPV} 这一桥梁的配合存在。这种放松就如同对精确的圆形对称的放松。

以上分析给出的思考就是：对称性不只是代表了一种便捷的方法，它确实是嵌入金融运行之中的内在取向，而证券化不过是这种内在取向的实现，是这种内在取向得到反映的必然产物。如果我们秉承对于对称性的一贯追求，那么较之图 6－8，图 6－10 就是在金融运行基本设计上的更好布局。应该相信：这样布局的金融运行，才是“本来就应当是”的那种金融运行。

即便不能确认对称就是金融运行中的最基本概念（一致性或许比对称性更为基本），但对称起码是金融运行中的一个富有成效的概念和力量源泉，它为我们认知金融运行的本质属性和潜在原理提供了最有价值的线索和非凡的洞悉。即便图 6－10 还有尚未充分解出的实用价值，但有一点是明确的，即较之于图 6－6 和图 6－8，图 6－10 意味着一种更好的资金循环布局。这意味着一个颇为重要的基本理念：金融运行在深层本质上是对称的，这决定了金融运行的“经济本性”并不单纯受最小作用原理的支配，要以对称信念为指引方能给出更为经济的金融运行设计。于是，在为什么有资产证券化的问题上，可以说找到了初步答案。

在关于资产证券化的研究中，已有大量的目光集中于资本约束方面。这种聚焦当然是正确的，是切合实际的，不过也应当看到，资本约束压力的问题只是外在表象，是金融运行中的对称性缺陷这一本质内容在特定境况下的表现形式。这种内容和形式之间的关系，当然会是一项十分深入的课题，但那需要具有更加深厚的功力方可担当。

四、政策意义

在现代经济与金融理论中，对许多内容的学术性表述上升到高度抽象和复杂的数学层次，但却未必被普遍接受，甚至有的研究已经用生动的事实证明一些高度抽象和复杂的数学模型对于真正理解经济与金融运行机制没有什么实际价值。然而，对于使对称脱离混沌、具有深刻数学抽象的对称性理论渗入经济与金融研究并对理解经济与金融运行机制给出指引，人们却有不言自明之感悟。这一点对于追求经济与金融政策的科学性具有重要意义。

（一）融资结构和金融结构的比较

（1）许多文献从相关市场数据出发，得出在美国整体融资结构中间接融资比例显著低于直接融资比例的分析结论，并基于此进行国际比较。然而这种比较容易出现偏差，因为各国的金融结构不尽相同，这一点容易在进行国际比较时被忽视。其实美国的间接融资数据主要是回路①的数据，但按照美国的金融结构，还存在着具有相当规模的回路③，在回路③上回流的贷款依然是银行发起的贷款，保持着基本的银行关系。从相关资料给出的回路③上的数据不难判断，若是去掉回路③，美国间接融资的比例也是不低的。在这方面，只要将通过资产证券化置于银行表外的贷款模拟还原到表内即可。

（2）在中美两国金融结构的比较上，美国的基本金融结构是由回路①、回路②和回路③构成的，用一个带有些微破缺的字称对称之构成作用于回路①，以矫正银行存在的缺陷，而我国的金融结构目前还没有发展到这一步，基本上还是由回路①、回路②构成的，处于通过大力发展回路②对银行存在缺陷进行矫正的阶段。显然，一个以回路②和回路③互为镜像对应体的构成比单一回路②的构成更具有数学上的完美，以回路②和回路③互为镜像对应体的构成作用于回路①更符合人们对于金融体系演进内部应有秩序的崇尚。鉴于此，我国应该加强对回路③的建设，否则金融结构发展就是不平衡不充分的。

（3）显而易见的是，由于回路③是回路②的带有些微破缺的镜像反演，回路③以顺时针方向作用于贷方，回路②以逆时针方向作用于借方，因而将回路③归为直接融资似有牵强。另外，在美国，回路②是市场的产物，而回路③是国会的产物，这似乎提示了构建回路③并非易事，即便是像美国那样的市场功能最健全、市场力量最强大、市场效率最发达的经济体，在这方面也需要发挥“资本主义也有计划”的顶层设计，介入国家意志，起码在起步阶段是这样。[①]通过更好地发挥政府作用向市场给出指引，最终使市场在金融资源配置中起决定性作用，这一点对于我国或许是可以借鉴的。

（二）银行走向现代化的里程碑

银行是现代经济的核心，这主要表现在两个方面：一是回路①是满足经济运行中货币需求的货币供应渠道，二是节点 v_2 是为货币运动提供技术服务的枢纽。这两个方面成为银行的特有功能。但是不可否认的情况是，回路①也是存在重大缺陷的，经济增长过度依赖回路①也是不可取的。对回路①进行约束的技术措施主要有两项：一是存款准备金率，二是资本充足率。虽然说在实际中第一项约束不如第二项约束硬，因为央行为了维护市场稳定往往会被动地满足银行对准备金的超额需求，但是当央行出于宏观审慎决策需要而决意提高存款准备金率时，银行的贷款规模也要别无选择地减少。这两项技术措施对银行缺陷起到限制作用，但没有起到治理作用。回路②是运用已有货币的渠道，这一渠道在缓和满足经济主体有效货币需求的贷款规模和保持货币总量适度之间的矛盾上发挥了不可替代的积极作用，具有特别重要的意义，堪称历史丰碑。不过回路②在有效治理银行缺陷上的作用毕竟还是有限的，因为它没有触及银行的特有功能。不难看出，回路③触及了银行的特有功能，它使增加贷款规模必然伴随货币供应量增加、收缩货币供应量必然要收缩贷款这样的理念和机制发生了变革。于是更有效治理银行缺陷的任务就应加入回路③。其实即便不给出对称背后的群而仅从直观上也能看出，以回路②单独作用于回路①和以回路②加上回路③共同作用于回路①，两种情况在总体上的对称性境

① 关于“资本主义也有计划”，完整的句式是：“计划经济不等于社会主义，资本主义也有计划；市场经济不等于资本主义，社会主义也有市场。计划和市场都是经济手段。”参见《邓小平文选》第三卷，人民出版社 1993 年版，第 373 页。

况是大不相同的。增加回路③，以回路②和回路③的字称构成作用于回路①，是一种以银行供给侧结构性改革为引领的金融体系演进模式，在金融运行深层本质属性的意义上起到了有效治理银行缺陷的作用，堪称银行走向现代化的里程碑。

就美国而言，可以这样说，走过十年前金融危机最严重的情况都没能拆卸回路③，反而是使回路③更加巩固，现在指望以一厢情愿式的“回顾与反思”在今后某一时间拆卸掉与其说是被创造莫如说是被发现的回路③，是不可能的。经过十年前金融危机的洗礼，回路③已经根植于金融体系之中，这当然不是新自由主义和金融自由化理论引导的结果，而是金融体系演进追求对称和更好发挥政府作用的结果。须知，对称意味着自然、平衡、和谐、经济、完善、稳定，而拆卸回路③则意味着降低系统在自然、平衡、和谐、经济、完善、稳定上的性质，“回顾与反思”不可能无视对称的隐喻。

当然，金融体系中存在一些社会和经济方面的矛盾，当一些矛盾深化到严重程度时便会引起金融危机。回顾金融体系演进走过的历程会看到，在回路①和回路②上都曾爆发过非常严重的危机，不过每一次危机后“回顾与反思”的结果，却都不是导致拆卸掉爆发危机的相应回路，反而是经过危机的洗礼后爆发危机的回路更加巩固，并且推进金融体系向具有更高层级对称性的阶段演进。[①]

① 在美国，在回路②上爆发过的严重危机有：1929 年 10 月 28 日黑色星期一，道琼斯指数下跌 12.8%；1987 年 10 月 19 日黑色星期一，道琼斯指数下跌 22.6%。在日本，在回路②上爆发过的严重危机有：1989～1990 年，日经指数从 38000 跌至 14000，下跌 64%。各国的金融危机都导致非常严重的后果，包括导致众所周知的优秀金融机构破产，但美国和日本并未因此拆卸回路②，实际上这怎么可能。又如，1907 年美国爆发严重的银行危机，不过这不仅没有导致拆卸回路①，反而是在“回顾与反思”中找到银行系统存在的缺点，并采取相应的完善措施，即由此确立了中央银行的地位，美联储随后在 1913 年成立。

第七章　金融产品创造与对称性

基础性学术研究特别讲究看待研究对象的方式和视角，因为这决定了如何看待研究对象，把研究对象看成什么，在研究对象上看到了什么。就企业股票发行这一金融产品创造而言，若从交易主体的视角来看待它，会看到交易结构和货币易主，所发行的股票具有货币关系，是购买货币的证券，而若从创造证券的视角来看待它，就会看到在金融产品创造的作用下购买货币的股票从无到有（即将非货币金融资产的空变换为非货币金融资产），经济中的非货币金融资产增加。本章的主要内容是：从效能概念来看待金融产品创造，进而从效能集的代数结构在群上的性质来揭示为什么会有资产证券化。

第一节　金融产品创造的效能集

金融产品创造具有创意纷呈、错综复杂的特点，但从总体上看也并非是没有任何法则和规律可循的众多事项的堆积，它的总体面貌是对称。然而，寻求金融产品创造中蕴含的对称并以此为导向能动地布局金融产品创造，这样的意识似乎还非常薄弱。尽管如此，由于对称性毕竟是审视现代金融发展的一条重要线索，是在整体上解开金融产品创造内在奥秘、驾驭金融产品创造规律的一把钥匙，因而这方面的探索是不可或缺的。本节的内容是，给出金融产品创造的效能集，从这种效能集出发建立金融产品创造的代数结构和商代数结构，以此作为寻求总体金融产品创造中的对称的线索。

一、金融产品创造的效能集和代数结构

有众多的资产体现为债权债务关系的统一。这些资产的债权债务关系有许多具体内容，从债权债务关系的货币性和非货币性角度，可以将这些资产分为货币类资产和非货币类资产两个类别。货币类资产的一个突出特点是：其债务一端是银行负债上的货币性债务。非货币类资产包括非货币金融资产和非金融资产，它们的债务一端或者是银行机构负债上的非货币性债务，或者是非银行机构（包括非银行金融机构和非金融机构）负债上的债务。从资产债权债务关系的类别在金融产品创造的作用下变与不变去看待货币资产和非货币资产，就会看到金融产品创造下的等同于变换的效能，进而从效能集得出对金融产品创造进行抽象的代数结构。

变的概念包括两种情况：一是货币资产和非货币资产相互转换，即货币资产转换为非货币资产或非货币资产转换为货币资产；二是货币资产/非货币资产出现消长，即货币资产/非货币资产从有到无或从无到有。不变的概念也包括两种情况：一是货币资产本身和非货币资产本身都不变，资产总量因此也不变；二是货币资产和非货币资产相互转换，而资产总量在这种变中保持不变。

（一）金融产品创造的效能集

基于资产债权债务关系的类别，金融产品创造对资产的作用有以下情况：第一种情况，资产的债权债务关系在类别上保持不变（例如，在企业股票发行这种金融产品创造的作用下，不管货币资产是在甲的账户还是在乙的账户，货币资产本身在运动中保持不变）；第二种情况，资产的债权债务关系在类别上发生变化（例如，从货币资产变为非货币资产），而资产本身依然存在，资产本身在这种变中保持不变；第三种情况，资产债权债务关系或生成或消失，资产本身因此或增加或减少。在第一和第二种情况中，金融产品创造的作用对象是已有的资产，或者是已有的货币资产，或者是已有的非货币资产；在第三种情况中，金融产品创造的作用对象是资产或资产的空（或者是货币资产的空，或者是非货币资产的空）。

基于以上情况可以对金融产品创造在效能上进行以下具体分解：

（1）资产债权债务关系的类别保持不变，将这种效能写为：g_{01}，g_{02}，… g_{0i}。在 g_0 的作用下，资产的类别不变，或者保持为货币资产不变，或者保持为非货币资产不变。例如，在企业股票发行这一金融产品创造的作用下，货币发生易主，由投资者持有变为企业持有，而货币债权债务关系的类别并不因此改变。

（2）资产债权债务关系在类别上发生改变，将这种效能写为：g_{11}，g_{12}，…，g_{1j}。在 g_1 的作用下，资产的类别改变，资产本身的存在形式或者由货币资产变为非货币资产，或者由非货币资产变为货币资产。例如，从银行部门看，在银行股票发行这一金融产品创造的作用下，货币资产债权债务关系的类别发生改变，由货币存在变为非货币存在。结果是，经济中的货币资产减少，非货币资产相应增加，不过资产总量在这种变中保持不变。

（3）货币资产债权债务关系或消失或生成，将这种效能写为：g_{21}，g_{22}，…，g_{2k}。在 g_2 的作用下，货币资产本身或者从有到无，或者从无到有。当货币资产从有到无时，经济中的货币资产总量因此而减少；当货币资产从无到有时，经济中的货币资产总量因此而增加。例如，债权转股权作用于货币资产，使货币资产从有到无，经济中的货币资产总量因此而减少。

（4）非货币资产债权债务关系或消失或生成，将这种效能写为：g_{31}，g_{32}，…，g_{3l}。在 g_3 的作用下，非货币资产本身或者从有到无，或者从无到有。当非货币资产从有到无时，经济中的非货币资产总量因此减少；当非货币资产从无到有时，经济中的非货币资产总量因此而增加。例如，在企业股票发行这一金融产品创造的作用下，企业股票这一非货币资产从无到有，经济中的非货币资产总量因企业股票这一非货币资产的增加而增加。

设 M 代表货币资产，$\overline{M}$ 代表非货币资产，ϕ_M 代表货币资产的空，$\phi_{\overline{M}}$ 代表非货币资产的空，则 g_0、g_1、g_2、g_3 的效能可由表 7－1 表示。

表 7－1　　金融产品创造的四项效能对资产和资产的空的影响

g	M	$\bar{M}$	ϕ_M	$\phi_{\bar{M}}$	$(M+\bar{M})$
g_0	M	$\bar{M}$	ϕ_M	$\phi_{\bar{M}}$	不变
g_1	$\bar{M}$			ϕ_M	不变
$\bar{\vee} g_1$		M	$\phi_{\bar{M}}$		不变
g_2	M		M		增加
$\bar{\vee} g_2$	ϕ_M		ϕ_M		减少
g_3		$\bar{M}$		$\bar{M}$	增加
$\bar{\vee} g_3$		$\phi_{\bar{M}}$		$\phi_{\bar{M}}$	减少

金融产品创造效能的作用在于，它为在整体上将纷繁复杂的金融产品创造简约为不可避免的深层因果原理，迈出了重要的一步。

以 g_1 和 g_2 说明表 7－1。基于 g_1 的作用，或者有 $g_1(M) = \bar{M} \wedge g_1(\phi_{\bar{M}}) = \bar{M} \cup \phi_M$，货币资产转换为非货币资产，同时非货币的空转换为货币的空，资产总量不变；或者基于 g_1 的作用有 $g_1(\bar{M}) = M \wedge g_1(\phi_M) = M \cup \phi_{\bar{M}}$，非货币资产转换为货币资产，同时货币的空转换为非货币的空，资产总量不变。基于 g_2 的作用，或者有 $g_2(M) = M \wedge g_2(\phi_M) = M \cup M$，已有货币不变，但增加新的货币，于是货币资产增加，资产总量因此增加；或者基于 g_2 的作用，有 $g_2(M) = \phi_M \wedge g_2(\phi_M) = \phi_M$，已有货币减少，货币资产减少，资产总量因此减少。

表 7－1 给出了金融产品创造下金融资产的三个特性：第一是不变性，不管是货币资产还是非货币资产，可以保持不变。第二是转换性，不管是货币资产还是非货币资产，可以相互转换；这种转换性意味着，资产的特性变化而资产本身依然存在。第三是消长性，不管是货币资产还是非货币资产，可以从有到无也或从无到有。

（二）代数结构

金融产品创造的效能集是一个关键性基础概念，构思并给出效能集可以说是一项基础性工作。设 $G' = \{g_{01}, \cdots, g_{0i}, g_{11}, \cdots, g_{1j}, g_{21}, \cdots, g_{2k}, g_{31}, \cdots, g_{3l}\}$ 是金融产品创造的效能集（其中不同类型的金融产品创造可能表现为相同的效能），则以 G' 为载体再加上在 G' 上的运算 $*'$，就构成一个关于金融产品创造的代数结构 $(G', *')$。对于 G' 的运算表如表 7－2所示。

表 7－2　　*′对于 G′ 的运算表

*′	g_{01}，…，g_{0i}	g_{11}，…，g_{1j}	g_{21}，…，g_{2k}	g_{31}，…，g_{3l}
g_{01}，…，g_{0i}	(g_0)	(g_1)	(g_2)	(g_3)
g_{11}，…，g_{1j}	(g_1)	(g_0)	(g_3)	(g_2)
g_{21}，…，g_{2k}	(g_2)	(g_3)	(g_0)	(g_1)
g_{31}，…，g_{3l}	(g_3)	(g_2)	(g_1)	(g_0)

从表 7－2 可以看出：(1) $\{g_{01},\cdots,g_{0i}\}$、$\{g_{11},\cdots,g_{1j}\}$ 属于保持资产本身依然存在的作用（action），$\{g_{21},\cdots,g_{2k}\}$、$\{g_{31},\cdots,g_{3l}\}$ 属于使资产本身或消失或生成的作用，故而 $\{g_{01},\cdots,g_{0i}\}$、$\{g_{11},\cdots,g_{1j}\}$ 和 $\{g_{21},\cdots,g_{2k}\}$、$\{g_{31},\cdots,g_{3l}\}$ 互不相交。进而，$\{g_{01},\cdots,g_{0i}\}$ 是保持资产类别不变的作用，$\{g_{11},\cdots,g_{1j}\}$ 使资产类别发生改变的作用，故而 $\{g_{01},\cdots,g_{0i}\}$ 和 $\{g_{11},\cdots,g_{1j}\}$ 互不相交；$\{g_{21},\cdots,g_{2k}\}$ 是使货币资产或消失或生成的作用，$\{g_{31},\cdots,g_{3l}\}$ 是使非货币资产或消失或生成的作用，故而 $\{g_{21},\cdots,g_{2k}\}$、$\{g_{31},\cdots,g_{3l}\}$ 互不相交。综合而言，$\{g_{01},\cdots,g_{0i}\}$、$\{g_{11},\cdots,g_{1j}\}$、$\{g_{21},\cdots,g_{2k}\}$、$\{g_{31},\cdots,g_{3l}\}$ 互不相交，它们是集合 $G' = \{g_{01},\cdots,g_{0i},g_{11},\cdots,g_{1j},g_{21},\cdots,g_{2k},g_{31},\cdots,g_{3l}\}$ 的四个划分块。(2) 运算 *′ 将两个相继实施的效能结合起来。这一运算的规则当然不是随意设定的，其合理性将在后面内容中给出表述。

二、金融产品创造的商集与商代数

以上划分将金融产品创造的效能集简化为关于等价关系的商集，若再加上保持等价类的运算，以上金融产品创造的代数结构就成为一个商代数结构。这种商代数结构将金融产品创造进一步带入简约而抽象数学境地，从而为洞悉金融产品创造中的深层奥妙提供了契机。

（一）金融产品创造的商集和商代数

$G' = \{g_{01},\cdots,g_{0i},g_{11},\cdots,g_{1j},g_{21},\cdots,g_{2k},g_{31},\cdots,g_{3l}\}$ 中的“同效能”关系 R 是一个等价关系。①等价关系实质上是同组关系，G' 因此被划分为四个类：

$$g_0 = [g_{01}]_R = \{g_{01},\cdots,g_{0i}\}, \quad g_1 = [g_{11}]_R = \{g_{11},\cdots,g_{1j}\},$$
$$g_2 = [g_{21}]_R = \{g_{21},\cdots,g_{2k}\}, \quad g_3 = [g_{31}]_R = \{g_{31},\cdots,g_{3l}\}。$$

由这四个子集为元素构成的集合 $G = \{g_0,g_1,g_2,g_3\}$，称为金融产品创造的商集 G'/R。

（二）金融产品创造的商代数

商集 G'/R 是由等价关系 R 构造的，对于商集 G'/R 的运算是由一个新代数即 R 的商代数

① 设甲、乙、丙是金融产品创造下的三种资产变化。(1) 每种资产变化都与自己是同效能的，所以 R 是自反的。(2) 当甲种的资产变化与乙种的资产变化是同效能的时，显然乙种的资产变化与甲种的资产变化也是同效能的。(3) 当甲种的资产变化与乙种的资产变化是同效能的，且乙种的资产变化与丙种的资产变化是同效能的时，显然有甲种的资产变化与丙种的资产变化是同效能的，所以 R 是传递的。综合 (1)、(2)、(3)，R 是等价关系。

$(G, *)$ 来实现的。接下来的问题是如何定义商代数中的运算 $*$ 。在此将 $*$ 定义为：

$$[g_a]_R * [g_b]_R = [g_a *' g_b]_R \text{。}$$

其含义是，通过等价类 $[g]_R$ 中的元 g 的二元运算 $*'$ 来进行 $*$ 运算。对于任意 $[g_a]_R$，$[g_b]_R \in G$，任取 $g_a \in [g_a]_R$，$g_b \in [g_b]_R$，如果 $g_a *' g_b \in [g_c]_R$，则有 $[g_a]_R * [g_b]_R = [g_c]_R$。不过这种运算有意义是有前提条件的，前提条件就是，无论怎样选取 $[g]_R$ 中的元 g，所得到的结果都代表同一个等价类。也就是说，对于任取 $g'_a \in [g_a]_R$，$g'_b \in [g_b]_R$，同样有 $g'_a *' g'_b \in [g_c]_R$。为此，要求 R 是 G' 上的同余关系。同余关系是指：如果有 $[g_a] = [g'_a]$（或者表示为 $g_a R g'_a$），$[g_b] = [g'_b]$（或者表示为 $g_b R g'_b$），那么就必须有 $[g_a] *' [g_b] = [g'_a] *' [g'_b]$（或者表示为 $g_a *' g_b R g'_a *' g'_b$）。如此，等价关系 R 在运算 $*$ 下仍然保持，从而确保了以上定义的 $[g_a]_R * [g_b]_R = [g_c]_R$ 的唯一性。鉴于此，关于商代数 $(G, *)$，R 不仅是 G' 上的等价关系，同时还是 G' 上的同余关系。

于是得到 $*$ 对于 G 的运算表，如表 7－3 所示。

表 7－3　　$*$ 对于 G 的运算表

$*$	g_0	g_1	g_2	g_3
g_0	g_0	g_1	g_2	g_3
g_1	g_1	g_0	g_3	g_2
g_2	g_2	g_3	g_0	g_1
g_3	g_3	g_2	g_1	g_0

（三）解释

商代数 $(G, *)$ 描述了金融产品创造中不同效能的相互作用。然而，为什么如此设定运算？这是需要有严谨解释的，否则，从源头上的表 7－2 开始，表 7－2 和表 7－3 必然会被质疑有牵强附会之嫌。以下是合乎逻辑的解释。

（1）$g_0 * g_0 = g_0$ 的经济含义。金融产品创造作用于资产和资产的空，先施以不改变资产债权债务关系类别和资产的空的作用（$M \to M$，$\bar{M} \to \bar{M}$，$\phi_M \to \phi_M$，$\phi_{\bar{M}} \to \phi_{\bar{M}}$），再施以同样的作用，结果等于不改变资产债权债务关系类别和资产的空的作用。其中的逻辑关系是：先有 $M \to M$、$\bar{M} \to \bar{M}$、$\phi_M \to \phi_M$、$\phi_{\bar{M}} \to \phi_{\bar{M}}$，继而再以 $M \to M$ 对 $M \to M$ 施以作用、以 $\bar{M} \to \bar{M}$ 对 $\bar{M} \to \bar{M}$ 施以作用、以 $\phi_M \to \phi_M$ 对 $\phi_M \to \phi_M$ 施以作用、以 $\phi_{\bar{M}} \to \phi_{\bar{M}}$ 对 $\phi_{\bar{M}} \to \phi_{\bar{M}}$ 施以作用，即 $(M \to M)(M \to M)$、$(\bar{M} \to \bar{M})(\bar{M} \to \bar{M})$、$(\phi_M \to \phi_M)(\phi_M \to \phi_M)$、$(\phi_{\bar{M}} \to \phi_{\bar{M}})(\phi_{\bar{M}} \to \phi_{\bar{M}})$，于是有 $M \to M$、$\bar{M} \to \bar{M}$、$\phi_M \to \phi_M$、$\phi_{\bar{M}} \to \phi_{\bar{M}}$。

（2）$g_0 * g_1 = g_1$ 的经济含义。金融产品创造作用于资产和资产的空，首先施以使货币资产变为非货币资产同时非货币的空变为货币的空的作用（$M \to \bar{M}$，$\phi_{\bar{M}} \to \phi_M$），再施以不改变资产债权债务关系类别和资产的空的作用（$M \to M$，$\bar{M} \to \bar{M}$，$\phi_M \to \phi_M$，$\phi_{\bar{M}} \to \phi_{\bar{M}}$），结

果等于使货币资产变为非货币资产同时非货币的空变为货币的空的作用（$M \to \bar{M}$，$\phi_{\bar{M}} \to \phi_M$）。其中的逻辑关系是：先有 $M \to \bar{M}$ 和 $\phi_{\bar{M}} \to \phi_M$，继而以 $M \to M$ 对 $M \to \bar{M}$ 施以左作用和以 $\bar{M} \to \bar{M}$ 对 $M \to \bar{M}$ 施以右作用，即 $(M \to M)(M \to \bar{M})(\bar{M} \to \bar{M})$，于是有 $M \to \bar{M}$；同时，以 $\phi_{\bar{M}} \to \phi_{\bar{M}}$ 对 $\phi_{\bar{M}} \to \phi_M$ 施以左作用和以 $\phi_M \to \phi_M$ 对 $\phi_{\bar{M}} \to \phi_M$ 施以右作用，即 $(\phi_{\bar{M}} \to \phi_{\bar{M}})(\phi_{\bar{M}} \to \phi_M)(\phi_M \to \phi_M)$，于是有 $\phi_{\bar{M}} \to \phi_M$。

金融产品创造作用于资产和资产的空，首先施以使非货币资产变为货币资产同时货币的空变为非货币的空的作用（$\bar{M} \to M$，$\phi_M \to \phi_{\bar{M}}$），再施以不改变资产债权债务关系类别和资产的空的作用（$M \to M$，$\bar{M} \to \bar{M}$，$\phi_M \to \phi_M$，$\phi_{\bar{M}} \to \phi_{\bar{M}}$），结果等于使非货币资产变为货币资产同时货币的空变为非货币的空的作用（$\bar{M} \to M$，$\phi_M \to \phi_{\bar{M}}$）。其中的逻辑关系与上类同。

（3）$g_0 * g_2 = g_2$ 的经济含义。金融产品创造作用于资产和资产的空，首先施以使货币资产本身从有到无的作用（$M \to \phi_M$），再施以不改变资产债权债务关系类别和资产的空的作用（$M \to M$，$\bar{M} \to \bar{M}$，$\phi_M \to \phi_M$，$\phi_{\bar{M}} \to \phi_{\bar{M}}$），结果等于使货币资产本身从有到无的作用（$M \to \phi_M$）。其中的逻辑关系是：先有 $M \to \phi_M$，继而以 $M \to M$ 对 $M \to \phi_M$ 施以左作用，以 $\phi_M \to \phi_M$ 对 $M \to \phi_M$ 施以右作用，即 $(M \to M)(M \to \phi_M)(\phi_M \to \phi_M)$，于是有 $M \to \phi_M$。

金融产品创造作用于资产和资产的空，首先施以使货币资产本身从无到有的作用（$\phi_M \to M$），再施以不改变资产债权债务关系类别和资产的空的作用（$M \to M$，$\bar{M} \to \bar{M}$，$\phi_M \to \phi_M$，$\phi_{\bar{M}} \to \phi_{\bar{M}}$），结果等于使货币资产本身从无到有的作用（$\phi_M \to M$）。其中的逻辑关系与上类同。

（4）$g_0 * g_3 = g_3$ 的经济含义。金融产品创造作用于资产和资产的空，首先施以使非货币资产从有到无的作用（$\bar{M} \to \phi_{\bar{M}}$），再施以不改变资产债权债务关系类别和资产的空的作用（$M \to M$，$\bar{M} \to \bar{M}$，$\phi_M \to \phi_M$，$\phi_{\bar{M}} \to \phi_{\bar{M}}$），结果等于使非货币资产从有到无的作用（$\bar{M} \to \phi_{\bar{M}}$）。其中的逻辑关系是：先有 $\bar{M} \to \phi_{\bar{M}}$，继而以 $\bar{M} \to \bar{M}$ 对 $\bar{M} \to \phi_{\bar{M}}$ 施以左作用，以 $\phi_{\bar{M}} \to \phi_{\bar{M}}$ 对 $\bar{M} \to \phi_{\bar{M}}$ 施以右作用，即 $(\bar{M} \to \bar{M})(\bar{M} \to \phi_{\bar{M}})(\phi_{\bar{M}} \to \phi_{\bar{M}})$，于是有 $\bar{M} \to \phi_{\bar{M}}$。

金融产品创造作用于资产和资产的空，首先施以使非货币资产从无到有（$\phi_{\bar{M}} \to \bar{M}$）的作用，再施以不改变资产债权债务关系类别和资产的空（$M \to M$，$\bar{M} \to \bar{M}$，$\phi_M \to \phi_M$，$\phi_{\bar{M}} \to \phi_{\bar{M}}$）的作用，结果等于使非货币资产从无到有（$\phi_{\bar{M}} \to \bar{M}$）的作用。其中的逻辑关系与上类同。

（5）$g_1 * g_0 = g_1$ 的经济含义。金融产品创造作用于资产和资产的空，首先施以不改变资产债权债务关系类别和资产的空的作用（$M \to M$，$\bar{M} \to \bar{M}$，$\phi_M \to \phi_M$，$\phi_{\bar{M}} \to \phi_{\bar{M}}$），再施以使货币资产变为非货币资产同时非货币的空变为货币的空的作用（$M \to \bar{M}$，$\phi_{\bar{M}} \to \phi_M$），结果等于使货币资产变为非货币资产同时非货币的空变为货币的空的作用（$M \to \bar{M}$，$\phi_{\bar{M}} \to \phi_M$）。其中的逻辑关系是：先有 $M \to M$、$\bar{M} \to \bar{M}$、$\phi_M \to \phi_M$、$\phi_{\bar{M}} \to \phi_{\bar{M}}$，继而以 $M \to \bar{M}$ 对 $M \to M$ 施以右作用、对 $\bar{M} \to \bar{M}$ 施以左作用和以 $\phi_{\bar{M}} \to \phi_M$ 对 $\phi_{\bar{M}} \to \phi_{\bar{M}}$ 施以右作用、对 $\phi_M \to \phi_M$ 施以左作用，即 $(M \to M)(M \to \bar{M})(\bar{M} \to \bar{M})$ 和 $(\phi_{\bar{M}} \to \phi_{\bar{M}})(\phi_{\bar{M}} \to \phi_M)(\phi_M \to \phi_M)$，于

是有 $M\to\bar{M}$ 和 $\phi_{\bar{M}}\to\phi_M$ 。

金融产品创造作用于资产和资产的空，首先施以不改变资产债权债务关系类别和资产的空的作用（$M\to M$，$\bar{M}\to\bar{M}$，$\phi_M\to\phi_M$，$\phi_{\bar{M}}\to\phi_{\bar{M}}$），再施以使非货币资产变为货币资产同时货币的空变为非货币的空的作用（$\bar{M}\to M$，$\phi_M\to\phi_{\bar{M}}$），结果等于使非货币资产变为货币资产同时货币的空变为非货币的空的作用（$\bar{M}\to M$，$\phi_M\to\phi_{\bar{M}}$）。其中的逻辑关系与上类同。

（6）$g_1*g_1=g_0$ 的经济含义。金融产品创造作用于资产和资产的空，首先施以使货币资产变为非货币资产同时非货币的空变为货币的空的作用（$M\to\bar{M}$，$\phi_{\bar{M}}\to\phi_M$），再施以使非货币资产变为货币资产同时货币的空变为非货币的空的作用（$\bar{M}\to M$，$\phi_M\to\phi_{\bar{M}}$），结果等于不改变资产债权债务关系类别和资产的空的作用（$M\to M$，$\bar{M}\to\bar{M}$，$\phi_M\to\phi_M$，$\phi_{\bar{M}}\to\phi_{\bar{M}}$）。其中的逻辑关系是：先有 $M\to\bar{M}$ 和 $\phi_{\bar{M}}\to\phi_M$，继而以 $\bar{M}\to M$ 对 $M\to\bar{M}$ 施以右作用，以 $\phi_M\to\phi_{\bar{M}}$ 对 $\phi_{\bar{M}}\to\phi_M$ 施以右作用，即 $(M\to\bar{M})(\bar{M}\to M)$ 和 $(\phi_{\bar{M}}\to\phi_M)(\phi_M\to\phi_{\bar{M}})$，于是有 $M\to M$ 和 $\phi_{\bar{M}}\to\phi_{\bar{M}}$；有 $M\to M$ 和 $\phi_{\bar{M}}\to\phi_{\bar{M}}$ 也就意味着有 $\bar{M}\to\bar{M}$ 和 $\phi_M\to\phi_M$ 。

另外，对于先有 $M\to\bar{M}$ 和 $\phi_{\bar{M}}\to\phi_M$，继而再以 $\bar{M}\to M$ 对 $M\to\bar{M}$ 施以左作用，以 $\phi_M\to\phi_{\bar{M}}$ 对 $\phi_{\bar{M}}\to\phi_M$ 施以左作用，即 $(\bar{M}\to M)(M\to\bar{M})$ 和 $(\phi_M\to\phi_{\bar{M}})(\phi_{\bar{M}}\to\phi_M)$，于是有 $\bar{M}\to\bar{M}$ 和 $\phi_M\to\phi_M$；有 $\bar{M}\to\bar{M}$ 和 $\phi_M\to\phi_M$ 也就意味着 $M\to M$ 和 $\phi_{\bar{M}}\to\phi_{\bar{M}}$ 。

金融产品创造作用于资产和资产的空，首先施以使非货币资产变为货币资产同时货币的空变为非货币的空的作用（$\bar{M}\to M$，$\phi_M\to\phi_{\bar{M}}$），继而再施以使货币资产变为非货币资产同时非货币的空变为货币的空的作用（$M\to\bar{M}$，$\phi_{\bar{M}}\to\phi_M$），结果等于不改变资产债权债务关系类别和资产的空（$M\to M$，$\bar{M}\to\bar{M}$，$\phi_M\to\phi_M$，$\phi_{\bar{M}}\to\phi_{\bar{M}}$）的作用。其中的逻辑关系与上类同。

金融产品创造作用于资产和资产的空，首先施以使货币资产变为非货币资产同时非货币的空变为货币的空的作用（$M\to\bar{M}$，$\phi_{\bar{M}}\to\phi_M$），继而再次施以使货币资产变为非货币资产同时非货币的空变为货币的空的作用（$M\to\bar{M}$，$\phi_{\bar{M}}\to\phi_M$），这种设想是没有意义的。

依此类推，金融产品创造作用于资产和资产的空，首先施以使非货币资产变为货币资产同时货币的空变为非货币的空的作用（$\bar{M}\to M$，$\phi_M\to\phi_{\bar{M}}$），继而再次施以使非货币资产变为货币资产同时货币的空变为非货币的空的作用（$\bar{M}\to M$，$\phi_M\to\phi_{\bar{M}}$），这种设想同样也是没有意义的。

（7）$g_1*g_2=g_3$ 的经济含义。金融产品创造作用于资产和资产的空，首先施以使货币资产从无到有的作用（$\phi_M\to M$），继而再施以使货币资产变为非货币资产同时非货币的空变为货币的空的作用（$M\to\bar{M}$,$\phi_{\bar{M}}\to\phi_M$），结果等于使非货币资产从无到有的作用（$\phi_{\bar{M}}\to\bar{M}$）。其中的逻辑关系是：先有 $\phi_M\to M$，继而由 $M\to\bar{M}\wedge\phi_{\bar{M}}\to\phi_M$ 对 $\phi_M\to M$ 施以作用，于是有 $\phi_{\bar{M}}\to\bar{M}$ 。更详细的解释是：先有 $\phi_M\to M$，继而以 $\phi_{\bar{M}}\to\phi_M$ 对 $\phi_M\to M$ 施以左作用同时以 $M\to\bar{M}$ 对 $\phi_M\to M$ 施以右作用，即 $(\phi_{\bar{M}}\to\phi_M)(\phi_M\to M)(M\to\bar{M})$，于是有 $\phi_{\bar{M}}\to\bar{M}$ 。

注意到，$(\phi_{\bar{M}} \to \phi_M)(\phi_M \to M)(M \to \bar{M})$ 这一表达式在概念上不同于表达式 $(\phi_M \to \phi_{\bar{M}}) \to (\phi_{\bar{M}} \to \bar{M}) \to (\bar{M} \to M)$ 。

金融产品创造作用于资产和资产的空，首先施以使货币资产从有到无的作用（$M \to \phi_M$），再施以使非货币资产变为货币资产同时货币的空变为非货币的空的作用（$\bar{M} \to M, \phi_M \to \phi_{\bar{M}}$），结果等于使非货币资产从有到无的作用（$\bar{M} \to \phi_{\bar{M}}$）。其中的逻辑关系是：先有 $M \to \phi_M$，继而以 $\phi_M \to \phi_{\bar{M}}$ 对 $M \to \phi_M$ 施以右作用同时以 $\bar{M} \to M$ 对 $M \to \phi_M$ 施以左作用，即 $(\bar{M} \to M)(M \to \phi_M)(\phi_M \to \phi_{\bar{M}})$，于是有 $\bar{M} \to \phi_{\bar{M}}$ 。

金融产品创造作用于资产和资产的空，首先施以使货币资产从无到有的作用（$\phi_M \to M$），再施以使非货币资产变为货币资产同时货币的空变为非货币的空的作用（$\bar{M} \to M, \phi_M \to \phi_{\bar{M}}$），这种设想没有意义。

(8) $g_1 * g_3 = g_2$ 的经济含义。金融产品创造作用于资产和资产的空，首先施以使非货币资产从无到有的作用（$\phi_{\bar{M}} \to \bar{M}$），继而再施以使非货币资产变为货币资产同时货币的空变为非货币的空的作用（$\bar{M} \to M$，$\phi_M \to \phi_{\bar{M}}$），结果等于使货币资产从无到有的作用（$\phi_M \to M$）。其中的逻辑关系是：先有 $\phi_{\bar{M}} \to \bar{M}$，继而以 $\phi_M \to \phi_{\bar{M}}$ 对 $\phi_{\bar{M}} \to \bar{M}$ 的施以左作用和以 $\bar{M} \to M$ 对 $\phi_{\bar{M}} \to \bar{M}$ 的右作用，即 $(\phi_M \to \phi_{\bar{M}})(\phi_{\bar{M}} \to \bar{M})(\bar{M} \to M)$，于是有 $\phi_M \to M$ 。

金融产品创造作用于资产和资产的空，首先施以使非货币资产从有到无的作用（$\bar{M} \to \phi_{\bar{M}}$），再施以使货币资产变为非货币资产同时非货币的空变为货币的空的作用（$M \to \bar{M}$，$\phi_{\bar{M}} \to \phi_M$），结果等于使货币资产从有到无的作用（$M \to \phi_M$）。其中的逻辑关系是与上类同。

(9) $g_2 * g_0 = g_2$ 的经济含义。金融产品创造作用于资产和资产的空，首先施以不改变资产的债权债务关系类别和资产的空的作用（$M \to M$，$\bar{M} \to \bar{M}$，$\phi_M \to \phi_M$，$\phi_{\bar{M}} \to \phi_{\bar{M}}$），再施以使货币资产从有到无的作用（$M \to \phi_M$），结果等于使货币资产从有到无的作用（$M \to \phi_M$）。其中的逻辑关系是：先有 $M \to M$ 和 $\phi_M \to \phi_M$，继而再以 $M \to \phi_M$ 对 $M \to M$ 施以右作用和对 $\phi_M \to \phi_M$ 施以左作用，即 $(M \to M)(M \to \phi_M)(\phi_M \to \phi_M)$，于是有 $M \to \phi_M$ 。

金融产品创造作用于资产和资产的空，首先施以不改变资产的债权债务关系类别和资产的空的作用（$M \to M$，$\bar{M} \to \bar{M}$，$\phi_M \to \phi_M$，$\phi_{\bar{M}} \to \phi_{\bar{M}}$），再施以使货币资产从无到有的作用（$\phi_M \to M$），结果等于使货币资产从无到有的作用（$\phi_M \to M$）。其中的逻辑关系与上类同。

(10) $g_2 * g_1 = g_3$ 的经济含义。金融产品创造作用于资产和资产的空，首先施以使货币资产变为非货币资产同时非货币的空变为货币的空的作用（$M \to \bar{M}$，$\phi_{\bar{M}} \to \phi_M$），再施以使货币资产从无到有的作用（$\phi_M \to M$），结果等于使非货币资产从无到有的作用（$\phi_{\bar{M}} \to \bar{M}$）。其中的逻辑关系是：先有 $M \to \bar{M}$ 和 $\phi_{\bar{M}} \to \phi_M$，继而以 $\phi_M \to M$ 对 $M \to \bar{M}$ 施以左作用和对 $\phi_{\bar{M}} \to \phi_M$ 施以右作用，即 $(\phi_{\bar{M}} \to \phi_M)(\phi_M \to M)(M \to \bar{M})$，于是有 $\phi_{\bar{M}} \to \bar{M}$ 。

金融产品创造作用于资产和资产的空，首先施以使非货币资产变为货币资产同时货币的空变为非货币的空的作用（$\bar{M} \to M$，$\phi_M \to \phi_{\bar{M}}$），再施以使货币资产从有到无的作用（$M \to$

ϕ_M)，结果等于使非货币资产从有到无的作用（ $\bar{M}\to\phi_{\bar{M}}$ ）。其中的逻辑关系是：先有 $\bar{M}\to M$ 和 $\phi_M\to\phi_{\bar{M}}$ ，继而由 $M\to\phi_M$ 对 $\bar{M}\to M$ 施以右作用和对 $\phi_M\to\phi_{\bar{M}}$ 施以左作用，即 $(\bar{M}\to M)(M\to\phi_M)(\phi_M\to\phi_{\bar{M}})$ ，于是有 $\bar{M}\to\phi_{\bar{M}}$ 。

(11) $g_2 * g_2 = g_0$ 的经济含义。金融产品创造作用于资产和资产的空，首先施以使货币资产从有到无的作用（ $M\to\phi_M$ ），再施以使货币资产从无到有的作用（ $\phi_M\to M$ ），结果等于不改变资产债权债务关系类别和资产的空的作用（ $M\to M$ ，$\bar{M}\to\bar{M}$ ，$\phi_M\to\phi_M$ ，$\phi_{\bar{M}}\to\phi_{\bar{M}}$ ）。其中的逻辑关系是：先有 $M\to\phi_M$ ，继而再以 $\phi_M\to M$ 对 $M\to\phi_M$ 施以左作用，又以 $\phi_M\to M$ 对 $M\to\phi_M$ 施以右作用，即 $(\phi_M\to M)(M\to\phi_M)$ 和 $(M\to\phi_M)(\phi_M\to M)$ ，于是有 $\phi_M\to\phi_M$ 和 $M\to M$ 。$\phi_M\to M$ 未涉及非货币，故而认为非货币资产的状态不变，即有 $\bar{M}\to\bar{M}$ 和 $\phi_{\bar{M}}\to\phi_{\bar{M}}$ 。

金融产品创造作用于资产和资产的空，首先施以使货币资产从无到有的作用（ $\phi_M\to M$ ），再施以使货币资产从有到无的作用（ $M\to\phi_M$ ），结果等于不改变资产债权债务关系类别和资产的空的作用（ $M\to M$ ，$\bar{M}\to\bar{M}$ ，$\phi_M\to\phi_M$ ，$\phi_{\bar{M}}\to\phi_{\bar{M}}$ ）。其中的逻辑关系与上类同。

(12) $g_2 * g_3 = g_1$ 的经济含义。金融产品创造作用于资产和资产的空，首先施以使非货币资产从有到无的作用（ $\bar{M}\to\phi_{\bar{M}}$ ），再施以使货币资产从无到有的作用（ $\phi_M\to M$ ），结果等于使非货币资产变为货币资产同时货币的空变为非货币的空的作用（ $\bar{M}\to M$ ，$\phi_M\to\phi_{\bar{M}}$ ）。其中的逻辑关系是：先有 $\bar{M}\to\phi_{\bar{M}}$ 意味着先有非货币资产减少，继而有 $\phi_M\to M$ 意味着继而有货币资产增加；非货币资产减少和货币资产相应增加，这意味着 $\bar{M}\to M$ 并 $\phi_M\to\phi_{\bar{M}}$。其实，（ $\bar{M}\to M$ ，$\phi_M\to\phi_{\bar{M}}$ ）的本意就是非货币资产减少和货币资产相应增加。

金融产品创造作用于资产和资产的空，首先施以使非货币资产从无到有的作用 $(\phi_{\bar{M}}\to\bar{M})$ ，再施以使货币资产从有到无的作用 $(M\to\phi_M)$ ，结果等于使货币资产变为非货币资产的作用 $(M\to\bar{M}$ ，$\phi_{\bar{M}}\to\phi_M)$ 。其中的逻辑关系是：先有 $\phi_{\bar{M}}\to\bar{M}$ 意味着先有非货币资产增加，继而有 $M\to\phi_M$ 意味着继而有货币资产减少；非货币资产增加和货币资产相应减少，这意味着 $M\to\bar{M}$ 并 $\phi_{\bar{M}}\to\phi_M$ 。其实，（ $M\to\bar{M}$ ，$\phi_{\bar{M}}\to\phi_M$ ）的本意就是非货币资产增加和货币资产相应减少。

(13) $g_3 * g_0 = g_3$ 的经济含义。金融产品创造作用于资产和资产的空，首先施以不改变资产债权债务关系类别和资产的空的作用（ $M\to M$ ，$\bar{M}\to\bar{M}$ ，$\phi_M\to\phi_M$ ，$\phi_{\bar{M}}\to\phi_{\bar{M}}$ ），再施以使非货币资产从有到无（ $\bar{M}\to\phi_{\bar{M}}$ ）的作用，结果等于使非货币资产从有到无的作用（ $\bar{M}\to\phi_{\bar{M}}$ ）。其中的逻辑关系是：先有 $\bar{M}\to\bar{M}$ 和 $\phi_{\bar{M}}\to\phi_{\bar{M}}$ ，继而以 $\bar{M}\to\phi_{\bar{M}}$ 对 $\bar{M}\to\bar{M}$ 施以右作用、对 $\phi_{\bar{M}}\to\phi_{\bar{M}}$ 施以左作用，即 $(\bar{M}\to\bar{M})(\bar{M}\to\phi_{\bar{M}})(\phi_{\bar{M}}\to\phi_{\bar{M}})$ ，于是有 $\bar{M}\to\phi_{\bar{M}}$ 。

金融产品创造作用于资产和资产的空，首先施以不改变资产债权债务关系类别和资产的空的 $(M\to M$ ，$\bar{M}\to\bar{M}$ ，$\phi_M\to\phi_M$ ，$\phi_{\bar{M}}\to\phi_{\bar{M}})$ 作用，再施以使非货币资产从无到有 $(\phi_{\bar{M}}\to\bar{M})$ 的作用，结果等于使非货币资产从无到有（ $\phi_{\bar{M}}\to\bar{M}$ ）的作用。其中的逻辑关系是：先

有 $\bar{M}\to\bar{M}$ 和 $\phi_{\bar{M}}\to\phi_{\bar{M}}$ ，继而以 $\phi_{\bar{M}}\to\bar{M}$ 对 $\bar{M}\to\bar{M}$ 施以左作用、对 $\phi_{\bar{M}}\to\phi_{\bar{M}}$ 施以右作用，即 $(\phi_{\bar{M}}\to\phi_{\bar{M}})(\phi_{\bar{M}}\to\bar{M})(\bar{M}\to\bar{M})$ ，于是有 $\phi_{\bar{M}}\to\bar{M}$ 。

（14）$g_3*g_1=g_2$ 的经济含义。金融产品创造作用于资产和资产的空，首先施以使货币资产变为非货币资产同时非货币的空变为货币的空的作用（ $M\to\bar{M}$, $\phi_{\bar{M}}\to\phi_M$ ），再施以使非货币资产从有到无的作用（ $\bar{M}\to\phi_{\bar{M}}$ ），结果等于使货币资产从有到无的作用（ $M\to\phi_M$ ）。其中的逻辑关系是：先有 $M\to\bar{M}$ 和 $\phi_{\bar{M}}\to\phi_M$ ，继而由 $\bar{M}\to\phi_{\bar{M}}$ 对 $M\to\bar{M}$ 施以右作用、对 $\phi_{\bar{M}}\to\phi_M$ 施以左作用，即 $(M\to\bar{M})(\bar{M}\to\phi_{\bar{M}})(\phi_{\bar{M}}\to\phi_M)$ ，于是有 $M\to\phi_M$ 。

金融产品创造作用于资产和资产的空，首先施以使非货币资产变为货币资产的作用（ $\bar{M}\to M,\phi_M\to\phi_{\bar{M}}$ ），再施以使非货币资产从无到有的作用（ $\phi_{\bar{M}}\to\bar{M}$ ），结果等于使货币资产从无到有的作用（ $\phi_M\to M$ ）。其中的逻辑关系是：先有 $\bar{M}\to M$ 和 $\phi_M\to\phi_{\bar{M}}$ ，继而由 $\phi_{\bar{M}}\to\bar{M}$ 对 $\bar{M}\to M$ 施以左作用、对 $\phi_M\to\phi_{\bar{M}}$ 施以右作用，即 $(\phi_M\to\phi_{\bar{M}})(\phi_{\bar{M}}\to\bar{M})(\bar{M}\to M)$ ，于是有 $\phi_M\to M$ 。

（15）$g_3*g_2=g_1$ 的经济含义。金融产品创造作用于资产和资产的空，首先施以使货币资产从有到无的作用（ $M\to\phi_M$ ），再施以使非货币资产从无到有的作用（ $\phi_{\bar{M}}\to\bar{M}$ ），结果等于使货币资产变为非货币资产的作用（ $M\to\bar{M}$, $\phi_{\bar{M}}\to\phi_M$ ）。其中的逻辑关系是：先有 $M\to\phi_M$ ，这意味着先有货币资产减少，继而有 $\phi_{\bar{M}}\to\bar{M}$ ，这意味着继而有非货币资产增加；货币资产减少非货币资产相应增加，这意味着有 $M\to\bar{M}$ 并 $\phi_{\bar{M}}\to\phi_M$ 。其实，（ $M\to\bar{M}$, $\phi_{\bar{M}}\to\phi_M$ ）的本意就是货币资产减少和非货币资产相应增加。

金融产品创造作用于资产和资产的空，首先施以使货币资产从无到有的作用（$\phi_M\to M$），再施以使非货币资产从有到无的作用（$\bar{M}\to\phi_{\bar{M}}$），结果等同于使非货币资产变为货币资产的作用（$\bar{M}\to M$, $\phi_M\to\phi_{\bar{M}}$）。其中的逻辑关系是：先有 $\phi_M\to M$ ，这意味着先有货币资产增加，继而有 $\bar{M}\to\phi_{\bar{M}}$ ，这意味着继而有非货币减少；货币资产增加非货币资产随之减少，这意味着有 $\bar{M}\to M$ 并 $\phi_M\to\phi_{\bar{M}}$ 。其实，（$\bar{M}\to M$, $\phi_M\to\phi_{\bar{M}}$）本意就是货币资产增加和非货币资产相应减少。

（16）$g_3*g_3=g_0$ 的经济含义。金融产品创造作用于资产和资产的空，首先施以使非货币资产从无到有的作用（$\phi_{\bar{M}}\to\bar{M}$），再施以使非货币资产从有到无的作用（$\bar{M}\to\phi_{\bar{M}}$），结果等于不改变资产债权债务关系类别和资产的空的作用（$M\to M$, $\bar{M}\to\bar{M}$, $\phi_M\to\phi_M$, $\phi_{\bar{M}}\to\phi_{\bar{M}}$）。其中的逻辑关系是：先有 $\phi_{\bar{M}}\to\bar{M}$ ，继而以 $\bar{M}\to\phi_{\bar{M}}$ 对 $\phi_{\bar{M}}\to\bar{M}$ 施以右作用和以 $\bar{M}\to\phi_{\bar{M}}$ 对 $\phi_{\bar{M}}\to\bar{M}$ 施以左作用，即（$\phi_{\bar{M}}\to\bar{M}$）（$\bar{M}\to\phi_{\bar{M}}$）和（$\bar{M}\to\phi_{\bar{M}}$）（$\phi_{\bar{M}}\to\bar{M}$），于是有 $\phi_{\bar{M}}\to\phi_{\bar{M}}$ 和 $\bar{M}\to\bar{M}$ 。$\bar{M}\to\phi_{\bar{M}}$ 未涉及货币状态，故而认为有 $M\to M$ 和 $\phi_M\to\phi_M$ 。

金融产品创造作用于资产，首先施以使非货币资产从有到无（$\bar{M}\to\phi_{\bar{M}}$）的作用，再施以使非货币资产从无到有（$\phi_{\bar{M}}\to\bar{M}$）的作用，结果等同于不改变资产债权债务关系类别和资产的空的作用（$M\to M$, $\bar{M}\to\bar{M}$, $\phi_M\to\phi_M$, $\phi_{\bar{M}}\to\phi_{\bar{M}}$）。其中的逻辑关系与前类同。

第二节　金融产品创造中的对称性

金融产品创造中的对称性包括两个方面：一是从总体金融产品创造而言的金融产品创造的对称性，二是从具体金融产品创造而言的金融产品创造下资产的对称性。本节的内容是：基于金融产品创造的效能集来探索金融产品创造中的对称性。

一、金融产品创造的对称性

金融产品创造的效能集是金融世界为探索金融产品创造的对称性保留的珍贵线索，追随这一线索可以实现由群审视金融产品创造的对称性。每一个群都会导致一个对称，每一个对称后面都有一个群。金融产品创造的对称性是通过作为群的金融产品创造效能集的商代数来审视的。

（一）金融产品创造的对称性

从表 7－3 可以导出集合 $G=\{g_0,g_1,g_2,g_3\}$ 所具有的一些重要性质，这些性质使它成为一个群。(1) $g_0*g_1=g_1=g_1*g_0$，$g_0*g_2=g_2=g_2*g_0$，$g_0*g_3=g_3=g_3*g_0$，故而有单位元 g_0；(2) $g_0*g_0=g_0$，$g_1*g_1=g_0$，$g_2*g_2=g_0$，$g_3*g_3=g_0$，故而 g_0、g_1、g_2、g_3 的逆元分别为其自身；(3) 运算 $*$ 有结合律；(4) $*$ 对于 G 是封闭的。于是，G 在运算 $*$ 下构成一个群，称为金融产品创造的群。若熟悉一些典型群的结构特点，从表 7－3 一看便知 G 是 Klein 四元群。这就从效能集的概念揭示了内涵于金融产品创造中的对称。

因为 $f:(G',*')\to(G,*)$ 是一个满同态，所以 $(G,*)$ 与 $(G',*')$ 同构。[①]于是 $(G',*')$ 在运算 $*'$ 下构成一个群，称为金融产品创造的同构群。

(1) $g_0*g_1=g_1=g_1*g_0$ 的经济含义是：先施以使货币资产和非货币资产相互转换的作用然后再施以不改变资产债权债务关系类别和资产的空的作用，与先施以不改变资产债权债务关系类别和资产的空的作用然后再先施以使货币资产和非货币资产相互转换的作用，其效果是一样的，都等于使货币资产和非货币资产相互转换的作用。

(2) $g_0*g_2=g_2=g_2*g_0$ 的经济含义是：先施以使货币资产本身消失或生成的作用然后再施以不改变资产债权债务关系类别和资产的空的作用，与先施以不改变资产债权债务关系类别和资产的空的作用然后再施以使货币资产本身消失或生成的作用，其效果是一样的，都等于使货币资产本身消失或生成的作用。

(3) $g_0*g_3=g_3=g_3*g_0$ 的经济含义是：先施以使非货币资产本身消失或生成的作用然后再施以不改变资产债权债务关系类别和资产的空的作用，与先施以不改变资产债权债务

① 作为这一表述背景的代数学基本定理及其证明，可参见同济大学应用数学系《离散数学》编写组编：《离散数学》，同济大学出版社 2003 年版，第 109 页。

关系类别和资产的空的作用然后再施以使非货币资产本身消失或生成的作用，其效果是一样的，都等于使非货币资产本身消失或生成的作用。

(4) $g_0 * g_0 = g_0$ 的经济含义是：重复施以不改变资产债权债务关系类别和资产的空的作用，结果等于不改资产变债权债务关系类别和资产的空的作用。

(5) $g_1 * g_1 = g_0$ 的经济含义是：重复施以使货币资产和非货币资产相互转换的作用，结果等用于不改变资产债权债务关系类别和资产的空的作用。

(6) $g_2 * g_2 = g_0$ 的经济含义是：重复施以使货币资产本身消失或生成的作用，结果等于不改变资产债权债务关系类别和资产的空的作用。

(7) $g_3 * g_3 = g_0$ 的经济含义是：重复施以使非货币资产本身消失或生成的作用，结果等于不改变资产债权债务关系类别和资产的空的作用。

（二） Cayley 图

由以上分析可知 $G = \{g_0, g_1, g_2, g_3\}$ 是一个有限群，g_0 为其单位元。取 G 中不含单位元的非空子集 $S \subseteq G \setminus \{g_0\}$，定义有向图 $D = (V, E)$ 如下：

$$V(D) = G \text{ , } E(D) = \{\langle g, gs \rangle \mid g \in G, s \in S\} \text{ 。}$$

这样定义的图，符合 Cayley 图的定义，称为金融产品创造的 Cayley 图。[①]根据相关文献的介绍，Cayley 图是由 A. Cayley 在 1878 年提出来的，当时是为了解释群的生成元和定义的关系，但由于它的构造的简单性、高度的对称性和品种的多样性，因而越来越受到相关科学工作者的重视，遂成为图与群的一个重要研究领域。

按照以上定义，若取 $S = \{g_1, g_2\} \subset G \setminus \{g_0\}$，则有金融产品创造的 Cayley 图 $D(G, \{g_1, g_2\})$，其中的边的集合为：$\langle g_0, g_0g_1 \rangle = \langle g_0, g_1 \rangle$，$\langle g_0, g_0g_2 \rangle = \langle g_0, g_2 \rangle$；$\langle g_1, g_1g_1 \rangle = \langle g_1, g_0 \rangle$，$\langle g_1, g_1g_2 \rangle = \langle g_1, g_3 \rangle$；$\langle g_2, g_2g_1 \rangle = \langle g_2, g_3 \rangle$，$\langle g_2, g_2g_2 \rangle = \langle g_2, g_0 \rangle$；$\langle g_3, g_3g_1 \rangle = \langle g_3, g_2 \rangle$，$\langle g_3, g_3g_2 \rangle = \langle g_3, g_1 \rangle$。金融产品创造的 Cayley 图 $D(G, \{g_1, g_2\})$ 的图形表示，如图 7-1 所示。

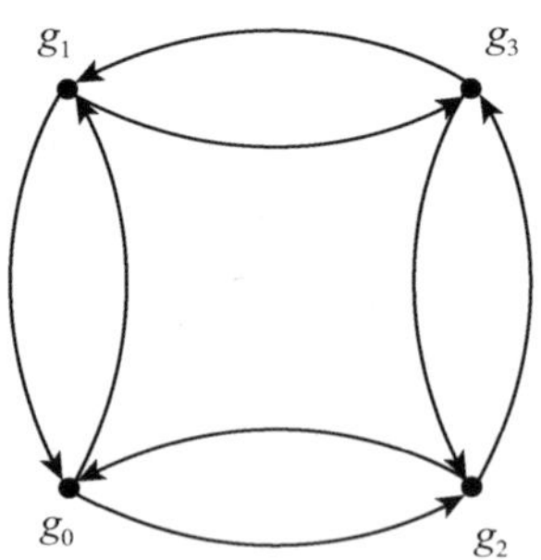

图 7-1　金融产品创造的 Cayley 图

① 关于 Cayley 图的定义，可参见张先迪、李正良主编：《图论及其应用》，高等教育出版社 2005 年版，第 281—282 页。

（三）金融产品创造效能集中的效能实况

以下给出金融产品创造效能集中若干效能的实际背景情况。

1. g_0效能

（1）从 g_0 的实际背景来看，企业股票发行和企业资产证券化对于货币资产的作用可以抽象在 g_0 上，有 $g_0(M) = M$。其经济含义是：在 g_0 在作用下货币资产保持货币属性不变，经济中的货币总量不变。若将它们两者分别写为 g_{01} 和 g_{02}，则有 $g_{01}(M) = M$ 和 $g_{02}(M) = M$，这时 $G = \{g_{01}, g_{02}, g_1, g_2, g_3\}$。

（2）从 g_0 的实际背景来看，企业资产证券化、事业信托、债权转股权、信贷资产证券化对于非货币资产的作用也可以抽象在 g_0 上。

企业资产证券化作用于作为非货币资产的证券化对象，对其债权债务关系类别不产生影响。例如，企业应收账款的证券化并不使企业应收账款的债权债务关系类别发生改变，有 $g_{03}(\bar{M}) = \bar{M}$。

事业信托作用于两项非货币资产，一项是作为事业信托对象资产的企业资产，另一项是与在信托设立前生成的企业（即委托者）承担的相应债务相统一的债权资产。当企业资产进入事业信托，信托设立前企业承担的相应债务作为信托财产承担的债务也进入信托，双方的匹配平移至 SPV 时，两项非货币资产都不改变存在类别。一方面，SPV 上的资产在类别和内容上不变；另一方面，对于信托设立前企业承担的债务是向银行的借款的情况，“借款—贷款”变为“信托受益权发行—证券投资”，债权债务关系的具体内容改变，但“信托受益权发行—证券投资”仍然属于非货币资产债权债务关系。将事业信托作用于对象资产记为 $g_{041}(\bar{M}) = \bar{M}$，将事业信托作用于银行贷款记为 $g_{042}(\bar{M}) = \bar{M}$。

债权转股权使“借款—贷款”变为“股本—股权”，债权债务关系的具体内容改变，但“股本—股权”仍然属于非货币资产债权债务关系，记为 g_{05}。

信贷资产证券化作用于作为证券化对象资产的银行贷款，不影响贷款债权债务关系的内容和类别，记为 g_{06}。

综合以上情况，有 $G = \{g_{01}, g_{02}, g_{03}, g_{041}, g_{042}, g_{05}, g_{06}, g_1, g_2, g_3\}$。

2. g_1效能

从 g_1 的实际背景来看，银行股票发行、银行信贷资产证券化对于货币资产的作用可以抽象在 g_1 上，有 $g_1(M) = \bar{M}$ 并 $g_1(\phi_{\bar{M}}) = \phi_M$。其经济含义是：货币资产减少，减少的货币资产转换为非货币资产；同时，货币的空增加，非货币的空减少。若将两者分别写为 g_{11}、g_{12}，则有 $g_{11}(M) = \bar{M}$ 并 $g_{11}(\phi_{\bar{M}}) = \phi_M$，$g_{12}(M) = \bar{M}$ 并 $g_{12}(\phi_{\bar{M}}) = \phi_M$。于是有 $G = \{g_{01}, g_{02}, g_{03}, g_{041}, g_{042}, g_{05}, g_{06}, g_{11}, g_{12}, g_2, g_3\}$。

3. g_2效能

银行将贷款债权转换为对象企业的股权并最终将转换的股权出售给投资者，不仅涉及非货币资产还涉及货币资产。债权转股权涉及货币资产的情况是：贷款转换的股权易主，由银行持有变为投资者持有，投资者由持有货币变为持有贷款转换的股权；股权易主，货币资产本身随之不复存在。这一点不难理解：当银行将贷款转换的股权出售给投资者时，银行的资产负债表收缩。若将债权转股权对货币资产的作用抽象在 g_2 上，则有 $g_2(M) = \phi_M$ 。其经济含义是：债权转股权使货币资产减少，经济中的货币总量因此减少。

4. g_3效能

从 g_3 的实际背景看，企业股票发行、企业资产证券化关于非货币资产的作用是使非货币资产从无到有，可以将其抽象在 g_3 上，记为 $g_3(\phi_{\bar{M}}) = \bar{M}$ 。

企业股票发行不仅涉及货币资产还涉及非货币资产。企业股票发行涉及非货币资产的情况是：作为股票的非货币增加，记为 $g_{31}(\phi_{\bar{M}}) = \bar{M}$ 。$g_{31}(\phi_{\bar{M}}) = \bar{M}$ 的经济含义是：企业股票发行使作为股票的非货币资产从无到有，经济中的非货币资产增加。

企业资产证券化不仅涉及 g_0 对货币资产和非货币资产的作用，还涉及 g_3 对非货币资产的作用。企业资产证券化基于 g_3 涉及非货币资产的情况是：以企业证券化资产为支持的非货币资产增加，记为 $g_{32}(\phi_{\bar{M}}) = \bar{M}$ 。$g_{32}(\phi_{\bar{M}}) = \bar{M}$ 的经济含义是：与企业证券化资产同真同假的非货币资产从无到有，经济中的非货币资产增加。与银行信贷资产证券化的不同是，这一非货币资产不是货币资产的转化形式，而是从无到有的。

银行信贷资产证券化与其说涉及以贷款为支持的非货币资产的创造，莫如说涉及货币资产向非货币资产的转化，这种转化已在 g_1 中由 g_{12} 表示。

综上所述，有 $G = \{g_{01}, g_{02}, g_{03}, g_{041}, g_{042}, g_{05}, g_{06}, g_{11}, g_{12}, g_2, g_{31}, g_{32}\}$ 。

5. 发起贷款

发起贷款也是一种金融产品创造。发起贷款时增加了作为非货币资产的贷款的数量，同时也增加了货币资产的数量。作为非货币资产的贷款从无到有，经济中的非货币资产增加，记为 $g_{34}(\phi_{\bar{M}}) = \bar{M}$ ；货币资产从无到有，经济中的货币资产增加，记为 $g_{22}(\phi_M) = M$ 。在写出 $g_{22}(\phi_M) = M$ 的情况下，前面 $g_2(M) = \phi_M$ 就应写为 $g_{21}(M) = \phi_M$ 。给出这一扩展的意义在于，它补充说明了经济中货币资产从哪里来，它与金融产品创造效能的关系。这时金融产品创造的集合为：

$$G = \{g_{01}, g_{02}, g_{03}, g_{041}, g_{042}, g_{05}, g_{06}, g_{11}, g_{12}, g_{21}, g_{22}, g_{31}, g_{32}, g_{33}, g_{34}\}$$ 。

二、金融产品创造下资产的对称性

金融产品创造下资产的对称性是指资产本身在金融产品创造的作用下所具有的不变性。从资产债权债务关系的类别和资产的空在金融产品创造的作用下变与不变去看待货币资产和非货币资产，就会看到在货币资产和非货币资产的转换中资产本身的对称性，看到金融产品创造对货币总量的影响。尤其是，金融产品创造对货币总量有何影响，一直为金融家所关切。以下以几种金融产品创造为背景来进行这方面的分析，也一并对涉及到的其他细节给出简略总结。

（一）企业股票发行

企业股票发行中涉及的基本概念有：$g_{01}(M) = M$，$g_{31}(\phi_{\bar{M}}) = \bar{M}$。

（1）$g_{01}(M) = M$ 经济含义是：在企业股票发行这一金融产品创造的作用下，货币易主，而货币本身在这种易主之变中保持不变，经济中的货币总量不变，故而企业股票发行是已有货币资产的一个对称。

（2）$g_{31}(\phi_{\bar{M}}) = \bar{M}$ 的经济含义是：企业股票发行创造了非货币资产，作为非货币资产的股票从无到有，经济中的非货币资产增加，故而企业股票发行不是非货币资产本身的对称。

（3）所发行的股票具有货币关系，是购买货币的证券。投向股票的货币易主，由投资者持有变为企业持有，这意味着投资者的资产负债表规模不变；企业通过股票发行购买已有货币，这意味着企业的资产负债表规模扩大；银行通过提供技术服务实现货币易主，这意味着银行的资产负债表规模在货币易主和股票从无到有的变中保持不变。结果是货币总量不变，而货币结构变化，作为储蓄的货币减少，与资本的总运动相联系的货币相应增加。

（4）股票发行在总体上增加了经济中的非货币资产的规模，如果企业能凭借对募集资金的运用增加经济中的有效收益，而不是通过购买理财产品分享经济中的有效收益，那么总体金融资产的回报水平便会走高而不是走低。

（5）资产和权益一同增加，这使企业资产负债表上的净资产增加而负债不变，于是杠杆率降低。如果经济中的总产出水平因此而增加，那么企业股票发行就降低了经济中的杠杆率，即有（$\overline{\text{债务水平}}$/GDP↑）↓。

（二）企业资产证券化

企业资产证券化中涉及的基本概念有：$g_{02}(M) = M$，$g_{03}(\bar{M}) = \bar{M}$，$g_{32}(\phi_{\bar{M}}) = \bar{M}$。

（1）$g_{02}(M) = M$ 的经济含义是：在企业资产证券化这一金融产品创造的作用下，货币易主而货币本身在这种易主之变中保持不变，经济中的货币总量也不变，故而企业资产证券化是已有货币的一个对称，经济中的货币总量不变。

（2）$g_{03}(\bar{M}) = \bar{M}$ 的经济含义是：以资产为支持发行证券的交易结构并不改变支持证券发行的非货币资产的类别，也不改变支持证券发行的非货币资产的内容，尤其是在使用自己信托的情况下。故而在经济中作为证券化对象的非货币资产的数量和内容在以资产为支持发行证券的变中保持不变，企业资产证券化是证券化资产的一个对称。

（3）$g_{32}(\phi_{\bar{M}}) = \bar{M}$ 的经济含义是：企业资产证券的发行增加了经济中的非货币资产的数量。这种非货币资产是证券化对象资产的证券存在，与证券化对象资产同真同假。与货币金融中介信贷资产证券化相比较，以贷款为支持发行的证券不仅是证券化对象资产的证券存在，与证券化对象资产同真同假，还是与转移贷款相匹配的存款货币的转化形式。

（4）在 SPV 负债上发行的证券是购买货币的证券，但购买的货币不是借记在 SPV 的资产负债表上，而是借记在企业自身的资产负债表上，企业最终以持有货币替代持有证券化对象资产，故而企业资产负债表规模在非货币资产变为货币资产的变中保持不变。投资者以持有资产证券替代持有货币，故而投资者的资产负债表规模在货币资产转换为非货币资产的变中保持不变。银行在负债一端为货币易主提供技术服务，故而银行的资产负债表规模在存款货币易主的变中保持不变。如果以企业资产证券化替代企业债务发行实现了总产出的增加，那么企业资产证券化就降低了经济中的杠杆率，即有（$\overline{\text{债务水平/GDP}\uparrow}$）↓ 。

（三）事业信托

事业信托中涉及的基本概念有：$g_{041}(\bar{M}) = \bar{M}$，$g_{042}(\bar{M}) = \bar{M}$。

（1）$g_{041}(\bar{M}) = \bar{M}$ 的经济含义是：以事业信托这一金融产品创造作用于企业的非货币资产，非货币资产的类别保持不变，非货币资产债权债务关系的具体内容也保持不变。故而，事业信托是作为事业信托对象的企业非货币资产的一个对称。

（2）$g_{042}(\bar{M}) = \bar{M}$ 的经济含义是：在事业信托的作用下，统一于信托设立前生成的企业承担的债务的非货币资产的类别在事业信托作用的变中保持不变，依然是非货币资产。故而，事业信托是统一于作为事业信托对象的消极财产的非货币资产的一个对称。由于资产债权债务关系的具体内容有变化，故而存在着对称性破缺。

（3）事业信托是通过转换型 SPV 而实现的，其效果是构建一个将积极财产和消极财产作为一个事业整体的表外交易结构。积极财产和消极财产以匹配的关系平移至表外 SPV。如此，由事业信托资产承担的证券发行是企业债务的转化形式，没有货币关系。

（4）企业资产负债表上的资产和负债一并减少，资产负债表规模收缩，杠杆倍数或杠杆率降低。在银行以持有信托受益权证券而替代持有贷款的阶段，资产负债表规模不变，资本消耗降低。

（5）企业事业信托和企业股票发行都具有降低企业杠杆倍数的效果，但两者的实现机制有所不同。

事业信托在降低企业杠杆倍数上的机制是：

$$\left(\frac{\text{资产}+\Delta\text{资产}\downarrow}{\text{权益}}\right)=\frac{\text{资产}}{\text{权益}}\left(1+\frac{\Delta\text{资产}\downarrow}{\text{资产}}\right)。$$

由（$-$资产）$<\Delta$资产 ↓ <0，和 $-1<\dfrac{\Delta\text{资产}\downarrow}{\text{资产}}<0$，得 $0<\left(1+\dfrac{\Delta\text{资产}\downarrow}{\text{资产}}\right)<1$，故而有 $\left(\dfrac{\text{资产}}{\text{权益}}\right)\downarrow$，即表示企业杠杆倍数的指标降低。

与之相比，企业股票发行在降低企业杠杆倍数上的机制是：

$$\left(\frac{\text{资产}+\Delta\text{资产}\uparrow}{\text{权益}+\Delta\text{权益}\uparrow}\right)=\frac{\text{资产}}{\text{权益}}\left(\frac{1+\dfrac{\Delta\text{资产}\uparrow}{\text{资产}}}{1+\dfrac{\Delta\text{权益}\uparrow}{\text{权益}}}\right)。$$

由Δ资产↑ >0, Δ权益↑ >0, Δ资产↑ = Δ权益↑，资产>权益，得 $\frac{\Delta\text{资产}\uparrow}{\text{资产}} < \frac{\Delta\text{权益}\uparrow}{\text{权益}}$，$0 < \left(\frac{1+\frac{\Delta\text{资产}\uparrow}{\text{资产}}}{1+\frac{\Delta\text{权益}\uparrow}{\text{权益}}}\right) < 1$，故而有 $\left(\frac{\text{资产}}{\text{权益}}\right)\downarrow$，即表示企业杠杆倍数的指标降低。

（四）银行股票发行

银行股票发行中涉及的基本概念有：$g_{11}(M) = \bar{M}$。

(1) $g_{11}(M) = \bar{M}$ 的经济含义是：从银行部门看，银行股票发行作用于货币资产，使存款货币债务和银行存款债权相统一的货币转化为作为股本和股权相统一的股票，货币资产转换为非货币资产，故而在经济中的货币总量减少。

(2) 在银行股票发行的作用下，货币资产转换为非货币资产，但资产本身在这种转换的变中保持不变，故而银行股票发行是资产本身的对称。

(3) 银行股票发行使银行部门的资本增加，增加的资本是存款货币的转化形式，故而银行部门的资产负债表规模不变，而一定准备金下的超额准备金增加。

（五）债权转股权

关于债权转股权的操作通常表现为两种方法：一种方法是直接转股，即银行直接将贷款债权转为对象企业的股权，然后再将转换股权出售给投资者；另一种方法是间接转股，即银行先将贷款债权转让给一个另外的专业化实施机构，由这一实施将债权转为对象企业的股权，之后由实施机构将转换股权出售给投资者。两者最终具有相同的经济效果，若以最终经济效果来界定债权转股权的实施，债权转股权是直接融资对间接融资的置换。在直接转股的背景下，投资者以持有的已有货币投资于由贷款转换的股权，从而使间接融资被置换为直接融资。在通过实施机构进行转股的情况下，实施机构首先以持有的已有货币承接贷款并将承接的贷款转换为对象企业的股权，从而使间接融资置换为直接融资，当转换的股权出售给投资者时，这一置换就由投资者继承。

债权转股权中的基本概念是：$g_{05}(\bar{M}) = \bar{M}$，$g_{21}(M) = \phi_M$。

(1) $g_{05}(\bar{M}) = \bar{M}$ 的经济含义是：债权转股权作用于贷款，最终使借款与贷款相统一的非货币资产转换为股本与股权相统一的非货币资产，非货币资产的具体内容发生变化但类别不变，依然是非货币资产，故而债权转股权是非货币资产本身的一个对称。

(2) $g_{21}(M) = \phi_M$ 的经济含义是：债权转股权作用于货币，最终使存款货币与银行存款相统一的货币消失，故而货币资产本身不复存在，经济中的货币总量因此减少。

(3) 债权转股权收缩银行的资产负债表规模，这一点与信贷资产证券化是相同的，但不同之处是，在信贷资产证券化的情况下，货币资产匹配于证券化贷款转化为非货币资产，而不是从有到无。在这方面，债权转股权的机制是 $g_{21}(M) = \phi_M$，而信贷资产证券化的机制是 $g_{12}(M) = \bar{M}$。债权转股权是以货币资产本身的减少而使货币总量减少，而信贷资产证券化则是以货币资产化身为非货币资产而使货币总量减少。

债权转股权最终将贷款转换为对象企业的股权，所涉及的非货币资产本身不变，故而是所涉及的非货币资产本身的对称。信贷资产证券化将贷款由表内转移至表外，故而是所涉及的贷款这一非货币资产的对称。

（4）在债权转股权，企业资产负债表的规模不变，但净资产基于借款向股本的转换而获得绝对增加，外部融资额外成本因此降低。相比较，信贷资产证券化不对企业财务结构产生影响。

（六）信贷资产证券化

信贷资产证券化中涉及的基本概念有：$g_{06}(\bar{M}) = \bar{M}$，$g_{12}(M) = \bar{M}$。

（1）$g_{06}(\bar{M}) = \bar{M}$ 的经济含义是：以信贷资产证券化这一金融产品创造作用于贷款时，贷款债权和借款债务的统一在资产的类别上保持不变，依然是非货币资产，同时贷款债权和借款债务的统一在资产的内容上也保持不变，贷款依然是贷款，还保持者基本的银行关系。故而，信贷资产证券化这一金融产品创造是贷款这一非货币资产的一个对称。而相比较，以债权转股权这一金融产品创造作用于贷款时，虽然非货币资产本身依然存在，这一点与信贷资产证券化一样，但毕竟贷款转换为股权，故而债权转股权虽然是非货币资产的一个对称，但不是作为非货币资产的贷款的一个对称。

（2）$g_{12}(M) = \bar{M}$ 的经济含义是：以信贷资产证券化作用于货币时，存款货币债务与银行存款债权相统一的货币资产转化为作为非货币的债务与债权相统一的非货币资产，货币资产化身为非货币资产。在这样的转化中，资产本身在货币化身为非货币的变中保持不变，并非从有到无，故而信贷资产证券化虽然不是货币本身的一个对称，却还是资产本身的一个对称。相比较，以债权转股权作用于货币，资产本身不复存在，故而债权转股权作用于货币既不是货币的一个对称，也是资产本身的一个对称。

（3）对于信贷资产证券化而言，贷款和与贷款在价值上相对应的存款货币以互为匹配的形式转移至表外的 SPV，这带来银行资产负债表规模的收缩，货币总量因此减少。

（4）就货币金融中介而言，以贷款为支持的证券是货币转化的证券，SPV 在贷记“证券发行”时没有在资产上为投向证券的货币设置一个相应的借记空位，银行也没有在资产上为投向证券的货币设置一个相应的借记空位，这一点与企业资产证券化有所不同。以企业资产为支持的证券是购买货币的证券，不是货币转化的证券，这决定了虽然实现企业资产证券化的 SPV 在贷记“证券发行”时同样没有为投向证券的货币设置一个相应的借记空位，但在企业的资产上为投向证券的货币设置了一个相应的空位。货币金融中介信贷资产证券化和企业资产证券化作用于货币资产的这种不同效果体现为 $g_{12}(M) = \bar{M}$ 和 $g_{02}(M) = M$。这说明，在创造购买货币的证券时，要为货币的运动设计一个相应的空位，而在创造货币转化的证券时，无需这种设计。

（5）因为贷款的证券存在本质上是对贷款的权益（尽管在证券发行序列结构的设计上也将一些层次的发行称为债券），所以 SPV 的杠杆倍数为 1。SPV 的杠杆倍数为 1 意味着，货币金融中介信贷资产证券化在降低银行的杠杆倍数时并没有增加经济中的杠杆倍数。

（6）就储蓄积累形式的转化而言，资产证券的发行不是将积累储蓄的货币储蓄直接或间接地转变为代表储蓄的货币流通，而是将储蓄在货币形式上的存在转化为在非货币形式上的存在。投资者在储蓄的积累上由积累货币变为积累资产证券，而作为积累储蓄的货币则化身在资产证券的存在形式上，而不是转换为代表储蓄的货币流通。

综上所述，信贷资产证券化与货币总量之间的关系较为隐蔽，若不是得益于会计处理方法的指引，难有得令人信服的表述，更不用说以图论方法对一些问题给出更深入的探究。信贷资产证券化与货币总量之间关系的重要性，一点也不逊于信贷资产证券化在释放资本和分散风险方面的作用，甚至更为重要。其原因在于，信贷资产证券化带来的货币转化机制成为一种不同于间接融资机制和直接融资机制而影响经济与金融运行的新机制。

三、政策意义

金融产品创造虽然具有创意纷呈、错综复杂的表现，但在深层本质上也是有简约归宿的。金融产品创造在深层本质上是对称的，其效能集是金融世界为人们探索这种对称保留的珍贵线索，为揭示对称与金融产品创造基本组织原理之间的深刻联系提供了契机。进而，金融产品创造中的对称性，为审视、布局、完善金融产品创造提供了指引。

金融发展离不开金融布局和金融规律，设计金融布局和遵循金融规律首先要探明根植于金融布局的金融运行基本组织原理。金融产品创造布局是金融布局中的重要内容，基于对称性的金融产品创造基本组织原理就是金融产品创造中的金融规律。应该遵循这样的金融规律谋划金融布局，推进金融发展。实现间接融资和直接融资的传统工具固然是金融产品创造中的重要内容，前者扩张货币规模，后者保持货币规模不变，但仅此而已还不是要寻找的金融布局的根本设计，因为抽象到效能集来看，$(\{g_0, g_2, g_3\}, *)$ 不是群，g_0、g_2、g_3 效能的构成并不导致对称。作为实现货币和非货币转换的 g_1 效能是完善金融产品创造中的不可或缺的构成（事实上，在不知晓以上 Klein 群和 Cayley 图的情况下，一旦提示了 g_1 效能，甚至是在直观上也能感悟出，为了完善金融产品创造，在金融产品创造的布局上应该将具有 g_1 效能的金融产品创造加入其中），它所实现的货币与非货币间的转换绝非金融统计上的变通之法。由 g_0、g_1、g_2、g_3 效能有效构成的整体金融产品创造才是“本来就应该是”的那种金融产品创造布局。

“有效”一词在此给出的提示是：（1）虽然银行股票发行也是具有 g_1 效能的金融产品创造，但相对于庞大的已有存款货币而言，其效果显然是远远不够的，不足以成为使 g_1 效能在金融产品创造中充分占有一席之地；（2）虽然银行股票发行也是具有 g_1 效能的金融产品创造，但银行股票发行的资金循环并不同时满足图 6-10 中图的回路③。鉴于此，为了使金融产品创造有效地而不是形象地完善起来，还需要切实发展像信贷资产证券化那样既具有 g_1 效能同时资金循环又在图 6-10 中图的回路③中的金融产品创造。

另外，就 g_1 效能而言，带有 g_1 效能的商业银行信贷资产证券化已然是实现货币管理的一种操作工具，面对我国目前偏高的 M_2/GDP，迫切需要在商业银行推出具有相应规模的信贷资产证券化。目前我国金融运行中存在的一些扭曲、纠结、困惑，与缺乏这一货币管理操作有关。

第三节　金融产品创造中的国际股发行

国际股发行是指境外企业在我国资本市场推出的股权融资发行，国际股发行显然不同于在我国注册的外商投资企业为了拓宽融资渠道而在我国资本市场推出的股权融资发行。在对世界金融中心建设的审视上，如果忽略在国际金融关系中货币国际化程度差异和资本账户制度（如汇兑安排和汇兑限制）差异，就会直观地认为国际股发行是国际金融中心建设上的一项战略举措。其实，由于本国货币在国际化程度上的具体情况和货币运动进出的资本账户制度安排的具体情况，国际股发行有着一些隐蔽的细节，弄清这些细节对于把握国际股发行在国际金融中心建设中的性质、功能和作用是十分重要的。本节的内容是基于金融产品创效能的概念来表述国际股发行。

一、对表 7－1 的扩展

设 M' 是外币，$\bar{M}'$ 是以外币计价的非货币资产，$\phi_{M'}$ 是外币资产的空，$\phi_{\bar{M}'}$ 是以外币计价的非货币资产的空。A_T 是总资产，包括本币资产、本币计价的非货币资产、外币资产、外币计价的非货币资产。于是，可以得到以下将 M'、$\bar{M}'$、$\phi_{M'}$ 和 $\phi_{\bar{M}'}$ 包括在内的表 7－4。

表 7－4　　金融产品创造四项效能对资产和资产的空的影响（扩展）

f	M	$\bar{M}$	ϕ_M	$\phi_{\bar{M}}$	M'	$\bar{M}'$	$\phi_{M'}$	$\phi_{\bar{M}'}$	A_T
g_0	M	$\bar{M}$	ϕ_M	$\phi_{\bar{M}}$	M'	$\bar{M}'$	$\phi_{M'}$	$\phi_{\bar{M}'}$	不变
g_1	$\bar{M}$			ϕ_M					不变
∇g_1		M	$\phi_{\bar{M}}$						不变
∇g_1					$\bar{M}'$			$\phi_{M'}$	不变
∇g_1						M'	$\phi_{\bar{M}'}$		不变
g_2	M		M						增加
∇g_2	ϕ_M		ϕ_M						减少
∇g_2					M'		M'		增加
∇g_2					$\phi_{M'}$		$\phi_{M'}$		减少
g_3		$\bar{M}$		$\bar{M}$					增加
∇g_3		ϕ_M		ϕ_M					减少
∇g_3					$\bar{M}'$		$\bar{M}'$		增加
∇g_3					$\phi_{\bar{M}'}$		$\phi_{\bar{M}'}$		减少

从 M'、$\bar{M}'$、$\phi_{M'}$ 和 $\phi_{\bar{M}'}$ 在表 7－4 中的位置和表 7－4 的结构容易来看，基于四项效能的

金融产品创造的对称性依然如故，这也就是说，表 7－3 的对称性揭示依然有效。

二、国际股发行的资金循环和效能概念

以下分两种情况来讨论国际股发行的资金循环和效能概念：一种情况是可以兑换外汇储备，另一种情况是不可以兑换外汇储备。

（一）兑换外汇储备

在为国际股发行提供兑换外汇储备条件的情况下，国外企业在我国发行以人民币计价的国际股的资金循环及其对央行外汇储备的影响如图 7－2 所示。图 7－2 只是资金循环的简要图示，其中未包含发行中介机构等相关辅助环节。

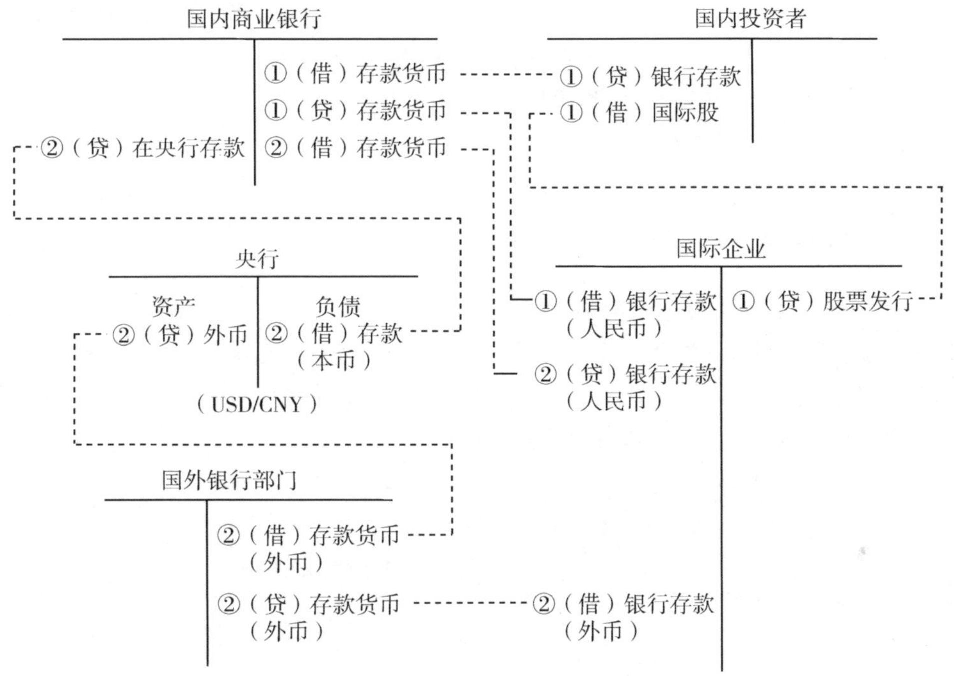

图 7－2　国内发行人民币计价国际股的资金循环（兑换外汇储备）

图 7－2 中的①表示境外国际企业在我国发行以人民币（本币）计价的股份的资金循环情况，其中包括两项内容。①中的第一项内容是：国际股发行创造了以人民币计价的非货币资产，故而在效能表示上有 $g_3(\phi_{\overline{M}}) = \overline{M}$ 。①中的第二项内容是：人民币易主，但人民币本身在这种易主之变种保持不变，故而在效能表示上有 $g_0(\phi_M) = M$ 。对第二项内容的具体表述是：投资者以持有的人民币购买国际股，即有（借）国际股/（贷）银行存款；国际股发行企业通过此项发行募得人民币款项，即有（借）银行存款/（贷）股票发行，股票发行包括股本及其溢价；国内商业银行提供结算服务，即有（借）存款货币——投资者/（贷）存款货币——国际股

发行企业。对于在我国有人民币业务用途的国际企业而言，这一发行为其经营活动募集了法币。

②表示国际股发行企业以募集的人民币兑换外币。由于人民币目前尚不是充分的国际结算货币，因此，如果国际股发行企业在我国境内没有必要的人民币业务用途，那么在为国际股发行提供兑换外汇储备条件的情况下，国际股发行企业就会选择将所募集的人民币款项兑换成能够充分担当国际结算支付的外币，目标当然就是在我国央行的美元储备。于是在国际股发行这一金融产品创造的作用下，有 $g_2(M) = \phi_M$ 并 $g_0(M') = M'$ 。这对效能的经济含义是：(1) 在国内商业银行，从有到无地减少一笔社会的人民币存款货币，同时也从有到无地减少一笔在央行的准备金存款，即在国内商业银行有（借）存款货币/（贷）在央行存款；(2) 在央行方面，减少一笔对商业银行的存款负债，同时也减少一笔美元储备资产，即在我国央行有（借）××存款/（贷）存放国外同业；(3) 央行减少的这笔外币不是从有到无，而是通过 BIS 和国外同业路径最终划转到国际股发行企业的境外账户，该笔外币在易主之变中保持其本身不变，即在效能上表现为 $g_0(M') = M'$ 。资金离境的运动脉胳是：在国际股发行企业有（借）在外国开户行的银行存款（外币）/（贷）在我国银行的存款（人民币）；在国际股发行企业的境外开户行有（借）存放同业/（贷）存款货币——国际企业；在提供清算的同业机构有（借）同业存放——我国央行/（贷）同业存放——国际股发行企业境外开户行。略去了兑换科目的会计处理表示。

（二）不兑换外汇储备

另一种情况是，不为国际股发行提供兑换外汇储备的条件。在这种情况下，当国际股发行企业将募集资金直接从境内汇出时，人民币就从境内运动至境外，人民币本身在这种运动之变中保持不变，这是一个实现人民币国际化的概念。这种情况的资金循环简要情况如图 7-3所示，其中未包含发行中介机构等相关辅助环节。

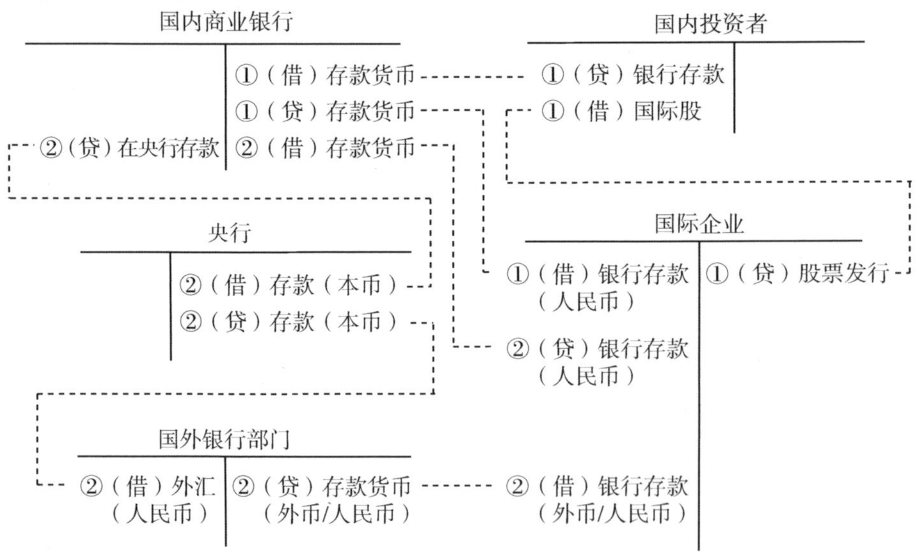

图 7-3　国内发行人民币计价的国际股的资金循环（不提供兑换外汇储备条件）(Ⅰ)

图 7-3 中的①表示境外国际企业在我国发行以人民币计价的股份的资金循环情况，其中包括两项内容。①中的第一项内容是：国际股发行创造了以人民币计价的非货币资产，故而在效能表示上有 $g_3(\phi_{\bar{M}}) = \bar{M}$ 。①中的第二项内容是：人民币易主，但人民币本身这种易主之变种保持不变，故而在效能表示上有 $g_0(\phi_M) = M$ 。对第二项内容的具体表述是：投资者以持有的人民币（本币）购买国际股，即有（借）国际股/（贷）银行存款；国际股发行企业通过此项发行募得人民币款项，即有（借）银行存款/（贷）股票发行，股票发行包括股本及其溢价；国内商业银行提供结算服务，即有（借）存款货币——投资者/（贷）存款货币——国际股发行企业。

②表示国际股发行企业将募集的人民币汇至其境外账户的资金循环情况。即便人民币目前还不是充分的国际结算货币，但在不为国际股发行提供兑换外汇储备条件的情况下，发行企业只有两种选择：或者是将募集资金用于国内业务，或者是将募集资金汇出到在国外的开户行。在后一种情况，发行企业在我国持有的人民币银行存款减少，而在国外银行部门，在发行企业的境外开户行，增加了人民币业务。所增加的人民币业务可以从两个方面来看。第一，如果发行企业的境外开户行不以结汇为发行企业付出境外所在国的法币，那么发行企业就会继续持有人民币，这时人民币对发行企业境外所在国经济活动有调动但并不深入。人民币走出去的运动脉胳是：在发行企业有（借）在境外开户行的银行存款——人民币/（贷）在我国商业银行的银行存款——人民币；在发行企业的开户行有（借）外币——人民币/（贷）存款货币——人民币。第二，如果发行企业的国外开户行通过付出所在国法币而为发行企业结汇，那么发行企业就可在境外将人民币兑换为所在国法币，所在国的这部分法币是人民币的兑换券，这时人民币对发行企业境外所在国经济活动有深入调动，调动的程度取决于实现结汇的人民币的规模。人民币走出去的运动脉胳是：在发行企业有（借）在境外开户行的银行存款——境外所在国的法币/（贷）在我国商业银行的银行存款——人民币；在发行企业的开户行有（借）外币——人民币/（贷）货币兑换——人民币、（借）货币兑换——发行企业所在国的法币/（贷）存款货币——发行企业所在国的法币。这一脉胳抽象在效能概念上的表示是 $g_3(\phi_{M'}) = \phi_{M'}$ ，即以人民币为支持付出外币，人民币撬动外币从无到有。

不管是哪一种情况，在国外银行部门，国际股发行企业的国外开户行增加了人民币头寸。这一增加的头寸或是对中国人民银行货币债权（见图 7-3），或是对我国商业银行的货币债权（见图 7-4）。若我国商业银行在国际股发行企业所在国设有办理清算业务的分支机构，可以弥补国际股发行企业所在国开户行不办理人民币业务的限制。

国外银行部门及国内商业银行境外分支机构所持有的这一人民币头寸意味着，人民币成功实现了“走出去”，获得了国际化。只要不在“回流机制”下或者“离岸中心”内让这一头寸向中国人民银行的外汇储备回流，这一头寸就可以保持它的持续存在，或是置身于外汇市场中的货币自由兑换，或是充当国际贸易中的结算货币，或是成为国外央行和国外央行以外的国外银行同业的外汇资产，而中国人民银行或是我国商业银行当然会为自己的货币提供技术服务，在负债一端为这一头寸的运动提供“过户”。至于这一头寸在运动中回到国内，成为国内某个经济主体的账户上的头寸，并用于偿还经济主体的某项人民币借款，从而消失掉，那也是正常的。①

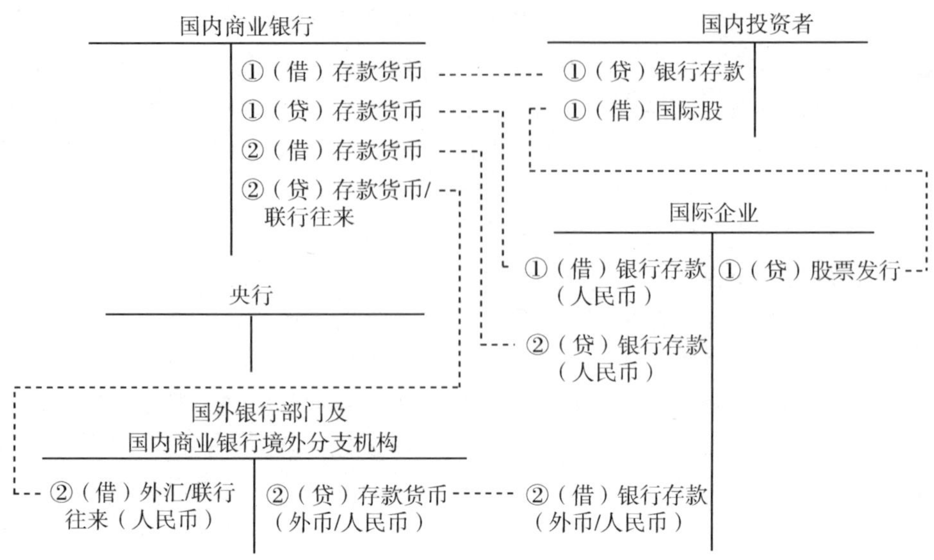

图 7－4　国内发行人民币计价的国际股的资金循环（不提供兑换外汇储备条件）（Ⅱ）

三、比较分析

在是否为国际股发行提供兑换外汇储备条件的不同情况下，国际股发行的效能境况、人民币实现国际化的境况和以我国资本市场配置国际资源的境况，有相同之处也有不同之处。

（一）效能

在效能集的概念上进行比较分析，能够触及和提炼事物双方更深入的内容。

1. 两种情况下的共同之处

从 g_3 的效能来看，可以将国际股发行抽象在 g_3 上，即有 $g_3(\phi_{\overline{M}}) = \overline{M}$ 。国际股发行创造了人民币计价的非货币资产，本国经济中以了人民币计价的非货币资产增加。

从 g_0 的效能来看，可以将国际股发行抽象在 g_0 上，即有 $g_0(M) = M$ 。当境外企业在我国发行以人民币计价的国际股时，投资者由持有人民币变为持有以人民币计价的国际股，人民币由投资者的银行账户转移到国际股发行企业在我国开立的银行账户，人民币易主，但人民币本身在这种易主之变中保持不变，故而国际股发行是人民币的一个对称。

① 由此可见，人民币国际化或“走出去”的技术要点在于：作为债权债务关系统一的人民币，其债务一端要持续存在，不能向外汇储备回流，基于此，让其债权一端运动，或是置身于外汇市场中的货币自由兑换，或是充当国际贸易中的结算货币，或是成为国外央行的外汇储备，或是进入国外商业银行和其他金融机构的资产。中国人民银行或我国商业银行在自己的负债上为这一债权的运动提供“过户”技术服务，或是默认（如现金）。

2. 两种情况下的不同之处

在为国际股发行提供兑换外汇储备条件的情况下，当国际股发行企业将募集资金兑换为外币从境内汇出时，国际股发行这一金融产品创造的效能是 $g_2(M) = \phi_M$ 并 $g_0(M') = M'$，即人民币从有到无，减少的人民币用于兑换外币，而兑换的外币从境内运动到境外，外币本身在这种运动之变中保持不变。这是一个国际股发行企业以人民币计价股本发行最终换取外汇的概念。

在不为国际股发行提供兑换外汇储备条件的情况下，当国际股发行企业将募集的人民币从境内汇出境外时，人民币本身在这种运动之变中保持不变。这是一个实现本币国际化的概念。从 g_0 的效能来看，有 $g_0(M) = M$。这时的国际股发行对 M' 不发生作用，这一点不同于为国际股发行提供兑换外汇储备条件的情况。在人民币运动到国际股发行企业境外所在国并获得银行兑付法币时，有 $g_3(\phi_{M'}) = \phi_{M'}$，这时人民币国际化对国际股发行企业境外所在国经济活动有深入调动。这意味着人民币在国际资源配置中发挥积极作用。

（二）人民币“走出去”

在为国际股发行提供可兑换外汇储备的情况下，推出以人民币计价的国际股发行未必能给人民币带来“走出去”或是“国际化”的好运，不管是就对商业银行的货币债权而言，还是就对中国人民银行的货币债权而言。以人民币目前的地位，按照市场的逻辑，真正实现“走出去”或是“国际化”的，是在中国人民银行账户上持有的外币，即中国人民银行对国外银行部门的外币债权。就美元而言，美元的国际化得到进一步强化。这种效果是以“产品及资源——外汇——国际股”为模式的，这样的国际股发行是以外汇储备在背后提供支持的。可以设想，如果美国具有通过向我国出口产品和资源而取得的大量人民币储备，而这些人民币储备又不是用于对我国的贸易结算，而是被用于为我国企业在美国的以美元计价的股票发行融资提供备付，那么美国的政治家和经济学家会如何反应。

在不为国际股发行提供兑换外汇储备条件的情况下，国际股发行可以驱动人民币“走出去”。图 7－3 体现为人民币是从中国人民银行那里走出去的，因为与在境外的人民币债权相统一的人民币债务是中国人民银行负债上的债务；图 7－4 体现为人民币是从我国商业银行那里走出去的，因为与在境外的人民币债权相统一的人民币债务是我国商业银行负债上的债务。不过在评价上需要同时考虑的是，在本国有许多深刻而复杂的经济隐患需要通过利用本币来消化的情况下，是否应该优先考虑本国的需要，将对于本币的利用优先放在解决国内问题上。这些本币由于结构上的问题在一定时期看上去是过剩的，甚至是泛滥的，但若能用来解决某些特定问题，未必就真的充沛。

（三）以我国资本市场配置国际资源

就境外企业在我国资本市场推出人民币计价的股权融资发行而言，以我国资本市场配置国际资源的效果应该包括两个方面：第一，通过将投资者持有的人民币资金转换为国际股发行企业持有的人民币资金，国际股发行企业以持有的人民币参与调动我国经济活动；第二，通过将投资者持有的人民币资金转换为国际股发行企业持有的人民币资金，进而使人民币

“走出去”，实现人民币融入世界经济格局，参与全球资源配置，这意味着人民币参与调动世界经济活动。

在国际股发行不能兑换外汇储备的情况下，推出国际股发行会具有驱动人民币“走出去”，使人民币“国际化”的效果，而在国际股发行能够兑换外汇储备的情况下，以现阶段国家的综合力量，按照市场的逻辑，要实现人民币“走出去”或是使人民币“国际化”，并实现以我国资本市场配置“国际资源”，可能会潜在许多矛盾，其中的一些内在关系并不直观，需要切实弄清。单就人民币国际化而言，或许就需要有人民币不能自由兑换美元的措施作为基础条件。显然，如果国际股发行的结果人民币泯灭而美元“走出去”，那么以我国资本市场配置国际资源的议题就无从谈起。

注意到，美元之所以是国际货币，一个显而易见的标志就是，美元货币债权（不管是体现为现金的美元货币还是体现为银行存款的美元货币）能够强力走遍全球——走进千家万户、走进它国银行体系，而绝对不是向美联储资产负债表上的那个债务对应物回流。美元的持有者可以在相关市场上以美元买卖黄金或其他货币，却并不能便利地向美联储兑换黄金或其他外汇储备。这样，当美元的持有者以美元在黄金市场购买黄金、在外汇市场购买他国货币时，只要交易对手不是美联储，一笔相应已有美元通常就不会泯没，其运动表现为货币易主，而美元本身在这种易主之变中保持不变。只有在美联储介入并且是交易对手时，一笔相应的已有美元才会泯没。至于说美元货币的持有者能够便利地向美联储兑换黄金或其他外汇储备，这样货币制度在美国曾经存在过，但现在已经不复存在。

在美国，以资本市场配置国际资源的结果是进一步强化了美元国际化。有越多的国外企业在美国资本市场募集资金并将资金汇回本国，美元的国际化地位就越高，因为这些美元汇回本国后便会是创造本国的本币甚至基础货币的依据。这意味着美元在更广范围、更大深度融入世界经济格局，参与全球资源配置，显著调动世界经济活动。而在我国，在提供兑换外汇储备条件的情况下，以我国资本市场配置国际资源的结果则是以湮灭人民币的形式放行外汇储备，没有起到人民币国际化的效果。在中美两国资本市场的比较上，这是一个微妙而深刻差异。这种差异或许是影响我国资本市场对外开放实际成效的一个重要细节。

（四）货币国际化、资本账户开放和世界金融中心建设三者的关系

就我国世界金融中心建设而言，资本账户汇兑安排制度是一个切实的纠结，因为带有汇兑安排的资本账户开放似乎不能达到美国那样的世界金融中心地位。深层次根源在于人民币国际化程度。只有当人民币达到基本无需借助资本账户汇兑安排而能实现资本顺畅跨境流动的程度，我国世界金融中心建设才能真实实现。

在货币国际化、资本账户开放和世界金融中心建设这三个方面，资本账户开放是世界金融中心的外观，货币国际化是世界金融中心的本质。“外观的东西是本质的一个规定，本质的一个方面，本质的一个环节。本质具有某种外观。外观是本质自身在自身中的表现。”①

① 参见列宁：《哲学笔记》，《列宁全集》第55卷，人民出版社2017年第二版增订版，第110页。

第三篇

金融结构与金融产品创造

金融产品创造是金融结构的具体实现，如果相信对称是金融结构的一个本质属性，那么以对称性为指引的金融产品创造布局就是完善金融结构的基本追求。

第八章　金融结构的对称性比较和完美对称的金融结构

我们已经以对称性为线索在金融体系演进与对称性的联系中得出 BMS 型金融结构，从而对为什么会有资产证券化这一问题给出了初步答案。就比较分析而言，对称性是一个与结构有关的相对概念，不同的结构决定了对称的层级，具有更高对称层级的金融结构是更完善的金融结构。作为对为什么会有资产证券化这一问题探讨的深入、拓展和完善，本节的基本内容是：比较金融结构的对称性，展现完美对称的金融结构。

第一节　金融结构的对称性比较

本节的内容是对三种类型金融结构的对称性进行比较分析，方法是将图与群结合起来，运用群来研究图。图与群的结合是近四十年来数学领域中一项重要的开创性工作，并取得了丰富成果。在本书中，如果说三个关系（债权债务关系、T 关系、位移关系）的建立为将图论引入经济与金融研究提供了一种新的方法，是一项基础性工作，那么在此通过群对图的应用的方法探讨三种类型金融结构的对称性比较问题，则是一项应用性工作。这样的应用性工作的意义在于，它为评估 BMS 型金融结构的重要地位和审视为什么会有资产证券化，提供了更为丰富的表述。

进行比较分析的基本前提是，比较的条件要一样。比较分析提供的一种便利是，可以选择一个特定的比较背景。在本节中，为了使问题获得简化，将比较的原图统一转化为对偶图，基于原图的对偶图进行比较分析。虽然对偶图的对称性并不必然反映原图的对称性，对偶图的对称层级低于原图的对称层级，从而对偶图的对称性或许好于原图的对称性，但结合结构从对偶图的对称性的比较中还是能审视原图对称性的比较。

一、图对称的定义

图论中的图意在表示关系结构，这决定了它在对称性上给出的描述不同于几何学中的图，比几何学中的图更具灵活性。

(1) 图的自同构群。设图 $G=(V,E)$ 是一个简单图（有向或无向），σ 是集合 V 上的一个置换，若对任意的 u 和 $v \in V$，满足 $uv \in E$ 当且仅当 $\sigma(u)\sigma(v) \in E$，则称 σ 为 G 的自同构。

令 Γ 为 G 上所有自同构构成的集合。恒等置换显然是 G 上的自同构，属于 Γ，所以 $\Gamma \neq \phi$。进而，因为对任意的 u 和 $v \in V$，有

$$uv \in E \Leftrightarrow \tau(u)\tau(v) \in E \Leftrightarrow \sigma(\tau(u))\sigma(\tau(v)) \in E \Leftrightarrow \sigma\tau(u)\sigma\tau(v) \in E,$$

所以 $\sigma\tau \in \Gamma$。这表明 Γ 对置换的乘法封闭。于是 Γ 构成 $|V|$ 次对称群的子群，从而 Γ 本身构成一个置换群。称这一置换群 Γ 为 G 的自同构群，记为 $\mathrm{Aut}(G)$，即 $\Gamma = \mathrm{Aut}(G)$。G 的自同构群也称为 G 的群。①

（2）图的边自同构群。由于图的自同构保持节点间的邻接关系，因而它们可诱导出边集上的置换，进而由 $\mathrm{Aut}(G)$ 可以诱导出一个边集上的置换群，将这样的置换群称为图的边自同构群，记为 $\mathrm{Aut}_E(G)$。②

若 $\mathrm{Aut}(G)$ 与 $\mathrm{Aut}_E(G)$ 同构，则记为 $\mathrm{Aut}(G) \cong \mathrm{Aut}_E(G)$。$\mathrm{Aut}(G) \cong \mathrm{Aut}_E(G)$ 当且仅当 G 最多只有一个孤立点并且完全图 K_2 不是 G 的分支。

（3）图的两个点相似的定义：图 G 的两个点 u 和 v 称为相似的，若存在 $\sigma \in \mathrm{Aut}(G)$，使 $\sigma(u) = v$。图的两个边相似的定义：图 G 的边 e_1 和 e_2 称为相似的，若存在 $\sigma' \in \mathrm{Aut}_E(G)$，使 $\sigma'(e_1) = e_2$。③

（4）图的对称定义。若图 G 中每一对点均相似，则称 G 为点传递的或点对称的；若图 G 中每一对边均相似，则称 G 为边传递的或边对称的；若 G 既是点对称的又是边对称的，则称 G 为对称的。④

二、BMS 型金融结构对偶图的对称性

可以将图 6－10 所示的 BMS 型金融结构的图进一步抽象为基础简单图。简单图（simple graph）是指去掉环，每对相邻节点只保留一条边的图。基础图（underling graph）是指去掉边上的方向的图。基础简单图是指去掉方向、删去环、每对相邻节点只保留一条边的图。

图 6－10 中的图虽然已经去掉了环，但还有平行边，因而还不算是标准的简单图，但对于这一具体背景下的有向图而言，只能简单到此，再进一步的简单需要有基础图。基础图略去了边上的方向，这样平行的边就不再具有方向上的性质差异，仅表现为多重性。基于此便能进一步再去掉平行边，使每对相邻节点只保留一条边，于是得到基础简单图。

（一）基础简单图 G 及其简单对偶图 G^*

对于图 6－10 中的图，它的基础简单图 G 和对偶图 G^*，如图 8－1 所示。

① 关于图的自同构和自同构群的这种表述形式，参见张先迪、李正良主编：《图论及其应用》，高等教育出版社 2005 年版，第 268—269 页。

② 参见张先迪、李正良主编：《图论及其应用》，高等教育出版社 2005 年版，第 269 页。

③④ 参见张先迪、李正良主编：《图论及其应用》，高等教育出版社 2005 年版，第 276 页。

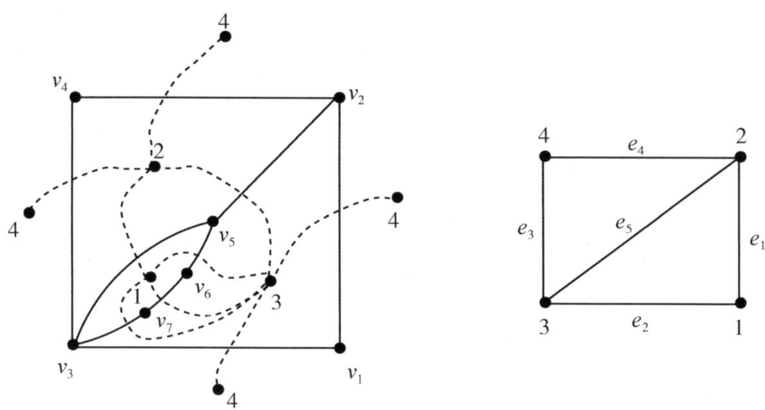

图 8－1　BMS 型金融结构的基础简单图 G（左）和简单对偶图 G^*（右）

基础简单图 G 是一个平面图（plane graph）。平面图的一个重要特性是，任何一个平面图都有一个与之对应的称为对偶图（dual graph）的平面图。通过将原图 G 转化为对偶图 G^*，能够使问题获得简化。

如图 8－1 所示，基础简单图 G 有以下 4 个面：

面 1，其边界为 $v_3(v_3,v_5)v_5(v_5,v_6)v_6(v_6,v_7)v_7(v_7,v_3)v_3$；

面 2，其边界为 $v_3(v_3,v_4)v_4(v_4,v_2)v_2(v_2,v_5)v_5(v_5,v_3)v_3$；

面 3，其边界为 $v_3(v_3,v_1)v_1(v_1,v_2)v_2(v_2,v_5)v_5(v_5,v_6)v_6(v_6,v_7)v_7(v_7,v_3)v_3$；

外部面 4，其边界为 $v_3(v_3,v_1)v_1(v_1,v_2)v_2(v_2,v_4)v_4(v_4,v_3)v_3$。

（二）图 G^* 的自同构群和图 G^* 对称性

图 8－1 中的简单对偶图 $G^*=(V,E)$，其中 $V=\{1,2,3,4\}$，$E=\{12,13,24,34,23\}$。

对于 V 上的一个置换 $\sigma=(14)$，因为

$$12\in E\Leftrightarrow\sigma(1)\sigma(2)=42\in E,\ 13\in E\Leftrightarrow\sigma(1)\sigma(3)=43\in E,$$
$$24\in E\Leftrightarrow\sigma(2)\sigma(4)=21\in E,\ 34\in E\Leftrightarrow\sigma(3)\sigma(4)=31\in E,$$
$$23\in E\Leftrightarrow\sigma_1(2)\sigma_2(3)=23\in E,$$

所以 σ 是 G^* 的自同构。

同理，(23) 和 (14)(23) 也都是 G^* 的自同构。

于是，有 G^* 的自同构群

$$\mathrm{Aut}(G^*)=\{(1),(14)(23),(14),(23)\}=\{\sigma_1,\sigma_2,\sigma_3,\sigma_4\}。$$

在图 G^* 中，1 与 4 相似，2 与 3 相似，但因为 2 与 4 不相似，1 与 3 不相似，所以图 G^* 不是点对称的。因为图 G^* 不是点对称的，所以图 G^* 不是对称的。

图 G^* 不是点对称的，并不意味着图 G^* 完全没有点对称，因为 1 与 4 是相似的，2 与 3 是相似的。所以，图 G^* 不是对称的并不意味着图 G^* 完全没有对称性，是不对称的，其实图 G^* 是非对称的。

（三）图 G^* 的边自同构群和图 G^* 对称性

还可以从边对称的情况来识别图 G^* 的对称性。

在 σ = (14) 下，因为边

$$e_1 = 12 \to \sigma(1)\sigma(2) = 42 = e_4,\ e_2 = 13 \to \sigma(1)\sigma(3) = 43 = e_3,$$
$$e_3 = 34 \to \sigma(3)\sigma(4) = 31 = e_2,\ e_4 = 24 \to \sigma(1)\sigma(4) = 21 = e_1,$$
$$e_5 = 23 \to \sigma(2)\sigma(3) = 23 = e_5,$$

所以 (14) 诱导的 $E(G^*)$ 上的置换为 $(e_1e_4)(e_2e_3)$。

同理，(23) 和 (14)(23) 诱导的 $E(G^*)$ 上的置换为 $(e_1e_2)(e_3e_4)$ 和 $(e_1e_3)(e_2e_4)$。

于是，由 $\mathrm{Aut}(G^*)$ 诱导的边自同构群

$$\mathrm{Aut}_E(G^*) = \{(e_1),(e_1e_3)(e_2e_4),(e_1e_4)(e_2e_3),(e_1e_2)(e_3e_4)\} = \{\sigma_1',\sigma_2',\sigma_3',\sigma_4'\}。$$

虽然在 e_1、e_2、e_3、e_4 中，每对边均相似，但在 e_1、e_2、e_3、e_4、e_5 中，e_5 与 e_1、e_2、e_3、e_4 均不相似，所以图 G^* 不是边对称的。因为图 G^* 不是边对称的，所以图 G^* 不是对称的。

图 G^* 不是边对称的，这并不意味着图 G^* 完全没有边对称，因为 e_1 与 e_2、e_1 与 e_3、e_1 与 e_4、e_2 与 e_3、e_2 与 e_4、e_3 与 e_4 都是相似的。所以，图 G^* 不是对称的并不意味着图 G^* 完全没有对称性，是不对称的，其实图 G^* 是非对称的。

可见，由于原图 G 中对称性破缺的存在，图 G^* 偏离了完美意义上的对称，但有 2 对相似点，有 6 对相似边。结论是，BMS 型金融结构的图 G^* 是非对称的。

三、BM 型金融结构对偶图的对称性

为了化繁为简和以同一背景进行比较，同样要给出 BM 型金融结构的基础简单图及其简单对偶图。

（一）基础简单图 G 及其简单对偶图 G^*

BM 型金融结构的基础简单图 G 及其简单对偶图 G^*，如图 8－2 所示。

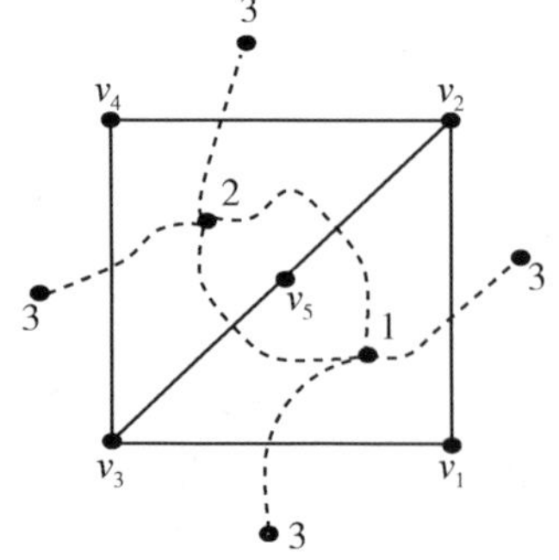

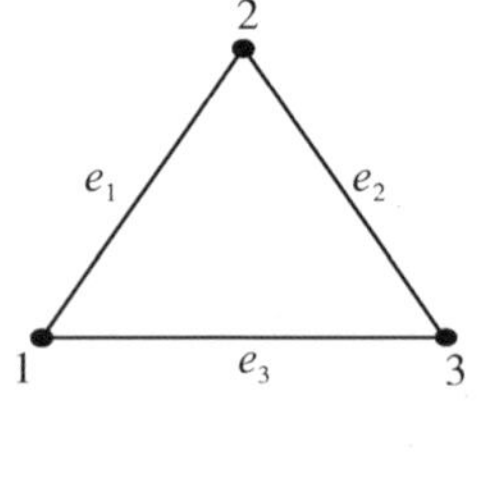

图 8－2 BM 型金融结构的基础简单图 G（左）及其简单对偶图 G^*（右）

如图 8－2 中所示，基础简单图 G 的 3 个面是：

面 1，其边界为 $v_3(v_3,v_5)v_5(v_5,v_2)v_2(v_2,v_1)v_1(v_1,v_3)v_3$；

面 2，其边界为 $v_3(v_3,v_5)v_5(v_5,v_2)v_2(v_2,v_4)v_4(v_4,v_3)v_3$；

外部面 3，其边界为 $v_3(v_3,v_1)v_1(v_1,v_2)v_2(v_2,v_4)v_4(v_4,v_3)v_3$。

（二）图 G^* 的自同构群

图 8－2 中的图 G^* 是一个三阶完全图（K_3），在同构意义上，它是唯一的。对于图 $G^*=(V,E)$，其中的 $V(G^*)=\{1,2,3\}$，$E(G^*)=\{12,23,13\}$。

设一个 3 次置换 $\sigma\begin{pmatrix} 1 & 2 & 3 \\ \sigma(1) & \sigma(2) & \sigma(3) \end{pmatrix}$，由于 G^* 是 3 阶完全图，因而有图 G^* 的自同构群 $\mathrm{Aut}(G^*)=\mathrm{Aut}(K_3)=S_3$。$S_3$ 的全体元素是 σ_1，σ_2，…，σ_6，用轮换方法具体写出来是：

$$\underset{\sigma_1}{(1)};\ \underset{\sigma_2}{(12)},\ \underset{\sigma_3}{(13)},\ \underset{\sigma_4}{(23)};\ \underset{\sigma_5}{(123)},\ \underset{\sigma_6}{(132)}。$$

（三）图 G^* 的边自同构群

在 $\sigma_2=(12)$ 下，因为边

$$e_1=12\rightarrow\sigma_2(1)\sigma_2(2)=21=e_1,$$
$$e_2=23\rightarrow\sigma_2(2)\sigma_2(3)=13=e_3,$$
$$e_3=13\rightarrow\sigma_2(1)\sigma_2(3)=23=e_2,$$

所以 σ_2 诱导的 $E(G^*)$ 上的置换为 (e_2e_3)。

同理，$\sigma_3=(13)$ 诱导的 $E(G^*)$ 上的置换为 (e_1e_2)，$\sigma_4=(23)$ 诱导的 $E(G^*)$ 上的置换为 (e_1e_3)。

在 $\sigma_5=(123)$ 下，因为边

$$e_1=12\rightarrow\sigma_2(1)\sigma_2(2)=23=e_2,$$
$$e_2=23\rightarrow\sigma_2(2)\sigma_2(3)=31=e_3,$$
$$e_3=13\rightarrow\sigma_2(1)\sigma_2(3)=21=e_1,$$

所以 σ_5 诱导的 $E(G^*)$ 上的置换为 $(e_1e_2e_3)$。

同理，$\sigma_6=(132)$ 诱导的 $E(G^*)$ 上的置换为 $(e_1e_3e_2)$。

于是，有边自同构群 $\mathrm{Aut}_E(G^*)$，它的全体元素是 σ_1'，σ_2'，…，σ_6'，用轮换方法写出来是：$\underset{\sigma_1'}{e_1}$；$\underset{\sigma_2'}{(e_2e_3)}$，$\underset{\sigma_3'}{(e_1e_2)}$，$\underset{\sigma_4'}{(e_1e_3)}$；$\underset{\sigma_5'}{(e_1e_2e_3)}$，$\underset{\sigma_6'}{(e_1e_3e_2)}$。

（四）图 G^* 的对称性

从用轮换方法写出的基础简单图 G 的简单对偶图 G^* 的自同构群 $\mathrm{Aut}(G^*)$ 可以看出，G^* 中存在相似的点对。例如，对于 2 和 3 这两个点，由于有 $\sigma_4(2)=3$，因而 2 和 4 是相似

的。从用轮换方法写出的基础简单图 G 的简单对偶图 G^* 的边自同构群 $\mathrm{Aut}_E(G^*)$ 可以看出，G^* 中存在相似的边对。例如，对于 e_2 和 e_3 这两条边，由于有 $\sigma_2'(e_2)=e_3$，因而 e_2 和 e_3 是相似的。

因为每一对点 u 和 v，存在 $\sigma_t \in \mathrm{Aut}(G^*)$，使

$$\sigma_t(u)=v,\ t\in\{1,2,3,4,5,6\},$$

即 G^* 的每一对点 u 和 v 均相似，所以 G^* 是点对称的。

因为每一对边 e_i 和 e_j，存在 $\sigma_k' \in \mathrm{Aut}_E(G)$，使

$$\sigma_k'(e_i)=e_j,\ k\in\{1,2,3,4,5,6\},$$

即 G^* 的每一对边 e_i 和 e_j 均相似，所以 G^* 是边对称的。

因为 G^* 既是点对称的又是边对称的，所以它是对称的。结论是，BM 型金融结构的图 G^* 是对称的。

四、B 型金融结构对偶图的对称性

最后来看 B 型金融结构对偶图的对称性情况。虽然 B 型金融结构的基础简单图便于直接给出自同构群和边自同构群，但为了在一致的背景下与前面两种类型金融结构进行比较，还是要基础简单图及其简单对偶图。

（一）基础简单图 G 及其简单对偶图 G^*

B 型金融结构的基础简单图 G 及其简单对偶图 G^*，如图 8－3 所示。

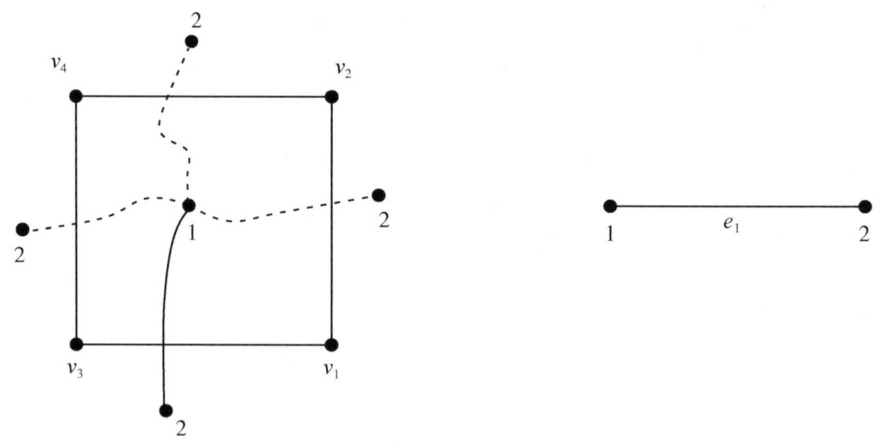

图 8－3　B 型金融结构的基础简单图 G（左）及其简单对偶图 G^*（右）

基础简单图的 2 个面是：

面 1，其边界为 $v_3(v_3,v_1)v_1(v_1,v_2)v_2(v_2,v_4)v_4(v_4,v_3)v_3$，

外部面 2，其边界为 $v_3(v_3,v_1)v_1(v_1,v_2)v_2(v_2,v_4)v_4(v_4,v_3)v_3$ 。

（二）图 G^* 的自同构群

以上基础简单图 G 的简单对偶图 G^* 的自同构群 $\mathrm{Aut}(G^*) = \mathrm{Aut}(K_2) = S_2$（二次对称群），全体元素是 σ_1 ，σ_2 ，用轮换方法具体写出来是：$\underset{\sigma_1}{(1)}$ ；$\underset{\sigma_2}{(12)}$ 。

（三）图 G^* 的边自同构群

以上基础简单图 G 的对偶图 G^* 的边自同构群 $\mathrm{Aut}_E(G^*) = \mathrm{Aut}_E(K_2) = \{e\}$（$e$ 为 K_2 的唯一的一条边）。将 $\mathrm{Aut}_E(G^*)$ 的唯一元素 σ_1' 用轮换方法具体写出来是：$\underset{\sigma_1'}{(e_1)}$ 。

显然 $\mathrm{Aut}(K_2)$ 与 $\mathrm{Aut}_E(K_2)$ 并不同构。

（四）图 G^* 的对称性

显然，对于 1 和 2 这两个点，由于有 $\sigma_2(1) = 2$ ，因而 1 和 2 是相似的。因为图 G^* 只有这两个点，所以图 G^* 是点对称的。

对于唯一的边 e_1 ，有 $\sigma_1'(e_1) = e_1$ 。因为图 G^* 只有唯一的边，所以图 G^* 是边对称的。

因为 G^* 既是点对称的又是边对称的，所以它是对称的。结论是，B 型金融结构的图 G^* 是对称的。

五、三种金融结构基于对偶图的对称性比较

对称性是指对象对某种变换保持不变的性质。就对称性高低的比较而言，保持对象不变的变换越多，对象的对称性就越高。例如，正四边形和矩形都是四边形，具有相同的结构，但由于正四边形比矩形具有更多的变中之不变，因而正四边形的对称性高于矩形。正三角形、等腰三角形和斜三角形都是三角形，具有相同的结构，但由于正三角形比等腰三角形具有更多的变中之不变，等腰三角形又比斜三角形具有更多的变中之不变，因而正三角形的对称性高于等腰三角形，等腰三角形的对称性又高于斜三角形，斜三角形只有一个保持不变的对称。再来看不同结构的对象的对称性比较情况。正四边形和正三角形的结构不同，相比较，由于正四边形比正三角形具有更多的变种之不变，因而正四边形的对称性要高于正三角形。矩形的结构虽然与正四边形相同，但由于矩形的变中之不变少于正三角形，因而矩形的对称性低于正三角形。

在基于图的对称定义比较对象的对称性时，其中的道理也是一样。如果比较对象的图是具有相同的结构，那么在图上具有完美对称的对象就是对称的，否则便是非对称的或不对称的。但如果比较对象的图是具有不同结构的，那么情况并非如此简单，具有完美对称的对象，其对称性未就必高于具有非完美对称但结构更完善的对象。

BMS 型金融结构和 MB 型金融结构的比较。由于结构的变化，BMS 型金融结构的图 G^* 偏离了完美意义上的对称，但仍有 2 对相似点，有 6 对相似边，故而，BMS 型金融结构的图

G^* 虽然不是对称的，但也不是不对称的，而是非对称的。BM 型金融结构的图 G^* 表现出完美意义上的对称，有 3 对相似的点，有 3 对相似的边。不过，BMS 型金融结构和 BM 型金融结构毕竟是两种不同的关系结构（这同样反映在它们各自的图 G^* 上），因而不能简单地通过对比它们各自图 G^* 的对称性完美来考量它们的对称性比较。

首先要看到，BMS 型金融结构比 BM 型金融结构具有更完善的关系结构，能包容更多的不对称因素。完善关系结构既可以通过原有点集来实现，也可以通过具有新要素的点集来实现。具有新要素的点集，表现为两种情况：一种情况是以新的点替代原有的点；另一种情况是对原有点集合添加新的点。资产证券化的关系结构是通过对原有点集合添加新的点而构建的，这一点同样反映在图 G^* 上。进而，从 BMS 型金融结构的图 G^* 与 BM 型金融结构的图 G^* 的相比来看，前者虽然在相似点的对数上少于后者（比后者少 1 对相似的点），但在相似边的对数上多于后者（比后者多 3 对相似的边），总体上的对称性元素多于后者。所以综合而言，BMS 型金融结构的图 G^* 虽然由于原图中的结构变化偏离了完美意义上的对称，但却基于更完善的关系结构，以在总体上更多对称性元素能够包容更多的不对称，因而是具有更高对称层级的金融结构的图 G^* 。具体而言，BMS 型金融结构的图 G^* 虽然在完美对称的意义上失去了 4 对相似的点（1 与 2 的相似、1 与 3 的相似、2 与 4 的相似，3 与 4 的相似），失去了 4 对相似的边（ e_5 与 e_1 、e_2 、e_3 、e_4 的相似），这使它偏离了完美对称，但却基于更完善的关系结构，以在总体上比 MB 型金融结构的图 G^* 更多的对称性元素包容了这些不对称性因素。故而 BMS 型金融结构的图 G^* 与 MB 型金融结构的图 G^* 相比，前者的对称性要好于后者。

BM 型金融结构和 M 型金融结构的比较。BM 型金融结构的图 G^* 和 B 型金融结构的图 G^* 都是完美意义上的对称，但在后者的关系结构中，构成点对称的相似点的对数和构成边对称的相似边的对数均都比前者要少，这意味着后者的包容性不如前者。所以后者的对称层级低于前者，这就如同正三角形的对称性低于正四边形的对称性。

结论。虽然创造货币供应的间接融资关乎经济运行的血液，是不可或缺的，但是基于单一的间接融资，金融结构的对称层级并不高。直接融资的发展会提高金融结构的对称层级，使金融结构对于不对称因素具有更大的包容性。进而，资产证券化的发展会进一步完善金融结构的境况，将金融结构的对称性拓展为能包含更多不对称性因素的更高对称层级和具有更多对称性元素（相似点和相似边）。当然，BMS 型金融结构的境况也并不完善，完善（perfection）一直都是对称性概念的一项基本内涵。

第二节　间接融资、直接融资和资产证券化的对称性

对 BMS 型金融结构的对称性分析是以间接融资、直接融资和资产证券化相结合的构成为背景的。本节的内容是，给出间融资、直接融资和资产证券化各自的对称性情况。

一、间接融资的对称性

将图 6－10 中的回路①单独分离出来，表示为一个基础简单图 G，如图 8－4 所示。图 8－4 中的图形看上去是一正四边形，虽然图的图形表示意在反映关系结构，它并非几何形体，但基于同构概念还是能够据此识别对称性。以下不妨从图论方法给出验证，以开宽视野。

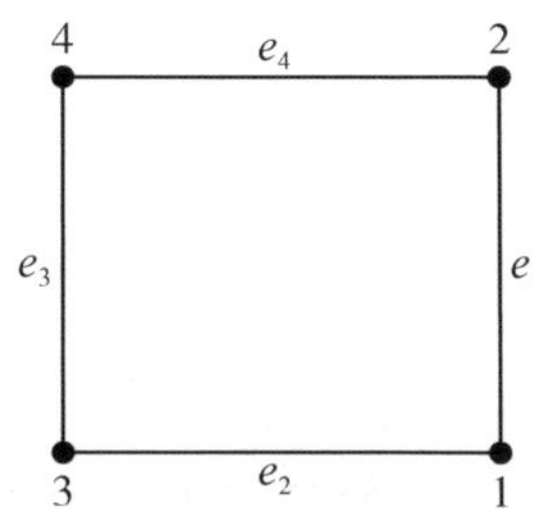

图 8－4　间接融资的基础简单图

1 是银行的资产节点，2 是银行的负债节点，3 是企业的负债节点，4 是企业的资产节点。12、34 是基于 T 关系生成的基础边，13 和 24 是基于债权债务关系生成的基础边。

对于图 8－4 中的图 $G = (V,E)$，$V = \{1,2,3,4\}$，$E = \{12,13,24,34\}$，有自同构群

$$\begin{aligned}\mathrm{Aut}(G) &= \{(1),(1342),(2431),(14)(23),(13)(24),(12)(34),(14),(23)\}\\ &= \{\sigma_1,\sigma_2,\sigma_3,\sigma_4,\sigma_5,\sigma_6,\sigma_7,\sigma_8\}\text{。}\end{aligned}$$

因为对每一对点 u 和 v，存在 $\sigma_t \in \mathrm{Aut}(G)$，使

$$\sigma_t(u) = v,\ t \in \{1,2,3,4,5,6,7,8\},$$

即图 G 中的每一对点 u 和 v 均相似，所以图 G 是点对称的。

由 $\mathrm{Aut}(G)$ 诱导的边自同构群

$$\begin{aligned}\mathrm{Aut}_E(G) &= \{(e_1),(e_1e_2e_3e_4),(e_4e_3e_2e_1),(e_1e_3)(e_2e_4),\\ &\quad (e_1e_3),(e_2e_4),(e_1e_4)(e_2e_3),(e_1e_2)(e_3e_4)\}\\ &= \{\sigma'_1,\sigma'_2,\sigma'_3,\sigma'_4,\sigma'_5,\sigma'_6,\sigma'_7,\sigma'_8\}\text{。}\end{aligned}$$

因为对每一对边 e_i 和 e_j，存在 $\sigma' \in \mathrm{Aut}_E(G)$，使

$$\sigma'_k(e_i) = e_j,\ k \in \{1,2,3,4,5,6,7,8\},\ i \neq j,$$

即图 G 的每一对边 e_i 和 e_j 均相似，所以图 G 是边对称的。

因为图 G 既是点对称的又是边对称的，所以它是对称的。结论是：间接融资的图 G 是对称的，进而基于基础简单图的背景，间接融资本身是对称的。

二、直接融资的对称性

将图 6－10 中的回路②单独分离出来，表示为一个基础简单图，如图 8－5 所示。

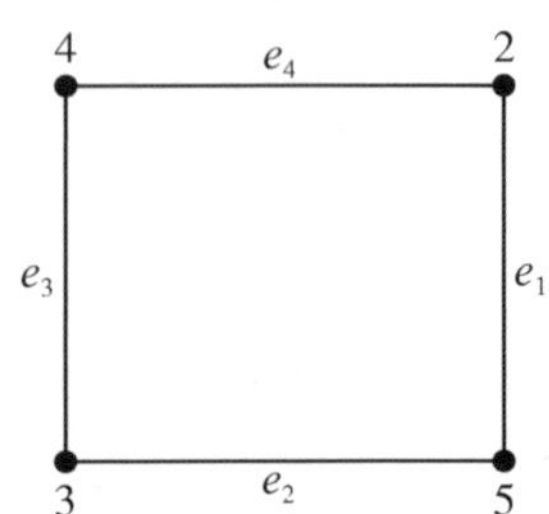

图 8－5　直接融资的基础简单图

2 是银行的负债节点，3 是企业的负债节点，4 是企业的资产节点，5 是投资者的资产节点。24、25、35 是基于债权债务关系生成的基础边，34 是基于 T 关系生成的基础边。

对于图 8－5 中的图 $G=(V,E)$，$V=\{2,3,4,5\}$，$E=\{24,25,34,35\}$。图 8－5 中的图与图 8－4 中的图相比，虽然两者的关系不同，但关系结构是相同的，所以同图 8－4 中的图一样，直接融资的图 G 是对称的，进而基于基础简单图的背景，直接融资本身是对称的。

金融为实体经济服务的一项基本内容就是，要更充分地实现 4 可达 2。在间接融资情况下，这是通过银行创造存款货币并将创造的存款货币贷记在借方账户中的关系结构而实现的；在直接融资情况下，这是通过投资者与借方间的货币易主的关系结构而实现的。虽然两个关系结构中的具体实际关系内容不完全相同，但两个关系结构都具有实现 4 可达 2 的同样效果。

三、资产证券化的对称性

将图 6－10 中的回路③单独分离出来，表示为一个基础简单图，如图 8－6 所示。

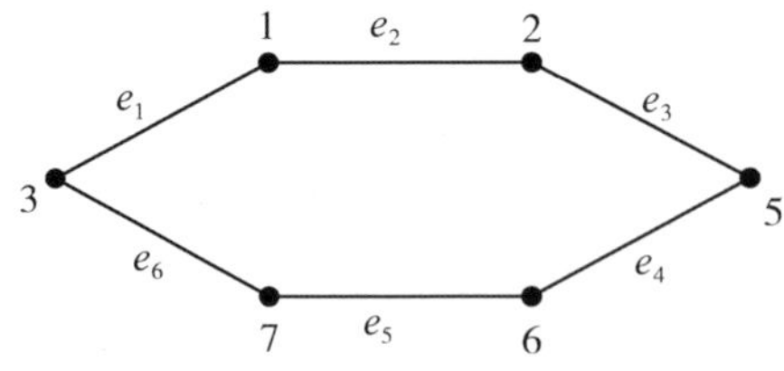

图 8－6　资产证券化的基础简单图（Ⅰ）

1 是银行的资产节点，2 是银行的负债节点，3 是企业的负债节点，5 是投资者的资产节点，6 是 SPV 的负债节点，7 是 SPV 的资产节点。13、25、37、56 是基于债权债务关系生成的基础边。12、67 是基于 T 关系生成的基础边。

对于图 8－6 中的图 $G=(V,E)$，$V=\{1,2,3,5,6,7\}$，$E=\{12,13,25,37,56,67\}$，有

自同构群

$$\mathrm{Aut}(G) = \{\sigma_1, \sigma_2, \sigma_3, \sigma_4, \sigma_5, \sigma_6, \sigma_7, \sigma_8, \sigma_9, \sigma_{10}, \sigma_{11}, \sigma_{12}\}。$$

将元素 σ_1 ，σ_2 ，…，σ_{12} 用轮换方法具体写出来是：

$$\underset{\sigma_1}{(1)}\ ;$$

$$\underset{\sigma_2}{(125673)}\ ,\ \underset{\sigma_3}{(137652)}\ ;$$

$$\underset{\sigma_4}{(157)(263)}\ ,\ \underset{\sigma_5}{(175)(236)}\ ;$$

$$\underset{\sigma_6}{(16)(35)(27)}\ ;$$

$$\underset{\sigma_7}{(15)(36)}\ ,\ \underset{\sigma_8}{(23)(57)}\ ,\ \underset{\sigma_9}{(17)(26)}\ ;$$

$$\underset{\sigma_{10}}{(12)(35)(67)}\ ,\ \underset{\sigma_{11}}{(13)(27)(56)}\ ,\ \underset{\sigma_{12}}{(16)(25)(37)}\ 。$$

因为对每一对点 u 和 v ，存在 $\sigma_t \in \mathrm{Aut}(G)$ ，使

$$\sigma_t(u) = v\ ,\ t \in \{1,2,\cdots,12\}\ ,$$

即图 G 中的每一对点 u 和 v 均相似，所以基础简单图是点对称的。

由 $\mathrm{Aut}(G)$ 诱导的边自同构群

$$\mathrm{Aut}_E(G) = \{\sigma'_1, \sigma'_2, \sigma'_3, \sigma'_4, \sigma'_5, \sigma'_6, \sigma'_7, \sigma'_8, \sigma'_9, \sigma'_{10}, \sigma'_{11}, \sigma'_{12}\}。$$

将元素 σ_1 ，σ'_2 ，…，σ'_{12} 用轮换方法具体写出来是：

$$\underset{\sigma'_1}{(e_1)}\ ;$$

$$\underset{\sigma'_2}{(e_1e_2e_3e_4e_4e_6)}\ ,\ \underset{\sigma'_3}{(e_1e_6e_5e_4e_3e_2)}\ ;$$

$$\underset{\sigma'_4}{(e_1e_3e_5)(e_2e_4e_6)}\ ,\ \underset{\sigma'_5}{(e_1e_5e_3)(e_2e_6e_4)}\ ;$$

$$\underset{\sigma'_6}{(e_1e_4)(e_2e_5)(e_3e_6)}\ ;$$

$$\underset{\sigma'_7}{(e_1e_4)(e_2e_3)(e_5e_6)}\ ,\ \underset{\sigma'_8}{(e_1e_2)(e_3e_6)(e_4e_5)}\ ,\ \underset{\sigma'_9}{(e_1e_6)(e_2e_5)(e_3e_4)}\ ;$$

$$\underset{\sigma'_{10}}{(e_1e_3)(e_4e_6)}\ ,\ \underset{\sigma'_{11}}{(e_2e_6)(e_3e_5)}\ ,\ \underset{\sigma'_{12}}{(e_1e_5)(e_2e_4)}\ 。$$

因为对每一对边 e_i 和 e_j ，存在 $\sigma'_k \in \mathrm{Aut}_E(G)$ ，使

$$\sigma'_k(e_i) = e_j\ ,\ k \in \{1,2,\cdots,12\}\ ,$$

即图 G 中的每一对边 e_i 和 e_j 均相似，所以图 G 是边对称的。

因为图 G 既是点对称的又是边对称的，所以它是对称的。结论是：资产证券化的图 G 是对称的，进而基于基础简单图的背景，资产证券化本身是对称的。

在实际中，会有一部分资产证券和未发行证券的受益权由银行内部自己持有，这时资产证券化交易结构的基础简单图如图 8-7 所示。

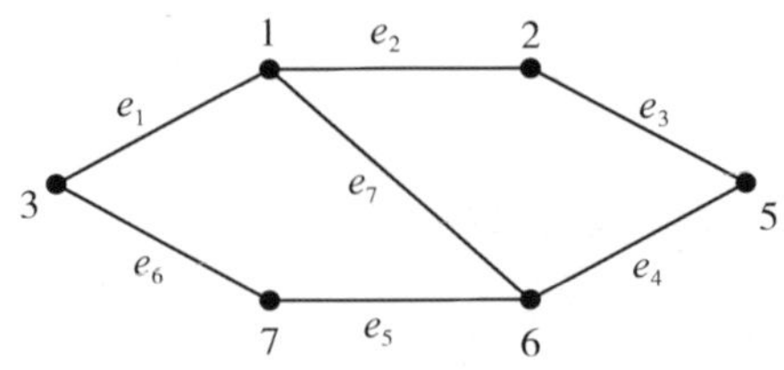

图 8-7 资产证券化的基础简单图（Ⅱ）

对于图 8-7 中的图 $G=(V,E)$，$V=\{1,2,3,5,6,7\}$，$E=\{12,13,16,25,37,56,67\}$，有自同构群

$$\mathrm{Aut}(G)=\{\underset{\sigma_1}{(1)},\underset{\sigma_2}{(23)(57)},\underset{\sigma_3}{(16)(25)(37)},\underset{\sigma_4}{(16)(27)(53)}\}。$$

Aut(G) 诱导的边自同构群

$$\mathrm{Aut}_E(G)=\{\underset{\sigma_1'}{(e_1)},\underset{\sigma_2'}{(e_1e_2)(e_3e_6)(e_4e_5)},\underset{\sigma_3'}{(e_1e_5)(e_2e_4)},\underset{\sigma_4'}{(e_1e_4)(e_2e_5)(e_3e_6)}\}。$$

从 Aut(G) 和 $\mathrm{Aut}_E(G)$ 可以看出，图 G 是非对称的。由此得出的结论是：在银行内部自己持有一部分资产证券和未发行证券的受益权的情况，由图 G 反映的证券化交易结构的对称性就在同一对称层级情况降低，由对称降低到非对称。非对称不同于不对称，但如果资产证券和未发行证券的受益权全部在银行内部持有，那么由图 G 反映的证券化交易结构的对称性就降低到不对称。

第三节　完美对称的金融结构

图 6-10 给出的一个显而易见的启示是：对于给定对称层级，增进对称的设计还没有用尽，金融结构还没有达到完美对称。在对称是金融结构的本质属性的意境下，自然会想到的问题是图 6-10 中的图会有完美对称的金融结构吗？若有的话，它会具有何种面貌。同样是在对称是金融结构的本质属性的意境下，一个潜在的逻辑是，MBS 金融结构的进一步拓展使然于金融结构内在的完美对称，并以对称性破缺开辟道路，趋向某种具有完美对称的结构。本节的内容是，按照循序渐进地追索，从图 6-10 中的图推测出完美对称的金融结构是一个正八面体的构成。

一、加入企业资产证券化和贷款直接交易的情况

更完整的金融结构还包括其他方面的内容，如企业资产证券化、基于事业信托等，以下首先从加入企业资产证券化和贷款直接交易的情况开始探索。

从图 6-10 不难推测，如果对称是金融运行的一个本质属性，那么在金融运行中就还会有进一步追求更好对称性的设计，这种设计要将 v_4 和 v_5 连接起来，也要将 v_1 和 v_5 连接起来。真的有如此设计吗？真的有。将 v_4 和 v_5 连接起来的设计是企业资产证券化，将 v_1 和 v_5 连接起来的设计

是贷款直接交易。加入企业资产证券化和贷款直接交易的资金循环情况，如图8－8所示。

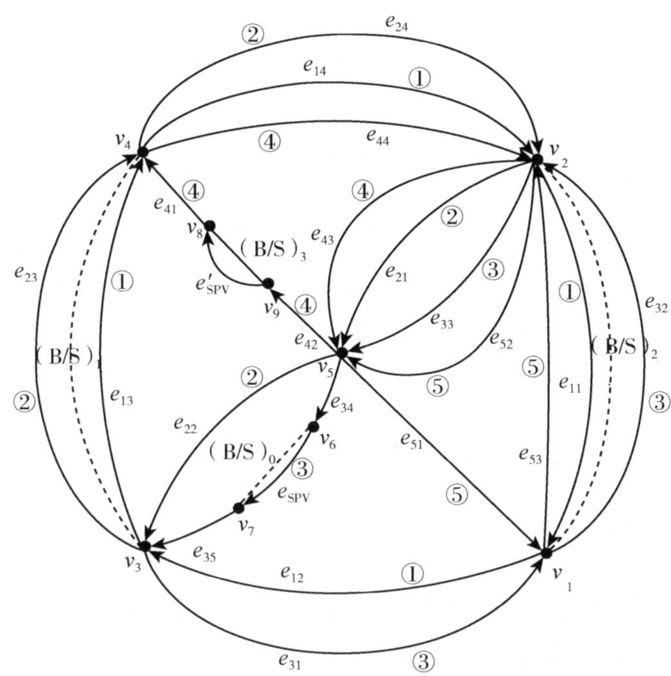

图 8－8　加入企业资产证券化和贷款直接交易的情况

（一）企业资产证券化

$(B/S)_3$代表作为企业资产证券化SPV的资产负债表，v_8是SPV的资产节点，v_9是SPV的负债节点，SPV或者是一个信托，或者是一个特定目的公司。证券化资产包括不动产、设备、应收账款等。

企业资产被转移至SPV时，基于位移关系规则，企业因资产减少而在v_4增加来自v_8的入度，SPV因资产增加而在v_8增加对v_4的出度，故而生成一条有向边$e_{41}=\langle v_8, v_4\rangle$。

SPV以资产为支持发行证券，这意味着在v_9增加对v_8的要求权，于是基于T关系规则，在v_8增加对v_9的应付义务，故而生成一条有向边$e'_{SPV}=\langle v_9, v_8\rangle$。

投资者减少对银行存款的持有，增加对资产证券的持有，这基于债权债务关系规则，一方面在v_5增加对v_9的出度，在v_9增加来自v_5对的入度，故而生成一条有向边$e_{42}=\langle v_5, v_9\rangle$；另一方面在$v_5$增加来自$v_2$的入度，在$v_2$增加对$v_5$的出度，故而生成一条有向边$e_{43}=\langle v_2, v_5\rangle$。

企业获得资产证券化的融资，这基于债权债务规则，在v_4增加对v_2的出度，在v_2增加来自v_4对的入度，故而生成一条有向边$e_{44}=\langle v_4, v_2\rangle$。

将v_4和v_5连接起来的路径是$(v_4 e_{41} v_8 e'_{SPV} v_9 e_{42} v_5)$。以图论中的语言，$v_8$和$v_9$是为了实现财产权状态转换而在图中插入的两个2度节点，企业资产证券化的引入在2度节点内扩充了

直接连接 v_8 和 v_9 的图。[①]企业资产证券化的资金循环构成回路④，这一回路的存在分解了企业融资在回路②上压力。

（二）贷款直接交易

当银行将贷款直接出售给投资者时，基于位移关系规则，在 v_5 增加对 v_1 的出度，在 v_1 增加来自 v_5 的入度，故而生成一条有向边 $e_{51} = \langle v_5, v_1 \rangle$ 。

投资者减少对银行存款的持有，这基于债权债务关系规则，在 v_5 增加来自 v_2 的入度，在 v_2 增加对 v_5 的出度，故而生成一条有向边 $e_{52} = \langle v_2, v_5 \rangle$ 。

银行基于对贷款的出售而提前收回贷款，这基于 T 关系规则，在 v_1 增加对 v_2 的出度，在 v_2 增加来自的 v_1 的入度，故而生成一条有向边 $e_{53} = \langle v_1, v_2 \rangle$ 。

将 v_5 和 v_1 连接起来的路径是 $(v_5 e_{51} v_1)$ 。贷款直接交易的资金循环构成回路⑤。该回路的存在表示，虽然信贷资产证券化是以发行证券的方式替代了对贷款的直接交易，但在实际当中直接出售贷款的交易仍然伺机可行，并非完全没有存在余地。另外，在理论上回路⑤是回路③等效表示。

（三）图 8－8 中的对称性

平面图和正多面体有密切关系。按照图论中的表述，如果将一个凸多面体的顶点、棱和面作为节点、边和面，那么这个多面体就可视为一个图 G 。这一图 G 可嵌入球面是显然的，进而按照图、球面和平面三者的关系，图 G 可嵌入球面等价于可嵌入平面。于是，三维空间中的五个正多面体与平面图之间就有了相应的对应关系。这种对应关系的重要意义在于，它在图论中的图的图形表示和几何学中的图形之间建立起了联系，从而能将关系结构引申在正多面体上，为基于基础简单同构图识别关系结构中蕴含的对称性提供了一种有效方法。

以下的图 8－9 中的图是图 8－8 中的图的基础简单同构图，其中基于在 2 度节点内同构的同胚概念，将实现财产权状态转换的两个“桥梁”收缩于连接的边中。[②]此图与一个正八面体的半部相对应。连接 v_1 、v_2 的是三个 T 关系的并联构成。连接 v_1 、v_3 的是两个债权债务关系的并联构成。连接 v_3 、v_4 的是两个 T 关系的并联构成。连接 v_2 、v_4 的是三个债权债务关系的并联构成。连接 v_1 、v_5 的是一个位移关系的单独构成。连接 v_2 、v_5 的是四个债权债务关系的并联构成。连接 v_3 、v_5 的是一个债权债务关系和一个复合串联关系的并联构成，其中复合串联关系是一个 T 关系和两个债权债务关系的构成。连接 v_4 、v_5 的是一个位移关系、一个 T 关系和一个债权债务关系的串联构成。

仔细审视图 8－8 和图 8－9 后或许会产生的疑问是：在有路径 $P_{45} = (v_4 e_{41} v_8 e'_{SPV} v_9 e_{42} v_5)$ 或回路④和路径 $P_{51} = (v_5 e_{51} v_1)$ 或回路⑤的情况下，没有路径 $P_{53} = (v_5 e_{34} v_6 e_{SPV} v_7 e_{35} v_3)$ 或回路③，岂不是同样也能有基于正八面体半部的对称性吗？若如此，在前面图 6－10 中以对称性对信贷资产证券化存在理由的推论，难道是形同虚设？

---

① 关于 2 度节点的概念，可参见张先迪、李正良主编：《图论及其应用》，高等教育出版社 2005 年版，第 134 页。

② 关于在 2 度节点内同构的同胚概念，可参见张先迪、李正良主编：《图论及其应用》，高等教育出版社 2005 年版，第 134 页。

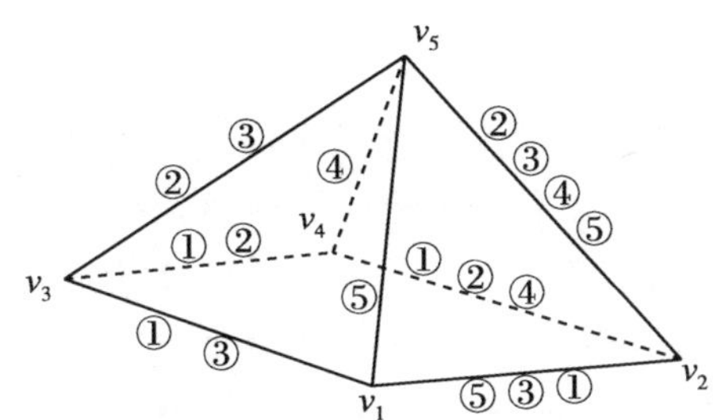

图 8－9　图 8－8 中资金循环图的基础简单同构图

不会的。虽然存在着反映贷款直接交易的路径 $P_{51}=(v_5e_{51}v_1)$，但该路径并不可靠，其存在更多的是体现在理论意义上，即回路⑤是回路③的等效表示，不然就不会有对信贷资产证券化的探索了。信贷资产证券化的成功等效于路径 $P_{51}=(v_5e_{51}v_1)$ 或回路⑤，这样，即便反映贷款直接交易的路径 $P_{51}=(v_5e_{51}v_1)$ 或回路⑤不可靠，也另有信贷资产证券化提供的等效备份，只不过在等效概念下回路③不能与回路⑤架屋叠床（在非替代下回路③与回路⑤可以并存）。进而，即便在等效概念下将回路③等效为回路⑤，回路③因此不复存在，图 8－9 的构型也依然不变。

从图 8－8 可以看出，由于在不考虑为引入 e'_{SPV} 而插入的两个 2 度节点的情况，回路④的节点集属于回路②的节点集，故而可以认为企业资产证券化属于直接融资的范围。回路②和回路④相比，由于回路④的节点集不包括企业的负债节点，故而回路②扩大企业的规模，而回路④不扩大企业的规模。进而就扩大直接融资而言，构建回路④也是一个重要的选项，尤其是当回路②不堪重负时，就理应大力开发回路④，通过回路④来进一步加强 v_4 对 v_2 的出度。再就回路③和回路⑤而言，回路③和回路⑤的节点集不属于回路②的节点集，故而可以认为信贷资产证券化和贷款直接交易不属于直接融资的范围。同时，回路③和回路⑤的节点集不属于回路①的节点集，故而可以认为信贷资产证券化和贷款直接交易不属于间接融资的范围。

就我国金融结构的现状而言，已经有相当完善的回路①和比较完善回路②，目前正在积极构建回路③和回路④，以回路③匹配回路①，以回路④充实回路②。回路③和回路④的构建既是金融体系建设中的一项基础性工作，当然也是推进金融改革的重要事项。以“调结构、补短板”的政策用语，在金融领域中或许可以考虑将金融结构从 BM 型调整为 BMS 型，补上 S 这一短板。我国金融运行中的许多扭曲、纠结和困惑都与目前的 BM 型金融结构有关，以至于货币政策的国际比较在有些方面都有困难。

二、加入事业信托和债权转股权的情况

图 8－9 是正半八面体的半部，理想的构型当然是一个完整的正八面体，但这需要通过加入新的节点来改变结构基础。会有这种面貌的金融结构吗?

(一) 事业信托

从银行部门看，传统上的银行间接融资会带来银行资产负债表规模和社会货币总量的一并增加，然而，具有证券化功能的银行间接融资对这种情况给出了修正。由于银行对贷款实施证券化具有收缩银行部门的资产负债表和使匹配于贷款转移的货币转化为非货币存在的效果，因而银行进而可以在一定的资产负债规模和大致不变的货币总量条件下，发挥信息生产优势发起更多的贷款，进一步拓展间接融资的空间。不过多少有些意外的是，这样的境况竟然能在作为间接融资对方的企业部门找到对应的状态。从作为支出单位的企业部门看，当引入事业信托时，事业信托的机制会使企业的资产负债表出现收缩，杠杆倍数下降。基于信托财产承担的债务是企业在信托设立前承担的向银行的借款的情况，借款转换为信托财产承担的债务，贷款转换为对信托的债权。这样的结果表现为：企业的杠杆倍数基于不变的资本降低，财务指标获得改善，外部融资额外成本获得降低；资产负债表收缩，债务融资空间获得释放。

如图 8－10 所示，设 v_{10} 是 SPV（事业信托）的负债节点，v_{11} 是 SPV 的资产节点，$(B/S)_4$ 代表 SPV 的资产负债表。

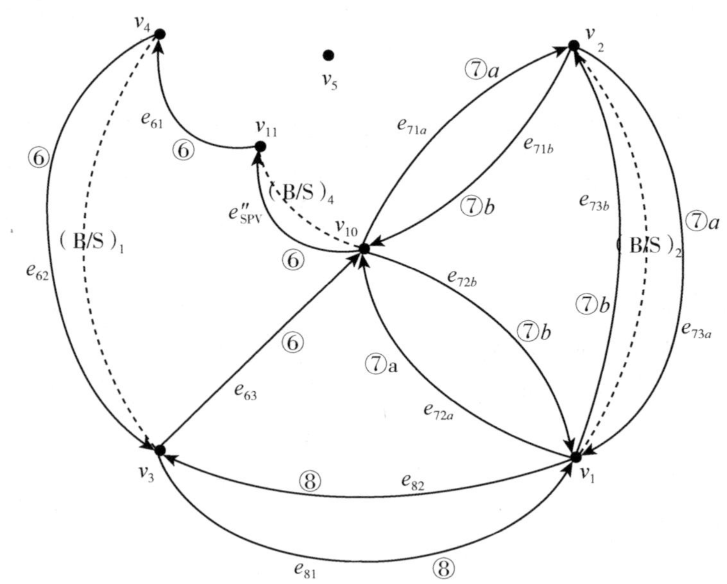

图 8－10　加入事业信托和债权转股权的情况

1. 回路⑥

在现代金融业中，不仅资产可以信托，债务也可以信托。[①]当企业作为委托者将其负债节点 v_3 上某部分在信托设立前生成的债务作为某部分信托资产承担的债务，置于 SPV 的负债节点 v_{10}，以实现一项债务信托时，基于债务平移规则，v_3 因债务减少而增加对 v_{10} 出度，

① 按照日本《信托法》中第二十一条第一项 3 号的表述，能进入信托的债务是信托设立前的委托者承担的债务。

v_{10} 因债务增加而增加来自 v_3 入度，故而生成一条有向边 $e_{63} = \langle v_3, v_{10} \rangle$。

$e_{63} = \langle v_3, v_{10} \rangle$ 包含两种具体情况。(1) 就债务信托的对象是向银行的借款而言，e_{63} 边的等效情况是，在 v_1 减少对 v_3 的债权而增加对 v_{10} 的债权，这生成两条有向边 $\langle v_3, v_1 \rangle$ 和 $\langle v_1, v_{10} \rangle$，这意味着在银行方面，对企业的贷款债权置换为对信托的受益债权。有向边 $e_{63} = \langle v_3, v_{10} \rangle$ 和有向边 $\langle v_3, v_1 \rangle$、$\langle v_1, v_{10} \rangle$ 不能再重叠，在此选则有向边 $e_{63} = \langle v_3, v_{10} \rangle$。这一债务平移的数学结构是 $(\{v_1, v_3, v_{10}\}, \{\langle v_3, v_{10} \rangle, \langle v_1, v_1 \rangle\}) \Leftrightarrow (\{v_1, v_3, v_{10}\}, \{\langle v_3, v_1 \rangle, \langle v_1, v_{10} \rangle, \langle v_1, v_1 \rangle\})$。(2) 在事业信托设立前委托者承担的债务中，不仅有对银行的借款还有对其他债权人的金融债务和经营债务。当作为其他债权人的投资者基于事业信托的安排而在 v_5 减少对企业的债权同时增加对事业信托的债权时，在 v_5 增加对 v_{10} 的出度、同时增加来自 v_3 入度，这基于债权债务关系规则生成两条有向边 $\langle v_3, v_5 \rangle$ 和 $\langle v_5, v_3 \rangle$，基于 T 关系规则生成一个环 $e_5 = \langle v_5, v_5 \rangle$。两条有向边 $\langle v_3, v_5 \rangle$ 和 $\langle v_5, v_3 \rangle$ 等效于有向边 $e_{63} = \langle v_3, v_{10} \rangle$，该边的背景是负债位移关系，即在 v_3 上的债务减少，同时在 v_{10} 上的债务相应增加。等效处理后 v_5 就是一个孤立节点。于是，不管事业信托设立前委托者承担的债务是对银行的借款债务还是对其他债权人的金融债务和经营债务，事业信托的数学结构是相同的。图 8 - 10 是基础图，因而略去了 v_5 上的环 $e_5 = \langle v_5, v_5 \rangle$，但 v_5 作为一个孤立节点仍要保留。

实现债务信托的机制是事业信托。作为事业信托的运作机制，还要有承担债务的信托财产。在此，设有承担债务的信托资产从 v_4 转移至 SPV 的资产节点 v_{11}，以同信托债务形成自己事业信托。基于资产位移关系规则，v_{11} 因增加来自 v_4 的资产而在 v_{11} 增加对 v_4 的出度，v_4 因向 v_{11} 转移资产而在 v_4 增加来自 v_{11} 的入度，故而生成一条有向边 $e_{61} = \langle v_{11}, v_4 \rangle$。

在 $(B/S)_4$ 上，资产和负债一并增加，其结果是在负债节点 v_{10} 增加对资产节点 v_{11} 的要求权，在资产节点 v_{11} 增加对负债节点 v_{10} 的应付义务，于是基于 T 关系规则生成一条有向边 $e''_{SPV} = \langle v_{10}, v_{11} \rangle$。

在 $(B/S)_1$ 上，资产和负债一并减少，其结果是在负债节点 v_3 减少对资产节点 v_4 的要求权，在资产节点 v_4 减少对负债节点 v_3 的应付义务，于是基于 T 关系规则生成一条有向边 $e_{62} = \langle v_4, v_3 \rangle$。

2. 回路⑦

当投资者将持有的对事业信托的债权出售给银行时，投资者减少对事业信托的信托债权持有，同时增加对银行的货币债权持有，这生成 $\langle v_{10}, v_5 \rangle$ 和 $\langle v_5, v_2 \rangle$ 两条有向边，另外还有一个环 $e_5 = \langle v_5, v_5 \rangle$。$\langle v_{10}, v_5 \rangle$ 和 $\langle v_5, v_2 \rangle$ 两条有向边等效于有向边 $e_{71a} = \langle v_{10}, v_2 \rangle$，该边的背景是负债位移关系，即 v_{10} 上的债务减少，同时 v_2 上的债务相应增加。有了 $\langle v_{10}, v_2 \rangle$ 就不能再重叠 $\langle v_{10}, v_5 \rangle$ 与 $\langle v_5, v_2 \rangle$，但要保留 $\langle v_5, v_5 \rangle$。于是有数学结构 $(\{v_2, v_5, v_{10}\}, \{\langle v_{10}, v_2 \rangle, \langle v_5, v_5 \rangle\}) \Leftrightarrow (\{v_2, v_5, v_{10}\}, \{\langle v_5, v_2 \rangle, \langle v_{10}, v_5 \rangle, \langle v_5, v_5 \rangle\})$。进而，由于图 8 - 10 是基础图，因而略去 $\langle v_5, v_5 \rangle$，但孤立节点 v_5 仍要保留。在银行方面，银行增加对事业信托的信托债权持有，并将货币投放给投资者，这生成两条有向边，一条是 $e_{72a} = \langle v_1, v_{10} \rangle$，另一条是 $e_{73a} = \langle v_2, v_1 \rangle$。以上三条有向边加起来构成了回路⑦a。

当银行将持有的对事业信托的债权出售给投资者时，银行减少对事业信托的信托债权持有，同时也减少对于投资者的货币债务，这生成两条有向边，一条是基于债权债务关系的边 $e_{72b}=\langle v_{10},v_1\rangle$，另一条是基于T关系的边 $e_{73b}=\langle v_1,v_2\rangle$。在投资者方面，投资者增加对事业信托的信托债权持有，减少对银行的货币债权持有，这基于债权债务关系生成两条有向边 $\langle v_5,v_{10}\rangle$ 和 $\langle v_2,v_5\rangle$，另外还有一个环 $e_5=\langle v_5,v_5\rangle$。$\langle v_5,v_{10}\rangle$ 和 $\langle v_2,v_5\rangle$ 两条边等效于 $e_{71b}=\langle v_2,v_{10}\rangle$，该边的背景是负债位移关系，即 v_{10} 上的债务增加，同时 v_2 上的债务相应减少。有了 $\langle v_2,v_{10}\rangle$ 就不能再重叠表示 $\langle v_5,v_{10}\rangle$ 和 $\langle v_2,v_5\rangle$，但要保留 $\langle v_5,v_5\rangle$。于是有数学结构 $(\{v_2,v_5,v_{10}\},\{\langle v_2,v_{10}\rangle,\langle v_5,v_5\rangle\})\Leftrightarrow(\{v_2,v_5,v_{10}\},\{\langle v_2,v_5\rangle,\langle v_5,v_{10}\rangle,\langle v_5,v_5\rangle\})$。进而，由于图8－10是基础图，因而略去 $\langle v_5,v_5\rangle$，但孤立节点 v_5 仍要保留。以上三条有向边加起来构成了回路⑦b。

一个或许会提出的疑问是，既然专门给出事业信托债权（或事业信托受益权）的运动，为什么不专门给出企业股权的运动。原因是，即便专门给出企业股权的运动，也不会增加使基础简单图改变的新的二元关系。

（二）债权转股权

回路⑧。回路⑧是债权转股权的资金循环情况，节点 v_3 包含权益在内。当企业的借款转换为股本时，银行的贷款债权也随之转换为股权投资。银行减少对企业的贷款债权，这在 v_1 增加来自 v_3 的入度，在 v_3 增加对 v_1 的出度，故而生成一条有向边 $e_{81}=\langle v_3,v_1\rangle$。同时银行增加对企业的股权投资，这在 v_1 增加对 v_3 的出度，在 v_3 增加来自 v_1 的入度，故而生成一条有向边 $e_{82}=\langle v_1,v_3\rangle$。在实际中，债权转股权要以一个实施机构为过渡来具体实现。

（三）基础简单同构图

图8－11中的图是图8－10中的图的基础简单同构图，它在一个正八面体的半部上，只是在 v_2 和 v_4 之间没有连接的边。连接 v_1、v_2 的是两个T关系的并联构成。连接 v_1、v_3 的是两个债权债务关系的并联构成。连接 v_3、v_4 的是一个T关系的单独构成。连接 v_1、v_{10} 的是两个债权债务关系的并联构成。连接 v_2、v_{10} 的是一个负债位移关系和一个债权债务关系的并联构成。连接 v_3、v_{10} 的是一个负债位移关系的单独构成。连接 v_4、v_{10} 的是一个债权债务关系和一个T关系的串联构成。

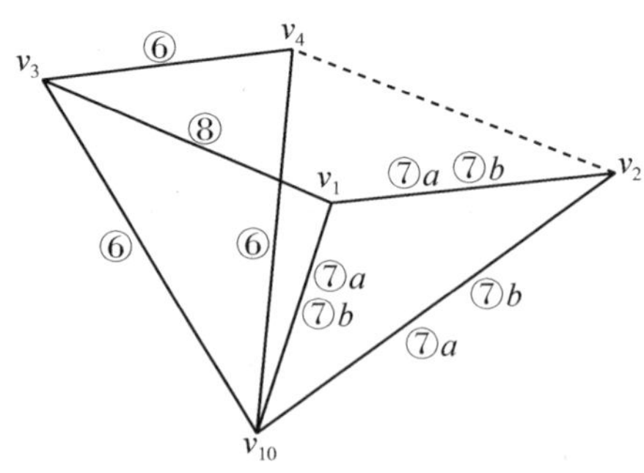

图8－11　图8－10中资金循环图的基础简单图

在给出图 8－11 的过程中，事业信托担当了重要角色。在现代金融中，事业信托是一种十分重要的信托业务，在金融发达国家有着广泛深入的应用。事业信托债权（或事业信托受益权）是以确定的信托财产为支持的，同时又是统一于信托设立前企业承担的债务的债权的转化形式，所以事业信托具有匹配平移对称，可以在降低企业债务水平和降低经济金融风险方面发挥积极作用。我国目前的《信托法》中尚未纳入这种信托类型，信托业的实践中似乎也尚未进行这方面的探索，但相信随着业内对信托认知的与时俱进和更好为实体经济服务的金融业务的拓展，这一十分重要的信托业务会逐步在我国崭露头角。

三、综合的情况

不管本来就应该是的那种整体金融结构的最终设计是不是什么形态，但它应该是一个具有完美对称的整体金融结构。

（一）正八面体

将图 8－9 和图 8－11 相加，便得到以下的图 8－12，其中左图是一个完整的正八面体，右图是左图的平面图。

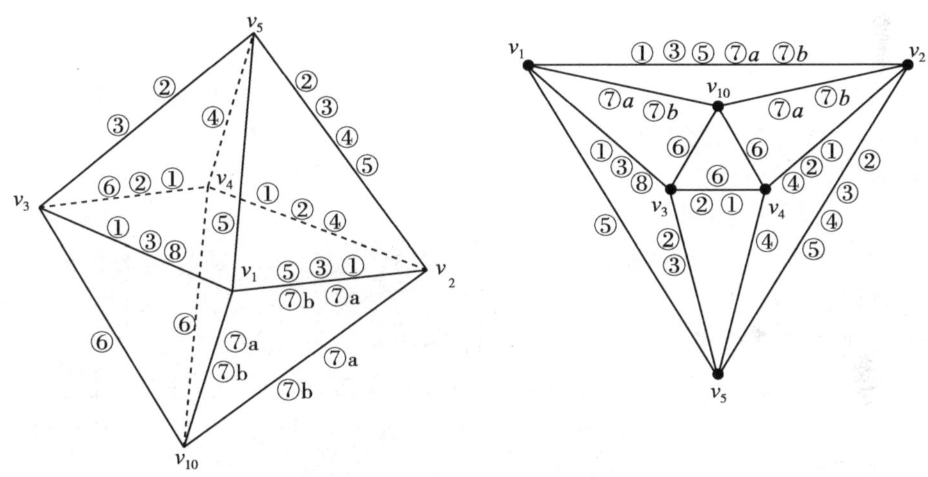

图 8－12　图 8－9 和图 8－11 相加的情况和对应的平面图——完美对称的金融结构

图 8－12 从现代金融运行中资金循环脉络的角度揭示了对称是金融世界的一个本质属性。对于金融家而言，谙悉这一正八面体对于审视和把握整体金融运行是有益的。(1) 间接融资的资金循环在由 $v_1v_3v_4v_2v_1$ 构成的回路上，将此回路表示为回路①。(2) 直接融资的资金循环在由 $v_4v_2v_5v_3v_4$ 构成的回路上，将此回路表示为回路②。(3) 银行信贷资产证券化的资金循环在由 $v_1v_2v_5v_3v_1$ 构成的回路上，将此回路表示为回路③。(4) 企业资产证券化的资金循环回路由 $v_4v_2v_5v_4$ 构成的回路上，此回路反映为一个正三角形，将此回路表示为回路④。(5) 贷款直接转让的资金循环在由 $v_1v_5v_2v_1$ 构成的回路上，此回路反映为一个正三角

形，将此回路表示为回路⑤。(6) 事业信托的资金循环在由 $v_3v_{10}v_4v_3$ 构成的回路上，此回路反映为一个正三角形，将此回路表示为回路⑥。(7) 事业信托债权（或事业信托受益权）运动的资金循环在由 $v_1v_2v_{10}v_1$ 构成的回路上，此回路反映为一个正三角形，将此回路表示为回路⑦。(8) 债权转股权的资金融通在由 $v_1v_3v_1$ 构成的回路上，将此回路表示为回路⑧。

（二）几点审视

(1) v_1v_2 是一个 T 关系构成，它关乎货币总量的消长。经过从 v_2 到 v_1 的回路会带来货币总量的增加；经过从 v_1 到 v_2 的回路会带来货币总量的减少。例如，间接融资回路①是经过从 v_2 到 v_1 的回路，因而带来货币总量的增加；银行信贷资产证券化回路③是经过从 v_1 到 v_2 的回路，因而带来货币总量的减少。

(2) v_2 是一个技术构成，它关乎货币创造和货币运动的实现。货币创造和货币易主的实现都有赖于它所提供的技术服务，因而它是正八面体中资金循环最拥挤地带，许多回路都要经过它。例如，企业从投资者获得融资或者说投资者向企业提供融资，如果不是以现金形式进行的，那么资金循环就要经过 v_2 。通过 v_2 提供的技术服务，在回路②上实现基于货币易主的资金循环。如果是以现金在双方实现资金融通，那么资金融通的实现就在由正三角形 $v_3v_4v_5$ 构成的回路上，无需经过 v_2 。

(3) v_3v_4 是一个 T 关系构成，它关乎企业的资产负债规模。经过从 v_3 到 v_4 的回路会带来企业资产负债规模的扩张；经过从 v_4 到 v_3 的回路会带来企业资产负债规模的收缩。例如，回路①和回路②都是经过从 v_3 到 v_4 的回路，因而带来企业资产负债规模的扩张。又如，回路⑥是经过从 v_4 到 v_3 的回路，因而带来企业资产负债规模的收缩。

(4) v_5 通常是一个已有货币的集合构成，它关乎将积累储蓄的货币储蓄转换为投资的货币力量。除现金以外，由于这部分货币的债务一端在 v_2 上，因而经过 v_5 的回路又要经过 v_2 。例如，回路②、回路③、回路④都经过 v_5 ，它们也都要经过 v_2 ，通过 v_2 提供的技术服务最终实现将储蓄转换为投资。

(5) v_{10} 是基于事业信托的负债节点。前面表述过，一个多少有些意外的境况是信贷资产证券化能够在企业部门找到它的对应形态，这一对应形态就是企业事业信托。

回路③的数学结构可以简化地表示为 $(\{v_1, v_2, v_3, v_5\}, \{\langle v_3, v_1\rangle, \langle v_1, v_2\rangle, \langle v_2, v_5\rangle, \langle v_5, v_3\rangle\})$ 。投资者持有资产证券等于是通过 e_{SPV} 持有对 v_3 的债权，将这种关系由 $\langle v_5, v_3\rangle$ 简化地表示；银行相应减少对 v_3 的债权，这由 $\langle v_3, v_1\rangle$ 表示。因为 $\langle v_5, v_3\rangle$ 和 $\langle v_3, v_1\rangle$ 等效于 $\langle v_5, v_1\rangle$ ，所以回路③的数学结构是

$$(\{v_1, v_2, v_3, v_5\}, \{\langle v_3, v_1\rangle, \langle v_1, v_2\rangle, \langle v_2, v_5\rangle, \langle v_5, v_3\rangle\})$$
$$\Leftrightarrow(\{v_1, v_2, v_3, v_5\}, \{\langle v_1, v_2\rangle, \langle v_2, v_5\rangle\langle v_5, v_1\rangle\})。$$

于是可以将等效的回路③的基础简单图表示在图 8 - 13 中，以同回路⑥的基础简单图相比较。

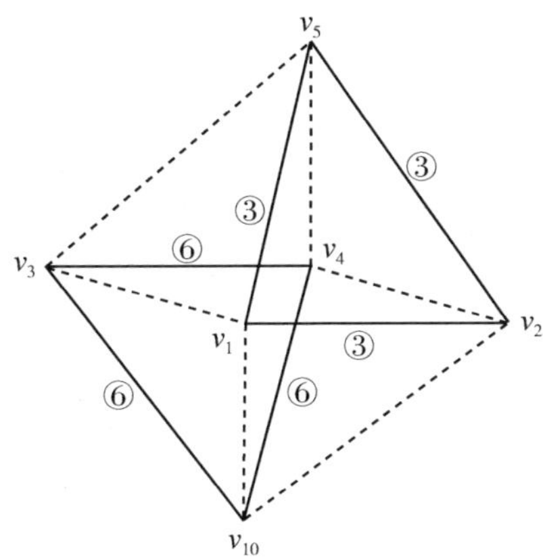

图 8－13　银行信贷资产证券化和企业事业信托的对应情境

图 8－13 中，回路③和回路⑥互为对应，一个宛如“明月松间照”，另一个恰似“清泉石上流”，呈现对称的情景。

四、群与完美对称

为了简化，取 $\{v_{10}, v_1, v_2, v_3, v_4, v_5\} \Leftrightarrow \{0,1,2,3,4,5\}$，于是以上正八面体和对应的平面图 G 如图 8－14 所示。

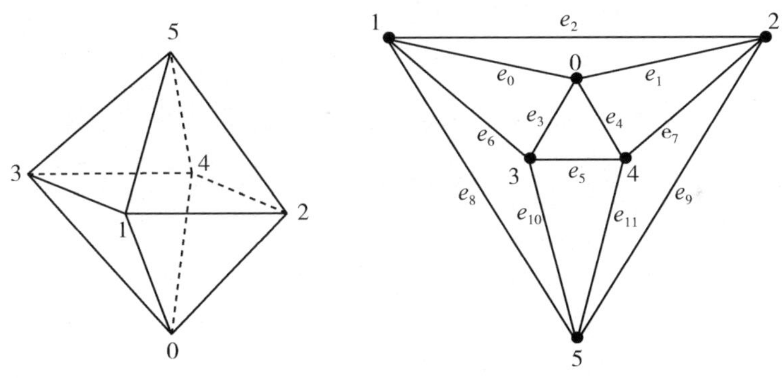

图 8－14　八面体和对应的平面图

设 $G = (V(G), E(G)) = (\{0,1,2,3,4,5\}, \{\underset{e_0}{01}, \underset{e_1}{02}, \underset{e_2}{12}, \underset{e_3}{03}, \underset{e_4}{04}, \underset{e_5}{34}, \underset{e_6}{13}, \underset{e_7}{24}, \underset{e_8}{15}, \underset{e_9}{25}, \underset{e_{10}}{35}, \underset{e_{11}}{45}, \})$，则有 G 的自同构群

$$\begin{aligned}\mathrm{Aut}(G) = \{&\sigma_0, \sigma_1, \sigma_2, \sigma_3, \sigma_4, \sigma_5, \sigma_6, \sigma_7, \sigma_8, \sigma_9, \sigma_{10}, \sigma_{11},\\ &\sigma_{12}, \sigma_{13}, \sigma_{14}, \sigma_{15}, \sigma_{16}, \sigma_{17}, \sigma_{18}, \sigma_{19}, \sigma_{20}, \sigma_{21}, \sigma_{22}, \sigma_{23}\}\end{aligned}$$

将元素 σ_0，σ_1，σ_2，…，σ_{23} 用轮换方法具体写出来是：

$$\underset{\sigma_0}{(0)(1)(2)(3)(4)(5)};$$

$$\underset{\sigma_1}{(0)(5)(14)(23)},\ \underset{\sigma_2}{(1)(4)(05)(23)},\ \underset{\sigma_3}{(2)(3)(14)(05)};$$

$$\underset{\sigma_4}{(0)(5)(1243)},\ \underset{\sigma_5}{(0)(5)(3421)},\ \underset{\sigma_6}{(1)(4)(2530)},\ \underset{\sigma_7}{(1)(4)(0352)},\ \underset{\sigma_8}{(2)(3)(4510)},$$
$$\underset{\sigma_9}{(2)(3)(0154)};$$

$$\underset{\sigma_{10}}{(12)(34)(05)},\ \underset{\sigma_{11}}{(13)(24)(05)},\ \underset{\sigma_{12}}{(25)(03)(14)},\ \underset{\sigma_{13}}{(35)(02)(14)},\ \underset{\sigma_{14}}{(15)(04)(23)},$$
$$\underset{\sigma_{15}}{(01)(45)(23)};$$

$$\underset{\sigma_{16}}{(125)(304)},\ \underset{\sigma_{17}}{(120)(354)},\ \underset{\sigma_{18}}{(135)(204)},\ \underset{\sigma_{19}}{(130)(254)},\ \underset{\sigma_{20}}{(152)(340)},\ \underset{\sigma_{21}}{(102)(345)},$$
$$\underset{\sigma_{22}}{(153)(240)},\ \underset{\sigma_{23}}{(103)(245)}。$$

Aut(G) 诱导的 G 的边自同构群

$$\mathrm{Aut}_E(G)=\{\sigma_0',\sigma_1',\sigma_2',\sigma_3',\sigma_4',\sigma_5',\sigma_6',\sigma_7',\sigma_8',\sigma_9',\sigma_{10}',\sigma_{11}',$$
$$\sigma_{12}',\sigma_{13}',\sigma_{14}',\sigma_{15}',\sigma_{16}',\sigma_{17}',\sigma_{18}',\sigma_{19}',\sigma_{20}',\sigma_{21}',\sigma_{22}',\sigma_{23}'\}。$$

将元素 σ_0'，σ_1'，σ_2'，…，σ_{23}' 用轮换方法具体写出来是：

$$\underset{\sigma_0'}{(e_0)(e_1)(e_2)(e_3)(e_4)(e_5)(e_6)(e_7)(e_8)(e_9)(e_{10})(e_{11})};$$

$$\underset{\sigma_1'}{(e_0e_4)(e_1e_3)(e_2e_5)(e_6e_7)(e_8e_{11})(e_9e_{10})},$$

$$\underset{\sigma_2'}{(e_0e_8)(e_1e_{10})(e_2e_6)(e_3e_9)(e_4e_{11})(e_5e_7)},$$

$$\underset{\sigma_3'}{(e_0e_{11})(e_1e_9)(e_2e_7)(e_3e_{10})(e_4e_8)(e_5e_6)};$$

$$\underset{\sigma_4'}{(e_0e_1e_4e_3)(e_2e_7e_5e_6)(e_8e_9e_{11}e_{10})},$$

$$\underset{\sigma_5'}{(e_0e_3e_4e_1)(e_2e_6e_5e_7)(e_8e_{10}e_{11}e_9)},$$

$$\underset{\sigma_6'}{(e_0e_2e_8e_6)(e_1e_9e_{10}e_3)(e_4e_7e_{11}e_5)},$$

$$\underset{\sigma_7'}{(e_0e_6e_8e_2)(e_1e_3e_{10}e_9)(e_4e_5e_{11}e_7)},$$

$$\underset{\sigma_8'}{(e_0e_4e_{11}e_8)(e_1e_7e_9e_2)(e_3e_5e_{10}e_6)},$$

$$\underset{\sigma_9'}{(e_0e_8e_{11}e_4)(e_1e_2e_9e_7)(e_3e_6e_{10}e_5)};$$

$$\underset{\sigma_{10}'}{(e_0e_9)(e_1e_8)(e_3e_{11})(e_4e_{10})(e_6e_7)(e_2)(e_5)},$$

$$\underset{\sigma_{11}'}{(e_0e_{10})(e_1e_{11})(e_2e_5)(e_3e_8)(e_4e_9)(e_6)(e_7)},$$

$$\underset{\sigma_{12}'}{(e_0e_5)(e_1e_{10})(e_2e_{11})(e_4e_6)(e_7e_8)(e_3)(e_9)},$$

$$\underset{\sigma_{13}'}{(e_0e_7)(e_2e_4)(e_3e_9)(e_5e_8)(e_6e_{11})(e_1)(e_{10})},$$

$$\underset{\sigma_{14}'}{(e_0e_{11})(e_1e_5)(e_2e_{10})(e_3e_7)(e_6e_9)(e_4)(e_8)},$$

$$\underset{\sigma_{15}'}{(e_1e_6)(e_2e_3)(e_4e_8)(e_5e_9)(e_7e_{10})(e_0)(e_{11})};$$

$$\underset{\sigma'_{16}}{(e_0e_7e_{10})(e_1e_{11}e_6)(e_2e_9e_8)(e_3e_4e_5)},$$

$$\underset{\sigma'_{17}}{(e_0e_2e_1)(e_3e_8e_7)(e_4e_6e_9)(e_5e_{10}e_{11})},$$

$$\underset{\sigma'_{18}}{(e_0e_5e_9)(e_1e_4e_7)(e_2e_3e_{11})(e_6e_{10}e_8)},$$

$$\underset{\sigma'_{19}}{(e_0e_6e_3)(e_1e_8e_5)(e_2e_{10}e_4)(e_7e_9e_{11})},$$

$$\underset{\sigma'_{20}}{(e_0e_{10}e_7)(e_1e_6e_{11})(e_2e_8e_9)(e_3e_5e_4)},$$

$$\underset{\sigma'_{21}}{(e_0e_1e_2)(e_3e_7e_8)(e_4e_9e_6)(e_5e_{11}e_{10})},$$

$$\underset{\sigma'_{22}}{(e_0e_9e_5)(e_1e_7e_4)(e_2e_{11}e_3)(e_6e_8e_{10})},$$

$$\underset{\sigma'_{23}}{(e_0e_3e_6)(e_1e_5e_8)(e_2e_4e_{10})(e_7e_{11}e_9)}。$$

（1）因为对每一对点 u 和 v，存在 $\sigma_t \in \mathrm{Aut}(G)$，使

$$\sigma_t(u) = v, t \in \{0,1,2,\cdots,23\},$$

即图 A 中的每一对点 u 和 v 均相似，所以图 G 是点对称的。

例如，对于 V 中的点 2 和点 4，有 $\sigma_{11}(2) = 4$，或 $\sigma_{22}(2) = 4$。

（2）因为对每一对边 e_i 和 e_j，存在 $\sigma' \in \mathrm{Aut}_E(G)$，使

$$\sigma'_k(e_i) = e_j, k \in \{0,1,2,\cdots,23\},$$

即图 G 中的每一对边 e_i 和 e_j 均相似，所以图 G 是边对称的。

例如，对于 G 中的边 e_2 和 e_4，有 $\sigma'_{13}(e_2) = e_4$，或 $\sigma'_{23}(e_2) = e_4$。

（3）因为图 G 既是点对称的又是边对称的，所以它是对称的。结论是：整体金融结构的图 G 是对称的。

第九章　金融产品创造中的货币关系和实现金融产品创造的 SPV

如前所述，金融产品创造可以通过在效能上的抽象简约为货币、证券的消长，债权债务关系类别的转换这样的最基本单元。进一步深入拓展还会看到，与这样的最基本单元相伴随的还有货币关系问题，货币关系进一步完善了金融产品创造最基本单元的内涵。在表现出货币、证券消长和债权债务关系类别转换的诸多金融产品创造中，有些具有货币关系，有些不具有货币关系，货币关系因此成为对金融产品创造进行划分的一个等价概念。另外，大量金融产品创造是借助一个 SPV 实现的，SPV 在功能上分为两类：一类是资金运用型 SPV，另一类是资产转换型 SPV。资金运用型 SPV 创造的证券一般是购买货币的证券，具有货币关系；资产转换型 SPV 创造的证券，有些具有货币关系，有些不具有货币关系。

第一节　货币关系

就企业股票发行、企业资产证券化、银行股票发行、事业信托、债权转股权、信贷资产证券化等金融产品创造而言，如果从交易关系结构的视角看待它们，就会看到节点和节点间的关联。看到这一点固然很重要，本书中的许多内容是由此展开的，但仅看到这一点还是不够的。若是从所创造的证券与货币的关系的视角来看待它们，就会看到具有货币关系的证券和不具有货币关系的证券，并且在具有货币关系的证券中还会看到购买货币的证券和货币转化的证券。进一步看到这一点的重要性在于，众多金融产品创造的构成都可以用购买货币的证券和货币转化的证券来进行描述，金融研究和金融管理因此注入了关注金融产品创造中的货币关系的新观念。

一、转换能力与货币关系

流动性的一种本质特征是转换能力。例如，贷款的一个特点是流动性很低，其中的一个重要原因是，贷款的特定银行关系难以发生转换，这制约了贷款易主，使贷款几乎没有转换能力。因此，可以将流动性概念延伸为转换能力。于是贷款难以获得流动性的延伸表述就是贷款的转换能力很低。

贷款与证券相比的一个重要区别是转换能力不同。为了提高贷款的转换能力，金融家们进行了不懈探索，设计出以贷款为支持发行证券的金融产品创造。使贷款获得转换能力的另一种探索是将贷款债权转换为股权（简称债权转股权），使贷款在转换的股权上获得转换能力。另外，证券的种类繁多，在它们的创造上，有的有货币关系，有的没有货币关系。

（一）转换能力

贷款是与借方的借款债务相统一的银行的债权存在，从这一点上看贷款也属于初级证券。不过，由于贷款具有不同于一般证券的重要而独立的特性，例如，它包含有特定的银行关系、具有创造货币的功能，因而它从一般初级证券中独立了出来。

证券与贷款相比，一个重要区别在转换能力上。对于证券而言，实现易主的关系转换是容易实现的，因而证券具有转换能力，这意味着证券是容易交易的，具有流动性。而贷款则不同，由于银行关系具有特定性，因而贷款的债权债务关系一经形成，债权一端是难以易主的，作为债权人的银行通常要将贷款持有至到期，否则会面临很高的转换成本。于是贷款在转换能力上远低于证券。

在贷款情况下，借款人和银行之间存在一个隐含合同。贷款实际上是借款人和放款人之间的一种非公开协议。尽管贷款也是一种法律文件，但借贷双方明白，它们可以重新谈判。贷款协议因此具有某种灵活性，这要视所谓的银行关系而定。这种关系并非停留在一个贷款协议上，它还包括存款、支付和现金服务等。而在证券情况下，借款人与投资者之间实际上是缺少这种隐含合同的。

贷款证券化的要义在于以贷款为支持创造证券发行，借助证券的转换能力提高贷款的转换能力。具体方法是通过一个转换型SPV创造与贷款同真同假的证券存在，在不触及传统银行关系的基础上，以这种证券为贷款赋予转换能力。在制度安排上，虽然基于真实出售和表外化，SPV与借方具有经济实质上的债权债务关系，但贷款通过SPV在它的证券存在上通常只留下对于贷款的本息求偿权，没有把所谓的银行关系转移给证券，相应的银行关系仍然存在于借方与银行之间，其中一项重要的银行关系就是借方依然向银行还款。在技术实施上，贷款借助于SPV的分割作用实现了小额化、序列化，以贷款为支持的证券因而变得容易交易。于是，贷款也就借助于它的证券存在获得了转换能力，虽然贷款本身并未实现流动。

投资者通过购入这种证券实现对于贷款在银行如期回流的预付，原来的银行与借方之间的债权债务关系被构造为在SPV交易结构下的、呈现为“市场化”的新的债权债务关系。鉴于此，这种证券化交易也被称为市场型间接金融。

相比较，债权转股权的要义在于，基于借贷双方的合意，通过一并将借款债务转化为股本、将统一于借款债务的贷款债权转化为股权，使贷款在转化的股权上获得转换能力。这一转化没有经过SPV。债权转股权的结果是：贷款和借款的债权债务关系统一转化为股本和股权的债权债务关系统一，贷款和借款不复存在，银行关系随之转换为股权关系。由于债权转股权没有贷款证券化那样的“同真同假”设计，因而不能避开

“借贷双方的合意”。

（二）货币关系

证券的种类繁多，其中大部分在其创造上是与货币发生关系的。在此将与货币发生关系的证券创造称为具有货币关系的证券创造，并将所创造的证券称为具有货币关系证券。

对于具有货币关系的证券，按照交易后货币是否依然存在这一特性，可以划分出两个组：购买货币的证券和货币转化的证券。在前一组中，证券在创造上与货币发生关系后货币仍保持存在；在后一组中，证券在创造上与货币发生关系后货币不再保持存在，转化为所创造的证券，或者说被所创造的证券吸收。

对于具有货币关系的证券有以下进一步的表述。(1) 就对已有货币的影响而言，购买货币的证券的创造是一种使已有货币易主的机制，不对已有货币带来减少；货币转化的证券的创造则是一种使已有货币的存在转化为非货币的存在的机制，对已有货币带来减少。(2) 购买货币的证券的创造增加了金融资产的规模，而货币总量不变，因而货币在金融资产中的比例降低；货币转化的证券的创造不增加金融资产的规模，但由于货币总量减少，因而同样也使货币在金融资产中的比例降低。(3) 就对货币需求的影响而言，购买货币的证券的创造是一种货币需求在总体上不变的机制，因为在购买货币的证券的创造上，货币需求的减少面对货币需求的增加，而相比较，货币转化的证券的创造是一种货币需求在总体上减少的机制，因为在货币转化的证券的创造上，只有货币需求减少的一面而没有货币需求增加的另一面。

贷款证券化是一种创造货币转化的证券的金融产品创造，而债权转股权是一种创造没有货币关系的证券的金融产品创造。

二、企业股票发行、企业资产证券化和事业信托中的货币关系

企业通过发行股票实现股本融资，所发行的股票是购买货币的证券。企业通过发行以资产为支持的证券实现资产融资，所发行的资产证券也是购买货币证券。事业信托通过将积极财产和消极财产的一体化运作，以信托设立前生成的委托者承担的债务作为信托财产承担的债务，所发行的证券是信托设立前生成的委托者承担的债务的转化形式，没有货币关系。

（一）企业股票发行

企业股票发行或者具有货币关系或者不具有货币关系，具有货币关系的企业股票发行表现为购买货币的企业股票发行。购买货币的股票发行影响存款分布，但并不致使存款搬家，即便是在所发行的股票进入二级市场交易的情况下也是如此。

1. 购买货币的企业股票发行

虽然说企业发行的股票未必都是购买货币的股票，有些甚至没有货币关系，但企业为

融资所发行的股票是购买货币的股票。在企业为融资发行股票时，投资者（包括个人和机构）以其账户上作为储蓄的货币（包括当期的和过去的）进行购入，结果是一笔已有货币发生易主。如果投资者在股票上的投资是 100 个货币单位，那么他就通过在股票上的投资向企业提供了他所放弃的对当前物品 100 个货币单位的要求权。从资金循环的主要环节上看，在投资者方面有（借）股票投资/（贷）银行存款，在企业方面有（借）银行存款/（贷）股本及其溢价，在银行方面有（借）存款货币——投资者/（贷）存款货币——企业。"（贷）银行存款"中的银行存款是积累储蓄的银行存款，是投资者放弃的对当前物品要求权的一定货币单位；"（借）银行存款"中的银行存款是同资本的总运动相联系的货币资本，通过投资（购买生产资料等）转变为生产资本，进入资本循环（$G-W\cdots P\cdots W'-G'$）。

企业为了实现股本融资而发行的用以购买货币的股票在经济中增加了非货币间接证券的数量，相对于货币总量不变这一因素，货币总量对金融资产的比例亦随之下降。在实际中，投资者也包括非货币中介机构，由于非货币中介机构的资金来源是通过发行非货币间接证券购入已有货币而实现的，因而经济中因为非货币中介机构的融资又会进一步增加具有货币关系的非货币间接证券的数量。这种非货币中介机构具有信息生产上的优势，起到了将分散持有的潜在货币资本要素集中起来，集中为机构持有的潜在货币资本的作用。它们在购买股票时，或者是愿意放弃在货币上的持有，或者是愿意放弃在其他证券上的持有，不同情况对货币需求的影响不同。

在企业购买货币的股票发行上一个不容忽略的细节是货币供求的局面。企业通过发行购买货币的股票实现对货币的需求，投资者通过购买这种股票减少对货币的需求，货币需求的增加和货币需求的减少共同存在，互为对面，体现为此消彼长的局面。比较一下，由作为货币金融中介的银行向企业提供的间接融资就没有这种局面。在这中间接融资的情况下，满足企业货币需求增加的对面是银行的货币供应量的增加，货币需求增加与货币供应量增加共同存在，互为对面。

导入购买货币的股票这种融资工具使经济中作为储蓄的货币减少，作为生产的第一推动力和持续推动力的货币增加，而货币本身的数量不变。这种将积累储的货币储蓄转化为积累储的货币流通，将对当前物品的要求权易主的金融交易，一方面缓和了银行部门为了满足货币需求的增加而在新增货币数量上的创造，从而缓和了同质新增货币对已有积累储蓄的货币的稀释；另一方面也在经济中降低了的货币总量对金融资产的比例。金融资产中货币份额下降的一种因素影响是，要求利率有所上升，这一点与一定货币总量下的信贷资产证券化的影响不同。

现金股利分配不是改变已有货币总量的因素。当企业向投资者分配股利时，在企业方面有（借）利润分配/（贷）银行存款；在投资者方面有（借）银行存款/（贷）投资收益；在银行方面有（借）存款货币——企业/（贷）存款货币——投资者。这三个 T 关系的金融含义是：为了实现股利分配，一笔相应的"银行存款"由企业持有变为投资者持有，银行在其负债一端为此提供结算，将统一于银行存款债权易主的相应存款货币债务由企业账户划转到投资者账户。

2. 购买货币的企业股票发行对存款分布的影响

一种情况是投资者的开户行和股票发行企业的开户行是同一银行，如图 9-1a 所示；另一种情况是投资者的开户行（A）和股票发行企业的开户行（B）是不同银行，如图 9-1b所示。第二个图示所具有的实际意义在于，它反映了股票发行会使存款在不同银行和不同地区间呈现出分布上的变化。[①] 例如，在 A 地区银行开户的投资者通过购买在 B 地区开户的企业所发行的股票，A 地区银行负债上的存款货币就会转移到 B 地区银行的负债上。不过，若从银行部门的角度看，资金循环的结果仍是由第一个图示反映。通常所说的“货币搬家”只吻合于作为货币债权的银行存款的运动，即银行存款由投资者搬家到股票发行企业，而作为货币债务的存款货币却只在同一银行中的不同账户间或不同银行间的不同账户间转移，搬不出银行之家。即便是在资金大量涌入股票二级市场时，通常也是清算行和券商开户行的存款货币会增加，其他行的存款货币会相应减少，存款货币仍然搬不出银行之家。能够把作为货币债务的存款货币搬出银行之家的，是信贷资产证券化。

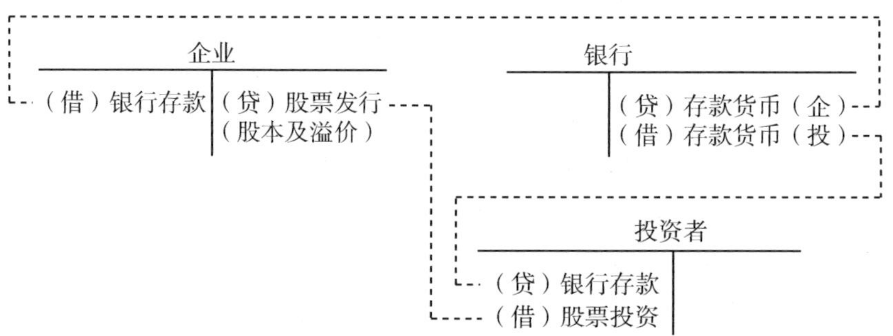

图 9-1a 购买货币的企业股票发行的资金循环——投资者的开户行与股票发行企业的开户行是同一个银行

① 例如，当个人储蓄存款划入证券机构，证券公司经在结算公司的结算备付金账户最终将款项划转为结算公司在当地结算银行账户上的存款时，就算是所谓的储蓄资金进入（或是分流）到了证券市场。实际上，这是一个存款货币在银行部门中的不同存款账户间转移，最终向结算银行的存款账户集中的过程。当异地企业新股发行时，该账户上的部分资金参加申购，成交的结果会使此账户上的余额减少，减少的部分划转到了发行企业在当地开户行上的存款账户上。这样，随结算公司在结算银行的存款下降，在统计上就会影响结算银行当地银行系统的存款货币下降，同时，在基础货币支付体系下，也会一并影响到当地银行系统在央行的存款下降。相应地，发行企业在当地开户行上的存款货币会得到增加，同时当地银行系统在央行的存款也会得到增加，因为这种划转是以央行的账户为过渡的。另外，在新股发行时，也会有大量专门申购新股的资金通过各地的证券经营机构被划转到结算公司在当地结算银行开立的验资专户上，申购结束后，余款又会返回，这在统计上也可能会影响结算银行当地银行系统的存款货币和在央行的存款货币出现波动。

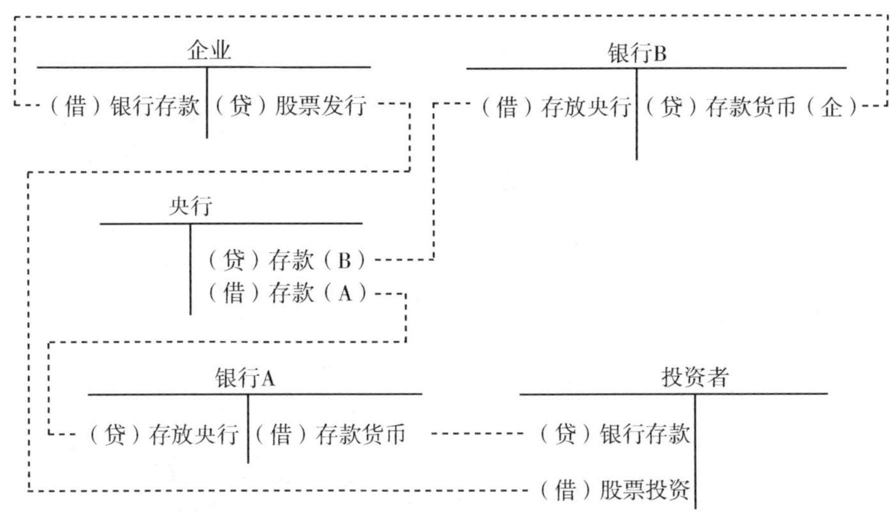

图9－1b　购买货币的企业股票发行的资金循环——投资者的开户行与股票发行企业的开户行是不同银行

3. 资金进入股市的资金循环

一个似是而非的看法是，资金进入股市会导致存款货币“搬家”，即存款货币从银行部门流失。图9－2有助于消除这种误解，图中显示了在资金进入股市的每一个环节上存款货币在银行部门中运动的情况。因为在银行部门负债上每一笔借记的存款货币都等额对应着一笔贷记的存款货币，所以不会有存款货币从银行部门流失的情况发生，银行部门负债上的存款货币余额不会减少。一个模糊不清的问题是，既然非存款类金融机构在存款类金融机构的存款纳入广义货币供应量（M_2）统计范围，那么应该如何识别和看待满足证券交易货币需求的货币数量。以下借助资金进入股市的资金循环境况来对以上两点予以说明。

图9－2中的①表示了投资者将资金转入券商，以备购买股票之需。不难识别，“①（借）存款货币——①（贷）银行存款”属于货币供应量M_1统计范围。当资金通过券商进入股市时，资金发生转移的结果是：银行部门对投资者的货币债务减少，对券商的货币债务相应增加，即在银行部门有（借）存款货币——投资者/（贷）存款货币——券商。按照规制，客户账户与券商固有账户是分别存在的，除非有其他契约，券商不能将客户账户中的款项挪用于自己固有账户中。

如果投资者的开户行与券商的开户行不同，则将相应的存款货币从投资者开户行账户转到券商开户行账户，还要经过央行账户的过渡。在投资者有（借）在券商存款/（贷）银行存款，在券商有（借）银行存款——客户/（贷）代理买卖证券款，在投资者开户行有（借）存款货币/（贷）在央行存款，在券商开户行有（借）在央行存款/（贷）存款货币，在央行有（借）存款——投资者开户行/（贷）存款——券商开户行。

②表示了券商为客户在证券交易所开设清算资金专户，将客户存入的款项转入清算代理

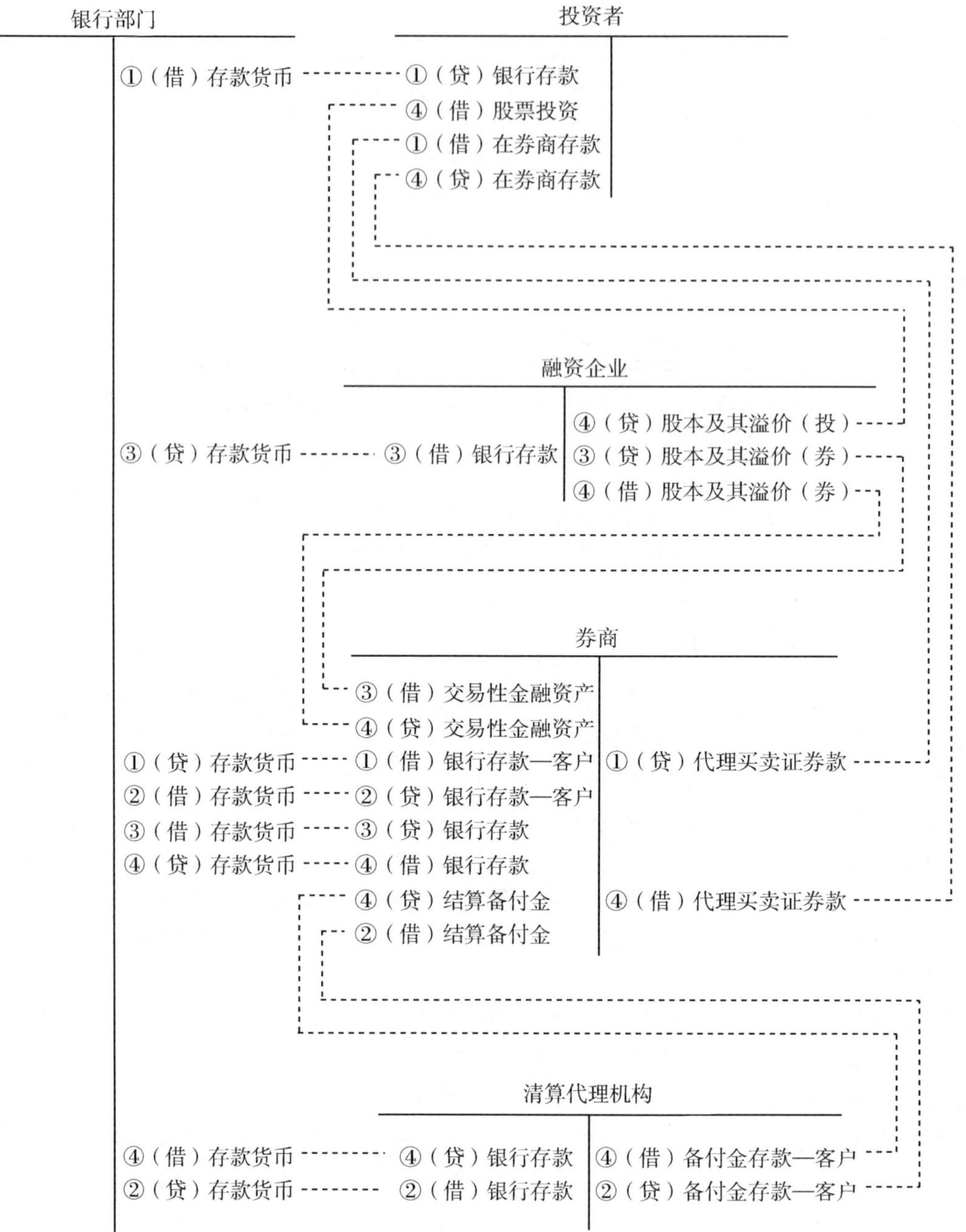

图 9－2　资金进入股市的资金循环

机构。结果是，银行部门对券商的货币债务减少，对清算代理机构的货币债务相应增加。即便将关于清算代理机构的“②（贷）存款货币——②（借）银行存款”称为“②（贷）同业存放——②（借）存放同业”，其货币属性也不会改变，货币功能没有一点褪色，它体现为满足证券交易货币需求的货币数量。证券交易也需要以货币来媒介，这是客观事实。

“②（贷）存款货币”或“②（贷）同业存放”是非存款类金融机构（清算代理机构）在存款类金融机构的存款，属于广义货币供应量 M_2 统计范围。

如果券商的开户行与清算代理机构的开户行不同，则将存款货币从券商开户行账户转到清算代理机构开户行账户，还要经过央行账户的过渡。在券商有（借）结算备付金/（贷）银行存款——客户，在清算代理机构有（借）银行存款/（贷）备付金存款——客户，在券商开户行有（借）存款货币/（贷）在央行存款，在清算代理机构开户行有（借）在央行存款/（贷）存款货币，在央行有（借）存款——券商开户行/（贷）存款——清算代理机构开户行。

③表示了在全额包销条件下，券商当时就向融资企业付现，融资企业通过发行股票获得股本融资的情况。结果是，银行部门对券商的货币债务减少，对融资企业的货币债务相应增加。当券商购入待发售的股票时，在券商有（借）可交易性金融资产/（贷）银行存款，在融资企业有（借）银行存款/（贷）股本及溢价。显然，企业通过发行股票实现了对已有货币的购买，企业发行的股票是购买货币的股票。不难识别，关于融资企业的“③（贷）存款货币——③（借）银行存款”，属于货币供应量 M_2 统计范围。这一 M_2 理应是直接作用于实体经济的有效货币。

如果券商不是当时就向融资企业付现，则在券商有（借）可交易性金融资产/（贷）应付账款，在融资企业有（借）应收账款/（贷）股本及溢价。

④表示了券商在交易所将包销的股票全部转售给投资者的情况。结果是，银行部门对清算代理机构的货币债务减少，对券商的货币债务相应增加。如果融资企业不是将募集的资金用于理财产品等非生产性用途，那么它所募集的资金到此就算是走完了从储蓄到投资运动历程（①~④）的资金。

如果清算代理机构的开户行与券商的开户行不同，则将存款货币从清算代理机构开户行账户转到券商开户行账户，还要经过央行的过渡。在投资者有（借）证券投资/（贷）在券商存款；在券商有（借）代理买卖证券款/（贷）结算备付金，（借）银行存款/（贷）交易性金融资产；在券商开户行有（借）在央行存款/（贷）存款货币——券商；在央行有（借）存款——清算代理机构/（贷）存款——券商；在清算代理机构开户行有（借）存款货币——清算代理机构/（贷）在央行存款；在清算代理机构有（借）准备金存款——客户/（贷）银行存款；在融资企业有（借）股本及其溢价——券商/（贷）股本及其溢价——投资者。

从图9－2可以清楚地看出：（1）在①、②、③、④所代表的资金运动的每一个环节上，存款货币都没有流出银行部门。（2）储蓄转化为投资的过程就是资金从积累货币储蓄的投资者储蓄账户转入与资本的总运动相联系的企业交易账户的过程，①~④反映了这种储蓄转化为投资的资金运动脉络。（3）确实，资金流入股市也是支持实体经济。即便从二级市场看也是如此。对于二级市场而言，满足股票交易货币需求的货币，其数额会随着市场交易规模的扩大而增加，这一增量的货币需求须要有增量资金流入予以满足，否则会牵连一级市场的融资功能出现衰弱。满足股票二级市场交易货币需求的存款表现为非存款类金融机构在存款类金融机构的存款，属于广义货币供应量 M_2 统计范围。

（二）企业资产证券化和事业信托

企业基于资产证券化的交易结构所发行的证券是对证券化资产的债权，具有货币关系，且是购买货币证券。事业信托与企业资产证券化的不同是：以事业信托所发行的证券是事业信托设立前委托者承担的债务的转化形式，没有货币关系。事业信托与企业资产证券化的一个相同之处是：所发行的证券都是以作为运作对象的资产为支持的。

1. 购买货币的证券——企业资产证券化

在券商或银行的帮助下，通过设立 SPV（信托或 SPC），企业可以以资产负债表中的特定资产（如机器设备、厂房、生产车间、事业分厂、应收账款等）为支持发行证券。资金循环情况如图 9－3 所示。

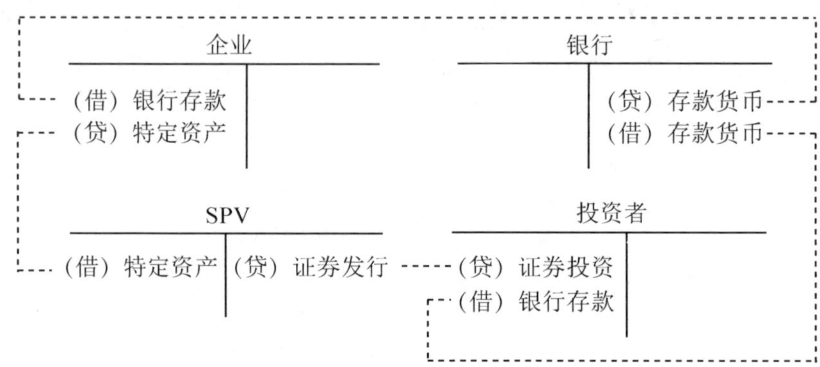

图 9－3　企业资产证券化的设立——购买货币的证券

基于 SPV 所发行的证券是购买货币的证券。图 9－3 清楚地显示了企业资产证券化与企业发行股票的一个不同之处是，在企业资产证券化情况下企业资产负债表规模不变，而在企业发行股票的情况下企业资产负债表规模扩大。与企业发行股票的一个相同之处是，经济中的货币总量不变。

投资者通过持有这种证券向企业提供融资，而这种证券是以特定资产为支持的，特定资产的信用条件往往高于企业主体的信用条件，这就为主体信用较弱的中小企业降低融资成本，拓展资金来源开辟了新路径。不过一个容易混淆的问题是将 SPV 视为基金。作为基金的 SPV 是一个资金运用型载体，若是将 SPV 设计为一个基金机制，那么交易结构无异于项目融资，SPV 理应有资本配置，这时企业融资成本未必能够获得有效降低。

2. 没有货币关系的证券——事业信托

在券商或银行的帮助下，企业可以通过设立 SPV（信托或 SPC），使其在信托设立前承担部分债务转换为信托财产（如机器设备、厂房、生产车间、事业分厂、应收账款等）承担的债务，由此实现以一个事业整体为对象的运作。这一运作的资金循环情况如图 9－4 所示。

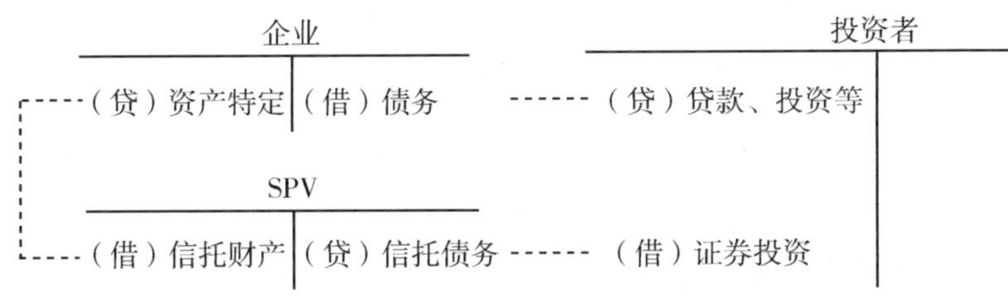

图 9－4 事业信托的设立——不具有货币关系的证券

由信托财产承担的债务可以包括向银行的借款、应付账款等，持有相应债权的投资者包括贷款银行、应收账款企业等。在设立自己信托时，通过信托条款将信托设立前企业承担的债务作为信托财产承担的债务，投资者持有的对企业的债权也随之转化为在信托债权上的投资。当用以承担债务的信托财产选为厂房、设备一类的贷款抵押物时，可以通过成本核算赋予抵押物一个确定的现金流。当用以承担债务的信托财产选为一般经营性物业时，其本身就有独立的现金流。推出这种交易结构的优点在于：（1）对于投资者而言，与持有对企业的债权相比，持有以信托财产为支持的证券在收益上更加确定。企业可以通过持有次级部分收回超额收益。（2）企业的杠杆倍数或杠杆率降低，财务状况获得改善。（3）如果事业信托的载体不被视为一个杠杆，那么事业信托还具有降低经济中的杠杆率（债务/GDP）的经济效果。①

这种基于 SPV 的信托债务是信托设立前企业承担的债务的转化形式，在经济中既没有货币易主也没有货币转化为非货币，因而这种事业信托所发行的证券是没有货币关系的证券。

三、债权转股权和信贷资产证券化中的货币关系

债权转股权和信贷资产证券化属于供给侧结构性改革的金融要素方面，两者都具有支持供给侧结构性改革的效果。

（一）债权转股权

债权转股权有直接和间接两种情况。实际中的债权转股权通常是采用间接方式实施的，即银行先向一个贷款债权转股权实施机构转让债权，再由这一实施机构将受让的贷款债权转为对象企业的股权。这似乎类同于信贷资产证券化的操作，贷款发起人先向专业化的证券化

① 对于资产证券化而言，其载体表现为财产权状态转换功能，不是一个杠杆，这一点是清楚的，所以基于匹配平移对称，信贷资产证券化具有降低经济中的杠杆率（债务/GDP）的经济效果。但对于事业信托而言，其载体是否是一个杠杆，这一点似乎看法并不一致。不过即便事业信托的载体是一个杠杆，在一定总杠杆率下杠杆率的结构也因事业信托的引入而发生改变。进而有一点是清楚的，如果持有信托债权的投资者是银行，那么当银行将持有的信托债权出售给银行部门之外的投资者时，在银行部门有（借）存款货币/（贷）贷款，在银行部门之外的投资者有（借）信托债权/（贷）银行存款，虽然银行部门之外的投资者的资产负债表不收缩，但银行部门的资产负债表收缩，这带来银行部门的杠杆率降低，从而使经济中的杠杆率（债务/GDP）降低。

实施机构转让贷款，再由这种实施机构择机对受让的贷款实施证券化出售。不过，关于债权转股权直接方法的表述仍然是具有一般意义的。

1. 直接将贷款债权转为对象企业股权中的货币关系

图 9－5 以会计处理表示的方法，给出了银行直接将贷款债权转为对象企业股权的货币关系和继而再将这种股权出售给投资者的资金循环情况。

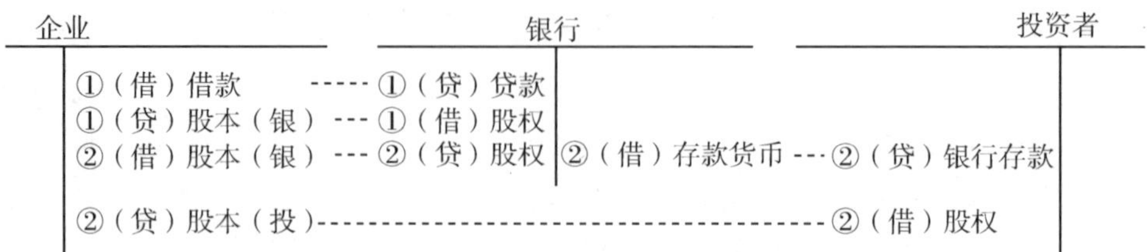

图 9－5　债权转股权资金循环的会计处理表示（Ⅰ）

图 9－5 的①表示了基于银行和企业双方的合意，银行将贷款债权转换为对象企业的股权，同时企业将借款转换为股本的资金循环情况。在企业方面，借款减少，股本增加，股本是借款的转化形式，没有货币关系。企业的杠杆倍数降低，财务指标因此获得改善。企业的支付约束由还本付息转变为股利分配，企业财务负担压力因此降低。在银行方面，贷款减少，股权增加，股权是贷款的转化形式，没有货币关系。由于股权在变现上好于贷款，因而银行资产的转换能力因此获得提高。

②表示了银行继而将股权出售给投资者从而退出股东地位的资金循环情况。银行持有的作为贷款转换形式的股权减少，同时在投资者的诱导下，银行负债上的存款货币一并减少（这是指存款货币从有到无，而不是像信贷资产证券化那样由货币存在转化为非货币的存在），原来统一于存款货币的银行存款现在替代为统一于股本的股权。如此，贷款转换为对象企业的股权由投资者持有，投资者以股权投资的形式为银行预付了作为股权转换的对象贷款。无须讳言，由于股权有着不同于贷款债权的经济甚至是政治含义，因而贷款债权转换为股权有着鲜明的优化金融资源配置或重新布局金融资源的战略效果，即便是对回流有碍的贷款也是如此。

在①中，股本是借款的转换形式，股权是贷款的转换形式，贷款债权转换为股权没有货币关系。在②中，投资者从银行购入的股权是银行存款的替代形式，具有货币关系。综合①和②：（1）虽然最终出售给银行之外的投资者的由贷款转化的股权是货币转化的形式，货币总量因此减少，但债权转股权本身并不具有货币关系；（2）债权转股权本身没有借助 SPV。

虽然在实际中债权转股权通常是经由实施机构实现的，但图 9－5 具有一般意义。

2. 经由实施机构将贷款债权转为对象企业的股权

在实际中，银行债券转股权要通过实施机构来实现。我国发布的《关于市场化银行债权转股权的指导意见》规定：“除国家另有规定外，银行不得直接将债权转为股权。银行将债权转为股权，应通过向实施机构转让债权、由实施机构将债权转为对象企业的股权的方式实现。”

以下的图 9 -6 以会计处理表示的方法，给出了银行向实施机构转让债权，之后再由实施机构将债权转为对象企业的股权的资金循环情况。

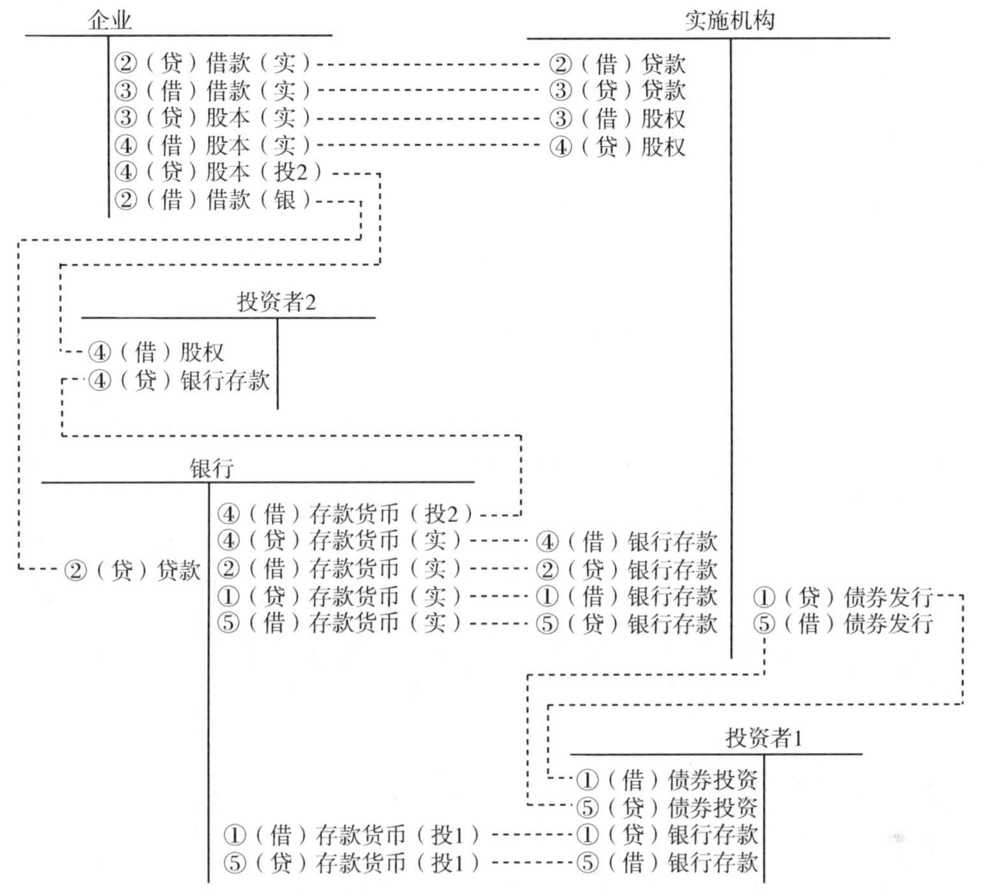

图 9 -6　债权转股权资金循环的会计处理表示（Ⅱ）

图 9 -6 中的①表示了实施机构通过发行债券募集资金的资金循环情况。这一发行的结果是：经济中金融资产的规模增大，货币总量不变，由实施机构发行的债券是购买货币证券。

②表示了银行向实施机构转让贷款债权的资金循环情况。在银行方面，贷款减少（贷款本身不是从有到无），支付贷款转让的存款货币在实施机构对受让的贷款进行支付的诱导下减少（存款货币本身是从有到无），银行的规模发生收缩；在实施机构方面，实施机构以持有贷款替代持有银行存款，银行存款减少（银行存款本身是从有到无），对贷款的投资持有增加（贷款本身不是从有到无）；在对象企业方面，对银行的借款债务减少，对实施机构的借款债务增加。

③表示了实施机构将受让的贷款债权转为对象企业的股权的资金循环情况。在实施机构

方面，减少在贷款上的持有，增加在股权上的持有，股权是贷款的转换形式。在对象企业方面，借款减少，股本增加，股本是借款的转换形式。债权转股权本身没有借助 SPV。这一转换属于非货币资产本身保持不变的金融产品创造，没有货币关系。

④表示的实施机构将转换的股权出售给投资者 2 的资金循环情况。在投资者 2 方面，以持有股权替代持有银行存款。在实施机构方面，以持有银行存款替代持有股权。在银行方面，由对投资者 2 负有存款货币债务变为对实施机构负有存款货币债务。在企业方面，将实施机构作为股东变更为投资者作为股东。结果是：已有货币易主，从投资者 2 持有变为实施机构持有；贷款债权转换的股权易主，从实施机构持有变为投资者 2 持有；货币总量不变。

⑤表示了实施机构以出售股权获得的资金支付债券发行的资金循环情况。在实施机构方面，银行存款和债券发行债务一并减少。在投资者 1 方面，以持有货币替代此有债券。在银行方面，从由对投资者 1 负有存款货币债务变为对实施机构负有存款货币债务。

审视银行负债上的动态：①、④、⑤是以“借”和“贷”的对应关系出现的，故而存款货币虽然易主但数量不变，而②是以“借”单独呈现的，故而存款货币减少。

另外，如果实施机构是由银行自己发起设立的，实施机构的意图是在完成债转股后将股权变现并向银行还款，那么不排除银行向实施机构提供贷款，待实施机构将股权变现后再由其向银行归还贷款。这时的资金循环情况如图 9－7 所示。

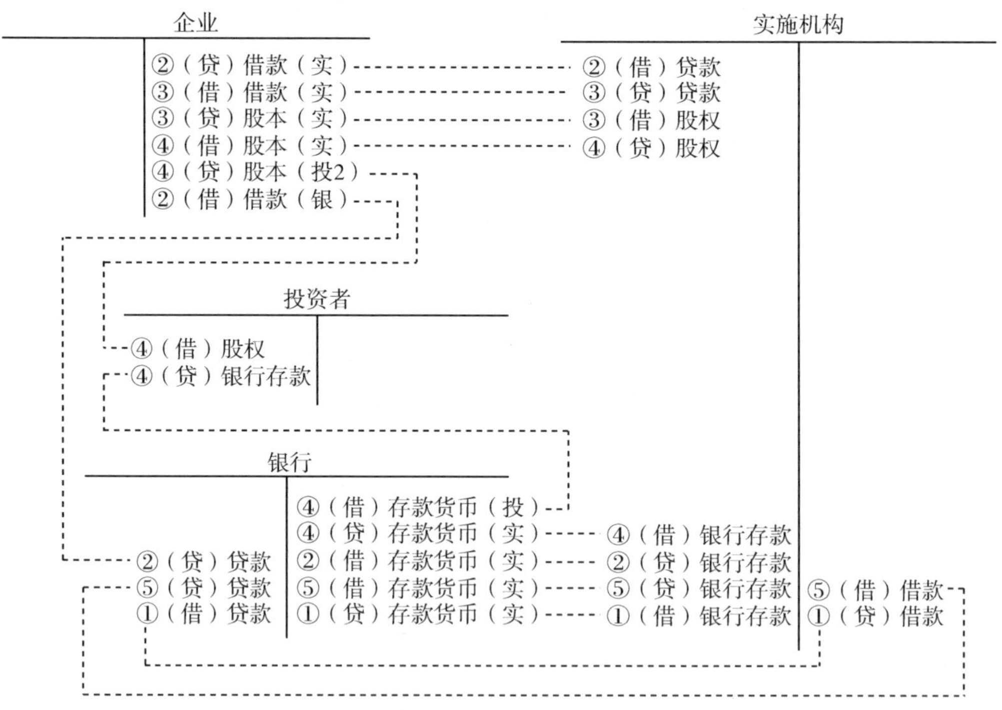

图 9－7　债权转股权资金循环的会计处理表示（Ⅲ）

图 9－7 中的①表示了实施机构通过向银行借款而募集资金的资金循环情况。结果是：

银行的资产负债的规模增大，货币总量扩张；实施机构的借款是购买货币证券，所购买的货币是有银行投放出来的。

⑤表示了实施机构以出售股权获得的资金向银行归还借款的资金循环情况。结果是：实施机构的银行存款和借款一并减少；银行的资产负债表规模收缩；货币总量减少。

（二）信贷资产证券化

信贷资产证券化这一金融产品创造是由贷款转移和与之匹配的存款货币转化为 SPV 上与贷款为支持的证券发行所构成的。先就贷款本身而言，在资产证券化情况下贷款本身既没有出现从有到无的变化也没有出现存在形态发生转化的变化。这是指信贷资产证券化创造了与贷款同真同假的证券存在，贷款因此获得了双重存在。像信用卡贷款那样的短期贷款，之所以能够实施证券化是因为引入了与满足投资者偏好的序列证券发行相适应的循环购买设计，循环购买在此成为确保“贷款和证券两者同真同假”的技术性措施（循环购买显然不是以募集资金购买循环贷款，而是以循环加入的贷款支持证券发行）。贷款借助于 SPV 有了与它同真同假的证券存在，这是资产证券化的真谛之所在。

再就货币关系而言，信贷资产证券化的一个显著特点是，以贷款为支持的证券除了是贷款的存在形式外还是货币转化的证券。这种货币转化诱导于投资者对资产证券的投资，投资者以持有的货币预付了贷款在银行的如期回流，而贷款本身的回流依然是如期的。“预付”在会计上是一个债权的概念，预付了贷款在银行如期回流的投资者必然就对如期回流的贷款具有要求权，贷款的如期回流因此不再回流给贷款，而是要转而支付给投资者。回流给贷款的是由贷款的回流兑付的证券，这意味着“（借）证券发行/（贷）贷款”替代了“（借）存款货币/（贷）贷款”。在此“（借）证券发行/（贷）贷款”正是贷款和证券两者同假的写照。

综上所述：（1）资产证券化借助于 SPV 创造了贷款的证券存在，贷款有了新的境遇。（2）以贷款为支持的证券是货币的转化形式，投向证券的货币转化为非货币性态的金融资产，不再保有货币之身。（3）经济中积累储蓄的货币减少，减少的这部分化身为资产证券而不是易主，投资者在储蓄的积累上由积累货币变为积累资产证券这一非货币的存在。如果说基于贷款投放的没有实际储蓄增长提供支持的货币稀释了已有积累储蓄的货币，那么资产证券化又使这种稀释得到了浓缩。

（三）债权转股权和信贷资产证券化的比较

在证券出售给银行部门之外的投资者的情况下，债权转股权和信贷资产证券化相比较，两者的相同点有：两者都具有减少经济中的货币总量、收缩银行的资产负债表规模的经济效果。

两者的不同之处有：（1）在前者，债权转换为股权没有借助 SPV；在后者，创造贷款的证券存在要借助于 SPV。（2）在前者，要有借方将借款转化为股本的债务更新环节，这需要借贷双方达成合意方可实施；在后者，通常采取默认方式，无需借方的债务更新环节，实施的主动权在银行，借方未必知晓自己的借款已经对应于证券化贷款。这一不同决定了后者的适用范围要大于前者，例如就住宅抵押贷款的证券化而言，采取债权转股权就不合适，因为银行与众多个人达成合意并不现实。（3）在前者，企业和银行均有受益；在后者，受益方主要在银行，而且不限于此，后者还带有超出银行获益的外部经济效果，这一点使整个经济受益于银行的贡献。（4）贷款的境遇不同。债权转股权的结果是将银行对借方的贷款债权转换为对象企业的股权，并将最终转换的股权出售给其他投资者；信贷资产证券化的结果是以贷款为支持创造与贷款同真同假的证券，并将这种证券出售给其他投资者。虽然两者都使贷款获得了新的境遇，但在前者，贷款的新境遇是贷款转换的股权，而在后者，贷款的新境遇是贷款的双重存在。

四、银行股票发行中的货币关系及其与信贷资产证券化的比较

以下从资产负债表动态和货币关系对银行股票发行和信贷资产证券化进行比较。

（一）两者的资产负债表动态

如图9－8所示，从银行部门看，如果投资于资产证券的投资者在银行部门之外（如保险公司、基金、REIT、信托公司、其他合格投资者），那么它们投向以贷款为支持的证券的货币债权（统一于银行部门负债上的货币债务）便会转化为统一于SPV负债上的证券发行的非货币债权，而SPV负债上的非货币证券发行是基于投资者的投资诱导而从银行部门存款账户中划分出来的与证券化贷款相匹配的存款货币的转化形式。于是社会的已有货币总量相应减少。通常的表述是，这些货币预付了证券化贷款在银行的如期回流；没有道出的后半句是，贷款的如期回流是对这种预付的债务。①

如图9－8所示，同样是从银行部门看，如果投资于银行发行的股份的投资者在银行部门之外，那么它们投向银行发行的股票的货币债权便会转化为统一于股票发行（股本及溢价）的非货币债权，而股票发行是基于投资者的投资诱导而从其银行部门的存款账户中划分出来的相应存款货币的转化形式。于是社会的已有货币总量相应减少。通常的表述是，这些货币用于充实银行的资本金；没有道出的后半句是，这些货币由货币存在转化为非货币的证券存在。后半句没有道出容易给人以错觉，认为投向股票的货币依然存在，就像投向一般企业发行股票那样，其实不是。

① 如果将“预付”这一用语改为“收回”，即“这些货币收回了贷款的如期回流”，那么贷款的表外化就不再存在，因为这等于以存款货币收回贷款，贷款和存款货币一并减少。这意味着提前还贷，提前还贷没有时间平移效果。在会计上，“预付”是一种债权概念，“这些货币预付了贷款在银行的如期回流”，其后半句自然就是“贷款的如期回流是对这种预付的债务”，要回流给预付了贷款在银行如期回流的投资者，这种投资者具有对如期回流给贷款的货币具有要求权。

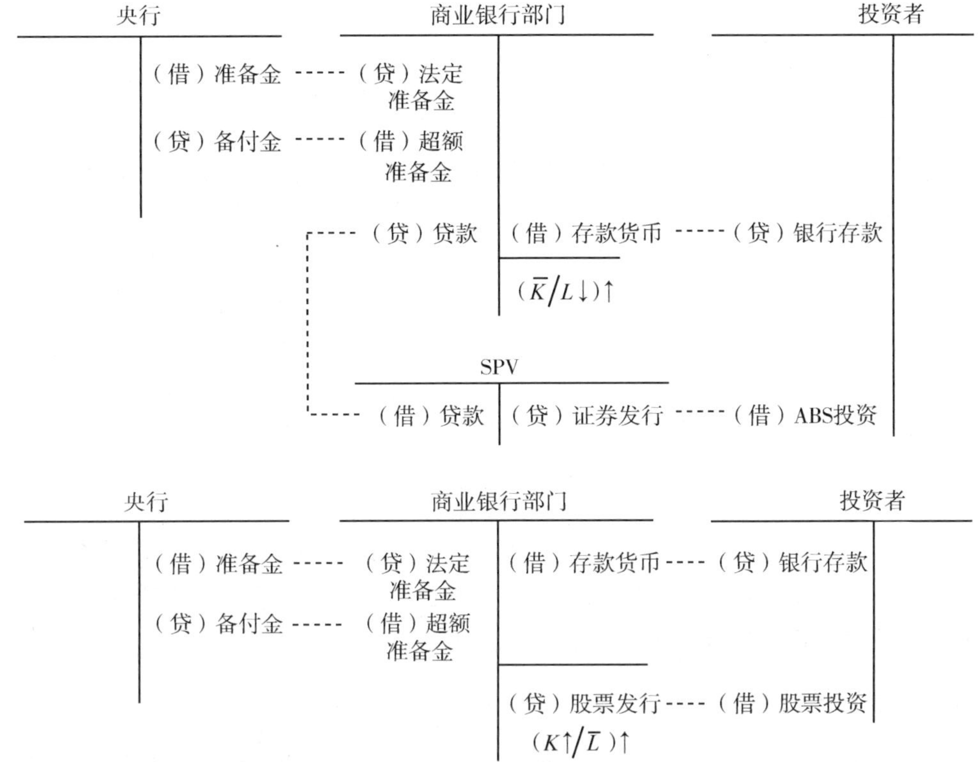

图 9－8　银行部门的存款货币转化为非货币债务的两个途径——证券化和银行股票发行

注：K表示资本，L表示贷款。

（二）货币关系、匹配平移和银行技术约束条件

银行的一项主要业务活动是通过贷款创造货币。这一活动受到两个方面的技术约束，一是流动性约束，基于法定准备金率要求，当存款余额（包括原始存款和派生存款）增加时，一定准备金中的法定部分便随之上升，而超额部分便相应下降，这意味着银行本身的流动性降低。二是资本约束，基于在权重上的规定，贷款余额的增加会增加资本消耗，贷款余额的减少会释放资本消耗。

1. 资产证券化和银行股票发行对两个约束条件的影响

资产证券化和银行股票发行在货币关系上都表现为货币转化的证券，所发行的资产证券和银行股票都是货币转化的证券，但由于前者有匹配平移，能够将存款货币“搬出银行之家”，而后者没有匹配平移，不能将存款货币“搬出银行之家”，因而在对银行技术条件约束的影响上，两者的表现不相同。

（1）资产证券化将贷款——存款货币“搬出银行之家”。在资产证券出售给银行部门之外的投资者的情况，资产证券化使部分法定准备金释放为超额准备金、使资本消耗降低，但并没有改变已有的总准备金规模和已有的资本规模，因而约束条件未变。[①]约束条件未变意味着：资产证券化只是释放银行部门的货币供给能力而不是提高银行部门的货币供给能力，有效准备金对货币供应量的约束依然如故；资本依规制对表内贷款的约束依然如故。(2) 银行股票发行的情况则有所不同，银行股票发行没有将贷款——存款货币“搬出银行之家”，而是将存款货币转化为股本及溢价，这决定了银行股票发行降低了法定准备金要求同时还一并增加了资本规模。所以银行股票发行虽然不改变基于一定准备金规模的约束条件，但由于资本规模改变，因而资本约束条件发生了改变。[②]资本约束条件发生改变和法定准备金获得释放意味着，银行股票发行提高了银行部门的贷款供应能力和货币供应能力。在此“提高”与“释放”的不同是显而易见的。

资产证券化在影响银行供给侧结构性改革上主要表现在于：在技术约束不变条件的情况下进一步打开贷款空间，使更多的经济主体能够基于一个基本稳定的货币供应量受惠于银行贷款。银行股票发行在影响银行供给侧结构性改革上的主要表现在于：通过增加账面资本增强银行的抗风险能力和持续经营能力，通过改变资本约束条件和释放法定准备金使银行提高贷款供应能力，货币供应能力随之提高。两者相比较，资产证券化的独立优点是，银行的贷款空间进一步打开而货币供应量基本稳定；银行股票发行的独立优点是，银行在吸收非预期损失上的抗风险能力得到增强。

2. 对市场管制的影响

从我国的情况看，货币市场和资本市场的监管分别属于两个部门，如果银行方面能够突破资本市场方面的发行管制，以新增股份发行来扩大其资本规模，从而使自身的贷款供应能力和货币供应能力获得提高，那么货币市场监管部门在货币总量控制和支付结算管理上就会面临新的压力。显而易见，在超额准备金相对增加的配合下，新增的资本能够支持银行部门发起一个更大规模的贷款，与更大规模的新增贷款相对应的存款货币投放规模会远超过原来转化为银行资本的那部分存款货币规模。进而，用足新增资本所需要的法定准备金会超过原来按照法定准备金率释放为超额准备金的部分，从而导致银行部门的流动性低于原来的水平。如果真的因流动性过低而爆出“钱荒”，央行就不得不出手，向银行部门注入流动性以缓和银行方面在资金清算和日常支付上出现的备付金不足境况。这一更大规模的准备金需求是由资本规模扩张推动出来的，其意外影响是，会削弱央行基于法定准备金工具控制货币供

---

① 在将法定准备金释放为超额准备金的问题上，从我国当前的情况看，由于存款货币的待遇种类繁杂，因而基于投资者对资产证券的投资而被诱导为SPV上的证券发行的这部分存款货币，目前未必就在需要缴存准备金的存款货币范围内，但是从今后的发展趋势看，这部分存款货币应该统一纳入需要缴纳存款准备金的存款货币范围内。否则，必然会因厚此薄彼之待遇而滋长监管套利上的不合理结果。其实，这部分存款货币也是随时都可以运动的，提现性也不差。在本书中的论述中，没有囿于某些特定情况，而是着眼于一般的合理性，一视同仁地将这部分存款货币统一视为需要缴纳存款准备金的存款货币。不论是从安全性还是从提高央行货币政策有效性上看，这种一视同仁都是必要的。准备金的意义，更多地体现在准备金是货币控制的基本要素，有更多的存款货币在缴纳准备金的范围之外，意味着央行的货币控制力降低。

② 同样，从我国当前的情况看，基于投资者对股票的投资而被诱导为股票发行的这部分存款货币，目前未必都处于需要缴纳准备金的存款货币范围内。

应总量的效力。以上表述是就银行部门总体而言的，而对于银行部门中资本薄弱的中小银行，增加资本的效果主要表现在提高风险承担能力上。

3. 央行购入资产证券对货币关系和银行技术约束条件的影响

在实际中，资产证券的投资者也可以是央行，这意味着这种资产证券进入了央行货币政策操作工具范围。央行购入资产证券时向银行部门付出基础货币，银行的流动性因此获得绝对提高，流动性约束条件发生改变。这一操作在资金循环上的情况如图 9－9 中的①～②所示。

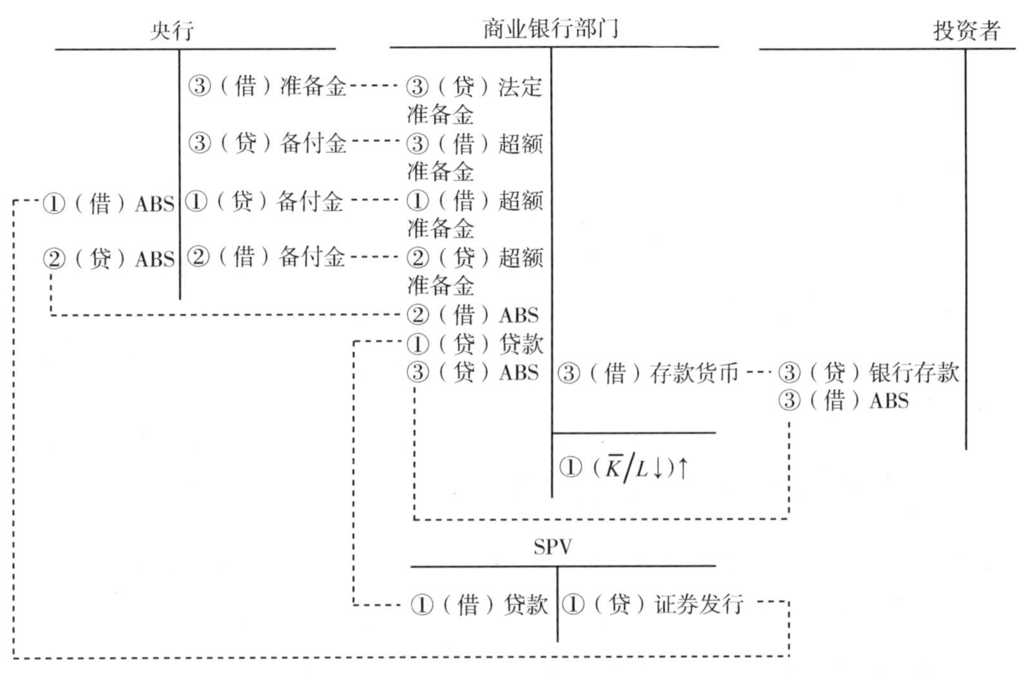

图 9－9　央行将 ABS 纳入货币政策操作工具的情况

注：K 表示资本，L 表示贷款。

图 9－9 中的①表示了央行通过购入 ABS（通常是 ABS 的优先部分）而投放基础货币的资金循环情况。在央行有（借）ABS/（贷）备付金，在商业银行有（借）超额准备金/（贷）贷款，在 SPV 有（借）贷款/（贷）证券化发行。央行的购入从有效准备金上改变了银行通过发起贷款而增加货币供应量的约束条件。在货币关系上，ABS 是购买货币的证券，不再是货币转化的证券。所购买的货币是央行新创造的基础货币。不过 ABS 依然表现为贷款的证券存在。

在 SPV 是信托的情况，信托的受托人未必就是贷款发起人，它通常是另外的证券化实施机构，因而央行购入 ABS 所投放的基础货币便首先进入证券化实施机构在央行的账户。尽管如此，图 9－8 仍然是具有一般意义的，另外，由于证券化实施机构业务运作的步骤通常是先从贷款发起人购入贷款，之后再择机以一个信托载体实现对贷款的证券化出售，因而其信用条件自然不应低于贷款发起人的信用条件。

②表示了央行在实施紧缩性货币政策或有意对冲所投放的基础货币时将 ABS 出售给商业银行的资金循环情况。在央行有（借）备付金/（贷）ABS，在商业银行有（借）ABS/（贷）超额准备金。商业银行的流动性因"②（借）备付金——（贷）超额准备金"而减少。

③表示了商业银行为了调节自身的流动性而向投资者出售 ABS 的资金循环情况。在商业银行有（借）存款货币/（贷）ABS，（借）超额准备金/（贷）法定准备金，在央行有（借）准备金/（贷）备付金，在投资者有（借）ABS/（贷）银行存款。商业银行的流动性因部分法定准备金释放为超额准备金而获得提高。另外，社会的流动性通过"③（借）存款货币"而减少。

第二节　金融交易表

金融交易表是表述金融产品创造中的货币关系的另一种形式。企业股票发行、企业资产证券化、事业信托、债权转股权、银行股票发行、信贷资产证券化是金融产品创造中具有代表性的品种，它们以各自不同的机理影响货币总量、相关经济主体的资产负债表和一些其他经济金融指标。为了归纳、完善和拓展关于金融产品创造的表述，本节给出它们的金融交易表。

一、企业股票发行、企业资产证券化

就融资主体而言，企业股票发行和企业资产证券化的发起人都是企业，所发行的证券都是为企业购买货币的证券。

（一）企业股票发行

在企业发行股票的背景下，资金循环账户——金融交易表中关于企业股票发行的相关部分，如表 9-1 所示。其中，横向是金融机构的明细和发行企业，纵向是交易项目的明细。

表 9-1　金融交易表——企业发行股票（Ⅰ）

	金融中介机构						非金融法人企业——股票发行企业	
	银行机构		保险机构		其他（股票投资基金等）			
	A	L	A	L	A	L	A	L
现金、银行存款			（-）3		（-）7		（+）10	
股票			（+）3		（+）7			
股本及溢价								（+）10

1. 没有银行介入

设企业发行购买货币的股票，市值为 10 个货币单位。企业通过贷记股本及溢价向经济中注入 10 个货币单位市值的股票（若发行股数就是 5 个单位，那么发行价格就是 2 元，每股溢价就是 1 个货币单位），10 个货币单位市值的股票就这样从无到有，另外，企业在其资产上通过借记为购买货币增设 10 个货币单位空出来的位置。基于企业资产负债表，经济中增加了 10 个货币单位的非货币金融资产。表 9－1 显示，银行没有投放增量货币，企业购买的货币来自其他经济主体持有的已有货币。保险机构通过购买 3 个货币单位的股票使购买股票的货币易主为企业持有；股票投资基金等通过购买 7 个货币单位的股票使购买股票的货币易主为企业持有。保险机构购入的 3 个货币单位的股票，沉淀在购买股票的货币空出来的资产位置上；股票投资基金购入的 7 个货币单位的股票，沉淀在购买股票的货币空出来的资产位置上。

从表 9－1 能推断出一些其他金融指标。企业通过发行股份购买已有货币使自身的资产负债表规模扩大 10；经济中以股票为存在的非货币资产增加 10，其中保险机构持有 3，股票投资基金持有 7，社会融资规模因此扩大 10；货币易主，但货币总量不变，仍为 10。

2. 有银行介入

如果银行机构以信贷资金介入企业股票发行的认购，购入 1 个货币单位的股票，且企业发行的购买货币的股票由 10 个货币单位增加到 11 个货币单位，其中 10 个货币单位的股票购买已有货币，1 个货币单位的股票购买新创造出来的货币。则金融交易表中的相关情况如表 9－2 所示。这里的一个要点是，企业通过发行股票从银行购买的货币是与银行新增股票投资相对应的新增货币，经济中的货币总量因此增加了 1。

表 9－2　金融交易表——企业股票发行（Ⅱ）

	金融中介机构						非金融法人企业——股票发行企业	
	银行机构		保险机构		其他（股票投资基金等）			
	A	L	A	L	A	L	A	L
现金、银行存款		（＋）1	（－）3		（－）7		（＋）11	
股票	（＋）1		（＋）3		（＋）7			
股本及溢价								（＋）11

从表 9－2 能推断出一些其他金融指标。企业通过发行股票购买货币，自身的资产负债表规模扩大 11；经济中以股票为存在的非货币资产增加 11，其中保险机构持有 3（对已有货币的运用），股票投资基金持有 7（对已有货币的运用），银行持有 1（投放新的货币），社会融资规模因此扩大 11；经济中的货币总量增加 1，货币总量达到为 11。

（二）企业资产证券化

设企业通过设立信托或SPC以特定资产（如机器设备、厂房、生产车间、事业分厂、应收账款等）为支持发行购买货币的证券，市值为10个货币单位。企业对10个货币单位的特定资产实施证券化，发行9个货币单位的资产支持证券，自己持有1个货币单位的受益权作为信用提高。基于SPV的作用关系，经济中增加了与证券化资产同真同假的非货币金融资产。9个货币单位的资产支持证券从无到有，是购买货币的证券；1个货币单位的剩余受益权从无到有，是没有货币关系的证券。投资者是非银行中介机构，包括保险公司、证券投资基金等，它们为以上购买货币的证券提供融资，而未发行证券的剩余受益权则由企业自己持有。金融交易表中的相关情况如表9-3所示。

表9-3　　金融交易表——企业资产证券化

	金融中介机构				非金融法人企业——发起证券化的企业			
	银行机构		非银行机构		企业		SPV	
	A	L	A	L	A	L	A	L
现金、银行存款			（-）9		（+）9			
资产					（-）10		（+）10	
资产证券			（+）9					（+）9
未发行证券部分					（+）1			（+）1

当SPV是信托时，信托虽然不是法人，但作为证券化发起人的企业是法人，受托人通常由证券化企业担任，这时企业同时是发起人、受托人、发行人。如果受托者不是由证券化企业担当而是由主导发行的金融机构担当，那么就要转移资产，内在环节因此增加，证券化的交易成本随之增加。实际上有些资产证券化并不适合采用转移资产模式，如应收账款的证券化就是如此。对应收账款实施证券化涉及本金循环技术，因而不适合采用转移资产模式，主导发行的金融机构应设计以企业为受托者的交易结构。

对于企业而言，由于证券发行是以特定资产为支持的，因而企业资产证券化可以成为降低企业融资成本的一项金融创新。另外，企业ABS不增加企业的负债，这一点也使企业愿意选择以资产证券化进行融资。对于投资者而言，投资者购入这种以特定资产为支持的证券的风险，比购入以企业整体信用为支持的债券的风险要小。在监管方面，监管企业ABS发行并不比监管企业股票发行更难。

从表9-3能推断出一些其他金融指标。企业的资产负债表规模不变，仍为10；经济中与特定资产同真同假的非货币金融资产增加10；货币总量不变，仍为9。企业融资增加，社会融资规模增加9。

将表9-3与表9-1或表9-2进行比较容易看出，企业股票发行通过增加股本降低了企业杠杆倍数，同时企业资产负债表规模也一并增大，而企业资产证券化虽然没有降低企业杠杆倍数，但也没有提高企业杠杆倍数，资产负债表规模不变。

二、事业信托和债权转股权

事业信托和债权转股权涉及企业和企业的债权人，双方的合意是必不可少的，这是两者的一个共同之处。事业信托使企业的在信托设立前已经承担的部分债务和被设定为承担这部分债务的资产相匹配，一并平移至表外，企业本身的资产负债表规模因此收缩，而债权转股权使企业的部分债务转换为股本，股本是债务的转化形式，企业本身的资产负债表规模不变，这是两者的一个显著不同之处。

（一）事业信托

事业信托在此是指，企业将在实施事业信托前已经承担的部分债务作为事业信托财产（如机器设备、厂房、生产车间、事业分厂、应收账款等）承担的债务，构建一个事业SPV。这种运作方式决定了事业信托在设立上要有企业和企业债权人双方的合意。

设将10个货币单位的企业特定资产设定为承担企业债务的事业信托财产，承担9个货币单位已经发生的企业债务。这9个货币单位债务的对方是银行或非银行金融中介机构的贷款债权，银行贷款债权是4个货币单位，非银行金融中介机构贷款债权是5个货币单位。10个货币单位信托财产共承担9个货币单位的借款债务，多出的1个货币单位信托受益权作为信用提高来源。信托证券是债权债务关系的统一，债权在银行机构和非银行机构的资产上，债务在SPV的负债上，如“信托证券”的横向所示。金融交易表中的相关情况如表9－4所示。

表9－4　　金融交易表——事业信托

	金融中介机构				非金融法人企业			
	银行机构		非银行机构		企业		SPV	
	A	L	A	L	A	L	A	L
资产					（－）10			
借款						（－）9		
信托财产							（＋）10	
信托证券	（＋）4		（＋）5					（＋）9
贷款	（－）4		（－）5					
受益权					（＋）1			（＋）1

从表9－4能推断出一些其他金融指标。企业的资产负债表收缩9；信托证券发行是企业债务的转化形式，没有货币关系，故而货币总量不受影响；银行和非银行金融中介机构均

以持有信托证券替代持有贷款，两者的资产负债表规模不变。企业融资没有增减，社会融资规模不变。

表 9－4 与表 9－1 比较可以看出事业信托与企业资产证券化的不同。由于事业信托没有发行购买货币的证券，因而事业信托没有扩大非货币资产的规模。

（二）债权转股权

债权转股权是对银行贷款的替代，股权是贷款的转化形式。虽然贷款不复存在，但资产本身没有从有到无。当股权进而出售给其他投资者时，投资者持有的货币就替代为股权。债权转股权的一个特点是，债权转股权的实施要有企业和企业债权人双方的合意。

设银行和企业达成合意，将 10 个货币单位贷款债权转为股权。如表 9－5 所示，这首先使银行的贷款资产减少 10 个货币单位，同时使企业的借款债务减少 10 个货币单位；股本增加 10 个货币单位，同时股权增加 10 个货币单位。进而，银行再将这 10 个货币单位的股权出售给银行之外的其他投资者，保险公司购入 3，股票投资基金购入 7，这又使银行的货币债务减少 10 个单位。金融交易表中的相关情况如表 9－5 所示。

表 9－5　　金融交易表——债权转股权和将股权出售给其他投资者

	金融中介机构						非金融法人企业	
	银行机构		保险机构		其他（股票投资基金等）			
	A	L	A	L	A	L	A	L
现金、银行存款			②（－）3		②（－）7			
存款货币		②（－）10						
贷款	①（－）10							
借款								①（－）10
股本								①（＋）10
股权	①（＋）10 ②（－）10		②（＋）3		②（＋）7			

从表 9－5 能推断出一些其他金融指标。最终，银行的资产负债表规模收缩，货币总量减少；企业的借款转换为股本，资产负债表不变；投资者（保险公司和股票投资基金）以持有股票替代持有货币，资产负债表规模不变。经济中的贷款和货币减少，减少的贷款转换为股权。通过保险机构、股票投资基金对企业股票的购入，有 10 个单位的货币替代为股票而不是易主，货币从有到无，经济中的货币资产减少。企业融资没有增减，社会融资规模不变。

三、银行股票发行和信贷资产证券化

银行股票发行和信贷资产证券化都是由银行发起的，银行发行的股票和以资产为支持的证券都是货币转化的证券。

（一）银行股票发行

设发行市值为10个货币单位。银行部门通过贷记股本及溢价向经济中注入10个货币单位市值的股票，这些股票是货币转化的证券，银行负债上的存款货币债务减少10，银行权益上的股本及溢价增加10。对10个货币单位市值的股票，保险机构购入其中的3，股票投资基金购入其中的5，非金融企业购入2。因为股本及溢价是银行部门存款货币的转化形式，所以不存在银行为购买股票的货币在资产上增设一个相应空位的情况。金融交易表中的相关情况如表9－6所示。

表9－6　　金融交易表——银行股票发行

	金融中介机构						非金融法人企业	
	银行机构		保险机构		其他（股票投资基金等）			
	A	L	A	L	A	L	A	L
现金、银行存款			（－）3		（－）5		（－）2	
存款货币		（－）10						
股票			（＋）3		（＋）5		（＋）2	
股本及溢价		（＋）10						

从表9－6能推断出一些其他金融指标。银行的资产负债表规模不变；经济中货币资产减少10，这些减少的货币资产转化为银行发行的股票，以银行发行的股票为存在的非货币资产增加10。通过保险机构、股票投资基金和非金融企业对银行股票的购入，10个单位的货币转化为银行股票而不是从有到无，社会融资规模不变。

（二）信贷资产证券化

（1）在信贷资产证券化背景下，如果保险机构和其他机构以银行存款货币投资于资产证券，则资金循环账户——金融交易表中相关情况如表9－7所示。假定证券化贷款的数额为10个货币单位，资产证券发行为10个货币单位，发行的证券全部由在银行部门之外的保险机构和其他机构持有。

表 9－7　　金融交易表——信贷资产证券化（Ⅰ）

	金融中介机构					
	银行机构		保险机构和其他机构		SPV	
	A	L	A	L	A	L
现金、银行存款			（－）10			
贷款	（－）10					
存款货币		（－）10				
证券化贷款					（＋）10	
证券发行						（＋）10
资产证券			（＋）10			

在以上金融交易表中，银行部门向表外 SPV 转让 10 个货币单位的贷款资产，这一贷记的转让没有在资产上空出一个相应的借记位置，与之平衡的借记放在了负债上，有 10 个单位存款货币与转移至 SPV 资产上的贷款相匹配转化为 SPV 负债上的非货币债务。10 个货币单位的贷款资产证券是货币转化的证券，这意味着投资者持有的货币（银行存款）在投向资产证券后没有新的沉淀位置可去，就地化身为以贷款资产为支持的非货币资产。

从表 9－7 能推断出一些其他金融指标。银行的资产负债表规模收缩，货币总量减少；企业资产负债表不变，借款依然是借款；经济中的贷款不变，依然是满足企业货币需求的贷款，但增加了与贷款同真同假的非货币证券。企业融资没有增减，社会融资规模不变。

（2）如果资产证券中有 5% 的部分由银行部门以信用提高的形式持有，则金融交易表中的情况如表 9－8 所示。

表 9－8　　金融交易表——信贷资产证券化（Ⅱ）

	金融中介机构					
	银行机构		保险机构和其他机构		SPV	
	A	L	A	L	A	L
现金、银行存款			（－）9.5			
贷款	（－）10					
存款货币		（－）9.5				
证券化贷款					（＋）10	
证券发行						（＋）10
资产证券	（＋）0.5		（＋）9.5			

第三节　资产转换型SPV和资金运用型SPV

一个资产负债表通常可以发挥两种不同的交易功能：一是作为资产转换型载体发挥功能，二是作为资金运用型载体发挥功能。前者的逻辑是，先有作为转换对象的资产，才有以对象资产为支持的证券发行。当载体独立地专门用于这种资产转换目的时，将这种载体称为资产转换型SPV。资产转换型SPV的对象资产具有静态或动态上的确定性（起码关于资产的契约是确定的），通过以对象资产为支持的证券发行实现对资产的出售，通过对资产证券的交易实现对资产的交易。后者的逻辑是，先有资金来源，才有资金运用，首先通过发行证券购买货币，然后再对购入的货币进行专业化投资运用。当载体独立地专门用于这种资金运用目的时，将这种载体称为资金运用型SPV。

一、资产转换型SPV和资金运用型SPV的比较

SPV分为资产转换型和资金运用型两种，不过在目前的大量相关文献中，对于资金运用型SPV的探讨已经相当深入，而对于资产转换型SPV的探讨还十分薄弱。事实上，在“本来就应该是”的那种金融运行或金融体系的构建中，资产转换型SPV是不可或缺的。

（一）资产转换型SPV

资产转换型SPV的基本精神在于：转让人向SPV转让资产，由SPV承载之，资产本身的经济实质不变，并由SPV基于设计上的作用关系生成以资产为支持的证券发行，从而实现将资产转换为易于交易的证券。将这种首先集合对象资产的集合体称为资产集合（asset pool），许多文献中的同义用语是“资产池”。

在日本，基于资产证券化法的特定目的信托（SPT）和特定目的公司（SPC），它们是资产证券化交易结构中的资产转换型SPV；基于信托法的受益证券发行信托、受益证券发行自己信托等，它们也用于资产证券化交易结构中的资产转换型信托，因而依这种应用属于资产转换型SPV。对这种资产转换型SPV的图形描述如图9-10所示。

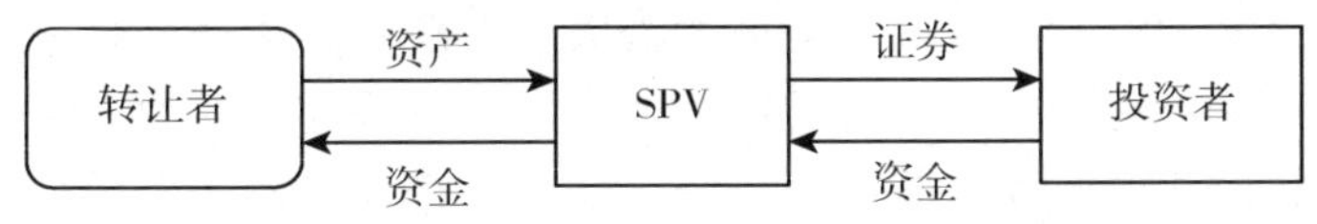

图9-10　资产转换型的SPV

当贷款转让者是作为货币金融中介的银行时，从银行部门看，由于转让者获得的资金是银行对自己的货币债权，因而在转让者获得资金的结果就是贷款资产和存款债务一并减少，不能认为银行通过转让贷款而持有对自己的货币债权。不把握这一脉络，当转让者是作为货币金融中介的银行时，就容易对图中所示的资金流发生直观上的错觉。

（二）资金运用型 SPV

资金运用型 SPV 的基本精神在于：首先以 SPV 集合资金，继而在再按计划对集合的资金进行投资运用。将这种购买运用资金的集合体称为基金（fund）。

投资信托、投资法人、REIT、理财产品等，它们在交易结构上都属于这种资金运用型 SPV。这种运用型 SPV 也被称为广义 SPV，其图形描述如图 9－11 所示。

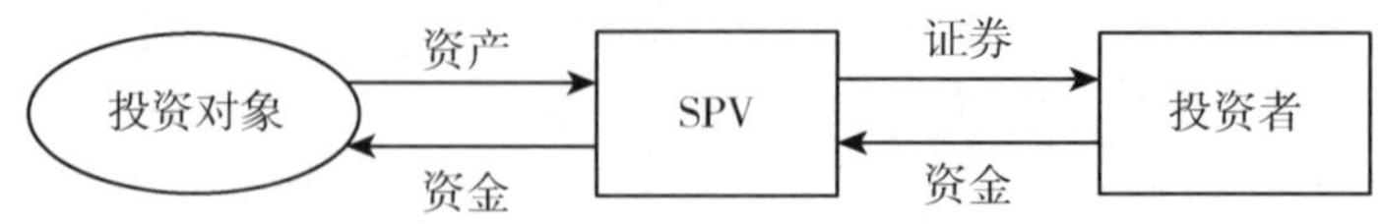

图 9－11　资金运用型的 SPV

资金运用型 SPV 用于许多金融产品创造，如我国目前规模非常庞大的表外银行理财产品就是以资金运用型 SPV 为背景的。资金运用型 SPV 类产品固然可以用来为企业融资，但其作用限于解决企业融资难方面，如满足一些高收益项目的融资需求。由于资金运用型 SPV 的资金运动脉络是先有资金来源后有资金运用，其资金运用的利息自然要高于资金来源的利息，因而不能寄望于资金运用型 SPV 类产品能够解决“融资贵”的问题。在解决企业“融资贵”方面，运用资产转换型 SPV 的企业资产证券化能够发挥积极作用。

（三）两种类型载体的比较

资产集合（asset pool）与基金（fund），资产转让型载体与资金运用型载体，是两对重要的概念。

1. 集合体

资产集合的集合对象是贷款资产等，基金的集合对象是货币资金。这两种集合体在具体运作上存在诸多不同，其中的一个显著不同表现在证券发行上。资产转换型载体是为了出售对象资产而发行证券，载体上的会计处理脉络是（借）资产/（贷）证券发行，通过将统一于证券发行的债权出售给投资者而实现对集合资产的出售。资金运用型载体是为了购买货币而发行证券，在载体上的会计处理脉络是（借）银行存款/（贷）证券发行，通过将统一于证券发行的债权出售给投资者而实现对货币的购买。在前者，投资者是视资产评估而购买证券，资产是事先特别确定的，投资者通过购买证券而持有确定资产的份额。在后者，与其说投资者是视资产评估而购买证券，莫如说投资者是视基金业绩期望值而购买证券，资产构成并不是事先确定，它取决于基金经理在募集资金运用上的决策，决策结果的会计处理脉络是（借）证券投资或其他/（贷）银行存款，即资产本身的经济实质发生变化，由“银行存款”变为“证券投资或其他”。

图 9－12 给出了两种集合体的比较，左图是资产转换型 SPV，右图是资金运用型 SPV。有虚线框的是“后有”的部分，没有虚线框的是“先有”的部分。在资产证券化的交易结构中，是先有证券化的对象资产，后有以对象资产为支持的资产证券发行，所发行的证券是

对象资产的对应物，在本质上是作为对象资产的像的存在。在投资法人、投资信托和REIT等交易结构中，是先有投资者份额，通过发行投资者份额募集资金，即（借）银行存款/（贷）证券发行，后有资金运用，即有（借）证券投资或其他/（贷）银行存款。

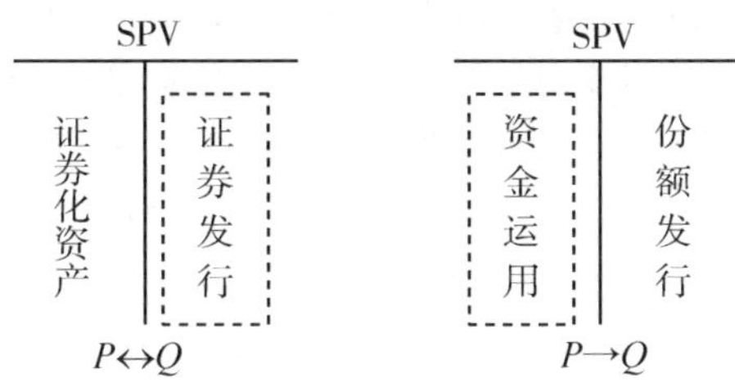

图9-12　两种集合体的比较

在许多文献中将资产证券化的机理表述为以融资购买贷款。这种表述并不恰当，因为通过募集资金购买贷款和通过发行以资产为支持的证券出售贷款，两者不仅在理念上不同，在操作上和关联集上也不同。看一下美国的GNMA、FNMA、FHLMC和日本的住宅金融支持机构，它们在运作上都有运用融资购买贷款的操作，在融资上也完全可以通过发行债券和优先股在一个载体上来构造优先/次级结构，但这并不体现为资产证券化，只是为购买作为证券化对象的贷款或自己发起贷款获取了资金，并进而通过购买贷款或自己发起贷款为证券化操作做了资产上的准备。在以融资购买贷款的操作上，以上中介机构是作为资金运用型载体而存在的。真正体现资产证券化精神的操作在于，以上中介机构将以融资购买的贷款或是以融资发放的贷款转移至一个表外SPV，在SPV上以受让的贷款为支持发行证券，通过将这种证券出售给投资者而实现对转移贷款的出售。在此，SPV是出售资产的资产转换型载体，没有融资操作。另外，为了满足更广泛投资者的不同偏好和提高证券的流动性，需要为这种SPV设计序列发行。在现代信息技术条件下，以一定资产为支持可以便捷地选择总是恰到好处的证券发行序列，而反过来，以序列发行的融资去恰到好处地购买贷款，则要面临艰难的匹配困境。在只有优先/次级两个序列的情况，这种困境或许能够通过人为努力加以克服，但在多层级的情况，这种困境就并非人为努力所能克服。REIT绕开了这种困境，但也放弃了以资产为支持发行证券和以出售这种证券实现对资产的出售的资产证券化基本精神。

2. 命题逻辑

SPV的两端分别是资产和负债，资产和负债成为SPV的构成。对于信贷资产证券化而言，若设证券化贷款为命题P，以贷款为支持的证券发行为命题Q，则在SPV上信贷资产证券化的命题为$P\leftrightarrow Q$。其意为贷款和证券两者同真同假；或“证券发行存在当且仅当贷款存在”；或先有贷款来源后有以贷款为支持的证券发行，贷款来源耗尽后证券发行亦随之耗尽。以贷款为支持的证券发行存在当且仅当贷款存在，这一信贷资产证券化的基本逻辑是不难理解的。P为真，Q为真，则$P\leftrightarrow Q$为真，其实际背景是显然的。对真值表需要解释的是：P为假，Q为假，同样有$P\leftrightarrow Q$为真。比如，当贷款回流完毕时，贷款耗尽，以贷款为支持的证券亦随之耗尽。有些证券化交易结构存在循环购买，但那不过是证券化基本逻辑的延伸。

相比较，对于投资法人、投资信托和 REIT 等而言，它们在资金运动上的脉络是资金来源决定资金运用。若资金运用（投资、贷款等）为命题 P，资金来源（份额发行）为命题 Q，则投资法人、投资信托和 REIT 等的命题逻辑是 $P \to Q$。其经济含义是：如果有资金运用，那么就有资金来源；不过有资金来源未必一定有资金运用。$P \to Q$ 是假，当且仅当 P 为真 Q 为假，经济含义是，不能有没有资金来源的资金运用。对真值表需要解释的是：推定 $P \to Q$ 为真未必限于 P 和 Q 同真同假，也可以是 P 为假 Q 为真。其经济含义是：在操作上还没有将购买的货币用于贷款、证券投资等。

（四）两种类型载体相结合

在图 9 - 13 中，图左侧的 SPV1 给出的是以发行证券的形式出售资产的机制，图右侧的 SPV2 给出的是以发行证券的形式募集已有货币的机制。当将右图中募集的资金运用于左图中的证券发行时，两个机制就结合了起来。

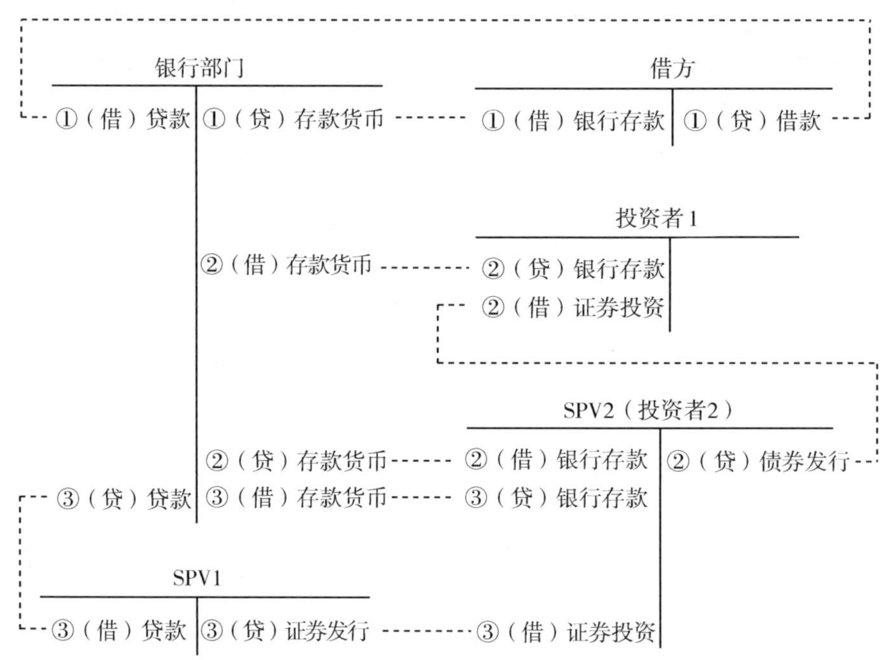

图 9 - 13　资产转换型载体（SPV1）和资金运用型载体（SPV2）相结合的资金循环

图 9 - 13 中的①表示满足货币需求增量（incremental demand for money in nominal）的货币供应量（supply of money）。新增的货币同质于已有货币，持有人一样能用它获得真实资源，这意味着原来已有货币获得真实资源的购买力却下降了。许多经济学文献都将这种情况看得非常严重，认为这是导致经济不稳定甚至经济危机的重要因素，于是提出回到 100% 准备金要求，以迫使银行失去通过贷款创造存款货币的特有功能的建议。其实在金融发展的进程中，贷款已经别有一番新的境遇，信贷扩张所带有的弊端已经不是那么严重。例如，设计

一种以已有货币置换与新增贷款相对应的新增货币的机制。这样的设计体现在图9-13中的回路②和③。当投放新增货币的新增贷款转移至表外时，虽然贷款原来投放的新增货币仍然在经济活动中运动，但这时却是③中的“（借）存款货币——（贷）银行存款”的置换，而③中的“（借）存款货币——（贷）银行存款”又是来自②中的“（借）存款货币——（贷）银行存款”。

②表示资金运用型载体——SPV2的资金来源。“②（借）银行存款/②（贷）债券发行”反映了SPV2资金来源，SPV2通过出售对自己的债权从投资者1募集资金，经济中的货币余额不变，但货币易主。银行为这一货币易主提供技术服务，这表现为在其负债上有（借）存款货币——投资者1/（贷）存款货币——SPV2。

即便“②（借）银行存款——②（贷）存款货币”以“②（借）存放同业——②（贷）同业存放”的形式出现，其货币属性也不因此改变，属于非存款类金融机构在存款类金融机构的存款，属于M_2。

③表示资产转换型载体——SPV1通过发行以贷款为支持的证券而向SPV2（投资者2）出售贷款。图9-13中的“③（借）证券投资/③（贷）银行存款”体现为SPV2的资金运用情况，投资者2由持有货币变为持有以贷款为支持的证券。只要持有证券的收益超过获得资金的融资成本，SPV2的这一资金运用就是有利可图的。结果是，满足货币需求增量的贷款被置于表外，在SPV1实现回流。如期回流的货币回流给预付了贷款在表内如期回流的投资者2。预付了贷款在银行如期回流的已有货币成为满足货币需求增量的货币供应量的置换，经济中的货币余额减少，这表现为“③（借）存款货币——③（贷）银行存款”，而“③（借）证券投资——③（贷）证券发行”是它的转化存在。虽然这时货币余额减少了，减少到通过①投放增量货币之前的水平，但经济中与资本的总运动相联系的货币却增加了，这一增加首先由贷款投放出来，之后从投资者1持有的货币获得置换。当积累储蓄的货币转化为积累未来储蓄的非货币证券时，贷款创造的没有实际储蓄支持的货币就被置换为有实际储蓄支持的货币，投资者持有的虚拟证券基于对贷款的要求权在贷款的如期回流中获得有实际储蓄支持的货币偿付。置换，它成为认知资产证券化的一个要点。

根据相关文献给出的研究结果，在我国金融运行中，处于投资者1和投资者2位置上持有的货币规模十分庞大。在投资者1位置上持有的货币主要表现为储蓄存款，在投资者2位置上持有的货币主要表现为非存款类金融机构（非货币金融中介机构）在存款类金融机构（货币金融中介机构）的存款。对于资产证券化而言，投资者1未必都是SPV1的合格投资者，但投资者2（SPV2）是SPV1的合格投资者。通过投资者1投资于SPV2的设计，能使一部分储蓄存款转换为非存款类金融机构在存款类金融机构的存款，从而扩大SPV1的合格投资者规模。结果是，M_2的数量不变，但结构改变。投资者1持有的储蓄存款是积累储蓄的已有货币，投资者2持有的货币也是积累储蓄的已有货币，不同之处在于，投资者1持有的货币通常是货币储蓄的形式，而投资者2持有的货币通常是货币流通的形式。

虽然在“货币余额不变但与资本的总运动相联系的货币增加”这方面，资产证券化与直接融资具有类同的效果（例如，基于一定的M_2资产证券化和直接融资都具有提高有效货币比率的效果），但两者作用机制不同，绩效当然也不会相同。

二、资产转换型载体的活用

资产转换型载体在许多方面都有应用。设某一大型企业或政府型公共企业利用商业银行贷款完成了一项重大经济建设项目或经营性社会公共项目。此项贷款是优质资产，银行可以持有之，在贷款的如期回流中获益，也可以将其纳入集合进行证券化出售，转而获取服务性收益，并以盘活的资本和流动性发起新的贷款，以保持经济中的货币数量相对稳定的方式，满足更多经济主体的贷款需求。

另一种情况是，在一定的经济背景下，作为借方的企业具有盘活存量资产的强劲动力，积极谋划出售这一项目资产。按照通常的思路，借方企业可以将项目资产剥离出来，设立一个新的企业，并通过出售股份的方式实现对项目资产的出售。这涉及利用企业法人制度。除此之外，利用信托制度替代企业法人制度也能实现同样的经济效果。

（一）企业法人制度

通过设立一个新企业实现对项目资产的出售，资金循环的基本情况如图9－14所示。

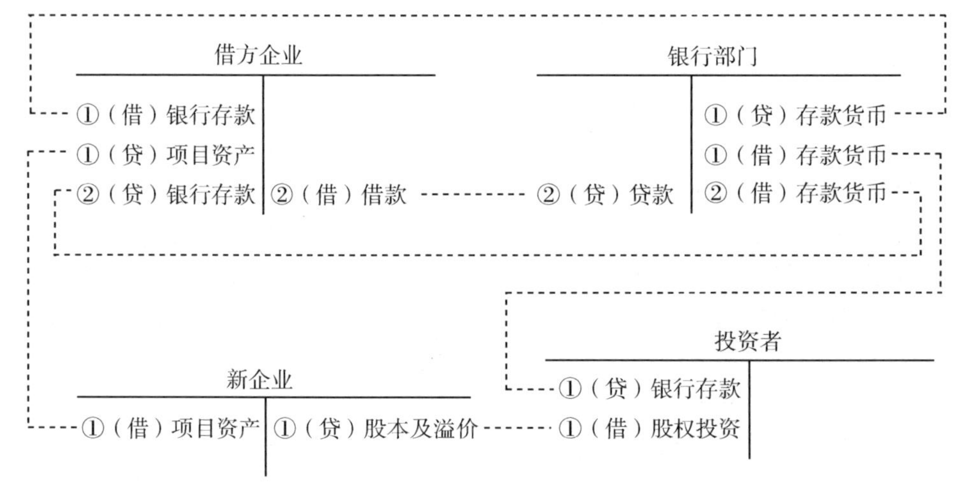

图9－14　以设立企业的形式实现对项目资产的出售

图9－14中的①表示了借方企业以评估的项目资产设立一个新的企业，并通过出售企业股份的形式将项目资产变现，从而收回资金的资金循环情况。由此，企业实现了盘活存量资产和因此改善财务指标的效果。②表示了企业以收回的资金偿还对银行的借款的资金循环情况。由此，企业实现了降低负债和因此改善财务指标的效果，银行实现了对贷款的回流，贷款不复存在。

由于项目资产是已经存在的，而股份发行是以项目资产为支持的，或者说已经存在的项目资产是股份发行的对应物，因而新企业的资产负债表在实现此项交易上表现为转换型SPV。若分离出来的项目资产具有公共性，则其运营仍然需要由原企业来担当。所以只要分离出来的项目资产在运营上虽与原企业独立但保持并行，这种企业法人制度的设计就有可行性。

在实际中这种操作有时也会触及经济界限之外的一些敏感话题。例如，项目资产属于国家的重大经济建设布局，或者是经营性公共事业，在这种情况下，投资者身份往往会带来经济界限之外的一些敏感性问题。无需忌讳，股权这种经济元素在一定条件下总是会有经济界限之外的某些延伸。鉴于此，即便投资者具有更先进的管理方法和更宽阔的国际视野，即便此项目出售对当期 GDP 有贡献，政府决策层面基于对本国经济的政治经济学考虑，基于坚守本国资本（而不是外国资本）主导本国主要产业部门的意志，恐怕也不会忽略经济界限之外的敏感性问题。避开这种敏感性问题的一种办法就是以信托制度代替企业法人制度。在以信托受益权实现对重要国有资产的转让中，虽然信托受益权也意味着国家税收的转让，但从经济与政治的全局看，其影响没有超出经济的界限。

（二）信托制度（Ⅰ）——受益证券发行自己信托

以信托制度替代企业法人制度的一种方式是，以设立受益证券发行自己信托的形式实现对项目资产的出售，基本概况如图 9－15 所示。

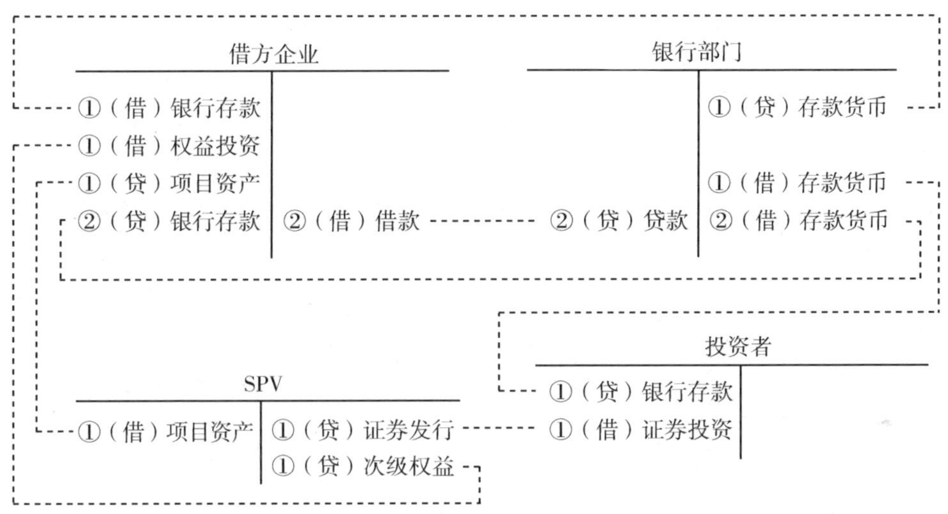

图 9－15　以设立受益证券发行自己信托的形式实现对项目资产的出售

图 9－15 中的①表示了通过设立受益证券发行自己信托出售项目资产的资金循环。企业将项目资产置于一个表外信托 SPV，并以这一信托 SPV 将项目资产转换为以项目资产为支持的证券，最终通过将这种证券出售给投资者而实现对项目资产的出售。如此同样可以使企业获得盘活存量资产和因此改善财务指标的效果。鉴于这种信托 SPV 的特点，所发行的证券在本质上是一种不同于一般企业股权的受益权，不涉及一般企业股权那样的控制权问题，因而可以避开经济界限之外的敏感性话题。同时，基于自己信托，项目运营的管理与决策权可以继续保持由原企业执行。如果此项目是公共与民生项目，那么由原公共部门企业保持对项目运营的管理与决策权就是至关重要的。例如，像 CRC—JH 那样的项目，规模巨大，收益稳定，仅一项便可构成信托的对象资产。其实项目运行的系统性决定了在对项目资产实施

证券化时设立自己信托是必然选择。基于自己信托发行固定收益信托债券的设计，在安全性、经济性和便利性上会远远胜过企业法人制度的设计。次级权益在此与其说是为了安排信用提高不如说是为了收集项目资产收益中超过债券利息支付的剩余部分。序列发行的优先部分中的短期证券（一年期以内的）可进入货币市场，中长期部分可进入资本市场。

另外，作为转换型载体的活用，也可以选择SPC来实现对项目资产的出售，SPC发行的序列证券虽然在有些层次上也称为股权，但在本质上仍然是受益权性质的。

②表示了企业以收回的货币资金偿还对银行的借款的情况。由此，企业同样可以实现降低负债和因此改善财务指标的效果，银行同样可以实现提前收回贷款的效果。同时，社会的货币总量减少。

（三）信托制度（Ⅱ）——受益证券发行自己事业信托

以信托制度替代企业法人制度的另一种方式是，以设立受益证券发行自己事业信托的形式实现对项目资产的出售，基本概况如图 9－16 所示。

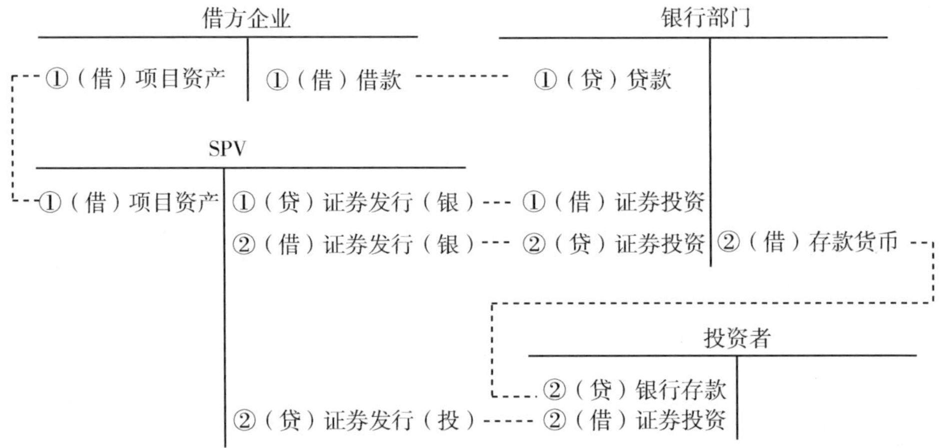

图 9－16　以设立受益证券发行自己事业信托的形式实现对项目资产的出售

在图 9－16 中的①表示了通过设立受益证券发行自己事业信托出售项目资产的资金循环。基于借方企业与银行的双方合意，借方企业将项目资产和与之相匹配的借款平移至一个独立的信托 SPV，银行的贷款债权随之转化为对 SPV 的债权，银行由持有贷款变为持有信托债权。这一平移带来的本质变化是，原来由借方企业承担的借款债务现在变为由信托财产承担的债务。对于贷款银行而言，持有信托债权与持有贷款相比的好处在于：（1）信托债权是以分离出来的项目资产为支持的，只要项目资产的盈利性是可靠的，持有信托债权便可以获得稳定的本息甚至更多，起码本息会更加安全；（2）信托债权具有更好的可售性，持有信托债权可以获得流动性便利；（3）持有信托债权或许可以节约资本，这要视具体的规制而确定。

银行贷款债权是在信托设立前发生的对委托者（在此就是借方企业）的债权，信托条款规定了由信托财产（在此就是项目资产）负责承担对这一债权的偿付。此信托就是将项目资产和借款债务分离出来作为一个事业整体加以运作的事业信托。这种事业信托的特点在于，债务也被纳入信托。在此，项目资产是信托的积极财产，载于信托 SPV 的资产一端，借款是信托的消极财产，载于信托 SPV 的负债一端。在借款进入信托的情况下，银行的贷款债权就转化为信托债权。在实际中，项目资产的价值在数额上或许会大于借款的数额，对此，信托债务中与借款价值同额的部分对应于银行持有的信托债券，超过的部分由企业持有或是另行出售。

如果在信托设立上采用将借方企业同时作为受托人的方法，那么这一事业信托就是伴随自己信托的事业信托，即自己事业信托，这时企业既不失去在事业运营上的主动权也省去一项由他人担当信托的费用。事实上，有些项目的事业信托并不能脱离委托人而独立运行，在信托的设立上必须采用将委托人作为受托人的设立方法。例如，对曾经受到广泛议论的 CRC—JH 项目，即便单独分离出来设立一个受益证券发行事业信托，其运营管理也不可能脱离委托人（CRC）。鉴于此，自己事业信托或受益证券发行自己事业信托是必然选择。

在图 9 - 16 的②中，银行进而将持有信托债券出售给其他投资者，银行的规模便收缩，$M_2\downarrow$。②的经济含义是，原来基于银行的信用扩张而投资建设的项目现在被置换为基于实际储蓄而投资建设的项目，经济运行中因高度信用扩张而产生的风险降低。这一主动权掌握在持有信托债券的项目贷款银行。鉴于信托债券本身的性质，不管投资者的身份如何，这种出售都不会涉及经济界限之外的敏感性问题。

在图 9 - 15 和图 9 - 16 中，SPV 只是出售项目资产的载体，其功能在于将项目资产转换为以项目资产为支持的证券或是将项目资产和借款作为一个事业整体加以信托化运作，其本身并不具有经营管理上的能动性。在委托人兼受托人的情况，能动性在委托人而不在 SPV 本身，即项目资产的运营仍然由原企业担当的。[①]

（四）启示

除了企业股票发行和债权转股外，如图 9 - 16 所示，事业信托是另一种降低企业杠杆的金融产品创造。(1) 经过事业信托的操作后，企业的权益部分不变，企业的杠杆倍数基于资产负债规模一并降低而获得降低。[②] (2) 就获得融资而言，事业信托带有使企业降低杠杆倍数的效果，企业财务指标因此获得改善，这意味着外部融资额外成本降低，有利于企业获得融资。(3) 当这种杠杆倍数的降低是基于资产与借款之间的匹配而达成时，银行方面也会因此获益。企业拿出一部分资产（如机器设备、厂房、生产车间、事业分厂等）与获得银行融资的借款相匹配，并将这一匹配平移至表外 SPV，价值评估的超额部分经 SPV 转换后由企业自己持有。在这一过程中，银行由持有贷款变为持有基于事业信托发行的信托债券，这不违反商业银行不能持有一般企业股票的规定。只要企业与银行就承担借款债务的信托资产对信托债券的本息支付达成合意的安排，这一事业信托的操作就是可行和安全的。

---

① 资产转换型载体的这一活用似乎涉及了企业资产证券化的基本精神，但即便如此，这一活用在此也是与银行贷款相关的。

② 设企业资本结构为 $A = D + E$，则企业的杠杆倍数是指 A/E。

(4) 当银行将持有的信托债券出售给其他投资者时，银行的资产负债规模就得到收缩，$M_2\downarrow$，于是由信贷扩张带给经济运行的风险会有化解。(5) 事业信托算是一个杠杆吗？引入事业信托能使经济总体的杠杆倍数降低吗？因为信托财产承担的债务是企业在信托设立前承担的债务的转化形式，所以事业信托在本质上是实现财产权状态转换的机制。就 SPV 是一个出售资产的财产权状态转换装置而言，事业信托应该不属于杠杆，这是容易理解的。就 SPV 的一个资产负债表而言，事业信托似乎又是一个杠杆，不过此杠杆非彼杠杆。虽然在实现序列发行的结构化设计中既有像债券一样因而称为债券的优先的部分，也有像股权一样因而称为股权的最次级的部分，但这并不能改变信托债券在整体上是信托资产的证券存在，是以信托资产为支持的受益权这一性质。鉴于此，SPV 的杠杆倍数为 1,经济总体的杠杆倍数因企业杠杆倍数和银行杠杆倍数（当银行将所发行的证券出售给其他投资者时）的降低而降低。

三、从一般企业到 SPC 再到信托

在本节最后，回到本节首句“一个资产负债表通常可以发挥两种不同的交易功能”的表述，谈一下从一般企业到 SPC 再到信托的话题。

一个一般企业的资产负债表（B/S）是一个载体，它承载资金的来源与运用。基于这一载体，企业首先通过创造借款、债券、股份等形式的初级证券来购买货币，实现资金来源，然后才能有与资本的总运动联系起来的资金运用。除此之外，企业的资产负债表也用来为购买的资产而创造用以支付的初级证券。例如，当企业的母公司基于资本运作的意图而向企业注入有形资产时，在企业的资产负债表账户上有（借）某项有形资产/（贷）股本及其溢价，在母公司的资产负债表上有（借）证券投资/（贷）某项有形资产。在此，企业通过创造股份购来买有形资产，并将股份作为对价而支付给母公司。

以上两种情况的共同之处是，资产负债表都创造初级证券。在前一种情况下，资产负债表创造借款、债券、股份等以购买货币，所创造的证券不仅是具有货币关系的证券，同时也是购买货币的证券。在后一种情况下，资产负债表创造股份以购买有形资产，所创造的证券是没有货币关系的证券。然而，在一个以货币为中心、货币成为衡量流动性程度之尺度的经济中，以上两种情况在功能上也是有潜在差别的。在后一种情况下，资产负债表的作用与其说是创造股份以购买有形资产，不如说是将注入的有形资产转换为股份并掉换给母公司。在此，以注入的资产为支持发行股份是以资产负债表为载体而实现的，资产负债表在此发挥了财产权状态转换功能。注入的资产是确定的，这意味着基于信息披露准则，证券市场上的企业股权投资者若是对评级机构就这一资产注入交易给出的价值评估结果存有疑虑，可以前往企业的母公司就注入资产的状况进行实际考察。

这种潜在的差别给出的启示是：可以将一个载体所具有的对于置入资产的财产权状态转换功能独立出来，使之用于出售资产的特定目的。为此目的的一个独立的资产负债表只需少许资本即可搭建，通常将这样的载体称为 SPC。就一个 SPC 而言，虽然也将它称为公司，出售资产的交易结构及其账户是以它为载体而构造出来的，但它只能是一个被动的转换型载

体，不是具有主动性行为的运用型载体。否则，它那简洁的治理结构和为了搭建一个公司型载体而象征性存在的少量资本就是不恰当的。在这一意义上，SPC 只是一个用来承载资产并基于所承载的资产构建出售资产的交易结构账户的“空壳公司”，出售资产的交易结构账户虽然在 SPC 上，但它并不等于 SPC 账户，因为 SPC 账户上还有除了出售资产的交易结构账户以外的内容。①

在将企业资产负债表所兼具的财产权状态转换功能以 SPC 的形式独立出来用于资产出售时，载体所创造的证券就属于非货币间接证券而非初级证券，因为 SPC 不是支出单位。由于证券不是为购买资产而创造的，而是为出售资产而创造的，证券是资产的财产权状态的另一种存在状态，因而将证券与资产两者都称为“真”。这可谓是一物两态，若是资产的财产权状态为资产之物的原像，那么证券的财产权状态就是原像在 SPC 的作用关系下所成的资产之物的像。于是，“证券与资产两者都是真”这一用语起码意味着这样一种交易机制，即证券是资产的代表，通过出售和交易证券而实现对资产的出售和交易。在此，“独立出来”是一项关键性技术措施，不管是在表内还是在表外。可以比较一下，对于前面表述的通过发行股份购买资产的情形，虽然创造股份是为了购买资产，但如果母公司将所持股份在证券市场上转让变现，那么对股份的交易并不只是代表对注入资产的交易。其原因在于，没有将资产负债表于此项交易上兼具的财产权状态转换功能独立出来，“独立出来”这项关键性技术措施缺位。再比较一下企业通过发行债券购买货币的情形，债券是可以转让的，但债券的转让并不代表对由它所购买的货币的交易，也不代表对资金运用对象的交易。

如果再进一步演化，将少量存在的资本也去掉，那么出售资产的交易结构账户就迈入了信托。在这种信托情况下，交易结构账户等于信托结构账户，这意味着，尽管信托本身是一个载体，但信托没有搭建交易结构的少许资本。由于连象征性的壳的资本也没有，因而，这种作为资产和证券发行的载体的信托纵然是一个独立经济主体，但不是法人，发行人要由受托者担当。信托是一个独立经济主体意味着，信托财产与受托者固有财产实行分别管理，受托者的债权人不能强制执行信托财产。

这种作为被动载体的信托似乎偏离了通常意义上“受人之托、代人理财”之信托概念。(1) 前者是实现财产权状态转换的被动信托，无须为交易结构提供作为担保的资本，载体的杠杆倍数为 1；后者是对受托资金进行运用的主动信托，要为交易结构提供作为担保的资本，载体的杠杆倍数因此大于 1。(2) 在前者，即便交易结构本身没有结构化的担保构成（外部信用提高是交易结构本身的外部结构化担保，内部信用提高是交易结构本身设立的内部结构化担保构成），也无须为交易结构提供作为担保的资本；在后者，即便交易结构本身有结构化的担保构成，也要为交易结构提供作为担保的资本。(3) 即便前后两者都含有“转换”这一概念，但前者是将确定的资产转换为便于交易的证券，这种转换可以附加外部信用提高，但无须在交易结构本身提供作为担保的资本，而后者是将受托资金转换为投资，投资的收益源于对受托资金进行运用的获利，对于这种转换，对

① 第二章中的图 2－9 表示了这一概念。首先以少许资本——“特定出资”搭建起一个 SPC，然后以 SPC 承载资产证券化计划，即构建以特定资产为支持而发行证券的交易结构。特定出资和营业资产不属于资产证券化计划，计划结束后 SPC 还可以再次使用。

在交易结构本身要提供作为担保的资本。

不管是SPC还是作为被动载体的信托，它们都体现为基于一个载体以发行证券的形式出售资产的功能。这种金融交易究竟应该是直接金融还是间接金融，在一些文献中是有不同表述的。其实，如果注意到载体处于资产和购买资产的投资者之间，并为投资者提供以资产为支持的证券，证券的收益来自资产，那么争议似乎并不大。作为一个资产转型载体，如果所发行的以资产为支持的证券是购买货币的证券，那么交易结构就应归为直接融资，而如果所发行的以资产为支持的证券是货币资产或非货币资产的转化形式，那么交易结构就应为一种在直接融资和间接融资之外的另一种交易。

例如，在企业资产证券化，以SPV发行的证券是购买货币的证券，故而可归为直接融资。对于事业信托，信托财产承担的债务是信托设立前委托者承担的债务的转化形式，故而事业信托可归为在直接融资和间接融资之外的另一种交易。对于非货币金融中介机构的资产证券化，以SPV发行的证券是购买货币的证券，故而可归为直接融资。对于货币金融中介机构的贷款证券化，在将以SPV发行的证券出售给银行部门之外的投资者（不包括央行）的情况，所发行的证券是货币转化的证券，故而可归为在直接融资和间接融资之外的另一种交易。同样是货币金融中介机构的贷款证券化，在将以SPV发行的证券出售给央行时，由于所发行的证券是购买央行创造的基础货币的证券，故而可归为直接融资。

第十章　银行理财产品与资产证券化

银行理财产品目前在我国是一项规模庞大的业务，其中包括承接贷款的表外银行理财产品。基于直观认识，容易将承接贷款的表外银行理财产品等同于资产证券化，其实两者有着本质不同。本章的内容是：运用会计处理表示、图的图形表示和经济理论解释的方法来表述银行理财产品，对银行理财产品与资产证券化给出比较分析，并基于对称思想，从非对称与完美对称的比较上揭示为什么承接贷款的表外银行理财产品走向资产证券化是金融发展的必然趋势，为什么在“本来就应该是”的那种金融运行中理应以资产证券化替代承接贷款的表外银行理财产品。

第一节　银行理财产品、表内银行理财产品和表内资产证券化

银行理财产品是一个使沉淀于银行的客户资金运动起来的工具，运动起来的资金或者是进入与实体经济活动相联系的交易账户，或是进入有利于增进实体经济活动的其他账户。银行理财产品积极意义在于，通过盘活沉淀于银行的客户资金，提高金融运行的效率。

银行理财产品分为表内银行产品和表外银行理财产品。在表内银行理财产品中，承接贷款的交易结构是贷款流转的初期范式。①这种初期范式虽然切合人们的直观理解，但在实际中可行性并不理想，因而不能成为指导贷款流转深入发展的技术路线。之后出现的表内资产证券化突破了以往的意识，使贷款流转获得了范式转换。表外资产证券化是范式转换的另一种形式。

一、银行理财产品的实在性

在商业银行的负债上有着为数众多的存款账户，它们分别记录着每一位客户的存款货币余额。与这些存款货币债务相统一的债权一端是银行存款，分别处于相应客户的资产负债表的资产节点上。在通常情况下，商业银行并不能动用这些账户中的款项（即便是那些常年沉淀在账户中不动的款项），例如，将某一客户账户中的存款货币挪转到另一客户的账户中，从而使另一客户在财务上增加一笔相应的银行存款。这样做的后果是非常严重的，当原

① 一个范式（paradigm）就是一个公认的模型或模式（pattern）。参阅托马斯·库恩：《科学革命的结构》（第四版）（金吾伦、胡金和译），北京大学出版社2006年版，第9页。该书是目前学术界公认的解读“范式”和“范式转换”的标准文献。

存款客户不期动用款项时，银行将无以面对。不过，在金融创新的激励下，商业银行开发出一种对客户存款账户中的款项进行运作的方式，称为银行理财产品（以下简称理财产品）。具体方法是：通过向客户出售理财产品合约，取得对客户存款账户中相应款项进行运用的授权。显然这种合约是消费借贷合约中的货币借贷合约。①

按照具体运作是在银行表内还是在银行表内的不同，银行理财产品分为表内银行理财产品和表外银行理财产品。不管是表内方式还是表外方式，银行理财产品在风险管理上采取的原则是一样的，即自营业务与理财业务相分离，做到分账经营、分类管理、分人管理。由此可以大致推知它的实在性和资金循环面貌。与其他许多金融产品一样，理财产品的实在性也是以会计账户为基本舞台的，理财产品在这一舞台上进行搭建和交易，基于这一舞台形成自己的资金循环面貌。

（1）表内理财业务。在表内设立一个独立运作理财产品业务的结构，首先将投资者相应款项转入结构中的一个专门的债务类账户内，划入的款项记为理财业务负债，然后银行再以向借方贷款或投资的形式，运用转入此账户的款项。由于理财业务负债的追索权仅限于向借方的贷款或投资，因而不妨将向借方的贷款或投资记为理财产品资产。

（2）表外理财业务。银行在表外设立一个独立运作理财产品业务的结构——SPV，基于这一 SPV 实现资金来源和资金运用。在资金来源上，银行将投资者存款账户内一个相应数额的存款货币划转到 SPV 存款账户，由此，银行由对投资者负有存款货币债务变为对 SPV 负有存款货币债务，投资者由持有银行存款变为持有理财产品，SPV 则通过发行理财产品获得一个相应数额的银行存款货币。在资金运用上，银行将划转到 SPV 存款账户的存款货币运用于形成理财产品资产。不难看出，这一 SPV 是资金运用型的，若是没有相应的资本或风险准备金的配置，那么它实质上就存在于银行的信用庇护下。

当将集合于 SPV 的资金运用于承接银行贷款时，这种类型的理财产品与资产证券化就具有相似的面貌，不过两者的精神实质是不同的。面貌相似是指，这种理财产品在结构上貌似以自己信托为背景的资产证券化产品，两者都体现为以一个表外的专门结构账户作为实现交易的通道，在此结构的资产一端持有贷款。精神实质不同，这起码体现在两者的发行逻辑、运行方式、法律本质、决策过程和对称性方面。对于前者，其发行属于融资性发行，其运行方式是以在 SPV 上集合的资金进行承接贷款的资金运用，其法律本质是货币借贷合约，而对于后者，其发行属于引致性发行，其运行方式是以在 SPV 集合的已有贷款（静态的或动态的）为支持发行证券，通过出售以贷款为支持的证券实现对贷款的出售，通过在证券上的交易实现对贷款的交易，其法律本质是资产出售合约。前者有资金运用决策过程，而后者没有资金运用决策过程，贷款是在进入证券化前就业已完成的资金运用结果。在前者，交易结构是非对称的；而在后者，标准交易结构是完美对称的。基于对称性比较的分析给出了一个重要结论：在实现证券化没有技术障碍的条件下，以资产证券化替代承接贷款的银行理财产品是金融发展的必然选择。

---

① 货币借贷合约是消费借贷合约的一个典型例子。关于货币借贷合约和消费借贷合约的一个权威性学术表述，参见赫苏斯·韦尔塔·德索托著：《货币、银行信贷和经济周期》（秦传安译），上海财经大学出版社 2016 年版，第 2—3 页。

二、表内银行理财产品——以募集资金进行贷款、投资

从资金运用来看，作为表内业务的银行理财产品至少可分为以募集资金进行贷款、投资和承接贷款。表内资产证券化是以募集资金承接贷款的表内银行理财产品业务的演变。

（一）会计处理表示

以募集资金进行贷款、投资的资金循环情况，如图 10－1 所示。表内银行理财产品的资金运用是由代表实际储蓄增长的资金来源决定的。

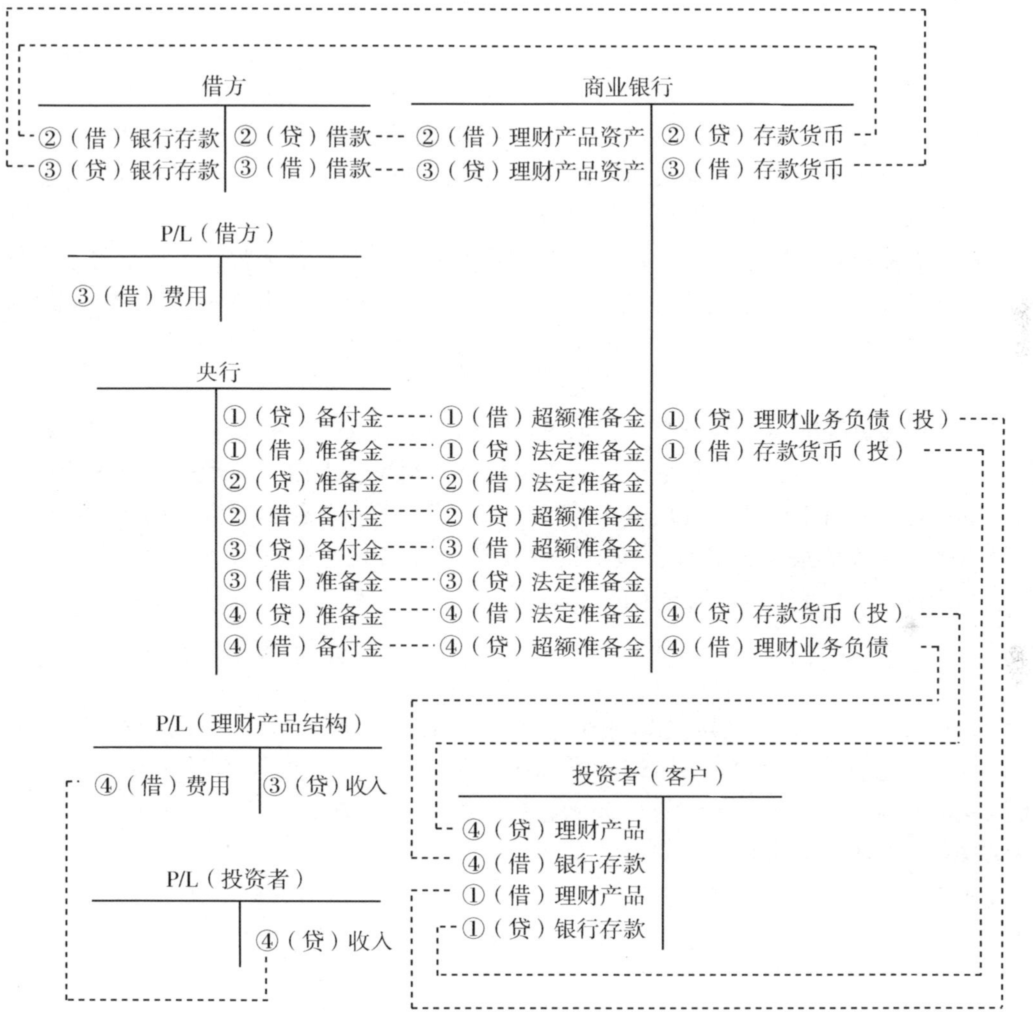

图 10－1 基于会计处理表示的表内银行理财产品的资金循环——贷款或投资

图 10－1 中的①表示了银行以一个独立账户集合理财资金的资金循环情况。不妨将这一独立账户称为理财业务负债账户，此账户用于核算从投资者集合起来的理财资金。基于与投

资者（客户）的契约，银行将投资者委托的理财款项从投资者的存款货币账户转出，转入这一理财业务负债账户。理财业务负债账户和存款货币账户是存在着对应关系的两个负债类账户，在这两个账户的登记结果如下：

借方	理财业务负债 贷方
	期初余额 ××
	① ××

借方	存款货币 贷方
① ××	期初余额 ××

可见，“理财业务负债”是基于T关系产生的存款货币的表内非货币转化形式，构成理财产品资金运用的资金来源。“理财业务负债”从无到有，“存款货币”从有到无。只要银行方面在理财业务负债上支付的利率高于在存款货币上支付的利率，就容易将许多投资者的款项从其存款货币账户中吸引出来，引入理财业务负债账户。结果是：投资者由持有银行存款变为持有理财产品（或其他应收账款等），即有“①（借）理财产品/①（贷）银行存款”，而银行方面则为投资者的决策提供技术服务，将投资者存款账户中的存款转出，转入理财业务负债账户，转化为非货币的理财业务负债，即有“①（借）存款货币/①（贷）理财业务负债”。

②表示资金运用。银行通过贷款或归于贷款机理的投资，将存款货币贷记与自己的借方客户。在银行有②（借）理财产品资产/②（贷）存款货币，在借方有②（借）银行存款/（贷）②借款。在此应该将“②（贷）存款货币”视为是由“①（借）存款货币”转化而来的。

银行方面愿意和能够支付一个比存款更高的利率给投资者，有以下两个原因：其一，作为资金运用的理财产品资产的利率可以高于一般贷款利率的上限，而理财产品资产产生的利息收入独立地进入对理财业务负债的分配；其二，理财业务负债属于银行的非货币债务，由此可以释放出相应的法定准备金，即在银行有“①（借）超额准备金/①（贷）法定准备金”，在央行有“①（借）准备金/①（贷）备付金”。

（二）经济解释

（1）因为“①（借）存款货币/（贷）①理财业务负债”中的“存款货币”代表实际储蓄，所以“②（借）理财产品资产/②（贷）存款货币”中的“存款货币”就代表从投资者流入借方的实际储蓄。①中的“理财业务负债”和“理财产品”这对债权债务关系的统一代表对未来实现的实际储蓄的要求权。

（2）于是，“②（贷）存款货币”中的“存款货币”虽然在形式上是按照贷款或归于贷款机理由“理财产品资产”投放出来的，形似在没有实际储蓄提供支持的情况下启动的信贷扩张，但在本质上确是以实际储蓄增长为支持的。若是没有“①（借）存款货币/①（贷）理财业务负债”，那么“②（借）理财产品资产/②（贷）存款货币”在本质上就是在没有实际储蓄增长提供支持情况下启动的信贷扩张。

（3）若是从投资者和借方的角度给出表述，那么表内银行理财产品的经济学内容是：投资者通过持有理财产品（或其他应收账款等）而将有实际储蓄增长提供支持的货币让渡给借方使用；借方借助银行发行的“理财产品负债”而获得有实际储蓄增长提供支持的货币。这时银行发挥的作用体现为一种变形的非货币金融中介机构。

以上的（1）、（2）、（3）揭示了表内银行理财产品的真实面目，即表内银行理财产品是以实际储蓄增长为支持的金融交易。

①和②构成了表内银行理财产品在发起上的资金循环，银行的资产负债表在此担当了交易结构账户。这种基于账户的交易结构包括两个对应账户，一个对应账户是①中的“存款货币账户”和“理财业务负债账户”的构成，另一个对应账户是②中的“贷款账户”和“存款货币账户”的构成。存款货币账户的要求权是对整个资产的，理财业务负债账户的要求权则限于理财产品资产。如果理财产品资产能产生更高收益，那么投资者就受惠于这种交易结构。

（三）准备金和理财产品偿付

在准备金方面，存款货币的增加需要向央行缴纳准备金，即在银行有（借）法定准备金/（贷）超额准备金，在央行有（借）备付金/（贷）准备金。在实际中，对准备金的考核是按旬进行的，所以①和②中的准备金变化情况未必就能即时反映出来（对以下的③和④亦同），不过在原理上，准备金的以上脉动是存在的，即便未能即时反映出来也应了然于心。

③和④构成这种理财产品交易结构在偿付上的资金循环。③表示理财产品资产在偿付上的资金回流情况，这一回流无异于贷款的回流。在借方有（借）借款及其利息费用/（贷）银行存款，在理财产品结构有（借）存款货币/（贷）理财产品及其利息收入。

④表示银行向投资者退回委托理财款项的资金循环情况。在投资者有（借）银行存款/（贷）理财产品及其利息收入，在理财产品结构有（借）理财业务负债和利息费用/（贷）存款货币。银行将归理财产品的利息收入转出，转给投资者。

以上银行理财产品交易结构的发起（①和②）虽然未增加经济中的货币总量但却扩张了银行部门的资产负债规模，并使银行部门在基于资产和资本之比上的杠杆倍数增加。如果银行不对理财产品资产承担经济责任，那么以上交易结构的经济责任就要由理财业务负债承担，这时理财业务负债无异于隐性资本。如果银行对理财产品资产承担经济责任，那么以上交易结构中的理财业务负债就无异于存款。

三、表内银行理财产品——以募集资金承接贷款

运作表内银行理财产品的另一种思路是以理财资金承接贷款，这种思路的资金循环情况如图 10－2 和图 10－3 所示。

（一）会计处理表示

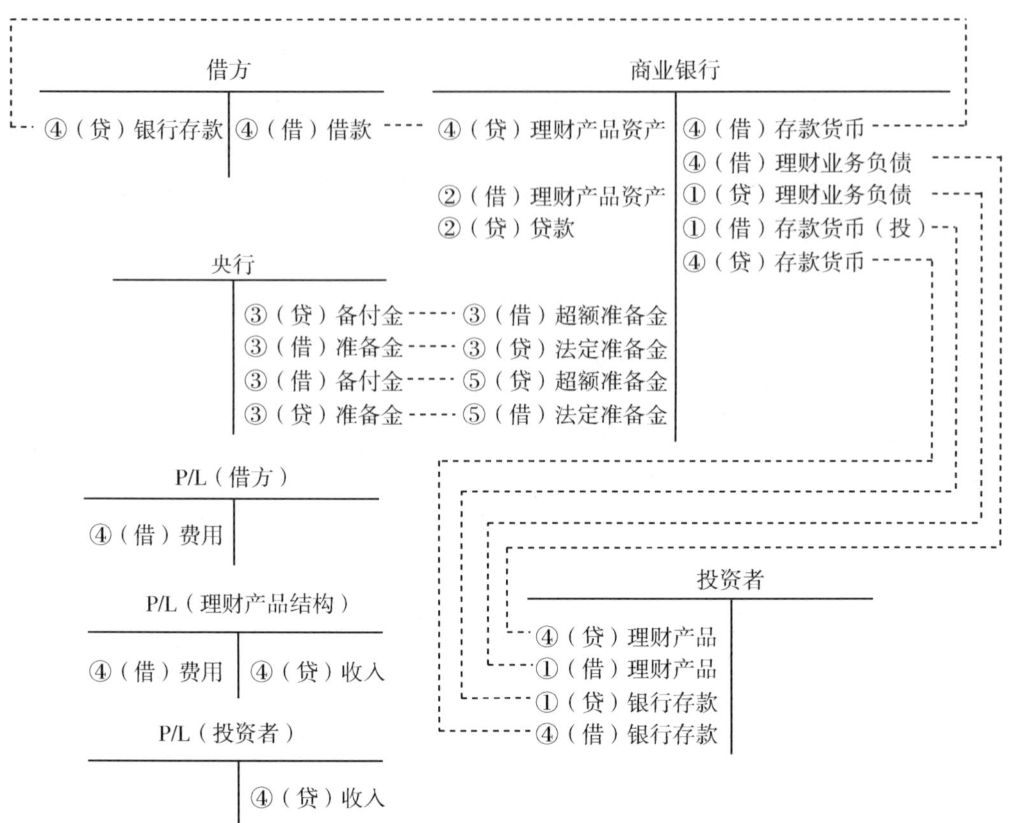

图 10－2　基于会计处理表示的表内银行理财产品的资金循环——承接贷款

图 10－2 中的①表示了银行通过向投资者发行理财产品为承接贷款募集资金。发行的结果是，投资者由持有银行存款变为持有理财产品，而银行对投资者的负债由存款货币变为理财业务负债。银行基于投资者的诱导将投资者存款账户中的相应款项划入理财业务负债账户，原来的存款货币转化为理财业务负债。

②表示了银行以募集资金承接贷款。银行从贷款账户评估出一个与理财业务负债在价值上相当的贷款集合，将其转入理财产品资产账户，成为理财业务负债的匹配。超额部分由贷款账户或其他专门设立的账户持有。

因为理财业务负债不是以理财产品资产为支持的债务发行（即理财产品资产账户和理财业务负债账户在此不是存在着对应关系的对应账户），而是为了募集承接贷款的资金的债务发行（即存款货币账户和理财业务负债账户在此是存在着对应关系的对应账户），所以银行无需或并非一定要向投资者披露作为资金运用结果的理财产品资产的信息。另外，在默认情况下，借贷双方无需为此项承接贷款交易安排繁琐的债务更新。

按照理财产品的精神，银行对这一承接贷款的表内银行理财产品实行分账经营、分类管理，理财产品资产与银行的其他资产处于分别管理。这意味着理财产品账户、理财业务负债账户等成为一个单独的交易结构，称为表内银行理财产品交易结构。投资者基于在理财产品上的投资而持有结构中的理财产品资产，并按照契约获得由理财产品资产产生的收益。一方面，在银行不对理财产品资产承担经济责任的情况下，理财产品资产可以将原来贷款消耗的资本节约出来；另一方面，由于理财业务负债是银行的非货币债务，因而银行也能从法定准备金中获得超额准备金的释放，从而使银行自身的流动性获得提高，于是有以下的③。

③表示了准备金结构的脉动情况。[①] 在银行的资产上，超额准备金增加，法定准备金减少。在央行负债上，备付金账户中的余额增加，准备金账户中的余额减少。

④表示了这一承接贷款的表内银行理财产品的回流情况。当借方向银行偿还借款时，在借方有（借）借款及其利息费用/（贷）银行存款，在理财产品结构有（借）存款货币/（贷）理财产品资产及其利息收入。因为理财产品资产是投资者承接的贷款，所以理财产品的回流还要偿付为承接贷款募集资金的理财业务负债，于是在理财产品结构还一并有“④（借）理财业务负债及其利息支出/④（贷）存款货币”。投资者收回本息时，有（借）银行存款/（贷）理财产品及其利息收入。

⑤表示了准备金结构随着理财产品回流的脉动情况。

（二）经济解释

（1）“①（借）存款货币/①（贷）理财业务负债”中的“存款货币”代表实际储蓄，“理财业务负债”是这一代表实际储蓄的“存款货币”的非货币转化形式。①中的“理财业务负债”和“理财产品”这对债权债务关系的统一代表对未来实现的实际储蓄的要求权。

（2）“②（借）理财产品资产/②（贷）贷款”表示贷款进入理财产品资产账户，这时作为理财产品资产的贷款由投资者通过持有“理财产品”而持有。

（3）既然“理财业务负债”是代表实际储蓄的“存款货币”的非货币转化形式，那么原来由贷款投放的没有实际储蓄增长提供支持的存款货币现在就被置换为有实际储蓄增长提供支持的存款货币。

（4）投资者在储蓄的积累上由积累代表实际储蓄的银行存款变为积累代表实际储蓄未来交换价值的非货币证券。

（三）图的图形表示

以下的图 10－3 给出了通过设立表内理财产品来募集资金、承接贷款的图的图形表示。这种图形表示的一个好处是，从中可以看出一些会计处理难以言喻的更为细致的脉络。v_1 是银行的资产节点，v_2 是银行的负债节点；v_3 是投资者的资产节点；v_4 是央行的负债节点；v_5 是借方的负债节点。

---

① 准备金结构由两对对应账户的构成。一对对应账户是央行负债上的准备金账户和备付金账户，另一对对应账户是商业银行资产上的法定准备金账户和超额准备金账户。

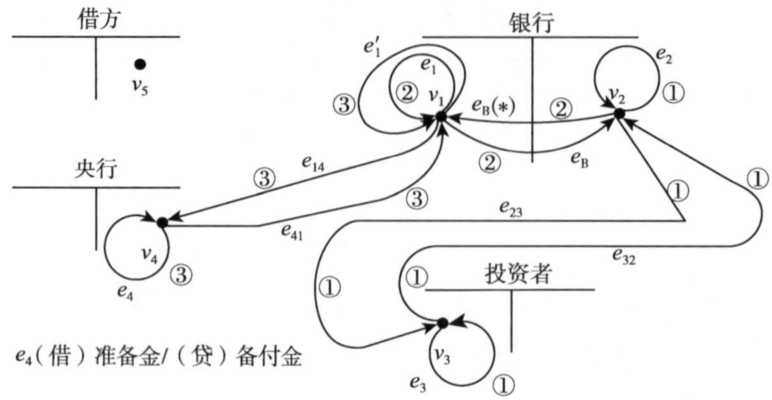

图 10－3　基于图的图形表示的表内银行理财产品设立的资金循环——以集合的资金承接贷款

（1）回路①——$P_{①}=(v_3e_3v_3e_{32}v_2e_2v_2e_{23}v_3)$。当银行向投资者发行理财产品募集承接贷款的资金时，在 v_2 和 v_3 上各生成一个环。一方面，投资者增加在理财产品上的持有，减少在银行存款上的持有，这在 v_3 上生成一个基于 T 关系的环 $e_3=\langle v_3,v_3\rangle$，此环的经济含义是（借）理财产品/（贷）银行存款，投资者由持有代表实际储蓄的银行存款变为持有代表实际储蓄未来交换价值的理财产品。另一方面，银行为该项交易提供技术服务，按照投资者给出的诱导，从投资者的存款账户中将一笔相应的款项划出，划入为理财产品交易设立的理财业务负债账户。存款货币账户和理财业务负债账户是有着对应关系的对应账户，这意味着理财产品负债是存款货币的转化形式，于是在 v_2 上生成一个基于 T 关系的环 $e_2=\langle v_2,v_2\rangle$，此环的经济含义是（借）存款货币——投资者/（贷）理财产品负债——投资者，代表实际储蓄的存款货币变为代表实际储蓄未来交换价值的理财业务负债。

投资者减少在银行存款上的持有，银行减少对投资者的存款货币负债，这在 v_2 增加对 v_3 的出度，在 v_3 增加来自 v_2 的入度，故而生成一条基于债权债务关系的边 $e_{23}=\langle v_2,v_3\rangle$。同时，投资者增加在理财产品上的持有，银行增加对投资者的理财业务负债，这在 v_3 增加对 v_2 的出度，在 v_2 增加来自 v_3 的入度，故而生成一条基于债权债务关系的边 $e_{32}=\langle v_3,v_2\rangle$。两个环和两条边一起构成回路①。

（2）回路②——$P_{②}=(v_1e_1v_1e_Bv_2e_B(*)v_1)$。当银行评估出一个作为理财业务负债承接对象的贷款集合，并将贷款集合从原来的贷款账户划转到为理财产品交易而新设立的理财产品资产账户时，在 v_1 上有（借）理财产品资产/（贷）贷款，由此生成一个基于 T 关系的环 $e_1=\langle v_1,v_1\rangle$。

这一划转使 v_2 上存款货币的减少面对 v_1 上的贷款的减少，这等于提前收回贷款的如期回流，在 v_1 减少对 v_2 的本息应付义务，亦即在 v_2 减少对 v_1 本息要求权，故而生成一条基于

债权债务的边边 $e_B = \langle v_1, v_2 \rangle$。此边将 v_1 上的贷款减少和 v_2 上的存款货币减少关联起来，不过贷款账户和存款货币账户在此不是存在着对应关系的对应账户，即没有真实反映贷款回流的（借）存款货币/（贷）贷款的会计处理。同时，v_2 上的理财业务负债的增加面对于 v_1 上的理财产品资产的增加，理财产品资产是理财业务负债的支持，这在 v_1 上增加理财产品资产对 v_2 上的理财业务负债的本息应付义务，亦即在 v_2 上的增加理财业务负债对 v_1 上的理财产品资产的本息要求权，故而生成一条基于债权债务的边 $e_B(*) = \langle v_2(*), v_1(*) \rangle$。* 的含义是，$v_2$ 上的理财业务负债的要求权仅限于对理财产品资产，而不能基于对理财产品资产的要求权而对整个 v_1 具有要求权，这成为 $e_B(*)$ 与 e_B 的微妙差别。基于与 $e_B = \langle v_1, v_2 \rangle$ 同样的道理，$e_B(*)$ 将 v_1 上的理财产品资产增加和 v_2 上的理财业务负债增加关联起来，不过理财产品资产账户和理财业务负债账户在此不是存在着对应关系的对应账户，即没有（借）理财产品资产/（贷）理财产品负债的会计处理。在投资者方面，投资者的要求权仅限于通过理财业务负债连通到理财产品资产上，不能基于对理财产品资产的要求权而对整个 v_1 具有要求权。这一点不同于投资者在持有银行存款时的情况。一个环和两条边一起构成回路②。

（3）回路③——$P_{③} = (v_1 e_1' v_1 e_{14} v_4 e_4 v_4 e_{41} v_1)$。存款货币的减少意味着银行将减少在法定准备金上的缴纳，而增加在超额准备金上的持有，故而在 v_1 生成一个基于 T 关系的环 $e_1' = \langle v_1, v_1 \rangle$，此环的经济含义是（借）超额准备金/（贷）法定准备金。同时在央行的负债上，准备金账户中的存款减少，备付金账户中的存款增加，故而生成一个基于 T 关系的环 $e_4 = \langle v_4, v_4 \rangle$，此环的经济含义是（借）准备金/（贷）备付金。

银行对央行的超额准备金债权增加，央行对银行的备付金债务增加，这在 v_1 增加对 v_4 的出度，在 v_4 增加来自 v_1 的入度，故而生成一条基于债权债务关系的边 $e_{14} = \langle v_1, v_4 \rangle$。同时，银行对央行的法定准备金债权减少，央行对银行的准备金债务减少，这在 v_1 增加来自 v_4 的入度，在 v_4 增加对 v_1 的出度，故而生成一条基于债权债务关系的边 $e_{41} = \langle v_4, v_1 \rangle$。

由于准备金是按旬考核的，因而基于这一单笔交易的 e_1'、e_4、e_{14}、e_{41} 未必就能即时体现出来，即便如此，对在这一单笔交易上产生的准备金资金循环脉动，还是应该了然于心的。

（4）孤立节点 v_5。一方面，在默认情况下，借款还是在借方原来借款账户中，没有更新，故而节点 v_5 上没有环。另一方面，细而言之，银行将贷款从贷款账户中划出，划入理财产品资产账户，这会使节点 v_5 中的借款账户与节点 v_1 中的贷款账户和理财产品资产账户之间发生关系，从而使 v_5 和 v_1 发生关系，不过就 v_5 和 v_1 两个节点而言，由于贷款账户和理财产品资产账户均在 v_1 中，借款在 v_5 也没有易户，因而 v_5 和 v_1 间的关系变化并不显著，只要有 e_1 在，略去 $\langle v_1, v_5 \rangle$ 和 $\langle v_5, v_1 \rangle$ 就并无大碍。鉴于以上两个方面的原因，不妨将 v_5 视为孤立节点。

四、表内资产证券化

如果将以上先募集资金再承接贷款的运作模式变为以证券化贷款为支持发行证券，那么以上交易结构就演变为表内资产证券化。以下的图 10－4 给出了表内资产证券化和承接贷款的表内银行理财产品在设立上的比较。

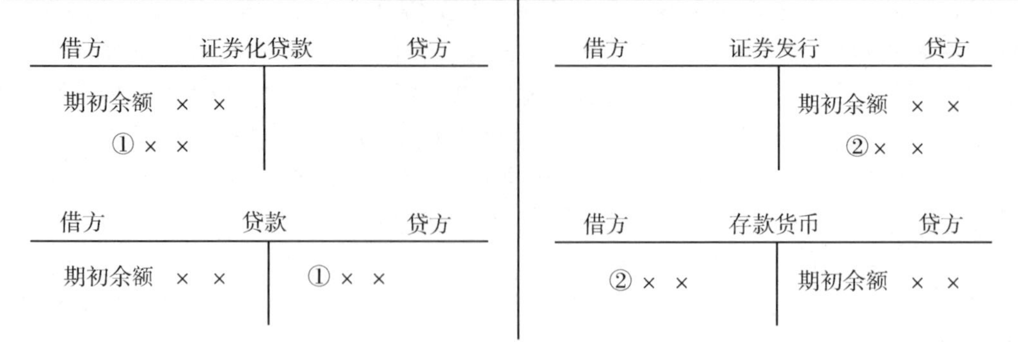

（表内资产证券化）

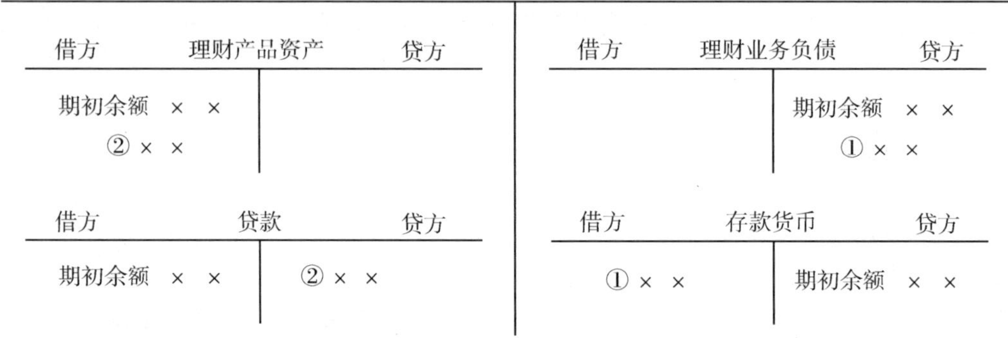

（承接贷款的表内银行理财产品）

图 10－4 表内资产证券化和承接贷款的表内银行理财产品在设立上的比较

不难看出：(1) 表内资产证券化的金融脉动是从左到右，承接贷款的表内银行理财产品的金融脉动是从右到左；(2) 在表内资产证券化，虽然证券化贷款账户和证券发行账户不是具有对应关系的对应账户，即没有（借）证券化贷款/（贷）证券发行的会计处理内在关系，但由于证券化贷款毕竟体现为独立地用以支持证券发行，证券发行对它具有要求权，因而认为两个账户具有债权债务上的相互关联。[①]证券化贷款在价值上大于证券发行的部分构成超额担保。

（一）会计处理表示

以会计处理表示来反映表内信贷资产证券化的基本精神，如图 10－5 所示。

图 10－5 中的①表示了在表内将选定为证券化对象的贷款划入一个证券化贷款集合，以此为证券化提供一个支持证券发行的作用对象。在此 SPV 与商业银行的资产负债表是合二为一

① 作为一种比较，在发起贷款时贷款账户和存款账户是具有对应关系的对应账户，因为这时在两个账户间有（借）贷款/（贷）存款货币的会计处理关系。

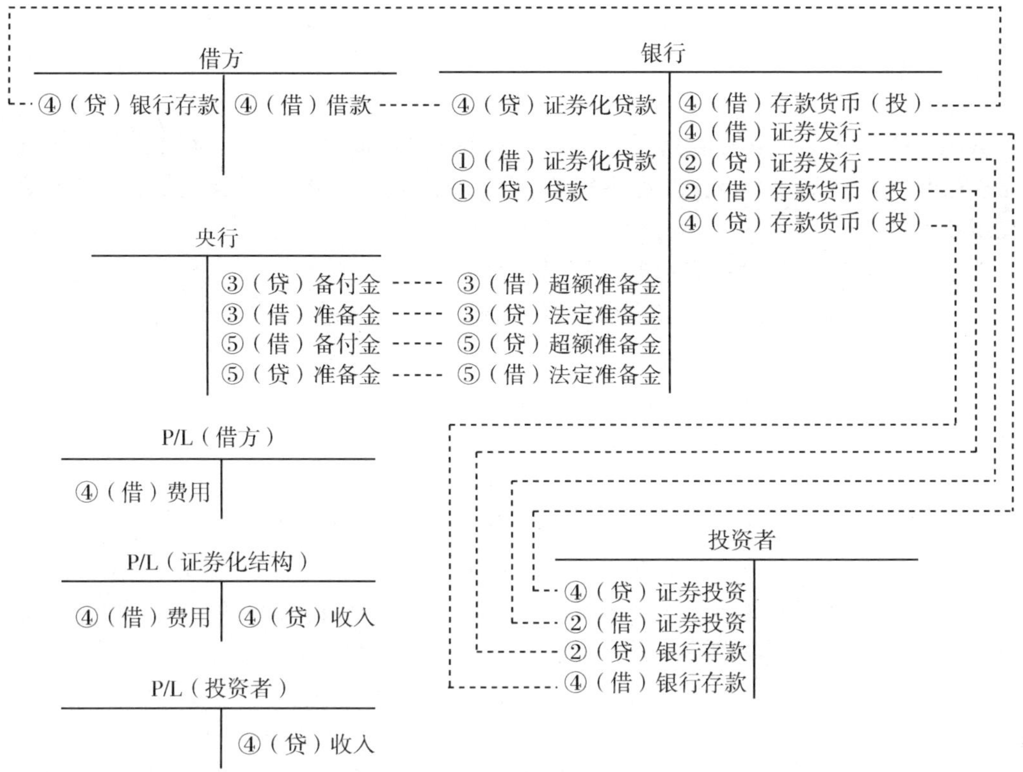

图 10－5　基于会计处理表示的表内资产证券化的资金循环

的。作用的结果是，以证券化贷款为支持发行证券，所发行的证券是存款货币的转化形式。

贷款虽然在概念上对负债具有应付义务，但通常并不能在银行的负债上具体划分出一个在价值上与一个贷款集合相匹配的存款货币部分，这部分存款货币的本息要求只针对某一部分贷款集合。作为证券化对象的贷款，在没有纳入证券化集合并被投资者持有之前也是如此。因此，对于一个特定的证券化贷款集合而言，接下来要做的就是，通过向投资者发行以贷款为支持的证券，在存款货币账户中划分出一个与证券化贷款在价值上相匹配且只针对证券化贷款要求本息的部分，这部分存款货币划入证券发行账户，转化为非货币债务。

②表示了银行以证券化贷款为支持向投资者（银行的存款客户）发行证券。投资者由持有银行存款变为持有以贷款为支持的债券，受此诱导银行便可以将投向证券的存款货币从投资者的存款账户中划出，划入匹配于证券化贷款账户的证券发行账户，转化为非货币债务。发行的结果是：存款货币余额减少，证券发行余额相应增加，银行并没有获得那种直观上的融资。从一个具体银行的而言，如果有一部分证券向其他银行的存款客户发行，那么投向证券的款项就有一部分来自其他银行，证券化银行会因此从其他银行那里融得准备金头寸（这一准备金头寸是对央行的货币债权），但从银行整体来看，依然没有那种直观上的融资效果。

银行对这一表内证券化结构实行分账经营、分类管理，证券化贷款集合与银行的其他贷款处于分别管理。投资者基于在证券上的投资而持有证券化贷款集合，并获得由证券化贷款集合产生的收益。一方面，在银行不对证券化贷款集合承担经济责任的情况下，这部分贷款可以将原来消耗的资本节约出来。另一方面，由于以贷款集合为支持的证券发行是银行的非货币债务，因而银行也能从法定准备金中获得超额准备金的释放，使自身的流动性获得提高，于是有以下的③。

③表示了准备金结构在存款货币转化为非货币证券中的脉动情况。在银行的资产上，超额准备金增加，法定准备金减少。在央行负债上，备付金账户中的余额增加，准备金账户中的余额减少。

④表示了证券化贷款的回流情况。当借方向银行偿还借款时，在借方有（借）借款及利息支出/（贷）银行存款，在证券化结构有（借）存款货币/（贷）证券化贷款及利息收入，和（借）证券发行及利息支出/（贷）存款货币。投资者收回在证券上的投资，有（借）银行存款/（贷）债券投资及利息收入。在实际中，投资者收到偿付资金的时间与借方还款的时间并不同步。

⑤表示了准备金结构在证券化贷款回流中的脉动情况。

表内资产证券化和表外资产证券化虽然是资产证券化的两种运作形式，但并非根本不同。表内资产证券化与表外资产证券化没有本质上的不同。（1）在表内资产证券化，减去超额担保部分的证券化贷款净值不是银行的资产，以这一净值支持的证券发行也不是银行的负债，尽管两者形式上还在银行的资产负债表上。进入证券化贷款集合的证券化贷款净值不再是银行的资产意味着，这部分贷款不再消耗资本。（2）表内资产证券化依然遵循以资产为支持发行证券，通过出售和交易证券实现对证券化贷款资产的出售和交易这一资产证券化的基本理念，在具体形式上表现为以证券化贷款为支持配置证券发行。即便证券化资产集合不完全封闭，可以对一些质量下降的资产进行灵活替换以提升证券发行的评级，也不能改变证券化资产集合和以此集合为支持的证券两者同真同假的逻辑关系，尽管表内资产证券化在两者同真上因为证券化贷款账户和证券发行账户不是具有对应关系的对应账户的原因而与表外资产证券化有些差别。其实表外资产证券化的资产集合也不是都要封闭或固守封闭，如基于自己信托的表外信用卡贷款证券化，因涉及本金循环的技术问题，资产集合就不封闭，也无法固守封闭。(3）因为证券发行在性质上是以证券化贷款为支持的，所以与表外资产证券化一样，表内资产证券化也要定期向投资者披露证券化资产集合的信息。而对于以募集资金承接贷款的银行理财产品，则未必一定须要这种披露。（4）表内资产证券化经常带有某些追索条件，这些追索条件往往被看作表内资产证券化的必然和特有，以至于认为表内资产证券化和表外资产证券化有着大相径庭的迥然不同，其实不是，如果需要的话，同样的追索效果表外资产证券化也能以相同或不同的形式进行安排。（5）因为证券化贷款净值不是银行的资产，贷款净值支持的证券发行也不是银行的负债，所以表内资产证券化尽管没有形成基于向表外转移贷款的匹配平移，但在表内依然有匹配上的安排和效果，从而依然有匹配对称问题。如果证券化贷款（担保资产）相对于证券发行（担保证券）是超额的，那么表内匹配就存在着对称性破缺。(6）因为证券化贷款净值不是银行的资产，贷款净值支持的证券发行也不是银行的负债，所以“表内资产证券化”虽然有“表内”字样，但同表外资产证券化一样具有收缩银行资产负债表的效果。

理都是一样的理，但根据相关的文献，表内资产证券化在欧洲占有重要地位。从《欧洲信托法基本原理》来看，基于宣言的信托（自己信托）是得到确认的，因而将表内价值匹配平移至表外，并无法律阻碍。那么为什么欧洲的资产证券化业务中表内资产证券化占有相当大的比重呢？原因是多方面的，有一种观点认为，这是因为欧洲没有美国那样的政府支持机构。既然理都是一样的理，法律上也没有障碍，那么这或许是因为无须“多此一举”而没有“多此一举”吧。至于说哪种运作更有利于经济发展和金融稳定，未必真有公认的定论。运作方式的选择与国情、习惯等都有关系。其实若深究的话，更深层原因应该在货币制度上。欧元不是区内各国的主权货币，这决定了在欧洲难以产生美国那样的政府支持机构，即便有“多此一举”之心也难有“多此一举”之力。不管怎么说，美国金融体系的强劲是举世公认的，这与其脉络清晰、层次井然的风格不无关系。这方面的深入探究超出了本书的议题。

（二）经济解释

（1）“②（借）存款货币/②（贷）证券发行”中的“存款货币”代表实际储蓄，“证券发行”是这一代表实际储蓄的“存款货币”的非货币转化形式。进而，“证券发行”代表对未来实现的实际储蓄的要求权。

（2）既然“证券发行”是代表实际储蓄的“存款货币”的非货币转化形式，那么原来由贷款投放的没有实际储蓄增长支持的存款货币现在就被置换为代表实际储蓄的存款货币。

（3）投资者在储蓄的积累上由积累代表实际储蓄的银行存款变为积累代表实际储蓄未来交换价值的非货币证券。

（三）图的图形表示

关于表内资产证券化设立的图的图形表示，如图 10－6 所示。

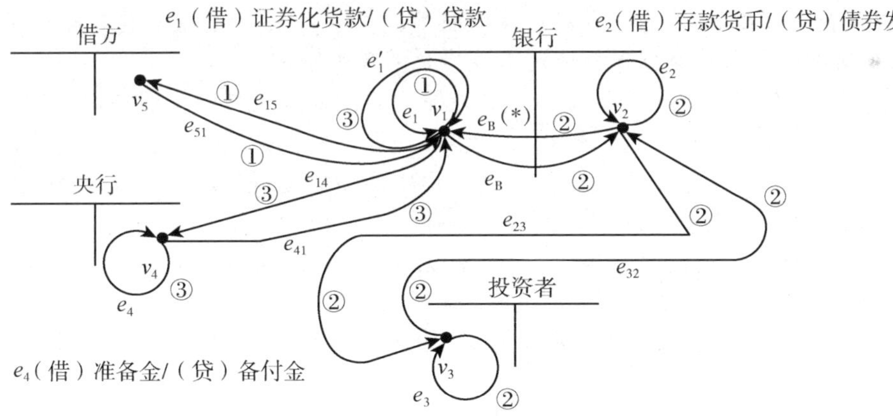

图 10－6　基于图的图形表示的表内资产证券化设立的资金循环

（1）回路①——$P_{①}=(v_1e_1v_1e_{15}v_5e_{51}v_1)$。银行将确立为证券化对象的若干贷款从贷款账户划出，划入一个用以支持证券发行的证券化贷款账户。这在 v_1 生成一个基于 T 关系的环 $e_1 = \langle v_1, v_1 \rangle$，此环的经济含义是：（借）证券化贷款——证券化账户/（贷）贷款——贷款账户，贷款账户和证券化贷款账户在此是具有对应关系的对应账户。进而，由于贷款账户中的贷款与借方之间的债权债务关系转换为证券化贷款账户中的证券化贷款与借方之间的债权债务关系，因而生成两条基于债权债务关系的边 $e_{15} = \langle v_1, v_5 \rangle$ 和 $e_{51} = \langle v_5, v_1 \rangle$。基于现代化银行财务管理的条件，证券化贷款账户和贷款账户的以上操作和关系变化可以轻易实现。不过，存在 $e_{15} = \langle v_1, v_5 \rangle$ 和 $e_{51} = \langle v_5, v_1 \rangle$ 并不意味着存在债务更新。在默认情况下，借款在 v_5 上没有相应的易户，故而 v_5 上没有环。实际上，借方也未必甚至无需知晓银行的证券化运作。

（2）回路②——$P_{②} = (v_1 e_B v_2 e_{23} v_3 e_3 v_3 e_{32} v_2 e_2 v_2 e_B(*) v_1)$。银行以在证券化贷款账户中集合的贷款为支持向投资者发行证券，投资者以持有证券替代持有银行存款，这在 v_3 生成一个基于 T 关系的环 $e_3 = \langle v_3, v_3 \rangle$。投资者对银行的货币债权减少，对银行的非货币债权增加，这生成两条基于债权债务关系的边 $e_{23} = \langle v_2, v_3 \rangle$ 和 $e_{32} = \langle v_3, v_2 \rangle$。

银行在 v_2 上基于投资者的诱导提供技术服务，减少存款货币账户中的存款货币，增加证券发行账户中的证券发行，这生成一个基于 T 关系的环 $e_2 = \langle v_2, v_2 \rangle$，此环的经济含义是：（借）存款货币/（贷）证券发行，存款货币账户和债券发行账户在此是存在着对应关系的对应账户；“存款货币”代表实际储蓄，“证券发行”是代表实际储蓄的“存款货币”的非货币转化形式。

贷款账户中贷款减少的对面是存款账户中存款货币相应减少，这在 v_2 减少对 v_1 要求权，同义反复就是在 v_1 减少对 v_2 应付义务，于是生成一条基于债权债务关系的边 $e_B = \langle v_1, v_2 \rangle$。证券化贷款账户中证券化贷款增加的对面是证券发行账户中以证券化贷款为支持的证券发行相应增加，这在 v_2 上的债券发行增加对 v_1 上的证券化贷款的要求权，同义反复就是 v_1 上的证券化贷款增加对 v_2 上的债券发行的应付义务，于是生成一条基于债权债务关系的边 $e_B(*) = \langle v_2, v_1 \rangle$。* 的含义是，$v_2$ 上的证券发行的要求权仅限于对 v_1 上的证券化贷款，而不是基于对 v_1 上的证券化贷款的要求权而对整个 v_1 具有要求权。进而，投资者的要求权仅限于通过证券发行连通到 v_1 上的证券化贷款，而不能基于对 v_1 上的证券化贷款的要求权而对整个 v_1 具有要求权。* 的这种含义体现了证券化的基本精神。

回路①和回路②给出的结果是：证券化贷款账户中的证券化贷款虽然是由贷款账户中的贷款划转而来的，形式上还在银行的资产负债表上，但它不再是银行的资产，它通过发行以贷款为支持的证券出售给了投资者；证券发行账户中的债券发行虽然是由存货货币账户中的存款货币转化而来的，形式上还在银行的资产负债表上，但它不再是银行的负债，而是证券化贷款的证券发行存在。正是基于这种结果，v_1 和 v_5 的关系变化是显著的，因而不宜像图 10－3 那样忽略 $e_{15} = \langle v_1, v_5 \rangle$ 和 $e_{51} = \langle v_5, v_1 \rangle$。

（3）回路③——$P_{③} = (v_1 e'_1 v_1 e_{14} v_4 e_4 v_4 e_{41} v_1)$。这一回路上的内容表述，同图 10－3 中所述。

第二节　表外银行理财产品

较之于表内银行理财产品，表外银行理财产品更加具有结构上和经济上的合理性。

一、以募集资金进行投资、贷款

对于表外银行理财产品集合资金并以集合的资金进行投资、贷款的交易结构，银行所发挥的作用体现为变异的非货币金融中介机构，这一点与表内银行理财产品以募集资金进行投资、贷款的交易结构是相同的。

（一）会计处理表示

图10－7以会计处理的形式表示表外银行理财产品如何募集资金，并以募集的资金进行贷款、投资等的资金循环情况（略去了在一定准备金下反映银行流动性动态的超额准备金和法定准备金两者的变化）。

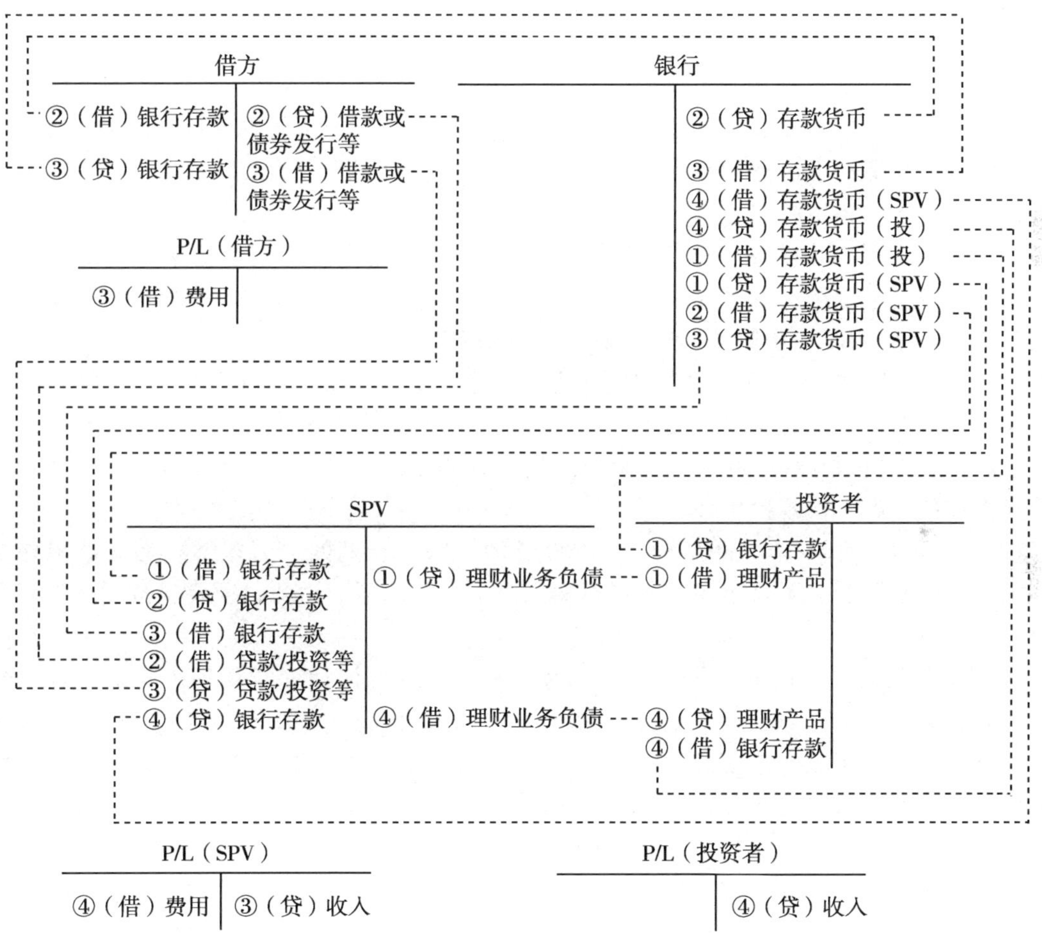

图10－7 基于会计处理表示的表外银行理财产品的资金循环——以募集资金贷款、投资

图 10－7 中的①表示表外银行理财产品的设立。在表示表外银行理财产品交易结构实在性上，显然应该引入一个独立于银行固有账户的表外专门交易结构账户，即一个资金运用型 SPV。这一 SPV 是银行为了在表外发行理财业务负债而设立的，银行是它的经理人。发行理财业务负债的结果是：基于银行与投资者（银行自己的存款客户）达成的理财契约，投资者通过购买理财产品，由持有银行存款变为持有的理财产品，银行相应地在自己的负债上按照投资者给出的诱导将投资者账户内的存款货币划转到 SPV 的账户中，SPV 通过向投资者发行理财业务负债而获得银行存款。在银行，投资者的存款货币账户和 SPV 的存款货币账户是具有对应关系的对应账户；在 SPV，银行存款账户和理财业务负债账户是具有对应关系的对应账户。

②表示了资金运用。银行作为 SPV 的经理人对集合于 SPV 的存款账户上的货币资金进行运作，将货币资金提供给自己的借方客户使用，即在银行负债端有"②（借）存款货币——SPV/②（贷）存款货币——借方"，其经济含义是：银行基于 SPV 经理人身份，自己诱导自己，将已经划转到 SPV 的存款账户中的存款货币再划转到借方客户的存款账户中。借方因此获得融资，而 SPV 则因此由持有银行存款变为持有对借方的贷款或投资。借方客户并不知晓这一金融创新的具体细节（实际上或许也没有必要知晓这一金融创新的具体细节），会像从银行获得借款那样将银行作为贷方；银行在办理贷款和收回贷款上也一如既往。

从①～②来看，这一交易结构在设立上的特点是：

（1）此交易结构中的 SPV 属于资金运用型载体，在理财产品资金的来龙去脉上是先有资金来源后有资金运用。由于资金运用的收益要高于资金来源的成本，因而这种交易结构虽然具有缓和"融资难"的效果，却不能解决"融资贵"的问题。

（2）作为 SPV 的经理人，银行通过向投资者发行理财产品和对在 SPV 上所集合货币资金的运用，最终将投资者账户中的相应存款货币划转给了借方客户。这一操作属于对已有货币存量的运用，货币易主。结果是，货币总量没有增加，而银行管理的贷款或投资的规模增加，经济中的金融资产规模增加。

（3）如果对于借方客户的这种贷款或投资的期限是长期的，而理财产品的期限相对是短期的，那么在资金来源与运用上就存在期限匹配上的问题。为此，须要保持循环发行，以免资金链断开。

（4）银行没有在表内增加贷款规模，因而规避了资本消耗和贷款损失计提，这显然构成了监管套利。从国际经验看，随着监管的完善，实际情况并非总能保持如此宽松。如果银行不对 SPV 的资产承担经济责任，那么这种运用型 SPV 本身就应该有必要的资本配置才是合理的，因为没有必要资本配置的 SPV 只适于发挥资产转换功能。如果银行对 SPV 的资产承担经济责任，那么银行就要为交易结构计提风险准备金，这种资金运用型 SPV 就几乎没有监管套利的空间。按照通常的原则，如果这种资金运用型 SPV 没有自己的资本配置，那么银行就应该为它提供资本消耗或是担保，否则，理财业务负债本身就成了 SPV 的资本配置，要为 SPV 的资产承担第一损失。实际中的一种合理选择就是，将表外理财业务纳入表内考核。实际中的另一种合理选择就是，分拆银行的理财业务，设立独立的理财业务子公司，这样，自己信托也能恰到好处地用于理财资产的证券化。

（5）如果银行在销售理财产品时为了博得投资者的青睐而对理财产品提供某种形式的担保（如提供保本保息的承诺），那么在投资者心目中这种理财产品就如同存款。随着这种理财产品规模不断扩大，监管部门将不得不对其安全性、稳定性和发展势态保持警惕，推出监管对策。例如，监管部门会审视这种理财产品在监管套利上的合理性和在安全保障上应该具有的风险应对储备，制订规制要求理财产品提取风险准备金。

③和④给出了理财产品交易结构在资金回流上的基本情况。在③中，借方依然向银行还款，但由于先前提供给借方使用的资金来自于 SPV 账户，因而银行继而要向 SPV 还款，于是，在借方有③（借）借款及利息支出/③（贷）银行存款，在银行有“③（借）存款货币——借方/③（贷）存款货币——SPV”，在 SPV 有“③（借）银行存款/③（贷）贷款或投资及利息收入”。④表示了银行基于 SPV 向投资者支付理财产品本息的情况，在 SPV 有“④（借）理财业务负债和利息支出/④（贷）银行存款”，在投资者有“④（借）银行存款/④（贷）理财产品及利息收入”。

（二）经济解释

（1）“①（借）理财产品/①（贷）银行存款”中的“银行存款”代表实际储蓄，“理财产品”代表实际储蓄未来交换价值。投资者由持有“理财产品”替代持有“银行存款”，这意味着投资者在储蓄的积累上由积累代表实际储蓄的银行存款变为积累代表实际储蓄未来交换价值的理财产品。

（2）“①（借）银行存款——SPV /①（贷）理财产品发行——SPV”意味着，SPV 通过发行代表实际储蓄未来交换价值的理财产品，使由“银行存款”所代表的实际储蓄先流入 SPV。“①（借）存款货币——投资者 /①（贷）存款货币——SPV”意味着，由“存款货币”所代表的实际储蓄由投资者在银行的账户流入 SPV 在银行的账户。

（3）“②（借）存款货币——SPV/②（贷）存款货币——借方”意味着，由“存款货币”所代表的实际储蓄再由 SPV 在银行的账户流入借方在银行的账户。“②（借）贷款或投资——SPV/②（贷）银行存款——SPV”意味着，SPV 以持有由“贷款或投资”所代表的实际储蓄未来交换价值替代持有由“银行存款”所代表的实际储蓄。SPV 在此是一个运用型载体，起到了使储蓄由投资者流入借方的通道作用。

（4）以募集资金进行投资、贷款等的表外银行理财产品是以实际储蓄增长提供支持的交易结构，银行所发挥的作用体现为变异的非货币金融中介机构，这一点与表内银行理财产品以募集资金进行投资、贷款等的交易结构是相同的。

（三）图的图形表示

以下的图 10－8 是基于图的图形表示的表外银行理财产品设立——以募集资金进行贷款、投资等的资金循环。

v_1 是银行的资产节点（但 v_1 未必是图的孤立节点），v_2 是银行的负债节点，v_3 是投资者的资产节点，v_4 是 SPV 的资产节点，v_5 是 SPV 的负债节点，v_6 是借方的资产节点，v_7 是借方的负债节点。

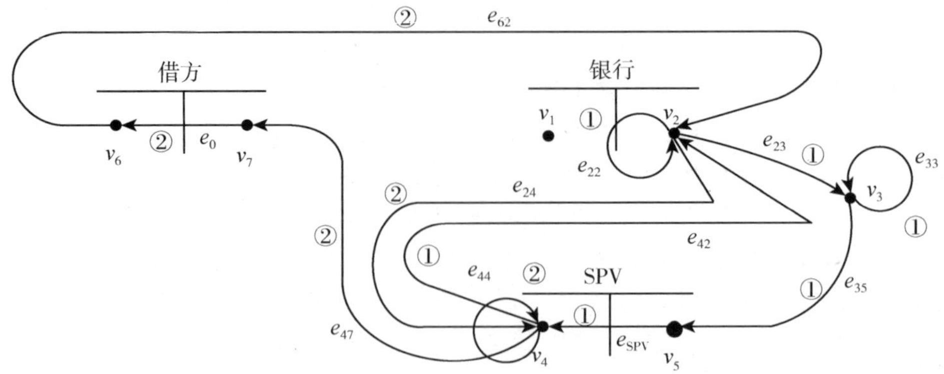

图 10－8　基于图形表示的表外银行理财产品设立的资金循环——以募集资金贷款、投资

资金循环路径①。当银行基于 SPV 向投资者发行理财产品时，一方面，在投资者资产节点上，减少在银行存款上的持有，同时增加在理财产品上的投资，这生成两条基于债权债务关系的边，即 $e_{23} = \langle v_2, v_3 \rangle$ 和 $e_{35} = \langle v_3, v_5 \rangle$；另一方面，在 SPV 上，在负债节点上增加对投资者的理财业务负债（即 e_{35}），在资产节点上增加对银行的货币债权，这生成两条边，即基于 T 关系的边 $e_{SPV} = \langle v_5, v_4 \rangle$ 和基于债权债务关系的边 $e_{42} = \langle v_4, v_2 \rangle$。$e_{SPV} = \langle v_5, v_4 \rangle$ 是基于 T 关系生成的边，这意味着银行存款账户和理财业务负债账户是存在着对应关系的对应账户。另外，在投资者的资产节点 v_3 上有一个环 $e_{33} = \langle v_3, v_3 \rangle$，其经济含义是（借）理财产品/（贷）银行存款；在银行的负债节点上也有一个环 $e_{22} = \langle v_2, v_2 \rangle$，其经济含义是（借）存款货币——投资者/（贷）存款货币——SPV。四条边加上两个环，给出一个资金循环回路：

$$P_{①} = (v_2 e_{23} v_3 e_{33} v_3 e_{35} v_5 e_{SPV} v_4 e_{42} v_2 e_{22} v_2)。$$

资金循环路径②。当银行作为 SPV 的经理人将在 SPV 账户上集合的资金以贷款、投资等方式提供给借方使用时，一方面，在 SPV 的资产节点上，减少银行存款，同时增加对借方的债权，这生成两条基于债权债务关系的边，即 $e_{24} = \langle v_2, v_4 \rangle$ 和 $e_{47} = \langle v_4, v_7 \rangle$；另一方面，在借方的资产负债结构上，在负债节点上增加对 SPV 的借款债务（即 e_{47}），在资产节点上增加对银行的货币债权，这生成两条边，一条是基于 T 关系的边 $e_0 = \langle v_7, v_6 \rangle$，另一条是基于债权债务关系的边 $e_{62} = \langle v_6, v_2 \rangle$。借方未必知晓这一交易结构，会认为借款债务的债权一端在 v_1 上；银行也无须向借方披露这一交易结构，与借方达成的契约在主要内容上也一如往常。另外，在 SPV 资产节点 v_3 上有一个环 $e_{44} = \langle v_4, v_4 \rangle$，其经济含义是（借）贷款、投资等/（贷）银行存款；在银行负债节点有一个环 $e_{22} = \langle v_2, v_2 \rangle$，其经济含义是（借）存款货币——SPV/（贷）存款货币——借方。四条边加上两个环，给出一个资金循环回路：

$$P_{②} = (v_2 e_{24} v_4 e_{44} v_4 e_{47} v_7 e_0 v_6 e_{62} v_2 e_{22} v_2)。$$

银行在回路①上向投资者给出的利率要高于原来给出的存款利率，在回路②上向借方要求的利率又要高于在回路①上对投资者给出的利率。显然，这种银行理财产品有助于缓和实体经济融资难的问题，这对促进经济活动是有益的，但却无助于降低实体经济的融资成本。须知，每一道资金来源决定资金运用的通道都是要加码利率的，在资金运用上要求的利率必然要高于在资金来源上给出的利率，除非有其他补贴。另外，银行理财产品结构中的贷款、投资虽然处于银行的表外，但只有在监管方面未对 SPV 提出配置资本或提取风险准备金要求的情况下才可套利，而在监管方面对 SPV 提出配置资本或提取风险准备金要求时，就会失去套利机会。只要 SPV 是资金运用型的，在监管上对其提出配置资本要求或提取风险准备金或替他替代要求，就总是难免的。

（四）合并

由于这种银行理财产品是由银行发起的，银行是 SPV 的经理人，因而当 SPV 面临危机时，银行为了维持信誉或许会倾向于选择将 SPV 并入表内而不是让其破产。为了使 SPV 并入表内，银行要发行债券或是投放货币，同时将损失计入贷款损失准备或/和资产减值损失。这种情况下资金循环的会计处理表示如图 10－9 所示。

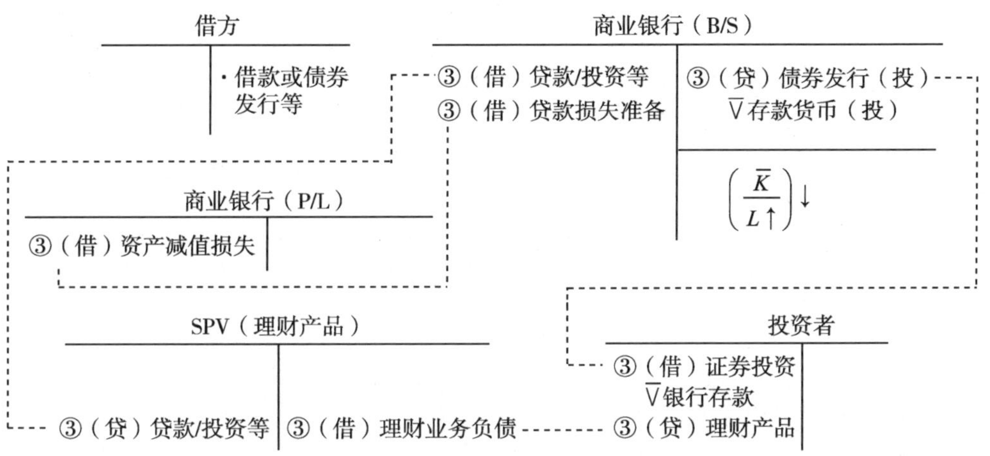

图 10－9　表外银行理财产品向银行表内合并

银行理财产品并入银行表内后，银行就会失去原来所获取的监管套利。所失去的监管套利起码包括：（1）提取的贷款损失准备（包括一般准备——1% 和专项准备——关注类 2%、次级类 25%、可疑类 50%、损失类 100%）。（2）资本节约。（3）如果银行不是通过发行债券而是通过刚性兑付而将理财产品并入表内（图中用了一个排斥或的运算符号 $\overline{\vee}$），那么贷记的债券发行就要变为存款货币，而增加的存款货币面临需要缴纳存款准备的要求，其结果就是：一定准备金下的法定部分增加，超额相应部分减少，这意味着银行自身的流动性随之下降。

二、以募集资金承接贷款

以募集资金承接贷款虽然起到了盘活贷款的效果，但在交易模式上没有走出直接交易贷款常规意识，其局限性为寻求流转贷款的新模式提出了要求。

（一）会计处理表示

图 10－10 以会计处理的形式表示了表外银行理财产品如何集合资金并以集合的资金承接贷款的资金循环情况。

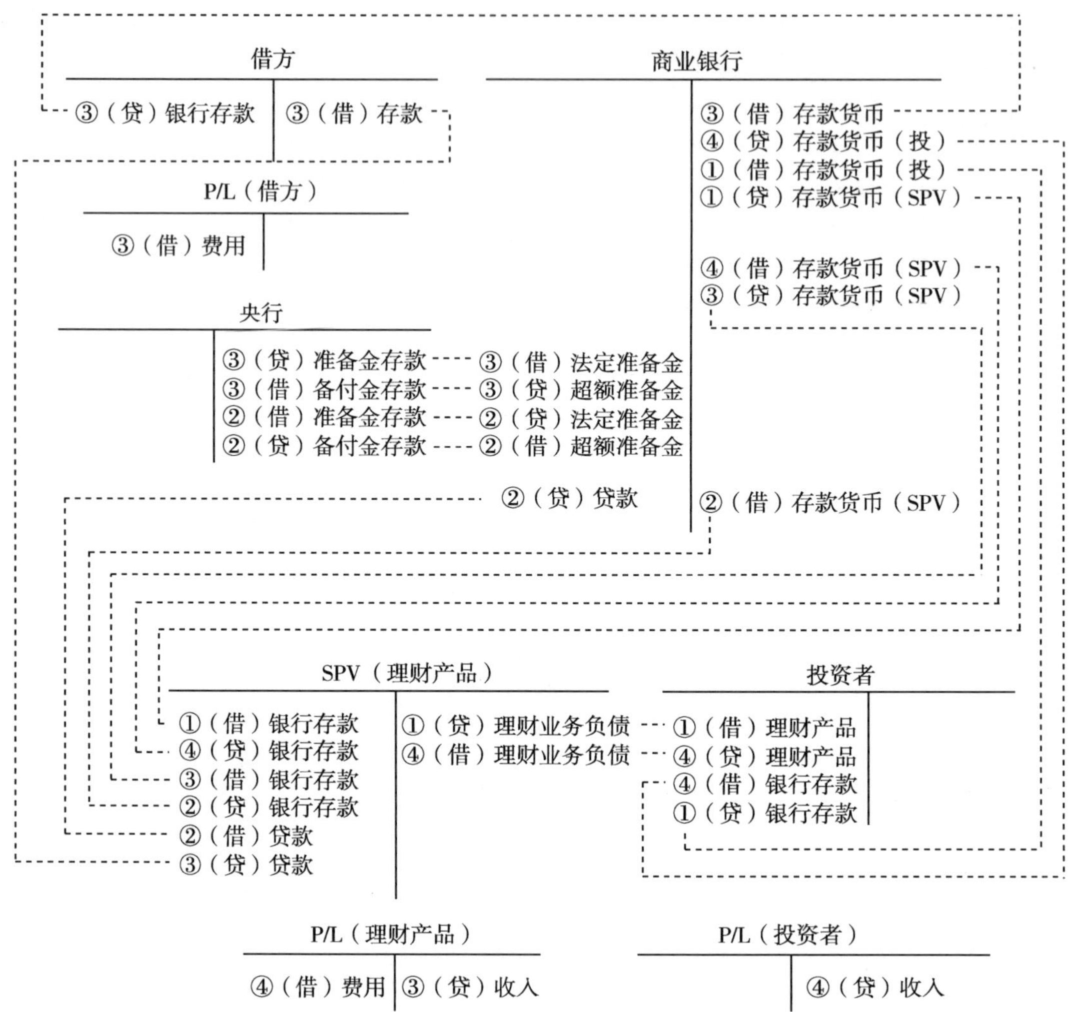

图 10－10　基于会计处理表示的表外银行理财产品的资金循环——以募集资金承接贷款

图 10－10 中的①表示了银行以一个表外 SPV 募集资金的资金循环情况。在银行的资产负债表上，存款货币易主，但数量保持不变。

②表示了 SPV 以募集资金承接贷款的资金循环情况。由于银行是 SPV 的经理人，因而银行自己诱导自己，以募集的资金承接贷款。在银行有“②（借）存款货币/②（贷）贷款”，在 SPV 有“②（借）贷款/②（贷）银行存款”。结果是，银行资产负债表上的贷款和存款货币一并减少。银行减少的贷款转而由 SPV 持有，银行减少的存款货币预付了贷款

在银行的如期回流。预付在会计上是一种债权，SPV 预付了贷款在银行的如期回流，自然就对贷款的如期回流具有要求权。在默认情况下，借方不必进行债务更新，继续如期向银行还款，再由银行向 SPV 转付。另外，准备金结构的变化源于存款的变化，这一变化提高了银行的流动性。

③表示了贷款回流的资金循环情况。由于 SPV 以募集的资金承接贷款，预付了贷款在银行的如期回流，因而借方如期向银行支付的还款就要转而支付给 SPV，以回流 SPV 承接的贷款。于是有"③（借）存款货币——借方/③（贷）存款货币——SPV"和"③（借）银行存款/③（贷）贷款及利息收入"。准备金结构的变化源于存款的变化，这一变化减低了银行的流动性。

④表示了银行继而如期向投资者支付理财产品本息的资金循环情况。

以一个表外 SPV 集合理财资金，并将所集合的资金用于承接贷款，这种交易结构貌似资产证券化，但并不是标准的资产证券化。（1）SPV 的证券发行属于融资性发行，不是以贷款资产为支持的引致性发行，因而承接贷款的 SPV 属于资金运用型载体而不是资产转换型载体。（2）投资者不是投资于已有的静态或动态的确定资产，而是投资于作为 SPV 经理人的银行对集合资金的运营决策。如果这时 SPV 是信托，那么这一信托在性质上更应该属于主动性的投资信托，而不属于一个被动性的财产权状态转换信托。既然是主动型信托，就理应有信托的资本配置或是其他风险准备金，或者是银行提供的担保。（3）出售资产的证券发行可以设计为针对确定的静态或动态资产集合的序列发行，而募集资金的理财业务负债发行难有这种设计，因为缺少确定的静态或动态现金流和风险结构。

除了确定的静态或动态现金流和风险结构外，实现序列发行的另一个前提条件是，市场中存在着风险和期限偏好不同的各类投资者。为了满足各类投资者的不同偏好，对于一个确定的静态或动态资产集合，资产证券发行通常可以被分层为 10 个以上，甚至多达几十个分层，这种分层是建立在对整体资产集合产生的现金流和风险进行运算的基础上的。即便是在本金循环使用的循环结构（如信用卡、应收账款证券化的结构）情况，基本精神也是不变的，只不过支持证券发行的资产集合的确定性是以某种动态形式为存在的。在只有优先/次级两个划分层级或者只有少数几个划分层级的情况下，基于运用型 SPV 的理财产品在发行上或许尚能模拟转换型 SPV 的分层发行，但在需要设计十几个甚至几十个分层的情况下，这种模拟就无法继续下去。

图 10 - 10 中的 SPV 更接近于一个由银行在表外设立的以自己的存款客户作为资金来源对象的基金，但这一载体也未必就适用于基金方面的法律管辖，更不用说适用于关于资产证券化的法律、会计、税收方面的规制。对于这一载体的监管，须制订专门的规制。

（二）经济解释

（1）"①（借）理财产品/①（贷）银行存款"中的"银行存款"代表实际储蓄，"理财产品"代表实际储蓄未来交换价值。投资者由持有"理财产品"替代持有"银行存款"，这意味着投资者在储蓄的积累上由积累代表实际储蓄的银行存款变为积累代表实际储蓄未来交换价值的理财产品。

（2）“①（借）银行存款——SPV /①（贷）理财业务负债——SPV”意味着，SPV 通过发行代表实际储蓄未来交换价值的理财产品，使由“银行存款”所代表的实际储蓄先流入 SPV。“①（借）存款货币——投资者 /①（贷）存款货币——SPV”意味着，由“存款货币”所代表的实际储蓄由投资者在银行的账户流入 SPV 在银行的账户。

（3）“②（借）贷款/②（贷）银行存款——SPV”意味着，SPV 以持有代表实际储蓄未来交换价值的“贷款”替代持有代表实际储蓄的“银行存款”。“②（借）存款货币——SPV /②（贷）贷款”意味着，SPV 银行账户中的代表实际储蓄的“存款货币”预付了代表代表实际储蓄未来交换价值的“贷款”，经济中的货币余额随之减少。

（4）如果以贷款的形式投放的货币是没有实际储蓄增长提供支持的，那么通过以代表实际储蓄的“存款货币”预付贷款在银行的如期回流，没有实际储蓄增长提供支持的货币就被置换为代表实际储蓄的货币。

（三）图的图形表示

以下的图 10－11 是基于图的图形表示的表外银行理财产品设立——以募集资金承接贷款的资金循环情况（略去了在一定准备金下反映银行流动性动态的准备金结构的变化）。

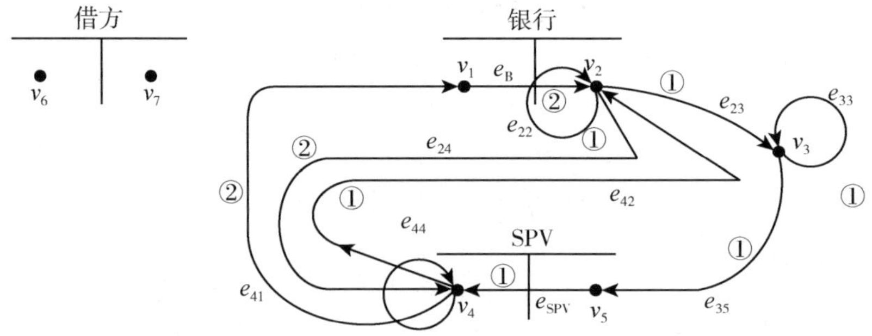

图 10－11　基于图的图形表示的表外银行理财产品设立——以集合的资金承接贷款（Ⅰ）

v_1 是银行的资产节点，v_2 是银行的负债节点，v_3 是投资者的资产节点，v_4 是 SPV 的资产节点，v_5 是 SPV 的负债节点，v_6 是借方的资产节点，v_7 是借方的负债节点。v_1、v_2、v_3、v_4、v_5、v_7 构成图的节点集，其中 v_7 是基于默认规则的孤立节点，但 v_6 不是图的节点。

图 10－11 中的资金循环路径①。当银行向投资者发行理财产品时，一方面，在投资者资产节点上，减少银行存款，增加对理财产品的证券投资，这生成两条基于债权债务关系的边，即 $e_{23}=\langle v_2,v_3\rangle$ 和 $e_{35}=\langle v_3,v_5\rangle$；另一方面，在 SPV 上，增加对投资者的非货币债务，同时增加对银行的货币债权，这生成两条边，一条是基于 T 关系的边 $e_{SPV}=\langle v_5,v_4\rangle$，其经济含义是（借）银行存款/（贷）理财业务负债，另一条是基于债权债务关系的边 $e_{42}=\langle v_4,v_2\rangle$。另外，在投资者资产节点 v_3 上有一个环 $e_{33}=\langle v_3,v_3\rangle$，其经济含义是（借）理财产品/（贷）银行存款；在银行负债节点也有一个环 $e_{22}=\langle v_2,v_2\rangle$，其经济含义是（借）存款货币——投资者/（贷）存款货币——SPV。四条边加上两个环，构成一个资金循环的回路①：

$$P_{①}=(v_2e_{23}v_3e_{33}v_3e_{35}v_5e_{SPV}v_4e_{42}v_2e_{22}v_2)。$$

资金循环路径②。当银行以在 SPV 集合的资金承接贷款时，一方面，在 SPV 的资产节点上，减少对银行存款的持有，增加对贷款的持有，这生成两条边，一条是基于债权债务关系的边 $e_{24}=\langle v_2,v_4\rangle$，另一条的基于位移关系的边 $e_{41}=\langle v_4,v_1\rangle$；另一方面，银行减少贷款资产，由于贷款资产的减少是由存款货币预付的，因而贷款资产的减少匹配于存款货币的减少，这生成一条基于 T 关系的边 $e_B=\langle v_1,v_2\rangle$，此边意味着贷款账户和存款货币账户在此是存在着对应关系的对应账户。另外，在 v_4 节点上有一个环 $e_{44}=\langle v_4,v_4\rangle$，其经济含义是（借）贷款/（贷）银行存款。三条边加上一个环，构成一个资金循环回路②：

$$P_{②}=(v_2e_{24}v_4e_{44}v_4e_{41}v_1e_Bv_2)。$$

在默认条件下，借款在 v_7 上没有易户，故而 v_7 上没有环，v_7 在此称为图的一个孤立节点。

e_{41} 边也可以等效地由两条基于债权债务关系的边 e_{47} 和 e_{71} 来表示，如图 10－12 所示。在默认条件下，v_7 节点上没有环。四条边加上一个环，构成一个资金循环回路：

$$P_{②}=(v_2e_{24}v_4e_{44}v_4e_{47}v_7e_{71}v_1e_Bv_2)。$$

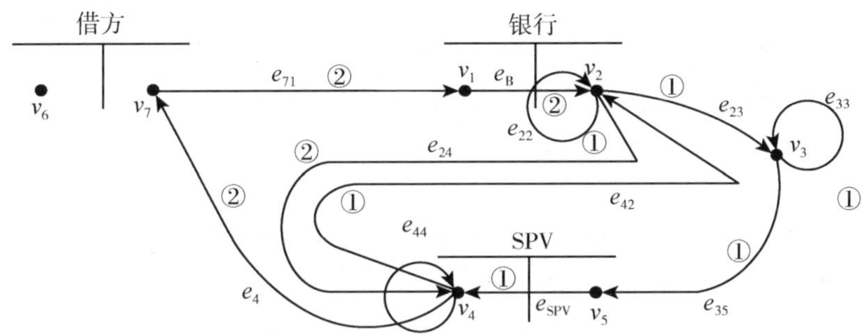

图 10－12　基于图的图形表示的表外银行理财产品设立——以募集资金承接贷款（Ⅱ）

（1）银行在回路①上向投资者给出的利率要高于原来的存款利率，在回路②上从借方获得的利率又要高于在回路①上向投资者给出的利率，这是实现以募集资金承接贷款的基本条件，这一基本条件通常是由银行的存贷利差满足的。（2）SPV 是资金运用型的主动载体，银行是资金运用的决策人，随着监管标准的调整，这种 SPV 未必就能一直获得在监管上的套利。这种因素显然决定了这种银行理财产品并不是盘活银行贷款的理想交易结构。在有效盘活银行贷款上，应该以资产转换型 SPV 替代资金运用型 SPV，这是必由之路。在引入资产转换型 SPV 盘活银行贷款情况下，无须回路①。另外，由于资产转换型 SPV 实质上就是一个为了便于对贷款进行出售而施加与贷款的财产权状态转换装置，因而，监管方面会审视它在信用提高上的一些结构性安排，但不会对它提出在结构之外的资本配置上的要求。

第三节　从承接贷款的表外银行理财产品到资产证券化

承接贷款的表外银行理财产品和银行基于自己信托的资产证券化，它们面貌相似，但内在机理并不相同。前者是“融资—投资”的结构，其 SPV 属于主动性载体，作为经理人的银行应该为其运行提供必要的风险准备（如将贷款原来在表内的风险准备提供给被承接的贷款）。后者是“贷款—出售”的结构，其 SPV 属于被动性载体，银行一般通过持有发行结构中的次级部分为结构提供信用提高，在必要情况下也为其提供额外的外部信用提高。当 SPV 是信托时，整个交易结构与载体是一致的，无构建载体的资本。即便是像 SPC 那样，整个交易结构与载体并完全不一致，搭建交易结构的载体有少量资本，但这种资本只是象征性的，不过是出于搭建一个公司型载体目的的需要。

一、与承接贷款的表外银行理财产品相比较的资产证券化

对理财产品给出一个清晰的交易结构账户，这是理财产品透明化，利于投资者理解，便于监管部门实施有效监管的前提条件。理财产品在监管上存在的问题是，由于理财产品并不透明，因而对理财产品实施监管的规制并不清晰。这也是一个世界性问题，在美国、欧洲和日本同样存在。而作为比较，基于自己信托的资产证券化的法律规定是完备的，它严格而清晰，是可操作的，在美国、欧洲和日本都是如此。这就在客观条件上为将庞大的承接贷款的表外银行理财产品规范为与之具有相似面貌的基于自己信托的资产证券化产品提供了契机。①

（一）会计处理表示

以下的图 10 – 13 给出了基于自己信托的资产证券化结构的会计处理表示。当然，资产证券化的具体实施模式因国情不同而不同。

基于与前面承接贷款的表外银行理财产品相比较的背景，这一证券化结构的资金来源是证券化银行自己的合格客户（合格投资者）。也就是说，证券化银行向自己的存款客户发行基于自己信托的资产证券，投资者认购证券的款项全部来自证券化银行，这与银行向自己的客户发行理财产品的背景是类同的。在实际中，资产证券也会向证券化银行之外的其他银行的客户发行，如果资金来源还涉及其他银行的客户。

图 10 – 13 中的①表示了银行通过发起贷款而向借方投放货币的资金循环情形。结果是，银行的贷款资产与存款货币负债一并增加，经济中的货币供应量增加，那么就把证券化银行置于银行部门中，图 10 – 13 中的资金循环就是以银行部门为背景的。

②表示了银行将所发起的贷款转移至表外 SPV（自己信托），通过在 SPV 的负债一端发行以贷款为支持的证券，并将证券出售给投资者的资金循环情形。结果是，银行的贷款减少，存款

① 关于自己信托，在美国、欧洲和日本，《信托法》中都有关于自己信托的法律规定，学术界对于自己信托的理论研究也已经十分深入，相关的文献也并非是近期才有的。众所周知的著名机构在对购人的贷款或自己发放的贷款实施证券化时，采用的就是自己信托。信用卡贷款和应收账款的证券化也需要有自己信托。我国的《信托法》是初级阶段的，没有此项内容。业内对于信托的认知也相对滞后，似乎还囿于“受人之托、代人理财”的单一范式。不过，从我国金融业目前的发展势态来看，对《信托法》进行修改应该是大势所趋，届时将自己信托等资产证券化中的信托种类纳入其中也应该是大概率事件。待自己信托的法律地位确立之后，再加上配套的实施规则，庞大的相关理财产品走向正规化的资产证券化也就为期不远了。

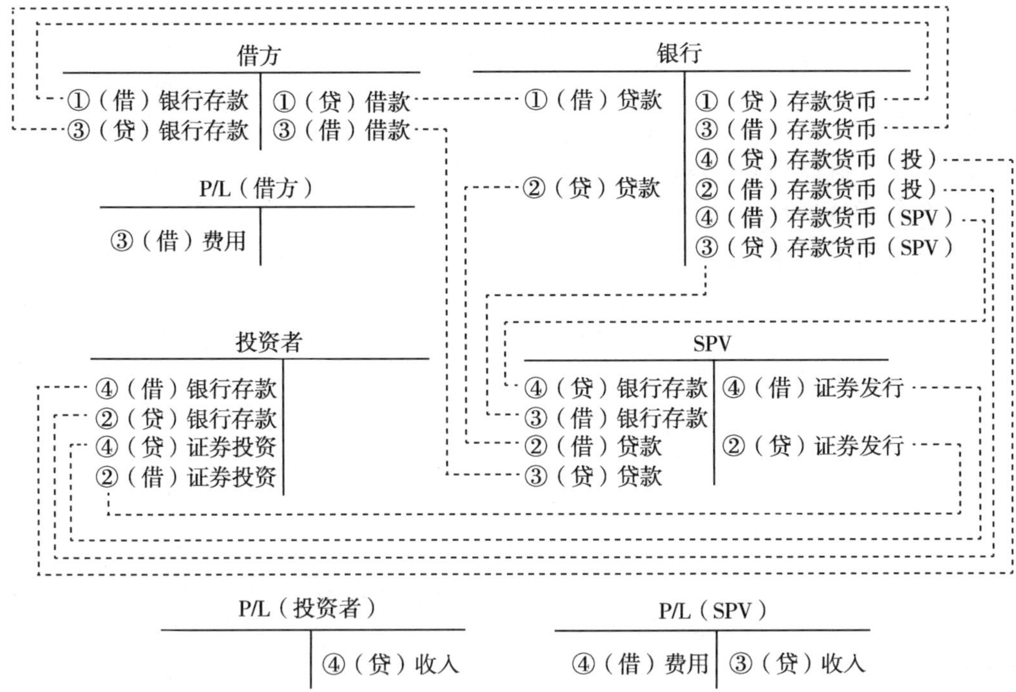

图 10－13 基于自己信托的资产证券化的资金循环——会计表示

货币也相应减少，银行基于贷款投放给借方的存款货币等于是从投资者在银行的存款账户中置换而来的，而投资者在银行的存款账户中的存款货币则转化为SPV负债上的证券发行。经济中的贷款余额没有减少，而货币余额减少，不过减少的货币余额不是回流给了贷款，而是转化为以贷款为支持的非货币形式的证券。

从图 10－13 中的①和②可以看出基于自己信托背景的资产证券化与承接贷款的表外银行理财产品的不同。

（1）资金运用型载体和资产转换型载体。承接贷款的表外银行理财产品交易结构账户和自己信托交易结构账户，前者为资金运用型载体，后者为资产转换型载体。从基本的金融原理上讲，前者应该有资本配置以为债务提供担保，而后者无须以前者那样的资本配置来为债务提供担保，因为载体的债务由证券化对象资产提供支持，是证券化对象资产承担的债务。后者的外部信用提高并不构成交易结构的资本部分。

（2）交易结构账户和信息披露。自己信托交易结构账户无须有募集资金的融资发行环节，直接采取出售资产的引致发行。这是指在SPV上证券化贷款账户和证券发行账户是具有对应关系的对应账户，两者在发行上构成SPV的结构账户，在SPV上并不存在银行存款账户和证券发行账户的对应关系，如作为实现资金来源的“（借）银行存款/（贷）证券发行”。从“②（借）贷款/②（贷）证券发行”的会计处理看，这一发行须要向以证券投资形式购买贷款的投资者提供支持证券发行的贷款资产集合的信息，投资者在决策投资事项时可以从发布的评级报告等方面获知关于资产的相关信息。[①]而从融资发行的会计处理“（借）银行存款/（贷）理财产品发行”来看，投资者在决策投资时未必一定要知晓未来基于经理人决策所形成的资产的信息，只是将资金交由银行理财产品打理。即便理财产品在发行时有相应的风险告知，普通投资者通常也会认为这种理财产品有银行的信誉庇护，专业投资者或许会推测银行出于信誉考虑在理财产品出现风险时会将其并入表内。

（3）发行和评级。承接贷款的理财产品仍然属于以资金来源决定资金运用的传统金融模式，募集资金的发行是一个“尽人皆知”的概念。相比较，对于出售贷款的交易结构，其基本精神在于以贷款为支持构造关于贷款的非货币证券存在的发行，这种发行似乎还是一个“鲜为人知”的概念。以贷款为支持发行证券在操作上通常是一个知易行难的事项，只是在现代信息技术条件下，这种发行才获得有效实现（“有效”一词在此是指实现多层级的序列发行，而不是简单拼凑的两三个层次的发行）。另外，即便是从评级来看，评级机构也是对以贷款为支持进行证券发行的证券化交易结构进行评价，而不是对以集合的资金去承接贷款的资金运用及其过程进行评价。

③和④表示了贷款回流的资金循环情形，这与承接贷款的表外银行理财产品是类同的。其中的两个重要概念是“③（借）存款货币——借方/③（贷）存款货币——SPV”和“④（借）存款货币——SPV/④（贷）存款货币——投资者”。基于预付在会计上属于债权的理念，在投资者预付了贷款在银行的如期回流的前提下，贷款的如期回流理应就是对预付了贷款在银行的如期回流的投资者的债务承担，要偿付投资者的预付。这便是“③（借）存款货币——借方/③（贷）存款货币——SPV”和“③（借）银行存款/③（贷）贷款及利息收入”的经济含义。作为比较，在没有对贷款实施证券化时，贷款在银行实现如期回流，相应的资金循环在银行上的环节是“（借）存款货币/（贷）贷款”。在实际中，贷款回流与基于这一回流向投资者支付通常并不是同步的。当向投资者支付时，在银行有“④（借）存款货币——SPV/④（贷）存款货币——投资者”，在SPV有“④（借）证券发行及利息支出/④（贷）银行存款”，在投资者“④（借）银行存款/④（贷）证券发行及利息收入”。若去除这一不同步因素，则贷款和证券两者同假的境况在SPV上便是显而易见的。贷款和证券两者同真，此境况已经显而易见地表现在②的SPV上。

（二）经济解释

（1）“①（借）贷款/①（贷）存款货币”和“①（借）银行存款/①（贷）借款”表示在现代经济中银行无中生有地创造贷款，并因此创造存款，增加货币供应的情况。如此增加的货币供应量是在没有实际储蓄增长提供支持的情况下实现。

审视回路①会感到，将银行称为货币金融中介似乎并不非常准确，因为货币金融中介的本意是指依靠吸收存款来发放贷款，而银行与其说是信贷中间人莫如说是贷款和存款的创造者，它是依靠无中生有创造的存款来发放贷款。将银行称为存款类金融中介似乎并不非常全

① 投资者的投资对象是确定的贷款集合，集合中每一笔贷款的信息，在贷款管理的文档中都是清清楚楚的。即便是对于信用卡债权证券化而言，在循环期内收到的本金用来购买新的债权，但作为投资对象的信用卡债权集合也具有动态上的确定性。

面，因为存款类金融中介的本意是指具有吸收社会存款的功能，而吸收存款的功能并不是银行的特有功能，信用创造才是银行的特有功能。尽管货币金融中介或存款类金融中介已经是对银行约定成俗的用语，但这并不妨碍将货币金融中介或存款类金融中介解释为信用创造中介。

（2）“②（借）证券投资——投资者/②（贷）银行存款——投资者”中的“银行存款”代表实际储蓄，“证券投资”代表实际储蓄未来交换价值。投资者以持有“证券投资”替代持有“银行存款”意味着，投资者在储蓄的积累上由积累代表实际储蓄的银行存款变为积累代表实际储蓄未来交换价值的证券投资。

（3）“②（借）存款货币——投资者/②（贷）贷款——银行”表示投资者以代表实际储蓄的存款货币预付贷款在银行如期回流的情况。这一回流原本是要由借方以在未来实现的代表实际储蓄增长的存款货币来实现的，现在由投资者予以预付。

（4）“②（借）贷款——SPV/②（贷）证券发行——SPV”表示投资者对贷款在银行如期回流的预付通过持有贷款的证券存在而实现的，而不是直接持有贷款或贷款的其他转换形式，这一点不同于债权转股权。因为证券投资是贷款的证券存在，所以贷款和贷款的证券存在是实际储蓄未来交换价值的对象。

（5）通过以代表实际储蓄的“存款货币”预付贷款在银行的如期回流，在以上（1）中表示的在没有实际储蓄增长提供支持情况下所创造的货币，就被置换为代表实际储蓄的货币。但这并不意味着资产证券化属于直接融资。

有一种关于资产证券化新趋势的表述是：银行通过向资本市场发行债务来购买货币，以购买的货币进行贷款，然后再将贷款通过证券化出售给资本市场的投资者，并据此认为资产证券化在本质上是直接融资。其实，只要给出货币运动路径分析就可以断定，这种表述并不靠谱。

（三）图的图形表示

以下的图 10－14 给出了图 10－13 中资产证券化设立的图的图形表示。

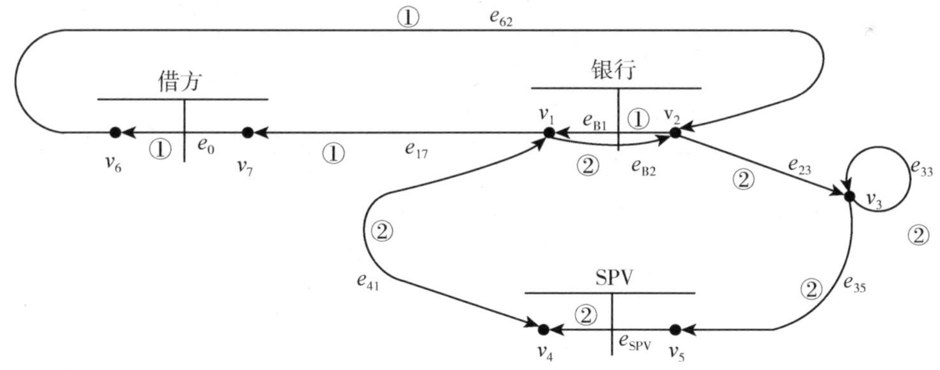

图 10－14　基于自己信托的资产证券化设立的资金循环——图的图形表示（Ⅰ）

图 10－14 中的资金循环路径①。当银行通过贷款而向借方投放货币时，一方面，银行在资产节点上增加对于借方的贷款债权，同时在负债节点增加对于借方的存款货币债务，这生成两条相应的边，一条是基于债权债务关系的边 $e_{17}=\langle v_1, v_7\rangle$，另一条的基于 T 关系的边

$e_{B1}=\langle v_2,v_1\rangle$；另一方面，在借方的资产节点增加一笔相应的银行存款债权，在借方的负债节点增加一笔相应的借款债务，这生成两条相应的边，一条是基于债权债务关系的边 $e_{62}=\langle v_6,v_2\rangle$，另一条的基于 T 关系的边 $e_0=\langle v_7,v_6\rangle$。由这四边构成的资金循环回路：

$$P_{①}==(v_2e_{B1}v_1e_{17}v_7e_0v_6e_{62}v_2)。$$

资金循环路径②。当银行通过将贷款转移至一个表外 SPV（自己信托或 SPC），并基于此向投资者发行以贷款为支持的证券而实现对贷款的证券化时：（1）在 SPV 的资产节点增加贷款持有，同时在 SPV 的负债节点增加对投资者的证券发行债务，这生成两条边，一条是基于位移关系边 $e_{41}=\langle v_4,v_1\rangle$，另一条是基于 T 关系的边 $e_{SPV}=\langle v_5,v_4\rangle$。① （2）在投资者的资产节点，减少在银行存款上的持有，增加在资产证券上的持有，这生成两条基于债权债务关系边，一条是 $e_{23}=\langle v_2,v_3\rangle$，另一条是 $e_{35}=\langle v_3,v_5\rangle$，另外还有一个环 $e_{33}=\langle v_3,v_3\rangle$。② （3）在银行方面，由于在资产节点减少了贷款，在负债节点减少了存款，这带来负债节点对资产节点的要求权减少，故而生成一条基于 T 关系的边 $e_{B2}=\langle v_1,v_2\rangle$。对于 $e_{B1}=\langle v_2,v_1\rangle$ 和 e_{B2} 而言，贷款账户和存款货币账户是存在着对应关系的对应账户。③ 以上五条边加上一个环，构成的资金循环回路：

$$P_{②}=(v_2e_{23}v_3e_{33}v_3e_{35}v_5e_{SPV}v_4e_{41}v_1e_{B2}v_2)。$$

图 10－14 和图 10－11 的本质不同在于：后者有集合资金的回路，而前者没有集合资金的回路；后者的 SPV 是资金运用型的，而前者的 SPV 是资产转换型的。

可以将 e_{41} 边分拆为 e_{47} 和 e_{71} 两条边，分拆后的情况如图 10－15 所示。

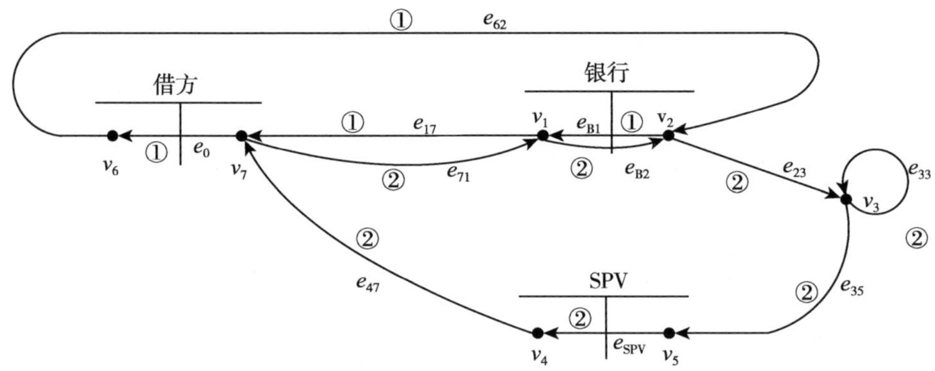

图 10－15　基于自己信托的资产证券化设立的资金循环——图的图形表示（Ⅱ）

---

① e_{41} 等同于两条基于债权债务关系的边，一条是边 $e_{71}=<v_7,v_1>$，另一条是边 $e_{47}=<v_4,v_7>$，但是这两条边不能与 e_{41} 重叠表示，否则就是叠床架屋的局面。不管是 e_{71}、e_{47} 还是 e_{41}，在默认情况下，在 v_7 上没有环。

② e_{23} 和 e_{35} 等同一条基于位移关系的边 $e_{25}=<v_2,v_5>$，但是 e_{23} 和 e_{35} 不能与 e_{25} 重叠表示。当以 e_{25} 替代 e_{23} 和 e_{35} 时，e_{33} 就成为孤立节点 v_3 上的环。

③ 对于 e_{B2} 而言，当实现贷款转移时，与贷款账户对应的对应关系账户或许是一个过渡性其他账户，如“应收”账户，但是当实现以存款货币预付贷款在银行的如期回流时、存款货币账户和应收账户是具有对应关系的对应账户，所以，在总体上认为贷款账户和存款货币账户是存在着对应关系的对应账户，是没有问题的，e_{B2} 实质上是基于 T 关系生成的边。

这时资金循环路径②是：

$$P_{②}=(v_2 e_{23} v_3 e_{33} v_3 e_{35} v_5 e_{SPV} v_4 e_{47} v_7 e_{71} v_1 e_{B2} v_2)。$$

在默认条件下，v_7 节点上没有环，这意味着，虽然在经济实质上有 e_{47} 边，但借方无须知晓这一经济实质，更无须向 v_4 节点“过户”其借款债务。借方依然基于原有的银行关系向银行偿付其借款债务，银行在这之后再按照经济实质上的关系向投资者进行支付。作为贷方的银行虽然知晓这一经济实质，但也无须为证券化操作而大规模地更改贷款合同，只要将作为证券化对象的贷款从银行表内的贷款账户转移至表外 SPV 的证券化贷款账户即可。现代银行的财务管理系统是信息化的，这为证券化操作提供了便利。

图 10－15 和图 10－12 的本质不同在于：后者有集合资金的回路，而前者没有集合资金的回路；后者的 SPV 是资金运用型的，而前者的 SPV 是资产转换型的。

（四）SPV 结构账户的比较

以下的图 10－16 从 SPV 结构账户的角度给出了资产证券化和承接贷款的表外银行理财产品在设立上的比较。

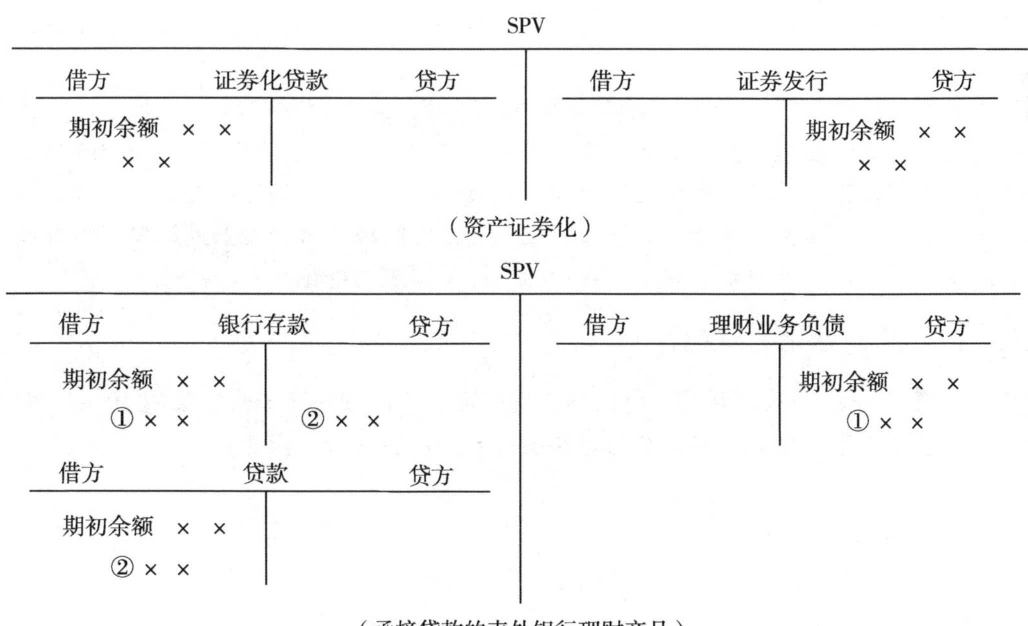

图 10－16　资产证券化和承接贷款的表外银行理财产品的比较——SPV 结构账户

（1）对于资产证券化，SPV 结构账户在设立上是由证券化贷款账户和证券发行账户构成的。证券化贷款账户和证券发行账户是具有对应关系的对应账户，实现以贷款为支持发行证券的功能。对于承接贷款的表外银行理财产品，SPV 结构账户在设立上是由银行存款账户、贷款账户和理财业务负债账户构成的。基于①，银行存款账户和理财业务负债账户是具有对应关系的对应账户，实现资金来源；基于②，银行存款账户和贷款账户是具有对应关系的对应账户，实现资金运用。由此可以进一步领悟，为什么将资产证券化的 SPV 称为资产转换型载体，而将承接贷款的表外银行理财产品的 SPV 称为资金运用型载体。

（2）在资产证券化的 SPV 结构账户，证券发行账户在本质上属于所有者权益类账户，而在承接贷款的表外银行理财产品的 SPV 结构账户，理财业务负债账户在本质上属于负债类账户或权益类账户。由此不难理解，为什么对于资产证券化的 SPV 而言，其杠杆倍数等于 1，而对于承接贷款的表外银行理财产品的 SPV 而言，其杠杆倍数未必等于 1。

对于承接贷款的表外银行理财产品的 SPV，即便是将在本质上属于负债类账户的理财业务负债账户整体转变为在本质上属于所有者权益类账户的理财业务负债账户，也不能改变它是资金运用型载体这一基本情况。

（3）基于传统的概念，债券市场上发行的产品是债务性的产品，相应的债券发行账户在本质上属于负债类账户。许多文献将资产证券化归入债券市场，不过，即便是如此分类，这种债券市场也应该是多层次的，不能将资产证券化交易结构中的证券发行账户归入负债类账户，尽管一些资产证券在名称上也冠有“债券”。否则，交易结构就可能退化到承接贷款的表外银行理财产品。

二、资产证券化替代承接贷款的表外银行理财产品是金融发展的必然选择

为什么资产证券化替代承接贷款的表外银行理财产品是金融发展的必然选择？原因在于，基于同样的整体结构，资产证券化比承接贷款的表外银行理财产品具有更好的对称性。这意味着，资产证券化必然替代承接贷款的表外银行理财产品，使然于对称的巨大力量。具体情况是，前者具有完美对称而后者没有。道理是如此简单，哲理是如此深厚。常言道：大道至简。这一至简的大道脱胎于混沌，背后的支撑是深邃的群论。

（一）资产证券化的对称性

从前面图 10－15 中的回路②，可以导出资产证券化的基础简单图，如图 10－17 中的左图所示。为了便于给出自同构群，右图对左图的节点符号进行了简化。

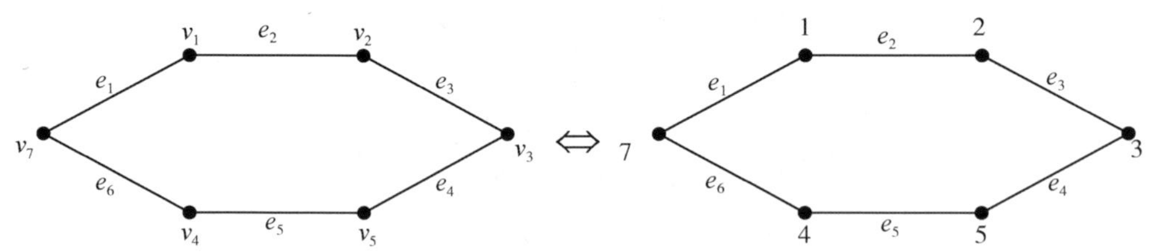

图 10－17　基于自己信托的资产证券化的基础简单图

在图 10－17 的右图上，1 是银行的资产节点，2 是银行的负债节点，3 是投资者的资产节点，4 是 SPV 的资产节点，5 是 SPV 的负债节点，7 是企业的负债节点。17、23、35、47 是基于债权债务关系生成的基础边。12、45 是基于 T 关系生成的基础边。

图 10－17 的右图所示的基础简单图与前面第九章中图 8－6 中的基础简单图是等同的，在那里我们已经证明了基础简单图是对称的，在此不再赘述。

（二）承接贷款的银行理财产品的对称性

以下图 10－18 中的左图是从图 10－12 导出的承接贷款的银行理财产品的基础简单图。为了便于给出自同构群，右图对左图的节点符号进行了简化。

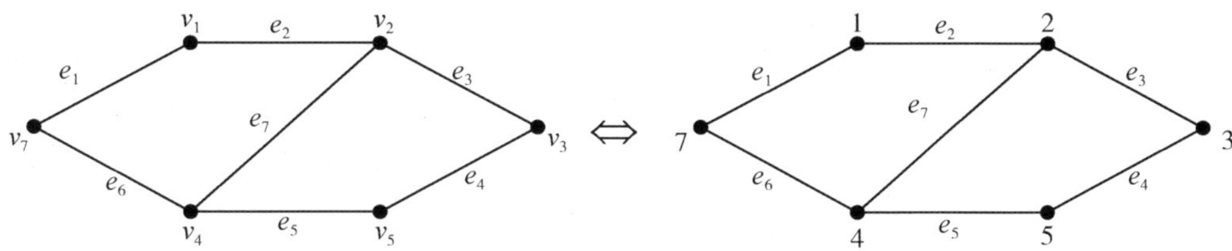

图 10－18 承接贷款的银行理财产品的基础简单图

1 是银行的资产节点，2 是银行的负债节点，3 是投资者的资产节点，4 是 SPV 的资产节点，5 是 SPV 的负债节点，7 是企业的负债节点。17、23、35、47 是基于债权债务关系生成的基础边。24 是基于债权债务关系生成的基础简单边。12、45 是基于 T 关系生成的基础边。

对于图 10－18 中的图 G，有自同构群：

$$\mathrm{Aut}(G)=\{\underset{\sigma_1}{(1)},\underset{\sigma_2}{(13)(57)},(17)\underset{\sigma_3}{(24)}(35),(15)\underset{\sigma_4}{(24)}(37)\}。$$

1 与 3、5、7 是相似的，但与其他点不相似；2 与 4 是相似的，但与其他点不相似；3 与 1、5、7 是相似的，但与其他点不相似；4 与 2 是相似的，但与其他点不相似；5 与 1、3、7 是相似的，但与其他点不相似；7 与 1、3、5 是相似的，但与其他点不相似。因此，图 G 不是点对称的。因为图 G 不是点对称的，所以图 G 不是对称的。

还可以从边对称的情况来看。Aut(G) 诱导的边自同构群：

$$\mathrm{Aut}_E(G)=\{\underset{\sigma'_1}{(e_1)},\underset{\sigma'_2}{(e_1e_4)(e_2e_3)(e_5e_6)},\underset{\sigma'_3}{(e_2e_6)(e_3e_5)},\underset{\sigma'_4}{(e_1e_4)(e_2e_5)(e_3e_6)}\}。$$

e_1 与 e_4 是相似的，但与其他边不相似；e_2 与 e_3、e_5、e_6 是相似的，但与其他边不相似；e_3 与 e_2、e_5、e_6 是相似的，但与其他边不相似；e_4 与 e_1 是相似的，但与其他边不相似；e_5 与 e_2、e_3、e_6 是相似的，但与其他边不相似；e_6 与 e_2、e_3、e_5 是相似的，但与其他边不相似；e_7 与其他边均不相似。因此，图 G 不是边对称的。因为图 G 不是边对称的，所以图 G 不是对称的。

图 10－17 中的图 G 和图 10－18 中的图 G 具有同样的节点集合，结构基础相同，但由于集上的二元关系不同，因而数学结构不同。后者较之于前者失去了较多相似的点对和相似的边对，尽管后者仍然是有对称性的，到不了不对称的程度，但较之于前者所具有的完美对称而言，它的对称性要弱得多。由此可见承接贷款的表外银行理财产品与资产证券化在对称性上的差异。就实现贷款流转而言，既然资产证券化的实现在技术和法律上已没有任何障碍，那么就没有必要再多此一举增加 24 边了。推进资产证券化的发展，就是要通过将 45 边上的

运用型载体代换为转换型载体，从而取消24边。

就方法论而言，图10－17中的图 G 和图10－18中的图 G ，两者的差别在于24边，但这是现象，隐藏在现象背后的本质内容是对称性。当回到用对称思想去审视和解释24边时，提纲挈领的顿悟便油然而生。由此得出的政策意义就是：为了增进金融运行的对称性以使金融运行完善起来，理应以资产证券化去规范承接贷款的表外银行理财产品。

（三）从24边审视资产证券化与基金的不同

一个引申的话题是，是否能将资产证券化视为基金。直观上看，资产证券化与基金有许多相似之处，例如，以资产为支持的证券发行通常被划分为多个层级，基金的发行也可以如此设计，尽管所能设计的层级不如资产证券化那样多。一些文献注意到了这种相似之处，据此将资产证券化与基金混为一谈，但资产证券化毕竟不同于基金。就现金流而言，资产证券化的多层级发行是对证券化资产预期现金流的分割，以分割的预期现金流为支持发行序列证券，而基金的多层级发行是对资金来源的分割，以分割的资金来源为资金运用的预期现金流募集资金。就合约而言，投资者将货币资金交给基金，由基金经理人进行包括承接贷款在内的资金运用，这是货币借贷合约，而由发起人（sponsor或originator）将贷款转换为以贷款为支持证券，然后再将这种证券出售给投资者，这是资产出售合约，两种合约在许多方面均有不同。[①]就管理而言，资产证券化是基于资产转化型载体运作的，而基金是基于资金运用型载体运作的，这决定了基金的管理起码要比资产证券化多出以募集资金进行投资的决策和实施环节。基金无疑是资产证券的重要投资者，但基金不是资产证券化，即便是引入了像证券化发行那样的分层设计的基金。其实基金的原理与承接贷款的表外银行理财产品更为接近，两者的运行机制都是资金来源决定资金运用，因而它们在资金运动的足迹上都有24边。抽象在图论而言，资产证券化与基金的一个本质不同是，资产证券化在资金运动的足迹上没有24边，这或许是基于直观所不能洞悉到的资产证券化的一个奥妙吧。

须知，资金运动的足迹是金融中的一项重要内容，金融学中布满了对于资金运动足迹的关注。24边记录了并提示着资金运动的足迹，这或许是图论在金融研究中取得应用所带来的一个现实意义吧。

三、银行理财产品、影子银行和资产证券化

顺便提及一个颇为热门话题——影子银行。影子银行包括但不限于银行理财产品，像信托理财产品等也属于影子银行。银行理财产品，实际上就如同一个由银行在表内/表外运作的、如同“行中行”一样的结构性投资载体（structured investment vehicle，SIV），将其纳入影子银行的范畴有合理性。不过在关于影子银行的诸多权威性表述中，有的表述将资产证券化也纳入其中，这是有争议的。

---

① 依本书作者理解，相对于货币借贷合约是消费借贷合约的一个典型例子，资产出售合约是产品出售合约的一个典型例子。

（1）从资金运用型载体和资产转换型载体的角度来看，作为影子银行实在的结构账户属于资金运用型载体，其发行属于融资性发行，其资金运用取决于资金来源，其法律本质是货币借贷合约，而作为资产证券化实在的结构账户则属于资产转让型载体，其发行属于引致性发行，通过出售证券实现对贷款的出售，通过对证券的交易实现对贷款和交易，其法律本质是资产出售合约。

影子银行在资金运动上的机制是先有资金来源后有资金运用，资金来源决定资金运用，这就决定了影子银行在资金运用上的利率自然要高于资金来源的利率。影子银行虽然有助于解决实体经济中“融资难”的问题，例如，可以用它来满足一些高收益项目的融资需求，从这一点来看它是有利于经济增长的，但不能寄望于它来解决实体经济中“融资贵”的问题。在实际中，即便是以保本保息来降低了风险溢价的银行理财产品，募集集合资金的发行利率也要高于存款利率，否则无法吸引客户放弃在货币上的持有转而购买理财产品。信托等其他理财产品，它们获得资金的发行利率自然还要再高一些。在这方面，缓和实体经济“融资难”的每一道载体都是要加码利率的，银行贷款以外基于理财产品这类影子银行的社会融资规模越大，可能越有助于推高实体经济面临的融资成本。

要有效解决实体经济中“融资贵”的问题，绕不开资金运用创造资金来源的银行贷款机制，银行贷款能从社会资金的源头上将低成本资金投放给实体经济。由银行贷款贷记在借方账户中的存款货币虽然在目前的会计科目上也称为“吸收存款”，但此“吸收存款”不同于储蓄业务中的“吸收存款”，它是为贷款资金运用而凭空创造出资金来源的非一般意义上的“吸收存款”。银行贷款机制纵然也有一般意义上资金来源决定资金运用上的道理，但那是准备金意义上的道理，且央行具有左右这一道理的强大力量。然而，央行左右不了的是，相对于一定的经济规模，创造存款货币的银行贷款的增长也是有上限的，超过了一定限度便会带来一些影响经济稳定的问题。就以增量贷款满足经济增长中产生的增量货币需求而言，理想的愿望自然是，以同样的银行规模满足一个更大的增量贷款需求，而货币供应量又保持相对稳定。这就需要将 BM 型金融结构转型升级为 BMS 型金融结构，使 S 成为 B 的标配。从目前我国的实际情况看，即便对银行还可以采取一些其他方面的技术性补救措施以维系 BM 型金融结构，但经济增长和金融发展对金融结构转型升级的这种要求终究是绕不开的。

一个相关的话题是引导理财产品资金购买银行的资产证券产品。在这方面也存在着一个难点是，贷款利率低，资产证券的利率就高不了，而如果资产证券的利率低于银行存款利率水平，那么引导理财产品资金购买银行的资产证券产品的安排就难以实现。由此看来，存款利率的降低不仅有利于降低社会融资成本，也有利于资产证券的发行。虽然说从银行整体和现代金融体系来看，除了提现以外，即便银行为了降低经营成本而将存款利率降得很低，客户的资金尤其是大客户的资金也离不开银行，因为资金的运动尤其是大客户资金的运动离开了银行提供的技术服务是寸步难行的，不能设想以搬运现金的方法来实现资金跨地区、跨时间的大规模运动，但是在实际中，银行之间确实又存在着不惜成本争夺存款的行为，其中的缘故自然是为了竞争准备金头寸，这起到了将存款利率拉高的作用。注意到，资产证券化为银行部门提供了使法定准备金释放为超额准备金的效果，这一效果有助于利率水平走低，即便这一效果会因为某些称为“同业存放”的存款货币目前未被纳入缴纳存款准备金之列而有削弱。另外，从具体银行而言，资产证券化毕竟还是为中小银行提供了在竞争存款之外竞争准备金头寸新方法，以这种方法竞争准备金头寸，成本要低于以争夺存款方法竞争准备金头寸，这同样是有助于存款利率水平走低，进而有利于资产证券的发行。当然，存款利率水平走低也使整个经济的融资成本降低。

（2）按照目前普遍引用的国际金融稳定理事会对于影子银行的定义，影子银行是游离于银行监管体系之外、可能引发系统性风险和监管套利等问题的信用中介体系（包括各类相关机构和业务活动）。即便从这一定义来看，资产证券化也并不适用。第一，从金融发达国家看，资产证券化产品已经有完善的法律、会计、税收等方面的规制，并不游离于银行监管体系之外，而诸多的影子银行产品则不然，它们属于种类繁多的结构性投资载体，其适用规制并不能套用资产证券化的规制，在对它们实施有效监管的问题上，虽然目前在国际上已经引起了高度重视，但尚未形成明确的规制以资示范。从国际上看，影子银行正面临日趋严厉的监管，例如，对影子银行的信息披露和适度资本要求，将会是今后对影子银行金融监管改进的重要内容。第二，按照《美国金融危机调查报告》给出的结论，政府机构主导的证券化在这次金融危机中是稳健的，它们的抵押贷款证券在危机中始终保持着其价值，并没有对重要的金融企业带来损失，而这些重要金融企业的损失才是金融危机爆发的主要原因。这一结论意味着，政府机构主导的证券化不是引发系统性风险的源泉。

（3）伯南克在2009年9月15日布鲁金斯学院演讲结束后，针对听众提问的影子银行问题有过一个回答。回答的内容包括：影子银行体系至少在中期内将无法恢复到危机前的水平；会计和监管标准的调整将令银行资产负债表外借贷的益处缩小；常规证券化产品的可行性已被证实，今后将进一步推出各种新形式的证券化产品。从这一回答的逻辑层次和基本精神看，并没有将资产证券化和影子银行合并。而目前的大量文献，似乎是将两者合并了。

第四篇

经济与金融发展

经济与金融发展是一个广泛而深入的论题，涉及诸多方面，可以从诸多视角表述。本篇涉及的内容是引致金融结构转型的资产证券化对经济与金融发展的卓越贡献，主要包括：金融发展中的金融结构转型；金融结构转型中的银行供给侧结构性改革；银行供给侧结构性改革下的货币、信用和总产出；经验、借鉴和展望。

第十一章　金融发展中的金融结构转型

金融发展是一个广泛而深入的议题，在这方面已有许多经典而权威的文献。在实现金融发展上，金融结构转型是金融发展的内容，金融发展是金融结构转型的实现。本章的议题是引领金融结构转型的资产证券化与金融发展，内容主要包括三个方面：一是资产证券化推进金融结构转型；二是资产证券化是金融结构转型中实现银行与市场连通的桥梁；三是资产证券化是金融结构转型中实现银行配置与证券配置相结合的机制。

第一节　从BM型金融结构到BMS型金融结构

金融结构被认为是金融体系这一“建筑”的“地基”。就结构和功能这对范畴而言，结构是功能的基础，不同的金融结构在金融体系中会有不同的功能表现，进而影响到金融运行的机制和金融为实体经济服务的效果。银行主导和市场主导是两种不同类型的金融结构，它们对金融运行机制有着不同的影响，在这方面已有大量的深入研究。资产证券化阶段的金融结构具有新的内容和特征，对金融运行机制会产生新的影响，这方面的研究一直在不断深入。

本节中引入了BMS金融结构及其功能，以期布局这种结构和利用其功能。这种引入自然会引起一个议题：BMS金融结构，真的就是金融体系这一“建筑”本来就应该奠定的那种“地基”吗？如果是的话，那么金融体系就会执着地演化，使金融结构最终走出BM型，走向具有新的构成的BMS型。这当然是一个颇为深奥的议题，不过物理学中有一个意味深长的洞见：美好的事物都是三个一组的。[①]这一洞见在金融世界也应验了，因为我们能基于BMS金融结构的背景，从对称性的角度揭示为什么会有资产证券化，货币创造、货币易主和货币置换的构成真的就是三个一组的美好事物。

一、资产证券化与金融结构

当引入资产证券化时，金融结构就是银行、市场和资产证券化三者相对发展的构成。资产证券化之所以能成为金融结构中的一级，银行、市场和资产证券化之所以能成为三足鼎立之态，原因在于三者有着迥然不同而又相互联系的特别金融机理。

---

① 例如，每一种夸克都以3倍出现。参见徐一鸿著：《可畏的对称》（修订版）（张礼译），清华大学出版社2013年版，第179页。

（一）资产证券化与金融结构

有许多关于金融结构的定义。高度概括性的有：金融结构是金融工具和金融市场的总合/金融结构是一个经济中运行的金融工具、市场和中介的混合体。具体一些的有：金融结构是一个国家和地区银行导向或市场导向的程度/金融结构是机构、金融技术和说明金融活动在某一特定时间如何组织的规则/金融结构是银行与市场的相对发展。这些定义都是权威性的，但都没有考虑到资产证券化的发展。

资产证券化体现为银行和市场的结合，这种结合为金融服务于实体经济提供了一种新的机理。对于银行间接融资而言，银行向实体经济发起贷款，这确实起到了向实体经济投放增量货币，以此促进实体经济活动的作用。同时，若贷款期限长，货币如期完成回流的平均期限也就长，所以长期贷款的货币投放在一定经济环境中也是助推 M_2/GDP 上升的因素。另外，随着货币的运动，起初投放在实体经济中的货币量在贷款回流期内未必就能一直保持在其中，一部分货币量或许会离开实体经济范围，这意味着，贷款的增加未必就能十分有效地相应增加在实体经济中运动的货币量。再看直接融资的情况。直接融资不增加新的货币投放，它是通过货币易主的机理而实现货币融通，即以股票、债券等工具为媒介将存在于实体经济活动之外的已有货币导入实体经济。但是也存在同样的情况，即导入实体经济的货币量未必就能一直有效地保持在其中。对于以上两种情况，虽然说流出实体经济的货币量仍然在银行部门内，搬不出银行之家（这是因为，不管货币的债权一端运动到哪里、沉淀在哪里，作为货币债务的存款都在银行部门负债上），但就金融的健康运行而言，流出实体经济的这部分货币量也不宜过大。如此，需要有一种新的金融机理对以上所述的银行和市场之缺陷加以弥补。现在来看能将银行与市场结合起来的证券化情况。一方面，证券化创造了贷款的证券存在；另一方面，当贷款通过证券化得到出售，且出售给银行部门之外的投资者时，投向这种以贷款为支持的证券的货币就化身于作为货币转化形式的非货币证券之中，而不是易主，这部分货币突破性地搬出了银行之家。进而，由于这种证券是贷款在财产权状态转换上的存在形式，因而，只要贷款是向实体经济发放的，化身于这种证券的货币就以贷款为对象凝结于实体经济中。之后，随着证券化贷款逐步得到回流，证券余额必然相应减少，于是所凝结的货币量随之减少，化身于证券的货币重新现身，回归投资者。顿悟于此或许会感叹，这种效果难道不正是我们一直在向金融创新索求而又长期不得要领的新意境、新理念、新模式吗?

银行与市场的这种结合并不意味着增加经济中的杠杆。如果说银行扩大间接融资是通过贷款——存款货币、通过银行存款——借款，从两个 T 关系的一并增加而增加了经济中的杠杆，那么资产证券化则在匹配平移的操作下从银行方面（贷款——存款货币）降低了经济中的杠杆。原因在于，资产证券化交易结构中的 SPV 是一个具有财产权状态转换功能的载体，所发行的证券与贷款是双重存在形式。[①] 相比之下，以募集资金去承接贷款的 SPV，则没有起到在经济中降低杠杆的作用，但也未必增加经济中的杠杆。

---

① 双重存在形式和转化形式是两个不同的概念。在债权转股权中，股权是贷款的转化形式，贷款减少而股权增加；在资产证券化中，贷款和以贷款为支持证券两者同真同假，同时以贷款为支持的证券又是匹配于贷款转移的货币的转化形式。

从交易结构上看，以贷款为支持的证券既是证券化贷款的证券存在，又是存款货币的转化形式，还是吸收银行存款的工具。说它是对象资产的证券存在，是因为资产证券是以对象资产为支持的，对象资产和资产证券两者同真同假。说它是存款货币的转化形式，是因为将银行的贷款移至表外的SPV，对于净额部分（除去了最终在银行部门内持有的部分），要有相应的存款货币与之相匹配，这部分存款货币转化为SPV负债上的证券发行，成为由存款货币转化而来的作为资产证券债务一端的非货币存在。说它是吸收银行存款的工具，是因为银行存款是与存款货币相统一的对象，既然存款货币转化为SPV上的证券发行，体现为资产证券的债务存在形式，那么原来与存款货币相统一的银行存款也就随之变身为资产证券的债权存在形式。不同于股票、债券等直接融资工具，资产证券的发行没有给投向证券的银行存款留出或是增设一个空出来的流通位置，这是因为，与投向证券的银行存款相统一的存款货币发生了位移，由银行位移到SPV，在SPV的负债端上转化为非货币债务形式。

间接融资、直接融资和资产证券化对银行流动性的不同影响。间接融资中银行贷款的扩大降低了银行部门的流动性，原因是，贷款投放的存款货币在一定的准备金中提高了法定准备金的占比从而降低了体现为银行流动性的超额准备金的占比。直接融资并不显著影响银行部门的流动性，原因是，基于货币易主机制，银行部门缴纳存款准备金的存款货币余额基本上保持不变。资产证券化提高了银行部门的流动性，原因是，有一部存款货币与证券化贷款相匹配转化为非货币形式的存在，从而使缴纳存款准备金的存款货币余额减少。可见，单就对银行流动性的影响而言，三者也是不能相互替代的，不能如一些文献中表述的那样将资产证券化归为直接融资。

以上所列举的四个方面，足以使资产证券化从间接融资和直接融资的范畴中脱颖而出，成为金融结构中的独立一极，使金融结构成为银行、市场和资产证券化三足鼎立的局面。鉴于此，将资产证券化的因素考虑在内，金融结构的定义就是：金融结构是银行、市场和资产证券化的相对发展。

在以货币影响经济活动上，银行的表现是通过贷款创造增量货币，并使借方获得融资；市场的表现是通过股票、债券等金融工具将已有货币从一方转移给另一方，使另一方获得融资；资产证券化的表现是通过货币存在向非货币存在的转化，将货币凝结于证券化贷款的借方对象。只要在金融体系中始终存有一个信贷资产证券化的规模，并且资产证券总有一部分是由银行部门之外的投资者持有，就会有一个投向这种证券的相应货币量化身为非货币的存在形式。只要证券化贷款的对象在实体经济中，这部分货币就以贷款为对象凝结于实体经济。

（二）金融结构的简单指标

于是，如果在没有资产证券化的情况，将反映金融结构的指标简单表示为：

- 资本市场总值/GDP
- 资本市场总值/银行资产总值

那么，在有资产证券化的情况，可以将反映金融结构的指标简单表示为：

- 证券化资产总值/GDP
- 证券化资产总值/资本市场总值

• 资本市场总值/银行资产总值

证券化资产总值/资本市场总值，反映了资产证券化与市场的相对发展，即货币置换机制和货币易主机制的比较。资本市场总值/银行资产总值，反映了市场与银行的相对发展，即货币易主机制和货币创造机制的比较。（证券化资产总值/资本市场总值）×（资本市场总值/银行资产总值）=证券化资产总值/银行资产总值，反映了资产证券化与银行的相对发展，即货币置换机制和货币创造机制的比较，这一比率在美国是较高的，因为美国银行中的贷款，大部分都被实施了证券化。

证券化资产总值/GDP，反映了资产证券化与经济增长的对比，即不同于传统上的货币易主机制和货币创造机制的货币置换机制对 GDP 的贡献，这一贡献在美国、日本、欧洲等经济与金融发达国家是比较高的，体现为金融创新促进经济增长的新锐力量。（证券化资产总值/GDP）/（证券化资产总值/资本市场总值）=资本市场总值/GDP，反映了市场与经济增长的对比，即传统的货币易主机制对 GDP 的贡献。（资本市场总值/GDP）/（资本市场总值/银行资产总值）=银行资产总值/GDP，反映了银行与经济增长的对比，即传统的货币创造机制对 GDP 的贡献。

资产证券化对市场主导的影响。直观上认为，引入资产证券化是资产证券化相对银行的发展，银行的一部分贷款被表外化，应有（市场/银行）↑，即资产证券化表现出了增进市场主导的效果，但这只是问题的一个方面。实际上，全面的情况是：（市场/银行）=（市场/资产证券）×（资产证券/银行）。由此可以看出，资产证券化相对银行的发展虽然有因（资产证券/银行）↑而导致（市场/银行）↑这一增进市场主导的因素，但在分析市场主导（即市场/银行）的程度时，还要考虑（市场/资产证券）这一因素的影响。在资产证券化的初期，资产证券化相对于市场的相对发展不显著，影响不大，即（资产证券/市场）小，亦即（市场/资产证券）大，这时资产证券化的进展在增进市场主导上的效果是显著的。但随着资产证券化的进展，资产证券化相对于市场的发展不断壮大，即（资产证券/市场）↑，亦即（市场/资产证券）↓，这时资产证券化的进展在增进市场主导上的效果就变得要取决于（市场/资产证券）↓和（资产证券/银行）↑双方影响的消长情况，这其中大概会有并非简单的关系。

（三）证券化资产总值/GDP 与经济运行安全性

银行资产总值/GDP。银行资产总值中有很大一部分是贷款，发放贷款是银行的核心业务，银行负债中的存款货币大部分是由贷款投放出来的。于是货币的扩张与收缩联动于贷款的扩张与收缩，甚至货币中的现金也不例外。不可否认，增量货币具有短期促进经济增长的效果，这种效果是由增量贷款驱动的，增量贷款投向哪里，哪里就是增量货币进入流通的节点。尽管贷款很重要，经济运行离不开贷款，但完全依赖于贷款也是不可行的，这是因为增量贷款是没有储蓄增长提供支持的，过份单一依赖贷款扩张刺激所激发的经济繁荣最终将会自动逆转，并导致经济危机，对经济造成周期的损害。鉴于此，过大的银行资产总值/GDP意味着经济增长是不平衡、不稳定、不可持续的。

资本市场总值/GDP。资本市场总值中有很大一部分是企业为购买已有货币储蓄而创造出来的股票和债券等，其中包括企业资产证券化产品。以企业的股票、债券等金融产品所实现的融资是对已有货币储蓄的运用，这在经济理论上的含义就是，这些融资是以实际储蓄增长（当期的和以往的）为支持的。鉴于此，资本市场总值/GDP 的上升意味着将储蓄转化为投资的进展，经济增长因此注入了平衡、稳定、可持续因素。

证券化资产总值/GDP。虽然资本市场总值/GDP 的上升对于金融运行的平衡与稳定起到了重要作用，但其程度还是有限和不完善的，倾其全力也未必足以有效平复引入货币创造所产生的扭曲和隐性成本。证券化资产总值中有很大一部分是信贷资产证券化产品，这部分金融产品的发展具有促进经济增长的效果，这一点与贷款扩张似有相同。但是与贷款扩张不同的是，信贷资产证券化具有将与证券化贷款相匹配的货币转化为非货币从而将贷款扩张无中生有创造出来的货币置换为积累储蓄的货币，而原来积累储蓄的货币转化为以贷款为支持的非货币证券存在的机制，以贷款为支持的证券是原来积累的储蓄的未来交换价值对象，这对经济活动带来不同于贷款扩张的新的显著而积极的影响。[①]信贷资产证券化的运作触及银行的灵魂深处，它从机制上对有效平复信贷扩张的弊端从而使金融运行更加安全具有积极作用，使银行基于其特有功能所发挥的作用更加稳健与高效，是真正意义上的银行供给侧结构性改革。相比较，以摒弃贷款扩张弊端为目的的 100% 准备金要求的改革在实际中似乎并不现实，那并非银行体系“本来就应该是”的面貌。鉴于此，证券化资产总值/GDP 的上升，既意味着经济增长的新动能、新机制、新境遇，也意味着经济增长更加平衡、稳定、可持续，金融运行安全性相对于直接融资的发展在更高层级上得到提升。

银行资产总值/GDP、资本市场总值/GDP、证券化资产总值/GDP，这三个指标不是彼此独立的，而是相互关联的，例如证券化资产总值/GDP 这一指标会对其他两个指标产生影响，所以，不能孤立地审视证券化资产总值/GDP 这一指标。这方面的研究属于颇有深度的课题。

二、金融结构与经济增长

BM 金融结构是银行和市场的相对发展，银行和市场的相对境况标志着金融体系是银行主导还是市场主导。BMS 金融结构是银行、市场和资产证券化的相对发展，资产证券化境况的出现标志了金融体系进入资产证券化阶段。从资金循环来看，BM 金融结构的标志性资金循环由图 6 - 10 中的回路①和回路②构成，BMS 金融结构的标志性资金循环由图 6 - 10 中的回路①、回路②和回路③构成。构成不同的金融结构，反映了金融资源在经济增长中的配置状态。

（一）经济增长中的银行、市场和资产证券化

以银行和市场为构成的金融结构称为 BM 金融结构。在银行主导阶段，金融结构为银行

① 对于一定的储蓄而言，既然由贷款无中生有创造出来的货币被置换为积累储蓄的货币，那么由货币储蓄的转化而实现的以贷款为支持的非货币存在就不是积累储蓄的非货币存在。为了将贷款创造的没有储蓄增长支持的货币置换为有储蓄增长支持的货币，经济中出现增加了以贷款为支持的没有储蓄增长支持的非货币证券。这一点也是认知证券化带来银行供给侧结构性改革的一项重要内容。

主导型，这体现为银行资产总值/GDP很高，金融对增长的贡献集中在银行，而资本市场总值/银行资产总值很低，资本市场总值/GDP因而也很低。在进入市场主导阶段的过程中，金融结构开始由银行主导型向市场主导型演进，这体现为资本市场总值/银行资产总值获得提高，资本市场总值/GDP因而也获得提高。在一定的界限内，这一水平的不断提高意味着金融结构趋向市场主导，意味着金融对增长的贡献不再集中于银行，而是分布在银行和市场间。在（银行资产总值+资本市场总值）/GDP这一比率中，资本市场对GDP所发挥的贡献上升。至于说资本市场总值/GDP这一指标究竟上升到多高才算是进入市场主导阶段，或许难以给出一个具体的确定，具体数据会因国家和地区而异。但是有一点是确定的，即银行和市场以及它们的组合对GDP所发挥的贡献也存在着优化和极限方面的问题。

以银行、市场和资产证券化为构成的金融结构称为BMS金融结构。在资产证券化阶段，既然 e_{SPV} 是 e_B 的分流渠，那么就应该把资产证券化对GDP所发挥的贡献考虑进来，要关注（银行资产总值+资本市场总值+证券化资产总值）/GDP这一比率及其结构。也就是说，资产证券虽然是连通证券市场的，但由于它所具有的特别机制，因而在考虑对GDP的贡献时将它独立出来。这也就是为什么引入证券化资产总值/GDP这一指标的原因。证券化资产总值/GDP这一比率的提高，说明增长在金融方面获得了来自资产证券化这一新因素的引领。同时，其他两个比率指标也获得来自资产证券化这一新因素的影响，这是指资产证券化在总体上进一步优化金融资源匹配，进一步提高金融资源匹配效率。或许，e_{SPV} 这一分流渠不期然而然地就成为完成构建现代金融的基石。

经济学上有一个经常谈及的概念，叫做银行资源配置效率。“银行资产总值/GDP”可以直观地从一个侧面反映银行资源配置效率的状况。基于银行的特性，此比率过高会带来 M_2/GDP过高的问题，从而通过引入新机制而不通过是刻意收缩贷款来使此比率从过高水平降低反而意味着银行资源配置效率获得了提高。从美国的情况看，美国的GDP规模是我国的三倍左右，但美国几家大银行的资产规模却并没有大过我国几家大银行的资产规模的三倍程度。这种情况虽然与两国银行体系有关，例如，美国的几家大银行直接跨州经营的情况并不明显，而我国几家大银行都是全国性的，但是这种体系差别不至于带来两国 M_2/GDP的显著差异。这从一个侧面说明，美国的银行资源配置效率要好于我国，其中的缘由当然与美国银行体系通过引入证券化技术将大量贷款置于表外有关系，这反映在“证券化资产总值/GDP”这一指标上。此指标揭示了，美国GDP增长中资金循环有很大一部分是在银行体系表外由SPV担当起来的，这就节约了单位GDP对相对昂贵的银行资源的占用，并使 M_2/GDP处于合理水平。

在金融结构不同的背景下，对比于GDP的规模，我国几家大银行的资产规模水平越是超过美国几家大银行的资产规模水平，说明我国的银行资源配置效率相对越低。“证券化资产总值/GDP”这一指标从一个侧面反映出美国银行体系的资源配置效率，而我国目前这一指标值还很低。鉴于此，理应审慎看待我国几家大银行以资产规模指标在世界上的排名状况。①

（二）金融结构与经济增长

虽然说金融结构是金融领域中最重要的问题之一，这被普遍接受，但是在金融结构与增长的关系上，似乎看法并不一致，尤其是在实证分析上。金融实证分析在这方面投入了大量精力。有的分析得出结论，金融结构与增长有关系，但又在是市场导向使增长更快还是银行导向使增长更快这方面结论不一致，尤其是基于大量数据的国际比较。有的分析也得出惊人的结论，金融结构与增长的关系并不紧密，甚至不对增长产生影响，是总体金融发展（金融工具、市场和中介的总体数量和质量）促进了增长，在国际比较上，没有证据显示增长的绩效可以借助于金融结构来有效解释。注意到，这些分析中的金融结构概念都是仅限于银行与市场的，没有纳入资产证券化的相对发展。所使用的庞大的截面数据来源于几十个国家，而在这些国家中除了美、日、英、法等少数国家外，都没有资产证券化的相对发展。因此，当在金融结构中纳入了资产证券化的相关发展时，这一方法可能也就变得不再恰当了。

可见，在以往关于金融结构与增长的实证分析上，金融结构都是“银行与市场的相对发展”这一概念上的金融结构，即 BM 金融结构，这一意义上的金融结构还有未被涵盖的未知金融结构成分，即资产证券化。这种成分可能只有在经济大国才能成长出来，但是一旦被认知并成长起来，就会改变金融结构与增长之间关系的面貌，使之焕然一新。涵盖了这一成分的金融结构，演进为“银行、市场和资产证券化的相对发展”这一概念上的金融结构，即 BMS 金融结构。

在与增长的关系方面，资产证券化成为一个独立性因素，但这一因素可能又是难以单独把握的，这是因为资产证券化是基于市场的环境从银行的土壤中生长出来的，它的存在和作用与市场和银行紧密相连，甚至融为一体。因此，在研究资产证券化对于增长的影响上，一个可取的角度是从 BMS 金融结构出发。由于在总体金融发展（金融工具、市场和中介的总体数量和质量）与增长及绩效的相关性分析方面，理论与实证方面一直是一致的，能够获得认同，因而只要 BMS 金融结构与总体金融发展的相关性分析在理论和实证方面没有问题，那么 BMS 金融结构与增长及绩效的相关性也就能成立。

随着经济和金融的发展，BM 金融结构的解释力会不断下降，这已经反映在大量的实证分析上。实际上，BMS 金融结构对于增长的影响一直在不断地获得越来越多的肯定，不管是在理论上还是在实证上。回顾金融发展历程的可以看出，为了让金融结构中当时尚处萌芽状态的新兴而重要的金融结构成分——资产证券化能够成长起来，美国是倾注了国家意志的。这当然不是说美国资产证券化在发展路径上是与市场化相违背的，而是说在推动资产证券化真正起步时更好发挥政府作用，将资产证券化纳入市场建设，以使资产证券化在市场在

① 根据美国《福布斯》双周刊网站 2014 年 2 月 12 日报道，美国 SNL 金融信息公司的统计数据显示，目前世界最大的银行是中国工商银行，其资产数额为 3.062 万亿美元。英国汇丰银行位居第二，资产规模为 2.723 万亿美元。法国农业信贷银行位居第三，资产规模为 2.615 万亿美元。美国最大的银行位居第六，它是摩根大通银行，资产规模为 2.463 万亿美元。

资源配置中起决定性作用的取向中起到中坚作用。以机构建设为例，众所周知的著名机构是由政府支持建立起来的，这种支持使国家信用与有限追索以某种形式、在某种程度上相结合，这使它们在2007年爆发的金融危机中成为抵御冲击的中流砥柱。再看日本的资产证券化发展历程，情况也是相仿的，以法制建设为例，为了强力推进资产证券化，日本不仅制定了专门的《资产证券化法》，还大幅度修订了《信托法》，将所有与资产证券化相关的信托都加纳入新的《信托法》中。这种以国家意志向市场经济中植入一种金融工具及其运行机制的举措，在历史上都是罕见的，其中的缘故或许是只有站在国家的高度、以国家的视角才能俯瞰金融运行的全局，洞悉金融体系运行中的非对称性（dissymmetry）境况。国家所能洞悉到的这种情况，可能恰好在市场视野的死角范围。

本节分析的一个现实意义还在于，我们不能片面地看待金融发达国家中直接融资和间接融资的比例。根据相关的资料，美国银行体系中有大量贷款被实施了证券化，以住宅抵押贷款证券化的比例为最大，以至于证券化几乎成了住宅抵押贷款的标配。对于被实施了证券化的大量各类贷款，除了在银行体系内以资产证券和未发行证券的权益的形式被持有的小部分外，其他大部分已经不在银行体系的资产负债表上，但它们本身并未完成回流，只是通过证券化被置于表外，以新的形式为存在，依然是银行发起的贷款，保持着一些基本的银行关系（例如基于默认规则，借方依然视银行为其贷方，继续向银行还款，银行也继续监督借方）。因此，在与金融发达国家尤其是美国融资结构的比较上，应该注意到BMS金融结构。①

第二节　金融结构转型中银行与市场连通的桥梁

贷款是货币投放的动力之源，成为银行的特有业务。BM金融结构是由银行和市场构成的，由于贷款受技术条件限制无法有效进入市场交易的原因，银行和市场彼此相隔而望。BMS金融结构是由银行、市场和资产证券化构成的，这一构成表现为B—S—M的结构模型。资产证券化在银行和市场之间架起了桥梁，这得益于SPV财产权状态转换技术，贷款由SPV承载得以连通到（connect to）市场的彼岸。短期证券（一年期以内）可将贷款连通到货币市场的彼岸，中长期证券可将贷款连通到资本市场的彼岸。显然，“连通”不同于“转

---

① 根据相关的报道，美国目前资产证券化产品余额是10万亿美元左右，这一余额对所有债券市场余额的占比是30%，且资产证券化产品每年保持在超过2万亿美元的发行量。在这10万亿美元资产证券化产品余额中，会包含有商业银行的资产证券化产品、非银行金融机构的资产证券化产品、企业的资产证券化产品，即便商业银行的资产证券化产品的比例只有40%的占比，那也是4万亿美元的规模。设想一下，如果将4万亿美元的证券化贷款回归到商业银行的表内，那么商业银行的资产规模就会增加4万亿美元，货币供应规模加上银行因未能及时兑付而新增的非货币债务规模也会随之增加4万亿美元。果真如此，美国经济会受到怎样的影响，这是不难设想的。起码，美国经济中得益于资产证券化机制的动能会丧失。

在我国，如果能从商业银行的人民币贷款规模中拿出18万亿元来实施证券化（这相当于以资产规模指标目前世界排名第一的工商银行的总资产规模），并完全向商业银行体系之外发行，那就相当于对冲了相当于3万亿美元外汇占款的约18万亿元人民币M_2。果真如此，我国经济会因此获益。这18万亿元人民币M_2规模，不管是用来降低目前偏多的M_2余额，还是用来作为“盘活存量，用好增量”的筹码，其效用都是不可小觑的。如此，我国经济将基于资产证券化机制获得新动能、新契机。

移”，在“连通”概念下贷款本身并未到达市场的彼岸，到达市场彼岸的是贷款的证券存在。“连通”也不同于“承接”，在“承接”概念下虽然贷款还在此岸，但没有对贷款运用SPV财产权状态转换技术。“转移”“连通”“承接”，三者的概念不同，涉及的监管也不同。

一、桥梁的构造及其关联——货币金融中介

若将贷款称为一次资产，则基于SPV发行的以贷款为支持证券就是二次资产。较之一次资产，二次资产具有不同的特性，它为市场提供了一种新的交易机制，通过交易二次资产而对一次资产实现交易。在此，SPV是使贷款从“困惑”的一次存在此岸到达“理想”的二次存在彼岸的桥梁。

（一）基本情况

v_1是SPV的资产节点，v_2是SPV的负债节点，v_3是银行部门的资产节点，v_4是银行部门的负债节点，v_5是借方的负债节点，v_6是投资者的资产节点。图中都略去了资产证券在银行部门内部被持有的部分。

桥梁由两个节点（v_1，v_2）和一条边（e_{SPV}）构成，这在图11－1中由虚线所围。此桥梁的关联涉及四个相关的节点（v_3，v_4，v_5，v_6）和六条边（e_1，e_2，e_3，e_4，e_5，e_B）。e_1和e_2亦称为桥梁的引桥。

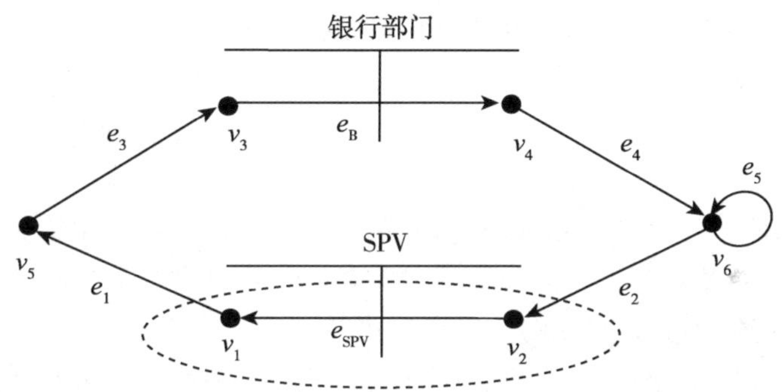

图11－1　桥梁的构造及其关联的图形表示

1. 桥梁的构造

当SPV从银行部门受让一次资产（贷款债权）时，SPV就因增加对借方部门的贷款债权资产持有而在v_1上增加对v_5的出度，同时借方部门也因在经济实质上增加对SPV的借款债务而在v_5上增加来自v_1的入度。$e_1 = \langle v_1, v_5 \rangle$，它基于债权债务关系而将$v_1$和$v_5$关联起来，成为桥梁的引桥。

当SPV以贷款为支持向投资者发行贷款的证券存在时，SPV就因增加对投资者的证券发行债务而在v_2上增加来自v_6的入度，同时投资者因增加在二次资产（资产证券）上持有而在v_6上增加对v_2的出度。$e_2 = \langle v_6, v_2 \rangle$，它基于证券发行的债权债务关系而将$v_2$和$v_6$关联

起来，成为桥梁另一端的引桥。该引桥以资产支持证券为具体实现形式。

$e_{SPV} = \langle v_2, v_1 \rangle$，它基于在 SPV 这一经济主体上的 T 关系而将 v_1 和 v_2 关联起来，成为桥梁的正桥。它因贷款被证券化并出售给投资者而在 v_1 增加对 v_2 的应付本息，从而在 v_1 增加来自 v_2 的入度，这意味着 SPV 是为证券投资者而承载贷款资产；它因证券的发行是以贷款为支持的而在 v_2 增加对于 v_1 的要求权，从而在 v_2 增加对于 v_1 的出度，这意味着所发行证券的求偿是指向 v_1 上的贷款的。

路径 $P_1 = (v_6 e_2 v_2 e_{SPV} v_1 e_1 v_5)$ 实现了把 v_6 连通到（connect to）v_5，亦即 v_6 可达 v_5，v_6 和 v_5 是连通的。如果 v_5 是实体经济中经济主体的负债节点，那么由节点 v_6 投向证券的货币就扎实置身于实体经济之中，原因是，这部分货币在运动中失去了它能够置身的空位，由货币存在转化为非货币证券存在。

2. 桥梁的关联

$e_3 = \langle v_5, v_3 \rangle$，它基于债权债务关系而将 v_3 和 v_5 关联起来。e_3 的关联效果是：在 v_5 增加对 v_3 的出度（在经济实质上借方部门对银行部门的借款债务减少），在 v_3 增加来自 v_5 的入度（在经济实质上银行部门减少对借方部门的贷款债权）。

$e_4 = \langle v_4, v_6 \rangle$，它基于债权债务关系而将 v_4 和 v_6 关联起来。e_4 的关联结果就是：在 v_4 增加对于 v_6 的出度（银行部门对于投资者的存款货币债务减少），在 v_6 增加来自 v_4 的入度（投资者的银行存款债权减少）。

e_5 是在 v_6 上生成的环，此环的关联效果是：在投资者的资产节点上，货币资产转换为证券资产，即有（借）证券投资/（贷）银行存款。

在默认情况下，在 v_5 上没有环，即在 v_5 上没有（借）借款——银行/（贷）借款——SPV。

关于 $e_B = \langle v_3, v_4 \rangle$。$e_B$ 是基于在银行部门账户上 T 关系而将 v_3 和 v_4 关联起来的边。此边的经济含义是（借）存款货币/（贷）贷款。在实际中，当贷款转移时，贷款账户的对应关系账户或许是过渡性的"应收"账户，但是当投资者支付投资款项时，存款货币账户与应收账户必然是具有对应关系的对应账户，所以，e_B 实质上是基于 T 关系生成的边。当将贷款转移至 SPV，并基于 SPV 向投资者发行以贷款为支持的证券时，投资者以其持有的银行存款货币（这部分货币具有对银行资产节点的要求权）预付贷款在银行的如期回流，并在这一预付的诱导下，一个与转移的贷款在价值上相匹配的存款货币部分转化为在 SPV 负债节点上的证券发行，其结果就是贷款资产和存款货币负债一并收缩，这在 v_4 增加来自 v_3 的入度，在 v_3 增加对 v_4 的出度。存在于表外的如期回流的贷款成为投资者如期回流其预付的本息来源。

路径 $P_2 = (v_5 e_3 v_3 e_B v_4 e_4 v_6)$ 实现了把 v_5 连通到 v_6，亦即 v_5 可达 v_6，v_5 和 v_6 是连通的，其经济含义是：投资者对贷款在银行如期回流的预付降低了银行杠杆。

设图 11-1 所涉及的节点的集合为 S_1：

$$S_1 = \{v_1, v_2, v_3, v_4, v_5, v_6\},$$

则对于货币金融中介机构的资产证券化，可以得出一个关于 S_1 的关系结构，即有：

$$R_1 = \{\langle v_1, v_5\rangle, \langle v_5, v_3\rangle, \langle v_3, v_4\rangle, \langle v_4, v_6\rangle, \langle v_6, v_6\rangle, \langle v_6, v_2\rangle, \langle v_2, v_1\rangle\}。$$

图 11－1 的关联矩阵是：

$$\begin{array}{c} \\ v_1 \\ v_2 \\ v_3 \\ v_4 \\ v_5 \\ v_6 \end{array} \begin{array}{c} \begin{array}{ccccccc} e_1 & e_{SPV} & e_2 & e_3 & e_B & e_4 & e_6 \end{array} \\ \begin{pmatrix} 1 & -1 & 0 & 0 & 0 & 0 & 0 \\ 0 & 1 & -1 & 0 & 0 & 0 & 0 \\ 0 & 0 & 0 & -1 & 1 & 0 & 0 \\ 0 & 0 & 0 & 0 & -1 & 1 & 0 \\ -1 & 0 & 0 & 1 & 0 & 0 & 0 \\ 0 & 0 & 1 & 0 & 0 & -1 & 0 \end{pmatrix} \end{array}$$

3. 桥梁的意义

（1）作为桥梁的路径 P_1 是路径 P_2 的标配。在传统的 BM 型金融结构，当增量贷款使货币总量触及货币总量适度性要求时，就要制约贷款的扩张。然而，在 BMS 型金融结构的条件下，路径 P_1 成为与银行信贷渠道相配套的一个分流渠或蓄水池，起到了降低银行信贷渠道货币库存水位（这一水位的降低由路径 P_2 来表示）的作用。于是，宏观政策上的一定货币总量适度性要求可以包容一个更大的贷款规模，贷款的空间被进一步打开，以至于人们赞叹：路径 P_1 原来竟是路径 P_2 本来就应该有的标配。

（2）作为桥梁的路径 P_1 是路径 P_2 的对称。虽然路径 P_2 体现为货币渠道，而路径 P_1 体现为非货币渠道，但是因为两个渠道互为对方的转化形式，渠道中的价值流量在这种相互转化的变中保持不变，所以路径 P_1 不仅是路径 P_2 的非货币标配，同时还是路径 P_2 的匹配平移对称。

（3）作为桥梁的路径 P_1 不是一个杠杆。SPV 作为桥梁正桥 e_{SPV} 构件，它在本质上是一个实现财产权状态转换的资产转换型载体而不是资金运用型载体，于是不能认为路径 P_1 对经济构成加杠杆。进而，因为路径 P_2 降低了经济中的杠杆，所以综合路径 P_1 和路径 P_2 得出的结论就是：金融结构转型不仅没有增加经济中的杠杆，反而降低了经济中的杠杆。①

（4）作为桥梁的路径 P_1 是实现贷款流转的正确技术路线。首先审视一下直接流转贷款的情况，在图 11－1 中，去掉桥梁正桥 e_{SPV}，即以路径 $P_1' = (v_6\langle v_6, v_5\rangle v_5)$ 替代路径 $P_1 = (v_6 e_2 v_2 e_{SPV} v_1 e_1 v_5)$，其他方面不变，这就是直接流转贷款的图形表示。显然，失去了 e_{SPV} 也就失去了作为路径 P_2 匹配平移对称的路径 P_1。直接流转贷款在实际中操作效果并不理想，

① 一个可能会涉及的疑问是，为什么“（借）贷款/（贷）存款货币”增加了经济中的杠杆，而“（借）贷款/（贷）证券发行”没有增加经济中的杠杆？因为：(1)“（借）贷款/（贷）存款货币”中的“贷款”是新增的，而“（借）贷款/（贷）证券发行”中的“贷款”是已有的；(2)“存款货币”在本质上是负债，而“证券发行”在本质上是权益。

若是对问题追根求源的话，根源在于此。按照对称给出的启示，既然在银行时贷款是以资产和负债相匹配的形式发起的，那么将贷款流转出银行就也应该在这种形式上保持某种不变性，才是自然、平衡、和谐的。也就是说，既然银行发起贷款的组成是“线（去掉方向的 e_B 的底图）”而不是“点（$v_3 \bar{\vee} v_4$）”，那么将贷款流转出银行的理想组成就也应该是“线（去掉方向的 e_{SPV} 的底图）”而不是“点（$v_1 \bar{\vee} v_2$）”，这种不变性是容易理解的。加上 e_{SPV}，贷款流转便会合理、便捷和有效，否则，再怎么执着地去折腾，效果也不会有多好。的确，对称性表现出了不可思议的力量，它已然是在金融实践中进行一项重要探索时的一个指导原则。

（二）加入证券化实施机构的情况

图 11－1 是以最终结果为背景的，没有将实施机构的环节加入其中，而实际中通常会有实施机构介入的存在。如果把证券化实施机构的环节单独列出，那么情况如图 11－2 所示。

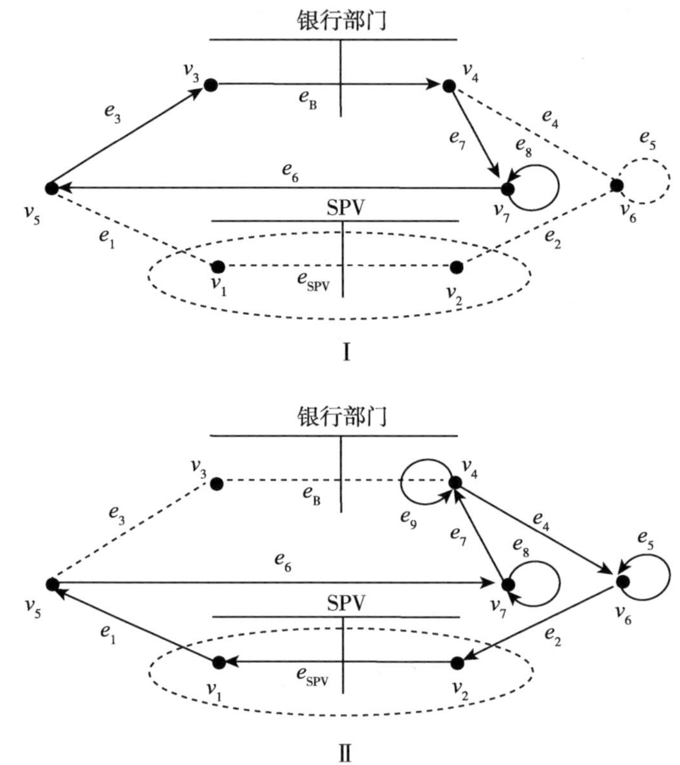

图 11－2　桥梁的构造及其关联的图形表示（列出中介机构的情况）

在图 11－2 中，v_1 是 SPV 的资产节点，v_2 是 SPV 的负债节点，v_3 是银行部门的资产节点，v_4 是银行部门的负债节点，v_5 是借方的负债节点，v_6 是投资者的资产节点，v_7 是证券化实施机构的资产节点。

当证券化实施机构从银行部门受让贷款债权时，资金循环的情况如下。（1）在经济实质上银行部门所持有的对于借方贷款债权减少，减少的部分转而由实施机构持有，故而基于债权债务关系生成两条边 $e_3 = \langle v_5, v_3 \rangle$ 和 $e_6 = \langle v_7, v_5 \rangle$ 。(2) 在经济实质上证券化实施机构对银行部门的银行存款债权减少，银行部门对证券化实施机构的存款货币负债减少，故而基于债权债务关系生成一条相应的边 $e_7 = \langle v_4, v_7 \rangle$ 。(3) 银行部门的贷款债权和存款货币债务一并减少，故而基于 T 关系生成一条相应的边 $e_B = \langle v_3, v_4 \rangle$ 。(4) 在 v_7 上有一个基于 T 关系生成的环 $e_8 = \langle v_7, v_7 \rangle$ ，其经济含义是（借）贷款/（贷）银行存款。整个过程的资金循环基本情况如图 11－2 中的 I 所示。

当中介机构进而通过 SPV 对受让的贷款实施证券化出售时，资金循环的路径如下。(1) 中介机构在其资产节点减少贷款债权，SPV 在其资产节点增加贷款债权，故而基于债权债务关系生成两条边 $e_6 = \langle v_5, v_7 \rangle$ 和 $e_1 = \langle v_1, v_5 \rangle$ 。(2) SPV 在其负债一端以贷款为支持发行证券，故而在 SPV 基于 T 关系生成一条相应的边 $e_{SPV} = \langle v_2, v_1 \rangle$ 。投资者购入基于 SPV 发行的证券，故而在投资者和 SPV 间基于债权债务关系生成一条边 $e_2 = \langle v_6, v_2 \rangle$ 。(3) 投资者在银行部门的银行存款债权减少，同时中介机构在银行部门的银行存款债权增加，故而基于债权债务关系生成两条边 $e_4 = \langle v_4, v_6 \rangle$ 和 $e_7 = \langle v_7, v_4 \rangle$ 。(4) 在 v_4 上有一个基于 T 关系生成的环 $e_9 = \langle v_4, v_4 \rangle$ ，其经济含义是（借）存款货币——投资者/（贷）存款货币——证券化实施机构。(5) 在 v_7 上有一个基于 T 关系生成的环 $e_8 = \langle v_7, v_7 \rangle$ ，其经济含义是（借）银行存款/（贷）贷款资产。(6) 在 v_6 上有一个基于 T 关系生成的环 $e_5 = \langle v_6, v_6 \rangle$ ，其经济含义是（借）证券投资/（贷）银行存款。

证券化实施机构通常处于混合型资产—负债状态（mixed asset－debt positions）。图 11－2中未给出证券化实施机构的负债节点并不意味着证券化实施机构处于单纯型资产—负债状况（pure asset－debt positions），而是为了把问题聚焦于要点。要在一个简约的图形表示中一笔画出证券化实施机构在资产证券化中的神韵，v_7 是点睛之处。

在图 11－2 中 I 的关联矩阵（incidence matrix）是：

$$
\begin{array}{c}
 \\ v_1 \\ v_2 \\ v_3 \\ v_4 \\ v_5 \\ v_6 \\ v_7
\end{array}
\begin{array}{c}
\begin{array}{cccccccc} e_1 & e_{SPV} & e_2 & e_3 & e_B & e_4 & e_6 & e_7 \end{array} \\
\begin{pmatrix}
0 & 0 & 0 & 0 & 0 & 0 & 0 & 0 \\
0 & 0 & 0 & 0 & 0 & 0 & 0 & 0 \\
0 & 0 & 0 & -1 & 1 & 0 & 0 & 0 \\
0 & 0 & 0 & 0 & -1 & 0 & 0 & 1 \\
0 & 0 & 0 & 1 & 0 & 0 & -1 & 0 \\
0 & 0 & 0 & 0 & 0 & 0 & 0 & 0 \\
0 & 0 & 0 & 0 & 0 & 0 & 1 & -1
\end{pmatrix}
\end{array}
\begin{array}{c}
 \\ v_1 \\ v_2 \\ v_3 \\ v_4 \\ v_5 \\ v_6 \\ v_7
\end{array}
$$

在图 11－2 中Ⅱ的关联矩阵是：

$$
\begin{array}{c}
 \\
v_1 \\ v_2 \\ v_3 \\ v_4 \\ v_5 \\ v_6 \\ v_7
\end{array}
\begin{array}{c}
\begin{array}{cccccccc} e_1 & e_{SPV} & e_2 & e_3 & e_B & e_4 & e_6 & e_7 \end{array} \\
\left(\begin{array}{cccccccc}
1 & -1 & 0 & 0 & 0 & 0 & 0 & 0 \\
0 & 1 & -1 & 0 & 0 & 0 & 0 & 0 \\
0 & 0 & 0 & 0 & 0 & 0 & 0 & 0 \\
0 & 0 & 0 & 0 & 0 & 1 & 0 & -1 \\
-1 & 0 & 0 & 0 & 0 & 0 & 1 & 0 \\
0 & 0 & 1 & 0 & 0 & -1 & 0 & 0 \\
0 & 0 & 0 & 0 & 0 & 0 & -1 & 1
\end{array}\right)
\end{array}
\begin{array}{c}
 \\
v_1 \\ v_2 \\ v_3 \\ v_4 \\ v_5 \\ v_6 \\ v_7
\end{array}
$$

当以上的关联矩阵Ⅰ和关联矩阵Ⅱ相加时，得到的矩阵是：

$$
\begin{array}{c}
 \\
v_1 \\ v_2 \\ v_3 \\ v_4 \\ v_5 \\ v_6 \\ v_7
\end{array}
\begin{array}{c}
\begin{array}{cccccccc} e_1 & e_{SPV} & e_2 & e_3 & e_B & e_4 & e_6 & e_7 \end{array} \\
\left(\begin{array}{cccccccc}
1 & -1 & 0 & 0 & 0 & 0 & 0 & 0 \\
0 & 1 & -1 & 0 & 0 & 0 & 0 & 0 \\
0 & 0 & 0 & -1 & 1 & 0 & 0 & 0 \\
0 & 0 & 0 & 0 & -1 & 1 & 0 & 0 \\
-1 & 0 & 0 & 1 & 0 & 0 & 0 & 0 \\
0 & 0 & 1 & 0 & 0 & -1 & 0 & 0 \\
0 & 0 & 0 & 0 & 0 & 0 & 0 & 0
\end{array}\right)
\end{array}
\begin{array}{c}
 \\
v_1 \\ v_2 \\ v_3 \\ v_4 \\ v_5 \\ v_6 \\ v_7
\end{array}
$$

这一矩阵正是图 11－1 的关联矩阵，只是在图 11－1 中未列出证券化实施机构的资产节点 v_7，因而没有这一矩阵中的第七行第八列。可见，对于有证券化实施机构介入的背景，图 11－1 是图 11－2 关于Ⅰ和Ⅱ的合并版，图 11－1 具有一般意义。

（三）掉换

当证券化实施机构从银行部门受让贷款债权，并将基于 SPV 所发行的证券掉换给银行部门时，资金循环的情况如图 11－3 中的Ⅰ所示。（1）在经济实质上银行部门对借方的贷款债权减少，SPV 对借方的贷款债权相应增加，故而基于债权债务关系生成两条边 $e_3=\langle v_5, v_3\rangle$ 和 $e_1=\langle v_1, v_5\rangle$。（2）银行部门在减少对贷款的持有时，相应增加对基于 SPV 发行的以贷款为支持的证券的持有，故而基于 T 关系生成一个环 $e_7=\langle v_3, v_3\rangle$，其经济含义是（借）证券投资/（贷）贷款。（3）在 SPV 上，以贷款为支持发行证券，故而基于 T 关系生成一条相应的边 $e_{SPV}=\langle v_2, v_1\rangle$。（4）银行部门因持有掉换的证券而增加对 SPV 的债权，故而基于债权债务关系生成一条相应的边 $e_6=\langle v_3, v_2\rangle$。若 SPV 是证券化实施机构与银行部门以契约方式设立的信托载体，则委托人是银行部门，受托人的证券化实施。

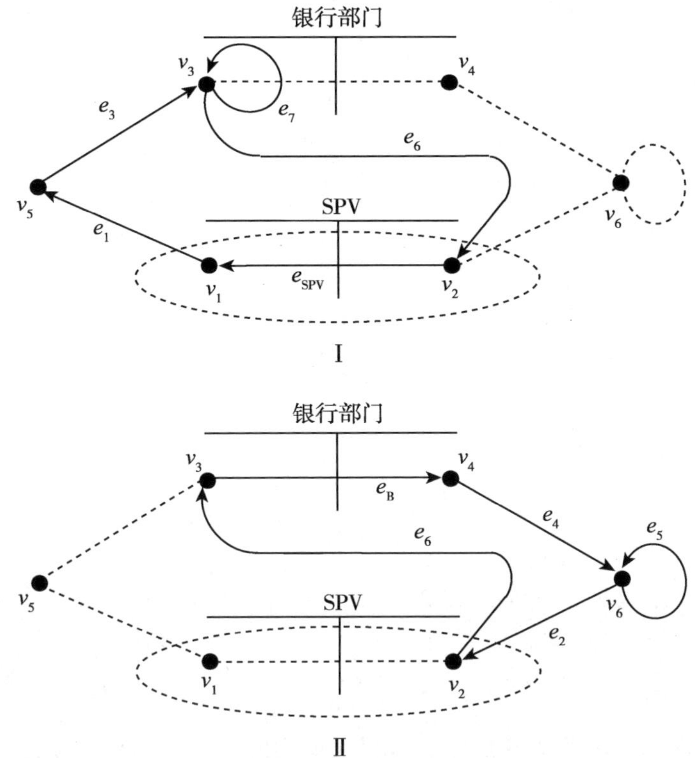

图 11－3　桥梁的构造及其关联的图形表示（掉换）

当银行部门将基于掉换得到的证券转而出售给投资者时，资金循环的情况如图 11－3 中的Ⅱ所示。(1) 银行部门减少在证券上的持有，投资者增加在证券的持有，故而基于债权债务关系生成两条条相应的边 $e_6=\langle v_2, v_3\rangle$ 和 $e_2=\langle v_6, v_2\rangle$。(2) 投资者减少对银行部门的银行存款债权，故而基于债权债务关系生成一条相应的边 $e_4=\langle v_4, v_6\rangle$。(3) 银行部门在资产一端减少证券资产，在负债一端减少存款货币债务，故而基于 T 关系生成一条相应的边 $e_B=\langle v_3, v_4\rangle$。在 v_6 上有一环 $e_5=\langle v_6, v_6\rangle$，其经济含义是（借）银行存款/（贷）证券投资。(4) 如果证券化实施机构不为证券的交易提供过户服务，则在 v_2 上没有环；如果证券化实施机构为证券的交易过户，则在 v_2 上有环。

在图 11－3 中 I 的关联矩阵（incidence matrix）是：

$$
\begin{array}{c}
\\ v_1 \\ v_2 \\ v_3 \\ v_4 \\ v_5 \\ v_6
\end{array}
\begin{array}{c}
\begin{array}{ccccccc} e_1 & e_{SPV} & e_2 & e_3 & e_B & e_4 & e_6 \end{array} \\
\begin{pmatrix}
1 & -1 & 0 & 0 & 0 & 0 & 0 \\
0 & 1 & 0 & 0 & 0 & 0 & -1 \\
0 & 0 & 0 & -1 & 0 & 0 & 1 \\
0 & 0 & 0 & 0 & 0 & 0 & 0 \\
-1 & 0 & 0 & 1 & 0 & 0 & 0 \\
0 & 0 & 0 & 0 & 0 & 0 & 0
\end{pmatrix}
\end{array}
\begin{array}{c}
\\ v_1 \\ v_2 \\ v_3 \\ v_4 \\ v_5 \\ v_6
\end{array}
$$

在图 11－3 中Ⅱ的关联矩阵是：

$$
\begin{array}{c} \\ v_1 \\ v_2 \\ v_3 \\ v_4 \\ v_5 \\ v_6 \end{array}
\begin{array}{c}
\begin{array}{ccccccc} e_1 & e_{SPV} & e_2 & e_3 & e_B & e_4 & e_6 \end{array} \\
\begin{pmatrix}
0 & 0 & 0 & 0 & 0 & 0 & 0 \\
0 & 0 & -1 & 0 & 0 & 0 & 1 \\
0 & 0 & 0 & 0 & 1 & 0 & -1 \\
0 & 0 & 0 & 0 & -1 & 1 & 0 \\
-1 & 0 & 0 & 1 & 0 & 0 & 0 \\
0 & 0 & 1 & 0 & 0 & -1 & 0
\end{pmatrix}
\end{array}
\begin{array}{c} \\ v_1 \\ v_2 \\ v_3 \\ v_4 \\ v_5 \\ v_6 \end{array}
$$

当以上的关联矩阵Ⅰ和关联矩阵Ⅱ相加时，得到的矩阵是：

$$
\begin{array}{c} \\ v_1 \\ v_2 \\ v_3 \\ v_4 \\ v_5 \\ v_6 \end{array}
\begin{array}{c}
\begin{array}{ccccccc} e_1 & e_{SPV} & e_2 & e_3 & e_B & e_4 & e_6 \end{array} \\
\begin{pmatrix}
1 & -1 & 0 & 0 & 0 & 0 & 0 \\
0 & 1 & -1 & 0 & 0 & 0 & 0 \\
0 & 0 & 0 & -1 & 1 & 0 & 0 \\
0 & 0 & 0 & 0 & -1 & 1 & 0 \\
-1 & 0 & 0 & 1 & 0 & 0 & 0 \\
0 & 0 & 1 & 0 & 0 & -1 & 0
\end{pmatrix}
\end{array}
\begin{array}{c} \\ v_1 \\ v_2 \\ v_3 \\ v_4 \\ v_5 \\ v_6 \end{array}
$$

这一矩阵正是图 11－1 的关联矩阵。这再次说明图 11－1 具有一般意义。

二、桥梁的构造及其关联——非货币金融中介

在金融结构转型中，资产证券化也进入非货币金融中介机构，作为桥梁将非货币金融中介结构的贷款连通到市场的彼岸。桥梁结构及其关联的图形表示如图 11－4 所示。

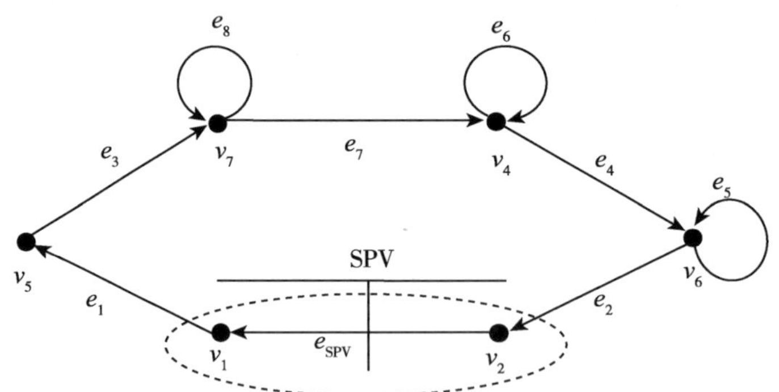

图 11－4　桥梁的构造及其关联的图形表示（非货币金融中介机构）

假定 v_7 是非货币金融中介机构的资产节点，v_4 是代理行的负债节点（此节点在银行部门的负债节点中），投资者在银行部门以外，其他情况的说明如前所述。

（1）当非货币金融中介机构的贷款资产被实施证券化时，在经济实质上非货币金融中

介机构对借方的贷款债权减少，故而基于债权债务关系，在 v_5 增加对 v_7 的出度，在 v_7 增加来自 v_5 入度，生成一条边 $e_3 = \langle v_5, v_7 \rangle$。

（2）基于投资者对于贷款在非货币金融中介机构如期回流的预付，投资者在其资产节点 v_6 减少对银行部门负债节点 v_4 的银行存款债权，而非货币金融中介机构在其资产节点 v_7 相应地增加对银行部门负债节点 v_4 的银行存款债权，故而基于债权债务关系生成两条有边，一条是 $e_4 = \langle v_4, v_6 \rangle$，另一条是 $e_7 = \langle v_7, v_4 \rangle$。在节点 v_7 和 v_4 还生成两个环，即 e_8 和 e_6。环 e_8 的含义是：在非货币金融中介机构的资产节点 v_7 有（借）贷款/（贷）银行存款；环 e_6 的含义是：在银行部门的负债节点 v_4 有（借）存款货币——投资者/（贷）存款货币——非银行金融中介机构。同样，在默认情况下，在 v_5 上没有环。对其他的节点及其边的解释，如同图 11－1。

对于非货币金融中介而言，发起贷款的组成是“点（v_7）”而不是“线”，在图 11－4 中流转贷款的组成也是“点（v_7）”而不是“线”。[①]这种不变性是容易理解的。发起贷款的组成在图形表示上体现为 v_7 上的一个环，流转贷款的组成在图形表示上也体现为 v_7 上的一个环。实际上，非货币金融中介本身的性质决定了它在发起贷款时的组成只能是点，即在资产节点上的“（借）贷款/（贷）银行存款”，而不可能有货币金融中介那样的“线”，即跨过资产和负债两个节点的“（借）贷款/（贷）存款货币”。另外，桥梁 e_{SPV} 同样起到了财产权状态转换的功能，加上它，贷款流转便会合理、便捷和有效。

设图 11－4 所涉及的节点的集合为 S_2：

$$S_2 = \{v_1, v_2, v_4, v_5, v_6, v_7\},$$

则对于非货币金融中介的资产证券化，就可以用在 S_2 上的关系结构来描述，即有：

$$R_2 = \{\langle v_1, v_5 \rangle, \langle v_5, v_7 \rangle, \langle v_7, v_7 \rangle, \langle v_7, v_4 \rangle, \langle v_4, v_4 \rangle, \langle v_4, v_6 \rangle, \langle v_6, v_6 \rangle, \langle v_6, v_2 \rangle, \langle v_2, v_1 \rangle\}。$$

其中 $\langle v_2, v_1 \rangle$、$\langle v_4, v_4 \rangle$、$\langle v_6, v_6 \rangle$ 和 $\langle v_7, v_7 \rangle$ 是 T 关系，其他都是债权债务关系。

对于货币金融中介机构而言，基于证券化的引入，如果投资者在银行部门以外，那么存款货币存量会同贷款一并减少，减少的这部分存款货币转化为与证券化贷款相匹配的非货币证券化发行。而对于非银行金融中介机构而言，资产证券化没有带来这种经济效果，其经济效果是通过盘活存量贷款强化对已有货币的利用。

第三节　桥梁的类型

资产证券化是将贷款连通到市场彼岸的桥梁，不过在实际中桥梁也是存在不同类型的。不同类型的桥梁反映于 ABS 的分类中，它们各自以不同的形式经 SPV 将贷款的现金流传递

① 不排除也有少部分资产证券的投资者是在证券化非货币金融中介处开户的，这时将贷款流转出去的组成是“线”而不是“点”，不过这一因素的影响会很小。

在贷款的证券存在上。“传递”就是基于投资者的偏好重新安排原始现金流，重新安排原始现金流是资产证券化的核心技术。桥梁的类型是指实现“传递”的方法

一、ABS 的分类

资产支持证券（asset backed securities，ABS）体现为桥梁的右侧引桥，是贷款经 SPV 连通于市场的存在形式。基于相关的文献，在资产支持证券中，将其中以抵押（mortgage：有不动产担保的贷款债权）为支持发行的证券，称为抵押支持证券（mortgage backed securities，MBS），以区别于其他 ABS。其他 ABS 是指非抵押支持证券。[①]这一分类参见图 11－5。

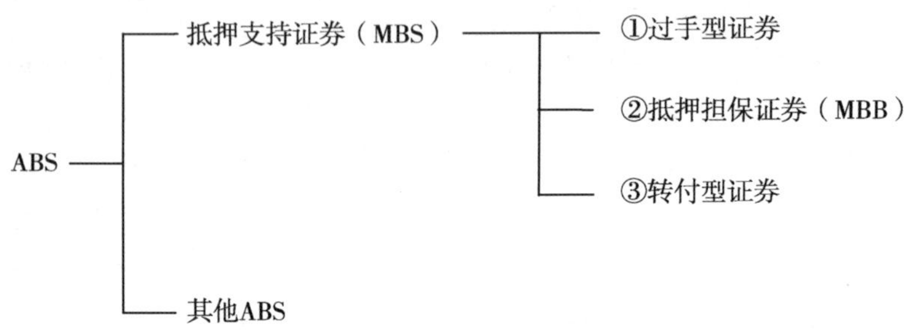

图 11－5　桥梁的类型：ABS 的分类

注：引自：財団法人　企業財務制度研究会編著『証券化の理論と実務』（中央経済社・1992 年）269ページ。

按照大致的标准，对发行人无追索的结构属于过手型，对发行人有追索的结构属于转付型。在转付证券结构下，即便是可追索，通常也仅限于支持证券发行的集合，所以在这一意义上也近似于无追索。

MBS 的经过历史长、市场规模大，被开发出的品种繁多，但基本的类别有三类：过手型证券（pass-through securities）、转付型证券（pay-through securities）和抵押支持债券（mortgage backed bonds，MBB）。通常将前两类称为狭义的 MBS。近年来，出于对“住宅”的强调，也将 MBS 称为 RMBS（residential mortgage backed securities）。CMBS（commercial mortgage backed securities）是商用不动产抵押贷款支持证券，与 RMBS 相比，在它的对象资产集合中，资产单位额大、单位总数少，集合易于受个别资产风险特性的影响。

其他 ABS 的对象资产是非抵押的一般债权，这些一般债权包括汽车贷款债权、租赁债权、信用卡贷款债权、票据债权、应收账款债权等。起初，将以一般贷款、公司债集合作为对象资产的 ABS 称为 CDO（collateralized debt obligation）。现在，RMBS、CMBS、ABS 等也被纳入对象资产，并将这些以一般贷款、债券、证券化商品为支持而发起的 CDO 称为现金

① 由于历史上的原因，过去把证券化商品的品种分为 MBS 和 ABS，而且这种分类至今仍在大量文献中被沿用。不过，近来的文献已经越来越多地从有抵押关联和无抵押关联的角度对证券化进行划分。基于这种趋势，证券化就被分为有抵押关联的证券化和无抵押关联的证券化。作为无抵押关联的 ABS，有以汽车贷款债权、租赁债权、应收债权等作为对象资产所发行的 ABS。

CDO（cash-collateralized debt obligation）。另外，还有利用信用衍生构成的 CDO，将这部分称为合成 CDO（synthetic collateralized debt obligation）。引发 2007 年次贷危机的是私人机构以次级贷款的 RMSB 的中间层（处于最优和最次之间的组别）为支持所大量发行的 CDO。

在 CDO 中，通常将以一般贷款作为对象资产的 CDO 称为 CLO（collateralized loan obligation），将以债券（bond）为对象资产的 CDO 称为 CBO（collateralized bond obligation）。由于目前 CBO 对象资产的范围已经从债券扩大到 RMBS、CMBS、CMO、其他 ABS 等，因而现在的趋向是不再特意使用 CBO，而是仍用 CDO。以证券化商品为对象资产的 CDO 被称为 ABSCDO。

二、桥梁的类型

桥梁的类型是按照实现现金流传递的方法进行分类的。资产支持证券不仅是贷款经 SPV 连通于市场的存在形式，同时还是经 SPV 分配贷款现金流的存在形式。因此，虽然说不同类型的桥梁反映于 ABS 的分类中，但是在实际中应该更具体地用资产支持证券上的现金流结构设计而不是有无抵押来区别桥梁的类型。ABS 分类中的每一种具体的证券因在现金流结构设计上的不同而成为一种桥梁的代表，同一种桥梁既可以是有抵押的也可以是无抵押的。

SPV 是创立集合（pooling）并以所集合的资产为支持发行证券以实现将集合的资产连通到市场的工具，因而，资产证券化也被称为基于集合的证券化（securitization by pooling）。SPV 的具体形态可以由设立主体根据自己的偏好、需要而选择，在这一意义上，它是一个内在性问题。但是 SPV 所生成的具体证券种类是否能够达到预期的连通效果，则完全取决于证券能给投资者带来怎样的益处，是否能够适应投资者的需要，即取决于证券的市场魅力。与投资者利益最为相关的一个问题就是证券上的现金流的结构状态。从对象资产的现金流经 SPV 传递在资产的证券存在上的形式来看，体现不同现金流结构设计的证券有以下几种。

（1）过手证券。在资产证券化的早期，在关于资产的现金流在资产的证券存在上的实现形式的设计上，资产集合的初始现金流是原样通过载体的，载体未对其进行“整流”，投资者基于证券收到的现金流在时间（原始资产的支付日 + 延期日）、期限、数量（除去支付的服务费）等结构方面，与资产集合的初始现金流的状况是保持一致的。

设集合中贷款的类型为固定利率、等额偿付。若集合的规模为 P，加权平均抵押利率（月）为 i，加权平均期限为 n，不考虑提前偿还、服务费等因素，则集合的等额偿付额 A 为：

$$A = P\left[\frac{i(1+i)^n}{(1+i)^n - 1}\right]。$$

于是，在载体上现金流的通过情况如下：

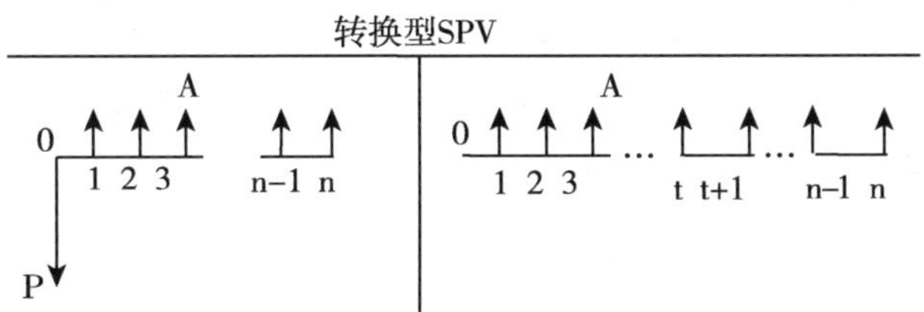

资产集合的初始现金流，在结构状态上以不计延期日的恒等关系传导在证券上，成为证券上的现金流的结构状态。这是过手证券（pass – through securities / pass – through certificate）的现金流构成。过手证券是所有权证券，代表对集合于载体的资产的共有份额。投资者依其所持份额占总发行的比例，拥有对资产集合和其产生的现金流量的共有份额权。过手证券因此也称为卖出结构（sales structure）。

在过手证券，SPV 起到了如实传递现金流的作用，它致力于传导，保障现金流适时、原样地“过手”给投资者，投资者持有的请求权完全对应于资产集合的初始现金流的原状况。过手化的一大问题是现金流的不稳定性，例如，当利率走低致使借方提前还贷或是重新贷款时，过手证券给投资者带来再投资风险。在这一意义上，SPV 不具备能动性，没有带来对现金流进行重新安排的能动性效果。如何在初始现金流状况上有所作为，实现初始现金流的非过手化，这成为资产证券化产品设计中需要解决的一个重要现实问题。

（2）资产支持债券。实现现金流的非过手化的方法之一是设计资产支持债券，通过发行资产支持债券将资产的现金流传导给资产的证券存在。发行人通过设定担保权，以托管的抵押等为担保，发行作为发行人直接债务的、具有超额担保支持的债券（MBB）。具体地，发行人通过与受托人缔结信托证书（trust indenture）设定担保权，将抵押等担保托管于受托人，并以托管的抵押等为担保发行证券。证券被发行人直接或经由与投资银行缔结的承销契约（underwriting agreement）由投资银行销售给投资者。由于超额担保（over collateralization）的覆盖，使发行能够不必囿于抵押等的现金流原始状况，可以主动地设计能够更好满足投资者需要的偿还期限、本息支付及其系列。在分类上，有金融机构自己发行的情况，也有通过设立 SPV 向 SPV 出售抵押并由 SPV 发行的情况。

MBB 虽然在解决现金流的不确定性和再投资风险上发挥了重要作用，但存在的问题是：（1）为了维持超额担保，在担保使用上带来非效率；（2）在金融机构自己发行的情况下，形式、实质都等同于以抵押等为担保的融资，没有达到表外化效果；（3）现金流不匹配风险由发行人承担。为了避免这些问题，以 CMO 为代表的转付证券被开发出来。

（3）转付证券。实现现金流的非过手化的方法之二是设计转付型证券（pay-through securities /pay-through certificate），通过发行转付证券将资产的现金流传递给资产的证券存在。与过手证券一样，转付证券也是一个基于独立载体发行证券的交易结构，但与过手证券不同的是，投资者并不像持有过手证券那样对资产拥有权利，而是仅拥有作为债券持有者地位的相应权利。转付证券因此也被称为负债结构（debt structure）。在支付期限、金额、利率、提前偿还条件方面，债券上的本息支付现金流与载体所承载的对象资产集合上的现金流，两者之间虽然具有密切关系，前者来源于后者，以后者为保障，但并不是像过手证券那样的过手传递关系。资产集合上的现金流量在通过载体时被分割为不同的组别/层级（trenches/class），不同组别/层级的证券具有各自不同的期限、风险、利率，由此，现金流就获得了结构上的重新安排。也就是说，在资产的现金流向资产的证券存在传递中，载体对资产的初始现金流施加了的结构变换作用，在资产的证券存在上获得的现金流的结构是由资产的初始现金流和对于这一现金流的管理技术两方面因素决定的。从现金流输入输出 SPV 的形式来看，SPV 起到了对现金流进行重新安排的“整流器”的作用。因为现金流经 SPV 作用后保持总量守恒，这体现了一种变中之不变的特性，故而 SPV 的这种“整流”作用是输入现金流的一个对称。在现代信息技术条件下，设计并实现这种“整流”并不难。

一个事实是，尽管基于“整流”概念的序列证券在不同层级上表现为债券那样的形式，但由于追索权仅限于对象资产，所以序列证券的整体在本质上仍然是出售资产的证券。这一点不同于一般企业的情况，即此“债券”在本质上不同于一般企业为购买货币而发行的债券。

一个简单的例子。设集合中贷款的类型为固定利率、等额偿付，若集合的规模为 P，加权平均抵押利率（月）为 i，加权平均期限为 n，不考虑提前偿还、服务费等因素，则集合的等额偿付额 A 与前面给出的一样。现在需要重新安排现金流 A，为此构建一个以贷款集合发生的现金流结构为支持的、具有不同组别或层级的证券发行结构。第一级的债券，在本金 A_1 和利息 I_1 的支付上获得优先安排，期限至 t。第二级的债券，在第一级债券的本金被偿付完毕前只获得利息 I_2 支付，不安排本金 A_2 支付，直到第一级债券被支付完毕后，从第 $t+1$ 期开始才获得本金 A_2 支付，本息支付直至期末 n。另外，安排一个剩余权益层级，在期末 n 获得剩余的本息 A_3。通过这样三个层级的设计，SPV 就实现了对输入现金流序列实施“整流”的匹配效果，输出现金流序列的构成是 I_1，I_2，A_1，A_2，A_3。

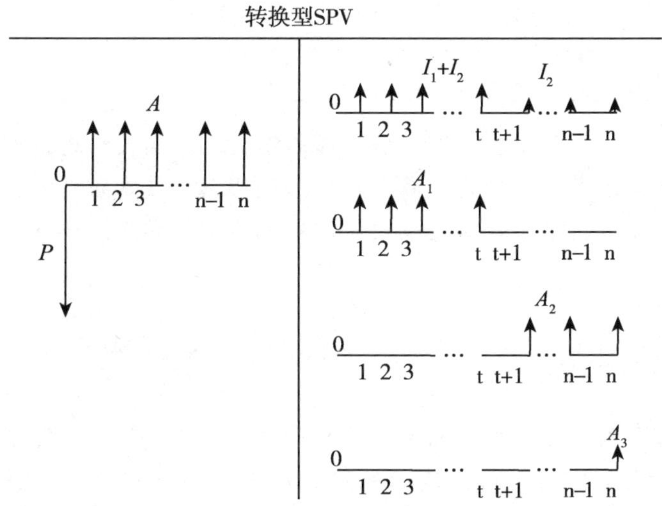

通过对初始现金流进行加工整理，使之转换为能够更好满足不同投资者偏好的结构。在这种结构下，对于投资者的支付就不再是对贷款集合的现金流的简单过手，而是对初始现金流的加工转付。也就是说，所发行的证券的现金流和贷款集合的初始现金流是密切关联的，前者来源于后者，但证券上的现金流，被施加了到期分组处理。经过到期分组后，虽然各组别的加权平均久期和凸度不同，但相加起来后还是等于原来的久期和凸度的。基于在久期和凸度上的这种不变性，SPV 的现金流变换作用是久期和凸度的一个对称。

以下给出了一个完全贷款 CMO（whole - loan CMO）的例子，其发行的资产负债结构如下。

CMO 的资产负债结构形式

<table>
<tr><th>资产</th><th>负债</th><th>预计期限（年）</th><th>息票利息率（%）</th><th>发行总额</th><th>加权</th><th>平均息票利息（%）</th></tr>
<tr><td rowspan="6">7500
(X_0, Y_0, Z_0)
利率 11%
期限 10 年</td><td>A 债券
(${}_1X_1$, ${}_1Y_0$, ${}_1Z_1$)</td><td>2—4</td><td>9.00</td><td>2000</td><td>0.278</td><td>2.50</td></tr>
<tr><td>B 债券
(${}_2X_1$, ${}_2Y_0$, ${}_2Z_1$)</td><td>3—6</td><td>9.50</td><td>1000</td><td>0.139</td><td>1.32</td></tr>
<tr><td>C 债券
(${}_3X_1$, ${}_3Y_0$, ${}_3Z_1$)</td><td>5—8</td><td>10.00</td><td>1200</td><td>0.167</td><td>1.67</td></tr>
<tr><td>Z 债券
(${}_4X_1$, ${}_4Y_0$, ${}_4Z_1$)</td><td>6—10</td><td>11.00</td><td>3000</td><td>0.416</td><td>4.58</td></tr>
<tr><td></td><td></td><td></td><td>7200</td><td>1.00</td><td>10.07</td></tr>
<tr><td>剩余额权益
(X_1, Y_1, Z_1)
（R 债券）</td><td></td><td></td><td>300</td><td></td><td></td></tr>
<tr><td>7500</td><td></td><td></td><td></td><td>7500</td><td></td><td></td></tr>
</table>

结构中有 300 单位的超额担保，用于承担提前偿付风险和临时现金流再投资的风险。这一结构虽然只有不算多的 5 个划分，但若是不借助现代信息技术条件的支持，恐怕也是难以有效实现的。在实际中，为了更好满足投资者需要和增加证券大流动性，证券发行的划分会更多。

三、三种类型的比较

在过手证券的发行结构上，如果对象资产集合中的贷款笔数庞大，那么依据大数法则，个别风险（如满足相互独立等条件的违约风险）能够得到有效分散，但是不管怎样，集合的平均风险仍保留。提前偿付风险具有高度关联性，不满足相互独立条件，它属于平均风险，而在过手证券的发行结构下，由于支付给证券的现金流与对象资产集合的现金流是同步传递的，因而过手证券对提前偿付风险无能为力。

提前偿付的主要原因之一是利率水平走低。因为利率水平下降的影响对于借方是共同的，所以提前还贷或借新还旧的动机也就具有共同性，这种风险自然不能基于大数法则获得分散。提前偿付会缩短资金的原有预期运用时间，投资者要承担再投资风险，这不符合投资者的需要。应对这一问题的一种有效办法是，从更好满足不同期限偏好投资者需要出发，设计 CMO 转付证券。在转付证券的发行结构下，载体对资产集合下的现金流进行到期分组的处理，通过发行到期期限不同的多种证券使提前偿付风险得到平抑，现金流变得具有结构上的确定性。转付证券的发行结构实际上是起到了将提前偿付风险转换为满足投资者不同期限偏好需要的经营契机（business chance）的作用。通过实现到期分组，引入具有不同期限偏好的投资者，使提前偿付风险得到平抑。这时 SPV 就呈现出在现金流管理上的能动性。不过此能动性不同于一般企业或投资基金所发挥的那种能动性，此能动性体现在 SPV 上实现的现代信息技术本身。

在三种类型的证券中，转付证券同时具备 MBB 和过手证券的一些特征。转付证券是发行人的有限债务，这与 MBB 相同。除去再投资收益的部分外，转付证券的现金流总量来源于证券化的对象资产，这与过手证券相同，但是转付证券弥补了过手证券的许多不足之处。三种类型证券的一种比较情况如图 11－6 所示。①

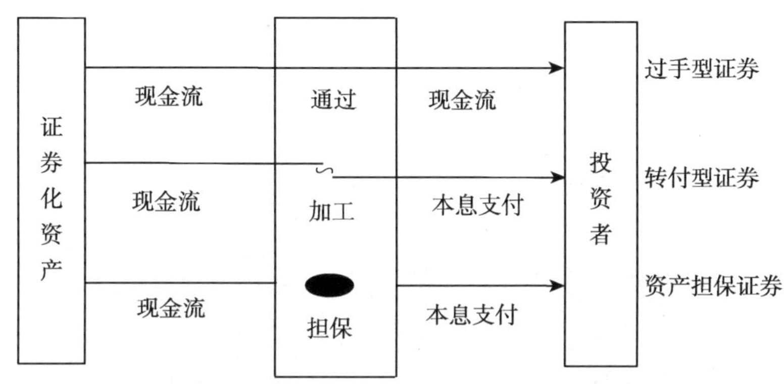

图 11－6　三种类型证券的比较

第四节　金融结构转型中银行配置和证券配置相结合的机制

配置经济资源离不开金融体系，金融体系的重要作用在于有效配置经济资源，不管是通过银行（间接融资）还是通过证券（直接融资）。以银行配置为例，通常的情况是，银行向谁发起贷款就将货币投放给谁，谁就获得了对社会产品的支配力。本节的内容是表述这样一个概念：资产证券化同时还是金融结构转型中银行配置和市场配置相结合的机制。

一、BMS 型金融结构奠基的现代金融体系

金融结构被认为是金融体系这一“建筑”的“地基”，金融结构转型必然改变金融体系的基础，现代金融体系是以 BMS 型金融结构为“地基”的“建筑”。图 11－7 以图的图形表示给出了以银行、市场和资产证券化的具体要素为构成的现代金融体系的基本面貌。图 11－7 与前面的图 6－10 在基本精神上是一致的，不同之处在于，为了使表述更具体些，在

① 参见：深浦厚之著『債権流動化の経済学』（*ECONOMICS OF ASSET SECURITIZATION*）（日本評論社・1997 年 9 月）51ページ。对原图略有改动。

图 11 - 7 中延展出非货币金融中介机构。

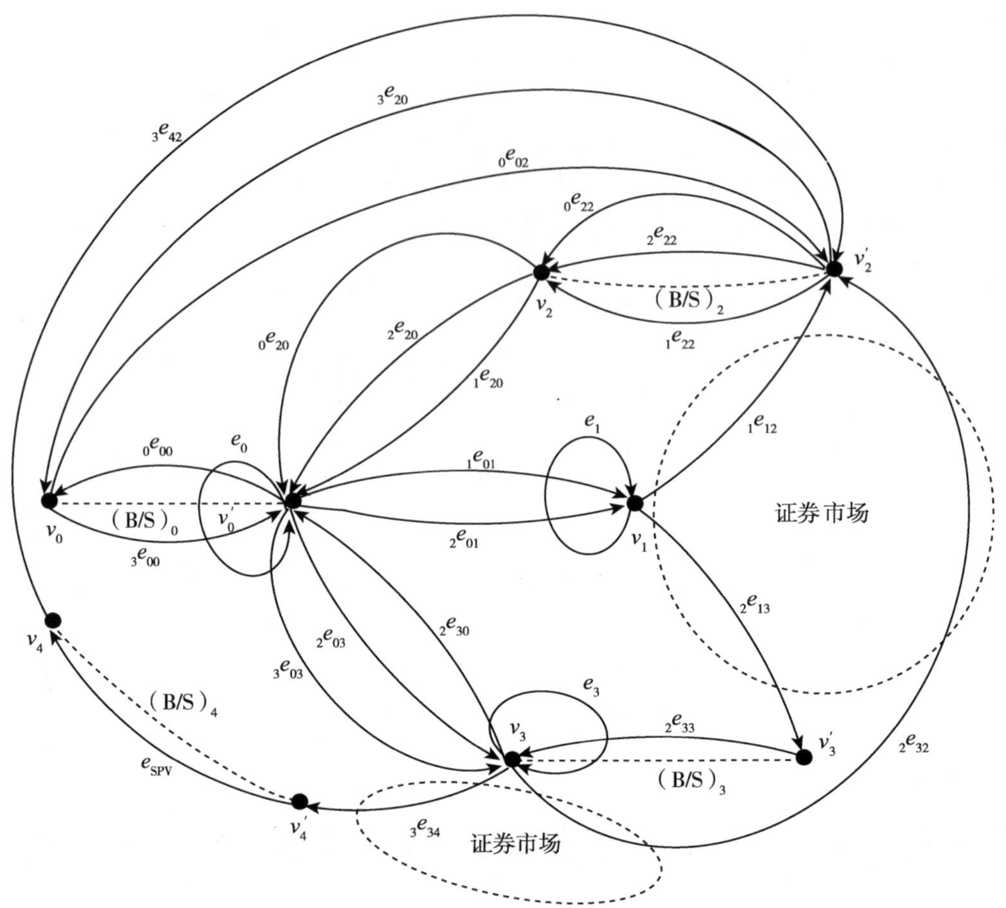

图 11 - 7　基于图形表示的现代金融体系的基本面貌

(一) 银行部门为资金不足部门提供融资

设 v_0 是银行部门的资产节点，v_0' 是银行部门的负债节点，v_2 是资金不足部门（包括家庭、企业、政府）的资产节点，v_2' 是资金不足部门的负债节点。银行部门向资金不足部门提供融资是通过向这一部门中的经济主体发起贷款来进行的。

当银行通过发起贷款向资金不足部门提供融资时，资金循环的情况是：

(1) 银行部门通过贷款资金运用引致存款货币资金来源，这是指在资产节点 v_0 增加贷款，在负债节点 v_0' 增加存款货币，于是基于 T 关系在银行部门生成一条相应的边 $_0e_{00} = \langle v_0', v_0 \rangle$。资金不足主体通过负债获得银行部门贷记的存款货币，这是指在资金不足主体在负债节点 v_2' 增加借款，在资产节点 v_2 增加银行存款，于是在资金不足主体基于 T 关系生成一条相应的边 $_0e_{22} = \langle v_2', v_2 \rangle$。

(2) 银行部门增加对资金不足主体的贷款债权，资金不足主体增加对银行部门的借款债务，这一债权债务关系在银行部门资产节点 v_0 增加对资金不足主体负债节点 v_2' 的出度，在资金不足主体负债节点 v_2' 增加来自银行部门资产节点 v_0 的入度，于是基于债权债务关系生成一条相应的边 ${}_0e_{02} = \langle v_0, v_2' \rangle$。

（3）资金不足主体基于银行部门为贷记的存款货币而增加银行存款，这在资金不足主体的资产节点 v_2 增加对银行部门负债节点 v_0' 的出度，在银行部门负债节点 v_0' 增加来自资金不足主体的资产节点 v_2 的入度，于是基于债权债务关系生成一条相应的边 ${}_0e_{20} = \langle v_2, v_0' \rangle$。

资金循环路径构成一个回路：

$$P_0 = (v_0 \; {}_0e_{02} \; v_2' \; {}_0e_{22} \; v_2 \; {}_0e_{20} \; v_0' \; {}_0e_{00} \; v_0)。$$

P_0 中有两个 T 关系，两个债权债务关系。此回路代表了传统的间接融资交易机制。在这一机制中，资金不足主体的增量货币需求是由银行部门通过信贷扩张而非先期储蓄增长予以满足的，这部分货币的投放无疑降低了已有货币的货币单位购买力。

（二）资金剩余部门通过资本市场为资金不足部门提供融资

如上所述，资金不足主体通过增加负债从银行获得没有实际储蓄增长支持的增量货币；本部分要表述的内容是，资金不足主体通过增加负债获得代表实际储蓄的货币。

1. 货币储蓄、货币流通和实际储蓄支持的货币

设 v_1 是资金剩余部门（包括家庭、企业、政府）的资产节点。图 11－7 中略去了资金剩余部门的负债节点，这样做不是单纯为了简化，主要是为了表明资金剩余部门持有的货币是已经实现的净收入，代表增长的实际储蓄。

所有的存款货币，从来源上看包括但不限于这样两部分：一部分是由银行部门以创造贷款的形式创造出来的存款货币，这部分货币的创造没有实际储蓄增长提供支持，但由于这部货币与已有货币是同质的，故而在进入现实运动时导致已有货币单位购买力降低；还有一部分是由银行部门以购买外汇的形式按照相对应汇率付出的存款货币，这部分货币是外汇的本币存在，在进入现实运动时在本国同样也没有实际储蓄增长的支持，从而同样在总体上导致已有货币单位购买力降低。在所有的存款货币中，不管它是由银行部门通过贷款创造出来的还是由银行部门通过购买外汇付出的，也不管它在存续中如何伴随实际财富的消长而贬值或升值，在经历现实运动后总是一部分处于现实流通（包括正在流通和准备流通）状态中，一部分处于现实流通状态之外。前一部分称为货币流通，后一部分称为货币储蓄。作为储蓄的货币虽然在现实流通之外，但也能面对流通，在一定条件下转换为货币流通。

虽然说在以创造贷款的形式创造货币或以购入外汇的形式付出本币的时刻，所增加的货币是没有实际储蓄增长提供支持的，但是由于新增的货币和已有的货币都是同质的，因而增加的货币一旦创造出来，在存续中不管是伴随实际储蓄增加还是伴随实际储蓄减少，所有货币都是有实际储蓄提供支持的货币。因此，不管是货币储蓄还是货币流通，作为反映货币现实运行状态概念的货币，都不再牵扯诞生的背景，不再涉及有无实际储蓄增长提供支持的问题，它们都是有实际储蓄支持的货币。

2. 资金剩余部门通过资本市场为资金不足部门提供融资

资金不足部门的经济主体可以通过在资本市场上发行自己的债务从资金剩余部门那里获取融资。例如，资金不足部门的经济主体在它的负债节点 v_2' 发行债券或股票，资金剩余部门的经济主体通过购买这些债券或股票为资金不足主体提供融资。交易的结果是，一部分已有货币从货币储蓄状态转化为货币流通状态。

（1）资金不足主体通过发行自己的债务获取融资，故而基于 T 关系在该主体生成一条相应的边 ${}_1e_{22} = \langle v_2', v_2 \rangle$。

（2）资金剩余主体因减少在银行存款上的持有而在其资产节点 v_1 增加来自银行部门负债节点 v_0' 的入度，银行部门因减少对资金剩余主体的存款货币债务而在其负债节点 v_0' 增加对资金剩余主体资产节点 v_1 的出度，故而基于债权债务关系生成一条相应的边 ${}_1e_{01} = \langle v_0', v_1 \rangle$。

（3）资金剩余主体在资本市场上购买资金不足主体发行的债务，故而基于债权债务关系生成一条相应的边 ${}_1e_{12} = \langle v_1, v_2' \rangle$。同时还生成一个相应的环 $e_1 = \langle v_1, v_1 \rangle$，此环的经济含义是：（借）证券投资/（贷）银行存款，“（贷）银行存款”中的银行存款是货币储蓄的债权存在。

（4）资金不足主体因从资金剩余主体那里获得融资而增加在银行存款上的持有，故而基于债权债务关系生成一条相应的边 ${}_1e_{20} = \langle v_2, v_0' \rangle$。

（5）银行部门在其负债一端为资金不足主体和资金剩余主体提供资金划转服务，故而基于 T 关系生成一个相应的环 $e_0 = \langle v_0', v_0' \rangle$，其经济含义是：（借）存款货币——资金剩余主体/（贷）存款货币——资金不足主体，“（借）存款货币”中的存款货币是货币储蓄的债务存在，“（贷）存款货币”中的存款货币是货币流通的债务存在（处于准备流通的现实流通状态）。

以上资金循环路径构成一个回路：

$$P_1 = (v_0' \ {}_1e_{01} \ v_1 \ e_1 \ v_1 \ {}_1e_{12} \ v_2' \ {}_1e_{22} \ v_2 \ {}_1e_{20} \ v_0' \ e_0 \ v_0')。$$

这一回路代表了传统的直接融资交易机制。在这一机制中，资金剩余主体持有的货币储蓄转换为资金不足主体持有的货币流通，实现了货币易主。

（三）非货币金融中介机构的介入

“资金剩余部门通过资本市场为资金不足部门提供融资”属于一般概念，从中可以延展出以非货币金融中介机构为背景的存在形式。这种非货币中介机构通过发行债务从已有货币储蓄中占有一部分份额，并以此为资金不足部门提供融资。

1. 非货币金融中介机构通过发行证券从资金剩余部门购买货币

设 v_3 是非货币金融中介机构的资产节点，v_3' 是非货币金融中介机构的负债节点。非中介机构包括保险机构、基金机构、信托机构、REIT 等。

（1）中介机构通过发行自己的债务从资金剩余主体那里购买已有货币，这在中介机构

的资产节点 v_3 增加来自负债节点 v_3' 的入度，在其负债节点 v_3' 增加对资产节点 v_3 的出度，故而基于 T 关系生成相应的边 ${}_2e_{33} = \langle v_3', v_3 \rangle$，此边的经济含义是（借）银行存款/（贷）债务。[①]

（2）在中介机构与银行之间，中介机构增加银行存款，这在资产节点 v_3 增加对银行部门负债节点 v_0' 的出度，在银行部门的负债节点 v_0' 增加来自中介机构资产节点 v_3 的入度，故而基于债权债务关系生成一条相应的边 ${}_2e_{30} = \langle v_3, v_0' \rangle$。

（3）在中介机构与资金剩余主体之间，中介机构在负债节点 v_3' 增加来自资金剩余主体资产节点 v_1 的入度，资金剩余主体在资产节点 v_1 增加对中介机构负债节点 v_3' 的出度，故而基于债权债务关系生成一条相应的边 ${}_2e_{13} = \langle v_1, v_3' \rangle$。

（4）在资金剩余主体与银行之间，资金剩余主体因将作为货币储蓄的剩余资金让渡给中介机构而减少在银行存款上的持有，这在资产节点 v_1 增加来自银行部门负债节点 v_0' 的入度，在银行部门负债节点 v_0' 增加对资金剩余主体资产节点 v_1 的出度，故而基于债权债务关系生成一条相应的边 ${}_2e_{01} = \langle v_0', v_1 \rangle$。

（5）资金剩余主体以持有证券替代持有银行存款，这在资产节点基于 T 关系生成一个相应的环 $e_1 = \langle v_1, v_1 \rangle$，此环的经济含义是：（借）证券投资/（贷）银行存款，“（贷）银行存款”中的银行存款是货币储蓄的债权存在。

（6）在银行部门的负债节点 v_0' 生成一个环 $e_0 = \langle v_0', v_0' \rangle$，该环的经济含义是：（借）存款货币——资金剩余主体/（贷）存款货币——中介机构，“借”和“贷”中的存款货币都是货币储蓄的债务存在。资金剩余主体减少在货币储蓄上的持有，中介机构相应增加在货币储蓄上的持有，这说明，虽然给出了中介机构的负债节点，但由于中介机构由这一负债节点得到的资金不是源于信用扩张的新增货币而是代表实际储蓄的已有货币，同时中介机构也不是与资本的总运动相关联的支出单位，而是“发行一种证券购买另一种证券的单位。”因此中介机构在此不过是资金剩余部门的延伸。若将节点 v_3 和节点 v_1 合并，则在背景上图 11－7 就回到图6－10。

以上资金循环路径构成一个回路：

$$P_{21} = (v_0' \ {}_2e_{01} \ v_1 \ e_1 \ v_1 \ {}_2e_{13} \ v_3' \ {}_2e_{33} \ v_3 \ {}_2e_{30} \ v_0' \ e_0 \ v_0')\text{。}$$

2. 非货币金融中介机构将购买的货币储蓄配置给资金不足部门

（1）资金不足主体通过发行自己的债务（债券或股票等）从中介机构获取融资。在这一过程中，资金不足主体一并增加银行存款和对非货币中介机构的债务，故而基于 T 关系生成一条相应的边 ${}_2e_{22} = \langle v_2', v_2 \rangle$。

（2）中介机构通过购买资金不足主体发行的证券将货币投向资金不足主体。中介机构因此减少银行存款，增加证券投资，故而基于债权债务关系生成两条相应的边 ${}_2e_{03} = \langle v_0', v_3 \rangle$、${}_2e_{32} = \langle v_3, v_2' \rangle$，还基于 T 关系生成一个相应的环 $e_3 = \langle v_3, v_3 \rangle$。环 e_3 的经济含义是：（借）

① 中介机构发行的债务（counterclaims）包括股票、债券、受益凭证、保单等，这些证券具有各自不同的效用。

证券投资/（贷）银行存款，“（贷）银行存款”中的银行存款是货币储蓄的债权存在。

（3）资金不足主体获得的融资，在资产节点增加对银行存款的持有，故而基于债权债务关系生成一条相应的边 ${}_2e_{20}=\langle v_2,v_0'\rangle$。

（4）银行部门在负债节点生成一个相应的环 $e_0=\langle v_0',v_0'\rangle$，此环的经济含义是：（借）存款货币——中介机构/（贷）存款货币——资金不足主体，“（借）存款货币”中存款货币是货币储蓄的债务存在，而“（贷）存款货币”中的存款货币是货币流通的债务存在（进入准备流通的现实流通状态）。

资金循环路径的回路是：

$$P_{22}=(v_0'\ {}_2e_{03}\ v_3\ e_3\ v_3\ {}_2e_{32}\ v_2'\ {}_2e_{22}\ v_2\ {}_2e_{20}\ v_0'\ e_0\ v')。$$

$$P_2=P_{21}+P_{22}=(v_0'\ {}_2e_{01}\ v_1\ e_1\ v_1\ {}_2e_{13}\ v_3'\ {}_2e_{33}\ v_3\ {}_2e_{30}\ v_0'\ e_0\ v_0'\ {}_2e_{03}\ v_3\ e_3\ v_3\ {}_2e_{32}\ v_2'\ {}_2e_{22}\ v_2\ {}_2e_{20}\ v_0'\ e_0\ v_0')。$$

P_2 回路代表了另一个传统的间接融资交易机制，在这一交易机制中，货币储蓄经过两次变化：一次是由资金剩余主体持有的货币储蓄变为中介机构持有的货币储蓄，另一次是由中介机构持有的货币储蓄变为资金不足主体持有的货币流通。

（四）非货币金融中介机构将购买的货币储蓄配置给贷款的证券存在

设 v_4 是SPV的资产节点，v_4' 是SPV的负债节点，银行部门的借方是资金不足主体。当金融体系中引入银行信贷资产证券化的交易结构时，资金循环情况是：

（1）SPV从银行部门那里受让贷款，并以受让的贷款为支持发行证券。这一结构意味着SPV在资产节点 v_4 增加来自负债节点 v_4' 的入度，在负债节点 v_4' 增加对资产节点 v_4 的出度，故而基于T关系生成一条相应的边 $e_{SPV}=\langle v_4',v_4\rangle$。

（2）非货币金融中介机构以融资获得的作为货币储蓄的银行存款投资于SPV发行的资产证券。这一方面在非货币金融中介机构的资产节点 v_3 增加来自银行部门负债节点 v_0' 的入度，在银行部门负债节点 v_0' 增加对非货币金融中介机构的资产节点 v_3 出度，故而基于债权债务关系生成一条相应的边 ${}_3e_{03}=\langle v_0',v_3\rangle$；另一方面，在非货币金融中介机构的资产节点 v_3 增加对SPV负债节点 v_4' 的出度，在SPV债节点 v_4' 增加来自非货币金融中介机构的资产节点 v_3 的入度，故而基于债权债务关系生成一条相应的边 ${}_3e_{34}=\langle v_3,v_4'\rangle$。

（3）非货币金融中介机构以持有资产证券替代持有银行存在，这在非货币金融中介机构的资产节点 v_3 基于T关系生成一个相应的环 $e_3=\langle v_3,v_3\rangle$，此环的经济含义是：（借）证券投资/（贷）银行存款，“（贷）银行存款”中的银行存款是货币储蓄的债权存在。

（4）SPV因从银行部门受让的贷款而在SPV的资产节点 v_4 增加对借方负债节点 v_2' 的出度，在借方负债节点 v_2' 增加来自SPV的资产节点 v_4 的入度，故而基于债权债务关系生成一条相应的边 ${}_3e_{42}=\langle v_4,v_2'\rangle$；同时，在资金不足部门负债节点 v_2' 增加对银行部门资产节点 v_0 的出度，在银行部门资产节点 v_0 增加来自资金不足部门负债节点 v_2' 的入度，故而基于债权债务关系生成一条相应的边 ${}_3e_{20}=\langle v_2',v_0\rangle$。在默认情况下，资金不足部门的负债节点 v_2' 上没有环。

（5）银行部门一并在资产节点 v_0 减少贷款、在负债节点 v_0' 减少存款货币，这在资产节点 v_0 增加对负债节点 v_0' 的出度，在负债节点 v_0' 增加来自资产节点 v_0 的入度，故而基于 T 关系生成一条相应的边 ${}_3e_{00} = \langle v_0, v_0' \rangle$。

以上资金循环的回路是：

$$P_3 = (v_0' \ {}_3e_{03} \ v_3 \ e_3 \ v_3 \ {}_3e_{34} \ v_4' \ e_{SPV} \ v_4 \ {}_3e_{42} \ v_2' \ {}_3e_{20} \ v_0 \ {}_3e_{00} \ v_0')。$$

回路中的边 ${}_3e_{34} = \langle v_3, v_4' \rangle$ 和环 $e_3 = \langle v_3, v_3 \rangle$ 构成非货币金融中介机构将购买的货币储蓄配置给贷款的证券存在。

二、银行配置与证券配置相结合的机制

证券化既是一种资源配置形式（将货币储蓄凝结在贷款的证券存在），同时也是金融结构转型中银行配置和证券配置相结合的机制。

（一）银行配置、证券配置和证券化配置

银行配置的要点在于以创造贷款的形式创造存款货币的 ${}_0e_{00}$ 机制，所创造的货币投放给谁，谁就能占据调配社会资源的优势。以存款货币回流贷款的机制是 ${}_0\bar{e}_{00}$（${}_0\bar{e}_{00} = \langle v_0, v_0' \rangle$），${}_0e_{00}$ 和 ${}_0\bar{e}_{00}$ 是同一种机制的正反两面。证券配置的要点在于将已有货币储蓄从资金剩余部门配置给资金不足部门的机制，其中包括 e_1 机制和 e_3 机制。证券化配置的要点在于以 SPV 承载贷款并以所承载的贷款为支持创造贷款的证券存在的 e_{SPV} 机制，以及将已有货币储蓄配置给贷款的证券存在的 e_3 机制，概括而言就是将货币储蓄凝结在贷款的证券存在的机制。${}_0e_{00}$ 机制与 e_{SPV} 机制都表现为以资产创造负债，两者看似相同实则不同。前者无中生有地一并创造贷款和存款货币，增加经济中的杠杆；后者以已有贷款为支持创造贷款的证券存在，同时贷款的证券存在又是货币储蓄的转化形式，这不增加经济中的杠杆，甚至降低经济中的杠杆。

P_0 中有 ${}_0e_{00}$，因而 P_0 是银行配置的实现。P_1 中有 e_1、${}_1e_{12}$，P_2 中有 e_3、${}_2e_{32}$，因而 P_1 和 P_2 都是证券配置的实现。不过，P_1 和 P_2 都没有与 ${}_0e_{00}$ 相并联，因而它们都没有实现与银行配置相结合。再来看 P_3，P_3 中有 e_{SPV}、${}_3e_{34}$，因而 P_3 是证券化配置的实现。P_3 中有 e_3（与回路 2 中的 e_3 相比，虽然内容不完全一样，但同样都是配置已有货币储蓄的机制）和 ${}_3e_{00}$，${}_3e_{00}$ 与 ${}_0e_{00}$ 并联，是同一机制的正反两面，从而 P_3 实现与银行配置相结合；P_3 中有 e_{SPV} 和 ${}_3e_{34}$，从而 P_3 实现与证券配置相结合。于是认为 P_3 是通过与银行配置和证券配置相结合而实现银行配置和证券配置相结合的实现。进而，因为 P_3 是证券化回路，所以说证券化是金融结构转型中银行配置与证券配置相结合的机制。

在没有 e_{SPV} 机制的过去，虽然人们期望能够将 v_3 连通到 v_0，即直接交易贷款，但由于贷款本身的特性，在实际中实现这种操作并非易事。在有了 e_{SPV} 机制的当今，人们可以凭借 e_{SPV} 机制在资金循环路径 P_3 上实现交易贷款的宿愿。在 P_3 中，v_3 经桥梁可达 v_0（这一点通过将边 $\langle v_4, v_2' \rangle$ 和边 $\langle v_2', v_0, \rangle$ 等效为边 $\langle v_4, v_0 \rangle$，便可以看清楚）。

在实际中，银行配置和证券配置相结合的具体情境是：（1）基于 SPV 发行以贷款为支

持的证券，投资者以持有这种证券替代持有货币，以持有和交易证券而持有和交易贷款。这是对$_3e_{34}$的具体实现。(2) 银行发起的贷款依然存在，由贷款投放的进入货币资本运动的货币依然要同质地向银行回流，所不同的是，因为贷款在银行的如期回流已经被投资者预付，被预付的贷款处于对它的证券存在的本息应付状态，所以回流给贷款的本息就支付给证券，在对证券本息的支付中逐步收回贷款。(3) 银行继续延续它与借方的关系，作为服务人从借方收取贷款的本息。(4) 银行依然要继续监督借方，控制信用风险。(5) 虽然在证券化配置中贷款依然保持存在，但贷款的存在状态发生了变化，由单一的存在变为双重的存在，即变为贷款的存在和以贷款为支持的证券的存在两者都是真的存在形式。(6) 投资者通过持有证券可达贷款。

(二) 证券化与弥补银行缺陷

尽管银行信用创造存在固有弊端，因此承受许多责难，但现代经济发展对于银行信用创造的依赖程度大大超过对先期货币储蓄的依赖，银行的信用创造功能已经成为一种特殊的资源配置工具，对实现经济增长具有积极意义，这是一个回避不了的客观事实。指望采取100%准备金要求以完全遏制银行的信用创造功能，这并不现实。另外，银行所具有的支付结算功能也使它成为整个经济与金融运行的“CPU”，v_0'似乎成为“CPU”的端口，它为经济与金融运行提供一个货币运动的枢纽。增加新货币的间接融资回路 P_0 、利用已有货币的直接融资回路 P_1 和 P_2 、将货币存在转化为非货币存在的资产证券化回路 P_3 ，它们的资金运动都是以 v_0' 为枢纽的，资金在各账户间的划转由端口内的“CPU”技术完成。所以很难想象离开了银行经济将何以有效运行，资源将何以有效配置。

银行中介是非常重要的，以至于银行中介是不可替代的，但银行中介本身存在的银行缺陷问题也是必须正视的，如作为管制税的相关成本、风险过于集中、货币创造过量带来单位货币购买力下降，以至于即便是在资本约束条件下银行信贷扩张也会促成经济危机和银行危机。其实，银行缺陷问题的症结不是银行特有功能本身的问题，而是本来应该标配于银行特有功能的证券化功能缺失的问题，通过引入证券化能够有效弥补银行缺陷问题。尤其是在货币创造过量的问题上，证券化所提供的通过创造贷款的证券存在而将匹配于贷款转移的货币存在转化为非货币存在的机制具有重要的现实意义，这种机制就像是人为模拟的在金本位时代的过多货币退出流通的机制的一个缩影和翻版。对于这一机制的揭示，或许能够深化对现代金融体系运行内在规律的认识，丰富现代货币管理理论的内涵，为现代货币管理实践提供新的契机。

$e_0 = \langle v_0', v_0' \rangle$ 是传统上的一个关键概念，它表示货币系统的支付管理机制，存款货币在账户间转移。$_0e_{00} = \langle v_0', v_0 \rangle$ 也是传统上的一个关键概念，它被喻为向经济提供运行血液的动力。$_0e_{00} = \langle v_0', v_0 \rangle$ 的反面是 $_0\bar{e}_{00} = \langle v_0, v_0' \rangle$ ，在资金循环上，前者表现为创造货币余额（create money balances），后者表现为吸收货币余额（destroy money balances），两者成为同一事物的正反两面。$_0e_{00}$ 虽然非常重要，但又饱受责难，于是人们自然会有意识地从寻求对称出发，考虑 $_0e_{00}$ 的对称在那里。显然 $_0\bar{e}_{00}$ 不是 $_0e_{00}$ 的对称，因为在还贷的作用下 $_0\bar{e}_{00}$ 使贷款不复存在，从而也就失去了基于“变中之不变”而实现的统一。其实 $_0e_{00}$ 的对称是 $_3e_{00}$ 。$_3e_{00}$ 与 $_0e_{00}$ 方向相反，所在路径不同，这种“变”的“变中之不变”体现为在证券化匹配平移的作用下贷款依然存在，在不同的路径贷款回流运动规律并未发生根本改变。同时，由于 ${}_3e_{00}$ 的动力源于以贷款为支持创造贷款的证券存在的 e_{SPV} 机制，因而 ${}_3e_{00}=\langle v_0,v_0'\rangle$ 和 $e_{SPV}=\langle v_4',v_4\rangle$ 是基于证券化金融创新而新形成的一对关键概念。

从对称之于金融运行的自然、平衡、和谐、经济、完善、稳定意义来说，银行信用创造的固有缺陷和对银行信用创造的长期责难可以得到平复。${}_3e_{00}=\langle v_0,v_0'\rangle$ 和 $e_{SPV}=\langle v_4',v_4\rangle$ 起到了弥补银行缺陷的作用。就事物本身本来就应该是的基本面貌而言，证券化功能是银行信用创造功能的标配，而100%准备金要求则不是，100%准备金要求会使银行特别重要而又不可替代的外部经济受到严重损害。另外，资本约束容易被认为是银行信用创造功能的标配，但并不充分。金融尤其是银行之所以成为现代经济的核心，不单是因为有 $e_0=\langle v_0',v_0'\rangle$ 和 ${}_0e_{00}=\langle v_0',v_0\rangle$，还因为有本来就应该有的标配于 ${}_0e_{00}=\langle v_0',v_0\rangle$ 的 ${}_3e_{00}=\langle v_0,v_0'\rangle$。

就经济学理论而言，在金融体系功能配置方面，资产证券化并非是对于银行中介的完全替代，但证券化毕竟是一种植入金融体系中的金融机制设计，它对银行中介功能起到分拆计价（unbundling）效果，并通过这种分拆计价达到银行与市场的互补。[①]这种互补具有帕累托改善的经济效果，使信用的一般均衡状态发生改变。

三、归纳

可以将以上表述归纳如下。

（一）P_0回路

银行的特有功能在于，以向借方发起贷款的形式在借方的账户中创造存款货币。

（1）贷款是由银行部门在资产节点 v_0 发起的资金运用，一并在负债节点 v_0' 引致出存款货币资金来源，将基于银行的这种特有功能而在银行部门发生的资产和负债变化抽象为一条基于T关系的边 ${}_0e_{00}$。（2）资金不足部门中的借方经济主体通过借款而在从银行部门那里获得融资，将由此发生的资产和负债变化抽象为一条基于T关系的边 ${}_0e_{22}$。（3）基于 ${}_0e_{00}$ 和 ${}_0e_{22}$，银行就是资金不足主体的债权人，资金不足主体就是银行的债务人，这种债权债务关系由边 ${}_0e_{02}$ 表示；同时，资金不足主体以持有的银行存款是银行的债权人，银行以贷记的存款货币是资金不足主体的债务人，这种债权债务关系由边 ${}_0e_{20}$ 表示。

P_0 回路的资金循环路径是：

$$P_0=(v_0\ {}_0e_{02}\ v_2'\ {}_0e_{22}\ v_2\ {}_0e_{20}\ v_0'\ {}_0e_{00}\ v_0)。$$

（二）P_1回路

资金剩余主体以已有货币直接向资金不足部门提供融资。

① 如银行中介中的审查功能、贷款管理功能、支付结算功能、货币创造等继续由银行担当，而对某些风险的担当功能则通过交易结构向投资者和担保机构分散，资金供给功能基于投资者的预付由投资者担当。投资者在资产证券化中所担当的资金供给功能可以从两个方面看。第一，通过投资者在资产证券上的支付，预付贷款的如期回流，投资者可达借方。第二，释放了银行部门的资金供给能力。

(1) 资金不足主体通过发行对自己的债权获取资金，将因此所产生的资产负债关系抽象为一条基于T关系的边 ${}_1e_{22}$ 。(2) 资金剩余主体增加在证券上的持有，减少在银行存款上的持有，将因此所产生的债权债务关系抽象为边 ${}_1e_{01}$ 和 ${}_1e_{12}$ ；同时，将资金剩余主体在资产持有上的这种变化抽象为一个基于T关系的环 e_1 ，即（借）证券投资/（贷）银行存款，“（贷）银行存款”中的银行存款是作为货币储蓄的银行存款。(3) 资金不足主体获得融资，增加在银行存款上的持有，将这一债权债务关系抽象为边 ${}_1e_{20}$ 。(4) 银行部门为此项融资提供技术服务，这被抽象为一个基于T关系的环 e_0 ，即（借）存款货币——资金剩余主体/（贷）存款货币——资金不足主体，“（借）存款货币”中的存款货币是作为货币储蓄的存款货币，“（贷）存款货币”中的存款货币是作为货币流通的存款货币。

P_1 回路的资金循环路径是：

$$P_1 = (v'_0\ {}_1e_{01}\ v_1\ e_1\ v_1\ {}_1e_{12}\ v'_2\ {}_1e_{22}\ v_2\ {}_1e_{20}\ v'_0\ e_0\ v'_0)。$$

（三）P_2回路

以已有货币向资金不足部门提供融资的任务也可以由中介机构来进行。

(1) 中介机构通过向资金剩余主体发行对自己的债权（如债券、股票、受益凭证、保单等）从资金剩余主体那里购买已有货币，将由此产生的资产负债关系抽象为一条基于T关系的边 ${}_2e_{33}$ 。中介机构发行间接证券的结果是，承担的增加债务，将这一债权债务关系抽象为边 ${}_2e_{13}$ ；中介机构购买已有货币的结果是，持有的银行存款增加，将这一债权债务关系抽象为边 ${}_2e_{30}$ ，在此所增加的银行存款是作为货币储蓄的银行存款。(2) 资金剩余主体减少在银行存款上的持有，增加在证券上的持有，将由此产生的债权债务关系抽象为边 ${}_2e_{01}$ 和 ${}_2e_{13}$ ；同时，将资金剩余主体在资产持有上的变化抽象为一个基于T关系环 e_1 ，即（借）证券投资/（贷）银行存款，“（贷）银行存款”中的银行存款是作为货币储蓄的银行存款。(3) 银行部门为此项融资提供技术服务，这被抽象为一个基于T关系的环 e_0 ，即（借）存款货币——资金剩余主体/（贷）存款货币——中介机构，“（借）存款货币”中的存款货币是作为货币储蓄的存款货币，“（贷）存款货币”中的存款货币也是作为货币储蓄的存款货币。

以上过程的资金循环回路是：

$$P_{21} = (v'_0\ {}_2e_{01}\ v_1\ e_1\ v_1\ {}_2e_{13}\ v'_3\ {}_2e_{33}\ v_3\ {}_2e_{30}\ v'_0\ e_0\ v'_0)。$$

进而，中介机构以获得的资金向资金不足主体提供融资。(4) 资金不足主体通过向中介机构发行对自己的债权（债券或股票）购买货币，将由此产生的资产负债关系抽象为一条基于T关系的边 ${}_2e_{22}$ 。(5) 中介机构增加在证券上的持有，减少在银行存款上的持有，将由此所发生的债权债务关系抽象为边 ${}_2e_{32}$ 和 ${}_2e_{03}$ 表示；同时，将中介机构在资产持有上的变化抽象为一个基于T关系的环 e_1 ，即（借）证券投资/（贷）银行存款，“（贷）银行存款”中的银行存款是作为货币储蓄的银行存款。(6) 资金不足主体获得融资的结果是，增加在银行存款上的持有，将这一债权债务关系抽象为边 ${}_2e_{20}$ ，所增加持有的银行存款是作为货币流通的银行存款，它即将进入现实运动。(7) 银行为这一融资提供技术服务，将这一服务抽象为一个基于T关系的环 e_0 ，即（借）存款货币——中介机构/（贷）存款货币——资金不足主体，“（借）存款货币”中的存款货币是作为货币储蓄的存款货币，“（贷）存款货币”中的存款货币是作为货币流通的存款货币。

以上过程的资金循环的回路是：

$$P_{22} = (v_0' \ {}_2e_{03} \ v_3 \ e_3 \ v_3 \ {}_2e_{32} \ v_2' \ {}_2e_{22} \ v_2 \ {}_2e_{20} \ v_0' \ e_0 \ v_0')。$$

两个回路相加的结果就是：

$$P_{21} + P_{22} = (v_0' \ {}_2e_{01} \ v_1 \ e_1 \ v_1 \ {}_2e_{13} \ v_3' \ {}_2e_{33} \ v_3 \ {}_2e_{30} \ v_0' \ e_0 \ v_0') + (v_0' \ {}_2e_{03} \ v_3 \ e_3 \ v_3 \ {}_2e_{32} \ v_2' \ {}_2e_{22} \ v_2 \ {}_2e_{20} \ v_0' \ e_0 \ v_0') = P_2。$$

（四）P_3回路

对于通过融资获得的货币储蓄，中介机构除了将其用于向资金不足主体提供融资外，还可以分流出一部分，将其用于对资产证券的投资。

SPV 是植入金融体系的一个机制，这一机制的要点是，基于一个交易结构账户在资产一端受让贷款，在负债一端发行贷款的证券存在，所发行的证券经投资者的购入最终成为银行部门存款货币的转化形式。

（1）SPV 在其资产一端受让贷款，在其负债一端发行证券，将这一功能抽象为一个基于 T 关系的边 e_{SPV}。（2）银行转让贷款，SPV 受让贷款，这在经济实质上意味着银行对借方的债权减少，SPV 对借方的债权增加，将这种债权债务关系变化抽象为两条边，即 ${}_3e_{20}$ 和 ${}_3e_{42}$。（3）中介机构将其持有的银行存款投向基于 SPV 发行的证券，这意味着中介机构减少在银行存款上的持有，增加在证券上的持有，将这种债权债务关系变化抽象为两条边来表示，即 ${}_3e_{03}$、${}_3e_{34}$；同时，将中介机构在资产持有上的变化抽象为一个基于 T 关系的环 e_3，e_3 的经济含义是（借）证券投资/（贷）银行存款，“（贷）银行存款”中的银行存款是作为货币储蓄的银行存款，这部分银行存款凝结于证券。（4）由于证券是以贷款为支持的，因而中介机构在证券上的投资等于是对贷款在银行的如期回流的预付，结果是，银行部门的贷款和存款货币一并减少，将这一结果抽象为一个基于 T 关系的边 ${}_3e_{00}$。所减少的存款货币搬出“银行之家”，与转移在 SPV 资产上的贷款为伴落户于 SPV 的负债上，转化为证券发行的存在形式。

由于中介机构是以所募集的货币储蓄投资于证券，因此 P_3 是继 P_{21} 之后的。

P_3 回路的资金循环路径是：

$$P_3 = (v_0 \ {}_3e_{00} \ v_0' \ e_0 \ v_0' \ {}_3e_{03} \ v_3 \ e_3 \ v_3 \ {}_3e_{34} \ v_4' \ e_{SPV} \ v_4 \ {}_3e_{42} \ v_2' \ {}_3e_{20} \ v_0)。$$

第五节　金融结构转型中金融体系对称性的动态

在图 11－7 中，v_3 上的货币储蓄是通过一个基本职能是发行一种证券来购买另一种证券的金融支出单位而从 v_1 延展出来的，因为这一延展不过是一个在非金融支出单位之外的资金来源决定资金运用的明显的作用项，既没有增加或减少已有货币储蓄，也没有稀释或浓缩已有货币储蓄，所以将 v_3 合并于 v_1 便是实质等同的第六章中图 6－10 中的图，合并后图 11－7 中图的有些边就内化在 v_1 内。如此，图 11－7 中的图虽然有更贴近具体，避免与图 6－10 重复的积极意义，但它同时也弱化了一般抽象，以至于审视金融结构转型中金融体系对称性之动态或许要以对称性破缺的形式开辟道路。不过即便如此，由于 v_3 对 v_1 的延展及其效应在比较分析中是具有可约性的，因而金融结构转型中金融体系对称性之动态与“明显的作用项”无关。本节的内容是：在通过一个基本职能是发行一种证券来购买另一种证券的金融支出单位而从 v_1 延展出 v_3 的背景下，证明金融体系的对称性在金融结构转型中获得提高。

一、图 11－7 中的图的同构图

图 11－7 中的图是一个便于解说图示，可以将它映射为一个更为美观的同构图形，如图 11－8 所示。对于一个总揽金融运行的金融家而言，谙悉此图之脉络必然是有益的。

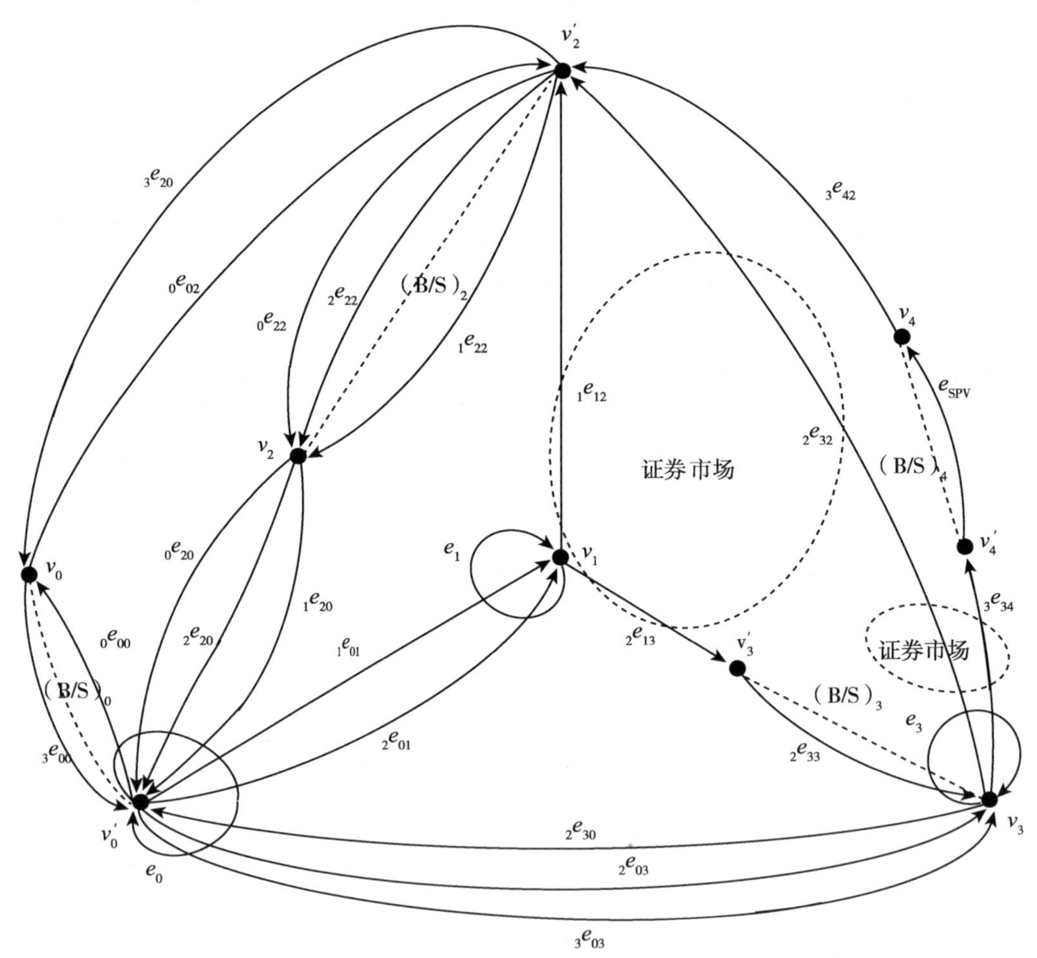

图 11－8　图 11－7 中图的同构图

二、基础简单图、简单对偶图和对称性

可以给出图 11－8 中图的基础简单图 G 及其简单对偶图 G^*，如图 11－9 所示。

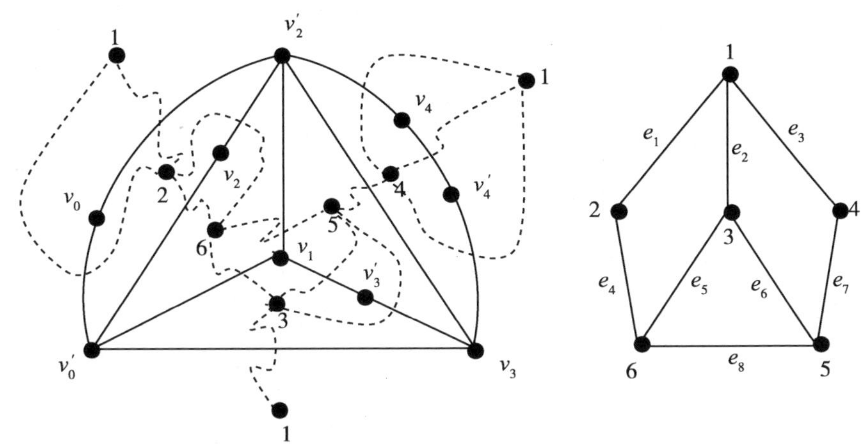

图 11－9　基础简单图 G（左）及其简单对偶图 G^*（右）

图 11－9 左图中的基础简单图的 6 个面是：

外部面 1，其边界为 $v_0'(v_0',v_0)v_0(v_0,v_2')v_2'(v_2',v_4)v_4(v_4,v_4')v_4'(v_4',v_3)v_3(v_3,v_0')v_0'$；

面 2，其边界为 $v_0'(v_0',v_0)v_0(v_0,v_2')v_2'(v_2',v_2)v_2(v_2,v_0')v_0'$；

面 3，其边界为 $v_1(v_1,v_0')v_0'(v_0',v_3)v_3(v_3,v_1)v_1$；

面 4，其边界为 $v_2'(v_2',v_4)v_4(v_4,v_4')v_4'(v_4',v_3)v_3(v_3,v_2')v_2'$；

面 5，其边界为 $v_1(v_1,v_3')v_3'\langle v_3',v_3\rangle v_3(v_3,v_2')v_2'(v_2',v_1)v_1$；

面 6，其边界为 $v_1(v_1,v_0')v_0'(v_0',v_2)v_2(v_2,v_2')v_2'(v_2',v_1)v_1$。

对图 11－9 右图中的图 G^*，有

$$\mathrm{Aut}(G^*)=\{(1),(24)(56)\}=\{\sigma_1,\sigma_2\},$$

由以上自同构群 Aut(G^*) 可知，2 与 4 是相似的，5 与 6 是相似的，但不是每一对点均相似，故而 G^* 不是点对称的。因为 G^* 不是点对称的，所以 G^* 不是对称的。

还可以从边自同构群的情况来看。有 Aut(G^*) 诱导的边自同构群

$$\mathrm{Aut}_E(G^*)=\{(e_1),(e_1e_3)(e_4e_7)(e_5e_6)\}。$$

由边自同构群 $\mathrm{Aut}_E(G^*)$ 可知，e_1 与 e_3 是相似的，e_4 与 e_7 是相似的，e_5 与 e_6 是相似的，但不是每一对边均相似，故而 G^* 不是边对称的。因为 G^* 不是边对称的，所以 G^* 不是对称的。

G^* 不是对称的，但这并不意味着 G^* 一定就完全没有对称性，是不对称的，其实 G^* 是非对称的。在以上的 G^* 中，2 与 4 是相似的，5 与 6 是相似的，e_1 与 e_3 是相似的，e_4 与 e_7 是

相似的，e_5 与 e_6 是相似的，这些都是 G^* 中的对称性构成。

不妨尝试一下将资产证券化去掉。去掉资产证券化后，图 7－9 中图 G 的基础简单图及其简单对偶图 G^*，如图 11－10 所示。

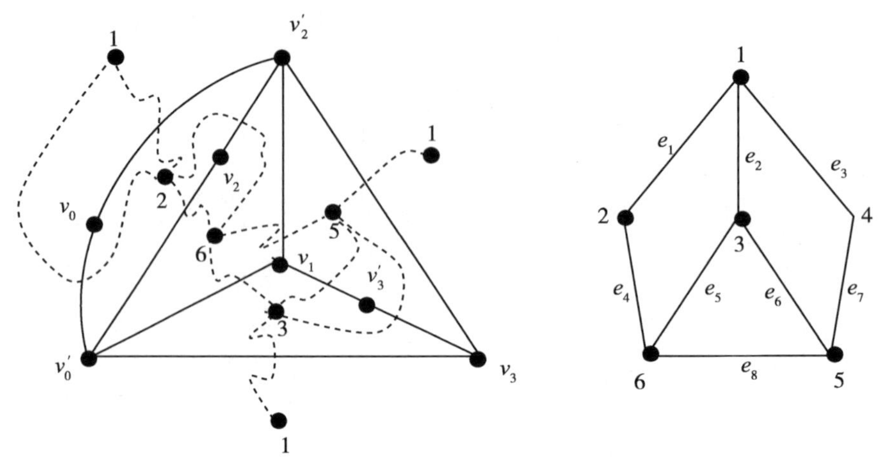

图 11－10　没有资产证券化情况下的基础简单图 G（左）及其简单对偶图 G^*（右）

从图 11－10 可见，如果没有资产证券化，那么就会失去 4 和 e_7。这时有

$$\mathrm{Aut}(G^*) = \{(1),(56)\},$$
$$\mathrm{Aut}_E(G^*) = \{(e_1),(e_5e_6)\}。$$

显然，这时 G^* 的对称性进一步降低。

通过一个基本职能是发行一种证券来购买另一种证券的金融支出单位而从 v_1 延展出 v_3，虽然使金融体系更接近具体境况却也降低了一般抽象。如此，图 11－9 中的图未必是揭示金融体系对称性的最佳背景，甚至图 11－8 中的图或许也因为一般抽象意义受到削弱而偏离审视对称性的最佳视角，但是即便如此，从比较出发，一旦加上用以进行比较的图11－10，那么从 v_1 延展出 v_3 的效应就是可约的（reducible）。于是基于同一视角的比较，图 11－9 和图 11－10 就证明了金融结构转型中金融体系的对称性获得提高这一重要结论。

第十二章　银行供给侧结构性改革

金融是现代经济的核心，银行是金融体系中的主体和金融运行的中心，这意味着就供给侧结构性改革而言，银行供给侧结构性改革具有举足轻重的重要位置，没有银行供给侧结构性改革的成效供给侧结构性改革不能圆满。不过，相关的文献没有透彻深入银行供给侧结构性改革这一论题，以至于在论及银行供给侧结构性改革时将其内容和范围放在改善和提高服务的层面，似乎银行供给侧结构性改革是供给侧结构性改革的依附。其实不是这样，银行供给侧结构性改革有自己的特定技术内涵，它通过触及银行的特有功能使金融运行的机制发生变革，破解金融发展的不平衡不充分的问题，增强银行服务实体经济的能力，为经济增长提供新机制、新动能、新契机。尤其是对在金融结构上高度依赖信贷的经济体，情况更是如此。

本章给出的表述是：银行供给侧结构性改革开启于触及银行特有功能的贷款的新境遇，这一新境遇致使银行货币供应模式发生重大变革，带来货币管理的创新和完善，还为银行注入提高效率的分拆计价机制和改善治理结构的投资者评价机制。因此，开启银行供给侧结构性改革的贷款的新境遇是金融发展的里程碑，实体经济运行的总体绩效得到这种金融发展因素的卓越贡献。

第一节　开启银行供给侧结构性改革的贷款新境遇

在传统观念上，贷款处于对借方的要求权状态，要求借方要如期回流贷款原来派生给它使用的货币（包括利息），贷款的关联集（incident set）中的元素，仅包括将贷款和借款关联起来的边。虽然银行的资产和负债是彼此关联的，但是在负债上并不能划分出哪一部分存款货币或其他负债与资产上的某项贷款集合构成确定的关联，负债上的任何一笔存款或其他负债都能按规制对整个资产进行追索。不像贷款和借款之间那样，银行资产的每一笔贷款与借方负债的借款的关联在银行资产管理文档中都是清清楚楚的。然而，资产证券化技术的引入使贷款脱离了这种传统观念，贷款开始进入新的存在状态。在资产证券化情况下，贷款取得了双重的存在，即作为证券化对象的贷款和以贷款为支持的证券两者同真同假，将贷款的这种状态称为二重态。这成为一个关键而重要的条件，基于这一条件，在 SPV 上的贷款集合不仅关联于借方，还关联于它的证券存在。

一、对象资产的存在状态

在将贷款置于银行的表外，使之在 SPV 上成为证券化的对象资产时，它的存在状态就发生了改变，作为证券化对象资产的贷款不仅关联于借款，还关联于它的证券存在（包括债务形式的和债权形式的），以及投资者的证券投资。

（一）金融交易中的消费机会转移和创造

金融交易，它在金融经济学上的一种抽象性解说是消费机会在不同时点转移，即将一部分当前消费推至未来，而将另一部未来机会提至当前。进而，将能获得当前消费机会的要求权定义为货币债权。这是因为货币是社会商品的一般等价物，谁持有这一债权谁就能对当前消费机会具有要求；相应地，将对于未来消费机会的要求权定义为非货币债权。于是，所谓金融交易就是通过某种契约形式将当前消费机会与未来消费机会进行交换，一方通过发行对于未来消费机会的请求权而获得当前消费机会，从而将未来消费机会提至当前；另一方则通过持有这种对于未来消费机会的请求权而放弃当前消费机会，从而将当前消费机会推至未来。这时相关经济主体的行为是相互兼容的。不过，这种关于消费机会交换的表述更是就一定存量货币而言的。

发起贷款（origination of loans）是一种通过创造当前消费机会而将未来消费机会提至当前的金融交易，但却并没有将已有的当前消费机会推至未来的交换。结果是：借款人获得当前消费机会而其他经济主体“被迫将当前消费机会推至未来”，因为新创造的当前消费机会稀释了已有的当前消费机会。这时借款人的经济行为和其他“被迫将当前消费机会推至未来”经济主体的经济行为是失调的，不是相互兼容的。如果借款人以外的其他经济主体不是“被迫将当前消费机会推至未来”而是“实现当前消费机会”，那么经济中的失调就更为严重。以住宅贷款为例，当银行向借方发起住宅抵押贷款时，借方就通过获得一笔增量的银行存款货币而提前获得了购买当前居住的消费机会，同时借方也将未来的消费机会以契约形式抵押给了银行，银行据此如期索取借方的未来消费机会以消除先前扩张的当期消费机会。借款人在其他经济主体之前以新创造出来的货币实现当前消费，这隐蔽地侵蚀其他经济主体的当前消费机会，致使社会成长机制受到损耗。如果其他经济主体与借款人一同实现当前消费机会，那么社会成长机制就会受到更严重的损耗，因为借款人和其他经济主体的当前消费机会都被稀释。

发起贷款无中生有地扩张了当前总的消费机会，而作为比较，已有消费机会的借贷则是另一种情况，部分当前消费机会被转移，由贷方转移给借方，结果是当前总的消费机会不变。发起贷款膨胀了当前消费机会，这是一个早已被意识到的问题。在正常情况下，需要借方在未来以所实现的消费机会如期向贷款进行回流，方可消解先期膨胀的当前消费机会。不过对于长期贷款而言，这种消解也是一个长期的过程。如何才能尽快缓和这种膨胀效应，是一个一直被人们关注并探索的问题。证券化技术为这种探索提供了成功的契机。我们可以从一个新的视野——贷款的关联集，来解说这种成功的契机，并为贷款的理念注入新的内涵。

（二）贷款的关联集

设在银行自身的资产上，有某项贷款集合 a 将作为证券化的对象资产被置于表外，此项贷款集合中的构成为 $a=\{a_1,a_2,\cdots,a_i\}$，a 所对应的在借方负债上的借款集合为 $b=\{b_1,b_2,\cdots,b_i\}$。因为 a 中的元素和 b 中的元素具有一一对应的确定关联，所以 a 与 b 具有确定的关联。于是，a 的关联集就是：

$$S(a)=\{(a,b)\}=\{e_{ab}\},$$

其中 (a,b) 是无序对。a 与 b 有确定的关联，每一笔贷款的借方都在贷方的监督之下。

设在银行自身的负债上，有 j 个存款账户，其上的存款货币余额的构成为 $c=\{c_1,c_2,\cdots,c_j\}$。在没有引入证券化时，与 a 与 b 的关联相比，a 与 c 没有确定的关联，因为，一方面，此时尚不能分清在整个 c 中有哪些账户上的存款货币会与 a 构成一个集合匹配关联；另一方面，c 整体的价值也大于 a。然而，当引入证券化时，在证券化交易的结构下，基于投资者的投资选择，投向证券的货币能够在 c 中诱导出一个在集合的价值上和真假上与 a 相匹配的关联，从而使 $S(a)$ 发生改变。

证券化操作的结果是，将 a 的存在移至表外，成为 SPV 上的证券化对象资产，同时，基于 k 个投资者在证券上的投资，投向证券的银行存款会在银行的负债上从各个投资者的存款账户上诱导出一个在数量总额上与转移贷款的投资价值相匹配的存款货币的集合 $\bar{c}$：

$$\bar{c}=\{\bar{c}_1,\bar{c}_2,\cdots,\bar{c}_k\},$$

其中，$k\leqslant j$，$\bar{c}\subseteq c$。$\bar{c}_1$ 是 c 中投资者 1 的存款账户中的存款货币的一部分或全部（$\bar{c}_1\leqslant c_1$），…，$\bar{c}_k$ 是 c 中投资者 k 的存款账户中的存款货币的一部分或全部（$\bar{c}_k\leqslant c_k$），$\bar{c}$ 在总体上匹配于 a。投资的结果是：$\bar{c}$ 脱离了银行的负债，成为 SPV 负债上的证券发行，由此，$\bar{c}$ 就由货币债务的存在形式转化为非货币债务的存在形式。若用 $\tilde{c}$ 来表示 $\bar{c}$ 的这种转化形式，则有：

$$\tilde{c}=\{\tilde{c}_1,\tilde{c}_2,\cdots,\tilde{c}_k\}。$$

其中，$\tilde{c}_1$ 是 $\bar{c}_1$ 的非货币证券转化形式，…，$\tilde{c}_k$ 是 $\bar{c}_k$ 的非货币证券转化形式，$\tilde{c}$ 是 $\bar{c}$ 的非货币证券转化形式。这样，因为 $\tilde{c}$ 是 a 的证券存在的债务形式，所以贷款的关联集就会发生改变。初步的推理是：基于 $\tilde{c}$ 和 a 是双重的存在，$\tilde{c}$ 是与 a 同真同假的证券存在的债务形式。这自然会形成一条将 a 与 $\tilde{c}$ 相关联起来的边 $(a,\tilde{c})$，贷款的关联集有可能会成为 $\{(a,b),(a,\tilde{c})\}=\{e_{ab},e_{a\tilde{c}}\}$。

设 k 个投资者的证券投资为 $\tilde{d}$，则有：

$$\tilde{d}=\{\tilde{d}_1,\tilde{d}_2,\cdots,\tilde{d}_k\}。$$

其中，$\tilde{d}_1$ 是第 1 个投资者持有的证券投资，…，$\tilde{d}_k$ 是第 k 个投资者持有的证券投资。另外，因为 $\tilde{c}$ 是由存款货币转化而来的存在形式，是存款货币转化为证券发行的存在形式，所以 $\tilde{d}$ 也就应该是由银行存款转化而来的存在形式，是银行存款转化为证券投资的存在形式。因为向 $\tilde{d}$ 转化的银行存款是存款货币 $\bar{c}$ 的货币统一对象，所以向 $\tilde{d}$ 转化的银行存款就应是 $\bar{d} = \{\bar{d}_1, \bar{d}_2, \cdots, \bar{d}_k\}$，其中，$\bar{d}_1$ 是与 $\bar{c}_1$ 相统一的银行存款债权，…，$\bar{d}_k$ 是与 $\bar{c}_k$ 相统一的银行存款债权。

一个贷款是债权债务关系的统一，a 是统一中的债权形式，b 是统一中的债务形式，a 或 b 都能代表贷款。一个证券存在是债权债务关系的统一。$\tilde{c}$ 是 a 的证券存在的债务形式，a 的证券存在还会有债权形式，这一形式就是 $\tilde{d}$，$\tilde{d}$ 是 a 的证券存在的债权形式。至此，贷款的关联集就扩展为：

$$S(a) = \{(a,b),(a,\tilde{c}),(a,\tilde{d})\} = \{e_{ab}, e_{a\tilde{c}}, e_{a\tilde{d}}\}。$$

$\tilde{c}$ 和 $\tilde{d}$ 分别是 a 的证券存在的债务形式和债权形式，这是一个重要而关键的概念，没有这一概念，就不会有 a 与 $\tilde{c}$ 的关联和 a 与 $\tilde{d}$ 的关联，从而也就不会有以上变化了的贷款关联集。在这种交易结构，$\tilde{d}$ 是可以运动的，对 $\tilde{d}$ 的交易就等于实现了对 a 的交易。而作为比较，作为存款货币统一对象的某一笔银行存款，它的运动并不代表对哪一部分贷款或其他银行资产的交易。

（三）比较

比较 $S(a) = \{(a,b)\} = \{e_{ab}\}$ 和 $S(a) = \{(a,b),(a,\tilde{c}),(a,\tilde{d})\} = \{e_{ab}, e_{a\tilde{c}}, e_{a\tilde{d}}\}$，可以看出：(1) (a,b) 不变，这意味着在证券化交易结构中借方未来获得的消费机会最终要回流给为借方创造当前消费机会的贷款。这在贷款关联集中体现为对象资产在经济实质上按照不变的关联对借方具有要求权。(2) 基于投向证券的银行存款的诱导，不仅在 c 中划分出投资者的存款账户，还在这些账户中划分出在价值上与 a 相匹配的 $\bar{c}$，进而，因为 $\tilde{c}$ 是 $\bar{c}$ 的转化形式，所以 $\tilde{c}$ 是 a 的价值匹配。于是，$\tilde{c}$ 作为 a 的证券存在的债务形式，对回流给 a 的消费机会具有要求权。(3) 由于 $\bar{c}$ 转化为 $\tilde{c}$，因而与 $\bar{c}$ 相统一的当前消费机会 $\bar{d}$ 也就随之转化为未来消费机会的形式，即转化为与 $\tilde{c}$ 相统一的证券投资的存在形式 $\tilde{d}$；前一个统一是指作为货币的债权债务关系的统一，后一个统一是指作为证券的债权债务关系的统一。

在证券化的交易结构中，基于贷款而发行的证券是贷款的证券存在，是贷款的应付义务和对于贷款的要求权的统一，因为投资者通过在证券上的投资预付了借方在未来以所获得的消费机会对贷款的回流。只要注意到这种证券是货币的转化形式，就不难理解什么是置换，置换与交换的不同。投资者以持有这种证券的形式将当前消费机会转化为未来消费机会，这形成与贷款创造的当前消费机会的置换，即按照不变的货币余额，借方基于贷款获得的当前消费机会等于是置换于投资者持有的当前消费机会。未来所实现的消费机会按照不变的关联如期向贷款回流，但由于贷款已由投资者以持有证券而持有，即 a 与 $\tilde{d}$ 建立起了关联，因而这一回流就转而支付给证券投资者，成为投资者获得未来消费机会的实现形式。在此，构建双重存在的交易结构成为在经济中重新安排消费机会的一个新的机制。

在未证券化时，在未来回流的已经实现的消费机会中，以利息为存在形式的部分由银行获取，作为在经济中为借方扩张当前消费机会的回报，而以本金为存在的部分则回流给贷款，与同贷款一同注销，不复存在。在证券化情况下，由于投资者向银行已做出了预付，提前实现了贷款在银行的如期回流，因而银行未来回流的已经实现的消费机会就应转而支付给投资者，以实现投资者将当前消费机会推至未来的跨期计划。在支付证券本息的过程中，不会带来所实现的消费机会的减少，只会带来借款和贷款的减少，以及对于贷款具有本息要求权的证券的一并减少，这种机制不同于贷款回流机制。

总之，证券化交易结构使贷款获得了双重的存在（具体存在形式是双重的债权存在和双重的债务存在），这是一个关键而重要的现代金融概念。正是基于这一概念，作为证券化对象资产的贷款的存在状态发生了不同于传统贷款的变化，这一变化改变了作为证券化对象资产的贷款的关联集。投资者通过在证券上的投资将具有当前消费机会属性的积累储蓄的货币储蓄转化在积累代表储蓄未来交换价值的证券上，使这部分当前消费机会被推至未来，却并没有与其他经济主体发生与未来消费机会的交换，即没有其他经济主体因此获得这一被推至未来的当前消费机会，被推至未来的这一当前消费机会转化在代表储蓄未来交换价值的证券中。在此，置换机制发挥了作用，由发起贷款所新增的当前消费机会等于是从面对当前消费机会而未动用当前消费机会的积累储蓄的货币储蓄那里置换而来的，而这种货币储蓄则化身为代表这种货币储蓄未来交换价值的证券，没有实现易主。

二、证券发行、证券投资和借款的存在状态

如前所述，贷款债权是对于未来消费机会的要求权，当它被转移至表外，并以这种要求权为支持发行证券时，它就进入了一种新的存在状态。这种新的存在状态由贷款债权在交易结构中的关联集确立，这种关联集体现了一种新的信用关系。当然，证券发行、证券投资和借款的存在状态也可以用关联集的概念来表述。

（一）以对象资产为支持的证券发行的关联集

基于所发行的证券是对象资产的证券存在这一概念，以对象资产为支持的证券的存在状态也有它的特定关联集。由于证券是债权债务关系的统一，因而以对象资产为支持的证券的存在状态的关联集就是由债务形式的关联集和债权形式的关联集构成的。债务形式的关联集也就是证券发行的关联集，即 $S(\tilde{c})$：

$$S(\tilde{c}) = \{(\tilde{c},a),(\tilde{c},b),(\tilde{c},\tilde{d})\} = \{e_{\tilde{c}a},e_{\tilde{c}b},e_{\tilde{c}\tilde{d}}\}。$$

$\tilde{c}$ 是 a 的证券存在的债务形式，故而有（$\tilde{c},a$）。进而，因为 a 和 b 是债权债务关系的统一，即 b 是统一于 a 的债务存在，所以 $\tilde{c}$ 和 b 就是 a 的双重存在中的双重债务存在，故而有（$\tilde{c},b$）。$\tilde{c}$ 和 $\tilde{d}$ 统一于证券的债权债务关系中，故而有（$\tilde{c},\tilde{d}$）。

（二）证券投资的关联集

（1）因为贷款的证券存在是债权债务的统一，$\tilde{c}$ 是统一中的债务形式，$\tilde{d}$ 是统一中的债权形式，故而有（$\tilde{d},\tilde{c}$）。（2）贷款是债权债务关系的统一，a 是统一中的债权形式，b 是统一中的债务形式，a 和 b 都是贷款的存在形式。因为 $\tilde{d}$ 是 a 的证券存在的债权形式，故而有（$\tilde{d},a$）。（$\tilde{d},a$）体现为双重存在中的双重存在的债权，是一个双重的债权存在。（3）因为 $\tilde{d}$ 也是 b 的证券存在的债权形式，故而有（$\tilde{d},b$）。于是，证券投资的关联集 $S(\tilde{d})$：

$$S(\tilde{d}) = \{(\tilde{d},a),(\tilde{d},b),(\tilde{d},\tilde{c})\} = \{e_{\tilde{d}a},e_{\tilde{d}b},e_{\tilde{d}\tilde{c}}\}。$$

对于（$\tilde{d},b$），此关联的经济含义是：投资者持有 $\tilde{d}$ 的收益和风险直接关联于 b 的偿付情况。相比较，当贷款在银行的表内时，存款人及其他投资者的收益和风险是与银行整体的收益和风险情况相关联的，并不直接对应于某一项或某一部分贷款集合的借方的质量状况。

（三）借款的关联集

有了以上贷款的关联集、资产证券的关联集和证券投资的关联集，自然就能写出借款的关联集 $S(b)$：

$$S(b) = \{(b,a),(b,\tilde{c}),(b,\tilde{d})\} = \{(e_{ba}),(e_{b\tilde{c}}),(e_{b\tilde{d}})\}。$$

在证券化交易结构下，b 和 a 统一于贷款的债权债务关系，即有（b,a）。另外，由于 $\tilde{c}$ 是 b 的证券存在的债务形式，$\tilde{d}$ 是 b 的证券存在的债权形式，因而有（$b,\tilde{c}$）和（$b,\tilde{d}$）。（$b,\tilde{c}$）是体现为双重存在中的双重存在的债务，是一个双重的债务存在。

三、交易结构的存在状态

可以用图的图形表示和基于此图形表示的几何构型来表述证券化交易结构的存在状态。

（一）证券化交易结构的关联集

证券化贷款的存在状态、借款的存在状态、以证券化贷款为支持的证券的存在状态

（包括债务形式的存在状态和债权形式的存在状态），它们构成证券化交易结构的存在状态。

在交易方面，证券化贷款的流动性是基于证券化交易结构而获得的。以证券化贷款为支持的证券是贷款的证券存在形式，它较之证券化贷款具有更好的转换能力，从而使证券化贷款在它的证券存在形式上被赋予了流动性，成为可交易的对象。这种关系体现于（a，$\tilde{d}$）或（$\tilde{d}$，a）。

在收益方面，投资者基于持有证券而持有贷款，贷款在保留基本银行关系的情况下以贷款的证券存在形式出售给投资者，于是借方向银行回流的款项转而回流给投资者。以具有图论色彩的术语来概括：基于证券化的交易结构，b 和 $\tilde{d}$ 不仅是可达的，还是关联的。这种关系体现于（b，$\tilde{d}$）或（$\tilde{d}$，b）。作为比较，在投资者持有银行存款或其他银行产品的情况下，没有这种关联。由于投资者持有的银行存款债权并不对应于某一部分特定贷款，投资者的收益是以银行的整体收益为支持的，因而投资者持有的银行存款或其他银行产品并不与某一部分特定贷款相关联，于是也不与特定贷款债权所对应的借款债务相关联。

证券化交易结构的这种关联是来之不易的。在没有实现证券化的过去，在金融体系的运行中没有这种关联，尽管人们长期以来一直希望能实现对于贷款的有效交易。图 12－1 中的图 G' 表示了 a、b、$\tilde{c}$、$\tilde{d}$ 的关联集，以及具体的边与相应节点的关联情况。

图 12－1　对象资产 a、借款 b、证券发行 $\tilde{c}$ 和证券投资 $\tilde{d}$ 的关联集状态

在 a 的关联集 $S(a)=\{(a,b),(a,\tilde{c}),(a,\tilde{d})\}=\{e_{ab},e_{a\tilde{c}},e_{a\tilde{d}}\}$ 中，$e_{a\tilde{d}}$ 意味着 $\tilde{d}$ 是 a 的证券存在的债权形式，$\tilde{d}$ 以 a 为交易对象，交易 $\tilde{d}$ 就是交易 a。

在 $\tilde{c}$ 的关联集 $S(\tilde{c})=\{(\tilde{c},a),(\tilde{c},b),(\tilde{c},\tilde{d})\}=\{e_{\tilde{c}a},e_{\tilde{c}b},e_{\tilde{c}\tilde{d}}\}$ 中，$e_{\tilde{c}b}$ 意味着，$\tilde{c}$ 和 b 是双重存在中的双重债务关系，两者同真同假，清偿 b 就是基于贷款 a 清偿 $\tilde{c}$，要求 $\tilde{c}$ 就是基于贷款 a 要求 b，故而 b 可达 $\tilde{c}$，同时与 $\tilde{c}$ 也是相互关联的。

在 $\tilde{d}$ 的关联集 $\tilde{S}(\tilde{d})=\{(\tilde{d},a),(\tilde{d},b),(\tilde{d},\tilde{c})\}=\{e_{\tilde{d}a},e_{\tilde{d}b},e_{\tilde{d}\tilde{c}}\}$ 中，由于 $\tilde{d}$ 是 a 的证券存在的债权形式，a 和 b 统一于借贷的债权债务关系中，故而 $\tilde{d}$ 可达 b，同时，由于 $\tilde{d}$ 是 b 的证券存在的债权形式，故而 $\tilde{d}$ 与 b 也是相互关联的。

可以在关联集的概念上解释资产证券化与银行理财产品的差别。贷款是债权债务关系的统一，对于资产证券化而言，由于证券投资是贷款的证券存在的债权形式（或者说证券发行与贷款是双重存在中的双重债权存在），证券发行是贷款的证券存在的债务形式（或者说证券发行与贷款是双重存在中的双重债务存），证券是债权债务关系的统一，因而，在投资者以持有证券而持有贷款的交易结构中，证券投资与贷款就不仅是连通的（证券投资——证券发行——贷款），同时也是关联的（证券投资——贷款），即有（$\tilde{d}$,a）。对于承接贷款的表外银行理财产品而言，虽然证券投资与贷款是连通的（证券投资——证券发行——贷款），但却不是关联的（证券投资——贷款），即没有（$\tilde{d}$,a）。

（二）几何构型

基于以上分析，在证券化的阶段，二重态的银行贷款概念就不仅是含有“财产”这一静态或存量意义，也含有成为潜在流通对象这一动态或流量意义。在一个能够以证券作为贷款的具有流动性的存在的阶段，人们在贷款上的理念随之发生了变化，贷款可以是一个带有同真同假的证券存在的交易结构。可以说，资产证券化成为人们重新理解贷款的一个境遇。这一境遇的至美之相（the beautiful visible）是一个正四面体，如图 12 – 2 所示。之所以能够将以上关系结构图转而表示为一个正四面体，是因为在图论中，图 12 – 1 同构于一个正四面体。另外，从每一对关系的两个节点之间理应具有相同的赋权值来说，也能够对关系结构给出一个正四面体的几何构型图。

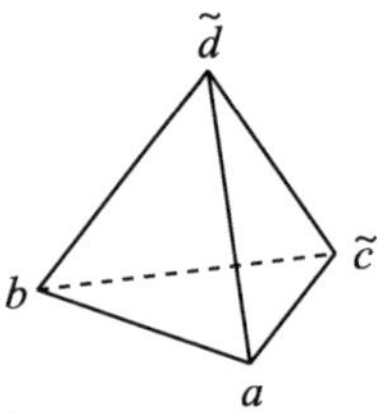

图 12 – 2　贷款新境遇中的对称之美——图 10 – 1 的同构

在三维空间中，至多只能有五种正多面体，史上的先人们曾经设想用这五种正多面体构成宇宙。正四面体是五种正多面体的其中之一，我们在此恰好是利用它描绘了贷款的新境遇和这种新境遇中的对称之美。这种美自然是稀缺的，这种境遇当然也是震撼的。

四、群和完美对称

还可以从群的角度来领略以上交易结构的至美之相。为了简便，将图 12 – 1 中的 a 、b 、$\tilde{c}$ 、$\tilde{d}$ 分别用 1、2、3、4 来代表，于是有以下的图 12 – 3。图 12 – 3 中的图 G 是图 10 – 1 中的图 G' 的同构图，即 $G \cong G'$ 。同构意味着，两个图的点和边具有一一对应的关系，且点和边的关联关系也保持一一对应关系。

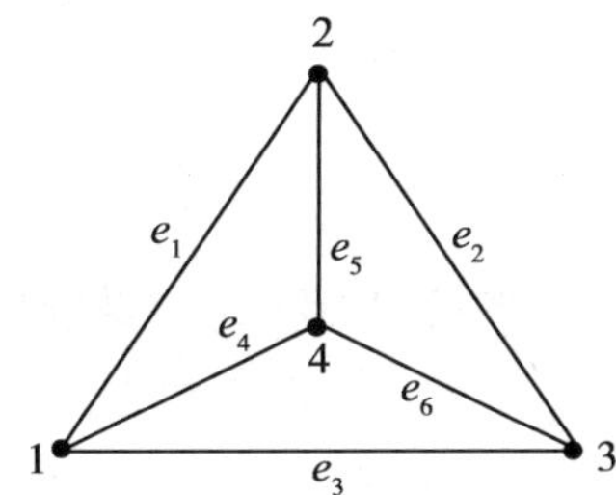

图 12－3　交易结构的同构图 G

（一）自同构群

图 12－3 中的图 G 是一个四阶完全图（K_4），在同构意义上，它是唯一的。对于此图 $G=(V,E)$，其中的 $V(G)=\{1,2,3,4\}$，$E(G)=\{12,23,13,14,24,34\}=\{e_1,e_2,e_3,e_4,e_5,e_6\}$。

设一个 4 次置换 $\sigma=\begin{pmatrix}1 & 2 & 3 & 4\\ \sigma(1) & \sigma(2) & \sigma(3) & \sigma(4)\end{pmatrix}$。由于 G 是 4 阶完全图，因而有图 G 的自同构群 $\mathrm{Aut}(G)=\mathrm{Aut}(K_4)=S_4$。$S_4$ 的全体元素是 σ_1，σ_2，…，σ_{24}，用轮换方法具体写出来是：

$$\underset{\sigma_1}{(1)};$$

$$\underset{\sigma_2}{(12)},\underset{\sigma_3}{(34)},\underset{\sigma_4}{(13)},\underset{\sigma_5}{(24)},\underset{\sigma_6}{(14)},\underset{\sigma_7}{(23)};$$

$$\underset{\sigma_8}{(123)},\underset{\sigma_9}{(132)},\underset{\sigma_{10}}{(124)},\underset{\sigma_{11}}{(142)},\underset{\sigma_{12}}{(134)},\underset{\sigma_{13}}{(234)},\underset{\sigma_{14}}{(243)},\underset{\sigma_{15}}{(143)};$$

$$\underset{\sigma_{16}}{(1234)},\underset{\sigma_{17}}{(1243)},\underset{\sigma_{18}}{(1324)},\underset{\sigma_{19}}{(1423)},\underset{\sigma_{20}}{(1342)},\underset{\sigma_{21}}{(1432)};$$

$$\underset{\sigma_{22}}{(12)(34)},\underset{\sigma_{23}}{(13)(24)},\underset{\sigma_{24}}{(14)(23)}。$$

（二）边自同构群

以上 $\mathrm{Aut}(G)$ 诱导的图 G 的边自同构群 $\mathrm{Aut}_E(G)=S_4'$。S_4' 的全体元素是 σ_1'，σ_2'，…，σ_{24}'，用轮换方法写出来是：

$$\underset{\sigma_1'}{e_1};$$

$$\underset{\sigma_2'}{(e_2e_3)(e_4e_5)},\underset{\sigma_3'}{(e_2e_5)(e_3e_4)},\underset{\sigma_4'}{(e_1e_2)(e_4e_6)},\underset{\sigma_5'}{(e_1e_4)(e_2e_6)},\underset{\sigma_6'}{(e_1e_5)(e_3e_6)},\underset{\sigma_7'}{(e_1e_3)(e_5e_6)};$$

$$\underset{\sigma_8'}{(e_1e_2e_3)(e_4e_5e_6)},\underset{\sigma_9'}{(e_1e_3e_2)(e_4e_6e_5)},\underset{\sigma_{10}'}{(e_1e_5e_4)(e_2e_6e_3)},\underset{\sigma_{11}'}{(e_1e_4e_5)(e_2e_3e_6)},$$

$$\underset{\sigma_{12}'}{(e_1e_2e_5)(e_3e_6e_4)},\underset{\sigma_{13}'}{(e_1e_3e_4)(e_2e_6e_5)},\underset{\sigma_{14}'}{(e_1e_4e_3)(e_2e_5e_6)},\underset{\sigma_{15}'}{(e_1e_5e_2)(e_3e_4e_6)};$$

$$\underset{\sigma_{16}'}{(e_1e_2e_6e_4)(e_3e_5)},\underset{\sigma_{17}'}{(e_1e_5e_6e_3)(e_2e_4)},\underset{\sigma_{18}'}{(e_2e_5e_4e_3)(e_1e_6)},$$

$$\underset{\sigma_{19}'}{(e_2e_3e_4e_5)(e_1e_6)},\underset{\sigma_{20}'}{(e_1e_3e_6e_5)(e_2e_4)},\underset{\sigma_{21}'}{(e_1e_4e_6e_2)(e_3e_5)};$$

$$\underset{\sigma'_{22}}{(e_2e_4)(e_3e_5)}, \underset{\sigma'_{23}}{(e_2e_6)(e_2e_4)}, \underset{\sigma'_{24}}{(e_1e_6)(e_3e_4)}。$$

（三）对称性

从用轮换方法写出的 G 的点自同构群 $\mathrm{Aut}(G)$ 可以看出，G 中存在相似的点对。例如，对于 2 和 4 这两个点，由于有 $\sigma_5(2)=4$，因而 2 和 4 是相似的。因为每一对点 u 和 v，存在 $\sigma_t \in \mathrm{Aut}(G)$，使：

$$\sigma_t(u)=v, t \in \{1,2,\cdots,23,24\},$$

即图 G 的每一对点 u 和 v 均相似，所以 G 是点对称的。

从用轮换方法写出的 G 的边自同构群 $\mathrm{Aut}_E(G)$ 可以看出，G 中存在相似的边对。例如，对于 e_2 和 e_4 这两条边，由于有 $\sigma'_{22}(e_2)=e_4$，因而 e_2 和 e_4 是相似的。因为每一对边 e_i 和 e_j，存在 $\sigma' \in \mathrm{Aut}_E(G)$，使：

$$\sigma'_k(e_i)=e_j, k \in \{1,2,\cdots,23,24\},$$

即图 G 的每一对边 e_i 和 e_j 均相似，所以 G 是边对称的。

因为图 G 既是点对称的又是边对称的，所以它是对称的，这种对称是完美对称。

第二节　货币收入流通速度、货币供应能力和贷款供应能力

贷款的新境遇是银行供给侧结构性改革的开端，这一开端增强银行服务实体经济的能力。从学术上深入探讨这一问题应该以银行特有功能为切入点，围绕这一特有功能展开，否则难以将问题准确定位于银行供给侧结构性改革和识别银行供给侧结构性改革如何增强银行服务实体经济的能力，并基于此洞悉在银行业态上我国与其他金融大国存在的深刻差别。

银行是通过发放贷款而创造存款以满足借方经济主体货币需求的货币供应方经济主体，也是为货币运动提供技术服务的中枢。银行的这种特有功能决定了它在现代经济中处于核心地位，但传统银行本身也是有先天缺陷的，这种缺陷在宏观上主要表现为满足经济主体有效货币需求的贷款供应和保持货币总量适度之间的矛盾。当货币总量适度性要求对满足经济主体有效货币需求的贷款增加产生制约时，便会出现金融抑制。有效克服这种情况，在货币总量适度性约束下进一步打开贷款空间，实现货币供应与货币需求新的动态均衡，从而优化金融资源配置，这在本质上成为银行供给则结构性改革应有的绩效。尤其是对于高度信贷依赖型的经济体，这一绩效尤其重要，迫切需要这一绩效，因为它创造出一个贷款总量增加而货币总量相对稳定的金融运行新格局。基于这一绩效，经济学会重新表述银行，谱写经济与金融科学的新篇章。本节中的内容是，贷款新境遇开启的银行供给侧结构性改革在货币收入流通速度、贷款供应能力和货币供应能力方面的绩效。

一、提高货币收入流通速度和减少与货币需求

在传统上，通过发展直接融资将投资者账户上积累储蓄的货币储蓄转变为企业账户上积累储蓄的货币流通，可以提高货币收入流通速度，同时货币总量和货币需求在总体上不变。[①]而标志银行供给侧结构性改革的资产证券化却别开生面地通过将投资者账户上积累储蓄的货币储蓄或者是由积累储蓄的货币储蓄转变的积累储蓄的货币流通"搬出银行之家"，使之转换为在非货币证券上的积累，从而使货币收入流通速度得以提高，同时货币需求在总体上降低。不难理解，表外银行理财产品则没有这种担当，因为表外银行理财产品的作用没有超出以易主的形式利用已有货币，保持货币总量和货币需求在总体上不变的格局。

（一）提高货币收入速度和减少货币需求

经济学中的一个著名的公式是：$MV_Y = PY$，其中，M 是给定年份的年平均货币供应量，V_Y 是货币的收入流通速度，P 是一年中所购商品和劳务的平均价格，或所有构成 GDP 的商品和劳务的平均价格，或相对于某一基年的价格指数，Y 是一年中所生产和创造的商品和劳务的数量，或相对于某一基年的实际 GDP 指数。这一公式与费雪方程是存在差别的，它去除了未计入 GDP 的成分，如股票、债券、旧车、旧货等交易价值。选择这一公式，有利于与后面的有关内容相衔接。上式的动态形式是 $\dot{M} + \dot{V}_Y = \dot{P} + \dot{Y}$，$\dot{M}$ 是货币供应量增长率（货币增速），$\dot{V}_Y$ 是货币收入流通速度变化率，$\dot{P}$ 是通货膨胀率，$\dot{Y}$ 产出增长率（产出增速）。

这一公式也一直受到一些批评，认为它只关注了货币数量改变对一般价格水平的影响，没有关注对相对价格结构的影响，而相对价格结构是对经济更具实质影响的因素。进而，认为它是一个机械论的解释，回避了货币变动对经济发挥实质影响的内在微观机制，因而是一种"对经济思想的进步非常有害"的解释。[②]诚然以上公式有这方面的问题，但在一般的"宏观经济学"分析中，其数学意义和经济学概念还是够用的，不至于沦为"充其量是一个纯粹的表意符号"的地步。[③]

关于货币供应量，有公式：$M_1 = C + (1/rr)RR = C + (1/rr)(NBR + BR - ER)$。其中，$C$ 为流通中的通货，rr 为法定准备金率，RR 为法定准备金，ER 为超额准备金，NBR 为非借入准备金，BR 为借入准备金，M_1 是交易存款加上通货。当准备金的供给与需求均衡时，有 $NBR + BR = RR + ER$。$(NBR + BR - ER)$ 称为有效准备金，它所支持的存款货币供应量为 $(1/rr)(NBR + BR - ER)$。在均衡状态，$M_1 = M_d$，M_d 是货币需求。

---

① "将投资者账户上积累储蓄的货币储蓄转换为企业账户上的积累储蓄的货币流通"这一表述虽然严谨却显得晦涩，其直白之意是：在企业实现直接融资的情况下，新的投资是由实际储蓄而非信贷扩张实现的。"积累储蓄的货币储蓄"和"积累储蓄的货币流通"这种用语在本书中的其他一些地方也使用过，其义亦同。

② "对经济思想的进步非常有害"这一个用语，参见赫苏斯·韦尔塔·德索托著：《货币、银行信贷与经济周期》（秦传安译），上海财经出版社 2016 年版，第 369 页。

③ "充其量是一个纯粹的表意符号"这一用语，参见赫苏斯·韦尔塔·德索托著：《货币、银行信贷与经济周期》（秦传安译），上海财经出版社 2016 年版，第 369 页。

另外有 $M_2 = C + [(1 + d_2)/rr](NBR + BR - ER)$ 。M_2 是由 M_1 再加上非交易存款（如储蓄存款、定期存款、货币市场共同基金等），d_2 = 非交易存款/交易存款。

因为货币供应分为不同层次，所以货币收入流通速度（money's income velocity）也就可以分为 V_1 = GDP/M_1 和 V_2 = GDP/M_2 。

资产证券的投资者主要是非存款类金融机构和非金融机构。在我国金融统计划分上，前者持有的货币主要表现为在存款类金融机构的存款（相关文献中的用语是非货币金融中介机构在货币金融中介机构的存款），后者持有的货币也主要表现为在存款类金融机构的存款（相关文献中的用语是非金融机构在货币金融中介机构的存款），它们均属于 M_2 。这部分货币规模庞大，由于其中有不小的一部分并不直接作用于实际经济，而是伺机而动，是购买力的潜在构成因素，因而带来 $V_2 \downarrow$ 。并不直接作用于实体经济的这部分货币的一个特点是，其势如涌，只要加以某种利益诱导，便会涌向实体经济或虚拟经济的某一环节，形成货币冲击。货币冲击形成势力的前提条件是，货币本身在运动的变中保持不变。由此不难联想，如果货币本身在运动中发生变异，由货币存在转化为非货币存在，那么货币冲击便会失势，同时有 $V_2 \uparrow$ 。显然，使自身“搬出银行之家”的货币运动会使货币冲击失势，同时带来 $V_2 \uparrow$ 。

引入资产证券化具有使银行的表内贷款和存款货币一并减少，且减少的存款货币转化为在 SPV 上以转移贷款为支持的非货币证券发行的效果。经济中的货币存量减少，减少的这部分货币属于并不直接作用于实际经济的货币部分，而由于贷款是投向实体经济的，因而这部分化身为贷款的证券存在的货币就以凝结的形式作用于实际经济的货币，而不是以转换的形式作用于虚拟经济的货币。于是货币收入流通速度随之上升，这是指，对于一定的商品及服务供给（PY），因为购买力（$M_2 V_Y$）实现中的 M_2 减少，所以均衡的货币收入流通速度就要提高，即 $V_2 \uparrow$ 。如果货币收入流通速度的提高对匀衡 M_2 的减少存在不足，那么价格水平就会趋于走低。毕竟，在实际经济之外能够冲击实体经济的 M_2 减少了。虽然这只是一种基于因素分解的表述，资产证券化的实际效果并非如此简单，但这一因素毕竟是成因中的一个重要成分。

在银行部门发起新的贷款时，虽然货币总量较之证券化后又重新获得了增加，但货币收入流通速度的提高不至于明显下降，因为源于新增贷款而投放的货币与资本的总运动具有紧密关系，直接影响实际经济活动，带来收入增加。

在货币需求方面，虽然货币需求的减少与货币收入流通速度的提高是同一问题的不同侧面，但对于资产证券化而言，货币需求的减少还有其他特殊内涵。在投资者通过减少对货币的持有而增减对资产证券的持有时，因为已有货币直接转化为非货币证券存在，没有货币需求增加得以实现的相应对面，所以总体上的货币需求减少。这一点不同于直接融资中的企业股票发行，从而是形成银行供给侧结构性改革的一个因素。

（二）与企业股票发行的比较

设在 GDP 增长的背景下，企业在交易上的货币需求增加，且通过发行购买货币的股票来实现增量的货币需求。企业股票发行是以货币易主机制将部分并不直接作用于实际经济的货币转化为直接作用于实际经济的货币，从而使货币收入流通速度获得提高的。

通常，GDP↑ 也会增加在货币储蓄形式上的积累需求，从而带来使货币收入流通速度的降低的影响，但这种影响不至于大到改变 V↑（GDP↑/M）的程度。另外，货币收入流通速度的这种提高还会具有其他方面的效应，例如，当政策试图通过减少货币总量或降低货币增速以提高利率时，它会带来抵消政策意图的影响，因为货币收入流通速度的提高具有抵消货币总量减少和货币增速降低的效应。

在货币需求方面，当企业通过发行股票购买货币时，投资者减少对货币的持有而增加对股票的持有，股票发行企业的增量货币需求因此得以实现。因为企业货币需求的增加是以投资者货币需求的减少作为对面的，货币需求增加和货币需求减少互为对面，所以货币需求在总体上保持不变。这一点与别开生面地将货币搬出“银行之家”的资产证券化不同。

直接融资和资产证券化都带来提高货币收入流通速度的效果，但两者的具体实现形式是各不相同的。前者没有超出传统上的利用已有货币的格局，后者虽然也是利用已有货币，但利用的结果是使货币的存在转化为非货币的存在，通过贷款的证券存在将已有货币凝结于实际经济。

二、提高贷款供应能力和释放货币供应能力

基于贷款创造存款货币的概念，银行的贷款供应能力和货币供应能力在对货币总量的影响上有很大的重叠性，银行能更多地向借方发起贷款自然也就意味着能更多地创造货币，货币总量与之相随。[①]然而，资产证券化以银行供给侧结构性改革的格局重新构造了贷款增长和货币增长的对应关系，从而也重新区别了贷款供应能力和货币供应能力。

（一）提高贷款供应能力和释放货币供应能力

在传统上，银行的存款货币在总体上主要是跟随银行贷款的增加而增加，银行信贷因此被喻为货币供应的“阀门”。在没有引入资产证券化时，在一定的资本约束下有效准备金约束了存款货币供应量从而约束了创造存款货币的贷款供应量。在引入资产证券化后，有效准备金对存款货币供应量的约束依然如故，但贷款受到约束的情况出现了新的变化。资产证券化带来的绩效是：基于一个相对稳定的货币供应水平，贷款的空间被进一步打开，更多的经济主体能受惠银行贷款提供的融资，银行特别重要的外部经济得以更充分发挥。鉴于存款货币跟随贷款的增加而增长的传统关系发生了改观，人们必然要重新审视关于银行的货币供应能力和贷款供应能力的传统评判。

从银行部门看，资产证券化使银行部门的表内贷款和存款货币一并缩减，这一方面使银行部门对法定准备金的需要减少，一定准备金下超额准备金随之上升；另一方面使资本占用减少。在准备金方面，对于一定的准备金供应，随着超额准备金的上升，如果理想的超额准备金率没有一个相应程度提高，那么超额准备金的这种上升就等于释放出了银行的货币供应

① 银行的贷款供应能力和货币供应能力在对货币总量的影响上也有一些不重叠的部分，如通过购入外汇、黄金等资产而投放货币。

能力。注意到，由于货币供应能力的释放是由匹配平移对称带来的，因而，当银行部门基于在法定准备金和资本占用上的释放而发起新的贷款时，贷款总量（转移至表外的再加上在表内新发起的）就获得了增加。这意味着贷款供应能力因此获得提高，但货币总量较之证券化前却没有新的更大扩张，有效准备金的约束依然如故。在此，“释放”和“提高”的区别一目了然。

对于这一问题也可以从另一种角度来看，资产证券的发行使银行部门的表内贷款和存款货币一并减少，于是法定准备金需求降低，这样，如果银行部门准备金余额不变的话（例如在短期），那么即使超额准备金需求不减少，也意味着银行部门的货币供应能力得到了释放，因为相对于存款货币的减少，有效准备金能支持的存款货币供应量没有减少。不过，如果银行部门准备金余额减少的话，如银行部门主动减少借入准备金，或者央行采取收缩再贷款、通过公开市场操作减少非借入准备金、提高法定准备金率等方面的措施，那么就会对银行部门的以上货币供应能力的释放起到对冲作用。

就我国实际情况而言，目前 M_2 对 GDP 的比率显然已经过于偏大，尽管如此，实体经济中的大量借方依然具有旺盛的货币需求。对于这种情况，许多文献给出了深入分析，并在分析中对照了美国的间接融资在融资结构中的占比和 M_2/GDP，然而相关的分析没有深入到中美两国金融结构差异的层面。美国的 M_2/GDP 低于我国，甚至美国能大举实施量化宽松货币政策而我国则没有这样的操作空间，这与两国金融结构的不同是有密切关系的。美国的金融结构已经塑造为 MBS 型，而我国的金融结构目前处于由 MB 型金融结构向 MBS 型金融结构转型的推进过程中，基本上还是属于 MB 型。这种不同及其在经济金融运行上的反映，或许应该是我国金融研究领域里的一项重要研究课题，但目前似乎还没有引起充分关注。不妨设想，如果美国将资产证券化从金融运行中抹去，回到 MB 型金融结构，那么间接融资的占比会有多高，基于商业银行信用创造的 M_2 会有多大。其实美国商业银行在扩张贷款上的动力未必低于我国，只是在 MBS 型金融结构的背景下，这种动力得到资产证券化机制的缓冲。资产证券化使传统上的存款货币增长跟随贷款增长的关系发生了改变，银行因此能在一个稳定的 M_2 水平发起更多的贷款，使银行的贷款能惠及更多有贷款需要的经济主体。如此，美国的 M_2/GDP 低于我国。

另外，注意到有些国家在货币政策操作方面推出了取消传统法定准备金账户的金融创新。即便是在这种金融创新背景下，因为商业银行在央行的账户并不能取消，否则商业银行之间无法进行业务往来，商业银行与央行之间也无法进行业务往来，所以取消法定准备金账户并不意味着商业银行就没有了相对于业务规模的准备金偏好，不再需要流动性管理了。事实上，商业银行的流动性管理并不因传统法定准备金账户的有无而有根本性改变，传统上法定准备金账户所具有的主要功效还是暗中在起作用，央行依然是商业银行的银行。当银行基于准备金的流动性偏低时，投放货币的贷款供应能力就会受到约束，应对提现、跨行支付结算的压力就会变大。因此，在取消传统法定准备金账户的情况下，央行基于准备金控制商业银行存款货币投放的机制没有根本改变，只是表现形式有所不同而已，原来规制下的强制约束变为新规制下的自觉约束，而且为了促成自觉，触犯规制的成本增大。这种新规制下的自觉约束的有效性会因不同国家的具体情况而有差别。

（二）与企业股票发行的比较

企业股票发行使原来并未进入流通但能面向流通的货币储蓄减少，或是由积累储蓄的货币储蓄直接转换为与资本的总运动相联系的积累储蓄的货币流通，或是先转换为与资本的总运动不相联系的积累储蓄的货币流通然后再进入与资本的总运动相联系的积累储蓄的货币流通，这意味着企业获得的融资是以先期储蓄为支持的，除此之外，还会有一些积累储蓄的非货币储蓄转换为货币流通。这种情况在银行负债上的表现是，一部分活期存款进入股票发行企业的交易账户，除此之外，还会有一部分到期的定期存款和非货币金融债务（如银行的债券发行等）在兑现后择机进入股票发行企业的交易账户。只要投资于股票能获益的预期足够强化，这种转换就会获得实现。结果是，银行的负债规模不变，但负债结构进一步货币化、活期化。例如企业交易账户上用于购买劳动力的存款面临更大的提现压力，或者是这部分存款在转入劳动者账户后面临更大的提现压力。于是在短期内，总体而言一定准备金中的法定准备金部分会增加，超额准备金部分会减少，银行部门的货币供给能力和创造货币的贷款供给能力会降低一些。另外，在大量资金进入股票二级市场的情况，在银行部门中清算行和券商开户行负债上的存款会大幅上升，这部分存款由银行部门负债上的储蓄存款、定期存款和非货币金融债务转换而来的，其中定期存款和非货币金融债务本来不需要有法定准备金，也不需要有相应的超额准备金应对提现之需，但在受到获利预期的激励而转换为活期性的同业存款后就需要有法定准备金，也需要有相应的超额准备金应对提现之需。以上这些情况意味着，银行部门面临来自资本市场的竞争压力，货币供应能力与创造货币的贷款供应能力会有一些降低。

这一压力也可以从另一种角度上看。银行负债结构的货币化、活期化，使银行部门的准备金需求上升，这在短期内会形成准备金需求大于准备金供给即（$RR+ER$）>（$BR+NBR$）的因素，从而引致银行部门的货币供应能力和创造货币的贷款供应能力降低。即便是一定准备金中的法定部分需求不因这种结构变化而增加（例如，定期存款和活期存款的准备金比例要求一样），理想的超额准备金率通常也会有所上升，因为提现的压力总是随着负债的货币化、活期化程度而增加的。一些非货币金融债务的货币化、活期化，必然要引起一定准备金中的法定准备金占比提高和超额部分需求增加。于是，一定准备金下银行部门的货币供应能力和创造货币的贷款供应能力会因银行负债结构的货币化、活期化而受到一些影响。当然，如果银行部门本身的流动性（超额准备金）过剩，那么银行负债结构的这种货币化、活期化也就在客观上恰好带有了合意的效果。

第三节 货币管理新契机

研究以信贷资产证券化为标志的银行供给侧结构性改革离不开贷款转移和与贷款转移相匹配的货币向以贷款为支持的非货币证券转化的机制，并继而深入探究货币管理新契机。货币管理新契机在此是指，通过利用资产证券化带有的货币“搬家”效果使 M_2/GDP 符合货币总量适度性约束。

一、货币供应模式创新和货币管理新契机

许多文献都认为，央行不能片面地通过运用准备金手段来激励或抑制银行放贷，而相反应按照银行部门的意愿提供准备金以维护银行部门的流动性。这意味着央行在准备金管理上处于被动地位，不能以准备金手段有效控制货币供应量，从而使货币总量适度性约束弱化。不过这种认识是以传统银行运作机制为基础的，没有考虑资产证券化带来的变革。若考虑资产证券化的因素，情况会有所不同。

按照贷款创造存款的基本概念，收缩货币总量的一个有效途径是压缩贷款，然而在实际中经济主体对于贷款的有效需求往往又是难以压缩的。这种矛盾成为在支持经济增长上更好发挥银行作用的一个障碍，且这一障碍在传统银行运作机制下近乎无解。例如，当央行为了保持货币总量适度而拒绝注入增量准备金时，如果银行部门为满足经济中的有效货币需求不得不继续增加放贷，那么随着超额准备的深入消耗，银行准备金意义上的“钱荒”就会随之而来。随后央行为了维持金融运行稳定最终会做出让步，向银行部门增加提供准备金。其实央行的让步是无奈的，因为传统银行运作机制无力调节货币总量适度性与经济主体有效货币需求之间出现的矛盾，而支持实体经济增长又是央行货币政策目标的应有之义。由此不难设想，为了提高央行准备金操作的有效性，须要创新传统货币供应模式。

创新传统货币供应模式是透过资产证券化实现的。基于资产证券化的交易结构，投资者运用在实体经济之外的有先期储蓄支持的货币对投放了有效货币（起码在投放时是如此，因为贷款的对象是实体经济中的环节）的贷款在银行的如期回流的预付是一次性的，这对收缩当前货币总量具有十分显著的效果，尤其是对长期贷款（如住宅抵押贷款、经济建设项目贷款等）带来的大量货币投放而言，作用甚佳。结果是，货币总量减少而贷款总量不变，且减少的货币总量属于在实体经济之外的货币，而在实体经济之中运动的有效货币总量不减少。于是银行的传统货币供应模式发生了变革，货币供应的数量和结构除了与表内贷款有关外，还受到被置于表外的证券化贷款的调节，当货币总量适度性与经济中的有效货币需求之间出现矛盾时，央行可以指导银行部门透过资产证券化机制从一定准备金的结构调整中获得流动性。当银行基于在法定准备金上获得的超额准备金释放发起新的贷款，满足经济中的有效货币需求时，虽然贷款总量增加，但货币总量保持相对稳定，且货币总量中有效货币成分的占比增加。货币供应模式的这种变革提高了央行在货币政策操作上基于准备金操作的有效性，有助于央行把握一个相对稳定的货币供应量水平，为经济增长注入由货币供应模式变革带来的新动能（这一点将在后面的内容中专门表述）。

二、以住宅抵押贷款证券化为例

由发起住宅抵押贷款而在住宅消费这一实体经济中的特定环节注入的新增货币，其回流是长期的，这不仅会长期占用银行的流动性，而且更重要的是，还会助长实际资产价格水平上升，积累重大风险。新增货币的切入点是在住宅消费环节，这首先使借款人以尚未上涨的

价格购买住宅，借款人因占得先机而获益。进而在预期的引领下整体住宅价格水平上涨，之后再进一步向其他范围扩散，形成资产价格水平上升。这个过程还导致收入再分配。最早获得新注入货币的借款人从购买住宅消费中获益，这是因为新增货币与已有货币是同质的，新增货币的购买力最初与其他经济主体持有的已有货币的购买力是同样的，不过其他经济主体则因此而受损。其他经济主体后来发现，他们的货币收入没有变，但由于资产价格水平的上涨，他们所拥有的货币单位的购买力降低了。如果其他经济主体的货币收入的增长速度低于物价上涨的速度，那么在其他条件相同的情况下，他们就处于被迫减少消费的境况。这种境况在经济学理论中称为“被迫储蓄”，被认为对社会成长机制构成损害。

通过引入证券化，基于证券化的交易结构，直接或间接用一笔已有的以先期储蓄为支持的同质货币投向以住宅抵押贷款为支持的证券，且投向证券的货币转化为非货币证券存在，以此实现对住宅抵押贷款投放的没有先期储蓄为支持的货币的置换，使这部分满足有效货币需求由没有先期储蓄支持的货币置换为以先期储蓄为支持的货币，而非货币证券则是实际储蓄的未来交换价值对象。这种置换的重大意义在于，它变革了传统货币供应模式。一般而言，在利用先期储蓄实现直接融资的交易结构中，金融资产规模增加，其具体形式是，融资企业所创造的购买货币的非货币证券增加，但货币余额不变。而在先发起贷款然后再基于先期货币储蓄对贷款实施证券化的过程中，金融资产规模不变而其匹配构成发生改变，由在银行的“证券化贷款——被划分出来匹配于证券化贷款的存款货币”变为在 SPV 的“贷款——以贷款为支持的非货币证券发行”，贷款创造的增量货币得到减少，借方由贷款获得的与资本的总运动相联系的货币因此成为以先期储蓄为支持的货币。由此可见，在利用先期储蓄为经济主体提供融资上，资产证券化与直接融资是殊途同归的。注意到，在一些理论性颇深的文献中，已经深入论述了以银行信用扩张而非先期积累储蓄的货币为经济主体的新投资提供融资的重大弊端，这方面的论述无疑是对经济学思想的发展，但是在如何化解弊端上，其局限性也是突出的，相关的文献寄希望于通过实施 100% 准备金要求来化解这种弊端。其实，在现实经济中银行信用扩张是回避不了的。为了实现一个自然、平衡、和谐、经济、完善、稳定的金融运行，金融世界中潜在着其他能弥补银行信用扩张机制带来的弊端的设计，这涉及如何认识金融世界的本质属性。

三、对货币供应模式创新和货币管理新契机的不同看法

对货币供应模式创新和货币管理新契机或许存在的不同看法是，实际资产价格水平的上涨主要是实体经济中的某个环节受到货币冲击的结果，而基于资产证券化的机制而收缩的货币未必是冲击某个实体经济环节的货币。其实，货币如水，它是一个总体，不因货币统计口径的宽窄和持有人是金融机构还是非金融机构而有实质割裂，只要基于资产证券化在一处抽水，不管抽去的是存在于在实体经济之外的货币之水还是存在于实体经济之中的货币之水，不管抽去的是存在于在实体经济之外的这一个局部的货币之水还是那一个局部的货币之水，总体货币水位必然会降低，货币分布会因这一降低而出现新的均衡。总体货币水位降低意味着 M_2/GDP 降低，货币分布的新均衡意味着相对或绝对有更多货币处于在实体经济的运动之

中。对货币分布的新均衡的进一步表述是，资产证券化能在同一水位上调节各个部位的相对货币水深。例如，资产证券化的导入会因有效货币成分的增加而增加实体经济部位的相对货币水深，降低实体经济之外其他部位的相对货币水深。这是指在“出售—发起”模式下基于一定的货币总量，有更多的货币处于实体经济的运行中。即便是在“出售”模式下，货币总量减少，但由于是在实体经济之外的其他部位减少货币，因而也有实体经济部位货币水深相对加深。资产证券化带来的这种货币分布新均衡成为货币管理新契机的重要内涵。

货币如潮，其涌动还受货币供应量之外人们心理预期、经济形势等方面因素的影响。存在于实体经济运行之外的货币，其规模庞大，潜在着巨大的潮势，削弱这部分货币潮势的一种有效方法是使之在涌动中陷落为非货币。企业股票发行、企业债券发行等不具有这样的效果，而债权转股权、银行股票发行和信贷资产证券化具有这样的效果。就信贷资产证券化而言，当货币涌向以银行信贷资产为支持的证券发行时，货币就会陷落于非货币的存在形式。投资者未必知晓其中的原委，但货币管理部门应该了然于心。由此不难理解，资产证券化具有削弱货币冲击的效果。资产证券化带来的这种货币陷落机制成为货币管理新契机的重要内涵。

从金融发达国家资产证券化发展的历程来看，资产证券化首先启动于住宅抵押贷款，而且从目前美国、欧洲、日本的情况看，大部分住宅抵押贷款处于证券化状态。[①]这其中的原因固然可以从住宅抵押贷款的特点和银行受到的微观利益驱动等方面来加以探究，许多中外文献在这方面倾注了实力。不过，其背后的另外原因也是不能失察的，即应运了货币管理创新和透过这种创新支持经济增长的需要。从美国来看，通过更好发挥政府作用而构建的证券化主渠道，如果说就是为了使银行获得流动性、释放资本压力和分散风险，恐不尽然。庄子曰：知而不言，所以之天也。再看日本的情况，也是相仿的。对此，似乎应该从包括货币管理创新在内的金融体系建设的高度来看待这一问题，方能释然。

就目前我国的具体情况来看，虽然直接融资已经获得了大力发展，但经济增长仍然不能脱离对银行贷款的强劲需求，而且银行方面不仅介入住宅抵押贷款（这一点与其他经济大国相同），还大规模介入一些经济建设项目长期贷款（这一点有别于其他一些经济大国）。这种情况决定了满足经济主体有效货币需求和保持货币总量适度之间的矛盾在我国会更为突出。基于传统货币供应模式，当货币总量适度性受到来自贷款规模增加的突破，例如 M_2/GDP 显著偏高时，央行就要着手运用货币政策工具制约货币总量的增长，而由于贷款和存款的对应关系，这时满足借方有效货币需求的贷款就必须受到制约。在传统上，货币政策操作的这种机制有着根深蒂固和无可置疑的地位，直到贷款有了新的境遇，这种机制才开始被将信将疑地打破。得益于贷款新境遇开启的银行供给侧结构性改革，货币管理上的效率已经大为提高。银行的贷款空间得到进一步打开，银行可以更好地满足经济增长中的有效货币需求。

---

① 根据相关的报道，在住房抵押贷款证券化率上，美国的达到87%，欧洲的达到65%，日本的达到89%，我国的不到8%。参见和讯网，中国工商银行资产管理部副总经理杨治宇 2016 年 7 月 9 日在“中国财富管理 50 人论坛北京年会”上的发言。

第四节 风险再分配和功能再分配

风险再配置和功能再分配既是金融发展中的一个重要方面，也是银行供给侧结构性改革的延伸内容。按照相关的文献表述，在金融技术创新方面，大致可分为两种类型。一种是利用以 Black - Scholes 模型为代表的金融工程学的金融创新，这种技术创新是通过生成期权等衍生金融工具去实现风险转移。另一种是利用证券化技术的金融创新，这种技术创新改变了银行的传统经营模式，即将“发起—保有”模式改变为“发起—出售”（OTD：originate to distribute）模式，并为货币管理和货币政策操作提供了新的机制和新的工具。这项金融技术创新中的若干技术构成已经成为标准模式，用来对贷款的信用风险、市场风险等进行控制和再分配。

一、风险再分配及其技术构成

金融体系的重要宏观角色在于配置资源，不管是通过银行还是通过证券。有关考察表明，银行结构在风险承担上的能力是相当脆弱的，在金融功能过于依赖传统型银行的情况下，一旦发生危机就会是非常深刻的。因为在传统型银行配置下，贷款关系具有很强的特定性，难以分解，这样，风险承担功能和流动性供给功能都集中于银行。集中于银行的信用风险、利率风险、市场风险（由于资产价格、利率、流动性等市场条件的变化所引起的收入的不确定性，如提前偿付风险）等难以向条件不同、更加善于管理风险的特定风险偏好者转移，或是对这些风险进行再分配，一旦发生不良债权问题，就会在金融体系中酿成资金循环中断、银行的流动性供给功能丧失和资源配置受阻的宏观经济问题。鉴于此，对于银行体系的一个重要的引领方向就是使银行中介与资本市场相结合，通过构造特定的交易结构将贷款置于表外，并将那些在风险承担上具有不同条件的、更加善于管理风险的投资者与被置于表外的贷款结合起来。这是指以资本市场来保有贷款，发挥资本市场在风险分配上的功能。这种引领是通过证券化技术而获得成功的。

证券化技术路径的第一步是要将贷款从银行的资产负债表上分离出来。分离出来的贷款是以一个集合为存在，单独成为交易的对象资产。对象资产的风险特性依集合中贷款的具体类别而异。作为比较，在没有引入证券化的传统融资情况下，各类贷款的具体风险是合为一体的，各类贷款的具体风险与银行的经营风险等也是合为一体的，资金提供者所面临的是这种合为一体的“风险束”。

第二步是通过发行以对象资产为支持的证券，将那些并不偏好“风险束”但认同对象资产的交易结构风险组别的资金基于契约关系邻接到对象资产的证券存在上，转化为证券投资，最终使贷款的相关风险得到再分配。

以住宅抵押贷款为例，这类贷款相关风险可分类为：

（1）利率风险。在固定利率抵押贷款，作为贷方的银行在未来获得的规定本息偿还是预先确定的，从名义上看没有风险。不过，由于此类贷款的实际价值是分期还款的市场利率贴现值，因而当市场利率上升时现值下降，当市场利率下降时现值上升，现值与变动的利率反向变动。在大致的分类上，利率风险属于市场风险。

（2）信用风险。在贷款计划的执行中，借款人可能会因收入变化等因素而违约。

（3）提前偿还风险。当市场利率走低，并在一定程度上低于贷款契约利率时，就会导致借方借新还旧的行为。这种行为可以使借方减轻今后的利息负担，但也给贷方带来的未来收入不确定的问题。现金流不确定，使贷款面临价值变动风险。在大致的分类上，提前偿付风险属于利率风险和信用风险以外的其他风险。

以住宅抵押贷款为支持构造为一个分散风险的交易结构（即对象资产风险的结构化），其中分散风险的标准化技术构成包括：

（1）集合。一个集合中通常纳入了多项单笔贷款，将证券化的对象资产作为以一个集合，其作用在于：

第一，将那些符合一定条件的贷款进行打包，以提高对象资产的质量，降低其风险。例如，美国的 FHLMC 和 FNMA，虽然它们可以购买多种类型的住房抵押贷款，但在证券化对象资产的确定上仅限于符合条件的贷款，这些贷款或是附有政府机构的保证，或是满足 FHLMC 和 FNMA 的承销指引。

第二，平抑个别风险。按照大数定律，n 个相互独立随机变量的算术平均，当 n 充分大时接近于一个常数。于是，如果以一个集合构成对象资产，那么集合中单笔贷款的个别风险引起的波动就会被平抑，对集合整体的影响可以很小，集合整体只剩下基于平均风险的波动。集合在此起到了分散个别风险的效果。“个别”与“相互独立”是同义的，这一条件很重要。作为一个例子，如果将次贷 RMBS 纳入集合，进而再以 RMBS 集合为对象资产发行 CDO，那么当危机发生时这种集合就不能发挥平抑风险的效果，因为这时集合中每一份 RMBS 的风险并不独立，它们会一起带来损失。这是 2007 年次贷危机中的一个教训。

（2）CMO 结构。集合是降低个别风险的手段，但集合整体的平均风险变动并未得到控制。例如，在住宅抵押贷款，提前偿付风险就是一种剩存于集合中的基于平均风险的变动。当利率走低时，集合中的众多债务者在借新还旧的行为上会表现出趋同性。这种提前偿付风险会给证券带来支付上的不确定性，打乱投资者的投资期限安排，因而成为妨碍证券发行的一个不利因素。对这种提前偿付风险进行再分配的手段就是发行 CMO。CMO 是一种将提前偿付风险转化为经营契机的有效构成，通过将证券的发行设计为一个期限长短不同的组别系列，引入具有不同期限偏好的投资者，可以将提前偿付风险在这些投资者间进行合意的再分配。

（3）第三者信用保证——外部信用提高。第三者信用保证是一种分散信用风险的标准技术构成。这种提高证券发行信用的手段，包括通过引入第三者对集合中各项贷款的偿付附加信用保证和对结构所发行的证券附加信用保证。前者的一个例子可举 2003 年 3 月日本东京都的 CLO 发行结构。这一结构是日本金融机构中小企业贷款债权证券化的第一单，东京信用保证协会对纳入集合的贷款偿付附加了信用保证。后者的一个例子可举美国 FHLMC 和

FNMA 的发行，它们的担保为交易结构所发行证券的本息偿付提供了信用保证。

外部的保证降低了所发行证券的信用风险，从而能提高证券的评级，为发行获得一个更为有利的发行价格，但提供保证的第三方为此负担了信用风险，所以保证不会是免费的，第三方要索取相应的风险对价（保证费）。如果在发行价格提高上的获益超过费用，那么保证就是有利的。当然，保证人的评级也是重要的，评级高的保证人所提供的保证会更有利于提高证券发行的评级。

（4）优先/次级结构——内部信用提高。优先/次级结构也是一种分散信用风险的标准技术构成。它通过将对象资产的现金流分解为对不同部分（优先、次级）的顺序支付，从而将信用风险在不同投资者间进行再分配。次级部分由发起人自己持有，这部分未必发行证券，优先部分以证券形式出售给其他投资者。来自证券化对象资产的现金流优先保障对优先证券的支付，这使优先证券的信用风险降低，但次级部分（若这部分发行证券，就是次级证券）面临了不能被完全支付的可能性，信用风险提高。以加大次级部分的信用风险为代价，降低优先证券的信用风险，这是为了谋求优先证券的高评级。优先证券获得高评级能增加投资者对优先证券的需求，从而获得有利的发行价格。另外，次级部分的安排能激励发起人继续努力监督借方，这也有利于优先证券的评级。

为了降低发起人在持有次级部分上所承担的信用风险压力，可以在优先、次级之间再加上一个分担信用风险的中间层证券发行，引入风险偏好型投资者来投资这一中间层证券。

在投资者方面，它们的条件不同。对于更加善于管理风险的风险偏好型投资者及其相关产品而言，中间层证券为它们提供了博取高收益的投资对象，而对于风险承担能力一般的投资者，优先证券为它们提供了获得安全收益的投资对象。在这一意义上，这一交易结构下的信用风险再分配算是一种基于合意的安排。

二、风险再分配的经济学分析

在广义上，风险再分配、功能在配置等也是以资产证券化为标志的银行供给侧结构性改革的属性，不过由于围绕风险再分配、功能在配置等方面内容的经济学分析不再触及银行特有功能的范围，因而不妨将它置于银行供给侧结构性改革的从属位置。

（一）风险由银行向条件不同的其他投资者转移和实现新的分工格局

以下首先通过利率风险和流动性风险来说明银行中介在风险承担上的脆弱性，然后简要分析资产证券化的作用。

1. 利率风险

一般而言，银行的资产期限要长于负债期限，于是作为衡量现金流的平均到期日的久期，资产久期要大于负债久期，当利率上升时资产的市场价值下降幅度大于负债的市场价值下降幅度。

就麦考利久期而言，设一个银行的资产久期 $D_A = 5$ 年，负债久期 $D_L = 3$ 年，资产规模

$A=1$ 亿元，负债规模 $L=0.9$ 亿元，净值 $E=0.1$ 亿元，负债对资产的杠杆率 $k=0.9$ 。于是，若利率 r 从 10% 向上波动 1%，则股东净损失就会是：

$$\Delta E=-(D_A-k\cdot D_L)\cdot A\cdot\frac{\Delta r}{1+r}=-(5-0.9\times 3)\times 1\times\frac{0.01}{1.1}=-0.0209\text{。}$$

也就是说，如果利率由 10% 上涨 1%，则损失大约相当于银行初始净值的 2.1%。由此可见回避利率风险对于银行经营而言是多么重要。

利率波动对于银行权益的影响从三个方面得到反应：一是杠杆调整的久期缺口绝对值，此缺口值越大，所受利率波动的影响也就越大；二是机构规模，对于一定的利率波动，规模越大，净值受到影响的潜在净值敞口金额也就越大；三是利率波动，利率波动越大，银行所面临的净值风险也就越大。

原则上讲，银行管理者可以通过调整 D_A 和 D_L 来达到使其资产负债表免疫于利率风险的目的，但银行通常是一个庞大而复杂的机构，在历史上这样做既费时间又要付出很高的成本。然而在现代金融技术支持下，通过资产证券化可以改变这种历史，大大提高重新构造或改善资产负债表的速度。例如，银行通过引入资产证券化将抵押贷款从资产负债表中移走，移至表外由条件不同的机构投资者持有。

将贷款移至表外对资产负债表的影响表现在：（1）作为长期贷款，抵押贷款的期限长，久期相应也长（久期随到期期限的增加而增加），通常在资产组合中占有一个不低的市值比重，所以将抵押贷款移出表外会带来使银行资产负债表中资产组合久期显著降低的效果。（2）将资产和与之匹配的负债移出表外具有降低杠杆率的效果，也有提高负债组合久期的效果；在这种杠杆率的降低上，越是规模小的银行，效果越不明显，因为较小银行的一定贷款资产减少对应较少的负债减少。综合（1）和（2），反映银行资产负债有效期不匹配程度的杠杆调整的有效期缺口（$D_A-k\cdot D_L$）能获得降低，这有利于使股权所有者的净权益免疫于利率波动。

与股东的角度不同，监管层关注的是净值比率 E/A 。要使 E/A 免疫于利率波动是要降低 $\Delta(E/A)$，调整的方向是 $D_A=D_L$，而不是 $D_A=kD_L$，因为不涉及杠杆率 k，所以将贷款移至表外所带来的效果会更为显著。为此，股东和监管层都能满意。而在传统的方法下，这是难以两全的，因为为使 ΔE 免疫于利率波动而构造的组合与使 $\Delta(E/A)$ 免疫于利率波动所要求的组合，具有不同的久期搭配。

对于养老金和保险公司等机构投资者，它们具有与银行不同的条件。（1）由于它们在运行上所面临的管制条件相对宽松，因而其融资成本相对要低。（2）由于这类机构的特点是以长期契约融资，负债的久期长（久期随到期期限的增加而增加），易于与长期投资相匹配，因此，当它们投资于资产证券时，杠杆调整的有效期期缺口（$D_A-k\cdot D_L$）就小，久期缺口（D_A-D_L）也小。机构投资者的资产负债表对利率风险所具有的这种免疫机能，恰好可以被证券化用来弥补银行资产负债表的对应缺陷。

2. 流动性风险

流动性风险来源于两个方面：一是负债方面的存款净流出；二是资产方面的贷款承诺。

（1）存款净流出。存款净流出主要包括：其一，结算所导致的存款货币净流出。对于市场份额大的银行而言，由于其网络覆盖范围大，能将更多客户纳入其中，因而结算差额通常为正，净流出期望值就小，导致流动性风险的问题通常并不突出。而对于较小银行，它们在客户的覆盖范围上不如大银行，所以基于结算的存款货币净流出期望值就要大得多，面临准备金衰竭的风险就比较突出，容易陷入不能立即支付的流动性风险。其二，未预料到的大量提现。

存款货币的净流出反映在资产方面就是准备金减少，在央行存放款项依照存款货币净流出划转给其他银行，存贷差亦相应缩小，这决定了一个存款净流出风险突出的银行需要有更高的超额准备金率。然而，提高超额准备金率意味着银行通过发起贷款而创造存款货币的流动性供给能力因此降低，这样的银行在满足客户资金需要上的能力较低，这一点在较小银行是突出的。

银行弥补净存款流出的传统方法是负债管理和资产储备（准备金）管理。若运用负债管理，则银行将依赖于从市场购买资金。但以市场利率融资来弥补低利率存款的净流出，对于银行而言通常是不合算的。如果资金成本高于资产收益率，那么负责管理也就变得没有吸引力了。若运用准备金管理，提高超额准备金率，则会给银行带来竞争力削弱的影响，因为银行增加了在准备金持有上的机会成本。对于贷款承诺，不管是通过负债管理去实现还是通过储备调节去实现，都会面临资本配置要求，并且若通过负债管理去实现还会面临在法定准备金和存款保险上的成本增加。

（2）贷款承诺。当贷款承诺契约中的借款人行使权利时，贷款承诺下的贷款会按照借方的支取数额立即表现在银行的资产负债表上。以这种立即响应支取的方式满足客户的资金需要，意味着银行既面临存款净流出的风险，又面临流动性供给上的压力。资金的支取，如果支付对象不在银行的覆盖范围内，那么由此就会带来存款货币净流出的因素。即便是存款净流出风险不大的银行，也存在着不能满足贷款承诺的风险，因为它们在存款货币的供给上会受到规制的制约，包括准备金和资本两个方面。在准备金方面，为了兑现承诺，银行要有更多的超额准备金作为备份，因为即便是覆盖在银行网络范围内划转的存款货币，更多的存款货币创造也需要减少更多的超额准备金份额，以满足所需要的法定准备金份额的增加。在资本方面，增加的贷款是要消耗资本的。

对于以上流动性风险，证券化技术提供了新的应对机制。对于流动性风险较大的中小银行而言，贷款的证券化出售会使它们的超额准备金数额获得显著的绝对增加，因为在支付资产证券的款项中，来自它们自身的存款货币的份额较少，大部分来自其他银行。与从市场购买资金相比较，两者的优劣取决于融资成本。对于大型银行，贷款的证券化的效果主要表现为超额准备金的相对增加，因为在支付资产证券的款项中来自其自身的存款货币的份额会较大，这部分存款货币在表外转化为非货币证券的债务形式，从而在一定的总准备金中从法定准备金部分释放出超额准备金。不过对于大银行而言，本来面临的流动性风险就小于中小银行。

在资本消耗方面，不论是中小银行还是大银行，证券化都能使它们降低资本消耗，尽管这种降低的实际效果还要看真实出售的具体安排和规制标准。

综上所述，证券化起到了沟通银行和投资者的作用，在两者之间架起了桥梁，形成银行与条件不同的其他投资者的有效结合，并在结合中实现优势互补。在甄别和监督借方上具有比较优势、在发起贷款并创造货币上具有特有功能的银行发起贷款，在风险承担上具有比较优势的投资者通过购入以贷款为支持的证券合意地分担相应的风险，这样的分工格局会更有效率。

（二）风险再分配中的逆向选择问题

由于评级机构是基于单纯指标评估信用风险，因而评级所给出的信息未必能充分揭示贷款项目内在的实际风险。实际情况往往是，评估级别低未必就意味着破产概率高或贷款收回率低，这是因为发起人（银行）所拥有的借方（客户）信用风险信息往往会难以完全反映在评估机构的评级中。在这意义上，发起人和资产证券投资者间存在着信息非对称，由此可能带来逆向选择问题。

在存在逆向选择问题的背景下，为了有利于资产证券的投资交易，需要在支付结构（payoff structure）上给出制约。例如，通过安排优先/次级的支付结构，将信息非对称性的显著部分吸收在次级部分，由发起人自己承担；或是通过现金储备的方式，缓和信息非对称性对资产证券的影响。

上述支付结构制约所带来的问题是：发起人想要转移的风险和实际转移的风险，两者之间产生了差异。在有这种差异的情况下，对于发起人而言，证券化的优点就会被削弱一些。发起人承担次级部分的程度越高，不被视为真实出售的可能性就越大。另外，从经济学意义上看，对于投资者而言，这种差异过大也降低了新型风险菜单的魅力。例如，风险偏好型投资者会因此失去博取高收益的机会。当然，这种博取高收益的冒险行为过度的话，也会给金融市场带来很大的风险。例如，以 2007 年的金融危机为例，为了满足风险偏好型投资者的需要而在次贷上开发的 CDO 及其相继串联的 CDO^2 等，在抗击风险冲击上具有脆弱性，这种脆弱性对于 2007 年金融危机的爆发产生了重要影响。

当然，支付结构上的制约也是克服道德风险的一种有效机制，可以激励银行在证券化后继续付出努力，保持对借方的必要监督。我国目前在这方面的具体规定是，发起人至少要持有 5% 的次级部分，这是非常必要的。

三、功能再配置的经济学分析

根据相关文献的表述，金融体系的功能通常在于五个方面：一是支付结算功能；二是流动性供给功能；三是资金集约与分配功能；四是监督及债权管理功能；五是价格决定及风险再分配功能。

在银行主导阶段，金融体系的主导角色在于银行，这些功能集中由银行来担当。以资金集约与分配功能而言，商业银行集约的资金主要来自两个方面：一是原始存款，即有（借）现金或存放央行款项/（贷）原始存款，原始存款是能增加商业银行准备金的存款；二是派生存款，即有（借）贷款/（贷）存款货币，派生存款是商业银行贷款资金运用创造的资金来源，通过与借方达成的借贷关系将存款货币派生在借方的账户中。由原始存款集约的资金分配在生息资本意义上的货币资本（moneyed capital），这种资本体现为现金或存放央行款项，通常称为准备金；由贷款集约的资金分配在借以作为资本的货币资本（money-capital），这种资本体现为分配给借方的银行存款，分配路径是（借）银行存款/（贷）借款。

贷款创造的借以作为资本的货币资本与生息资本意义上的货币资本之间存在着规制上的关系。随着贷款创造的同质存款货币的增加，在生息意义上的货币资本中的超额部分减少，法定部分增加。所以生息意义上的货币资本，它在宏观金融运行中的首要意义并不在于生息，而是在于成为一种控制贷款集约的资金规模的手段。

在市场主导阶段，由于监督技术的进步，直接通过资本市场实现融资的企业增加，同时，非银行金融机构也在金融体系中发挥更为积极的作用，增进金融体系功能的发挥。例如，通过证券投资信托、保险公司等来担当对已有货币的资金集约与分配功能，通过投资银行来担当价格决定及风险再分配功能。这些变化的一种反映就是：银行资产占金融机构全部金融资产的比重下降，其他金融机构资产的占比相应提高。当通过非货币金融中介来担当对已有货币的资金集约与分配时，资金集约体现为非货币金融中介通过发行自己的债务将已有的作为货币储蓄的资金向自己的银行账户集中，形成资金储蓄的规模，资金分配体现为将这种集中起来的资金贷放或投向其他经济主体，资金持有易主。当这些集中起来的资金进入企业的交易账户时，它就由资金储蓄转换为资金流通，成为与资本的总运动联系起来的货币资本。于是，由贷款分配给借方的资金被转换为是由中介机构分配与之的，偿付对象随之也发生转换。

在证券化阶段，传统型银行在金融体系中的角色进一步变化，银行和包括非银行金融机构、非金融机构在内的银行以外的市场参与者，共同支持金融体系功能的发挥。银行中介通过资产证券化同其他投资者实现了分工交换、分拆计价、分散风险，参与者均在各自的条件下实现了效用状态的合意改善。注意到这时在资金分配上存在着一个本质差别，当创造资金来源的贷款以证券形式出售给集约了已有资金储蓄的中介机构时，投向证券的资金并非易主，而是凝结于证券的存在形式。

证券化阶段的具体情况是：

（1）银行依然保有货币创造功能和支付结算功能，整个经济在资金循环上是以银行为中心的构成。（2）银行在流动性供给功能上引入了投资者参与，这是指通过投资者向银行预付证券化贷款在银行的如期回流，将贷款集约给借方的资金置换为集约于投资者对贷款在银行如期回流的预付。（3）在证券化阶段，SPV 成为金融体系中具有集约和分配资金功能的新型载体。通过以贷款为支持的证券集约资金，集约的结果是集约的资金搬出“银行之家”，以转化为非货币存在的形式落户 SPV；通过 SPV 分配资金，分配的结果是分配的资金凝结于贷款的证券存在，遁迹实际储蓄未来交换价值。（4）在证券化阶段，基于在激励上的安排，银行会继续监督借方和管理贷款债权。（5）条件不同的投资者和外部信用提高者加入了风险再分配和贷款定价。

关于传统型银行在金融体系中的角色发生变化的原因，雷布津斯基（Rybcynski，1997）列举了以下原因：随着法制的完备，资本市场得到发展、金融技术取得进步，金融新产品在资金的集约与分配上的功能增强，机构投资者的监督能力提高、监督范围扩大。这种表述给出了符合资产证券化演进的相应条件。基于这些条件，资产证券化获得进展，以往集中于银行组织内部进行的某些服务被分解给银行组织体以外的其他机构去分担，从而使银行中介相关成本得以下降，风险获得分散。这也被描述为传统上集中于银行组织内部的金融服务被分拆计价，参与计价的有发起人、服务人、SPV 发行体、信用提高机构、评级机构和投资者等，它们均在各自条件下具有比较优势，或是具有其特有功能。例如，银行在信息生产（对于借方的审查、监督）上具有优势，并在货币创造和结算技术上具有特有功能，因此，流动性供给功能和支付结算功能仍由银行担当。银行在与客户的关系上具有优势，在贷款被证券化后，银行仍延续与客户的关系，发挥监督及债权管理功能，充当贷款本息收回的服务人。由专门的评级机构担当评级业务，这会形成分工，带来分工上的专业化和规模经济效果，提供有效的价格发现指引。担保机构擅长于信用评价技术，担当第三者外部信用提高，成为对信用风险进行再分配的担当者之一。作为非银行金融中介机构的投资者，它们基于自身的特定条件集约资金，并将资金投向证券，以持有资产证券的形式持有贷款，进而将证券投资与贷款、借款关联起来。

这样，在银行担当流动性供给功能上，虽然贷款资金运用引致存款货币资金来源的银行模式不变，贷出的货币依然是如期回流，但贷款被置于表外，通过资金来源决定资金运用的非银行中介机构为贷款在表外的存在提供匹配资金。这类机构以其集中的货币储蓄投向贷款的证券存在，预付了贷款在银行的如期回流，并在未来获得贷款如期回流的偿付。匹配给贷款的这部分货币储蓄凝结在证券之中，没有易主，遁迹实际储蓄未来交换价值。

第十三章　资产证券化对货币、信用和总产出的影响

随着金融业的发展，资产证券化已经是融入金融体系中的重要功能组件（infrastructure），在金融运行中发挥出不可或缺的特有功能，成为银行供给侧结构性改革的标志。对它的评价甚至超出了通常金融工具的层面，取得了金融结构上的一席之地。鉴于资产证券化的这种重要性，学术界的相关研究具有起点高、方法新、意境深的特点，似乎走向精湛深邃、抽象升华的风格。在资产证券化研究领域里，资产证券化对货币、信用和总产出的影响一直都是一个非常具有理论与实际意义的重要方面，在这一方向上的研究具有很大的挑战性和艰巨性，使人心向往之。本章的内容虽然在起点、方法和意境上触及了未来经济与金融学中奥妙又不可或缺的对称思想，但水准尚属浅显，力求达到道理通顺、格物致知的层次。

第一节　资产证券化对货币供求的影响

人们通常认为资产证券化具有信用扩张上的效果，并由此担心在国家对经济过热实施宏观调控的背景下，资产证券化或许会助长这种过热，从而干扰调控目标的实现。不过，这种观点过于直观，忽视了资产证券化在资金循环上的某些具体细节，因而是一种对资产证券化的曲解。其实，即便是就一般金融原理而言，其中的许多作用机理也并非都与直观相符。

一、资产证券化对货币供应的影响——单一银行

货币供应量是当期名义货币发行额。①货币“供应量”不是指货币存量，而是指货币的新发行量。② 货币存量、货币余额、货币总量是任何时点上存在的未偿名义货币量（the nominal stock of money outstanding），这一余额是货币系统货币债务的历史积累。就债务形式而言，货币的总和是由存款货币和流通中货币两部分构成，它们分别是商业银行的债务和中

---

① 参见约翰·G. 格利、爱德华·S. 肖：《金融理论中的货币》（贝多广译/王传纶校），上海人民出版社 2006 年版，第 26 页。英文版中的原文为：The supply of money on our money market is the current issue of nominal money. See John G. Gurley *and* Edward S. Shaw, *Money in a Theory of Finance*（1960），p. 31.

② 参见约翰·G. 格利、爱德华·S. 肖：《金融理论中的货币》（贝多广译/王传纶校），上海人民出版社 2006 年版，第 59 页。英文版中的原文为：The “supply” of money is not the stock of money but rather is new issues of money. See John G. Gurley *and* Edward S. Shaw, *Money in a Theory of Finance*（1960），p. 69.

央银行的债务。在此，资产证券化对货币供应的影响是指对货币存量的影响。

就一个具体的证券化银行而言，其负债上的存款货币债务可以有以下几种具体的变化情况。

（1）当购买资产证券的支付款项来源于投资者在证券化银行本身的存款货币账户时，证券化银行负债上的存款货币余额就随同投资者对资产证券的购买支付而减少相应减少。减少的这部分存款货币转化为SPV负债上的非货币债务，投资者持有的与减少的存款货币债务相统一的银行存款债权转化为证券投资。

（2）当购买资产证券的支付款项来源于投资者在证券化银行之外的其他银行的存款货币账户时，证券化银行在央行账户上的准备金存款就会相应增加，而在其他银行，其负债上的存款货币余额减少同一数额，其资产上的在央行账户上的准备金存款也减少同一数额。结果是：证券化银行负债上的存款货币余额不变，而其他银行负债上的存款货币余额减少，减少的数额等于投资者购买资产证券的支付数额；在央行，证券化银行存款账户中的准备金存款增加，其他银行存款账户中的准备金存款相应减少。

（3）当资产证券由其他银行购买，支付款项来源于其他银行在央行的准备金存款时，证券化银行在央行的准备金存款增加，其他银行在央行的准备金存款相应减少。结果是：证券化银行负债上的存款货币余额不变，其他银行负债上的存款货币余额也不变，但一笔准备金余额由其他银行划转到证券化银行，其他银行由持有准备金变为持有资产证券。

（4）当资产证券掉换给证券化银行时，证券化银行由持有贷款变为持有资产证券，证券化银行负债上的存款货币余额不变。

（5）当资产证券由央行购买时，证券化银行负债上的存款货币余额不变，但证券化银行在央行的准备金存款增加。

二、资产证券化对货币供应的影响——银行部门

从银行部门看，一方面，基于一个不变的准备金和资本约束，资产证券化本身并不具有在更大规模上扩张货币信用的功效；另一方面，在出售—发起模式下，虽然货币总量不变，但基于新增贷款在存款货币上的创造，资产证券化可以在调整货币结构上发挥作用，使处于现实运动的货币流通增加，在此之外的货币运动和货币储蓄减少，这意味着更多的货币导入实体经济，成为与资本的总运动相联系的货币。

（一）对货币总量及其结构的影响

从银行部门看，资产证券化将一部分贷款转移至表外的SPV，并在SPV上发行以贷款为支持的证券，创造出新型金融产品，向市场提供一种以贷款为对象的财富持有形式。当投资者选择以持有资产证券替代持有货币来保存价值时，投资于资产证券的货币就转化为非货币，而不是易主，结果是货币总量减少。这是指银行部门的未回流贷款总量不变，只是分别处于表内和表外两种存在状态，但由于存在于表外的贷款要由投资者在以贷款为支持的证券上的投资来持有，故而在银行部门的存款货币余额中，就会有一部分存款货币在投向证券的

银行存款的诱导下转化为 SPV 负债上的证券发行。与货币性债务转化为 SPV 负债的非货币性债务相对应，投向证券的货币流通或货币储蓄债权也将自己诱导为非货币债权——与转化为 SPV 负债上的非货币债务相统一的证券投资。

资产证券化对货币总量的影响可表示为图 13－1。

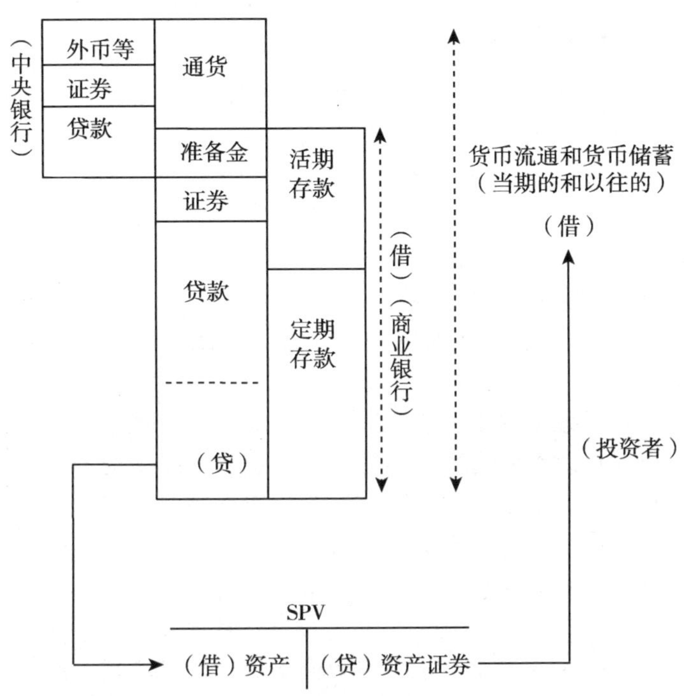

图 13－1　货币总量与资产证券发行之间的关系

一个紧密相关的问题是，资产证券的偿付会对货币总量产生怎样的影响。在资产证券的偿付上，作为原始债务者（企业或家庭）的借方如期向银行还款，但偿还的款项不是像原来那样直接用来收回贷款，而是转而支付给投资者，因为投资者在贷款转移的实现中为银行预付了贷款在银行的如期回流。本金资金循环的基本情况是：在借方有（借）借款/（贷）银行存款，在银行有（借）存款货币——借方/（贷）存款货币——投资者，在投资者有（借）银行存款/（贷）证券投资，在 SPV 有（借）证券发行/（贷）贷款。从这一资金循环过程可以看出：货币易主，货币总量不变。比较一下，像原来那样以借方偿还的款项直接收回贷款时，本金资金循环的基本情况是：在借方有（借）借款/（贷）银行存款，在银行有（借）存款货币——借方/（贷）贷款，结果是，货币总量减少。

认为资产证券化的引入会带来银行部门存款货币总量增加的观点，或许只看到了问题的一个方面，即资产证券化使银行部门的部分法定准备金释放为超额准备金，同时将原来贷款占用的资本释放出来，之后银行部门会发起新的贷款，向经济中投放新的货币。显然，问题的另一方面被遗漏了，即在实现证券化的过程中，还有一个与转移的贷款在价值上相匹配的存款货币部分，转化为非货币债务的存在形式。实际情况是：即便银行部门基于准备金和资本的释放发起新的贷款，且新贷款的规模平衡了证券化贷款，从而使经济中需要回流的贷款数量（表内的加表外的）增加，但货币总量在一定的准备金和资本约束下，不会超出过去的水平。不过，不变中也是有变的，即在重新达到的货币总量同等水平上，货币总量的结构会发生变化，处于现实运动的货币增加，而在此之外的货币运动和货币储蓄相对减少，从而实现了有更多的货币进入实体经济。

（二）对货币供应能力的影响

认为资产证券化带来银行体系存款货币余额扩张的另一种视角，可能是基于准备金的供求的关系——法定准备金＋超额准备金＝借入准备金＋非借入准备金。证券化或许会使银行部门的超额储备偏好降低，从而降低对超额准备金的需求，这在总准备金供给（借入准备金＋非借入准备金）保持不变的情况下，会使有效准备金（总准备金－超额准备金）上升，进而使有效准备金可支持的存款货币成倍上升。这被认为是银行的货币供应能力增强。但问题的另一方面是，影响超额准备金需求下降的因素同时也是影响借入准备金下降的因素，银行部门会减少在央行的“借据”，从而也借减了央行发行的总准备金。如果银行方面与超额准备金需求降低同等程度地减少借入准备金，那么银行方面对超额准备金需求的下降就不会使有效准备金等额上升。另外，为了控制存款货币供应，央行也可以通过影响非借入准备金而影响总准备金，以及通过改变法定准备金率来影响有效准备金的乘数效应。

在传统上，虽然说是贷款资金运用引致存款货币资金来源，银行部门的信贷是社会货币供应的“总阀门”，但这种因果关系是要受到有效准备金约束的。在资产证券化被导入后，存款货币供应依然要受到有效准备金的约束，在有效准备金不变的条件下，存款货币供应的受限情况没有变异。

对存款货币供应的另一个约束是资本，因为资本是投放存款货币的贷款的约束。如果资本市场放松对银行方面资本扩张的约束，那么就会削弱央行基于准备金手段控制存款货币增长的有效性，助长银行规模的扩张。从银行部门看，增量发行的银行股票使一部分存款货币余额转化为银行部门的股本及溢价，这一方面使银行部门获得更多资本以资贷款消耗；另一方面使银行部门的超额准备金上升，从而提高了存款货币供应能力。当银行部门以增加的贷款规模用足增量的资本扩张时，贷款投放的存款货币或许需要更多的法定准备金，而之前在增量银行股票发行上所释放的超额准备金未必能够满足需要。于是，如果央行放松有效准备金的实际状态，那么存款货币总量和银行部门的规模都会过度膨胀。纵然是央行不放松有效准备金的实际状态，以维持货币总量不变，但银行部门的规模也会进一步膨胀。

三、对货币需求的影响

货币需求是指对货币存量（名义的或实际的）的需求，在任何时间经济主体都有一个对一定货币存量的确定需求。货币需求增量是指在一定时期内对货币需求的增加量。对于银行而言，银行的货币需求就是对银行储备，即库存现金和在央行存款的需求。

（一）对货币需求的影响

要分析资产证券化对货币需求的影响，首先要把握资产证券化交易构成中的一些特点。

从银行部门看，资产证券化的交易构成具有两个突出的特点：一是没有货币易主机制，这区别于直接融资中的企业股票发行；二是降低货币存量，这区别于间接融资中的商业银行贷款。

（1）投资者为购买资产证券愿意放弃等额货币。一方面，投资者的货币需求下降；另一方面，投资者投向证券的货币没有易主，而是转化为证券投资。这两个方面决定了货币需求在总体上减少。这一点不同于企业股票融资，由于企业股票融资中存在着货币易主机制，因而企业股票融资使货币需求在总体上保持不变。股票发行企业货币需求的增加对应着投资者货币需求的减少，股票发行企业货币需求增加的实现对应着投资者货币需求减少的实现。

另外，由于投资者投向证券的货币转化为证券投资，货币又没有易主，因而货币存量减少。假定银行部门没有以释放的超额准备金和资本来发起新的贷款以增加货币供应，则货币存量与货币需求对应减少的结果就是货币市场维持均衡，利率不变，这对以上所述的总体上货币需求的减少不产生影响。当银行部门以盘活的准备金和资本发起新的贷款时，因为新的贷款满足新的货币需求，所以以上所述的总体上货币需求的减少还是不受影响。

（2）投资者为购买资产证券愿意放弃在其他证券上的等额持有，而对货币的需求不变。也就是说，对于货币需求保持不变，在当前的利率下，投资者希望的是增加在资产证券上的持有，维持原来持有的货币数额，减少在其他证券上的持有。为了达到这一合意位置，投资者会试图出售其他证券，以补回在购买资产证券时放弃的货币。如果在当前利率下没有基于货币扩张而产生的对其他证券的增量需求，那么结果就是，在既定的价格水平上，对其他证券的出售使当前利率上升。利率上升迄止投资者满足于持有较少的货币量。在这种情况，投资者对货币需求减少的程度要低于以上（1）的情况。

（3）即便银行部门以盘活的存量发起新的贷款以增加货币供给，使货币存量随之增加，这些货币通常也是投放给实体经济中的经济主体，使这些经济主体融资难、融资贵的境况由此得以缓解。融资环境的改善使这些经济主体在总体上更容易获得贷款，降低了持有货币的实际边际收益（the real marginal advantage of holding cash），从而影响它们减少在货币上的持有。在宏观经济分析上，这是指货币持有额与交易额的比例降低，基于一定的货币量可以通过一个更大的交易流量。

概言之，只要位于银行部门之外的投资者增加对资产证券的需求，就会带来对货币需求的减少，不管这类投资者为购买资产证券愿意放弃的是等额货币还是在其他证券上的等额持有。为此，在证券发行上要努力推出能够满足更多投资者偏好的序列发行设计。

（二）证券化实施机构的情况

以政府支持的专业化证券化实施机构为例。当实施机构通过发行间接证券购买货币时，所发行的证券在安全性上堪比国债，对投资者具有充分的吸引力。购买这种间接证券的投资者减少了在货币上的持有，但货币存量没有减少，因为货币由实施机构购得。在此且不论购买证券的投资者是愿意放弃货币还是愿意放弃其他证券，但有一点是清楚的，即实施机构为购买货币而发行债务使金融资产的规模扩大了，这对货币需求是有影响的。

之后，实施机构以货币购买贷款或是以货币进行贷放的。一方面，当实施机构以货币从银行那里购买贷款时，货币存量减少，其数额等于购入贷款的价值。由于银行并不是实施机构减少货币需求的对面，因而这一过程致使货币需求减少。当实施机构对购入的贷款实现证券化出售时，投资者由持有货币变为持有资产证券，实施机构由持有贷款变为持有货币，实施机构是投资者减少货币需求的对面，因而这一过程致使货币需求不变。综合而言，从实施机构购入银行贷款到实施机构对贷款实现证券化出售，货币需求减少。

另一方面，实施机构大量购入贷款致使其资产（portfolios）中货币的比例显著下降，由此会产生对货币的超额需求，这是影响利率上升的因素。显然，这不是一个合意的位置，也不是一种合意的机制。需要补充新的机制，这一新机制是由一个特定目的载体构造出来的。通过这一载体向投资者出以贷款为支持的证券，以投资者减少的货币需求满足实施机构增加的货币需求。综合二个方面，仍然是货币需求减少。

（三）对准备金需求的影响

从银行的资产负债表中可以得出对准备金的需求，这一需求也就是银行的货币需求。这部分货币体现为对央行的债权，从央行的资产负债表中可以得出这部分货币供给的分布情况。

可以将银行的资产负债表简化为：

$$E + \tau D^s + B^b + L^s = D^s \text{。}$$

其中，B^b = 债券，L^s = 贷款，D^s = 存款货币，τD^s = 法定准备金（τ 是法定准备金率），E = 超额准备金。

设 $E + \tau D = R$，则 R 构成了银行的总准备金需求（demand for total reserves）。超额准备金 E 可以用来购买财政部债券或是发放贷款。（1）当用 E 购买财政部发行的债券时，银行的货币 R 就会减少，因为增加对 B^b 的购入带来 E 减少。在银行有（借）债券/（贷）存放央行款项——备付金存款（即 E 减少），同时在财政部有（借）国库存款/（贷）债务收入，在央行有（借）准备金存款——备付金/（贷）财政存款。（2）当用 E 发放贷款时，银行的货币 R 保持不变，但 R 在结构上发生变化，即 τD^s 增加而 E 减少。在银行有（借）贷款/（贷）存款货币，以及（借）存放央行款项——法定存款准备金（即 τD^s 增加）/（贷）存放央行款项——备付金存款（即 E 相应减少）；同时在央行有（借）准备金存款——备付金/（贷）准备金存款——准备金。持续增加贷款 L^s 会使法定准备金 τD^s 进一步增加。对于一定的准备金规模，满足 τD^s 增加就要减少 E，E 的进一步减少会对 L^s 的进一步增加起到约束作用，不用到耗尽 E 的地步，L^s 的增加就会止步。从银行部门看，如果央行的准备金供给是一定的，那么 E 的减少就会推升货币市场利率，严重的势态就是出现所谓的“钱荒”。

当贷款回流时，会从法定准备金中释放出超额准备金。这种释放在银行体现为：（借）存款货币/（贷）贷款，以及（借）存放央行款项——备付金存款（即 E 增加）/（贷）存放央行款项——法定存款准备金（即 τD^s 减少）；同时在央行体现为：（借）准备金存款——准备金/（贷）准备金存款——备付金。银行可以利用贷款回流所释放出的超额准备金，通过发起新的贷款再次创造存款货币，但存款货币存量依然在一定准备金存量的比例约束之下。

就从法定准备金中释放出超额准备金而言，能在一个时点上有效替代贷款在表内如期回流的技术是资产证券化。在采用证券化技术将贷款置于表外时，如果购买资产证券的投资者处于银行部门之外，那么在投向资产证券的银行存款的诱导下，在银行部门负债上就会有相应的存款货币债务转化为SPV负债上的非货币债务的形式。这意味着 D^s 下降，从而 τD^s 随之下降。基本的资金循环脉络为：在银行有（借）存款货币（ D^s 下降）/（贷）贷款，以及（借）存放央行款项——备付金存款/（贷）存放央行款项——法定存款准备金（ τD^s 下降）；在SPV有（借）贷款/（贷）证券发行；在投资者有（借）证券投资/（贷）银行存款；在央行有（借）准备金存款——准备金/（贷）准备金存款——备付金。之后，银行部门可以通过发起新的贷款去满足客户的贷款需求。这时，虽然 τD^s 又会随 L^s 所创造的 D^s 而上升，但就满足一个更大的贷款需求而言，对法定准备金的需求减少了，因为与转移在SPV上的贷款相匹配的非货币债务是由银行负债上的存款货币转化而来的。于是，虽然满足货币需求的贷款规模扩大了，但经济中的货币存量并没有因此而扩大，央行准备金工具的有效性依然如故。在此所给出的提示是：如果金融体系中的这种新型匹配关系确实能给总产出带来积极有效的影响，那么资产证券化的导入就意味着，较之货币与产出的关系，贷款与产出的关系因此变得更加密切。

在资本节约上，由于不同类别贷款的风险权重不同（如住宅抵押贷款的风险权重是50%，一般企业贷款的风险权重是100%），因而不同类别贷款的证券化在资本节约上的效果也不同，但在准备金的节约上，却不受贷款类别的影响。

在一个合理的准备金资产配置中，银行会保有一个起码的超额准备金部分，以此作为缓冲器，应对在满足提现、银行间结算、执行贷款承诺等方面的要求。资产证券化为银行提供了一种能够适时地从法定准备金中释放出超额准备金的技术，以此作为向央行借款或是从市场购买货币的替代，因而可以预期，银行在超额准备金上的需求因此会有些许降低。

综上所述，对于一定的贷款（表内的加表外的）规模，证券化的引入使法定准备金需求和超额准备金需求均下降。

第二节　资产证券化对总产出的影响

——基于CCS－LMS结构和匹配平移对称的表述

伯南克和布林德（Bernanke and Blinder，1988）通过对传统IS－LM结构导入信贷市场，拓展了传统IS－LM模型，给出了修正的IS－LM模型，即CC－LM模型。在IS－LM结构中，基于贷款和债券都是同质货币的对应物的观点，将贷款合并于债券，如此经济中的金融资产是债券和货币，进而再由瓦尔拉斯法则将债券舍去，就仅剩下货币。而在CC－LM结构中，经济中有贷款、债券和货币三种金融资产，贷款和债券不能完全替代。将贷款与债券分开的原因是，贷款和债券固然投放同质的货币，但贷款投放的货币与实际经济活动的关系更为密切，因此需要单独确认信贷渠道。如今，新的情况又出现了。由于标志银行供给侧结构性改革的资产证券化的进展，贷款又分为存在于表内的和存在于表外的，表内贷款和表外贷款两者不能完全替代。这是因为，表内贷款通过向借方创造货币而影响经济活动，而表外贷款则以不同的机理发挥作用，它通过将与转移贷款相匹配的货币转化为非货币的存在的机制而影响经济活动。实现这种转化的形式是匹配平移，此匹配平移的对称性破缺相对越小，资产证券化对总产出的积极影响就越显著。这样，经济中的贷款就有表内贷款和表外贷款之分，经济中的金融资产就有表内贷款、表外贷款、债券和货币四种金融资产。基于实践和理论的进展，这一标志银行供给侧结构性改革的匹配平移对称的划时代意义已经是毋庸置疑的。

注意到，经历了 2007 年金融危机的洗礼，资产证券化在主要经济大国已经完成了构筑金融结构中的一极的历史性演进，它的内在机理渗入经济和金融运行之中，使经济和金融运行的面貌焕然一新。在这种情况下，CC－LM 结构的不足之处已然显现，于是，对 CC－LM 结构进行修正，就既是必要的也是现实的。本节的意图是，对 CC－LM 模型导入资产证券化机制，将 CC－LM 模型延伸为 CCS－LMS 模型。这一延伸一并将资产证券化的效应与实体经济联系了起来，从而揭示了资产证券化对于实体经济具有促进作用的内在关系。其中的经济思想是：将以资产证券化为标志的银行供给侧结构性改革的因素纳入宏观经济分析模型，这种因素为经济增长提供新机制、新动能、新契机，整体经济受惠于这种因素贡献。

一、假设条件

经济中具有准备金、货币、债券、表内贷款、表外贷款和产品（及服务）六个市场。准备金和货币的利率为零，贷款的利率为 ρ，债券的利率为 i，产品（及服务）的供给量为 $y = GDP$。根据瓦尔拉斯法则，可以舍去债券市场，保留货币、贷款、证券化和产品（及服务）四个市场。贷款是指表内贷款，证券化是指表外贷款。

贷款和债券不能完全替代。①借方、贷方基于利率 ρ 和 i 选择资金运用与融资。对于贷方，当 $\rho > i$ 时增加在贷出上的资金运用，通过增加贷款创造货币——（借）贷款/（贷）存款货币；当 $\rho < i$ 时增加在债券上的资金运用，通过从公众或机构手中购买债券创造货币——（借）债券或买入返售债券/（贷）存款货币。对于借方，当 $\rho > i$ 时增加债券融资，通过债券或“卖出回购债券”获得资金——（借）银行存款/（贷）债券或卖出回购债券，当 $\rho < i$ 时，增加贷款融资，通过向银行借贷获得资金——（借）银行存款/（贷）借款。

（一）未导入证券化

未导入证券化情况下的市场均衡分析是金融经济学中的经典内容。这一经典内容虽然不足以如实反映现代金融运行的实况，但依然是学习金融经济学的基本训练。

---

① 基于信贷观，银行通过贷款创造的货币和通过债券购买创造的货币，两者对经济活动的影响是不同的，故而贷款和债券两者不能完全替代。即便银行的贷款发起和债券购买对 M_1 和 M_2 有相同的影响，但前者对经济活动的影响更大。与贷款机制相同的债券购买（如银行直接购买企业发行的债券）除外，这种债券购买应归入贷款。

1. 贷款的供求及其均衡

（1）贷款需求。$L^d = L^d(\rho, i, y)$，$\frac{\partial L^d}{\partial \rho} < 0$，$\frac{\partial L^d}{\partial i} > 0$，$\frac{\partial L^d}{\partial y} > 0$。

（2）贷款供给。考察银行资产负债表的简化情况：

$$R + B^b + L^s = D^s,$$
$$E + B^b + L^s = (1 - \tau) D^s。$$

其中，R = 准备金，B^b = 债券，L^s = 贷款，D^s = 存款货币。R 由法定准备金 τD^s（τ 为法定准备金率）和超额准备金 E 构成，即 $R = \tau D^s + E$。假定超额储备不被付息，最优资产组合中贷款资产的收益率函数为 $\lambda(\rho, i)$，则贷款供给方程为：

$$L^s = \lambda(\rho, i)(1 - \tau) D^s,$$

且有 $\frac{\partial \lambda}{\partial \rho} > 0$，$\frac{\partial \lambda}{\partial i} < 0$。这就是分离于债券而单独确认的信贷渠道，按照信贷观，较之于债券，基于贷款投放的货币与实体经济活动的关系更为密切。

（3）贷款供求的均衡。当贷款市场均衡时：

$$L^d(\rho, i, y) = \lambda(\rho, i)(1 - \tau) D^s。$$

2. 准备金的供求及其均衡

设银行持有的超额储备为：

$$E = \varepsilon(i)(1 - \tau) D^s,$$

其中 $\frac{\partial \varepsilon}{\partial i} < 0$，则有：

$$R = \tau D^s + E = \tau D^s + \varepsilon(i)(1 - \tau) D^s = [\tau + \varepsilon(i)(1 - \tau)] D^s。$$

3. 货币供求及其均衡

货币供应总量由现金货币和存款货币构成，但在此只考虑存款货币，不考虑现金货币，将货币供求限于存款货币的供求。

银行的存款货币供应为：

$$D^s = m(i) R,$$

其中，$m(i)$ 称为货币乘数（或信用乘数）。

由 $R = [\tau + \varepsilon(i)(1 - \tau)] D^s$ 可知：

$$m = m(i) = [\tau + \varepsilon(i)(1 - \tau)]^{-1},$$

其中，因为 $\frac{\partial \varepsilon}{\partial i} < 0$，所以有 $\frac{\partial m}{\partial i} > 0$。

将存款货币需求函数设为 $D^d(i,y)$，其中，$\frac{\partial D^d}{\partial i}<0$，$\frac{\partial D^d}{\partial y}>0$，则有货币供求均衡：

$$D^d(i,y) = m(i)R\text{。}$$

4. 总收入

$$y = y^d(\rho,i)\text{，}\frac{\partial y^d}{\partial \rho}<0\text{，}\frac{\partial y^d}{\partial i}<0\text{。}$$

（二）导入证券化

导入证券化情况下的市场均衡分析是金融经济学中的新生内容，其中加入了对称思想的指引。另外，金融产品创造中货币资产变为非货币资产的效能概念，也为分析提供了指引。

1. 匹配平移对称性破缺系数

设一个数额为 x 的贷款被置于表外，在 SPV 的资产端上成为证券化的对象资产。当以此贷款为支持而发行的证券全部由银行部门之外的投资者持有时，这一 x 的值就等于由银行负债上的存款货币债务转化为 SPV 负债上的非货币债务的数额。但如果在发行结构上有 5% 的次级部分（通常不采取发行证券的形式），这个 5% 的部分在银行部门内部持有，那么由货币转化为非货币的数额就是 x 的 95%，即 95% x。在此，这个 5% 属于在证券化操作上的匹配平移对称性破缺。如果除了这个 5% 的次级部分外，还有 10% 的非次级部分的证券在银行部门内部持有，那么匹配平移对称性破缺就是 15%。

在实际中，总会有一部分资产证券和未发行证券的受益权在银行部门内获得持有。由银行部门持有的部分越大，匹配平移对称性破缺程度就越大；反之，由银行部门之外的投资者所持有的部分越大，匹配平移对称性破缺程度就越小。

可以用匹配平移对称性破缺系数来衡量匹配平移对称性破缺程度。若设匹配平移对称性破缺系数 μ_0，则有 $0\leqslant \mu_0 \leqslant 1$。当以贷款为支持的证券发行（包括采取发行证券的部分和不采取发行证券的部分）全部在银行部门内部持有时，匹配平移对称性破缺程度最大，$\mu_0 = 1$；当以贷款为支持的证券发行全部在银行部门外部持有时，匹配平移对称性破缺程度最小，$\mu_0 = 0$。显然，对称性系数是 $0\leqslant \mu = 1-\mu_0 \leqslant 1$。$\mu_0 = 0$ 时，$\mu = 1$；$\mu_0 = 1$ 时，$\mu = 0$。

例如，当 $\mu_0 = 0$ 时，在银行部门有（借）存款货币/（贷）贷款，在 SPV 有（借）贷款/（贷）证券发行，在投资者有（借）银行存款/（贷）证券投资。从“贷款/存款货币”到“贷款/证券发行”，匹配本身保持了完全不变，故而匹配平移对称性破缺系数为 0，匹配平移对称性系数为 1。

如果操作的结果是，在银行部门有（借）存款货币、未发行证券次级部分、资产证券/（贷）贷款，在 SPV 有（借）贷款/（贷）未发行证券次级部分、资产证券发行，在投资者有（借）银行存款/（贷）证券投资，那么，转化为非货币存在的存款货币的数额就小于证券化贷款的数额，差额是：在银行内部持有的未发行证券次级部分 + 在银行内部持有的资产证券部分。这时，匹配本身没有保持完全不变。

证券化贷款的净值是："证券化贷款 - （银行内部持有的未发行证券次级部分 + 银行内部持有的资产证券部分），而（银行内部持有的未发行证券次级部分 + 银行内部持有的资产证券部分）构成了一个匹配平移对称性破缺。匹配平移对称性破缺的程度是一个相对概念，将其用对称性破缺系数 μ_0 来反映：

$$\mu_0 = \frac{\text{银行部门持有的未发行证券次级部分} + \text{银行部门持有的资产证券部分}}{\text{证券化贷款}}。$$

μ_0 的另一种表现形式是反映匹配平移对称性程度的对称性系数 μ：

$$\mu = 1 - \mu_0 = \frac{\text{证券化贷款} - (\text{银行部门持有的未发行证券次级部分} + \text{银行部门内部持有的资产证券部分})}{\text{证券化贷款}}。$$

表内证券化和表外证券化没有本质上的不同。表内证券化虽然因为贷款依然在表内而没有平移问题，但匹配问题依然存在。对于表内证券化，反映匹配对称性破缺程度的对称性破缺系数 μ_0：

$$\mu_0 = \frac{\text{超额担保部分} + \text{银行部门内部持有的资产证券部分}}{\text{证券化贷款}}。$$

反映匹配对称性程度的对称性系数 μ：

$$\mu = 1 - \mu_0 = \frac{\text{证券化贷款} - (\text{超额担保部分} + \text{银行部门内部持有的资产证券部分})}{\text{证券化贷款}}。$$

超额担保部分相当于表外证券化情况下的次级部分。表外证券化的次级部分通常不发行证券，由作为发起人的证券化银行自己持有。表内证券化的超额担保部分是在表内被纳入证券化贷款集合的数额大于证券发行的数额的部分。

在实际中，不管是表外证券化还是表内证券化，μ_0 通常不会为 0，但它也不能过于偏大，否则它就偏离了为完美对称开辟道路的作用和意义。"对称之中有点破缺则更美"，美就美在这一点。①

2. 贷款供求及其均衡

设对称性破缺系数为 μ_0，则由银行部门之外的投资者持有的证券化贷款就是 μx，银行自己持有的部分是 $\mu_0 x$，表内资产的减少就是 $x - \mu_0 x = \mu x$。于是，可将银行和 SPV 的资产负债表简化为：

$$\begin{cases} R + B^b + (L^s - \mu x) = D^s - \mu x & \text{银行} \\ x = d^s & \text{SPV} \end{cases}$$

这时的 L^s 分为两个存在：一部分是表内存在（$L^s - x + \mu_0 x = L^s - \mu x$），另一部分是由

① 完整的句式是：从美的角度来说，对称之中有点破缺则更美。此句出自著名物理学家杨振宁。

银行之外的投资者持有的表外存在（μx），它们都是银行发起的贷款。D^s包括两部分：一部分是银行负债上的存款货币，另一部分是匹配于贷款转移的存款货币在 SPV 负债上的非货币转化形式。

对于 $x = d^s$，x 是从银行转移到 SPV 资产上的证券化贷款，d^s 是 SPV 负债上的证券发行，包括发行证券的部分和未发行证券的部分。d^s 既是由 SPV 资产上的证券化贷款 x 引致出来的。d^s 的对方包括两部分：一部分是银行，银行的持有份额率是μ_0，这部分的存在对存款货币 D^s 向 SPV 上的证券发行的转化起到了减少的作用；另一部分是银行之外的投资者，这些投资者的持有份额率是μ。当然，银行也可以在 μ_0 范围之外持有一部分属于 μ 范围的证券。在数量价值上，x 等于 d^s；在关系上，x 和 d^s 两者同真同假。

由于这时的法定储备为 $\tau(D^s-\mu x)$，因而银行在行为上的约束条件就由原来的 $R+B^b+L^s=(1-\tau)D^s$ 变为：

$$\begin{cases} E+B^b+(L^s-\mu x)=(1-\tau)(D^s-\mu x) & \text{银行} \\ x=d^s & \text{SPV} \end{cases}$$

其中，对于一定的 R，结构发生了变化。μx 使 L^s 和 D^s 一并减少，且有 $\Delta L^s=\Delta D^s$。若 τ 和 R 一定，B^b 不变，则这时超额储备 E 增加，$\Delta E=-\tau\cdot\Delta D^s$。这意味着证券化具有释放银行本身的流动性的效果（即法定储备减少而超额储备相应增加），若银行本身在流动性偏好上没有增加的话，那么银行通过发起贷款而向经济供给流动性（即供给存款货币）的能力就有所释放。进而，若是银行通过发起新的贷款而用尽这一 ΔE，那么贷款和存款货币的减少 $\Delta L^s=\Delta D^s=0$。不过，由于这时已有一部分贷款存在于表外，同时有一部分存款货币转化为资产证券发行的存在形式，因而这时总体上的状态是，贷款增加（表内的加上表外的两部分，即 L^s）而存款货币不变。

由以上分析，可将银行表内的贷款供给函数写为：

$$L^s-\mu x=\lambda(\rho,i,x)(1-\tau)(D^s-\mu x),$$

其中，$\lambda(\rho,i,x)$ 是将证券化因素考虑在内的贷款乘数，$\frac{\partial\lambda}{\partial\rho}>0$，$\frac{\partial\lambda}{\partial i}<0$，$\frac{\partial\lambda}{\partial x}>0$。$\frac{\partial\lambda}{\partial x}>0$ 是因为：（1）基于证券化将法定准备金释放为超额准备金的示范效果，银行的超额储备偏好会有降低；（2）基于证券化这项竞争准备金头寸的新技术，准备金的整体配置会进一步优化；（3）基于在资本释放上的示范效果，银行的实际资本充足率会进一步向偏低要求靠近。

设贷款需求为 $L^d(\rho,i,y)$，则当贷款供求均衡时：

$$L^d(\rho,i,y)=\lambda(\rho,i,x)(1-\tau)(D^s-\mu x)+\mu x。$$

一个 μx 数额的贷款，虽然被转移至表外，但并未完成回流，依然是满足借方需求的贷款供应部分，保持者基本的银行关系。

3. 准备金供求及其均衡

在导入证券化的情况下，影响超额储备需求的因素不仅有 i，还有 x。银行部门持有的超额储备为：

$$E = \varepsilon(i,x)(1-\tau)(D^s - \mu x) ,$$

其中，$\frac{\partial \varepsilon}{\partial i}<0$，$\frac{\partial \varepsilon}{\partial x}<0$。$\frac{\partial \varepsilon}{\partial x}<0$ 的原因是，证券化为银行提供了一种能从法定储备释放出超额储备的示范，银行的超额储备偏好因此而会有些降低。

于是有准备金的供求均衡式：

$$\begin{aligned} R = \tau(D^s - \mu x) + E &= \tau(D^s - \mu x) + \varepsilon(i,x)(1-\tau)(D^s - \mu x) \\ &= [\tau + \varepsilon(i,x)(1-\tau)](D^s - \mu x) 。\end{aligned}$$

4. 货币供求

（1）货币供应。当引入证券化时，从银行部门看，资产证券化的交易结构会诱导出存款货币的减少，减少的这部分存款货币在 SPV 负债端上转化为非货币债务的存在形式。如前面给出的银行简化资产负债表所示，存款货币的这种减少具有释放法定部分的效果，即将准备金中的部分法定部分释放为超额部分。如果银行部门用尽释放出来的这部分超额准备金去满足客户的贷款需求，那么存款货币又会恢复到原来的水平。从这一角度上看，证券化的导入虽然增加了满足借方货币需求的贷款规模，但是准备金与存款货币之间的约束机制依然如故，并未出现变异，银行部门的存款货币供应依然是 $m(i)R$ 的形式。于是，若纳入证券化因素，存款货币供给就是 $m(i,x)R$。考虑到与证券化贷款相匹配的存款货币是 μx，则引入证券化后银行部门存款货币供应为：

$$D^s - \mu x = m(i,x)R 。$$

其中，μx 代表的是与转移贷款净值相匹配而从货币存在中转化为非货币存在的部分。这意味着 D^s 包括两部分：一部分是银行负债上的存款货币，另一部分是匹配于贷款转移的存款货币在 SPV 负债上的非货币转化形式。

由 $R = [\tau + \varepsilon(i,x)(1-\tau)](D^s - \mu x)$ 可知：

$$m(i,x) = [\tau + \varepsilon(i,x)(1-\tau)]^{-1} 。$$

因为 $\frac{\partial \varepsilon}{\partial i}<0$，$\frac{\partial \varepsilon}{\partial x}<0$，所以有 $\frac{\partial m}{\partial i}>0$，$\frac{\partial m}{\partial x}>0$。

（2）货币需求。证券化的一个特点是，资产证券的发行使货币需求在总体上减少。若存款货币需求为 $D^d = D^d(i,y,x)$，则有 $D^d(i,y,x) = D^d(i,y) - \mu x$，其中 $\frac{\partial D^d(i,y,x)}{\partial i}<0$，$\frac{\partial D^d(i,y,x)}{\partial y}>0$，$\frac{\partial D^d(i,y,x)}{\partial x}<0$。$\frac{\partial D^d(i,y,x)}{\partial x}<0$ 的概念已经在前面做了一定的表述。另外，依然如前所述，$\frac{\partial D^d(i,y)}{\partial i}<0$，$\frac{\partial D^d(i,y)}{\partial y}>0$。

与企业发行股票和银行发起贷款时的货币需求情况比较。在企业发行股票的情况，经济中的货币需求由于货币易主机制的存在而在总体上保持不变（在此不考虑股票二级市场交易产生的货币需求）。例如，一方面，企业通过增加股票发行从投资者募集资金，实现对货币的增量需求；另一方面，投资者增加在股票上的持有，减少对货币的需求。在此，实现货币需求增加的对面是货币需求的减少。在银行发起贷款的情况，经济主体的增量货币需求是通过银行的增量货币供给得以实现，由于没有货币易主的机制，因而经济中的货币需求在总体上得到扩大，借方的货币需求是通过新增的货币量得到满足的。例如，银行通过新增贷款而投放增量货币给企业，企业通过增加借款实现对增量货币的需求。在此，货币需求增加的对面是货币量的增加。

（3）货币供求的均衡。导入证券化之后的货币供求均衡：

$$D^d(i,y,x) = m(i,x)R \text{。}$$

由于 $D^d(i,y.x) = D^d(i,y) - \mu x$ ，故而有：

$$D^d(i,y) - \mu x = m(i,x)R \text{。}$$

上式的重要意义是：由于资产证券化对货币供应机制的作用，货币供应与货币需求实现了新的动态均衡，这种新的动态均衡增强了银行服务实体经济的动能。

二、CCS - LMS 结构

在没有取得全新理论突破的条件下，CCS－LMS 结构就是审视资产证券化对总产出的影响的有效模型。这一结构的奥妙和活力在于其中加入了对称思想。此结构是对 IS－LM 模型的延伸，这一延伸是合理的，因为它的对称是没有问题的。

（一）对 LM 曲线的影响

如前分析，引入证券化后，满足货币供求均衡的条件为：

$$D^d(i,y) = m(i,x)R + \mu x \text{。}$$

进行全微分，有：

$$(m_1R - D_1^d)\Delta i = D_2^d\Delta y - m\Delta R - (m_2R + \mu)\Delta x \text{。}$$

在以上全微分表达式中：（1）由于 $m_1 > 0, D_1^d < 0$，故而 $(m_1R - D_1^d) > 0$；（2）$D_2^d > 0$。于是，以 i 为纵轴、y 为横轴的 LMS 曲线的基本形态呈现为向右上方倾斜，这同 LM 曲线一样。证券化的影响反映于 $m(i,x)$ 和 $D^d(i,y,x)$（ $D^d(i,y,x) = D^d(i,y) - \mu x$ ），对传统的 LM 曲线产生了修正。

得到的启示是：

（1）R 为货币政策变量，扩张的货币政策（ R 增大）产生使 LMS 曲线向右移动的货币渠道（monetary channel）。证券化因素通过影响 $m(i,x)$ 而影响 R 的影响。

（2）x 是证券化因素，因为 $m_2 > 0, \mu > 0$，所以 $(m_2R + \mu)$ 的符号为正，这意味着导入

证券化使 LMS 曲线向右移动。对称性破缺程度越小，μ 就越大，从而 LMS 曲线向右移动的效果也就越好。在实际中，总是有一部分资产证券会在银行内部持有，然而随着这部分的比例增加，对称性破缺程度便会加大，从而资产证券在增进总产出上的积极效果也就会降低。

（二）对 CC 曲线的影响[①]

由 $L^d(\rho,i,y) = \lambda(\rho,i,x)(1-\tau)(D^s-\mu x)+\mu x$ 和 $D^s-\mu x = m(i,x)R$，引入证券化机制后，当贷款市场供求均衡的条件为：

$$L^d(\rho,i,y) = \lambda(\rho,i,x)(1-\tau)m(i,x)R+\mu x\text{。}$$

对于 $F(\rho,i,y,x,R) = \lambda(\rho,i,x)(1-\tau)m(i,x)R+\mu x-L^d(\rho,i,y) = 0$，进行全微分，有：

$$\begin{aligned}&[(1-\tau)mR\lambda_1-L_1^d]\Delta\rho+[(1-\tau)mR\lambda_2+(1-\tau)\lambda Rm_1-L_2^d]\Delta i\\&+[(1-\tau)R(\lambda m_2+m\lambda_3)+\mu]\Delta x-L_3^d\Delta y+(1-\tau)\lambda m\Delta R=0\text{。}\end{aligned}$$

（1）因为 $(1-\tau)mR\lambda_1>0$，$L_1^d<0$，所以 $[(1-\tau)mR\lambda_1-L_1^d]>0$。

（2）因为 $(1-\tau)\lambda Rm_1>0$，$(1-\tau)mR\lambda_2<0$，$L_2^d>0$，所以 $[(1-\tau)\lambda Rm_1+(1-\tau)mR\lambda_2-L_2^d]$ 的符号不确定。不过，因为证券化提高贷款供应能力而释放货币供应能力，故而可以认为在引入证券化的背景下，贷款乘数对利率敏感性程度（$-\lambda_2/\lambda$）大于货币乘数对利率的敏感性程度（m_1/m），从而有 $(1-\tau)\lambda Rm_1+(1-\tau)mR\lambda_2-L_2^d<0$。

（3）因为 $m_2>0$，$\lambda_3>0$，$\mu>0$，所以 $(1-\tau)R(\lambda m_2+m\lambda_3)+\mu>0$。

（4）$L_3^d>0$。

（5）$(1-\tau)\lambda m>0$。

$F_\rho=(1-\tau)mR\lambda_1-L_1^d>0$，所以由隐函数存在定理可解得 ρ：

$$\rho=\phi(i,y,x,R)\text{。}$$

$$\phi_1=\frac{\partial\rho}{\partial i}=-\frac{F_i}{F_\rho}=-\frac{(1-\tau)mR\lambda_2+(1-\tau)\lambda Rm_1-L_2^d}{(1-\tau)mR\lambda_1-L_1^d}>0,$$

$$\phi_2=\frac{\partial\rho}{\partial y}=-\frac{F_y}{F_\rho}=-\frac{-L_3^d}{(1-\tau)mR\lambda_1-L_1^d}>0,$$

$$\phi_3=\frac{\partial\rho}{\partial x}=-\frac{F_x}{F_\rho}=-\frac{(1-\tau)R(\lambda m_2+m\lambda_3)+\mu}{(1-\tau)mR\lambda_1-L_1^d}<0,$$

$$\phi_4=\frac{\partial\rho}{\partial R}=-\frac{F_R}{F_\rho}=-\frac{(1-\tau)\lambda m}{(1-\tau)mR\lambda_1-L_1^d}<0\text{。}$$

---

① 伯南克和布林德在他们于 1988 年合作发表的那篇著名论文《信用、货币和总需求》（"Credit, Money, and Aggregate Demand", *American Economic Review* 78, May 1988, pp. 435 - 439.）中写道，之所以将修正的 IS 曲线称 CC（Commodity 和 Credit）曲线，是为了对帕廷金（1956）表示敬意。

产品（及服务）的供求均衡式为：

$$y = y^d(\rho, i), \frac{\partial y^d}{\partial \rho} < 0, \frac{\partial y^d}{\partial i} < 0。$$

将 $\rho = \phi(i, y, x, R)$ 代入，得：

$$y = y^d(\phi(i, y, x, R), i)。$$

对上式全微分，得到：

$$(1 - y_1^d \phi_2)\Delta y = (y_1^d \phi_1 + y_2^d)\Delta i + (y_1^d \phi_4)\Delta R + (y_1^d \phi_3)\Delta x。$$

因为 $y_1^d < 0, \phi_2 > 0$，所以 $(1 - y_1^d \phi_2) > 0$。因为 $y_1^d < 0, \phi_1 > 0, y_2^d < 0$，所以 $(y_1^d \phi_1 + y_2^d) < 0$。于是，以 i 为纵轴，以 y 为横轴，可以给出 CCS（Commodity，Credit，Securitization）曲线，CCS 曲线是修正的 CC 曲线，同样为向下倾斜。

得到的启示是：

(1) R 为货币政策变量，因为 $y_1^d < 0, \phi_4 < 0, (y_1^d \phi_4) > 0$，所以扩张的货币政策（$R > 0$）产生使 CCS 曲线向右移动的信用渠道（credit channel）。证券化因素通过影响 ϕ_4 而影响 R 的影响。

(2) x 是证券化因素，因为 $y_1^d < 0, \phi_3 < 0$，所以 $(y_1^d \phi_3) > 0$，这意味着导入证券化使 CCS 曲线向右移动。注意到，对称性破缺程度越小，μ 就越大，从而 ϕ_3 的绝对值越大，$(y_1^d \phi_3)$ 的值也就越大。这意味着，匹配平移对称性破缺系数越小，证券化在增进总产出上的积极效果就越显著。

综合以上表述，有以下的图 13－2。

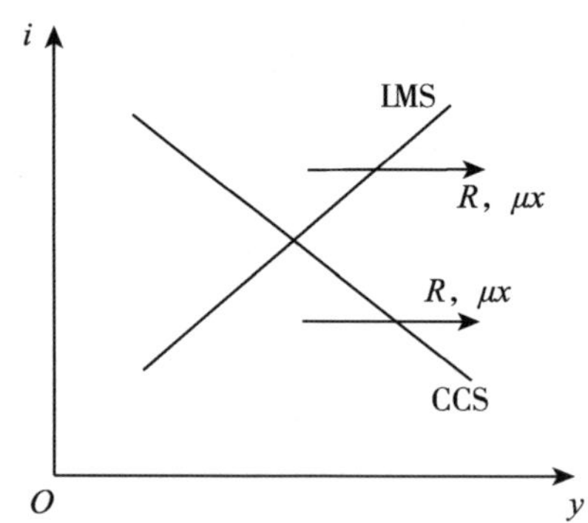

图 13－2 证券化和货币政策对 CCS 曲线和 LMS 曲线的影响

三、政策意义

本节分析所引出的政策意义在于：(1) 资产证券化是银行更好为实体经济服务的必然选择，资产证券化的导入不仅是作为银行部门的功能组件（infrastructure）在发挥作用，而且对促进实体经济增长具有切实的积极效果；（2）与 R 不同，μx 对实体经济产生的积极效果不是以扩张货币为背景的，而是以将货币存在转化为非货币存在的新机制为背景的；（3）贷款转移中的匹配平移对称性破缺系数 μ_0 越小，亦即贷款转移中的匹配平移对称性系数 μ 越大，这种积极效果就越显著。显然，x 成为在 R 之外的促进增长的新锐金融力量，而 μ 是其中的一个重要而关键的细节。

当然，这并不是完全排斥未发行证券的受益权和资产证券在银行部门内部持有的一定合理性（例如，内部持有作为一种竞争准备金头寸的新技术，具有使准备金的整体配置得到进一步优化的效果），只是突出给出了通过资产证券化技术支持实体经济发展的因素分析。

总之，只要资产证券不是大量在银行部门内自己持有，资产证券化就不是银行部门脱离了实体经济的“自娱自乐”和“故弄玄虚”，更不是“饮鸩止渴”的逐利行为，相反，资产证券化是银行供给侧结构性改革的标志，成为银行促进实体经济发展的新机制、新动能、新契机，对实体经济发展具有切实的积极影响。这是事实，是来自数学中的事实。来自数学中的事实不同于由经验证据、表面讲得通的道理或统计检验来证明的事实，它是上升到抽象层次的事实。

第三节　资产证券化对货币政策传导机制的影响

关于货币政策传导机制，一直存在着重视货币总量的货币观（money view）和重视信贷总量的信用观（credit view），不过以往的表述并没有把资产证券化因素考虑在内。本节的内容是，把资产证券化因素考虑在内重新审视货币观和信用观，并分析资产证券化的导入对货币政策传导机制的影响。资产证券化对货币政策传导机制的影响主要体现为，将匹配于贷款转移的货币存在向非货币存在转化的机制导入传导货币政策的信贷渠道，重新审视货币观和信用观，提示了注重货币总量和信用总量的双且标战略。

一、货币观和信用观

货币观从银行的负债方表述货币政策传导机制。能做出这种简化的逻辑是：存款货币是银行资产（贷款和债券）的对应物，不管它是由发放贷款创造出来的还是由购买债券创造出来的，其总量的增加以大致相同的方式影响经济活动，因而，为了简化可以将资产视为一个同质债券的构成，不考虑资产负债表中资产端的结构因素。后来的文献在这方面有了进一步的斟酌，认为虽然存款货币是银行资产的对应物，但基于资产中的贷款项目所新增的存款货币和基于资产中的债券项目所新增的存款货币，它们对于经济活动的影响还是有很大不同的。基于前者所新增的存款货币对于经济活动的影响更直接、也更大，因而，贷款和债券不能完全替代，应该将贷款从同质债券中独立出来，于是就有了将银行资产端的结构因素也考虑在内的信用观（信贷观）。[①]在这方面，有些文献还结合信息经济学的研究成果，以信贷渠道学说深化了对问题的探究。再到后来，由于资产证券化的进展，大量贷款被转移至表外，通过 SPV 发行以贷款为支持的证券，并将证券出售给投资者，这又带来了新的情况，即贷款又分为表内和表外两种存在。以贷款为支持的证券发行是表外贷款对应物，是存款货币的非货币转化形式，这种非货币转化机制形成一种新的货币政策传导机制。从货币的来龙去脉看，货币金融中介间接金融（银行购买初级证券并以新创造的货币作为支付）是实现创造货币的机制，直接金融（企业发行自己的债务购买已有货币）是实现已有货币易主的机制，资产证券化（以证券形式出售银行贷款）则是实现已有货币转化为非货币的机制。毋庸置疑，资产证券化因素是银行促进实体经济活动的新动能，对增进实体经济增长具有新的显著影响，于是，还需要给出进一步的斟酌，如何将资产证券化的因素纳入货币政策传到机制的表述中。

（一）货币观

货币观认为，货币政策传导的机制是：通过改变利率，由利率变化左右资金成本，进而改变经济体系中对于耐用品或投资品支出，如固定资产投资、房地产投资、企业存货和耐用消费品（如住宅、汽车）的支出；总需求的变动进而影响产出水平。例如，中央银行通过提供新的增量准备金影响银行的货币创造（不管是通过发起贷款还是购入证券），进而增加货币供应量，迫使市场利率水平降低。[②]这种货币观所强调的是基于利率变化的资金成本效应。

这种货币政策传导机制是宏观经济学中的一项传统内容，在教科书中具有根深蒂固般的地位，原因是它适于作为建立货币政策传导机制概念的初始情景。不过这种货币观在实际中也受到诸多质疑。基于对决定产出水平的因素进行的统计估算，人们普遍认为，资金成本的影响力度没有那么大，迫使利率变化的货币总量在经济活动中并非处于决定性的重要地位。货币政策的影响主要体现为短期利率上，即对短期利率影响最大，之所以能左右 GDP 的某些本应对长期真实利率最为敏感的构成部分（例如耐用消费品支出），说明在货币政策传导机制上还存在着其他未知的“隐情”。

---

① 当公众或机构将手中债券出售给银行时，在银行方面有（借）债券/（贷）存款货币，在债券卖方有（借）银行存款/（贷）债券，货币供应量增加。当借方向银行借款时，在银行方面有（借）贷款/（贷）存款货币，在借方有（借）银行存款/（贷）借款，货币供应量同样也增加。在信贷观的理念中，与公众或机构将手中债券卖给银行所获得的货币相比，借方从银行借款所获得的货币将更多地用于商品和服务的购买。因此，即使银行通过购买债券和通过贷款对 M_1 和 M_2 的影响是相同的，但后者能更有效的刺激支出，对 GDP 和经济活动的影响会更大。

② 这种货币观是属于凯恩斯学派的。另一种货币观是属于货币主义学派的，强调货币供应量的变化直接影响产出。两者均认可“货币途径”。货币观所存在的缺陷是，将关注点完全放在商业银行的负债上，而不考虑引致货币供给的变化的资金运用情况。例如，不考虑商业银行货币供给的调整是来自贷款的变化还是来自证券的变化。当银行通过购买债券创造存款货币时，由于债券的卖方未必是实体经济中的经济主体，因而银行创造出去的货币也就未必能够真正成为与资本的总运动联系起来的货币，贷款则不同，只要借方是实体经济的经济主体，再加上银行甄别能力的有效监督，银行创造出去的货币就能够成为与资本的总运动联系起来的货币，即用于商品和劳务的购买，更加有效地刺激支出。

（二）信用观

既然"在货币政策传导机制上还存在着其他未知的'隐情'"，那么这一"隐情"究竟是什么？

1. 金融加速器

信用观认为，传统上（基于利率改变）的资金成本因素对支出水平的影响效果甚微，GDP 中的关键构成部分之所以显现出敏感于货币政策，是因为货币政策不仅影响一般利率水平，还改变外部融资额外成本。[①]外部融资额外成本是指，由于信用市场的不完全性，在企业外部存在信用中介成本，这使企业的外部融资成本要高于内部融资成本，外部融资额外成本始终为正。[②]显然，企业付出的外部融资额外成本与企业自身的财务状况呈负相关关系。利率是影响企业自身财务状况的一个外部因素。利率的降低使企业的资产负债表（包括资产净值、流动性和现金流等）好转，特别是资产净值好转，企业因此能付出较小的外部融资额外成本，并带来投资、支出和生产增加。利率上升则带来相反的冲击效果。再从内部因素看，充足的资本金是改善企业自身财务状况的一个内部因素。进而，信贷条件的变化会放大初始冲击，尤其是信贷条件的恶化对面临较高外部融资额外成本的企业所受到的经济下行冲击具有更加显著的放大作用，它们减少投资、支出和生产，使经济更加恶化。信贷条件因此成为致使外部融资额外成本有效作用于实际经济的有力因素。企业自身的财务状况越差，面临的外部额外融资成本越高，则受信贷条件变化的影响就越大。

伯南克和格特勒（Bernanke and Gertler，1996）将这种由于信贷条件造成的初始冲击放大作用称为金融加速器，资产净值、流动性和现金流等影响企业财务和融资状况的因素成为金融加速器变量。金融加速器就是上述"在货币政策传导机制上还存在着其他未知的'隐情'"的揭晓。在信贷条件恶化的背景下，金融加速器效应尤其显著。金融加速器效应表明，信贷条件的恶化并不仅是实际经济活动下行的简单被动反应，其本身就是导致衰退的力量。金融加速器使货币政策经过资产负债表对实际经济活动的影响效果被放大，从而确立了在货币政策传导机制中资产负债表微观渠道的重要性。

2. 信用渠道、资产负债表渠道和金融加速器的关系

货币政策通过两个机制——资产负债表渠道和银行信贷渠道影响实际经济，两个渠道共同作用改变外部融资额外成本。资产负债表渠道强调货币政策对借款者资产负债表和收益表的潜在影响，银行信贷渠道强调货币政策对银行信贷供应能力的潜在影响。在两者的关系

---

① 按照伯南克和格特勒（Ben S. Bernanke and Mark Gertler，1995）在《透视黑箱：货币政策传导的信用渠道》（*Inside the Black Box*：*The Credit Channel of Monetary Policy Transmission*）论文中的表述，外部融资额外成本是指外部融资成本（如发行股票或债券的成本）和内部融资成本（如留存利润的机会成本）之差。原文是：the difference in cost between funds raised externally（by issuing equity or debt）and funds generated internally（by retaining earnings）。

② 信用中介成本是指贷款方向好的借方发放贷款需要付出的代价，包括甄别、监督和核算成本，以及由坏的借方造成的预期损失。

上，银行信贷渠道的波动通过金融加速器变量放大资产负债表微观传导的冲击。

就银行信贷渠道而言，货币政策可以通过影响银行体系的储备等而影响银行的贷款总量供应。如果银行信用总量减少，那么那些依赖于银行信用的企业就会失去部分信用来源，它们为了寻找新的贷方、建立新的信用关系等，需要在资产负债表上支出更多的额外成本。[①]因此，银行信用供给量的相对下降，会通过增加外部融资额外成本而降低整体经济活动。又由于金融加速器效应对经济下行的作用力量，面临较高外部融资额外成本的企业受到的不利影响会更大，进而整体经济活动受到的不利影响也会更大。[②]金融加速器因此成为货币政策的银行信贷传导和企业资产负债表传导相结合的纽带。

不考虑区分上的明确性，两个渠道就是一般意义上的信用渠道。[③]它们共同作用，改变了外部融资额外成本。货币政策一方面通过影响企业财务状况而改变外部融资额外成本，另一方面通过影响银行信贷供应总量改变外部融资额外成本。不过，信用渠道机制并非完全独立的传导机制，它是一个放大和扩展传统理论所强调的利率效应（资金成本效应）的系列因素。这些因素就是前面提到的信用中介成本的构成，进一步而言，包括贷方在筛选、评估、监督、清收上预期要支付的成本，与“二手车”问题相关的成本，与道德风险问题相关的成本等。信用渠道理论认为，外部融资额外成本决定于以上这些因素，货币政策通过这些因素影响外部融资额外成本，进而基于放大初始冲击的金融加速器效应影响实际经济活动。

（三）信用渠道与信用总量

信用渠道这一术语容易带来误解，误导人们试图以信用总量“验证”信用渠道理论。[④]这一误导的影响在于，试图评估信用总量推测实际经济活动的能力，并且将其与货币总量在推测实际经济活动上的能力进行比较。

对于评估信用总量——包括企业的信用总量、银行发放的工商贷款总量等——推测实体经济活动的能力，并将信用总量与作为货币政策中间目标的货币总量推测实体经济活动的能力进行比较的办法，伯南克和格特勒（1995）提出了批评意见。批评意见认为，虽然信用渠道具有放大货币政策效果的重要作用，但信用渠道理论并没有阐明信用总量在推测实际经济活动上的相对能力，不能将信用总量用来“验证”信用渠道理论。这样做是基于一个错

---

① 伯南克和布林德（Bernanke and Blinder，1992）认为，在信息不对称条件下，鉴于银行在甄别和监督借方上的优势地位，银行可以向那些难以在公开市场上获得融资的借方提供贷款融资，这部分银行贷款具有难以替代的特殊地位。当中央银行通过准备金工具收缩商业银行的贷款供给能力时，依靠银行贷款的借方就会因资金不足而降低支出，从而使总需求减少。伯南克和格特勒（Bernanke and Gertler，1995）认为，在银行贷款渠道受到紧缩时，虽然依赖银行融资的借方不至于陷入完全没有其他的资金来源的境况，但其他资金来源会增加融资成本，这同样也会降低这些借方的经济活动。

② 金融加速器是指信贷市场对经济冲击具有强大的放大作用。伯南克和布林德（Bernanke and Blinder，1996）进一步明确指出，金融加速器是一种由于信贷条件恶化造成的初始冲击放大作用。

③ 按照伯南克和格特勒（Ben S. Bernanke and Mark Gertler，1995）在《透视黑箱：货币政策传导的信用渠道》一文中的表述：在实证上，区分资产负债表效应和银行信贷效应通常也并非易事。

④ 伯南克和格特勒（Ben S. Bernanke and Mark Gertler，1995）在他们的论文《透视黑箱：货币政策传导的信用渠道》中谈到，要改变此术语已经为时太晚。

误的前提，即将信用总量看作是影响经济活动的独立变量。除了极少数的情形外，信用总量本身不是左右经济活动的独立变量，相反，信用条件（度量信用条件最好的指标是外部融资成本，不是信用总量）是经济体系的内生变量，它决定货币政策改变之后整体经济活动的变化动态。

虽然说货币政策传导机制的信用渠道理论只是指出了信用条件对于货币政策改变之后经济动态变化的决定性，并没有阐明信用总量（包括企业信用总量、银行发放的工商贷款总量等）推测经济活动的能力，但如果将信用总量的范围做一个限定，限定于信贷总量（银行信用供给总量），那么基于银行在克服信用市场信息困难上的独到之处及其重要作用，这种信用总量就与信用条件的状况建立了正相关的关系，进而与实际经济活动具有了基于信用条件状况的紧密关系。在这一限定下，企业的信用需求总量就是指与银行贷款债权相统一的企业借款债务总量。由于资产证券化的导入使信贷总量动态与货币总量动态的一致性进一步削弱，因而更加需要分别评估两者对整体经济活动的影响。

二、资产证券化与货币政策传导机制

基于有效中间目标变量的标准，货币总量作为货币政策中间目标，必须满足以下三个条件：一是与充分代表实际经济活动水平的宏观经济指标（如实际 GDP）具有高度正相关性；二是对于实际经济活动具有先行性，以便基于实际 GDP 与货币总量存在的稳定关系，能对未来经济走向给出展望；三是具有可操作性，如果货币总量的变化不能被中央银行有效控制，那么货币总量就不适于作为政策变量运用。

在关于资产证券化对货币政策传导机制的影响这一问题上，可以从资产证券化的导入如何影响以上三个条件的满足这一视角来进行分析。如果资产证券化的导入能使货币总量更好地满足三个条件，那么资产证券就强调了货币总量作为货币政策中间目标的有效性，是在货币观的路线上影响货币政策传导机制。如果资产证券化的导入能使信贷总量更好地满足三个条件，那么资产证券就强调了信贷总量作为货币政策中间目标的有效性，是在信用观的路线上影响货币政策传导机制。如果两者兼而有之，那么资产证券化就为货币政策传导机制提示了注重货币总量和信用总量的双目标战略（two - target strategy）。以下内容表明，资产证券化为货币政策传导机制提示了双目标战略。

（一）资产证券化与货币观

货币金融中介间接融资的一个特点是：借方（企业、居民）通过银行贷款而获得融资，货币总量随着贷款的增加而增加，贷款总量动态与货币总量动态表现出一致性；直接金融的一个特点是：企业通过发行股票和债券等购买已有货币，经济中的货币总量不变。虽然在影响货币总量变与不变上两者的效果不同，但两者都增加了货币总量中与资本的总运动联系起来的货币量的占比，在这一点上，两者具有同样的效果。由此引出一个有效货币总量的概念：有效货币总量是货币总量中与资本的总运动联系起来的那部分货币量。①

1. 与经济活动的相关性

为了说明问题，首先给出以下简化的中央银行资产负债表、商业银行资产负债表，以及两者的合并资产负债表，如图 13－3 所示。

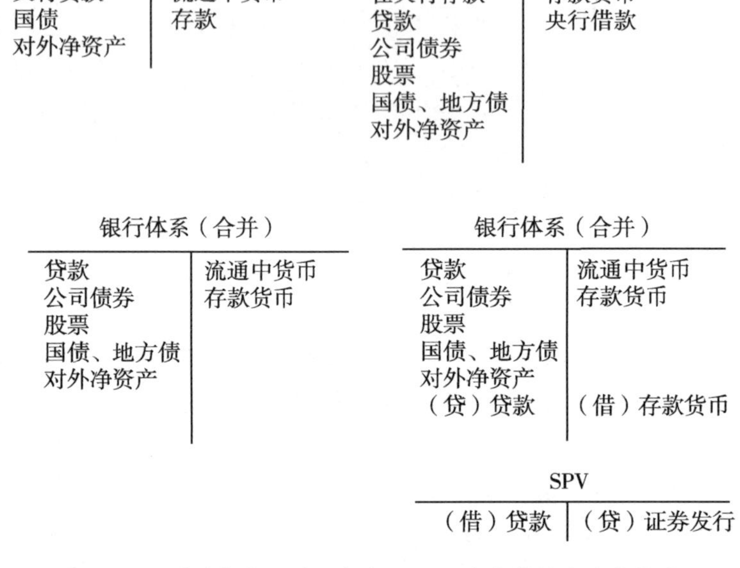

图 13－3　中央银行、商业银行以及两者合并的资产负债表

在图 13－3 中，货币总量＝对企业、居民的信用（贷款、公司债券和股票）＋对政府（国债、地方债）的信用＋对外净资产。

（1）如果银行对政府的信用和对外净资产一定，那么对实际经济的信用就与货币总量之间就具有完全正相关关系。对企业、居民增加（减少）贷款会使货币总量在有效货币总量上增加（减少），这种货币总量的增加迫使利率降低，进而刺激投资支出，使实际 GDP 增加。

（2）如果银行对于企业、居民的信用一定，而对政府的信用变化，那么货币总量也会变化。例如，政府为了救助经济而大量发行国债并使央行和商业银行购入。在这情况下，即便提供给企业、居民的信用减少，货币总量也可能增加，但这种增加所面对的可能依然是低迷的经济，因为货币总量中的增加部分未必体现在有效货币总量上。

（3）引入资产证券化。第一种情况是在“出售”模式下，基于货币总量的减少进行比较。由于导入资产证券化使银行的贷款和存款货币一并减少，且减少的存款货币是在实际经

① 有效货币总量虽然是就货币在实体经济中的运动而言的，但这一概念并不意味着货币在其他范畴中的运动就不是有效的，只是效用不同而已。

济活动之外的，这使货币总量中有效货币占比提高，故而货币总量与实际经济活动表现出正相关性。第二种情况是在“发起——出售”模式下，基于不变的货币量进行比较。“发起”是指银行对企业和居民增加发起贷款，经济中的有效货币总量增加，“出售”同样是指银行的贷款和处于实际经济货币之外的存款货币一并减少，由于这时不变的货币总量中有效货币总量的占比增加，故而货币总量与实际经济活动表现出正相关性。第三种情况是在“发起——出售——发起”模式下，基于货币总量的增加进行比较。“发起”同样是指对企业和居民增加贷款，“出售”同样是指贷款和处于实际经济货币之外的存款货币减少，由于这时货币总量的增加处于实际经济活动中，货币总量的减少处于在实际经济活动之外，故而货币总量与实际经济活动表现出正相关性。综合三种情况，资产证券化的引入通过导致有效货币占比提高机制提高了货币总量与经济活动的相关性。鉴于此，资产证券化的导入在与经济活动的相关性上支持了货币观。

2. 时间先行性

（1）在货币金融中介间接融资情况下，银行通过向企业发起贷款增加经济中的货币总量，增加的货币总量体现在有效货币总量上，货币总量中有效货币总量增加。随后，企业将资金用于生产投资，使经济活动受到刺激，国民收入水平得以上升，这一期间通常要三个月到一年。故而在货币金融中介间接融资的情况下，时间先行性条件获得满足，这支持了货币观。

如果商业银行购入企业发行的股票、债券，那么应将这种购入归入贷款机制。

（2）在直接金融情况下，企业通过发行股票或债券从投资者获得已有货币，这时虽然社会的货币总量没有变化，但通过货币持有的易主，有效货币总量在货币总量中的占比上升。之后，获得融资的企业进行生产投资，刺激经济活动，使国民收入水平通过总需求的增加而上升。一个不变的货币总量中有效货币部分获得增加，这等价于单位货币总量中有效货币增加。尽管如此，由于经济活动走向不能由货币总量给出展望，故而直接融资在时间先行性条件上不支持货币观。

（3）引入资产证券化。基于不同的模式，资产证券化的引入或者使货币总量增加，或者使货币总量不变，或者使货币总量减少。从“发起——出售——发起”模式看，资产证券的引入使货币总量增加，其中两次增加货币，增加的货币处于实际经济中，一次减少货币，减少的货币在实际经济之外，故而单位货币总量中有效货币增加。从“发起——出售”模式看，资产证券的引入表现为货币总量不变，其中一次增加货币，增加的货币处于实际经济之中，一次减少货币，减少的货币在实际经济之外，故而单位货币总量中有效货币增加。从“出售”模式看，资产证券的引入表现货币总量减少，一次减少货币，减少的货币处于实际经济之外，故而单位货币总量中有效货币增加。三种模式下都有单位货币总量中有效货币增加的结果，且第一种模式能够在货币总量与实际经济活动的相关性上与货币观相一致，故而基于有效货币总量与 GDP 间存在的稳定时序动态关系，资产证券化的导入在时间先行性条件上对货币观的支持是确定的。

3. 可操作性

根据信用创造原理，货币供应的总量可简化地表示为：

$$M = mH,$$
$$m = m(\alpha, \beta_1, \beta_2)。$$

其中，货币总量 M 是基础货币 H 与信用乘数 m 的积，信用乘数依赖于现金/存款比率 $\alpha(m_\alpha < 0)$，法定准备金率 β_1（$m_{\beta_1} < 0$），超额准备金率 β_2（$m_{\beta_2} < 0$）。对于 β_1 和 H，央行是可以直接操作的，而对于 α 和 β_2，央行可以间接影响，但并不能直接操作。由此看来，货币观在可操作性条件的满足上并不理想。

导入资产证券化后，尽管央行可以通过购入资产证券来操作 H，由此多了一种货币政策操作工具，但却并不能改善央行对 β_2 和 α 的影响。故而，在可操作性方面，资产证券化没有提供对货币观的支持，但也没有削弱货币观。

4. 结论

资产证券化的导入在与经济活动的相关性和时间先行性方面提供了对货币观的支持，在可操作性方面对货币观点的影响是中性的。综合而言，资产证券化的导入强化了货币观。从我国目前的情况看，货币总量作为货币政策中间目标的有效性下降，今后通过开展资产证券化来提高货币总量中有效货币占比，可以使情况得以改善。

（二）资产证券化与信用观

尽管在是否能够明确区分信用渠道的两个机制的问题上，未必有信心十足的肯定，但资产证券化却为我们提供了一个注重从信用观审视货币政策传导机制的契机。

1. 与经济活动的相关性

（1）银行贷款具有广泛而深厚的社会经济基础，基于银行在甄别和监督借方方面的优势，它甚至可以使那些无法在公开市场上获得融资的经济主体获得融资。①对于许多经济主体，尤其是中小企业，银行贷款所提供的融资对于它们而言是至关重要甚至是不可替代的。当信用紧缩致使银行减少贷款时，这些经济主体首先受到冲击。它们无法像大企业那样通过在债券市场或票据市场上的融资来补充银行贷款的减少，只能削减支出。

（2）较之于货币，贷款与实际经济活动的关系更为密切。例如，当央行通过相关操作提供新的准备金时，商业银行既可以增加贷款发放，也可以在市场上从公众或机构手中购买证券，尽管两种行为都能使货币总量增加，但前一种行为所增加的货币在货币总量中属于有效货币总量，更多、更直接地进入对商品和劳务的购买，与收入增长具有高度的相关性。

① 就银行贷款具有广泛而深厚的社会经济基础而言，即便是在资本市场融资占有显著比重的美国也是如此。美国的金融结构是 BMS 型的，这在统计上使资本市场占有显著比重，但若是考虑到其中的信贷支持证券的背后是依然保持着基本银行关系的未偿贷款，就不难审视银行贷款在整体融资结构的重要地位。

从总体上看，由于银行中介在克服信息困难方面的优势，如果银行信贷供给总量相对下降，那么整个经济的外部融资额外成本就会上升，从而降低整体经济活动。鉴于此，信用观主张，推动实际经济活动的是银行贷款，而非货币总量，基于贷款的银行信用供应总量能具有更好推测实际经济活动的能力，应该用这种信用总量来推测实际经济活动。

（3）引入资产证券化。在“发起——出售”模式下，贷款（表内的加上表外的）增加，但货币总量较“发起”前不变，若是从货币观出发，难以对实际经济活动做出基于货币总量因素上的推测。不过，基于资产证券化的运作机理，信贷总量因素分析是可以进行的。资产证券化的引入使更多的企业可以基于一个稳定的货币总量获得贷款，实现有效货币需求。在一个稳定的货币总量中有效货币增加，非有效货币减少，减少的非有效货币转化为非货币的存在形式。鉴于此，在资产证券化的背景下，贷款增加与实际经济活动是正相关的，资产证券化的引入在与实际经济活动的相关性上支持了信用观。

2. 时间先行性

（1）虽然与货币总量一样，信贷总量也是由供给和需求共同决定的，但是从两者跟随经济周期的动态情况来看，货币需求随经济周期同方向变化，而信贷需求有时会随经济周期反方向变化的。例如，当货币紧缩时，即便外部融资额外成本已经上升，信用条件开始恶化，但对信贷总量的需求还是会继续增加一段时间。[①] 这意味着货币收缩中有效货币存量收缩的速度和规模大于有效货币需求收缩的变化，企业通过增加短期借款来满足有效货币存量的不足。由此来看，信贷总量的时间先行性条件并不理想（当然，货币总量也不是就完全没有这方面的问题，只是较之信贷总量而言并不显著而已）。

当导入了资产证券化时，由于有效货币总量在货币总量中的占比增加，因而在货币紧缩之后，在经济中为了增加短期存货和支付工资的企业借款会减少。于是，信贷需求随经济周期反向变化的情况会得到缓和。

（2）即便是在没有资产证券的情况下，信用观在经济周期上升期的时间先行性上也是获得支持的。在引入了资产证券化的情况下，这一支持并没有被削弱，而是获得了进一步加强，因为在导入了资产证券化的金融环境中，贷款总量的增加进一步提高了货币总量中的有效成分占比。

综合以上的（1）和（2），资产证券化在时间先行性上提供了对信用观的支持。

3. 可操作性

中央银行通过购入资产证券创造基础货币，这些货币或是进入商业银行，从而支持商业银行发起新的贷款，或是进入专业化的证券化实施机构，以支持证券化实施机构从商业银行购入新的贷款，进而支持商业银行发起新的贷款。鉴于此，证券化的导入强化了中央银行在信贷总量控制上的可操作性。

当中央银行面对经济和金融形势，意图扩张银行的信贷规模时，这一新的操作手段会发

---

① 例如，货币紧缩之后企业销售下降、库存增加，但为了减缓去库存的冲击，企业还要增加短期借款。

挥出比传统准备金贷款操作更有力的效果。在美国，基于资产证券化的推进，美联储在这次金融危机中成功运用了这一手段，终于使险象环生、极度恶化的经济与金融局面得以渡过难关，在金融发展史上留下了不朽的经典案例。

4. 结论

资产证券化的导入在与经济活动的相关性、时间先行性方面和可操作性方面提供了对信用观的支持。

（三）资产证券化与外部融资额外成本

资产证券化的导入能基于一个相对稳定的货币总量增加未偿贷款总量（表内的加上表外的），从而使银行的信用创造可以惠及更多借方。一方面，许多主要依赖于银行信用的企业可以避免陷入完全失去银行信贷的困境，从而避免为了寻找新的贷款者、建立新的信用关系（如寻求理财产品、信托贷款、委托贷款、票据贴现等）而要支付的更多的额外成本的境况，外部融资额外成本得到降低；另一方面，由于银行信用能够更好地克服或降低信用市场的信息生产困难和其他摩擦，因而满足更多对于银行信用的需求，有助于降低经济中的信息生产成本，进而在总体上降低经济主体的外部融资额外成本。所以资产证券化能带来外部融资额外成本的降低。以金融加速器的语境，在受到经济下行冲击的情况，作为金融加速器变量的一些财务指标的动态会助推金融加速器对冲击的放大作用，而资产证券化通过降低外部融资额外成本会减轻金融加速器对冲击的放大作用。如果说金融制度上的一种更好的制度安排理应具有降低交易成本的效果，那么资产证券化的引入是与之相符的。

第十四章 经验、借鉴和展望

资产证券化起源于美国，从住宅抵押贷款开始。虽然说美国二级抵押贷款市场的发展有其特定的背景，不能将其完全照搬于我国，但是美国发展二级抵押贷款市场的政策精神还是值得借鉴的。这方面的政策精神主要体现为：第一，通过准政府性质的专业化实施机构提供的保险/保证措施使证券发行获得信用提高，通过准政府性质的专业化实施机构制定的审核指南（承销标准）促使抵押贷款的标准化和一致性；第二，通过更好发挥政府作用推动二级市场的建设，为贷款人提供一个出售贷款的主渠道，将抵押借贷融入证券市场。

第一节 专业化实施机构

随着国家对信贷资产证券化业务的积极推进，几家大银行的贷款将被实质性地盘活，包括住宅抵押贷款、经济建设项目贷款和其他消费贷款等。与之伴随的一个审慎而重要的问题是 SPV 通道的安全性。不应忘记，《美国金融危机调查报告》虽然没有认为资产证券化本身是导致金融危机爆发的主要原因，但是指出了，危机的引发和蔓延与抵押贷款证券化渠道的日益宽松是有关的。因此，在推进信贷资产证券化的进程上，以专业化的资产证券化实施机构为标志的主渠道建设或许是一个重要事项。

一、资产证券化实施机构的背景

在美国，信贷资产证券化是按照两条管道进行运作的。一条是包括 GNMA、FMNA 和 FHLMC 在内的政府系管道，GNMA 是政府机构，FMNA 和 FHLMC 是政府支援机构。三家机构以其信用条件和规模经济条件成为美国开发和应用资产证券化技术最大的专业化机构，构成美国运作资产证券化的主渠道。由于该管道在美国金融体系中的作用非常重要，不仅涉及实现匹配平移对称，甚至还涉及宏观货币管理和为经济增长提供新机制、新动能、新契机，因而受到诸多管制，当然也享有许多特权。从《美国金融危机调查报告》对这次金融危机给出的历史性经验教训来看，今后对这一管道要加强监管，要做大做强做优。为了实现做优，同时也考虑引入市场化的风险分担机制。另一条是由私人机构构成的私人系管道，该管道完全是以市场化方式进行运作的，2007 年的次贷危机是在该管道引发出来的，当然也

“感染”到前一条管道。①注意到，有大量中外文献对资产证券的危害进行了深入剖析，但都是以私人系管道为背景的。基于这些分析，似乎资产证券化发展给出的都是教训而没有经验，其实不然，严格监管下的政府系主渠道为金融体系所提供的证券化功能在这次危机中始终存在，为金融体系乃至整个经济得以度过危机起到了中坚作用，这就是经验。

根据相关的文献，私人系证券化管道在金融危机爆发后受到毁灭性打击，2007 年后基本停止了相关业务活动。②不过，基于政府系主渠道的证券化业务依然持续推进。以政府支援机构 FNMA 和 FHLMC 为例，自 2008 年 9 月退市后，它们在抵押贷款市场以及二级市场所扮演的角色显著扩展。甚至是在金融危机最严峻的时期，包括这两家机构在内，政府系机构发行的债券和抵押贷款证券还成为美联储货币政策操作的资产购买对象。美联储通过购买它们，在自己的负债一端向金融体系投放基础货币。相关的文献显示，在 2007 年年底时，政府系机构的债券和抵押贷款证券在美联储资产负债表上还未显现，国债是美联储据以向金融体系提供流动性的主要工具（8224. 9 亿美元），而到 2009 年年底，在美联储的资产负债表上，对政府系机构的债券和抵押贷款证券的持有数额分别是 1561. 5 亿美元和 8543. 1 亿美元，国债降低为 7765. 5 亿美元。③政府系机构的债券和抵押贷款证券成为美联储购买资产以投放基础货币的主要构成，这种情况从金融危机爆发后开始，一直延续许多年。这也说明了一个问题：包括 FNMA 和 FHLMA 在内的政府系机构的债券和抵押贷款证券，并不像一些评说所担心的那样糟糕。④

相关的操作也在发生变化。例如，根据相关的报导，美联储在 2013 年 12 月 16 日结束为期两天的决策例会后指出，从 2014 年 1 月开始，将每月 850 亿美元的资产购买规模削减至 750 亿美元，其中，国债购买规模从每月 450 亿美元降至 400 亿美元，抵押贷款担保证券的购买规模从每月 400 亿降至 350 亿美元。这标志着，随着经济和金融形势的好转和稳定，美联储在金融危机后实施了 5 年的量化宽松货币政策，力度逐渐趋缓。

二、我国信贷资产证券化的主渠道建设

现代金融体系是现代化经济体系的重要构成，使金融运行完善起来的信贷资产证券化是传统金融体系迈向现代金融体系的重要标志。国际经验表明，一个经济大国发展信贷资产证

① 美国金融危机调查委员会撰写的《美国金融危机调查报告》对这次金融危机给出了 10 项调查结论。其中的第 10 项结论是：“我们认为，房地美、房利美两大集团是导致金融危机爆发的因素之一，但不是主要因素。重要的是，政府支持企业的抵押贷款证券在危机过程中始终保持着它们的价值，并没有导致重要的金融企业损失，而这些重要的金融企业损失才是危机爆发的主要原因。”参见美国金融危机调查委员会著：《美国金融危机调查报告》（俞利军、丁志杰、刘宝成译），中信出版社 2012 年版，第 XXIX 页。

基于这次金融危机的经验教训，《报告》对于对人们普遍相信的市场具有自我修复特性、金融机构也具有有效的自我约束力这样的观点，提出了批评意见。参见美国金融危机调查委员会著：《美国金融危机调查报告》（俞利军、丁志杰、刘宝成译），中信出版社 2012 年版，第 XX 页。

② 参见劳埃德·B. 托马斯著：《金融危机和美联储政策》（危勇、贾茜、胡颖译），中国金融出版社 2012 年版，第 77 页。

③ 参见劳埃德·B. 托马斯著：《金融危机和美联储政策》（危勇、贾茜、胡颖译），中国金融出版社 2012 年版，第 143—144 页。

④ 纵观大量关于资产证券化情况的糟糕描述，基本上是针对私人机构的，但私人机构资产证券化的情况并不就是这次金融危机的全貌。关于这次金融危机情况最为透彻、全面、权威的表述，应该是《美国金融危机调查报告》。

券化业务需要有主渠道建设，这样的主渠道由具备相应信用条件和规模经济条件的专业化实施机构担当。

（一）条件

从我国的具体情况看，银行既大量发放住宅抵押贷款也大量发放经济建设项目长期贷款，这种情况表明在我国货币总量的构成中需要长期回流的货币体量更加庞大，因而在金融运行中更加需要有资产证券化设计。在对这些贷款实施证券化时，以专业化的资产证券化实施机构在发起人和投资者之间建立一个出售贷款的通道，不失为一种推进信贷资产证券化的合理、便捷和有效选择。实施机构首先从银行购入贷款，作为组合投资持有在自己的固有账户上，然后择机将这些贷款的部分或全部进行证券化出售。不管发行结构如何，承载资产并发行证券的 SPV 账户都是一个独立的经济（或法律）主体，它与实施机构的固有账户是分别管理、分别核算的。发行结构对实施机构既不构成负债也不构成资产。当然，实施机构之所以堪当此任并不是单凭能做出资产证券化的业务环节，其实其他一些机构也能做出同样的业务环节，而是凭借具备堪当此任的信用条件和规模经济条件。

单就信用条件而言，如果受托人的信用条件不及银行，那么由银行自己建立信托通道，即银行自己作为受托人以自己信托的形式去构建交易结构和发行证券，岂不是更好吗？这样起码能为证券发行赢得一个更高评级。当然，我国金融业目前处于对银行与信托实施分业经营、分业监管的格局，《信托法》中也没有规定自己信托，但信用条件问题毕竟是绕不过去的，不因金融业的分业格局和《信托法》的不完善而能抹去。这说明，并非任何具有信托功能的机构都能作为几家大银行的证券化交易结构中的受托人，进而担当主渠道建设。① 除了信用条件和规模经济条件外，另一个需要具备的方面是要具有公共性。提供专业化的证券化服务，目的是对金融运行中各方面的关系起到更好的调节作用，更好地实现资产证券化金融创新为实体经济服务的效果。为了实现这方面的公共目标，实施机构应该按边际成本原则定价，而不是攫取更多的剩余。起码也要有兼具公共目标和经济目标的折中，以经济目标支撑公共目标，而不是像市场中一般竞争性企业那样追求利润最大化。再一个方面是要有利于政府在必要情况下的介入，有利于央行凭借信贷资产证券化实施货币政策操作，有利于金融稳定和抵御系统性金融风险。在这方面不妨审视一下美国的经验，尤其是在这次金融危机中三大证券化实施机构的情况。

（二）选择

基于以上条件，从目前我国金融机构的现实情况看，对实施机构的选择或许有三个方面。一是在现有的相应金融机构中选择，这种选择的好处是可以有效利用现有金融资源，但问题是会涉及利益纠结。二是银行自己新设立资产证券化实施机构，这种选择的好处是可以避免利益纠结，并将运用循环技术的信用卡等短期贷款的证券化一并纳入其中，但不足之处是，实施机构附属于银行，不便于央行的介入。三是由国家新设立独立的资产证券化实施机构，或是由国

---

① 其实以我国目前的信托法，即便是冠有信托名称、有信托功能的金融机构，也不能为了发行以资产为支持的序列证券而设立自己信托。当然，这也不排除监管部门以向一些金融机构核准资产证券化业务的形式，默认一些金融机构可以以自己信托开发资产证券化业务。

家出面联合国内银行新设立独立的资产证券化实施机构，这方面的选择属于国家重大战略决策。

如果是在现有的相关机构中进行选择，那么能具备条件的机构有四家 AMC 和几家银行为开展债权转股权业务而新设立的债权转股权实施机构。四家 AMC 在政府机构划分层次上原来均属于公共部门中的国有独资金融企业，从设立之初国家就批复给了以几家大银行为对象开展资产证券化业务的特许经营权（这等于是向四家 AMC 特别批复了可以以自己信托和特定目的公司来设立证券化交易结构和发行序列证券），并且提供了堪当此任的信用条件和规模经济条件。它们当中有的虽然后来有通过发行股份扩充资本金的经历，在公共部门中由国有独资金融公司变为国有控股金融公司，但依然受到政府的有效控制和严格管理。其实以我国的国情，单从公司高层官员的任命和公司坚定不移的内部组织制度这两项的标志，就足以识别政府控制的有效性。这种标志意味着，政府即便不能直接决定其总体政策或规划，也能对其进行达到意志的有效干预。

再来看几家银行为开展债权转股权业务而新设立的债权转股权实施机构的情况。按照国家发布的《关于市场化银行债权转股权的指导意见》，目前几家银行新设立了债权转股权实施机构。由于它们分别是几家银行的独资附属机构，因而具有与几家银行同样的信用条件。就信用条件和业务关联紧密性而言，几家银行当然可以运用债权转股权实施机构来开展资产证券化业务，使之同时成为专业化的资产证券化实施机构。目前银行具有规模庞大的理财产品业务规模，在银行自己设立资产证券化实施机构的情况下，银行可以运用自己的理财产品资金投资于这种实施机构发行的资产支持证券。另外，一些具有循环设计的证券化业务可以一并纳入其中。在机构治理方面，只要出资银行符合以上“两项指标”，国家就能通过金融监管对其进行达到意志的有效干预。

资产证券化实施机构是现代金融体系建设中的重要内容，为了对其实现做大做强做优，也不排除通过一些资本运作方法将银行自己设立的从事债权转股权业务的实施机构与 AMC 合为一体或是组建金融集团的选择。

从国际经验看，只要国家有意志推进资产证券化，单凭在准备金供应方式上做出必要调整，就足以激励银行方面将资产证券化纳入重大战略规划。

三、资产证券化实施机构的资金循环

资产证券化实施机构的资金循环涉及资金来源和交易结构，以下分析均以会计处理的形式给出。

（一）资金来源

实施机构资金来源的资金循环情况如图 14－1 所示。

图 14－1 中的①表示了实施机构通过向投资者发行债务募集资金。投资者包括保险公司、基金、其他非货币金融中介机构，以及非金融机构、个人。这时社会的货币（M_2）易主，但其数量不变。如果实施机构的信用条件不低于银行，那么以一个较低的利息支付就可以将低风险偏好投资者的银行存款转换为在实施机构债券上的投资。

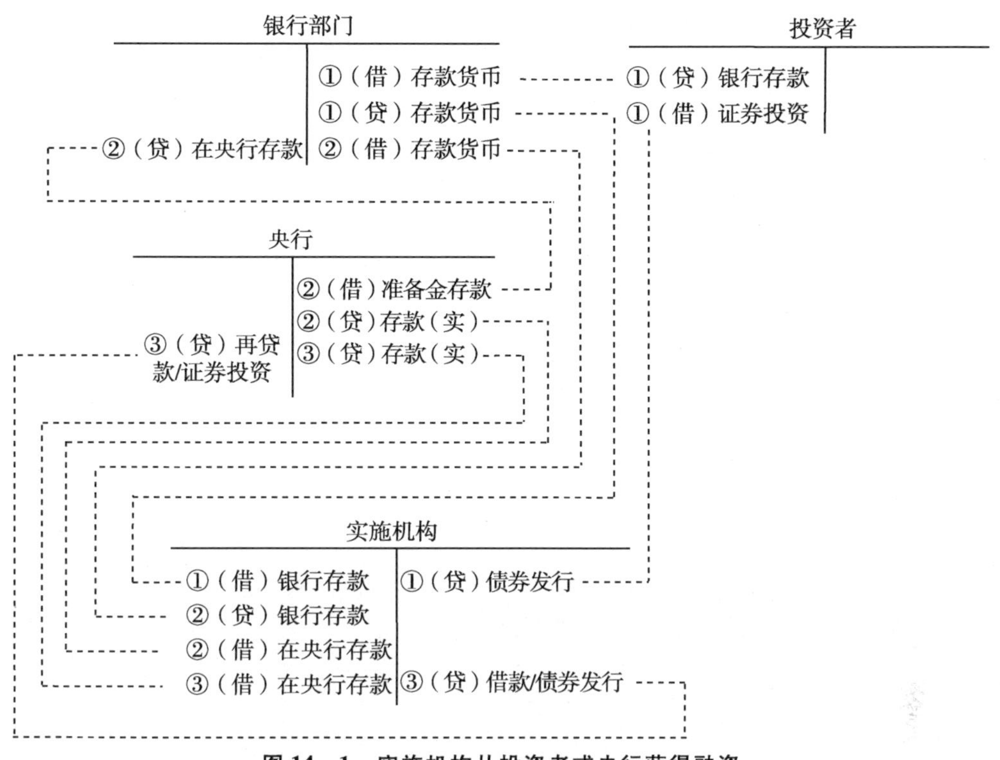

图 14－1　实施机构从投资者或央行获得融资

②表示了实施机构将以上募集的资金划入在央行的账户。这时社会的货币数量（M_2）会减少，同时银行部门在央行准备金存款减少。虽然实施机构从银行部门“抽走”了流动性，但央行的负债规模不变，只是负债结构重新在银行部门和实施机构之间划分。

③表示了实施机构从央行获得资金。这时实施机构账户中的资金来自央行的投放，央行的负债规模因此增加。

除了以上发行债务和向央行借款外，公开发行股票也是实施机构的一项资金来源。不过，《美国金融危机调查报告》对美国两家证券化实施机构的公开股权融资提出了质疑。质疑指出：“FNMA 和 FHLMC 的商业模式从根本上是有瑕疵的。它们既作为私有企业、作为上市公司要谋求利润，但作为政府暗中支持的企业又要承担社会责任。”[①]从这一点来看，如果我国将资产证券化实施机构定位于具有政府背景的机构，那么《美国金融危机调查报告》对 FNMA 和 FHLMC 商业模式的质疑就是值得参考的。起码，募集资金的比例不能达到影响国家对实施机构进行有效控制和保持实施机构基本公共性的界限。

（二）交易结构

在具有实施机构的证券化交易结构中，实施机构可以起到调节银行部门流动性的作用，

① 参见美国金融危机调查委员会著：《美国金融危机调查报告》（俞利军、丁志杰、刘宝成译），中信出版社 2012 年版，第 355 页。

如何将这种作用纳入央行货币政策实施，是一项具有意义的探索。

1. 以图 14－1 中的①为起点

在这种情况，证券化交易结构的资金循环情况如图 14－2 所示。

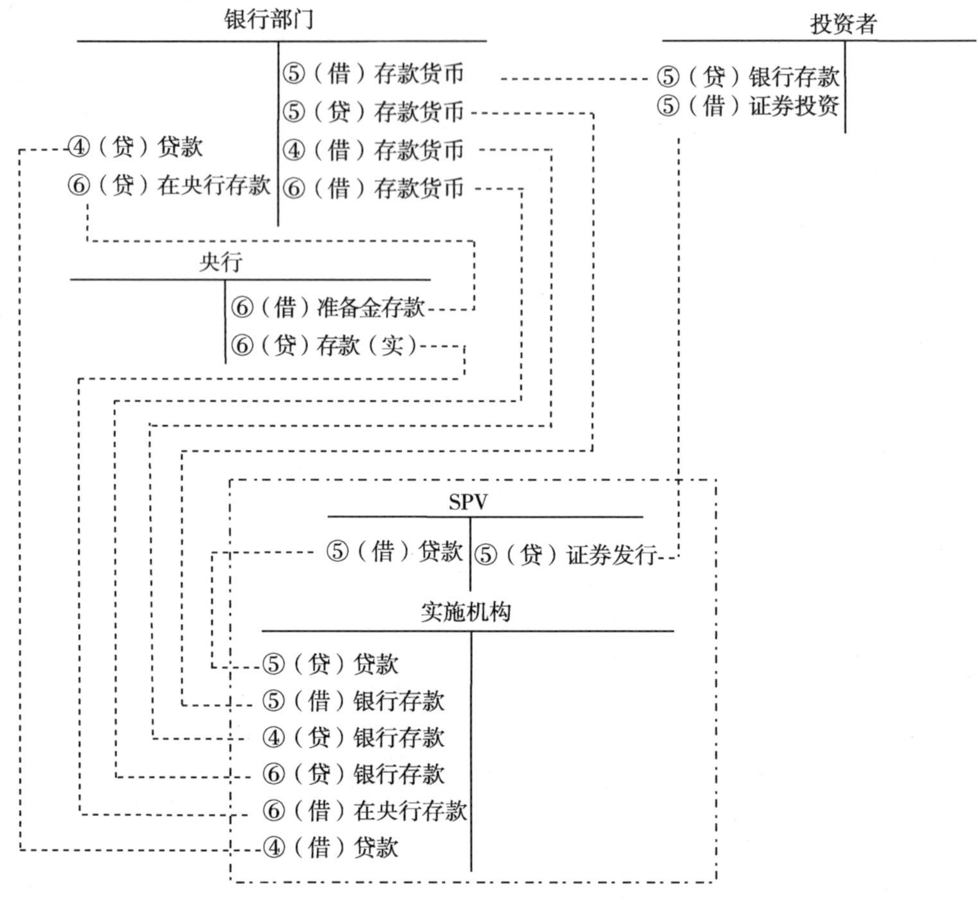

图 14－2　实施机构购买贷款并将其通过证券化出售给投资者（接续图 14－1 中①）

图 14－2 中的④表示了实施机构从银行购入贷款的资金循环情况。在银行部门的资产负债表上，存款货币与贷款相匹配，两者一并减少，而在实施机构的资产负债表上，银行存款减少，同时资产组合中的贷款增加。实施机构对贷款的购入等于是预付了贷款在银行部门的如期回流。预付是一个会计上的债权概念，实施机构据此对贷款的如期回流具有要求权。

之后，实施机构基于自己信托（或是 SPC）构建一个证券化交易结构。当资产证券出售给银行部门之外的投资者时，投资者对资产证券的购入等于是替代了实施机构对贷款的购入，投资者最终成为预付了贷款在银行部门如期回流的主体。这一替代反映在银行部门资产负债表上的情况是，银行部门对投资者的存款货币债务减少，同时对实施机构的存款货币债务增加。这如⑤所示。

在以上实施机构将购入的贷款全部证券化并全部出售给银行部门之外的投资者的情况下，

银行部门的存款货币减少，减少的数额等于实施机构购入贷款的数额。在实际当中，购入贷款中会有一部分（例如5%）不用发行证券而是以次级权益的形式由贷款发起人自己持有，以此构建一个信用提高。

如果实施机构将出售资产证券所得的款项继续存放于在商业银行的账户上，则交易结构的资金循环的情况从④到⑤为止。如果实施机构将所得的款项划转到在中央银行的账户上，如⑥所示，则交易结构的资金循环的情况就是从④到⑥。在⑥中，银行部门的存款货币和流动性一并减少。从②和⑥可见，实施机构具有调节银行部门流动性的作用，如何将这种作用纳入央行货币政策实施，应该是一项有意义探索。

2. 以图14-1中②、③的为起点

若是以图14-1中的②、③为起点，证券化交易结构的资金循环情况如图14-3所示。

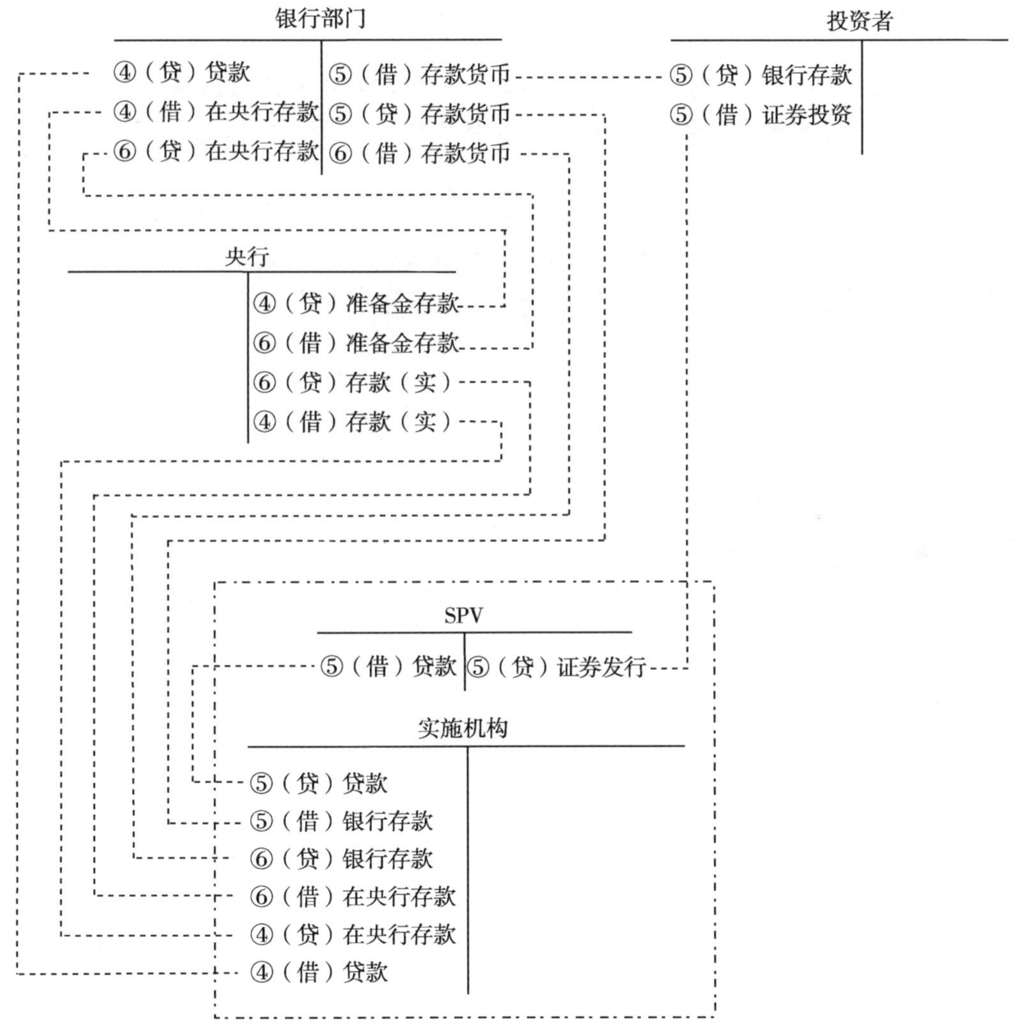

图14-3　实施机构购买贷款并将其通过证券化出售给投资者（接续图14-1中②、③）

图 14－3 中的④表示了实施机构从银行购入贷款的资金循环情况。在央行的资产负债表上，央行对实施机构的存款债务减少，同时对银行部门的存款债务增加；在实施机构的资产负债表上，在央行的存款减少，同时资产组合中的贷款增加；在银行部门的资产负债表上，贷款减少，同时在央行的超额准备金债权增加。

之后，实施机构基于自己信托（或是 SPC）构建一个证券化交易结构。当资产证券出售给银行部门之外的投资者时，投资者对资产证券的购入替代了实施机构对贷款在银行如期回流的预付，成为最终预付了贷款在银行部门如期回流的主体，于是在银行部门的资产负债表上，对投资者的存款货币债务减少，同时对实施机构的存款货币债务增加。这如⑤所示。

以②为起点和以③为起点是存在差异的。以②为起点时，实施机构购买贷款的款项从在央行的账户上支付的，实施机构通过购入贷款，将由②从银行部门“调走”的流动性又投放给银行部门。于是，虽然④增加了银行部门在央行的存款，但银行部门投放存款货币能力较之原来没有新的提高。以③为起点时，实施机构购买贷款的款项是央行向实施机构账户投放的，实施机构通过购买贷款将央行由③投放给自己的流动性转而投放给银行部门。于是，当银行部门基于④增加在央行的存款时，银行部门投放存款货币的能力较之原来有新的提高。

如果实施机构将证券化所得的款项留在银行部门的账户上，则交易结构的资金循环的情况从④到⑤为止。如果实施机构将证券化所得的款项划转到在中央银行的账户上，则交易结构的资金循环的情况从④到⑥。在⑥中，银行部门的存款货币债务和在央行的存款债权会一并减少。

第二节　次级抵押贷款证券化与银行识别能力

信息经济学的一个基本观点是强调银行在信息生产方面是专家，即在识别借方信用风险的高低上处于优势地位。在理论上，资产证券化给出的提示是，由于投资者评价因素的介入，银行在这方面的识别能力进一步加强。然而，2007 年金融危机似乎给出了相反的提示，因为大量的次级抵押贷款被银行发放出来，在这些贷款的借方中，甚至包括无收入、无工作、无资产的“三无”对象。人们看到的是，银行方面并没有表现出在信息生产上的优势，审查形同虚设。当这些贷款被激进地纳入资产证券化，成为交易结构的对象资产时，就在现金流的源头上给资产证券（次贷 RMBS）的支付结构埋下了隐患。

就我国的情况而言，贷款类别中没有次级抵押贷款项目，今后应该也不会出现此项目，因而没有必要过分渲染美国次级抵押贷款进入证券后出现的问题，并以此制约我国资产证券化的进程。不过，对次级抵押贷款及其证券化如何背离银行识别能力和如何形成特定风险给出分析，还是具有积极意义的。

一、正常情况下银行的识别能力

根据相关文献，在2000年以前，美国的资产证券化一直处于健康平稳的发展之中。实证观察和理论研究也都认为，由于资产证券化的引入，银行融资变得更加具有识别能力。在这方面，政府系机构渠道、非政府系机构渠道，它们都以各自机制的力量从中发挥了积极的作用，最终有助于形成一个更为安全的融资体系。

在美国，FHLMC、FNMA和GNMA属于政府资助下的从事证券化的机构，它们发行的资产证券对贷款集合有一套严格的承销标准（underwriting standards）。[①]这些标准要求成为众多银行发放住宅抵押贷款的普遍承销标准，因为只有符合这些标准的抵押贷款才能被政府支持的证券化机构收购。不符合这些标准的抵押贷款需要通过其他渠道进入证券化，但融资成本会提高。所以基于政府系机构承销标准指引的标准化起到了约束作用，一方面促使银行更加努力地去识别借方，更加慎重地去评估信用风险，发放符合条件的贷款，另一方面对不符合标准的贷款进入证券起到遏制作用。

在非政府系机构渠道上，没有政府资助机构的担保，为了获得投资级评级，在将贷款进行证券化出售时要求有与证券化资产相关的更加详尽的风险分析和信息披露，这就使作为市场参与者的评级机构的作用得到强化，并且引导在风险评估方法上的标准化。这种情况必然约束银行产生一个更加理性的决策过程，促进银行在各项信用业务的管理上更加规范透明，由此能对相关的风险进行更为有效的识别，使发放的贷款符合高评级标准。

银行融资由于证券化的引入变得更加具有识别能力，这也与投资者评价因素的介入有关。在贷款证券化出售上，其标准被投资者所重视，甚至是被决定。在证券发行的设计上，每一个发行体都设法推出能满足投资者偏好的各种类型的风险结构，提供相关信息披露。尤其是，投资者希望清楚在平均收益水平上自己持有证券的风险是否在可承担的限度内，以及银行所获评级的情况。如果结果表明投资者总体在风险收益上比银行更加厌恶风险，那么交易结构的平均风险程度就需要降低。在所达到的平衡点，或许不再具有帕累托效用改善的效果，增进各方利益的机会已被用尽。在这一点上，投资者评价机制的引入必将反过来约束贷款条件，起到了防范不良贷款形成的效果。

在关于银行中介作用变化的问题上，一个并不专业的话题是：证券化是否意味着市场会完全取代银行中介。实际上，支付结算功能和信用创造功能，这是银行中介特有的功能，无法向市场转移，也不能分拆计价。在这方面，银行是不可替代的。[②]银行和市场，两者并非互不相容，它们均基于各自不同的机构和条件而存在和发挥作用，反倒被视为提高金融体系

---

① 贷款人为提供贷款而规定的要求被称为承销标准，其中的两个主要量化指标为：还款额与收入之比，还款额与抵押品价值之比。参见弗兰克·J. 法博齐著，路蒙佳译：《债券市场——分析与策略》（第七版），中国人民大学出版社2011年版，第227页。

② 在银行体系之外也活跃着一些其他类型的支付工具，但都不过是在银行负债节点上经巧妙安排而生出的“节外之枝”，一旦银行本身的支付结算功能瘫痪，那些拾遗补阙的“节外之枝”也就不能再活跃。实际上，只有银行才能具备综合的规模经济条件且有以坚实的实力去开发和维系一个庞大、高效和便捷的支付结算系统。

效率所不可或缺的。在贷款的证券化上，银行与市场相结合，银行中介被引入了提高效率的分拆计价机制和改善治理结构的投资者评价机制。

二、泡沫冲击下银行的识别能力

有大量的中外文献以这次金融危机为背景对资产证券化存在的问题进行了描述和分析，其中的一个重要方面是针对私人投资银行和评级机构的。虽然说美国金融体系中的证券化功能是以政府系机构为根基的，即便是在金融危机最严峻的时期这一功能也依然运转如常，甚至是加速运转，从而为危机的降温和渡过危机起到了中流砥柱的作用，但私人投资银行的过度冒险行为也确实暴露出了证券化运行中存在的一些重大问题，对这些问题进行深入的分析和思考，引以为戒，当然是非常必要的。毕竟，政府系机构也未必就能包揽证券化业务的全部。

（一）私人投资银行的过度冒险

在美国，在经过 2000 年 IT 泡沫破裂和 2001 年恐怖主义事件后，美联储开始认为经济会步入衰退，于是开始降低联邦基金利率，到 2004 年，此利率从 6% 被降到 1%，处于历史最低位。

在这种货币宽松下，加之美国的住宅政策，住宅贷款出现大幅增长，大量资金进入住宅市场，从而推进住宅价格出现全面上涨。在住宅贷款中，既有优惠贷款（prime loan），也有次级贷款（subprime loan）。前者是面向信用可靠者发放的，后者是面向低收入者发放的。进一步地，优惠贷款政府系机构购入，次级贷款由投资银行购入，在这一过程中，发放住宅贷款的银行和抵押银行获得手续费，并使信用风险获得剥离。购入住宅贷款的政府系极构和投资银行进而将贷款证券化，并将证券出售给投资者，自己获得手续费。政府系极构用于发行抵押贷款支持证券的贷款通常都是满足其承销标准的贷款，而私人投资银行用于发行抵押贷款支持证券的贷款被涌入了大量的次贷。虽然说次级抵押贷款并非抵押贷款的主流，次级抵押贷款证券化也并非抵押贷款证券化的主流，但次贷证券化的介入，无疑起到了增强贷方发放次贷能力的作用，甚至使原来难以获得融资的“三无”对象也容易成为资金供给对象。于是，一旦在次级抵押贷款证券化的操作上相继串联的交易结构过于冒险，那么相继处于优先级以下的中间层投资者就会被置于过度投机的位置。因为投资银行的发行没有政府类的保证，在风险分配上要依靠交易结构提供的分层以及来自外部的部分担保，所以如果在证券发行的相继串联上铤而走险，那么当利率风险凸显时，再加之其他各种因素的叠加，交易结构就会走向崩溃。利率风险在集合中引起的波动并不符合大数定律所要求的相互独立条件，这是一个容易被忽视的因素。

（二）“三无”贷款的问题

在美国，次贷也是一种合规的贷款类别。次级贷款主要是由抵押银行发起，因为贷款的信用风险高，所以在利率的设定上也就高于优惠贷款。为了使低收入者容易借款，在最初2～3 年只支付较低的固定利率，之后以变动利率还本。这种贷款的前提是预期房价上涨，随着作为贷款担保的住宅持续升值，原来的次级贷款就有条件转换为优惠贷款，从而减轻利息负担。受到住宅担保价值持续升值的影响，贷方普遍地进入乐观的氛围，认为即便贷款出现问题也可以冻结住宅进行变现，另外，加之贷款出售和证券化在信用风险转移机制上潜藏着诱发道德风险的因素，于是贷方放松了审查，甚至放出“三无”次级抵押贷款。

然而，到了2004年，出于对住宅泡沫和经济过热的警戒，美联储开始转入货币紧缩，到了2006年，将联邦基金利率提高到了5%的水平。长期利率虽然反应迟缓，但住宅贷款利率最终也开始上升。随之，住宅销售减速，房价转为全面回落。由于担保价格的下降，次贷的借方中便出现了连偿还债务利息也不能履行，从而不得不出手住宅的状况，于是呆坏账便开始大量涌现。加之在次贷证券化交易结构中，相继串联的构成本身就存在着的使整体可靠性降低的问题，过于次级的次贷证券终于引发了次贷危机。“当借款人停止偿还抵押贷款，那些被衍生品扩大的损失就会快速延伸到整个过程。结果表明，这些损失集中被那些极为重要的金融机构承担了。”①

三、提示

虽然说我国贷款类别中没有次贷，进而不会有次贷证券化的情况，但以上分析可以给出若干提示。

（1）银行在识别借方信用风险上具有优势和银行放松对借方的审查，这是两回事。银行在识别借方信用风险上的优势是客观存在的，但在一些因素的诱导下，银行也会在放松审查。住宅价格持续上升，投资银行过于激进地将次贷纳入证券化，以及规制对于次贷进入证券化没有跟进必要监管等，都是导致银行放松审查的重要因素。

（2）资产证券化是金融领域中的一项重大创新，其重要性和深远影响可能会超出人们现有的认知，国家应慎重把握之。金融危机是由次贷证券化引起的，但次贷证券化并非资产证券化的主流。从美国的情况看，金融资产的证券化是以两条线在进展的：一条线是政府系机构，另一条线是私人机构投资银行。美国金融危机调查委员会撰写的《美国金融危机调查报告》中第10项调查结论认为，次贷危机是源于私人投资银行运作的证券化，不是源于政府系机构运作的证券化。②政府系机构为了国家利益开发和积累了证券化技术，但当这种技术在广泛应用中因操作不当而出现问题时，自己反而也是受害者。政府系机构运作的证券

① 参见美国金融危机调查委员会著：《美国金融危机调查报告》（俞利军、丁志杰、刘宝成译），中信出版社2012年版，第XXVI页。

② 《美国金融危机调查报告》中的第10项结论认为，政府支持企业参与了次级贷款和其他风险抵押贷款的扩张，但是它们只是跟随潮流，并非是华尔街和其他贷款者追求“愚人之金”的潮流引领者。政府支持企业购买了评级最高的非政府支持企业的抵押贷款支持证券，它们的参与使得房产泡沫进一步扩大，但却并不代表市场主流。参见美国金融危机调查委员会著：《美国金融危机调查报告》（俞利军、丁志杰、刘宝成译），中信出版社2012年版，第XXIX页。注意到，该《报告》是以6票对4的比例通过的。在“不同观点陈述”和“金融危机调查委员会关于反对意见的声明”这两部分中，对以上第10项结论也从不同角度提出了并不完全相同的看法。参见美国金融危机调查委员会著：《美国金融危机调查报告》（俞利军、丁志杰、刘宝成译），中信出版社2012年版，第546页。

化，在对象资产的购入或发起上具有自己的标准以及后备支持，即便是在住宅泡沫的大势之下以及FNMA、FHLMC上市后的商业化利益驱使之下，标准或许也会有松动，但就原则和总体而言，政府系机构运作的证券化不是导致银行放松贷款审查的影响因素。如果政府系机构持有的抵押贷款中含有次贷，则应当有严格真实的及时披露，否则会被追究责任。①

（3）次级贷款契约更接近于庞氏融资的状态，与处于对冲性融资状态的优惠抵押贷款相比，次级贷款极易受到金融市场状况的影响。②对于这种贷款，银行能尽其所能甄别借方的偿付能力，但对于市场风险的控制，与银行的识别能力无关。在证券化的信用风险控制上，则要看交易结构中的信用提高安排情况。

（4）在资产证券化技术的应用上，要慎重对待信用风险转移，将信用风险转移与构建激励相容机制结合起来，防止银行放松贷款审查和懈怠风险控制。资产证券化能对风险进行再配置，包括信用风险，但是也不应忘记，证券化交易结构在支付上的安全性有赖于现金流来源的安全性，而现金流的实现情况又不能科学地符合要求，它是人为因素的结果。在这方面，银行比评级机构具有更多的信息，处于信息优势地位。只要证券化交易结构的现金流来源（包括外部信用提高）不是安全可靠的，那么一些为了满足对证券化强劲需求而给出的高评级就是空中楼阁。③ 鉴于此，要给出规制上的具体约束，将信用风险转移与激励贷方保持严格审查结合起来，防范在信用风险转移上的道德风险。

第三节　对资产证券化的评说和资产证券化的未来

金融危机爆发后，资产证券化受到广泛非议，还有就是“两房”。许多非议似乎只是看到了危机是以资产证券化的形式表现出来，但并未真正解释其中的来龙去脉。从《美国金融危机调查报告》来看，这次金融危机是由一些投资银行基于在抵押贷款中非主流的次级抵押贷款开发出来的证券化产品引发出来的，但包括“两房”在内的主渠道上的证券化产品，在危机过程中始终保持着它们的价值。

---

① 根据相关的报道，美国证券交易委员会于2011年12月16日指控FNMA和FHLMC的6名高官在两家公司有关次级贷款业务中存在欺诈行为。指控说，在次贷危机期间，这些高官知会并批准的宣传材料称两家公司只持有少量包括次级贷款在内的高风险抵押贷款，刻意缩小了他们所持次级贷款的实际风险敞口，误导了投资者和市场，损害了投资者利益。

② 根据相关的文献，债务契约可分为三类，即对冲性融资（hedge finance）、投机性融资（speculative finance）和庞氏融资（ponzi finance）。对冲性融资的特点是：各期上的资金来源均能覆盖各期上的债务支出。投机性融资的特点是：虽然在未来的数期上资金来源不能覆盖债务支出，但在以后的剩余期上资金来源能够覆盖债务支出。庞氏融资的特点是：只有在最终期上资金来源才能够覆盖债务支出。

③ 根据相关的报道，美国司法部部长埃里克·霍尔德于2003年2月5日宣布，美国司法部已经正式对标准普尔提起民事诉讼，指控其在金融危机前给予债务抵押债券等结构性金融产品过高评级，导致投资者损失数十亿美元。美国司法部在当天发表的声明中称，标准普尔公司发布的信用评级并非是客观、独立和不受外界影响的。事实上，标准普尔公司对提升收入、利润和市场份额的期望驱使其更加维护投资银行而不是投资者的利益。另外，《美国金融危机调查报告》中的第9项结论是，“我们认为，信用评级机构的失误也是导致此次金融危机的一个重要原因。

一、对资产证券化的相关评说

对于资产证券化和资产证券化与这次金融危机的关系，在我国有许多评说。由于我国探索资产证券化起步较晚，对资产证券化的认知仍在深化过程中，因而许多评说基本上是凭借一些国外资料和一些过往经验给出的。在这方面的大量国外文献中，有入木三分之功力的并不多。其实，即便是在美国，资产证券化至今也还是一项十分专业和较为封闭的业务，其运行脉络并不像股票等金融产品那样被众多人士真正参透和把握，因此，关于它尤其是它与这次金融危机关系的分析，有些也并不靠谱。① 可以这样说，资产证券化固然是一项非常重要的金融创新，在美国金融体系中的地位已是举足轻重，但它在市场中并不像股票那样“气傲意横”，即便是在金融业也没有许多人彻底弄清它的真实面目，若不是这次金融危机，它或许不会像如今这样广为人知。在我国，许多金融机构都与相关国际方面有交流与合作，但在资产证券化上，对方似乎三缄其口，不像在其他方面那样总是积极踊跃地建言献策。

在凭借过往经验方面，有的评说站在制度层面，从质疑新自由主义和金融自由化出发对资产证券化的“大难不死”提出质疑，并担心我国在推进资产证券化上的“执迷不悟”会重蹈美国的覆辙。其实，如果能以一种客观、严谨的态度来了解美国的金融体系，审视美国资产证券化的发展历史，那么就不难看出，美国资产证券化的诞生在本质上并不是什么金融机构渴求逐利的饮鸩止渴冒险行为，更不是新自由主义和金融自由化理论的产物。尤其是认为美国资产证券化是新自由主义和金融自由化理论的产物，真的是一个很大的误会。回首美国资产证券化发展及其主渠道构设的历程可以看到，它是在市场经济最发达（体现为市场机制最成熟、市场体系最经典、市场活力最澎湃）的国家，出于完善金融运行的目的，以国家介入为主导，最终取得的成果。用老式经济术语讲，这是“计划经济”的产物；用现代经济术语讲，这是以国家介入克服市场失灵的结果；用当代政治术语讲，这是“资本主义也有计划”的写照。②也有一种系统科学的术语：这是以自组织和他组织的辩证统一而因势利导的结果。国会批准的几个著名政府机构反映了这种介入和因势利导，它们不负厚望，从人才培养到机制建设，开发和积累证券化技术，为市场提供使金融机构尤其是银行的贷款流转起来的示范。毫无疑问，若不是更好发挥政府作用，单凭市场化和自由化的力量，根本就构建不起那样强大的主渠道，更谈不上向市场给出示范效应，使市场在资源配置中起决定性作用。就算是推出这种介入和因势利导带有一些为金融机构尤其是为银行服务的色彩，但金融尤其是银行体系毕竟是国家经济的核心，欲善经济之事、先利银行之器，这也是合理的。透视美国这个世界金融中心会看到，资产证券化已然是国家金融体系的重要构成，是金

① 有些分析过份渲染了次级抵押贷款证券化的地位，似乎次级抵押贷款证券化就是抵押贷款证券化的全部。其实，次级抵押贷款虽然也是一种合规的贷款，但不是抵押贷款的主流；次级抵押贷款本不应进入证券化，但由于监管的失误，放行其进入证券化，最终引发了金融危机。

② 关于“资本主义也有计划”，完整的句式是：“计划经济不等于社会主义，资本主义也有计划；市场经济不等于资本主义，社会主义也有市场。计划和市场都是经济手段。”参见《邓小平文选》第三卷，人民出版社 1993 年版，第 373 页。

融运行不可或缺的功能组件。

资产证券化的资金循环布局和具体操作安排或许是不期然而然地顺应了“万物至理”，以至于不期然而然地塑造出了一个“本来就应该是”的那种金融体系。表面的偶然往往就是内在必然的使然。须知，这一“万物至理”可不是什么糊弄视听的玄学，更不是学术傲慢蔑视的学术忽悠，它是自然辩证法的范畴。这一范畴在当今具有日益重要的地位，并且会在与社会辩证法和思维辩证法的综合提炼中向辩证唯物主义哲学范畴升华。在本书的脉络中，基于对称性的资金循环布局、匹配平移操作、关系映射、贷款新境遇等，这些内容所体现的难道不就是唯物主义和辩证法有机统一起来的科学世界观吗？因此，在资产证券化存在的客观必然性这方面，根本就不存在什么可以“备受质疑”的缘由，也不可能存在美国就要“一条道走到黑”问题。须知，美国在金融方面的能力可谓世界第一。试想一下，如果美国“迷途知返”，将资产证券化从金融运行中抹去，从而使置于银行表外循环的贷款重新恢复到表内，那么美国为此增加的 M_2 和其他一些非货币银行债务会有多大，美国的银行体系要为此追加多少资本方能应对。更重要的是，美国因资产证券化而获得的经济增长的机制和动能还能存在吗？那样的话，美国的 M_2/GDP 就会大大超过我国目前的水平，进而我国对目前过大 M_2/GDP 的困惑和担忧或许也能一挥而去，但国家的金融运行真的就健康吗？

根据相关的报道，目前我国的 M_2 已达 130 多万亿元，而 GDP 是 60 多万亿元。显然，即便把我国的一些具体情况考虑在内，M_2/GDP 或许也是偏高了。对此采取强力措施，大规模压缩贷款以使 M_2 切实降低，这在实际中未必行得通。对于 M_2/GDP 偏高的症结和如何降低这一比率，学术界有不少探讨，但似乎没有涉及银行供给侧结构性改革。现在知道，M_2/GDP 偏高与金融运行中资金循环的非对称性有关，将这一比例将下来的一种有效方法是通过引入证券化完善金融运行中资金循环的对称性。在具体操作上，要尽量实现匹配平移对称，少留对称性破缺。留下的对称性破缺越少，证券化操作在降低 M_2/GDP 上的效果就越好，对增进实体经济绩效的效果就越好。由此，贷款规模（表内的加上表外的）不减少，但 M_2/GDP 能获得有效降低。对称性，它不仅是自然界的本质属性之一，也是金融世界的本质属性之一，这一信念是绕不过去的。标志银行供给侧结构性改革的匹配平移对称是降低 M_2/GDP 的有效力量。

至于说，美国监管当局在监管上有放任资本逐利的倾向，从而使私人机构后来在开发资产证券化产品上将次贷纳入其中，演绎出过度复杂的衍生种类，放大了相关风险，使之成为触发金融危机的重要因素，那是规制建设方面的问题，对此《美国金融危机调查报告》已经给出了非常深刻的反思。这一反思是重要的，就像是对其他金融产品的规范和监管那样，对于资产证券化的规范和监管同样也需要经历某种重大洗礼方可走向成熟与完善。这也为后人和它国提供经验和借鉴，在这方面，我国确实需要引以为戒，避免重蹈覆辙。毕竟危机不是用来浪费的。

关于这次金融危机和资产证券化与这次金融危机之间关系，《美国金融危机调查报告》已经给出了权威、客观、全面的调查结论。从美国是世界金融中心这一意义上讲，这一《报告》不仅是向美国总统、国会以及美国人民提交的，同时也是提交给全世界的。

二、《美国金融危机调查报告》对资产证券化的见解

一个在危机后成立的、专门负责对这次危机进行全面深入调查的美国金融危机调查委员会，已经向总统、国会以及美国人民提交了《美国金融危机调查报告》（以下简称《报告》）。从《报告》给出的10项结论看，并没有认为证券化本身是导致金融危机爆发的主要原因，但是认为，“日益宽松的抵押贷款标准和抵押证券化渠道引发了危机并导致危机的蔓延”。①

在关于“两房”与金融危机的关系上，第10项结论的表述是：我们认为，房地美、房利美两大集团是导致金融危机爆发的原因之一，但不是主要原因。重要的是，政府支持企业的抵押贷款证券在危机过程中始终保持着它们的价值，并没有导致重要的金融企业损失，而这些重要金融企业的损失才是金融危机爆发的主要原因。②

“两房”原本并不是上市公司，但后来也走上了上市之路，经营模式随之发生了改变。对于“两房”的商业模式，《报告》指出：“FNMA和FHLMA的商业模式从根本上是有瑕疵的。它们既作为私有企业、作为上市公司要谋求利润，但作为政府暗中支持的企业又要承担社会责任。”③这或许是对“两房”后来又选择退市并由政府接管的一种诠释。

在此必须说明的是，此《报告》是以6票对4票的比例通过，也就是说，不同观点也是存在的。例如，在关于“两房”与此次金融危机的关系上，在“不同观点陈述”这部分中的表述是：房利美和房地美本身并不会导致危机，但它们在许多方面对危机的发生做出了“巨大贡献”。④另外，在《报告》中的“金融危机调查委员会关于反对意见的声明”这部分中，甚至认为并不是“两房”追随华尔街或其他机构而进入次级贷款市场，而是华尔街和后来的主导私人抵押贷款支持证券市场的次贷机构在跟随政府支持企业进行次级贷款的放贷。⑤

不过，即便是在体现不同观点的“不同观点陈述”这部分，也没有将证券化本身视为导致危机的重要原因。“不同观点陈述”部分列出了关于导致此次危机的10大主要原因，其中的第4大原因涉及了资产证券化，其表述是：信用评级失灵和资产证券化将劣质抵押贷款转变成有毒的金融资产。⑥

最值得一提的是，在《报告》的“金融危机调查委员会关于反对意见的声明”这部分

---

①② 参见美国金融危机调查委员会著：《美国金融危机调查报告》（俞利军、丁志杰、刘宝成译），中信出版社2012年版，第XXVI页。

③ 参见美国金融危机调查委员会著：《美国金融危机调查报告》（俞利军、丁志杰、刘宝成译），中信出版社2012年版，第355页。

④ 参见美国金融危机调查委员会著：《美国金融危机调查报告》（俞利军、丁志杰、刘宝成译），中信出版社2012年版，第480页。

⑤ 参见美国金融危机调查委员会著：《美国金融危机调查报告》（俞利军、丁志杰、刘宝成译），中信出版社2012年版，第546页。

⑥ 参见美国金融危机调查委员会著：《美国金融危机调查报告》（俞利军、丁志杰、刘宝成译），中信出版社2012年版，第460页。

中，同样也没有对证券化本身提出责难，甚至还对证券化在当时受到的广泛责难感到不平，提出了不同见解。这说明了，尽管《报告》在对某些问题的看法上存在分歧，但在对于证券化本身的看法上，10名委员是一致的。鉴于这种见解的独到性，同时又是在反对意见中表述出来的，彰显其客观公正性，故而将这段文字摘录如下：

证券化——通常被诬蔑性地描述为“源于分配流程”——也因金融危机而备受指责。但证券化只是一种融资手段。如果证券化是导致金融危机的原因，那么借贷也是。难道也要责难借贷吗？数十年来，没有发生恶性事件，证券化被广泛应用于汽车贷款、信用卡贷款以及那些不够资格被房利美和房地美购买的巨额抵押贷款等。问题不在于证券化本身，而在于被证券化了的劣质、高风险的贷款。在证券化的分类中，不得不提到债务抵押债券，即为人熟知的CDO_S。这些工具就是“有毒资产”，因为它们最终是依靠次级房贷支撑的，而当住房泡沫破裂时，这些贷款就出现大范围的违约，并且很难确定这些损失最终会由哪个环节承担。因此，对于所有戏剧性的内容而言，CDO_S只是次级房贷和其他高风险贷款通过世界金融系统分散的另外一个例子而已。问题仍然是为何产生了如此多的劣质贷款，而不是一个证券化系统为何能够将优质资产证券化，也能够将不良资产证券化的问题。①

三、资产证券化的未来

在这次金融危机之前许多年里，资产证券化在以美国为主的金融发达国家取得了长足的发展，已经成为现代金融运行中不可或缺的“功能组件”。它在实现银行供给侧结构性改革，并在实现银行供给侧结构性改革的成效上分散银行担当的风险、节约银行的资本消耗、改善信用条件、完善金融体系运行中资金循环的对称性、降低M_2/GDP等方面，起到非常重要的作用。

可以设想，在美国那样的金融大国，若是没有引入证券化的制度安排，没有三大证券化机构（GNMA、FNMA、FHLMC）体现国家意志的前瞻性运作，以及在其示范下私人机构的证券化运作，那么在这次被称为百年未见的金融危机下，银行体系就不会有缓冲，肯定在劫难逃，会有更多、更大的银行先于国家的救助反应就沦为破产倒闭。像20世纪30年代的危机，银行几乎是全军覆没。由于银行体系被视为整个金融体系乃至整个经济运行中资金循环的“CPU”，且其外部经济特别明显而又特别重要，因此，如果银行体系遭遇非常深刻的损害，那么整个金融体系就会陷入瘫痪，并导致经济运行陷入混乱，甚至国家陷入动荡。在这一意义上，证券化的制度安排和证券化的主渠道建设，使美国银行体系在这次危机中获得了缓冲，避免了30年代那样的灭顶之灾，只是受到了一些伤害。实际上，只要银行体系基本健在，支付结算功能就尚在，货币创造功能就尚在，中央银行就能积极发挥作用，金融危机就不会对社会安定和实体经济形成重大的破坏性冲击。当然，这次危机也暴露了在证券化中存在着一些问题，为了更好地实现证券化本身

① 参见美国金融危机调查委员会著：《美国金融危机调查报告》（俞利军、丁志杰、刘宝成译），中信出版社2012年版，第489页。

的功能，需要强化发起人信息披露、增进传导体结构安全、完善投资者监督机制、提高管理者监管效能。既要通过促进证券化金融创新提高金融尤其是银行部门服务于实体经济的效率，又要通过强化金融监管保持金融运行的安全性，避免发生系统性金融风险。美国金融危机是相对于创新而有效监管滞后的结果。经过后来的调整，现在金融运行不仅恢复正常，而且创新力更强。

2007 年在美国爆发的金融危机，主要是源于次贷（subprime mortgage）。次贷的借方在预期收入上具有显著的高风险，次贷契约实质上是一种庞氏融资（ponzi finance）状态，如果证券化在结构上没有严格的信用提高机制对此加以抗衡，那么凭着结构金融的效率性，这种显著的高风险就容易通过证券化交易结构进行传导。私人机构在利润驱动下将次贷纳入证券化，并且进一步地以次贷 RMBS 的中间层创造 ABSCDO，再以 ABSCDO 的中间层创造 CDO^2，这种串联构造给传导体的安全性埋下了高风险。"当借款者停止偿还抵押贷款，那些被衍生品扩大的损失就会快速延伸到整个过程。结果表明，这些损失集中被那些极为重要的金融机构承担了。""场外交易金融衍生品对这次危机的爆发产生了重要影响。"①以此为鉴，我国的资产证券化业务目前处于起步阶段，以现有的经验、技术和实力，尚不适合开发和操作像 CDO 那样的复杂产品（提示一下，并联状态的多层次序列发行和串联构造的 CDO 不是一回事），因而基本原则应当是：简单透明、安全规范，着力开发多层次证券发行以满足更多投资者需求和提高证券流动性，利银行及金融之器以善经济之事，即足矣。

同样可以设想，即便在这次危机中三大证券化实施机构作为"功勋旧部"沦为破产，今后也还会"后继有人"，以新的形式继承其业务，维系金融体系中的证券化功能。实际上，自从在技术上实现了证券化以后，银行和非银行金融机构一定要把它们的贷款一直持有至到期这样的时代就已经过去了，这种演进是难以回复的，不论是在金融观上还是在客观性上。在如今的美国，这个世界上金融最发达、市场化最完备的国家，银行体系中的大量贷款处于证券化状态，这些贷款在银行的资产负债表之外以 SPV 为中心进行循环，这意味着整个金融结构已经发生了实质性演变，进入 BMS 结构。这样看来，在这次危机中美国政府出手救助这三家机构中的两家机构（FNMA 和 FHLMC），并非浪费纳税人的钱和干预市场规律，而是因为这种贡献卓著的机构在金融市场中的地位和功能实在是举足轻重和不可替代的，它们与金融系统具有多维关联，再加上它们在学习上的积累尚未达到普及和传承水准上的完善程度，以致重建成本将会大于救助成本。②因此，在特殊情况下理应介入反市场原理主义的治理，使之属于自由化的适用例外。③通过救助使其继续发挥作用，本质上是在稳定性和功能性上维护了市场本身。还有一个因素就是，鉴于业务上的特殊性和开创性，FNMA

---

① 参见美国金融危机调查委员会著：《美国金融危机调查报告》（俞利军、丁志杰、刘宝成译），中信出版社 2012 年版，第 XXVI 页。

② "浪费纳税人的钱"这更是一种俗语，而不是一种业内专业术语。其实从实施救助的钱的来龙去脉看，注入救济对象的钱并非来自税收，而是凭空创造出来的。

③ 根据相关的报道，"两房"在金融危机中接受了总计 1875 亿美元的救助，不过后来两家机构给政府上交的红利远远超过了政府的救助成本。

和 FHLMC 在创建之初就隐含有政府的信用担保，这也使政府不会坐视这两家机构的情况持续恶化。

根据相关的信息（北京时间 2014 年 3 月 12 日凌晨），美国国会参议院下属银行委员会的两党议员领袖已就一项法案达成协议，此法案旨在对“两房”以及总额 9.9 万亿美元的抵押贷款市场进行全面整改。“两房”或许将被一个新的联邦担保抵押贷款支持债券体系所取代。按照初步设想，在这个体系中，私人保险公司将被要求承担最初的损失，而任何的政府担保将在其后才会被触发。①这一动态说明，证券化已经根植于金融体系，是金融运行中不可或缺的功能，金融运行中的证券化功能今后仍将由政府机构主导。资产证券化今后仍将处于引领金融发展潮流的地位，这种引领的标志就是 BMS 金融结构。

四、我国的资产证券化进程与《信托法》

在我国，资产证券化在经历了近十年之久的理论探讨刚进入实际起步阶段的时候，恰遇上了这次金融危机。金融危机使金融监管部门放慢了对于资产证券化的推进步伐，开始关注和等待在相关问题上的调查研究，主要是美国方面的，关于这次金融危机的调查结论，以判断资产证券化和这次金融危机的关系。金融监管部门也会进一步深入审视我国在资产证券化起步上的理论准备与实践状况，这种相关的审视至少包括：信托方式和信托法，转换型 SPV 和运用型 SPV。

大量文献都强调了资产证券化结构的复杂性。其实，资产证券化结构固然有些复杂，但也是有重要关节点的，这个重要关节点就是转换型 SPV（包括实现它的序列化证券发行技术），以及基于它的受益证券发行信托、受益证券发行自己信托和特定目的公司。这个关节点是纲，其他的许多复杂细节都是目，纲举目张。在对过往试点历程的回望中可以看到，这个“纲”在我国似乎还未在业内得到充分认知，以至于一些操作看上去有资产证券化之形却无资产证券化之神。有些操作失去原本的精炼，多出繁琐的扭曲。国内看重的一些国外文献似乎回避于此，没有给出画龙点睛的通透指引。

我国在资产证券化起步时采用的是信托方式而非公司方式（这同日本恰好相反），当时认为我国的《信托法》可以成为采用信托方式的法律支持。其实，我国的《信托法》是初级阶段的，仅相当于日本《信托法》发展历程中第二阶段的内容，而且没有指引操作的实施细则，与能够支持资产证券化深入开展所要求的信托法相差甚远。在日本，即便是第三阶段前半期的《信托法》，也不能全面支持资产证券化，当时推进资产证券化所依靠的是《SPC 法》。后来又推出了《资产证券化法》，此法在《SPC 法》的基础上引入了特定目的信托方式，等于是引入了作为证券化手段的受益证券发行信托，借以支持资产证券化能够在信托方式下的进展。只是到了第三阶段后半期的《信托法》（于 2007 年 9

---

① 受此消息影响，“两房”普通股随后出现了下跌。房利美普通股下跌 1.79 美元，至 4.03 美元，跌幅为 30.76%；房地美普通股下跌 1.48 美元，至 4.04 美元，跌幅为 26.81%。这说明，“两房”中的政府信用是市场预期的一个敏感因素，这一因素的些许降低便会显著地影响市场对其评估。

月 30 日实施)，才算是基本上走完了在《信托法》下以信托方式进行资产证券化的路程。[①]在第三阶段后半期的《信托法》中，不仅引入了受益证券发行信托，还引入了担保信托、自己信托、事业信托、目的信托等能够作为证券化手段的信托，再加上指引操作的实施细则，从而为证券化的发展提供了多种清晰的信托方式，推进证券化快速成长。[②]就我国目前情况的而言，《信托法》只有基于契约的信托是得到确认的，在这种以契约方法设立的信托中，委托人和受托人是分开的。鉴于此，为了有效推进资产证券化业务的发展，应从法规上给出对自己信托的确认。要大力发展资产证券化，自己信托和事业信托都是绕不过去的。

由此可见，我国资产证券化的路程仍然艰辛，不管是在实践探索上还是在理论准备上。不过，前途依然是光明的，毕竟资产证券化是银行供给侧结构性改革的标志，代表了金融发展的潮流，完善金融运行中资金循环的对称性或许是现代化金融体系建设中的一项基础性工作。

---

① 这种阶段的划分参见：新井誠著・信託法〔第三版〕(有斐閣，2008) 29 頁。

② 不仅是《信托法》，日本的许多金融法律在推出时都带有指引操作的实施规则，一些实施规则的文本篇幅比法律正本还长。这说明，在日本首先是在政策制定和实施监管的层面上对问题就有一个通透的把握，并不是主要依赖市场主体去摸索。

附　录

资产证券化中的信托

本附录简要表述了与资产证券化相关的信托方面的一些基本内容，包括信托设立上的简要概念和资产证券化中的若干信托类型。这些内容有助于从法律层面上认识资产证券化中的信托。

一、信托的设立

日本《信托法》中对信托的表述是：信托是指通过契约、遗言和宣言（书面或电子制作的记载法定事项的意思表示）这三种信托设立方法中的任一种，特定人（受托者）按照一定目的管理、处置财产，并采取其他为达到目的的任何必要行为。这一表述在内容上包括了设立信托的三种方法和受托者的权限范围。①

（一）信托设立方式之一——基于契约设立信托（契约信托）

金融业务中的信托在传统上主要是以契约方法设立的。日本《信托法》中对这种契约方法的表述是：

（信託の方法）

第三条　信託は、次に掲げる方法のいずれかによってする。

一　特定の者との間で、当該特定の者に対し財産の譲渡、担保権の設定その他の財産の処分をする旨並びに当該特定の者が一定の目的に従い財産の管理又は処分及びその他の当該目的の達成のために必要な行為をすべき旨の契約（以下「信託契約」という。）を締結する方法

（Method of Creating a Trust）

---

① 受托者的权限范围不限于管理、处置信托财产，还包括其他为达到信托目的的必要行为（例如以信托财产为担保的借入行为）。

在传统上，金融业中设立信托的方法主要是契约，但随着金融业尤其是资产证券化进展，基于宣言而设立信托的方法日益重要。为了导入这种形式，日本的《信托法》在关于信托的一般表述中去掉了过去的“财产权的转移”。即便是对于信托契约，虽然其中有“转移”事项，但也不再使用“财产权的转移”，而是使用“财产的转移”，这一改变的原因是多方面的。

Article 3 A trust shall be created by any of the following methods:

(i) by concluding an agreement with a specific person to the effect that the person will be assigned property, that the person will be granted a security interest in property, or that property will otherwise be disposed of to the person, and that said specific person should administer or dispose of such property in accordance with a certain purpose and carry out any other acts that are necessary for achieving such purpose (hereinafter referred to as a "trust agreement");

(设立信托的方法)

第三条　信托可依照下例任何一种方法设立。

1. 与特定人缔结契约，旨在向特定人转移财产、设定担保权，或是以其他方式向特定人处置财产，然后上述特定人按照一定目的管理、处置财产，并采取其他为实现目的所必需的行为（以下称为“信托契约”）。①

2. （略）。3. （略）。

（二）信托设立方式之二——基于宣言设立信托（自己信托）

随着金融业务尤其是资产证券化业务的发展，契约信托的局限性逐渐呈现出来，而对于宣言信托的需求日益显现出来。为了有效支持资产证券化的推进，将基于宣言的信托设立方法纳入《信托法》是大势所趋。

以宣言设立信托的方法是：通过意思表示阐明特定人（委托者）基于某种目的管理、处置自己拥有的一定财产和特定人自己实施为达到目的所必要的任何其他行为；意思表示的形式是公证书和其他纸制或电子形式的文件，其中记载信托目的、对象资产的必要事项和其他由国家有关部门规定相关的事项。

由于在这种设立信托的方法中委托者的信托设立行为对方就是委托者自己，因而也将这种设立下的信托称为自己信托。当信托条款规定发行代表受益权的证券时，这种自己信托就是受益证券发行自己信托。注意到，国外文献中对自己信托的研究已经颇有深度，而在我国目前大量关于信托研究的文献中，自己信托还没有获得应有的关注。自己信托在资产证券化处于重要地位，而我国业内目前对此还比较陌生，这种情况与大力推进资产证券化的政策取向是不相适应的。以下以正文形式给出日本《信托法》中关于自己信托的条款，包括日、英原文和作者所译中文（第三条中的1项是关于契约方法的内容，在前面已表述；2项是关于遗言方法的内容，在此不做表述）：

(信託の方法)

第3条　信託は、次に掲げる方法のいずれかによってする。

3　特定の者が一定の目的に従い自己の有する一定の財産の管理又は処分及びその他の当該目的の達成のために必要な行為を自らすべき旨の意思表示を公正証

① 日文是日本《信托法》中的原文，英文是日本《信托法》官方标准英文版中的原文，中文是本书作者本人参考日、英原文译出的。以下亦同。

書その他の書面又は電磁的記録（電子的方式、磁気的方式その他人の知覚によっては認識することができない方法で作られる記録であって、電子計算機による情報処理の用に供されるものとして法務省令で定めるものをいう。以下同じ。）で当該目的、当該財産の特定に必要な事項その他の法務省令で定める事項を記載し又は記録したものによってする方法

(Method of Cresting a Trust)

Article 3. A trust shall be created by any of the following methods:

3. by manifestation of an intention for a specific person to administer or dispose of a certain portion of the property that the person holds in accordance with a certain purpose and for the person to conduct any other acts that are necessary for achieving such purpose by the person, with the manifestation of such intention being evidenced by a notarial deed or any other document or electromagnetic record (meaning a record made in an electronic form, a magnetic form, or any other form not recognizable to human perception and which is used in information processing by computers as specified by Ordinance of the Ministry of Justice; the same shall apply hereinafter) in which said purpose, the matters necessary for specifying said property, and other matters specified by Ordinance of the Ministry of Justice have been stated or recorded.

（信托设立的方法）

第三条　信托可依照下例任何一种方法设立。

1.（略）。2.（略）。

3. 通过意思表示阐明特定人按照某种目的自己管理、处置自己拥有的一定财产，自己采取其他为到达目的的必要行为；意思表示的形式是公证书和其他纸制或电子文件（这意味着这些用于计算机信息处理的非视觉电子文件由司法部规定），其中记载信托目的、对象资产的必要事项和其他由司法部规定的相关事项。

自己信托的这一设立方式看上去似乎颠覆了信托的概念，其实不然。信托的本质在于，作为信托财产对外所有者的受托者和享有信托财产利益的受益者分别存在，受托者为受益者（信托目的）进行事务处理。在自己信托下，委托者兼受托者和享有信托的利益的受益者是分别存在的，所以受托者和受益者的关系得到维持。由于这种信托是基于旨在设定信托的委托者的单独行为而被设立的，公证书等无异于是“宣言”的标志，因而这种委托者自己设立信托的方式称为“宣言信托”。在日本，为了导入自己信托，在新《信托法》中修改了关于信托的定义，从信托的定义中去掉了原来《信托法》中的“财产转移”这一条件。

自己信托在资产证券化上的应用情况包括：（1）发起人不通过其他信托机构，自己作为受托者而对所持有的资产进行证券化，进而将以资产为支持、代表受益权的证券出售给投资者。（2）发起人将资产出售给信托机构或资产管理机构或证券化专业机构，信托机构或资产管理机构或证券化专业机构以购入的资产设立自己信托，进而将以资产为支持的受益权或受益证券出售给投资者。（3）专营信托业务的信托机构、兼营信托业务的资产管理机构或证券化专业机构将自己发起的贷款通过设立自己信托实施证券化。（4）在发起人兼任服

务人的情况下，将收回的资金作为信托财产，以避免混合风险（commingling risk）。（5）作为事业的证券化的一种形态，可以不改变公司的经营状态而将一部分事业进行信托，通过将受益权或收益证券出售给投资者，实现基于该部分事业的盈利能力进行融资的目的。

自己信托具有许多优点，例如，避免债务者对于债权者变更的心理抵抗；降低在利用他人上的成本；操作简便。像信用卡债权、租赁债权等小数额且多笔数的债权的证券化，若以另外的金融中介机构作为受托者，在权利转移上会相当麻烦，而消费金融公司（信用卡公司）、租赁公司若是通过自己信托实施操作，则既能节约费用又够使问题得到简化。

在美国，宣言（declaration）是与契约、遗言并存的三种信托设立方式之一。委托者通过宣言从自身拥有的财产中分离出特定的财产，自己作为受托者进行处置和管理，这种类型的信托有着重要的应用。例如，众所周知的著名机构在对购入和自己发起的住宅抵押贷款投资组合实施证券化操作时，采用的载体就是自己信托。在欧洲，《欧洲信托法基本原理》也确认基于宣言的信托设立方式。在日本，对于自己信托这一信托设立方式的确认是在新的《信托法》中的第三条第3项，不过在该条款文字中并未使用“自己信托”的用语，“自己信托”这一用语是在《信托法实施规则》中第一章第一节第二条被使用的。[①]鉴于出处的权威性，这一用语就被固定了下来。

在我国的金融资产证券化方面，自己信托的运用是必不可少的。自己信托尤其更适合于大型国家政策性和开发性金融机构，这类机构组织严密，制度完善，管理科学，信用牢靠，具有实现分别管理的保障条件。例如，对于某一开发性金融机构CDB而言，采用自己信托进行资产证券化可以说是一种简便有效的手段，既能降低成本又能将这一“功能组件”自如把握（尤其是在推行备案制、注册制的情况下）。即使破产隔离效果可能未必十分显著，但其保障条件的优势更为突出。而对于大型的国家商业银行，其业务十分繁杂，且许多业务之间会具有一些潜在的相互影响，所以在资产证券化的运作上，可能还是以采取转移方式为妥。例如，将贷款转移至某一专事于证券化业务的实施机构，再由这一实施机构采用自己信托方式对受让的贷款实施证券化。在我国，放眼审视，即便是基于自由竞争的原则，在综合条件上能作为几家大银行的证券化“功能组件”的金融机构也是屈指可数的。当然，也不排除另起炉灶，以某种形式设立新的机构。

二、资产证券化中的若干信托类型

资产证券化中的信托，其存在可以由一个具备财产权状态转换功能的载体，一个作为财产归属主体发挥分离性和独立性功能的载体来体现，也就是说，这一载体既被作为财产权归属主体发挥功能，又被作为财产权状态转换主体发挥功能。如果将债务也一并纳入信托，那么以上表述中的“财产权”就应改为“财产”。载体上的具体信托条款给出了资产证券化中

① 「信託法施行規則」第1章第1節第2条（2）：自己信託　法第3条第3号に掲げる方法によってされる信託をいう。中文：自己信托，系基于本法中第3条第3项之方法的信托。

的不同信托类型。以下是资产证券化中的若干信托类型。

（一）受益证券发行信托

受益证券发行信托是在信托条款上特别规定发行代表受益权的证券（受益证券）的信托，通过发行受益证券将信托受益权有价证券化，实现分割受益权、强化其流动性的效果。这一表述的另一含义就是，不发行受益证券的信托是通常形态，只有在信托条款特别规定的情况下才能发行代表受益权的受益证券。在这种受益证券发行信托，虽然可以基于同一信托发行代表两个或两个以上的内容不同的受益权的受益证券，但也未必所有受益权都要发行受益证券，可以根据信托条款规定，对于特定内容的受益权不发行受益证券。例如，在基于同一信托设定了欲向投资者出售的优先受益权和不必向投资者出售的次级受益权的情况下，可以在信托条款上规定对于次级受益权不发行受益证券，而只发行代表优先受益权的受益证券。

在法律上，对于受益人是两人以上的信托，受益者的意见决定是基于一致性原则，除非信托条款另有规定。但在受益证券发行信托，受益人的意见决定取决于受益人大会多数原则，除非信托条款另有规定。这是因为在受益证券发行信托的情况下，受益者众多，受益权不断流通，受益者相互间关系松散。

在日本，首先将信托受益权有价证券化引入资产证券化的是《资产流动化法》，其中的用语是“特定目的信托”。①当时的《信托法》内容简单，不能在信托的利用上有效支持资产证券化的推进。不过后来在修订《信托法》时，一并将包括受益证券发行信托在内的多种信托种类充实其中，算是为资产证券化的进展提供了有力支持。在贷款信托、投资信托方面，情况类同，也是通过《贷款信托法》《投资信托法》这样的特例法，先于《信托法》引入了将信托受益权有价证券化的信托类型。目前，在《金融商品交易法》中，贷款信托，投资信托、特定目的信托、受益证券发行信托的受益证券，都被明确定义为“有价证券”。

在美国，这种受益证券发行信托不仅作为运用型载体在投资信托（mutual fund）、事业信托（business trust）中有着广泛的应用，而且作为转换型载体在资产证券化中起着重要的作用。例如，中介机构作为受托者将受让资产纳入一个信托账户，基于这一账户引致作为资产对应物的受益证券，然后将受益证券掉换给转让方。通过这种掉换，实现了财产权状态转换，也代替了付现。

（二）事业信托

按照通常的惯例，能进入信托的财产仅限于积极财产，消极财产（债务）不能进入信托。不过，事业信托突破了这种惯例。

事业信托通常是指对于财产总体的信托，这一财产总体为了一定的运作目的而被组织

① 该法中的用语是：特定目的信託/Specific Purpose Trusts。这一特定目的信托同时也是受益证券有限责任信托（limited liability trust with certificate of beneficial interest），因为所发行的受益证券是以信托财产为支持的。

化、作为一个有机整体发挥作用。以日本为例，过去一直仅将积极财产作为能够信托的财产，没有考虑消极财产（债务）进入信托的设想。但随着信托业的进展，在后来推出的新《信托法》中（第二十一条1项3号），规定了通过信托条款能够将信托设立前生成的委托者承担的债务作为信托财产承担的债务，这就为消极财产（债务）进入信托打开了法律通道。由此实现了能够把积极财产和消极财产的集合体事业作为一个整体，通过信托加以整体运作。将消极财产（债务）导入信托，这扩展了信托的范围，为此日本在新《信托法》中修改了关于信托的定义，将原来《信托法》中的“财产权”改为“财产”（这一修改还包含其他用意）。

注意到，《信托法》中第二十一条1项3号旨在将消极财产（债务）纳入信托财产承担债务的范围，扩展信托的对象，并非是对事业信托的定义，《信托法》（包括实施规则）中没有对事业信托这一概念给出具体定义，这带来了在诸多论述中用语未必完全一致的情况。[①]

以下是日本《信托法》中第二十一条1项3号的日、英原文和作者所译中文。

（信託財産責任負担債務の範囲）

第二十一条　1. 次に掲げる権利に係る債務は、信託財産責任負担債務となる。

三　信託前に生じた委託者に対する債権であって、当該債権に係る債務を信託財産責任負担債務とする旨の信託行為の定めがあるもの

(Scope of Obligations Covered by the Trust Property)

Article 21 (1) Obligations pertaining to the following claims shall be obligations covered by the trust property:

(iii) a claim arising against the settlor prior to the creation of the trust, for which it is provided by the terms of trust that the obligation pertaining to said claim is an obligation covered by the trust property;

（信托财产承担债务的范围）

第二十一条　1. 与以下债权相关的债务，可以成为由信托财产承担的债务。

(3) 设立信托之前发生的对于委托者债权，且信托条款规定了对应于此债权的债务由信托财产承担。

自己信托和事业信托的结合运用即为自己事业信托，再与受益证券发行信托相结合即为受益证券发行自己事业信托，这时基于SPV的受益证券发行是原债务的转化形式。能够体现事业信托、自己事业信托和受益证券发行自己事业信托基本精神的具体例子，见前面第九章第三节。

（三）有限责任信托

有限责任信托是指受托者对于信托所负担的债务，仅以属于信托的财产担当其履行责任

① 例如日语中的用语有：事業の信託、事業自体の信託。

的信托。

在信托的对外交易上，由于信托本身不是法人，所以要以受托者作为交易的当事者，并在原则上由受托者为交易承担无限责任。伴随信托事务处理的违法行为，责任也同样。这意味着不仅信托财产，固有财产也要为相关的交易承担责任。这种情况在客观上妨碍了对信托制度的利用。于是，随着信托交易的发展，在以信托融资时，一种新的方式被发展起来，即通过与债务者的合意，将借入的抵押限定于信托财产。这种与债务者的合意就是“责任财产限定契约”。

在日本，新信托法中创立了允许受托者承担有限责任的新的信托，即“有限责任信托”。[①]在这种信托，受托者仅以属于信托财产之财产对全部信托财产担保债务承担责任。通过满足两个条件，有限责任信托即可生效。这两个条件是：（1）在信托条款上规定，受托者仅以属于信托财产之财产对全部信托财产担保债务承担责任；（2）就有限责任信托的相关事项进行登记。

由于担保信托债权者的财产被限于属于信托财产之财产，因此从保护债权者和防止滥用出发，还对有限责任信托采取了一些其他措施，如信托财产对受益者的分配限制、会计账簿的制作、会计检查等。

如果在信托条款上，将有限责任信托的规定与受益证券发行信托的规定相结合，即以属于信托财产之财产为担保发行受益证券，那么这种有限责任信托就是受益证券发行有限责任信托（limited liability trust with certificate of beneficial interest）。[②]受益证券发行有限责任信托兼具了受益证券发行信托和有限责任信托两个方面的特性：（1）通过将信托受益权转换为受益证券，能使信托受益权获得流动性，这使投资者范围得以扩大，投资者便于转手，从而易于发行；（2）通过将责任财产限定于信托财产，有利于信托交易结构的丰富，扩大信托经营的范围。

（四）信托债券

在日本新的《信托法》中，并未给出关于信托债券有限责任信托的特例。根据相关文献的记载，在该法的审议中，曾经讨论过将责任财产限定于信托财产的债券及其发行问题（相关文献中的用语是「信託債券」），但是最终未能纳入。因此，关于信托债券的发行可否、发行程序、流通与管理等，业内自然就会转而寻求和凭借受托者的组织法的规定。在公司法和公司法实施规则中，对适用于公司法的公司作为受托者的信托债券（公司法上的用语是「信託社債」），就发行程序、流通与管理等事项有具体规定。公司法实施规则2条3项17号关于信托债券的定义是：所谓信托债券，是信托受托者对信托财产发行的债券。[③]这是基于受托者的组织法给出的法律通道，基于这一通道可以发行仅以属于信托财产之财产作为担保财产的信托

---

① この法律のおいて「限定責任信託」とは、受託者が当該信託のすべての信託財産責任負担債務について信託財産に属する財産のみをもってその履行の責任を負う信託を言う。/ The term “limited liability trust” as used in this Act means a trust in which a trustee is only liable to perform all of the obligations covered by trust property only by using property that belongs to the trust property. /本法中的“有限责任信托”是指这样一种信托，信托的受托者仅以属于信托财产之财产对全部信托财产担保债务承担责任。

② 相关规定是日本新《信托法》的248—257条。

③ 「信託社債」とは、信託の受託者が発行する社債であって、信託財産のために発行するものをという。/信托债券是信托的受托者对信托财产发行的债券。

债券。银行、信托公司以及一些兼营信托业务的金融机构，都能与之相符。

在以契约设立信托的情况，发行信托债券的方法可以是：

（1）发起人作为委托者，基于信托契约将对象资产转移给受托者，取得受益权。

（2）受托者以受让的对象资产为担保，向投资者发行以信托资产为担保的信托债券。

（3）受托者以信托债券发行的款项偿付部分受益权，从而使发起人获得融资。这实际上是将部分受益权转债权，实现了信托受益权的有价证券化。

（4）发起人如果要进一步融资，可以出售受益权，从投资者获得融资。

该方法类似于信托 ABL 或混合型信托，只是在融资上将购买货币的负债由借入变为债券发行。

在以宣言设立信托的情况，发行信托债券的方法可以是：

（1）发起人为设立自己信托制作书面文件，宣布将对象资产作为信托财产进行自己管理、处分等，该书面文件经公证人认证后即生效。

（2）发起人基于自己信托将对象资产剥离为信托资产，作为受托者对其进行管理，同时取得受益权。

（3）发起人作为受托者，以信托资产为担保，向投资者发行以信托资产为担保财产的信托债券。

（4）发起人以信托债券发行的款项偿付部分受益权，从而使自己获得融资。这在实际上是将部分受益权转债权，实现了信托受益权的有价证券化。

（5）按照法律规定，当受托者将全部受益权作为固有财产持续持有到一年时，信托便终了，所以，发起人必须将受益权的一部或全部出售给投资者，从投资者获得相应的融资。①

在以上基于宣言设立信托的情况，如果未附有将担保财产限定于信托财产的约定，那么该信托债券就是以信托财产和固有财产两方面为担保财产的，这类同于担保债券（covered bond）。②

类同于担保债券的信托债券，通过引入 追索机制，对发起人起到了激励作用，促使它去维持、保全对象资产质量的。

在我国，由于《公司法》较为简单，其中没有信托债券的内容，因此在今后修改《信托法》时，信托债券这一问题并非不能讨论。

---

① 见日本《信托法》163 条 2 号。

② 担保债券是能够对担保集合（covered pool）和发行人（issuer）两方面进行双重求偿的债券。这种债券过去主要是在欧洲发行，已有二百多年的历史，近年来的市场规模已发展到 3 万亿美元左右。其担保集合主要是不动产贷款、公共部门贷款等安全性高的债权，发行人基本上是金融机构。在欧洲主要国家，为了确保担保集合的质量，制定有关于担保债券的特别法律，对发行人、担保集合对象资产的合格性、LTV 水平、监管方法、担保集合的破产隔离等，都进行了具体规定。

次贷危机后，美国开始鼓励其金融机构（存款机构）发行这种担保债券。美国财政部于 2008 年 7 月 28 日发布指引，规定了经认可的金融机构可以发行 RCB（residential covered bond）。在担保集合方面，规定了发行人有责任维持抵押贷款的质量。如有提前赎回，发行人必须为担保集合重新注入适量抵押贷款；如有不良贷款，发行人必须以其他优良贷款去替代，以保证担保资产的价值。由此可见，在风险的流动与分配上，RCB 与 MBS 具有不同。

（五）目的信托

目的信托是没有规定受益者（包括指定受益者的方法）的信托。[①]

目的信托在资产证券化上的一个应用例子是对 SPC 股份（出资份额）的信托。我们知道，设立 SPC 这一载体时的特定出资是由发起人（発起人/Incorporators）全部承担的，发起人因此成为 SPC 的特定成员。另一成员是对特定资产进行投资的优先出资（优先股）成员。但由于优先出资成员通常没有成员大会的表决权，所以具有这种表决权的特定成员就在 SPC 的运营上担当了重要作用。在实际层面，Incorporators 大多是 Originator，这就潜在了作为特定成员的 Originator 对 SPC 施加影响力、SPC 和 Originator 未完全隔离的问题。为了强化破产隔离措施，排除 Originator 的随意影响，在信托法上规定了“特定出资份额的信托制度”。具体来说，对于 SPC 的股份，由信托银行等机构作为受托者，设立不规定受益者、仅规定信托目的的目的信托，目的是为投资者稳定、持续地持有 SPC 的股份。

（六）担保信托

在债权者为多数人或债权流通的情况下，有必要对担保权进行一元化管理，担保信托的引入使这种必要成为可能。所谓担保信托（security trust），是将债务者作为委托者、将担保权者作为受托者、将债权者作为受益者而设定担保权的信托。担保信托的特征表现在：(1) 它是以担保权作为信托财产的信托；(2) 通过不是债权者的受托者为了债权者而成为担保权者，实现了债权者和担保权者的分离。

在担保权的执行上，按照日本新《信托法》第 55 条的表述：对于以担保权作为信托财产的信托，当信托条款规定受益者为担保债权的债权者时，作为担保权者的受托者可以提出申请，以信托事务执行担保权，接受处所得分配或偿付所得支付。[②]

在担保信托的设定上，有直接设定方式和二阶段设定方式。直接设定方式呈现为他益信托，在设定信托时以担保权设定者作为委托者，以担保权者作为受托者，以债权者作为受益者。二阶段方式呈现为自益信托，在第一阶段，债权者从担保权设定者接受担保

① 这是日本《信托法》中给出的定义：受益者の定め（受益者を定める方法の定めを含む）のない信託。/ A trust with no provisions on the beneficiary (including provisions on the method for specifying a beneficiary). /（目的信托）是没有规定受益者（包括指定受益者的方法）的信托。

② 第五十五条（受託者による担保権の実行）：担保権が信託財産である信託において、信託行為において受益者が該当担保権によって担保される債権に係る債権者とされる場合には、担保権者である受託者は、信託事務として、当該担保権の実行の申立てをし、売却代金の配当は又は弁済金の交付を受けることができる。(Article 55 (Exercise of a Security Interest by the Trustee): In the case of a trust created with a security interest as the trust property, if it is provided by the terms of trust that the beneficiary shall be the creditor of the claim to be the said security interest, the trustee may, as the holder of the security interest, file a petition for the enforcement of the security interest and be distributed the proceeds of the sale or be delivered payment monies, within the scope of trust affairs.

中文：第五十五条（受托者执行但不全）：对于以担保权作为信托财产的信托，当信托条款规定受益者为担保债权的债权人时，受托者作为担保权者可以提出申请，以信托事务执行担保权，接受处分所得分配或偿付所得支付。注：担保债权是指被担保权担保的债权/担保権によって担保される債権/ the claim to be the said security interest。

权的设定，在第二阶段，把债权者作为委托者兼受益者设定自益信托，把该担保权转移给受托者。

在受益者的规定上，不是在信托设定时把特定的债权者规定为受益者，只是规定与被担保债权相关的债权者作为受益者。基于此，作为在不动产登记上规定受益者的方法，无须就担保不动产登记受益者的名称、住址等。[①]这样，在被担保债权转让时无须受益者变更登记。

担保信托的应用之一是抵押支持债券（mortgage backed bonds，MBB）。

三、信托中的两个基本概念——受益权和受益债权

在信托的理论与实际中，受益权和受益债权是重要的基本概念。

日本《信托法》第二条第7项对受益权和受益债权是这样表述的：受益债权是指“基于信托条款的债权，受托者对受益者负有信托义务，向受益者分配信托中的财产，或是进行涉及信托财产的任何其他分配”；进一步地，受益权是受益债权再加上“为了保护这种债权（受益债权）依本法规定要求受托者或其他人采取必要行为的权利”。以下是日、英原文和本书作者所译中文。

この法律において「受益権」とは、信託行為に基づいて受託者が受益者に対し負う債務であって信託財産に属する財産の引渡しその他の信託財産に係る給付をすべきものに係る債権（以下「受益債権」という。）及びこれを確保するためにこの法律の規定に基づいて受託者その他の者に対し一定の行為を求めることができる権利をいう。

The term “beneficial interest” as used in this Act means a claim based on the terms of trust pertaining to the obligation of a trustee to distribute property that is among trust property to a beneficiary or to make any other distribution involving the trust property (hereinafter referred to as a “distribution claim as a beneficiary”), and the right to request a trustee or any other person to carry out certain acts under the provisions of this Act in order to secure such a claim.

该法中的“受益权”一词是指基于信托条款的债权（債権/claim），受托者有义务向受益者分配信托中的财产，或是进行涉及信托财产的任何其他分配（以下称为“受益债权”），和依本法规定要求受托者或其他人采取必要行为以保护这一债权的权利。

由上可见，受益权是受益者拥有的权利的总体，它由受益债权和确保受益债权的监督权能构成。受益权是一个包括受益债权的概念，受益债权是被受益权所包括的各种权利中最基本的权利。

受益债权。按照日本《信托法》第100条规定，受托者对受益债权所担当的债务履约

① 参见日本的《不动产登记法》第97条1项2号。

责任，仅限于信托财产范围。[①]另外，受益债权所具有的权利，在性质上被看作是对于信托财产的权益（equity/持分）。于是，如果基于信托财产的发行结构是信托债券和受益债权，那么受益债权被置于信托债权之后（101 条）。[②]

监督权能。监督权能包括：账务等阅览请求权（38 条），要求受托者执行信托事务的请求权（29 条 1），对受托者违反权限行为的取消权（27 条），向受托者要求赔偿损失的请求权（40 条），冻结受托者违法行为的请求权（44 条）等。

以上从受益权的内容上说明了受益权和受益债权。另外，就受益权的法律性质而言，日本学界的主流观点（以寺本昌広为代表）一般认为，信托法是建立在关于信托基本构造的债权说之上的，因此，受益权在法律性质上是受益者的债权请求权。受益权具有以下特征：

（1）具有财产权状态转换功能。

（2）可以被分割。如均等权利的分割，本金受益权和收益受益权的分割，不同期限的分割，优先/次级分割。不过，一般认为，由于受益权是由多种权利构成的复合权利，所以不能进行自益权和公益权这样的质的分割。

（3）可以进行多样设计。通过对现金流的加工，分割出多种受益权，可以生成具有不同期限和利率的多层构造的组合系列。通过优先/次级设计，并使委托者持有次级受益权，能够实现信用提高功能。通过引入剩余财产受益人（182 条），组成优先获得本金和信托利息分配的受益权和在信托结束时获得剩余财产分配的受益权，可以创造出债务（debt）型和权益（equity）型的受益权。

---

① （受益債権に係る受託者の責任）

受益債権に係る債務については、受託者は、信託財産に属する財産のみをもってこれを履行する責任を負う。

(Trustee Liability for Distribution claims as beneficiary)

Article 100. The trustee shall only be liable for using property that belongs to the trust property to perform obligations pertaining to distribution claims as a beneficiary.

(受托者对受益债权的责任)

对于受益债权对应债务的履行，受托者应负的责任仅限于信托财产。

② （受益債権と信託債権との関係）

第百一条　受益債権は、信託債権に後れる。

(Relationship between Distribution claim as a beneficiary and Trust Claims)

Article 101. Distribution claim as a beneficiary shall be subordinated to trust claims.

(受益债权和信托债权的关系)

受益债权从属于信托债权。

参 考 文 献

[1] 马克思著：《资本论》（第一卷、第二卷、第三卷），人民出版社 1975 年版。

[2] 约翰·G. 格利、安德华·S. 肖著：《金融理论中的货币》（贝多广译、王传伦校），上海三联书店、上海人民出版社 2006 年版。

[3] 安东尼·桑德斯著：《现代金融机构管理》（第二版）（李秉祥主译），东北财经大学出版社 2002 年版。

[4] 新井诚编：《信托法要义》，有斐阁 2007 年版。

[5] 深浦厚之著：《资产证券化的经济学》，日本评论社 1997 年版。

[6] 美国金融危机调查委员会著：《美国金融危机调查报告》（俞利军、丁志杰、刘宝成译），中信出版社 2012 年版。

[7] 周小川著：《国际金融危机：观察、分析与对应》，中国金融出版社 2012 年版。

[8] 黄达著：《财政信贷综合平衡导论》，中国人民大学出版社 2009 年版。

[9] 何德旭著：《中国金融创新与发展研究》，经济科学出版社 2001 年版。

[10] 曾康霖、王长庚著：《信用论》，中国金融出版社 1993 年版。

[11] 盛松成、翟春著：《中央银行与货币供给》，中国金融出版社 2015 年版。

[12] 向松祚、邵智宾编著：《伯南克的货币理论和政策哲学》，北京大学出版社 2008 年版。

[13] 伍柏麟主编：《社会主义市场经济学教程》，复旦大学出版社 1993 年版。

[14] 黎诣远主编：《宏观经济分析》，清华大学出版社 1992 年版。

[15] 孙礼照编著：《货币银行学》，清华大学出版社 1991 年版。

[16] 张薰华著：《〈资本论〉脉胳》，复旦大学出版社 1999 年版。

[17] 赵宇华主编：《资产证券化原理与实务》，中国人民大学出版社 2007 年版。

[18] 刘向东著：《资产证券化的信托模式研究》，中国财政经济出版社 2007 年版。

[19] 张超英、翟祥辉编著：《资产证券化——原理、实务、实例》，经济科学出版社 1998 年版。